# オリンピックの本
# 3000冊

日外アソシエーツ

# Guide to Books of

## 3000 works
## for
## Olympic and Paralympic Games

Compiled by

Nichigai Associates, Inc.

©2018 by Nichigai Associates, Inc.

Printed in Japan

本書はディジタルデータでご利用いただくことが
できます。詳細はお問い合わせください。

●編集担当● 木村 月子
装 丁：小林 彩子（flavour）

# 刊行にあたって

2020 年、東京で 56 年ぶりに夏季オリンピック・パラリンピックが開催される。

2013 年の国際オリンピック委員会総会で開催地が決定した折には、その招致活動がクローズアップされ、以降刻々と迫る開催日に向けて、競技場建設やボランティア募集、また出場選手の決定など内外の様々な動きが日々報道されている。

本書は、オリンピック・パラリンピックについての図書を収録したツールである。各大会についてのデータブックだけでなく、オリンピックにまつわる歴史や事件を扱った図書や、学習用の図書など、関係するさまざまな図書を網羅するように努めた。また、オリンピック・パラリンピックで行われる各競技についても、競技の解説や出来事・トピックに関する図書を収録し、さらに、選手や指導者など競技の関係者がテーマになっている図書も収録した。これにより、有名選手やコーチの自伝や伝記などにも触れることができ、オリンピック・パラリンピックについての理解をより一層深めることのできるようになっている。

インターネットでの検索で、必要最低限のことがらをすぐに得られるようになった昨今だが、競技や選手についての関連本を一度に調べることができるツールとして、子どもから大人まで幅広い世代に大いに利用されることを願っている。


2018 年 10 月

日外アソシエーツ

# 凡　例

## 1．本書の内容

　　本書は、オリンピック・パラリンピックに関する図書を収録した
図書目録である。収録した図書には、できる限り内容解説あるいは
目次を付記した。

## 2．収録の対象

　　戦後から 2018 年（平成 30 年）9 月までに日本国内で刊行された、
オリンピック・パラリンピックに関する図書 3,030 点を収録した。必
要に応じて、複数の見出しの下に副出した図書もある。

## 3．見出し

（1）全体を「オリンピック全般」「競技・種目」に大別し、大見出しを
　　立てた。

（2）図書の主題によって分類し、「オリンピック全般」の下には「オリ
　　ンピック」「パラリンピック」の中見出しを立て、「競技・種目」の
　　下には「オリンピック夏季競技」「オリンピック冬季競技」「パラリ
　　ンピック夏季競技」「パラリンピック冬季競技」の中見出しを立てた。
　　さらに上記の見出しの下には分野別に小見出しを立てた。

（3）同一主題の下では、関連する人物を《　》で囲んで人物名見出し
　　とした。

## 4．図書の排列

　　各見出しのもとに、出版年月の新しい順に排列した。出版年月が
同じ場合は書名の五十音順に排列した。

## 5．図書の記述

　　記述の内容および記載の順序は以下の通りである。

書名／副書名／巻次／各巻書名／版表示／著者表示／出版地（東京以外を表示）／出版者／出版年月／ページ数または冊数／大きさ／叢書名／叢書番号／注記／定価（刊行時）／ISBN（Ⓘで表示）／NDC（Ⓝで表示）／目次または内容

## 6．人名・事項名索引

本文の各見出しに関する人物・テーマなどを五十音順に排列し、その見出しと掲載ページを示した。

## 7．典拠・参考資料

各図書の書誌事項は、データベース「bookplus」およびJAPAN/MARC に拠った。また、以下のサイト・資料を参考にした。

日本オリンピック委員会（ＪＯＣ）　https://www.joc.or.jp/
『ＪＯＡオリンピック小事典』メディアパル　2016 年 6 月
『オリンピック大事典』金の星社　2017 年 2 月
『パラリンピック大事典』金の星社　2017 年 3 月

# 目　　次

**オリンピック全般** ・・・・・・・・・・・・・・・・・・・・ 1

オリンピック ・・・・・・・・・・・・・・・・・・・・・・・・・・ 2
　クーベルタン, ピエール・ド ・・・ 9
　サマランチ, ファン・アントニオ ・・10
　竹田 恒徳 ・・・・・・・・・・・・・・・・・・・・・・・・11
　田畑 政治 ・・・・・・・・・・・・・・・・・・・・・・・・11
　鄭 周永 ・・・・・・・・・・・・・・・・・・・・・・・・・・12
　堤 義明 ・・・・・・・・・・・・・・・・・・・・・・・・・・12
　西田 信一 ・・・・・・・・・・・・・・・・・・・・・・・・12
　盧 泰愚 ・・・・・・・・・・・・・・・・・・・・・・・・・・13
　朴 世直 ・・・・・・・・・・・・・・・・・・・・・・・・・・13
　森 喜朗 ・・・・・・・・・・・・・・・・・・・・・・・・・・13
　ユベロス, ピーター ・・・・・・・・・・・・・14
強化 ・・・・・・・・・・・・・・・・・・・・・・・・・・・・・・・・14
　大森 兵蔵 ・・・・・・・・・・・・・・・・・・・・・・・・21
　鬼塚 喜八郎 ・・・・・・・・・・・・・・・・・・・・21
　平木 信二 ・・・・・・・・・・・・・・・・・・・・・・・・22
　三村 仁司 ・・・・・・・・・・・・・・・・・・・・・・・・22
　森井 博之 ・・・・・・・・・・・・・・・・・・・・・・・・23
普及 ・・・・・・・・・・・・・・・・・・・・・・・・・・・・・・・・23
　丹下 健三 ・・・・・・・・・・・・・・・・・・・・・・・・24
　永井 一正 ・・・・・・・・・・・・・・・・・・・・・・・・25
　村井 邦彦 ・・・・・・・・・・・・・・・・・・・・・・・・25
オリンピック・ムーブメント ・・・・・・・25
ドーピング・不正行為 ・・・・・・・・・・・・26
　オリンピック関連事件・問題 ・・・・・28
IOC, JOC ・・・・・・・・・・・・・・・・・・・・・・・・30
招致活動 ・・・・・・・・・・・・・・・・・・・・・・・・・・31
五輪教育・学習 ・・・・・・・・・・・・・・・・・・34
事典・辞書・図鑑 ・・・・・・・・・・・・・・・・39
オリンピックの歴史 ・・・・・・・・・・・・・・43
　古代オリンピック ・・・・・・・・・・・・・・51
近代オリンピック (夏季) ・・・・・・・・・52

第11回 ベルリン大会 ・・・・・・・・・・・・・・・53
第12回 東京大会 (返上) ・・・・・・・・・・・・55
　岸 清一 ・・・・・・・・・・・・・・・・・・・・・・・・・・56
第14回 ロンドン大会 ・・・・・・・・・・・・・・56
第15回 ヘルシンキ大会 ・・・・・・・・・・・・56
第17回 ローマ大会 ・・・・・・・・・・・・・・・・57
第18回 東京大会 ・・・・・・・・・・・・・・・・・・57
第19回 メキシコシティー大会 ・・・・・・62
第20回 ミュンヘン大会 ・・・・・・・・・・・・62
第21回 モントリオール大会 ・・・・・・・・63
第22回 モスクワ大会 ・・・・・・・・・・・・・・63
第23回 ロサンゼルス大会 ・・・・・・・・・・63
第24回 ソウル大会 ・・・・・・・・・・・・・・・・63
第25回 バルセロナ大会 ・・・・・・・・・・・・64
第26回 アトランタ大会 ・・・・・・・・・・・・65
第27回 シドニー大会 ・・・・・・・・・・・・・・67
第28回 アテネ大会 ・・・・・・・・・・・・・・・・68
第29回 北京大会 ・・・・・・・・・・・・・・・・・・69
第30回 ロンドン大会 ・・・・・・・・・・・・・・70
第31回 リオデジャネイロ大会 ・・・・・・72
第32回 東京大会 ・・・・・・・・・・・・・・・・・・73
近代オリンピック (冬季) ・・・・・・・・・・77
第11回 札幌冬季大会 ・・・・・・・・・・・・・・77
第12回 インスブルック冬季大会 ・・79
第14回 サラエボ冬季大会 ・・・・・・・・・79
第15回 カルガリー冬季大会 ・・・・・・・79
第16回 アルベールビル冬季大会 ・・・79
第17回 リレハンメル冬季大会 ・・・・・・79
第18回 長野冬季大会 ・・・・・・・・・・・・・・80
第19回 ソルトレークシティ冬季大
　会 ・・・・・・・・・・・・・・・・・・・・・・・・・・・・・・83
第20回 トリノ冬季大会 ・・・・・・・・・・・・83
第21回 バンクーバー冬季大会 ・・・・・・83
第22回 ソチ冬季大会 ・・・・・・・・・・・・・・84
第23回 平昌冬季大会 ・・・・・・・・・・・・・・84

| | | | |
|---|---|---|---|
| パラリンピック | 85 | 鈴木 良徳 | 120 |
| スペシャルオリンピックス・デ | | 園原 健弘 | 121 |
| フリンピック | 90 | ソープ, ジム | 121 |
| 梶下 怜紀 | 92 | 高野 進 | 121 |
| パラリンピック (夏季) | 92 | 高橋 千恵美 | 122 |
| 1964東京大会 | 93 | 高平 慎士 | 122 |
| 1996アトランタ大会 | 93 | 田島 直人 | 123 |
| 2000シドニー大会 | 93 | 為末 大 | 123 |
| 2004アテネ大会 | | 塚原 直貴 | 123 |
| | 93 | 寺尾 正 | 124 |
| 2008北京大会 | 93 | 寺尾 文 | 124 |
| 2012ロンドン大会 | 94 | 永井 純 | 124 |
| 2016リオデジャネイロ大会 | 94 | 南部 忠平 | 124 |
| 2020東京大会 | 95 | 野口 源三郎 | 125 |
| パラリンピック (冬季) | 96 | バニスター, ロジャー | 125 |
| 1998長野大会 | 96 | バンクス, ウイリー | 125 |
| | | 人見 絹枝 | 125 |
| 競技・種目 | 98 | ボルト, ウサイン | 127 |
| | | 三島 弥彦 | 129 |
| | | 溝口 和洋 | 129 |
| 選手 | 100 | 村社 講平 | 129 |
| オリンピック夏季競技 | 109 | 室伏 広治 | 129 |
| 陸上競技 | 110 | 室伏 重信 | 130 |
| 青木 半治 | 113 | 森 千夏 | 131 |
| 朝原 宣治 | 114 | 矢田 喜美雄 | 131 |
| 飯室 芳男 | 115 | 山縣 亮太 | 131 |
| 板倉 美紀 | 115 | 山田 宏臣 | 131 |
| 伊東 浩司 | 115 | 吉岡 隆徳 | 131 |
| 今井 哲夫 | 116 | 吉田 雅美 | 132 |
| オーエンス, ジェシー | 116 | ランディ, ジョン | 132 |
| 大江 季雄 | 116 | ランヤン, マーラ | 133 |
| 大島 鎌吉 | 116 | リデル, エリック | 133 |
| 織田 幹雄 | 117 | ルイス, カール | 133 |
| 苅部 俊二 | 118 | ルドルフ, ウィルマ | 134 |
| コー, セバスチャン | 118 | 渡辺 康幸 | 134 |
| 佐々木 吉蔵 | 118 | マラソン | 134 |
| 沢田 文吉 | 119 | 浅井 えり子 | 134 |
| サンティー, ウェス | 119 | 浅利 純子 | 134 |
| ジョンソン, ベン | 119 | アベベ・ビキラ | 135 |
| 末續 慎吾 | 120 | | |

(7)

| | |
|---|---|
| 有森 裕子 …………………… 135 | 清川 正二 …………………… 160 |
| 市橋 有里 …………………… 136 | 久世 由美子 ………………… 160 |
| 宇佐美 彰朗 ………………… 137 | 菅谷 初穂 …………………… 160 |
| 金栗 四三 …………………… 137 | 鈴木 大地 …………………… 160 |
| 川嶋 伸次 …………………… 138 | スピッツ, マーク …………… 161 |
| 君原 健二 …………………… 138 | 瀬戸 大也 …………………… 161 |
| 小出 義雄 …………………… 139 | ソープ, イアン ……………… 161 |
| 黄 永祚 ……………………… 140 | 田口 信教 …………………… 162 |
| サラザール, アルベルト ……… 141 | 立石 諒 ……………………… 162 |
| シモン, リディア …………… 143 | 田中 聡子 …………………… 162 |
| ショーター, フランク ……… 143 | 田中 雅美 …………………… 163 |
| 瀬古 利彦 …………………… 143 | 千葉 すず …………………… 163 |
| 宗 茂 ………………………… 144 | 寺川 綾 ……………………… 163 |
| 宗 猛 ………………………… 144 | 長崎 宏子 …………………… 163 |
| 孫 基禎 ……………………… 145 | 萩野 公介 …………………… 164 |
| 高橋 進 ……………………… 145 | 萩原 智子 …………………… 164 |
| 高橋 尚子 …………………… 146 | 平井 伯昌 …………………… 164 |
| 谷口 浩美 …………………… 149 | 藤本 隆宏 …………………… 165 |
| 千葉 真子 …………………… 149 | 古橋 広之進 ………………… 165 |
| 円谷 幸吉 …………………… 149 | フレーザー, ドーン ………… 167 |
| 中村 清 ……………………… 150 | 星 奈津美 …………………… 167 |
| 中山 竹通 …………………… 151 | 前畑 秀子 …………………… 167 |
| 猫 ひろし …………………… 151 | 松田 丈志 …………………… 168 |
| 弘山 晴美 …………………… 152 | 山中 毅 ……………………… 169 |
| 藤村 信子 …………………… 152 | アーティスティックスイミング（シ |
| 増田 明美 …………………… 152 | ンクロナイズドスイミング）…… 169 |
| 松野 明美 …………………… 153 | 石黒 由美子 ………………… 169 |
| モタ, ロザ …………………… 153 | 井村 雅代 …………………… 170 |
| ラドクリフ, ポーラ ………… 153 | 奥野 史子 …………………… 171 |
| 水泳（競泳・飛び込み・水球）…… 153 | 小谷 実可子 ………………… 171 |
| 入江 陵介 …………………… 155 | サッカー …………………… 172 |
| 岩崎 恭子 …………………… 155 | 阿部 勇樹 …………………… 178 |
| 内田 正練 …………………… 156 | 荒川 恵理子 ………………… 178 |
| 大貫 映子 …………………… 157 | 池田 浩美 …………………… 178 |
| 大本 洋嗣 …………………… 157 | 石川 直宏 …………………… 179 |
| 金戸 幸 ……………………… 157 | 稲本 潤一 …………………… 179 |
| カハナモク, デューク ……… 157 | 大久保 嘉人 ………………… 180 |
| 北島 康介 …………………… 157 | 岡野 俊一郎 ………………… 180 |
| 木原 光知子 ………………… 159 | 小野 伸二 …………………… 180 |
| | 香川 真司 …………………… 181 |

| | | | |
|---|---|---|---|
| 釜本 邦茂 | 181 | 沢松 奈生子 | 195 |
| 川口 能活 | 182 | シャラポワ, マリア | 195 |
| 川澄 奈穂美 | 182 | セレシュ, モニカ | 196 |
| 川淵 三郎 | 183 | 伊達 公子 | 196 |
| 清武 弘嗣 | 183 | チャン, マイケル | 197 |
| クラマー, デットマール | 183 | 長塚 京子 | 197 |
| 今野 泰幸 | 183 | ナダル, ラファエル | 197 |
| 佐々木 則夫 | 184 | ナブラチロワ, マルチナ | 197 |
| 澤 穂希 | 184 | 錦織 圭 | 198 |
| 城 彰二 | 186 | 原田 武一 | 199 |
| 杉山 隆一 | 186 | フェデラー, ロジャー | 199 |
| ストイコビッチ, ドラガン | 186 | 福田 雅之助 | 200 |
| ソロ, ホープ | 187 | 森田 あゆみ | 200 |
| 高倉 麻子 | 187 | レンドル, イワン | 200 |
| 高原 直泰 | 187 | ボート | 200 |
| 田中 マルクス闘莉王 | 188 | 堀内 浩太郎 | 201 |
| トルシエ, フィリップ | 188 | レンク, ハンス | 201 |
| 永里 優季 | 189 | ホッケー | 201 |
| 中田 浩二 | 189 | 恩田 昌史 | 201 |
| 中田 英寿 | 189 | ボクシング | 202 |
| 長友 佑都 | 190 | アリ, モハメド | 202 |
| 長沼 健 | 190 | 柴田 勝治 | 204 |
| 中村 俊輔 | 190 | 平仲 明信 | 204 |
| 西野 朗 | 191 | フォアマン, ジョージ | 204 |
| 平山 相太 | 191 | ホリフィールド, イベンダー | 205 |
| 堀江 忠男 | 191 | 村田 諒太 | 205 |
| 本田 美登里 | 191 | 森岡 栄治 | 206 |
| 前園 真聖 | 192 | 渡辺 政史 | 206 |
| 丸山 桂里奈 | 192 | バレーボール | 206 |
| 宮本 恒靖 | 192 | 青山 繁 | 210 |
| 宮本 征勝 | 193 | 浅尾 美和 | 210 |
| 八重樫 茂生 | 193 | 朝日 健太郎 | 210 |
| 山本 昌邦 | 193 | ヴァグネル, フーベルト | 211 |
| 吉田 麻也 | 193 | 大友 愛 | 211 |
| ロナウジーニョ | 194 | 大林 素子 | 211 |
| テニス | 194 | 大山 加奈 | 211 |
| アガシ, アンドレ | 195 | 河西 昌枝 | 211 |
| 岩渕 聡 | 195 | 加藤 明 | 212 |
| ギルバート, ブラッド | 195 | 川合 俊一 | 212 |

木村 沙織 ……………… 212
栗原 恵 ………………… 212
佐藤 伊知子 …………… 213
セリンジャー, アリー … 213
高橋 みゆき …………… 213
竹下 佳江 ……………… 213
谷田 絹子 ……………… 214
豊田 博 ………………… 214
中垣内 祐一 …………… 214
中田 久美 ……………… 214
中西 千枝子 …………… 215
中野 真理子 …………… 215
猫田 勝敏 ……………… 215
松平 康隆 ……………… 215
三屋 裕子 ……………… 216
森田 淳悟 ……………… 216
柳本 晶一 ……………… 217
吉原 知子 ……………… 217
渡辺 啓太 ……………… 217
体操（体操競技）……… 218
五十嵐 久人 …………… 220
池谷 幸雄 ……………… 220
池田 敬子 ……………… 221
内村 航平 ……………… 221
岡崎 聡子 ……………… 222
小野 清子 ……………… 222
小野 喬 ………………… 222
コマネチ, ナディア …… 222
白井 健三 ……………… 223
田中 和仁 ……………… 223
田中 光 ………………… 224
田中 理恵 ……………… 224
チャスラフスカ, ベラ … 224
塚原 千恵子 …………… 225
塚原 直也 ……………… 226
塚原 光男 ……………… 226
西川 大輔 ……………… 226
森末 慎二 ……………… 227
山口 彦則 ……………… 227

新体操 ………………… 227
秋山 エリカ …………… 228
大塚 裕子 ……………… 228
川本 ゆかり …………… 228
山尾 朱子 ……………… 228
山崎 浩子 ……………… 228
トランポリン …………… 229
中田 大輔 ……………… 229
バスケットボール ……… 229
大神 雄子 ……………… 230
ジョーダン, マイケル… 230
萩原 美樹子 …………… 231
吉井 四郎 ……………… 231
レスリング ……………… 232
アニマル浜口 …………… 233
アングル, カート ……… 234
伊調 馨 ………………… 234
小原 日登美 …………… 234
笠原 茂 ………………… 235
栄 和人 ………………… 235
笹原 正三 ……………… 235
ジャンボ鶴田 …………… 236
長州 力 ………………… 236
富山 英明 ……………… 236
八田 一朗 ……………… 236
花原 勉 ………………… 237
浜口 京子 ……………… 237
藤本 英男 ……………… 237
茂木 優 ………………… 237
山本 郁栄 ……………… 238
山本 美憂 ……………… 238
吉田 沙保里 …………… 238
渡辺 長武 ……………… 239
セーリング ……………… 240
小松 一憲 ……………… 240
斉藤 愛子 ……………… 241
ウエイトリフティング …… 241
窪田 登 ………………… 241
三宅 義信 ……………… 241
ハンドボール …………… 242

(10)

| | | | |
|---|---|---|---|
| 宮崎 大輔 | 242 | 田辺 陽子 | 264 |
| 自転車 | 242 | 谷 亮子 | 264 |
| アームストロング, ランス | 243 | 野村 忠宏 | 265 |
| インデュライン, ミゲル | 243 | 福見 友子 | 266 |
| 三浦 恭資 | 243 | ヘーシンク, アントン | 266 |
| 卓球 | 244 | 松本 薫 | 267 |
| 伊藤 美誠 | 245 | 溝口 紀子 | 267 |
| 平野 早矢香 | 245 | 道上 伯 | 267 |
| 平野 美宇 | 246 | 山下 泰裕 | 267 |
| 福原 愛 | 246 | 吉田 秀彦 | 269 |
| 水谷 隼 | 247 | 米塚 義定 | 269 |
| 馬術 | 247 | リネール, テディ | 269 |
| 石黒 建吉 | 248 | バドミントン | 270 |
| 井上 喜久子 | 248 | 小椋 久美子 | 271 |
| 沢井 孝夫 | 249 | 潮田 玲子 | 271 |
| 西 竹一 | 249 | 陣内 貴美子 | 272 |
| フェンシング | 250 | 高橋 礼華 | 272 |
| 太田 雄貴 | 250 | 栂野尾 昌一 | 273 |
| 佐野 雅之 | 251 | 長谷川 博幸 | 273 |
| 森 寅雄 | 251 | 舛田 圭太 | 273 |
| 柔道 | 251 | 町田 文彦 | 274 |
| 粟津 正蔵 | 254 | 松友 美佐紀 | 274 |
| 石井 慧 | 255 | 米倉 加奈子 | 274 |
| 井上 康生 | 255 | 射撃 (ライフル・クレー) | 275 |
| 猪熊 功 | 256 | 許斐 氏利 | 275 |
| 上村 春樹 | 256 | 霜 礼次郎 | 275 |
| 小川 直也 | 256 | 近代五種 | 275 |
| 金丸 雄介 | 256 | ラグビーフットボール | 276 |
| 嘉納 治五郎 | 257 | 山口 真理恵 | 277 |
| カノコギ, ラスティ | 260 | カヌー | 277 |
| 神永 昭夫 | 261 | アーチェリー | 278 |
| 亀倉 雄策 | 261 | 高柳 憲昭 | 279 |
| 古賀 稔彦 | 261 | 山本 博 | 279 |
| 小谷 澄之 | 263 | トライアスロン | 279 |
| 斉藤 仁 | 263 | ゴルフ | 280 |
| 佐藤 宣践 | 263 | テコンドー | 281 |
| 篠原 信一 | 263 | 岡本 依子 | 281 |
| 鈴木 桂治 | 263 | 野球 | 282 |
| 園田 義男 | 264 | 阿部 慎之助 | 283 |
| | | アボット, ジム | 283 |

| | | | | |
|---|---|---|---|---|
| 井口 資仁 | 283 | ノルディック複合 | 302 |
| 石川 雅規 | 283 | 阿部 雅司 | 302 |
| 伊藤 智仁 | 283 | 荻原 健司 | 303 |
| 上原 浩治 | 284 | 荻原 次晴 | 303 |
| 黒木 知宏 | 284 | 久保田 三知男 | 304 |
| 鈴木 義信 | 284 | 河野 孝典 | 304 |
| ダルビッシュ 有 | 284 | フリースタイルスキー | 304 |
| 野茂 英雄 | 285 | 上村 愛子 | 304 |
| 古田 敦也 | 285 | 里谷 多英 | 305 |
| 松坂 大輔 | 285 | 三浦 豪太 | 305 |
| 松永 怜一 | 286 | 森 徹 | 305 |
| ソフトボール | 286 | スノーボード | 306 |
| 上野 由岐子 | 286 | 今井 メロ | 307 |
| 宇津木 妙子 | 287 | 竹内 智香 | 308 |
| スケートボード | 288 | 鶴岡 剣太郎 | 308 |
| 空手 | 289 | 成田 童夢 | 308 |
| スポーツクライミング | 291 | 橋本 通代 | 309 |
| サーフィン | 291 | 吉川 由里 | 309 |
| オリンピック冬季競技 | 293 | 渡辺 伸一 | 309 |
| アルペンスキー | 294 | スピードスケート | 309 |
| 猪谷 六合雄 | 294 | 今村 俊明 | 310 |
| 猪谷 千春 | 295 | 岡崎 朋美 | 310 |
| 岡部 哲也 | 296 | 黒岩 彰 | 310 |
| 海和 俊宏 | 296 | 小平 奈緒 | 310 |
| ザイラー, トニー | 296 | 清水 宏保 | 311 |
| 佐々木 明 | 296 | 鈴木 惠一 | 312 |
| 杉山 進 | 297 | 高木 菜那 | 312 |
| ステンマルク, インゲマル | 297 | 高木 美帆 | 312 |
| 野戸 恒男 | 297 | 橋本 聖子 | 313 |
| プロディンガー, ペーター | 297 | 堀井 学 | 313 |
| 見谷 昌禧 | 298 | 宮部 保範 | 314 |
| クロスカントリースキー | 298 | フィギュアスケート | 314 |
| 竹節 作太 | 299 | 浅田 真央 | 327 |
| スキー・ジャンプ | 299 | 荒川 静香 | 329 |
| 小野 学 | 299 | 安藤 美姫 | 330 |
| 葛西 紀明 | 300 | 五十嵐 文男 | 330 |
| 髙梨 沙羅 | 301 | 伊藤 みどり | 331 |
| 原田 雅彦 | 301 | ウィア, ジョニー | 331 |
| 船木 和喜 | 302 | 宇野 昌磨 | 332 |
| | | オーサー, ブライアン | 332 |

目　次

織田 信成 …………… 332
キム ヨナ …………… 332
グリンコフ, セルゲイ ………… 333
ケリガン, ナンシー ………… 333
小塚 崇彦 …………… 333
ゴルデーワ, エカテリーナ …… 334
佐藤 久美子 …………… 334
佐藤 信夫 …………… 334
佐野 稔 …………… 335
村主 章枝 …………… 335
鈴木 明子 …………… 335
高橋 大輔 …………… 336
田村 岳斗 …………… 337
ドゥボワ, ナタリア ………… 337
ハーディング, トーニャ ……… 337
羽生 結弦 …………… 337
平松 純子 …………… 342
本田 武史 …………… 342
宮原 知子 …………… 342
モロゾフ, ニコライ ………… 343
八木沼 純子 …………… 343
ヤグディン, アレクセイ ……… 343
ランビエール, ステファン …… 344
リン, ジャネット ………… 344
渡部 絵美 …………… 344
ショートトラック ………… 344
アイスホッケー ………… 344
バイアスロン …………… 345
ボブスレー …………… 346
桧野 真奈美 …………… 346
スケルトン …………… 347
越 和宏 …………… 347
リュージュ …………… 347
カーリング …………… 347
小野寺 歩 …………… 348
パラリンピック夏季競技 ……… 349
マーティン, ポール ………… 351
アーチェリー …………… 351
陸上競技 …………… 351

伊藤 智也 …………… 352
尾崎 峰穂 …………… 352
佐藤 真海 …………… 353
重本 沙絵 …………… 353
鈴木 徹 …………… 354
タイナン, ローナン ………… 354
高橋 勇市 …………… 354
千葉 祇暉 …………… 355
土田 和歌子 …………… 355
中西 麻耶 …………… 355
ピストリウス, オスカー ……… 355
山本 篤 …………… 356
バドミントン …………… 356
ボッチャ …………… 357
カヌー …………… 357
自転車 …………… 357
馬術 …………… 358
5人制サッカー（ブラインドサッ
　カー）…………… 358
石井 宏幸 …………… 358
落合 啓士 …………… 358
ゴールボール …………… 359
浦田 理恵 …………… 359
柔道 …………… 359
パワーリフティング ………… 360
ボート …………… 360
射撃 …………… 360
シッティングバレーボール …… 360
水泳 …………… 361
河合 純一 …………… 361
成田 真由美 …………… 362
山田 拓朗 …………… 362
卓球 …………… 363
テコンドー …………… 363
トライアスロン …………… 363
車いすバスケットボール ……… 363
京谷 和幸 …………… 364
香西 宏昭 …………… 365
神保 康広 …………… 365
車いすフェンシング ………… 365

（13）

ウィルチェアーラグビー ……… 366

車いすテニス ……………………… 366

　三木 拓也 ……………………… 366

パラリンピック冬季競技 ………… 367

スキー競技 ……………………… 368

　荒井 秀樹 ……………………… 368

　大日方 邦子 …………………… 368

　新田 佳浩 ……………………… 369

バイアスロン …………………… 369

　小林 深雪 ……………………… 369

アイススレッジホッケー ……… 370

　遠藤 隆行 ……………………… 370

アイススレッジスピードレース … 370

　松江 美季 ……………………… 370

スノーボード …………………… 371

　パーディ, エイミー …………… 371

車いすカーリング ……………… 371


**人名・事項名索引** ………………… 373

# オリンピック全般

『「多様性と調和」の実現を目指して―オリ
ンピック・パラリンピックと人権』　東
京都総務局人権部人権施策推進課編　東
京都総務局人権部人権施策推進課
2017.10　15p　21cm

『心にのこるオリンピック・パラリンピッ
クの読みもの　別巻　リオから東京へ、
つながる夢』　大野益弘監修　学校図書
2017.9　199p　21cm〈文献あり〉　1200
円　①978-4-7625-0188-3
内容 リオで熱きたたかいをくり広げたアス
リートたち。感動秘話満載のシリーズ・第4
弾。

『多角化視点で学ぶオリンピック・パラリ
ンピック』　相原正道著　京都　晃洋書
房　2017.6　199p　21cm　2500円
①978-4-7710-2880-7
内容 2016年と2020年の東京オリンピック・パ
ラリンピック招致活動を経験した日本唯一
の研究者が、政治・経済・文化・教育・都市
政策・環境・映画、さらにはテロ・スポー
ツ賭博・贈収賄・反グローバリズム・ガバ
ナンスまで多角的にオリンピック・パラリ
ンピックを解説する。

『アジアにおけるオリンピック・パラリン
ピック開催をめぐる法的諸問題―平昌、
東京そして北京への法的整備の推進と課
題』　エイデル研究所　2016.12　243p
21cm　（日本スポーツ法学会年報 第23
号）　4286円　①978-4-87168-591-7
目次 アジアにおけるオリンピック・パラリン
ピック開催をめぐる法的諸問題―平昌、東京
そして北京への法的整備の推進と課題 アジ
アスポーツ法学会国際学術研究大会2015兼
日本スポーツ法学会第23回大会（記念講演
東京2020オリンピック・パラリンピック競
技大会の準備状況、シンポジウム 2020年東
京オリンピック・パラリンピックの成功に向
けた「法」の役割、研究セッション1 五輪に
おけるソフトレガシーとしてのIntegrity関
連規制はいかにあるべきか―求められる罪

刑法定主義の理念と明確な規定の必要性、研
究セッション2 2020年東京五輪とアジアス
ポーツガバナンスの新展開）、スポーツ庁が
果たすべき役割とその法的問題点―日本ス
ポーツ法学会2015年総会・講演会及びパネル
ディスカッション（基調講演 スポーツ庁の
概要と果たすべき役割、パネルディスカッシ
ョン（日本バスケットボール協会に対する制
裁（資格停止処分）が解除されるまでの経緯、
スポーツ庁設置の沿革と課題、団体自治と
スポーツ庁の役割に関する政策的観点から
の検討―財源を取っ掛かりとして）、パネル
ディスカッション討論要旨、報告「スポーツ
法学教育の普及・推進に関する声明」につい
て、原著論文 学校運動部活動時の「体罰」判例
に見る体罰の特徴とその要因に関する研究、
スポーツ仲裁評釈 JSAA‐AP‐2014‐007
（自転車）仲裁判断について―国際大会代表
をめぐる紛争、スポーツ仲裁評釈 JSAA‐
AP‐2015‐007仲裁判断（水泳）について、
スポーツ仲裁評釈 ホッケー女子日本代表監
督の解任をめぐる仲裁申立事件について―
日本スポーツ仲裁機構2015年5月25日JSAA
‐AP‐2015‐002仲裁判断、スポーツ仲裁
評釈 JSAA‐AP‐2015‐001中間判断及び
仲裁判断（空手）について、スポーツ仲裁評
釈 U23世界選手権軽量級スイープカテゴ
リー代表選手決定をめぐる仲裁申立事件―
日本スポーツ仲裁機構2015年6月4日JSAA
‐DP‐2015‐003仲裁判断、スポーツ仲裁
評釈 JSAA‐AP‐2015‐004仲裁判断（テ
コンドー）について）

『オリンピック・パラリンピックから考え
る―文化・生きる力・マネジメント』
瀧元誠樹、篠田信子、吉田聡美、束原文郎、
金誠［述］　札幌　札幌大学インターコ
ミュニケーションセンター　2016.3
93p　21cm　（札幌大学公開講座講演集
第36回（平成27年度））

『心にのこるオリンピック・パラリンピック
の読みもの　1　夢に向かってチャレ
ンジ！』　大野益弘監修　学校図書

オリンピックの本3000冊　*1*

2016.3　199p　21cm〈文献あり〉　1200
円　①978-4-7625-0185-2
 内容 この巻のテーマは「夢に向かってチャレ
ンジ！」。夢に向かってアスリートがくり広
げる人間ドラマは、見る者の心を打ち、私
たちに大きな勇気をあたえてくれます。

『心にのこるオリンピック・パラリンピッ
　クの読みもの　2　助け合い、支え合っ
　て』　大野益弘監修　学校図書　2016.3
199p　21cm〈文献あり〉　1200円
①978-4-7625-0186-9
 内容 この巻のテーマは「助け合い、支え合っ
て」。家族や信頼する仲間と助け合い、支え
合いながら戦うアスリートのすがたは、見
る者に感動をあたえ、私たちの心を温かく
してくれます。

『心にのこるオリンピック・パラリンピッ
　クの読みもの　3　世界の人々とつな
　がって』　大野益弘監修　学校図書
2016.3　191p　21cm〈文献あり〉　1200
円　①978-4-7625-0187-6
 内容 この巻のテーマは「世界の人々とつな
がって」。世界中のアスリートが集まるオ
リンピックやパラリンピックでは、勝敗や
国境をこえた信頼や友情が生まれ、それは、
見る者の心をふるわせます。

『オリンピック・パラリンピックと人権』
　舛本直文監修　改訂　人権教育啓発推進
センター（制作）　2016.2　18p　30cm

『スポーツを通じた多文化共生の未来に向
　けて―オリンピック・パラリンピックと
　多文化共生 国際シンポジウム 報告書』
青山学院大学社会連携機構国際交流共同
研究センター　2016.2　79p　30cm〈会
期・会場：2016年1月9日 青山学院大学
総合研究所ビル12階大会議室〉　非売品

『すべての人が輝くみんなのスポーツを―
　オリンピック・パラリンピックの壁を越
　えて』　芝田徳造, 正木健雄, 久保健, 加
藤徹編　京都　クリエイツかもがわ
2015.1　160p　21cm〈文献あり〉　1800
円　①978-4-86342-153-0
 内容 すべての人が楽しめるスポーツの追求・
創造を！ パラリンピック・オリンピックの
壁を取り払い、一体となった組織・運営、可
能な限りの共同競技開催を呼びかける。

# オリンピック

『決定版 これがオリンピックだ―オリンピ
　ズムがわかる100の真実』　舛本直文著
講談社　2018.10　183p　21cm　1400円
①978-4-06-512748-3
 内容 オリンピックが開催されるのは何のた
め？「平和の祭典」とよばれるのは、どう
して？ オリンピックとパラリンピックのす
べての疑問に答える一冊！ オリンピックの
意外なエピソードとその歴史。オリンピッ
ク研究の第一人者だから語れる100の真実。

『スポーツ哲学入門―オリンピック・レガ
　シーのために』　島田哲夫著　論創社
2018.6　215p　19cm〈文献あり〉　1500
円　①978-4-8460-1736-1
 内容 オリンピックとはなにか、スポーツと
はなにか。あらたなスポーツ概念を構築。
オリンピック競技大会開催を含めたオリン
ピック・ムーブメントの今後の「望ましき
在り方」、「より善き在り方」を考察し、大
会やムーブメントそのものの未来における
必要性を問い、思考する。

『イベント運営完全マニュアル　2　オリン
　ピック運営編』　高橋フィデル著　改訂
版　ジャパンビジターズビューロー
2018.5　227p　19cm　1500円　①978-
4-908166-21-1
 内容 国も言葉も違う人たちが一国に集まり熱
気に包まれる世界最大スポーツイベント、
オリンピック。そんな大きなイベントを一
体どうまとめるのか？ 数々の大イベントを
成功へ導いてきた敏腕イベントプロデュー
サーが前作より更に詳しく、全てのイベン
トに通づる成功ノウハウを大公開。

『3つの東京オリンピックを大研究　3
　2020年東京オリンピック・パラリン
　ピック』　日本オリンピック・アカデ
ミー監修　岩崎書店　2018.3　55p
29cm〈文献あり 年表あり 索引あり〉
3600円　①978-4-265-08574-3
 目次 第1章 2020年東京大会への道（2011年震
災からの復興、2012年ロンドン・オリンピッ
ク、2013年開催地、東京に決定、2013～2014
年ソチ冬季オリンピック、2015～2016年熊
本地震、2016年リオデジャネイロ大会）、第

2章 開催にむけて準備始まる（競技会場、エンブレム・マスコット・メダル、小学校でのとりくみ）、第3章 どんな競技がおこなわれる？（オリンピック競技1〜7、パラリンピック競技1〜4、パラリンピックで使われる用具）

『3つの東京オリンピックを大研究　1　1940年まぼろしの東京オリンピック』
日本オリンピック・アカデミー監修, 岩崎書店編集部企画・編集　岩崎書店　2018.1　55p　29cm〈文献あり　年表あり　索引あり〉　3600円　①978-4-265-08572-9
目次 第1章 オリンピックの歴史（第1回アテネ大会、第2回パリ大会、第3回セントルイス大会、第4回ロンドン大会、第5回ストックホルム大会 ほか）、第2章 まぼろしのオリンピック（東京オリンピック開催に向けて、東京市と大日本体育協会の思惑のちがい 嘉納治五郎、副島道正、杉村陽太郎の努力、1940年のオリンピック東京大会決定まで、オリンピック開催決定にわく日本、オリンピックの宣伝—ポスターやガイドブック ほか）

『3つの東京オリンピックを大研究　2　1964年はじめての東京オリンピック』
日本オリンピック・アカデミー監修, 岩崎書店編集部企画・編集　岩崎書店　2018.1　55p　29cm〈文献あり　年表あり　索引あり〉　3600円　①978-4-265-08573-6
目次 第1章 焼け野原からの出発（1945年日本が降伏、1946〜1949新たなスタート、1950〜1952戦後復興のきざし ほか）、第2章 準備は急ピッチですすむ（競技場の整備・建設、交通・道路網の整備、デザインワーク ほか）、第3章 東京オリンピック開幕（開会式、重量挙げ・バレーボール、レスリング・柔道 ほか）

『現代スポーツ評論　37　スポーツとボランティア』　清水諭責任編集, 友添秀則編　創文企画　2017.11　156p　21cm　1600円　①978-4-86413-102-5
目次 グラビア 2017年のスポーツシーン、主張 グローバルな協働的支援への助走、座談会 ボランティアの歴史と現在—東京2020オリンピック・パラリンピックに向けて、特集論文、インタビュー 谷川聡氏—人と社会が変わるコーチング、インフォメーション ス

ポーツボランティア論, 時評, スポーツ研究入門 オリンピック・パラリンピック期間中に設置されるナショナルハウスの可能性—リオデジャネイロオリンピックの調査から

『オリンピックの真実—それはクーベルタンの発案ではなかった』　佐山和夫著　潮出版社　2017.10　245p　20cm〈文献あり〉　1800円　①978-4-267-02108-4

『学際的アプローチによるオリンピックの探求』　中京大学社会科学研究所編　名古屋　中京大学社会科学研究所　2016.12　251p　21cm（中京大学社会科学研究所叢書 40号）〈文献あり〉　①978-4-908282-04-1

『知の饗宴としてのオリンピック』　石堂典秀, 大友昌子, 木村華織, 來田享子編著　エイデル研究所　2016.12　251p　21cm　2500円　①978-4-87168-594-8
目次 築かれしもの一奏（国際オリンピック委員会（IOC）の法的地位、オリンピックの経済効果、オリンピックとミュージアム）、夢と現の狭間で一酔（オリンピックと身体、公開情報から読み取れるソチオリンピック：期待と結果、女性アスリートにみるキャリア継続とライフコース選択）、未来を求めて一展（オリンピック・アジェンダ2020を読む—東京大会には何が求められているのか、変容するパラリンピック、異文化としてのオリンピック：第3回セントルイス・オリンピック大会「人類学の日」から）

『儲かる五輪—訪れる巨大なビジネスチャンス』　髙橋洋一［著］　KADOKAWA　2016.9　238p　18cm（角川新書 K-99）〈文献あり〉　800円　①978-4-04-082105-4
内容 今でも「発展途上国がおこなうもの」と考える人が多いオリンピック。経済効果や景気変動の観点から「五輪が景気浮揚策」は本当なのか。一方、さまざまな関連ビジネスが生まれるなかで、私達はどこにチャンスを見出せば良いのか。

『オリンピックは社会に何を遺せるのか』
杉山茂, 薗田碩哉, 上柿和生編　創文企画　2016.3　111p　21cm（スポーツアドバンテージ・ブックレット Sports advantage booklet 7）〈文献あり〉　1100円　①978-4-86413-077-6

［目次］オリンピックに託すもの―人類最高の公共的財産スポーツ, オリンピック・ムーブメントを審問する, 2012年ロンドンオリンピックから2020年東京オリンピックへの問題提起―レガシー戦略をつうじた未来社会像の構想へ, ビジョンとレガシー創出への取り組みとその特質を概観する, オリンピック・レガシーの明暗, 市民のオリンピック・レガシー, オリンピックは地域スポーツに何を残すのか, 大島鎌吉の東京オリンピック, テレビは「古き精神」を「楽しさ」に変えた, 2020年東京オリンピックが「成熟社会」のシンボルとして記憶されるために―その祭りの機能に着目して, 資料編 東京オリンピックが遺したもの

『オリンピック経済幻想論』　アンドリュー・ジンバリスト著, 田端優訳　ブックマン社　2016.3　226p　19cm　1600円　①978-4-89308-855-0
　［内容］東京五輪はすでに金銭的にも広告的にも頭打ち。これが後5年も続くという悪夢。もはやどの都市もやりたがらない!?感動を与え富を失う世界的イベントの意味とは？過去の大会の経済収支から読み解く, "オリンピックは儲からない"という真実。五輪バブルの実態を暴いた全米話題の書。

『オリンピックとデザインの政治学』　森山明子, 若山滋著　朗文堂　2016.1　243p　20cm〈索引あり〉　1800円　①978-4-947613-92-9
　［内容］オリンピック・パラリンピック騒動に発し, 建築とデザインからの緊急対論！

『時代背景から考える日本の6つのオリンピック　2　1972年札幌大会＆1998年長野大会』　大熊廣明監修, 稲葉茂勝文　ベースボール・マガジン社　2015.8　31p　29cm〈索引あり〉　2800円　①978-4-583-10889-6
　［目次］1 冬季オリンピックのはじまりは？, 2 1972年ごろの日本, 3 冬季オリンピック札幌大会への道, 4 札幌大会のようす, 5 札幌大会で活躍した日本人選手, 6 経済低成長時代の日本, 7 冬季オリンピック長野大会への道, 8 長野大会の天候と「おもてなし」, 9 コンパクトなオリンピック

『オリンピックが生み出す愛国心―スポーツ・ナショナリズムへの視点』　石坂友司, 小澤考人編著　京都　かもがわ出版

2015.7　269p　19cm　2000円　①978-4-7803-0778-8
　［内容］サッカーW杯, WBC, オリンピック―ニッポンと叫ばせる熱狂はどこから生まれ, 私たちをどこへ連れて行くのか。10の視点でスポーツ・ナショナリズムをさぐる。

『時代背景から考える日本の6つのオリンピック　1　1940年東京・札幌＆1964年東京大会』　大熊廣明監修, 稲葉茂勝文　ベースボール・マガジン社　2015.7　31p　29cm〈索引あり〉　2800円　①978-4-583-10888-9
　［目次］1 1940年以前の日本のようす, 2 東京オリンピック開催への道, 3 1940年の日本でのオリンピックが中止になったわけ, 4 敗戦と, 戦後間もない日本, 5 もはや戦後ではない！, 6 1960年代の国際情勢とオリンピック, 7 1964年夏季オリンピック東京大会開催決定！, 8 1964年東京大会への準備, 9 1964年東京大会で活躍した人, 10 夏季オリンピック東京大会期間中に起きたできごと

『人間の真の生き方と武道, スポーツの活用―二〇二〇年, 東京オリンピックとパラリンピックを目指して』　水口修成著　日新報道　2014.12　198p　19cm　1200円　①978-4-8174-0781-8
　［内容］地方から学び, 新日本創出の新風を起こそう！千葉・南房総, 勝浦, 鴨川と愛媛・南予, 宇和島, 八幡浜の武道, スポーツと文化にまず学べ!!

『オリンピックボランティアになるための本』　市居愛著, くまきあや画　インプレスジャパン　2014.3　71p　19cm（［impress mook］）〈発売：インプレスコミュニケーションズ〉　600円　①978-4-8443-3568-9

『オリンピックの「意外」な真実―夏冬五輪の"熱いドラマ"と"仰天の舞台裏"』　武田知弘著　大和書房　2014.2　244p　15cm（だいわ文庫 247-3H）〈文献あり〉　650円　①978-4-479-30468-5
　［内容］1896年にその産声を上げた近代オリンピック。本書では100年以上にわたる歴史を紐解き, その意外な真実, 今では考えられない雑学を紹介する。

『オリンピック裏話―あなたもこれで五輪雑学博士』　伊藤公著　ぎょうせい

2013.12 223p 19cm〈年表あり〉
1800円 ①978-4-324-09759-5

目次 序章 東京決定までの厳しい道のり，第1章 成功した東京オリンピック招致―私が見聞した招致活動の実際の舞台裏，第2章 オリンピアンたちの素敵な素顔―選手・役員との交流録からのスケッチ，第3章 垣間見た最近のオリンピック事情―オリンピックの取材現場で感じたこと，第4章 オリンピック組織・人事の実態―オリンピックを取り巻く周辺の現状，第5章 オリンピック雑感あれこれ―半世紀にわたる見聞記余録

『スポーツ体罰東京オリンピック』 玉木正之著 NHK出版 2013.11 239p 19cm 1500円 ①978-4-14-081618-9

内容 1964年の東京オリンピックは、体育の時代の象徴だ。教育の名のもとに横行する「体罰＝暴力」の連鎖を止めるには、暴力の否定から始まったスポーツの本義を理解する必要がある。その出発点となるのは、2020年東京オリンピックにほかならない！

『スポーツ・インテリジェンス―オリンピックの勝敗は情報戦で決まる』 和久貴洋著 NHK出版 2013.9 197p 18cm （NHK出版新書 415） 740円 ①978-4-14-088415-7

内容 メダルの数も情報次第！ スポーツ界の裏側で起きている知られざる戦いの実態―「情報」を「戦略」へと結びつける秘訣を第一人者が説く。

『五輪私語り』 網代栄著 文芸社 2013.9 138p 20cm〈文献あり〉 1200円 ①978-4-286-14087-2

『オリンピックと日本人―こころをよむ』 日本放送協会,NHK出版編集, 池井優著 NHK出版 2013.4 175p 21cm （NHKシリーズ―NHKラジオテキスト）〈ラジオ第2放送 2013年4月～6月 文献あり〉 762円 ①978-4-14-910857-5

『オリンピックと女子高生』 門脇正法, 須賀和著 マイナビ 2012.7 207p 18cm （マイナビ新書） 830円 ①978-4-8399-4356-1

『オリンピックに勝つ物理学―「摩擦」と「抵抗」に勝機を見出せ！』 望月修著 講談社 2012.7 190p 18cm （ブルー

バックス B-1780）〈索引あり〉 800円 ①978-4-06-257780-9

内容 「流して走っている」ように見えるボルトが速いのはなぜ？ 水の抵抗を抑える究極の泳ぎとは？ 無回転シュートのボールには"しっぽ"が生えていた！ モーグルやスノーボードで空中をより長く舞う方法とは？ スキージャンプは「飛ぶ」ではなく、「効率よく落ちる」が勝負！ 空気や水の流れ、地面や氷雪面との摩擦を調べる流体工学の視点から見えてくる、オリンピック必勝法。

『オリンピック雑学150連発』 満薗文博著 文藝春秋 2012.7 233p 16cm （文春文庫 み42-1）〈「オリンピック面白雑学」（心交社 2008年刊）の改題、加筆、訂正 文献あり〉 533円 ①978-4-16-783802-7

内容 54年かけてマラソンを「完走」した日本人ランナー。聖火の生みの親はヒトラーなのか？ アジア初のメダリストはインド人。太古、選手もコーチも全裸だった…。紀元前8世紀にその源流を発するオリンピックは、意外な逸話に彩られている。近年の印象深いエピソードも満載して、オリンピック観戦の予習・復習に必携の一冊。

『オリンピックと商業主義』 小川勝著 集英社 2012.6 220p 18cm （集英社新書 0645）〈文献あり〉 740円 ①978-4-08-720645-6

内容 オリンピックをテレビ観戦していると、他のスポーツイベントとは「風景」が違うことに気づく。それは「会場に広告看板がない」からだ。クーベルタンが理想を掲げて創始した近代オリンピックの「格式」は、そのような形で今も守られている。だが舞台裏では、莫大な放映権料やスポンサー料がIOCの懐を潤し、競技自体にまで影響を及ぼすという実態がある。一方で、その資金のおかげで税金の投入が回避され、途上国の選手が参加できるという現実もある。果たして、オリンピックが「商業主義」を実践するのは是なのか非なのか。本書は、五輪礼賛でも金権批判でもないスタンスで、この問題を深く掘り下げる。

『オリンピックの言語学―メディアの談話分析』 神田靖子, 山根智恵, 高木佐知子編著 岡山 大学教育出版 2011.7 178p 21cm 2000円 ①978-4-86429-

077-7

『スポーツ立国の虚像—スポーツを殺すもの part 2』 谷口源太郎著 花伝社 2009.12 255p 20cm 〈文献あり 発売：共栄書房〉 1800円 ①978-4-7634-0561-6
内容 スポーツの現状を斬る！メディアに商品化され、「日の丸」ブランドをつけて国威発揚の道具にされる、使い捨ての「一流スポーツ選手」。オリンピックとは何だ、WBCの虚像、スポーツの企業支配、政治の道具としてのスポーツ、スポーツに明日はあるか…。反骨の現代スポーツ論。

『オリンピックの秘密—知れば100倍楽しめる！』 瀧澤次朗編 彩図社 2008.8 191p 15cm 590円 ①978-4-88392-648-0
内容 4年に1回のスポーツの祭典・オリンピック。ただテレビで観戦するだけではもったいない！もっとオリンピックを楽しむには、まずはオリンピックを知ること。「なぜ4年に1回なのか」「聖火リレーが始まったのはいつか」といった開催の歴史から、「メダリストは報奨金がいくらもらえるか」「選手団派遣にいくらかかっているか」といった大会の裏側、そして競技の秘密やスポーツ史に名を残す選手の伝説など、75のオリンピックにまつわる話題を収録。

『オリンピックはなぜ、世界最大のイベントに成長したのか』 マイケル・ペイン著, 保科京子, 本間恵子訳 グランドライン 2008.8 478p 21cm 〈文献あり 発売：サンクチュアリ・パブリッシング〉 2700円 ①978-4-86113-918-5
内容 ほとんど破綻状態にあったオリンピックが、すぐれた洞察力を持ち、ときに頑固なまでの意思を持った指導者の手で、どのようにしてどん底から這い上がってきたのか、どのようにして独自の企業マーケティング基盤を構築してきたのかを克明に記す。

『スポーツ文化そしてオリンピックへの思い—スポーツと二人三脚』 笠原一也著 道和書院 2008.7 167p 19cm 1714円 ①978-4-8105-2109-2
目次 第1部 スポーツと二人三脚（スポーツとの出会い, スポーツと二人三脚）, 第2部 長野から東京に向けてオリンピックの発信を（オリンピックに恋をして, 「世界からひとつの花になるために」長野に冬季オリンピックがやってきた, 二〇一六年オリンピックの東京招致に期待する）

『日本オリンピック委員会／日本コカ・コーラスポーツ科学基金（アクエリアス基金） 2006年度研究報告書』 日本オリンピック委員会強化部 2007.6 133p 30cm 〈文献あり〉

『アマチュアスポーツも金次第』 生島淳著 朝日新聞社 2007.5 199p 18cm （朝日新書） 700円 ①978-4-02-273145-6
内容 アマチュアスポーツ界の不透明なマネー問題は西武ウラ金問題だけではなかった！フィギュアスケート, 冬季競技, 水泳…新鋭スポーツライターが, 初めてマネーを縦軸に, スポーツ界を斬った。

『国の誇りと平和への祈り』 学習研究社 2007.2 175p 22cm （スポーツ感動物語 7） 1300円 ①978-4-05-202711-6
目次 ジネディーヌ・ジダン—「背番号10」の重み, ドーハの悲劇—ワールドカップ夜明け前, エイブラハムズ＆リデル—炎のランナー, ミュンヘンオリンピック事件—テロに散った11人のアスリート, アンドリー・シェフチェンコ—被爆の悲劇を乗り越えて, ソフトボール・日本女子チーム—「打倒アメリカ」4年間の軌跡, ドラガン・ストイコビッチ—戦争に泣いた妖精, ヴェラ・チャスラフスカ—「プラハの春」に咲いたオリンピックの花, モスクワオリンピック—冷戦に消えた夢, キャシー・フリーマン—アボリジニーの星

『オリンピック・スタディーズ—複数の経験・複数の政治』 清水諭編 せりか書房 2004.7 255, 17p 21cm 〈文献あり 年表あり〉 2500円 ①4-7967-0257-1
内容 第1回から108年を経てアテネに回帰する近代オリンピック。古代ギリシアへの憧憬から生み出された歴史は, 人種やジェンダー, ナショナリティの構築, 資本主義といった「政治的なるもの」と関わり続けながら発展し, それはいまや（そしてつねに／すでに）危機的状況に立っている。相異なる時代・社会のなかでオリンピックはどのような経験を生み出し, いかなる「政治」を作動させてきたのか。本書は歴史的な展開と空間的な移動という視点からオリンピックのさまざまな社会的編成を捉えなおし,

オリンピック、そしてスポーツと身体文化をめぐる複数の政治を明るみに出そうと試みる。

『**オリンピックの大常識**』 三上孝道監修, 大野益弘, 高橋玲美文 ポプラ社 2004.6 139p 22cm （これだけは知っておきたい！ 11）〈年表あり〉 880円 Ⓘ4-591-08135-4

内容 オリンピックを100倍楽しむための学習よみもの。

『**オリンピック・トリビア！―汗と涙と笑いのエピソード**』 満蘭文博著 新潮社 2004.6 235p 16cm （新潮文庫 みー33-1）〈文献あり〉 400円 Ⓘ4-10-149621-8

内容 クーベルタンは初代の五輪会長ではない/金メダルはほとんど"銀メダル"である/鳩は必ず五輪に参加しなくてはならない/途中で車に乗りキセルしたマラソン選手がいる…一世紀ぶりに聖地へ戻ったオリンピックは、まさにトリビアの宝庫だ。その発祥から長嶋ジャパンまで、興奮と驚きと感動の101話を厳選。観戦のお供に、五輪史の教材としても役立つ最強のトリビア本。

『**リーダーの研究**』 日本経済新聞運動部編 日本経済新聞社 2004.4 260p 20cm 1500円 Ⓘ4-532-16458-3

内容 オリンピック、Jリーグ、プロ野球…勝てる指導者の条件。その日その日の勝負にこだわる執着と長期で強化策を練る大局観を併せ持つ。26人の「リーダーの力」。

『**「オリンピックと女性―百年」展**』 ［女性と仕事の未来館］ ［2004］ 15p 30cm

『**37億人のテレビピック―巨額放映権と巨大五輪の真実**』 須田泰明著 創文企画 2002.5 234p 21cm 2000円 Ⓘ4-921164-13-4

『**101個の金メダル―オリンピックにおけるニッポンの活躍**』 トランスフォーマー 2000.9 288p 26cm〈東京 新紀元社（発売）〉 2200円 Ⓘ4-88317-344-5

内容 二十世紀日本のオリンピック「伝説」と「記録」。

『**オリンピックの世紀―モーニングノンフィクション**』 春場洲太夢原作、鎌田洋次漫画 講談社 2000.8 252p

19cm （モーニングKC） 505円 Ⓘ4-06-328708-4

『**オリンピックおもしろ情報館 1 記録が語るオリンピック**』 田中舘哲彦著 汐文社 2000.4 113p 22cm 1400円 Ⓘ4-8113-7319-7

内容 スポーツの記録もさぐりだしていくと、いろんな世界が開けてくる。人間性や民族性、風土、科学の進歩、各民族、各国の歴史などが見えだしてくる。この"記録館"はそんな一粒の糧である。

『**オリンピックの危機**』 ハイドン・ミドルトン著, 鈴木出版編集部訳 鈴木出版 2000.4 35p 27cm （オリンピックがよくわかる 3）〈年表あり〉 2300円 Ⓘ4-7902-3052-X

内容 読んで楽しく、見ておもしろいオリンピックのすべて。小学校高学年・中学校向。

『**オリンピック・感動の瞬間**』 ハイドン・ミドルトン著, 鈴木出版編集部訳 鈴木出版 2000.4 35p 27cm （オリンピックがよくわかる 4） 2300円 Ⓘ4-7902-3053-8

内容 読んで楽しく、見ておもしろいオリンピックのすべて。小学校高学年・中学校向。

『**米国オリンピック委員会ファクトブック 1997-1998**』 米国オリンピック委員会著 笹川スポーツ財団 1999.12 84p 26cm （SSF海外レポート no.14） Ⓘ4-915944-20-4

『**オリンピックおもしろ大百科―感動と栄光の100年&シドニー大会情報 夏季大会編**』 クロスロード企画・編集 日之出出版（発売） 1999.11 221p 26cm〈索引あり〉 2800円 Ⓘ4-89198-608-5

『**オリンピックは変わるか―Green sportへの道**』 D.チェルナシェンコ著, 小椋博, 松村和則編訳, グリーンスポーツ研究会訳 道和書院 1999.4 278p 21cm 2500円 Ⓘ4-8105-1051-4

『**101の輝き栄光の金メダル―五輪感動グラフティー 永久保存版**』 毎日新聞社 1998.4 129p 29cm （毎日ムック） 1300円 Ⓘ4-620-79097-4

オリンピックの本3000冊 7

オリンピック

『スポーツ競技会とコンピュータ』　清水
康敬監修, 浅原保明著　一橋出版　1998.
1　170p　21cm　（こんなところにコン
ピュータシリーズ）　1300円　①4-
8348-2100-5
目次 1 コンピュータとの出会い, 2 冬の競技,
3 スポーツにコンピュータを使う, 4 総合大
会でのコンピュータ, 5 アトランタオリン
ピック, 6 長野オリンピック, 7 競技ごとの
解説, 8 オリンピック大会のコンピュータ

『オリンピアン幻想―Once upon an
Olympian time… 地上楽園とオリン
ピックの裏舞台』　藤原肇著　東明社
1997.10　390p　20cm〈著作目録あり〉
2200円　①4-8095-0103-5
内容 かつてオリンピックは、『地上楽園』の
構築を目指し、人類連帯の夢を追う健全で
神聖な祭儀であった。

『オリンピック』　なかのひろたか構成・
文・絵　チャイルド本社　1992.7　30p
25cm　（チャイルド絵本館―はじまりの
物語 4）〈監修：小野清子〉　600円
①4-8054-8318-0

『もう金メダルはいらない』　石川泰司著
河合出版　1990.6　246p　20cm　1500
円　①4-87999-032-9
内容 金メダル占有率9.8%、東京大会。1.7%、
ソウル大会。この24年間にオリンピックを
変えたものはなにか。元毎日新聞運動部長
が綴る熱いメッセージ。ほかに21+8編のエ
ッセイを収録。スポーツファン待望の書。

『オリンピックエピソード』　佐野雅之著
窓社　1988.7　168p　19cm　（リンゴ
ブックス）　1500円　①4-943983-13-8
内容 古代から近代オリンピック百年のあいだ
に生まれた珍談・奇談・美談・冗談・史談・
政談・怪談の数々―これはまさしく人間の
祭典だ。半世紀を五輪とともに生きてきた
著者の体験と見聞と調査にもとづくこぼれ
話集。

『ゆれ動くスポーツ観―国家主義から個人
主義へ』　村田豊明著　新泉社　1988.2
216p　19cm　1200円
内容 スポーツは国家のものなのか、勝つため
のものなのか。個人に属するものではない
のか。甲子園、国体、五輪をめぐっての新
聞論調や読者の投書からスポーツ観の変遷

をあとづけ、利用されるスポーツを拒否し
た個人主義的スポーツ観の確立をめざす。

『冠スポーツの内幕―スポーツイベントを
狙え』　谷口源太郎著　日本経済新聞社
1988.2　217p　19cm　（Nikkei neo
books）　980円　①4-532-09557-3
内容 国際ビッグイベントで暗躍する謎の組織
と日本企業が繰り広げる熾烈な宣伝合戦。
ビジネス化するスポーツ界を抉る異色ドキ
ュメント。

『オリンピックとアマチュアリズム』　清
川正二著　ベースボール・マガジン社
1986.8　187, 132p　19cm　2000円
①4-583-02599-8
内容 精神論であるアマチュアリズムと、オリ
ンピックとのかかわり合いの歴史を知り、「オ
リンピック大会のオープン化」を考える。

『オリンピックの本―希望の祭典を永遠に』
伊藤公著　サイマル出版会　1986.5
273p　19cm〈著者の肖像あり　関連文
献：p271〜273〉　1300円　①4-377-
40706-6
内容 '86年ソウル・アジア大会、'88年ソウル・
オリンピック…そして'90年オリンピック・
コングレス（8年に1回）の東京開催が決定し
た。近代の復興以来1世紀、世界最大のイ
ベントとして成長を続ける人類の希望の祭
典＝オリンピック―。この本は国際スポー
ツ交流に精通した著者が、豊富な事例とエ
ピソードで、その歴史・仕組み・問題のす
べてを解説した、最も権威ある〈オリンピ
ック百科〉である。

『アマチュアリズムとスポーツ』　E.A.グ
レーダー著, 四国スポーツ研究会訳　不
昧堂出版　1986.4　190p　22cm　2000
円　①4-8293-0203-8
目次 第1章 アマチュアリズムとスポーツ, 第
2章 古代ギリシャの運動競技, 第3章 19世
紀から20世紀までのスポーツの発展, 第4章
初期のアマチュアリズムの発展, 第5章 アマ
チュアリズムと近代オリンピック運動, 第6
章 アマチュアリズムの問題点, 第7章 アマ
チュアリズム問題に対する解決策

『オリンピック―記録への挑戦と人間ドラ
マ』　佐瀬稔ほか著　ぱる出版　1984.7
216p　19cm　1000円

『過激にオリンピック』　イーグル・トム

トム・クラブ編　ブックマン社　1984.7
158p　18cm　500円

『危機に立つオリンピック』　中条一雄著
朝日新聞社　1984.7　254p　19cm　880
円　①4-02-255210-7

『ナルホド・な・オリンピック―ワルチン
の面白人間読本』　デヴィッド・ワルチ
ンスキー著, 井上篤夫編・訳　集英社
1984.6　285p　18cm　780円　①4-08-
781045-3

『ファイブリングサーカス―オリンピック
の脱構築』　アラン・トムリンソン,
ギャリー・ファネル編著, 阿里浩平訳
柘植書房　1984.6　221p　20cm
（Culture critique books）〈クリティー
ク：筑紫哲也, 佐野山寛太〉　1500円

『ギネスブック・オブ・オリンピック』
スタン・グリーンバーグ著　講談社
1984.5　315p　21cm〈日本語版監修：
川本信正〉　1500円　①4-06-201118-2

『オリンピックを過激に楽しむ本―記録破
りのおもしろさ』　きゅーびっく編　ベ
ストブック　1984.4　220p　18cm
（ビッグバードのベストブックス）
750円

『国際政治とオリンピック』　藤原健固著
道和書院　1984.4　307p　22cm〈各章
末：注・文献〉　3300円

『オリンピックの内幕―聖火は永遠か』
ジェフリー・ミラー著, 宮川毅訳　サイ
マル出版会　1980　280p　19cm
1300円

『アマチュアスポーツとオリンピックの将
来』　清川正二著　ベースボール・マガ
ジン社　1976　199p　図　19cm　1800円

『オリンピック紀行』　鈴木良徳著　日本
交通公社　1972　207p　18cm　（ベル
ブックス）　350円

『オリンピック観光訪日旅行記』　坪内忠
治[著]　[サンパウロ]　[坪内忠治]
[1968]　34p　22cm

『オリンピック』　斎藤正躬著　岩波書店
1964　194p　18cm　（岩波新書）

『オリンピック経済診断』　矢野誠也著
通商産業研究社　1964　138p　21cm

『オリンピック―そのすべて』　報知新聞
社　1963　285p　19cm

『オリンピックを楽しむ本―歴史・競技・
常識のすべて』　鈴木良徳編　講談社
1963　259p　18cm　（How to books）
〈付：表1枚〉

『オリンピック』　東竜太郎著　わせだ書
房　1962　271, 72p　20cm

『オリンピック裏話』　鈴木正著　日本体
育社　1956　175p　19cm

『オリンピック』　吉沢廉三郎等絵　講談
社　昭和27　48p　26cm　（講談社の絵
本 71）

『オリンピック大会と日本』　吉住晋策, 石
川太郎共著　万有社　1951　173p　図版
表　18cm

『オリンピックの知識』　野口源三郎著
金子書房　1950　360p　21cm

《クーベルタン, ピエール・ド》
㋫1863年1月1日
㋥1937年9月2日
◇フランスの教育家。留学先の英国でスポー
ツ教育に感銘を受け, 普仏戦争後の祖国の
再建を青年へのスポーツの普及で果たそう
とし, またE.クルティウスの古代オリンピ
ア発掘（1874〜86年）に刺激を受け, 1892年
オリンピア競技復活構想をソルボンヌ大学
で発表。世界各国に働きかけ, 1894年国際
オリンピック委員会（IOC）が成立。1896年
第1回アテネ大会の後, 第2代IOC会長に就
任, 1925年名誉会長となる。男爵

『アジアの相互理解のために』　金香男編
創土社　2014.12　229p　22cm　（シ
リーズ・ワンアジア）　2000円　①978-
4-7988-0219-0
目次 第1章 日中韓の歴史認識をめぐって, 第
2章 アジアにおける平和と共生, 第3章 1937
年をめぐる東アジアの移動とジェンダー, 第
4章 東アジアにおけるエスペラント運動, 第
5章 日本企業による直接投資とアジア地域,

オリンピック

第6章 東アジアの少子高齢化と社会保障, 第7章 西洋から見たアジア—アジアとは何か, 第8章 嘉納治五郎から見たピエール・ド・クーベルタンのオリンピズム, 第9章 アルゼンチンにおける東アジア出身の移民たちの経験

『20世紀特派員 4』 産経新聞「20世紀特派員」取材班著 産経新聞ニュースサービス 1998.10 507p 20cm〈東京 扶桑社（発売）〉 1714円 ⑪4-594-02569-2
内容 産経新聞好評連載中。20世紀の「歴史の現場」を再検証！“ビッグビジネス”と化すスポーツ。「東」と「西」が対立した時代。ハリウッドの光と影。

『スポーツおもしろ史』 大谷要三著
ぎょうせい 1988.10 210p 19cm
1300円 ⑪4-324-01453-1
目次 クーベルタン男爵の苦境時代, オリンピック金メダルの重み, 人力車夫とアマチュア資格, 水泳日本の夜明け—日本泳法からクロールへ, マッターホーンと槍ヶ岳, 運動会への郷愁, 日本人の世界記録, 女子スポーツ驚異の伸び率, マラソン王無念！, 遠くなったウインブルドン〔ほか〕

『オリンピックと近代—評伝クーベルタン』
ジョン・J.マカルーン著, 柴田元幸, 菅原克也訳 平凡社 1988.8 645p 20cm
〈参考文献：p633〜645〉 3900円 ⑪4-582-82366-1
内容 強大なる象徴—オリンピック。国家主義と国際主義の確執に揺れる近代ヨーロッパを舞台に, クーベルタンの内面に展開したドラマが近代オリンピックに結実する様に克明に辿り, オリンピックの〈原型〉を描出するとともに, 新たな視点からそのありかたと哲学を問い直す。《オリンピック論》の決定版。

『オリンピックの回想』 ピエール ド クベルタン［著］, カール・ディーム編, 大島鎌吉訳 新版 ベースボール・マガジン社 1976 209p 肖像 22cm 1500円

『オリンピックの回想』 ピエール・ド・クベルタン著, カール・ディーム編, 大島鎌吉訳 ベースボール・マガジン社 1962 209p 図版 22cm

《サマランチ, ファン・アントニオ》
⊕1920年7月17日
⊗2010年4月21日

◇スペインの外交官, 実業家。1956年スペイン・オリンピック委員となり, ’67〜70年同会長を務める。’66年フランコ政権のスポーツ担当閣外大臣。国際ローラースポーツ連盟副会長時代に, 同連盟事務局長でIOC書記官でもあったオットー・マイヤーと知り合い, その推薦で’66年国際オリンピック委員会（IOC）委員となり, ’70年理事, ’74〜78年副会長。その後, 理事・儀典長を経て, ’80年7月第7代会長に就任。会長就任当時, 五輪は’76年モントリオール五輪の巨額赤字に悩み, 東西冷戦によるボイコット合戦に翻弄されるなど存亡の危機に直面していたが, ’84年ロス五輪で民営五輪を成功させたユベロス組織委会長との出会いを転機に, 商業主義へと舵を切る。’88年ソウル五輪では3大会ぶりに東西両陣営の参加を実現させる外交手腕を発揮。’92年には生まれ故郷でのバルセロナ五輪を開催し, 米プロバスケットボールリーグNBAのスター選手を五輪の舞台に登場させることに成功した。2000年シドニー五輪では開会式での韓国, 北朝鮮の同時行進を実現させる。会長在任中は, “五輪マーク”を商品化し, 巨額のテレビ放映権料やスポンサー料を集めるなど徹底した商業主義を導入。“五輪ブランド”の確立に力を注ぎ, 財政基盤を立て直して“五輪中興の祖”と呼ばれた。大会の肥大化も推し進め, テニスを復活させ, 卓球, ビーチバレー, スノーボードなどを採用。アマチュアリズムが原点だった五輪をプロが集う最高峰の祭典に変えた。また多くの委員を自らの推薦で選んで影響力を増大させ, 定年規定を2年引き上げるなどして長く会長に君臨。“サマランチ王朝”の異名を取る強大な組織を作り上げた。一方, 商業主義に走り始めたロス五輪以降, 各国の五輪招致合戦に拍車がかかり, 1998年12月には, 2002年ソルトレークシティ五輪招致委員会によるIOC委員への買収工作が明るみとなる。’99年1月疑惑の対象となった委員6人の罷免を発表, 自らも批判の的となるが, 会長職に留まり, 同年3月IOC臨時総会で信任。2001年7月終身名誉会長に退く。2004年国際オリンピックアカデミーから特別表彰を受けた

『IOC—オリンピックを動かす巨大組織』
猪谷千春著 新潮社 2013.2 221p

20cm〈文献あり〉 1400円 ①978-4-10-333491-0

内容 東京五輪は実現するか？ 開催地はいかに決まるのか？ 多くのナゾと誤解に満ちたIOCの全貌を、30年にわたり委員として活躍した著者が明かす。

『オリンピック革命—サマランチの挑戦』
デヴィッド・ミラー著, 橋本明訳 ベースボール・マガジン社 1992.8 357p 22cm 3000円 ①4-583-02996-9

内容 冷戦、民族紛争、人種問題、そしてスポーツの商業化。本書にはこれら近代オリンピックが抱えるすべての問題が提示され、これらの解決にIOCが、いかに努力しているかが描かれている。

《竹田 恒徳》 たけだ・つねよし
⑭明治42年（1909年）3月4日
⑫平成4年（1992年）5月11日
◇皇族。竹田宮恒久王の長男で、母は明治天皇の第六皇女・昌子。昭和5年陸軍騎兵少尉に任官。馬術を得意として陸軍馬術学校の教官も務めた。14年大本営参謀、18年陸軍中佐に進級、同年関東軍参謀、20年第一総軍参謀。戦後は皇籍を離れ、日本馬術連盟会長、日本スケート連盟会長、日本オリンピック委員会（JOC）委員長など、スポーツ界の中枢で活躍。42～56年国際オリンピック委員会（IOC）委員。59年にはサラエボ五輪の日本選手団団長を務めた

『雲の上、下思い出話—元皇族の歩んだ明治・大正・昭和』 竹田恒徳著 東京新聞出版局 1987.10 246p 20cm〈著者の肖像あり〉 1200円 ①4-8083-0254-3

内容 明治、大正、昭和の元宮家の典雅な生活、いくたびも死線を越えた軍隊時代、終戦秘話、戦後のスポーツ界への貢献…つねに歴史の転換点に立って日本の進路を見つめ続けてきた著者が、激動の時代に生きた体験を淡々とつづる。皇族・軍人・スポーツマンとして波乱の現代日本を凝視した自伝。

『私の肖像画—皇族からスポーツ大使へ』
竹田恒徳著 恒文社 1985.7 287p 21cm〈著者の肖像あり〉 1800円 ①4-7704-0613-4

『菊と星と五輪—皇族からスポーツ大使へ』

竹田恒徳著 ベースボール・マガジン社 1977.4 342p 図版［18］枚 27cm〈年譜あり〉 18000円

《田畑 政治》 たばた・まさじ
⑭明治31年（1898年）12月1日
⑫昭和59年（1984年）8月25日
◇水泳界指導者, 新聞人。東京朝日新聞社に入り、昭和17年政治経済部長、20年編集局次長を経て、22年取締役東京代表、常務となり、26年退社。一方、一高時代から日本水泳界の指導陣となり、大正13年の日本水泳連盟の創設に参加。昭和7年のロサンゼルス五輪では水泳チーム総監督として“水泳ニッポン”の名をとどろかせた。戦後の21年から10年間は日本水泳連盟会長として古橋、橋爪選手らによる水泳日本の黄金時代を築き、この間、ヘルシンキ五輪、メルボルン五輪では選手団団長を務める。その後、東京五輪の招致に努め、組織委事務総長としてその成功に貢献し、46年から日本体育協会副会長。48年JOC委員長に就任した後は中国のIOC復帰に尽力した

『金栗四三と田畑政治—東京オリンピックを実現した男たち』 青山誠著 KADOKAWA 2018.9 221p 15cm（中経の文庫） 650円 ①978-4-04-602311-7

内容 昭和39年（1964）10月10日、快晴の空に五輪のマークが飛行機雲で鮮やかに描き出された。ついにオリンピックが東京にやって来たのだ。日本人初のオリンピック選手（マラソン）・金栗四三と、招致活動で陣頭指揮を執ってきた日本初のオリンピック開催のキーマン・田畑政治は特別な思いで、この日を迎えていた―。二人の熱い男たちの魂が、オリンピックをめぐって交錯する感動のストーリー。

『田畑政治—五輪一筋 この男の生きざまを見よ』 松尾良一著 浜松 田畑政治を顕彰する会浜松 2018.8 246p 20cm〈文献あり 年譜あり〉 1380円 ①978-4-9908359-2-7

『評伝田畑政治—オリンピックに生涯をささげた男』 杢代哲雄著 新装版 国書刊行会 2018.6 289p 19cm〈年譜あり〉 1300円 ①978-4-336-06267-3

内容 戦前・戦後と日本のスポーツ界の発展

に尽力し、1964年の東京オリンピック招致
を成功に導いた田畑政治。その最も身近に
接してきた著者が、『田畑政治オリンピック
回想録』出版に向けて田畑政治みずからが
語った原稿を元に、オリンピックに生涯を
ささげたその熱い生きざまを描く。

『**評伝田畑政治**』 杢代哲雄著 国書刊行
会 1988.12 289p 20cm〈田畑政治の
肖像あり〉 2000円

『**人間田畑政治—オリンピックと共に五十
年**』 ベースボール・マガジン社編
ベースボール・マガジン社 1985.8
391p 22cm〈田畑政治の肖像あり 田
畑政治氏年譜：p387〜391〉 3500円
①4-583-02543-2

《**鄭 周永**》 チョン・ジュヨン

㊉1915年11月25日

㊢2001年3月21日

◇韓国の実業家、政治家。一代で身をおこし、
傘下企業40社を超す現代グループを韓国最
大の企業集団（財閥）に育て上げた。1981年
ソウル五輪組織委副委員長、'82〜84年大韓
体育会会長、'89年韓ソ経済協力委員会会長
を歴任

『**韓国経済を創った男—現代グループの祖
鄭周永伝**』 朴正雄著、本田務、青木謙介
訳 日経BP社 2004.10 341p 20cm
〈年譜あり 発売：日経BP出版セン
ター〉 1700円 ①4-8222-4424-5

内容 無謀とも思える行動力で、建設、造船、
自動車の各事業を軌道にのせ、オリンピッ
クを招致し、南北統一に尽力した反骨の経
営者鄭周永の生涯。

『**危機こそ好機なり—21世紀アジアの挑戦**』
鄭周永著、金容権訳 講談社 2000.1
295p 20cm〈共同刊行：講談社イン
ターナショナル 年譜あり〉 1800円
①4-06-209789-3

内容 「牛1001頭」を率いての北朝鮮訪問、金
剛山観光開発などで世界に知られる鄭周永
氏は、無から出発し、韓国最大の企業グルー
プ「現代」を一代にして築き上げた風雲児
である。鄭氏がいなかったならば、韓国の
戦後の経済発展は、数十年は遅れていただ
ろう、と言われる。本書は、絶えざる努力
の中から、斬新なアイデアを次々と生み出

し、絶体絶命の危機を必ず好機へと変えて
きた人物が、「正しい信念をもって努力すれ
ば必ず成功する」と、体験的・人生哲学を
明かす。日本と韓国、その「近くて遠い国」
が「近くて親しい国」になってこそ、21世
紀は「アジアの時代」となる。

《**堤 義明**》 つつみ・よしあき

㊉昭和9年（1934年）5月29日

◇実業家、小説家。西武鉄道の創立者・堤康次
郎の三男で、流通グループの総帥・清二を
異母兄に持つ。父に後継者に指名され、昭
和32年国土計画（平成4年コクドに改称）に
入社、代表取締役。父の死の翌年である40
年社長に就任、平成7年会長。平成元年〜2
年JOC会長（のち理事を経て、名誉会長）、4
年アルベールビル五輪団長の他、スポーツ
関係の役職を数多く務める

『**堤義明との5700日戦争**』 岩田薫著 緑
風出版 2005.11 221p 20cm 1700円
①4-8461-0519-9

内容 著者が軽井沢に移り住み、ゴルフ場建設
計画に真っ向から反対したことから始まっ
た堤義明を総帥とするコクド、西武グルー
プとの戦争。闘いは、オリンピック招致と
長野新幹線反対闘争から、別荘疑惑、株偽
装問題告発へと続き、遂に堤義明を逮捕へ
と追い込んだ。家宅捜索を受け、手探り状
態の中で、ひとりの市民として孤軍奮闘し
た5700日に及ぶ壮絶な闘いの記録。

『**巨人帝国崩壊—スポーツの支配者たち**』
谷口源太郎著 花伝社 2005.10 260p
20cm〈東京 共栄書房（発売）〉 1800円
①4-7634-0450-4

内容 プロ野球を崩壊させるナベツネの悪あが
き。堤義明の野望と挫折。ゼニと日の丸の
スポーツ大国幻想。スポーツの現状を斬る。

『**堤義明とオリンピック—野望の軌跡**』
谷口源太郎著 三一書房 1992.7 213p
19cm 1400円 ①4-380-92235-9

内容 長野冬季オリンピック決定の裏に、サマ
ランチIOC会長買収工作があった。日本の
スポーツ界にドンとして君臨するまでの堤
の野望の軌跡を徹底的に追求する。

《**西田 信一**》 にしだ・しんいち

㊉明治35年（1902年）10月15日

㊢平成15年（2003年）4月10日

◇政治家。昭和22年北海道議、31年以来自民党より参院議員当選3回。この間、第3次佐藤内閣北海道開発庁長官兼科学技術庁長官、原子力委員会委員長、札幌オリンピック担当相など歴任。平成2年退任

『その男西田信一』　辻俊一著　グリーン書房　1977.10　497p　19cm〈西田信一年表：p.483〜494〉　1300円

《盧　泰愚》　ノ・テウ

㊎1932年12月4日

◇韓国の政治家、軍人。1968年韓国陸軍首都師団大隊長官、74年空輸特戦旅団長、79年師団長、首都公安司令部長官。同年12月全斗煥少将主導の"粛軍クーデター"に師団長として参加。83〜85年ソウル五輪組織委員長を務めた。84年10月大韓体育会会長兼大韓五輪委員長に就任。88年2月第13代大統領に就任。同年9月ソウル五輪開会宣言を行う

『盧泰愚─壁を越えて─和合と前進』　李敬南著、姜尚求訳　冬樹社　1988.12　254p　19cm〈盧泰愚の肖像あり〉　1300円　①4-8092-5406-2

　内容　「全斗煥氏一家不正疑惑」に揺れる韓国民主化の行方は？　6・29宣言からソウルオリンピックまでの激動の時代を背景にした盧泰愚大統領の人間像とビジョン！

『普通の人びとの時代─韓国民主化宣言』　盧泰愚著、鄭淳日訳　サイマル出版会　1988.2　238p　19cm〈著者の肖像あり〉　1300円　①4-377-30776-2

　内容　世界が韓国を注目している。私心を捨てて韓国の「民主化宣言」を誓った盧泰愚新大統領の呼びかけは、韓国の流れを変えた。韓国は爆発的経済躍進をし、ソウル・オリンピックを歴史的契機として、磐石の民主国家を創る新しい時代を迎えようとしている。「民主化の新時代」を呼びかける盧大統領のビジョンとアピール─この本は、その具体的設計と実践内容を鮮明にし、大反響をよんだベストセラーの邦訳である。

《朴　世直》　パク・セジク

㊎1933年9月18日

㊡2009年7月27日

◇韓国の政治家、軍人。1986年ソウル五輪組織委員長に就任し、'88年9月ソウル五輪を平和裡に成功させ世界に名を馳せた

『韓国のニューリーダー』　趙甲済著、黄民基訳　講談社　1990.6　236p　18cm（講談社現代新書）　550円　①4-06-149009-5

　内容　争乱と独裁の国から、幾多の曲折を経ながら政治的民主化へ。めざましい工業発展と技術革新により、アジアNIESの旗手へ。かつてのイメージを一新して、転換と躍進をとげつつある韓国。政・官・財界から文化界まで、新時代をリードする指導者たちの活躍を、韓国を代表するジャーナリストが活写する。

《森　喜朗》　もり・よしろう

㊎昭和12年（1937年）7月14日

◇政治家。学生時代はラグビー選手。サンケイ新聞記者を経て、昭和44年衆院議員に当選。以来14選。文教部会長、福田内閣の官房副長官、第二次中曽根内閣の文相を経て、平成3年党政調会長、4年宮沢改造内閣の通産相、5年党幹事長、7年社会党村山連立改造内閣の建設相に就任。のち党総務会長。10年再び党幹事長。同年12月三塚派を継ぎ、森派の領袖となる。17〜23年日本体育協会会長。他に日本ラグビーフットボール協会会長、日本オリンピック委員会理事、スポーツ議員連盟会長。26年東京オリンピック・パラリンピック競技大会組織委員会会長に就任

『遺書─東京五輪への覚悟』　森喜朗著　幻冬舎　2017.4　235p　20cm　1500円　①978-4-344-03098-5

　目次　第1章 私と東京オリンピック─招致活動から組織委会長へ（メダリストのパレードの陰で、JOCではオリンピック招致はできない ほか）、第2章 すべてラグビーから学んだ（スポーツと父の教え、小学生時代は野球に夢中 ほか）、第3章 ラグビーW杯の招致と期待（大西先生からの手紙、非業の死 ほか）、第4章 マスコミにあれこれ書かれたけれど（かえって政治不信を拡大、国歌独唱か斉唱か ほか）、第5章 小池流「見直し」とは何だったのか（オリンピックを冒瀆してはいけない、お粗末だった上山「提言」ほか）、緊急追記（二〇一七年三月二十六日）

『日本政治のウラのウラ─証言・政界50年』　森喜朗著、田原総一朗聞き手　講談社　2013.12　341p　20cm　1700円　①978-4-06-218755-8

強化　　　　　オリンピック

|内容|政治とは何か？　交渉とは何か？　派閥とは何か？　盟友・田原に、腹を割って語った歴史的記録。政治史を書き換える一冊。

『ノーサイドの心―日本の未来をラグビーが救う』　森喜朗著　小学館　2010.2
207p　19cm〈文献あり〉　1300円
①978-4-09-840117-8
|内容|2019年、ラグビーワールドカップ日本開催決定。7人制ラグビーが夏期オリンピック正式種目に採用。小学校の体育授業にタグラグビーが推薦…注目を集めている「ラグビー」の魅力を、日本ラグビー協会会長で元内閣総理大臣の著者が子育てのあり方、教育論とともに熱く語る。

《ユベロス, ピーター》

⊕1937年9月2日
◇米国オリンピック委員会（USOC）会長, ロサンゼルス五輪組織委員会委員長。米国の水球代表として1956年のメルボルン五輪を目指すが落選。'79年ロス五輪組織委員長に就任。'84年史上初の民営五輪を成功に導き、米誌「タイム」をはじめ数誌の"マン・オブ・ザ・イヤー"に選ばれた

『ユベロス―明日を拓くわが起業家魂！』
ピーター・ユベロス著, 竹村健一訳　講談社　1986.11　426p　20cm　2200円
①4-06-202893-X
|内容|小さなオフィス、電話ひとつに相棒ひとり、100ドルのポケットマネー…やがて暗雲たちこめる米ソ両政府のかけひき、マスコミの圧力、私利私欲のオリンピック・ファミリー。八方塞がりの状況下で、7万2000人のスタッフを動かし、2億1500万ドルの記録的黒字を生んだ不屈のヒーロー、ユベロスの五輪成功への道。

## 強化

『POWERフレーズ―Only oneを支える言葉』　日本テレビ「POWERフレーズ」編　世界文化社　2018.2　191p
19cm　1300円　①978-4-418-18202-2
|内容|五輪メダリストの「心のあり方」「生き方」を大きく変えた金言。心理学者が五輪選手の力言葉を読み解く。日本テレビPOWERフレーズ、待望の書籍化！

『ヘッドコーチに委ねよ―部下が進んでついてくる―流リーダー7つの技術』　児玉光雄著　メディアソフト　2016.12
207p　19cm〈文献あり　著作目録あり　発売：三交社〉　1300円　①978-4-87919-866-2
|内容|北海道日本ハムファイターズ栗山監督に学ぶ、部下の力を引き出すリーダーの技術。2016リオ五輪を戦った名コーチ、その言葉が選手を変えた。読んで一流のリーダーになる！

『人はなぜ挑み続けるのか？―逆境を乗り越えるための哲学100 TBS「バース・デイ」オフィシャルブック』　TBS「バース・デイ」「プロ野球戦力外通告」取材班編　ミライカナイブックス
2015.12　221p　19cm　1380円　①978-4-907333-06-5
|内容|夢を抱き、戦いに挑み、過酷な現実に直面した者たちよ。過去の自分を突き破り未知なる自分を呼び醒ませ！TBS「バース・デイ」公式名言集。

『残念なメダリスト―チャンピオンに学ぶ人生勝利学・失敗学』　山口香著　中央公論新社　2015.9　189p　18cm　（中公新書ラクレ 539）　780円　①978-4-12-150539-2
|内容|真央、なでしこ、錦織ら現役スターから、柔道の嘉納治五郎・山下・篠原、「東洋の魔女」らのレジェンドまで、本物のチャンピオンの資格を問う。メダリストになっていい人、悪い人とは？JOC理事として東京五輪に注力し、柔道界の改革にも邁進する「女三四郎」からの問題提起。

『勇気がもらえる145の言葉　2　トップアスリート109人はそのとき…』　テレビ朝日『GET SPORTS』編　講談社
2013.11　191p　18cm〈索引あり〉
1000円　①978-4-06-216892-2
|内容|「自分自身に求めているのは、1対1で勝つか負けるか」―香川真司、「苦しくなったら私の背中を見て」―澤穂希、「焦りが生まれたとき、それをどう払い去るかが大切」―高橋大輔、「今は本当に苦しい時期ですけど、意味のないことはまったくない」―田中将大、入江陵介、内田篤人、坂本勇人、羽生結弦、吉田沙保里ほか、勝負にかける選手たちの思い。

オリンピック　　　　　　　　　　　　　　　　　　　　強化

『勇気がもらえる145の言葉　2　トップア
　スリート109人はそのとき…』　テレビ
朝日『GET SPORTS』編　講談社
2013.11　191p　18cm〈索引あり〉
1000円　①978-4-06-216892-2
内容　「自分自身に求めているのは、1対1で
　勝つか負けるか」─香川真司、「苦しくなっ
　たら私の背中を見て」─澤穂希、「焦りが生
　まれたとき、それをどう払い去るかが大切」
　─高橋大輔、「今は本当に苦しい時期ですけ
　ど、意味のないことはまったくない」─田
　中将大、入江陵介、内田篤人、坂本勇人、羽
　生結弦、吉田沙保里ほか、勝負にかける選
　手たちの思い。

『女性アスリートは何を乗り越えてきたの
　か』　読売新聞運動部著　中央公論新社
2013.7　228p　18cm（中公新書ラクレ
459）　780円　①978-4-12-150459-3
内容　「生理がほとんど来ないんです」（20代
　体操競技）。減量による体の異変、妊娠、婦
　人科系の病気、監督による暴力…栄冠の裏
　でアスリートは、女性特有の悩みとどう向
　き合っているのか？　知られざる彼女らの心
　身に迫る！　女子チームを導いた佐々木、真
　鍋両監督の対話、五輪経験のあるアスリー
　ト3名の豪華鼎談も収録。

『マイナスをプラスに変える行動哲学─答
　えは自分の中にある。』　白石康次郎著
生産性出版　2013.6　214p　19cm〈文
献あり　年譜あり〉　1300円　①978-4-
8201-2017-9
内容　白石康次郎＆現役大学生が、5人のアス
　リートから未来を見いだす！

『いつも「本番に強い人」の心と体の習慣
　─トップアスリートに学ぶ「負けない自
　分」のつくり方』　小松裕著　日本文芸
社　2012.7　215p　19cm　1400円
①978-4-537-25950-6
内容　内村航平、田中理恵、吉田沙保里、浜口
　京子、WBC（ワールド・ベースボールクラ
　シック）日本代表チーム、女子ソフトボール
　日本代表チームなどをみてきたスポーツ
　ドクターが明かす、トップアスリートたち
　の知られざる調整術。なぜトップアスリー
　トは、プレッシャーを「力」に変えられる
　のか。

『金メダル遺伝子を探せ』　善家賢［著］

角川書店　2012.7　305p　15cm（角川
文庫ん4-1）〈2010年刊の加筆, 修正
文献あり　発売：角川グループパブリッ
シング〉　629円　①978-4-04-100374-9
内容　なぜ100m走はジャマイカ系スプリン
　ターが強く、マラソンはケニアやエチオピ
　アなどの東アフリカのランナーが強いのか
　─。世界トップアスリートのDNAを集めた
　英国研究者の調査で「金メダル遺伝子」と
　も呼ぶべき遺伝子の存在が明らかになった。
　今、全世界で進む、アスリートたちのDNA
　解析。最先端の科学技術はスポーツ界に何
　をもたらすか？　そして日本はこの流れの中、
　どこを目指すのか。

『対論勝利学──流アスリートに学ぶ"勝つ
　極意"』　二宮清純著　第三文明社
2012.7　223p　19cm　1200円　①978-
4-476-03314-4
内容　オリンピック代表選手ら17人と語る熱き
　"勝利への意思"。

『ヘタな人生論よりトップアスリートの名
　言』　児玉光雄著　河出書房新社
2012.7　205p　19cm〈文献あり〉　1200
円　①978-4-309-20598-4
内容　今をときめく12人のアスリートが発した
　言葉は、毎日を真剣に生きる私たちを励ま
　し、明日への勇気をくれる。彼らは、最初
　からトップで活躍できたのではない。負け
　や失敗、壁を乗り越えて成長してきたのだ。
　もがき苦しみぬいて壁を突破してきた者た
　ちがふと口にした黄金のひと言。

『少年ジャンプ勝利学─金メダルに必要な
　ことはみんなマンガから教わった』　門
脇正法著　集英社インターナショナル
2012.6　197p　20cm〈発売：集英社〉
1300円　①978-4-7976-7224-4
内容　「友情」「努力」「勝利」が未来を拓く。トッ
　プアスリートたちはなぜ「ONE PIECE」を
　愛読するのか？　少年ジャンプ人気企画『ジャ
　ンスタ』筆者が解き明かすマンガとスポー
　ツの驚くべき関係。

『女子の〈底力〉の引き出し方─金メダル監
　督の最強人材育成メソッド』　吉井妙子
著　フォレスト出版　2012.6　221p
19cm〈文献あり〉　1400円　①978-4-
89451-511-6
内容　「横から目線」で語りかける・佐々木則夫

オリンピックの本3000冊　15

（サッカー）、徹底分析したデータで個人の役割を説く・眞鍋政義（バレーボール）、「10人いれば10通りの接し方」をする・小出義雄（マラソン）、選手の個性を尊重し、自分で考えさせる・斎藤春香（ソフトボール）、泣きだした子にはより非情になる・井村雅代（シンクロ）。栄光をつかんだ名監督から学ぶ最強の人材育成術。

『メダリストの言葉はなぜ心に響くのか？』
青島健太著　フォレスト出版　2012.6
216p　18cm　（Forest 2545 Shinsyo
062）〈文献あり〉　900円　①978-4-
89451-862-9
内容 オリンピックを熱くする24の名言―。歓喜の瞬間、勝者は何を語ったのか？　敗者は失意の底で何を思ったのか。

『メダリストの言葉はなぜ心に響くのか？』
青島健太著　フォレスト出版　2012.6
216p　18cm　（Forest 2545 Shinsyo
062）〈文献あり〉　900円　①978-4-
89451-862-9
内容 オリンピックを熱くする24の名言―。歓喜の瞬間、勝者は何を語ったのか？　敗者は失意の底で何を思ったのか。

『人生の糧となるアスリート100人の言魂―勝つための真理がわかる五輪の言葉：勝言 VOL.2』　アスリート言魂研究会著
笠倉出版社　2012.4　239p　19cm〈文献あり〉　800円　①978-4-7730-8607-2
目次 第1言 金メダリスト―頂点に立った勝者たちが残した偉大なる言魂、第2言 銀メダリスト―世界一を争った誇り高き者たちの熱き言魂、第3言 銅メダリスト―さらなる高みを目指し続ける挑戦者たちの言魂、第4言 ノーメダリスト―諦めない心を教えてくれる強者たちの言魂、第5言 サッカー―悲願のメダル達成が期待される人気球技選手たちの言魂、第6言 世界のメダリスト―歴史に名を刻む一流アスリートたちの言魂、第7言 指導者たち―ビジネスに役立つ人材育成スペシャリストたちの言魂

『元気がでる日本人100人のことば　4　いつも全力で―スポーツ』　晴山陽一監修
ポプラ社　2012.3　47p　27cm　2800円
①978-4-591-12795-7
目次 澤穂希（サッカー選手）「苦しいときはわたしの背中をみなさい。」、長友佑都（サッカー選手）「人生は一度きりなので、チャレ

ンジという気持ちがあります。」、石川遼（ゴルフ選手）「いま、うまくなくても、将来うまくなれればいいと思います。」、北島康介（水泳選手）「もう1回この舞台に立てたことといちばん高い所に登れることに、本当にみなさんに感謝しています。」、内村航平（体操選手）「自分の実力、自分はここまでできるんだと世界にアピールしたかった。」、吉田沙保里（レスリング選手）「ライバルが近くにいてくれたおかげで、すごく成長させてもらいました。」、福見友子（柔道選手）「自分をみつめ直そう。自分と会話しよう。」、太田雄貴（フェンシング選手）「変わるじゃなくて、変える。」、竹下佳江（バレーボール選手）「人とのつながりが微妙に作用します。いい結果を出すには、テクニックだけではダメですね。」、高橋尚子（元マラソン選手）「自分の手が届く範囲内のことをひとつずつ着実にやっていけば、どんなに高い壁でも乗り越えられる。」〔ほか〕

『勝利をよぶ身体―誰も解き明かせなかった最強格闘家11人の「極意」』　高岡英夫著　講談社　2010.12　255p　20cm
〈文献あり〉　1700円　①978-4-06-216686-7
内容 技術、パフォーマンス、能力と、それが完成していくプロセスの間には、その両者の懸隔を埋める「何か大きな世界」がある。あの格闘家の「強さの秘密」「至高のパフォーマンス」を独自の視点で解き明かす。

『金メダル遺伝子を探せ！』　善家賢著
角川書店　2010.11　253p　20cm〈文献あり〉　発売：角川グループパブリッシング〉　1400円　①978-4-04-885078-0
内容 北京オリンピック・男子一〇〇メートル決勝。ジャマイカのウサイン・ボルト選手が九秒六九という驚くべき記録を打ち立てた時、誰もがこう思ったに違いない。「なぜ、あれほど速く走れるのか？」トレーニング法？　走法？　それとも食事？　しかし、本当にそれだけなのだろうか？　今、科学がその謎に迫ろうとしている。遺伝子研究のもたらす可能性とその問題をあぶりだす、エキサイティングなスポーツ科学ノンフィクション。

『トップアスリート天使と悪魔の心理学』
ポール・ゴーガティ,イアン・ウィリアムソン著,影山みほ他共訳　東邦出版
2010.9　207p　19cm〈文献あり〉　1500

円 ①978-4-8094-0886-1
内容 いかなる幼児体験が、「天才」を育んだのか。勝利依存症ともいえる天才たちの精神的な核に迫る。

『勝つ！ ひと言―名監督・コーチの決めセリフ』 山田ゆかり著 朝日新聞出版 2010.6 191p 18cm （朝日新書 243）〈並列シリーズ名：Asahi Shinsho〉 700円 ①978-4-02-273343-6
内容 監督・コーチはどんな言葉で、選手を奮い立たせ、追い込まれて不利になった試合状況を立て直していくのか？ また、日頃の練習では何を語っているのか？ 歴戦の指導者が磨いた「寸鉄のひと言」を検証し、勝負に向かってリーダーが部下を動かす秘訣をさぐる。

『もしも子供から『スポーツ選手になりたい!!』と言われたら―成功するアスリートを育てる方法』 アスリートライフ研究班編 泰文堂 2010.3 191p 19cm〈文献あり〉 1200円 ①978-4-8030-0193-8
内容 野球、サッカーだけではなくゴルフ、相撲、競馬、競輪なども億単位を稼ぎ出すプロスポーツである。世界を舞台にすれば、テニス、ボクシング、F1、自転車競技、などでも億単位を稼ぐアスリートはたくさんいる。成功するプロスポーツにはどんなものがあるのか、どんな道を歩めばなれるのか。まず、親が知らなければ子どもは夢さえも見ることはできない。「できない」「無理だ」と親が諦めていないだろうか。子供の夢を実現させる術がここにある。

『こころを育てる魔法の言葉 1 夢をかなえる言葉』 中井俊已文、小林ゆき子絵 汐文社 2010.2 71p 22cm 1500円 ①978-4-8113-8671-3
内容 より良く、生きるためのはげましのメッセージ。三十三の「夢をかなえる言葉」を紹介。

『心に響くあの人のことば 1 自分をはげます。』 押谷由夫監修 学研教育出版 2010.2 43p 29cm〈述：高橋尚子他 文献あり 発売：学研マーケティング〉 2800円 ①978-4-05-500734-4
目次 高橋尚子―「すごく楽しい12キロでした」、荒川静香―「私の気持ちが「結果」で

した」、本田宗一郎―「チャレンジしての失敗を恐れるよりも、何もしないことを恐れろ」、武豊―「挑み続ける者に、限界はない」、北島康介―「努力は裏切らない」、俵万智―「人生にはいろんなものさし、いろんな価値基準がある」、王貞治―「この一球は二度とない。結果は自分でつかむしかない」、末續慎吾―「世界一工夫した練習をやるのではなく、工夫した練習を世界一やってきた」、宮里藍―「4年が長かったとは思いません。それがわたしの時間のかかり方だったのかなと」〔ほか〕

『心に響くあの人のことば 2 悩みを解決する。』 押谷由夫監修 学研教育出版 2010.2 43p 29cm〈述：中村俊輔他 文献あり 発売：学研マーケティング〉 2800円 ①978-4-05-500735-1
目次 中村俊輔―「くやしいと思ったら、また強くなれる」、岡本真夜―「涙の数だけ強くなれるよ」、高橋大輔―「自分で変えられないものを受けいれて、変えられるものを変えていくしかない！」、相田みつを―「つまづいたっていいじゃないかにんげんだもの」、吉田沙保里―「わたしは勝ち続けることで成長したんじゃなく、負けて強くなってきたんです」、中田英寿―「自分にできることを積み重ねていけば、必ず流れが変わる」、竹下佳江―「負け犬のまま終わりたくなかった」、冨田洋之―「勝とうと思って演技してないです。結果は全部あとからなんです」、田中マルクス闘莉王―「闘う気力がなくなったら、あした選手を辞めてもいい」、有森裕子―「自分で自分をほめたいと思います」〔ほか〕

『心に響くあの人のことば 3 夢と希望があふれる。』 押谷由夫監修 学研教育出版 2010.2 43p 29cm〈述：松坂大輔他 文献あり 発売：学研マーケティング〉 2800円 ①978-4-05-500736-8
目次 松坂大輔―「目標がその日その日を支配する」、野口聡一―「みんな、『やれば、できる』よ。『やったら、できた』ぼくが言うんだから間違いない」、緒方貞子―「『何でも見てやろう』『何でもしてやろう』という姿勢を意識的に持ってもらいたい」、瀬川晶司―「あきらめなければ、必ず夢はかなう」、石川遼―「急がば回るな」、植村直己―「私の夢は夢を呼び起こし、無限に広がる」、中澤佑二―「過去は変えられない。未来は変

強化　　　　　オリンピック

えられる」、山口絵理子―「この地に、希望
の光を灯したい」、上野由岐子―「この試合
に勝つために人生のすべてをかけてきた」、
高村光太郎―「僕の前に道はない僕の後ろ
に道は出来る」〔ほか〕

『心に響くあの人のことば　4　仲間を思い
やる。』　押谷由夫監修　学研教育出版
2010.2　43p　29cm〈述：松井秀喜他
文献あり　発売：学研マーケティング〉
2800円　①978-4-05-500737-5
　目次　松井秀喜―「僕の財産は、間違いなく友
だちだと思う」、村主章枝―「私は生きてい
るのではなく、生かされているんだと、つ
くづく思います」、アグネス・チャン―「心
が通じ合う友だちは、人生で一人か二人し
かいなくて普通です」、野口健一―「一人の
力は小さくても、みんなの力を合わせれば、
大きな力が生まれる」、千住真理子―「衝突
するほど言い合って後にくる理解は、必ず、
友情の絆を強く永遠のものにしてくれる」、
やなせたかし―「みんなよろこばせごっこ
をして生きている」、杉原千畝―「苦慮の揚
げ句、私はついに人道主義、博愛精神第一
という結論を得ました」、マザー・テレサ―
「私たち人間にとって最も不幸なことは、貧
しさや飢えによって死ぬことではなく、だ
れからも相手にされないことです」、河合純
一―「夢は一人で輝くものではない。みん
なと一緒に、『輝かせて』こそ、真の夢の実
現の喜びがあるのだ」、小出義雄―「この子
は人がいい仕事をしたときに、同じく自分
で喜べる心を持っているんですよ」〔ほか〕

『「才能」の伸ばし方―五輪選手の育成術に
学ぶ』　折山淑美著　集英社　2009.10
231p　18cm　（集英社新書　0512E）
720円　①978-4-08-720512-1
　内容　世界の舞台で戦う五輪選手の傍らには、
卓越したコーチがいる。コーチとは、単な
る技術指導者ではない。厳格な父親であり、
アメとムチを使い分ける熟練の教師であり、
目標設定に長けた戦略家であり、そして、気
のおけない相談相手である。競技スポーツ
という繊細な世界で、彼らは、様々な年代
や性格の選手たちの「才能」をどのように
開花させているのか。北島康介、太田雄貴、
吉田沙保里らのコーチが、体験に基づく自
らの指導メソッドを披露する。「育成」にま
つわるヒントが満載。

『「トップアスリート」名語録―頂点を極め

た彼らは、その時何を語ったか』　桑原
晃弥著　PHP研究所　2008.8　253p
15cm　（PHP文庫）〈文献あり〉　552円
①978-4-569-67012-6
　内容　イチロー、谷亮子、北島康介、マイケル・
ジョーダン…。彼らが放つ独創的な言葉の
数々は、プレー同様、我々を魅了してやま
ない。本書は、古今東西のトップアスリー
トや指導者248人の中から、歴史に刻まれた
306の名言を紹介し、解説を加えた。「私の
頭でなく、自分の頭で考えなければならな
い」（イビチャ・オシム）など、スポーツの名
言から「人生とビジネス」のヒントを学ぶ。

『時速250kmのシャトルが見える―トップ
アスリート16人の身体論』　佐々木正人
著　光文社　2008.7　226p　18cm　（光
文社新書）　740円　①978-4-334-
03464-1
　内容　スポーツを論じるには二つの語り方が
ある。一つはアスリートの身体に焦点を当
て、どのスポーツにも通じるようなボディ
とマインドのコントロールを中心に語る方
法。今までのスポーツの論じられ方と言え
ば、大部分がこれだった。もう一つは、ア
スリートの身体を取り巻く「環境」に焦点を当
てる語り方。例えば、陸上選手にしか語れ
ない「地面」、水泳選手にしか語れない「水」
を中心化する語り方である。本書では「ス
ポーツの環境」に焦点を当て、生態心理学で
「アフォーダンス」と呼ばれる「環境」の意
味に、第一人者である著者が、北京五輪に
出場する“オグシオ”潮田をはじめアスリー
ト16人のインタビューを通じて肉薄する。

『日本の職人技―松井のバット、藍ちゃん
のゴルフクラブをつくる男たち』　永峰
英太郎著　アスキー　2007.11　190p
18cm　（アスキー新書）　781円
①978-4-7561-5052-3
　内容　世界のトップレベルで競う一流選手たち
の陰には、それを支える究極の道具や技術
がある―。一切の妥協を許さず、その先へ
挑戦し続け、アスリートと真剣勝負する匠
たち10人の物語。野球、サッカー、マラソ
ン、ゴルフ、卓球など、人気のスポーツ界
を舞台に繰り広げられる、もうひとつの頂
点への闘いを描く。

『トップアスリートの決断力』　吉井妙子
著　アスキー　2007.10　263p　18cm

（アスキー新書）　743円　①978-4-
7561-5041-7
内容 華やかに見えるアスリートの世界。しか
し、そのトップで活躍する競技者たちは、こ
れまで人知れず絶望的な挫折や苦悩と闘い、
それを乗り越えてきている。判断を間違え
れば奈落の底に転落してしまうような岐路
で、彼らは、どのような思いで決断をして
きたのか？24人が語る秘められたエピソー
ド。苦境の中で己に克ってきた知恵のエッ
センスが満載。

『叱る言葉』　Frau編集部編　講談社
2007.5　96p　19cm　1143円　①978-4-
06-214022-5
内容 自分を旅した14人のアジアンビューティ
が綴る、言葉の手帳。

『苦難を乗り越える力』　学習研究社
2007.2　175p　22cm　（スポーツ感動物
語10）　1300円　①978-4-05-202714-7
目次 ランス・アームストロング―ガンにも
らった7連覇、板倉美紀―天才少女の瀕死か
らの回帰、江夏豊―江夏が語った21球、ロベ
ルト・クレメンテ―大西洋に散った大リー
ガー、成田真由美―3度の試練を乗り越えた
世界新記録、古賀稔彦―ケガをおして示し
た日本柔道の意地、田臥勇太―173センチの
NBA挑戦、小錦―「伝統」という壁を乗り
越えて、盛田幸妃―脳腫瘍からの奇跡のカ
ムバック、佐藤義則―大地震翌日のオール
スター

『勝利とスポーツマンシップ』　学習研究社
2007.2　175p　22cm　（スポーツ感動物
語9）　1300円　①978-4-05-202713-0
目次 松井秀喜VS明徳義塾―波紋を呼んだ5打
席5敬遠、深浦高校野球部―122対0の青春、
ビリー・ジーン・キング―ラケットで勝ち
取った女性の権利、エリック・ムサンバニ―
希望という名のストローク、2002日韓ワー
ルドカップ―友好とライバルのはざまで、湘
南ベルマーレ・ソフトボールチーム―地域
と作り上げたクラブチーム、清宮ワセダ―
「荒ぶる」復活、バンデルレイ・デリマ―不
運を「感謝」したオリンピック精神、伏見工
業高校ラグビー部―泣き虫先生と落ちこぼ
れ軍団、室伏広治とアドリアン・アヌシュ
―繰り上がりの金メダル

『友情とチームワーク』　学習研究社
2007.2　175p　22cm　（スポーツ感動物

語1）　1300円　①978-4-05-202705-5
目次 カーリング・チーム青森―チームで挑ん
だ大舞台、イエーツ＆シンプソン―運命を
分けたザイル、川口能活＆マリオGKコーチ
―マイアミの奇跡、ニューヨーク・メッツ―
「ミラクル・メッツ」、平尾誠二と大八木淳
史―世界へ羽ばたく黄金コンビ、ダニエル・
D・ルディガー―努力と友情でつかんだウ
イニング・ラン、ブラック・マジック―チー
ムワークで勝ち取ったアメリカス・カップ、
浜田高校野球部―投げられないエースのラ
ストマウンド、西田修平と大江季雄―友情
のメダル、スポーツ名言集―心に残る名言
をもう一度

『アスリートが育つ食卓』　古田靖著　ア
スペクト　2005.10　239p　19cm　1500
円　①4-7572-1179-1
内容 世界レベルのトップアスリートや、トッ
ププロスポーツ選手は子ども時代に何を食
べ、何を親たちから教えられてきたのか―。
日本のトップアスリート24人の両親が語る、
子ども時代の食事と家庭教育のエッセンス。
全選手の大好物、カラーレシピつき。

『五輪の身体』　齋藤孝著　日本経済新聞
社　2004.7　239p　19cm　1300円
①4-532-16477-X
内容 からだの言葉に耳をすますとスポーツ
がもっと面白くなる。人類未踏の感覚を発
見した者が勝利する。「日経ビジネスアソシ
エ」好評連載の単行本化。

『トップ・アスリートの声』　アフロス
ポーツ企画・写真、中川和彦取材・文
二見書房　2004.7　143p　20cm　1300
円　①4-576-04118-5
内容 スポーツを究める！ 魂のことば。あな
たは誰の声に心をゆさぶられますか？ ス
ポーツを愛する人へ―アスリート32人のス
ピリット、技、生きざま。

『彼らの転機―アスリートはここから世界
に挑んだ』　芦田富雄著　日本経済新聞
社　2003.7　281p　19cm　1400円
①4-532-16444-3
内容 日経夕刊好評連載「人間発見」スポーツ
篇。屈辱をバネに、秘かな自信を胸に、彼
らは何を思い、闘う敵はどこにいたのか。

『トップアスリートを創る―日本体育大学
アスリートたちの軌跡』　日本体育大学

強化 オリンピック

学友会運動部編, 宮村淳インタビュー
アー 大修館書店 2002.1 242p
21cm 2000円 ⓘ4-469-26478-4
内容 日本体育大学は一八九三年に体育教員養
成機関「日本体育会体操練習所」としてス
タートした。以来、一〇〇有余年にわたっ
て日本のスポーツの歴史と伝統を刻んでき
た。本学を巣立ち、学校現場に赴任した教
員は正課体育だけでなく、課外スポーツの
指導者として優れたアスリートの育成に努
めている。本書はトップアスリート育成の
ためのノウハウをインタビューでやさしく
語ることを心がけているので、もっと強く
なりたい、もっと速くなりたいと考えてい
る中・高校生にもわかりやすいものとなっ
ている。

『敗因の研究―決定版』 日本経済新聞運
動部編 日本経済新聞社 2002.1 348p
15cm （日経ビジネス人文庫）〈1999年
刊の増訂〉 743円 ⓘ4-532-19104-1
内容 敗者は愚者か？ 勝利を約束されたはず
の者がなぜ敗れ、何を失い、何を手にした
のか―「ドーハの悲劇」「長嶋・巨人ラスト
イヤー」など過酷な勝負の陰の主人公に肉
迫し、内面の苦闘をスリリングに描ききっ
た異色のスポーツノンフィクション。日経
好評連載ベストセレクション。

『女は女が強くする』 井村雅代,宇津木妙
子,五明みさ子著, 山田ゆかり聞き書き
草思社 2001.7 206p 20cm 1400円
ⓘ4-7942-1068-X
内容 シンクロ、ソフトボール、新体操のナ
ショナルチームの女性の名コーチ・監督が
語る女子選手の鍛え方と育て方。

『醒めない夢―アスリート70人が語った魔
法の言葉』 増島みどり著 ザ・マサダ
2000.7 294p 19cm 1500円 ⓘ4-
88397-056-6
内容 高橋尚子・弘山晴美・室伏広治・田臥勇太・
中田英寿など、涙なんかじゃ語れない！ 巨
大な夢と苛酷な現実に立ち向かうアスリー
トたちの肉声を、名手・増島みどりが鮮や
かに再生！ シドニー五輪代表満載。

『敗因の研究』 日本経済新聞運動部編
日本経済新聞社 1999.12 258p 20cm
1500円 ⓘ4-532-16326-9
内容 勝利を約束されたはずの者がなぜ敗れ、
何を失ったか。そして、何を手にしたのか

―第二の敗戦といわれる時代に生きる人た
ちへ勇気を与える28の「メイク・ドラマ」。

『メダルへの伴走者―スポーツ用具開発に
携わる者たちの熱きドラマ』 石田雄太
著 出版文化社 1998.1 240p 19cm
1400円 ⓘ4-88338-122-6
内容 長野、メダルへの挑戦。アトランタの真
実（スポーツノンフィクション）。堀井、清
水のスラップスケート。原田、船木、荻原
のジャンプスーツ。木村公宣のスキー板。
アトランタ、有森たちが履いたスペシャル
シューズ…。熟練の技、最先端の技術力。ス
ポーツ用具開発に取り組む人間たちの、も
うひとつのオリンピック物語。

『勝者の条件―同じ実力がありながら、な
ぜ勝者と敗者に分かれるのか』 島村俊
治著 ごま書房 1996.6 318p 20cm
1600円 ⓘ4-341-17101-1
目次 1 もう一人の自分、2 「運」と「勢い」、
3 自分のやり方、4 決断の時、5 勝利への意
識、6 リーダーの条件

『知ってるつもり?! 10 心やさしき勝利
者たち』 日本テレビ放送網 1993.4
247p 19cm 1100円 ⓘ4-8203-9301-
4
内容 勝つ戦略が優先されるスポーツ界。優し
さをはぐくんだ勝利者がいた。

『勝利への「伴走者」―コーチたちの闘い』
橋本克彦著 時事通信社 1992.9 246p
20cm 1400円 ⓘ4-7887-9227-3
内容 大宅賞作家が描く選手とコーチの人間ド
ラマ。いかにして勝つか、いかに燃焼する
か、いかに成長するか…。夢を共有する二
人の栄光までの軌跡。

『勝つ、スポーツサイエンス』 田中誠一
著 丸善 1992.7 230p 18cm （丸善
ライブラリー 54） 640円 ⓘ4-621-
05054-0
内容 科学的トレーニングとは、単に筋力を
強くしたり、血を増やすことではない。ス
ポーツサイエンスは、精密な西洋の科学と、
「周辺の知識」を取り入れた東洋の科学を巧
みに使い分けた所に成立する。ハンマー投
げの室伏、ゴルフの金井、F1の中嶋、プロ野
球の長嶋、ボクシングの井岡など多くの選
手を育成した著者は、その体験をおりまぜ
ながら、肉体的な面を主体とした「トレー

ニング論」と、目的のために選手の頭脳を変容させる、精神的な要素を重視した「コーチ論」をここに展開する。

『気で生きた人々 続 スポーツ編』 河野十全著 真理生活研究所人間社 1989.9 237p 19cm 1236円 ⓘ4-87008-074-5

内容 絶賛「気で生きた人々」のスポーツ編登場！日頃鍛えた実力を、本番で十分に発揮することこそ、真のスポーツマン。激しい気合い、燃える闘魂は、静かな禅の悟りにも相通ずる。彼らは、いかにして「気」を自分のものとしたか、著名スポーツマンの事績で解明する。

『"負け"を飛躍のバネに！―勝つこと、負けること』 池川禎昭著, 清水広良絵 汐文社 1988.3 141p 22cm （シリーズきみにおくるすばらしいスポーツ） 1200円 ⓘ4-8113-7073-2

内容 スポーツに勝ち負けはつきものです。勝つ者もあれば負ける者もあります。それがなかったら、スポーツは単なる体を動かす運動におわってしまいます。だれもが勝とうと思って一生懸命になっているのですから、試合に負けて涙をのむことも少なくありません。なぜ試合に負けたのか。それを知り、それをさぐることによって新しい技がうまれ、新しいエネルギーがうまれてくるのでしょう。負けるということは、けっしてはずかしいことではありません。次の新しい時代への旗じるしなのですから。

『眼力の研究―勝つためのリーダー学』 北森義明著 リクルート出版 1987.5 221p 19cm 1200円 ⓘ4-88991-076-X

内容 自分を観る、人を観る、戦局を観る！リーダーの熱い"まなざし"のもとで人は育つ。スポーツ界の常勝チームにみる人と組織の活性化。

《大森 兵蔵》 おおもり・ひょうぞう

⑭明治9年（1876年）3月14日
⑫大正2年（1913年）1月15日

◇体育家。明治34年渡米、スタンフォード大学で経済学を学んだ後、国際YMCAトレーニング・スクールにて、当時最新の体育・スポーツを学び、41年帰国。44年嘉納治五郎らと大日本体育協会創設準備会議に参画し、

45年同会総務理事に就任。同年日本がオリンピックに初参加したストックホルム五輪に監督として出場。しかし、その時すでに発病していた肺結核が悪化し、帰途アメリカのパサディナで死去。バスケットボールを初めて日本に紹介したほか、著書を通じて日本人の体格体位の向上に尽くすなど、日本の近代スポーツの先駆的役割をはたした

『白夜のオリンピック―幻の大森兵蔵をもとめて』 水谷豊著 平凡社 1986.9 251p 20cm 1400円 ⓘ4-582-82353-X

内容 その〈旅〉はふと手にした1冊の本から始まった。日本の近代スポーツの先覚者大森兵蔵。若くして異国に斃れた男の"謎の生涯"に迫るスポーツ・ノンフィクション。

《鬼塚 喜八郎》 おにつか・きはちろう

⑭大正7年（1918年）5月29日
⑫平成19年（2007年）9月29日

◇実業家。生家は地元でも有数の素封家・坂口家で、5人きょうだい（男3人女2人）の末っ子。戦後、ビルマに派遣された親友が養子縁組の約束をしていた鬼塚清市より"他に頼る人がいないから面倒を見て欲しい"と頼まれ、やがて親友・上田晧俊中尉の戦死公報が届いたことから上田に代わって鬼塚家の養子となった。24年神戸市で運動靴メーカーの鬼塚商会を創立、同年株式に改組して鬼塚と改称。49年東証第一部に上場。52年オニツカ、ジィティオ、ジェレンク三社を合併してアシックスと改称、その社長に就任。平成4年会長。同社を「オニツカタイガー」のブランドで知られる世界でも指折りの総合スポーツ用品メーカーに育て上げた。昭和31年のメルボルン五輪以降、同社のシューズやウェアを着用した選手は500個近いメダルを獲得。36年"裸足の王者"と呼ばれたエチオピアのマラソン選手・アベベが来日した際には"道路にガラス片が落ちているかも"と説得し、自社製の靴を履かせることに成功、アベベは見事優勝を果たす。日本スポーツ用品工業協会会長、スポーツ産業団体連合会理事長、世界スポーツ用品工業連盟名誉会長、褒章クラブ会長、日本発明振興協会会長など多くの要職を歴任し、平成2年国連の活動を民間レベルでサポートしようと国連支援交流財団がニューヨークに設立され、同理事長に就任。17年日本バスケットボール協会会長

強化　　　　　オリンピック

『世界のオニツカ—アシックス創業者鬼塚
　喜八郎と故郷・鳥取 鳥取市歴史博物館
　開館10周年記念展覧会』　［鳥取］　鳥
取市歴史博物館　2010.7　45p　26cm
〈会期・会場：平成22年7月17日—8月29
日 鳥取市歴史博物館1F特別展示室　編
集・執筆：横山展宏　年譜あり〉　476円
⑪978-4-904099-11-7

『オニツカの遺伝子』　折山淑美著　ベー
スボール・マガジン社　2008.8　203p
18cm　（ベースボール・マガジン社新
書）　760円　⑪978-4-583-10100-2
　内容 スポーツシューズブランドとして、戦後
の日本スポーツ界を支えたオニツカ。強い
信念と確かな技術のもと、改良を重ね続け
たシューズは、やがて金メダリストからス
ポーツ愛好者まで広く愛される1足へと成長
した。ものづくりに情熱を傾けた創業者・
鬼塚喜八郎の精神は、社名をアシックスと
変えた今も脈々と受け継がれる。オニツカ
を生んだ人々、そして、現在進行形でその
技と心を進化させている人々の"オニツカ
スピリッツ"に迫る。

『念じ、祈り、貫く—求める心が成功を導
　く』　鬼塚喜八郎講話　大阪　ブレーン
センター　2001.11　189p　18cm　（対
話講座なにわ塾叢書 78　大阪府「なに
わ塾」編）〈肖像あり〉　680円　⑪4-
8339-0178-1
　内容 一九四九年（昭和二十四年）、神戸。戦
後の荒廃が色濃く残る日本で、戦友との約
束を果たすため、そしてスポーツを通じて
青少年の育成を図るため、鬼塚（現・アシッ
クス）株式会社が誕生した。無一文から事
業を興した創業者は、肺結核と闘いながら
も、徹底した研究によりスポーツシューズ
の開発に取り組み、世界的な総合スポーツ
メーカーへと育て上げた。自らの軌跡を独
自の経営哲学とともに語った本書は、閉塞
感漂う時代の中で、生きることの意味へと
改めて導く。

『転んだら起きればいい！—若き起業家た
　ちへ わが体験的企業経営論』　鬼塚喜
八郎著　PHP研究所　2000.10　188p
20cm　1250円　⑪4-569-61288-1
　内容 スポーツシューズを作って50年、オリン
ピックを制するまで！ 経営のイロハも知ら
なかった一人の青年が、一代でいかにして

世界的企業asicsを作り上げることができた
のか。

『アシックス鬼塚喜八郎の「経営指南」—
　創業50年。難路かく越えり』　鬼塚喜八
郎著　致知出版社　2000.5　189p
20cm　1500円　⑪4-88474-584-1
　内容 「成功する起業家」を志す人必読の一
冊！ ベンチャービジネスの先駆者が熱く語
る経営の極意。

『私の履歴書—鬼塚喜八郎』　鬼塚喜八郎
著　日本経済新聞社　1991.4　189p
20cm　1400円　⑪4-532-16008-1
　内容 こけつまろびつ靴づくり。アシックス創
業者のスポーツ発展にかけた夢。

『私心がないから皆が活きる—アシックス・
　世界を駆け抜けるの記』　鬼塚喜八郎著
日本実業出版社　1987.9　252p　20cm
〈著者の肖像あり〉　1200円　⑪4-534-
01284-5
　内容 草創期から世界の「アシックス丸」まで。
運命共同体的経営理念のもと神戸の1零細企
業を世界的スポーツ用品メーカーにまで育
ててきた男の記録。

《平木 信二》　ひらき・しんじ
　⑭明治43年（1910年）10月5日
　⑳昭和46年（1971年）12月30日
　◇実業家。リッカー創業者。昭和14年、理化
学工業を創設、16年社長。24年リッカーミ
シンと改称し、ミシンの大衆化路線に成功。
スポーツ選手の育成でも知られた

『夢、未だ盡きず—平木信二と吉岡隆徳』
辺見じゅん著　文藝春秋　1998.6　533p
20cm　2000円　⑪4-16-353560-8
　内容 一代でミシン王国「リッカー」を築いた
起業家平木信二と、「暁の超特急」と呼ばれ
た名スプリンター吉岡隆徳。二人の出会い
は、夢の東京五輪へと続く闘いの日々の始
まりだった。—「日本再建」の志に燃えた男
達とその時代を描く、感動の書下し超大作。

《三村 仁司》　みむら・ひとし
　⑭昭和23年（1948年）8月20日
　◇昭和42年オニツカ（現・アシックス）に入社。
長距離選手としての陸上経験から選手の足
にあったシューズ作りに取り組み、49年特
注品担当、のちシューズ特注課課長、スポー

ツ工学研究所勤務。陸上のリーロイ・バレル（米国）、ロザ・モタ（ポルトガル）、テニスの沢松奈生子、サッカーのストイコビッチなど各競技約3000人の特注シューズを手がける。55年モスクワ五輪以降、五輪用シューズ作りに携わり、平成4年バルセロナ五輪マラソン日本代表選手、12年シドニー五輪マラソン金メダリストの高橋尚子、16年アテネ五輪マラソン金メダリストの野口みずき、20年北京五輪代表の土佐礼子らのシューズを手がける。16年に現代の名工に認定される。21年3月、60歳でアシックスを定年退職

『金メダルシューズのつくり方—"世界のミムラ"が明かすシューズ職人の哲学』
三村仁司著　情報センター出版局　2002.2　215p　20cm〈肖像あり〉　1500円　①4-7958-3722-8
内容 陸上、野球、サッカー、テニス、ボクシング、モータースポーツ…。様々なジャンルの一流選手にシューズをつくり続けてきた一人の男の半生。別注シューズ界のゴッドハンド・三村仁司が35年の沈黙を破り、はじめてここに記す職人哲学の真髄。

《森井 博之》　もりい・ひろゆき
㊉昭和33年（1958年）4月8日
㊀平成24年（2012年）12月20日
◇天理大学体育学部講師、助教授を経て、教授。平成6〜14年国際水泳連盟飛込技術委員会国際A級審判員、8年アトランタ五輪日本代表飛込ヘッドコーチ、9年より文部科学大臣公認水泳A級コーチ

『日本のスポーツはもっと強くなれる』
森井博之著　花伝社　2004.6　224p　20cm〈東京 共栄書房（発売）〉　1800円　①4-7634-0423-7
内容 オリンピック元ヘッド・コーチが、オリンピック代表選考のあり方や日本のスポーツ界の現状を痛烈に告発！ここが変われば日本のスポーツは飛躍する。一流選手といえども、練習場が少ない、すぐれたコーチがいない、国際試合の経験が満足に積めない、というのが日本の現実だ。これでオリンピックに勝てるのか？「メダル獲得率」という現実離れした評価方法は見直すべき。日本のスポーツ界の強固な「タテ社会」を崩壊させ、情報型のスポーツ組織を…。

# 普及

『オリンピック・ポスターアート展—20世紀の美と感動の軌跡』　藤田治彦図録監修　［大阪］　オリンピック・ポスターアート展実行委員会　c2000　79p　26cm〈英語・フランス語併記　会期・会場：2000年8月19日〜9月24日 大阪市立美術館　編集：齋藤龍一　共同刊行：日本オリンピック委員会〉

『スポーツ観戦手帳—ワールドカップもオリンピックも、コレ1冊』　東京書籍書籍編集部編　東京書籍　2018.8　199p　18cm　1600円　①978-4-487-81170-0
内容 カンタンなルールとポイントだけを知れば、観戦が10倍楽しくなる！

『オリンピック・デザイン・マーケティング—エンブレム問題からオープンデザインへ』　加島卓著　河出書房新社　2017.11　408p　20cm　2300円　①978-4-309-24835-6
目次 第1章 美術関係者からデザイン関係者へ、第2章 「いつものメンバー、いつものやり方」へ、第3章 デザイン関係者から広告関係者へ、第4章 エンブレムとオリンピックマーケティング、第5章 東京大会への道、第6章 エンブレム問題：パクリかどうか？、第7章 エンブレム問題：出来レースかどうか？、第8章 新エンブレム：市民参加とオープンデザイン

『オリンピックマーケティング—世界No.1イベントのブランド戦略』　アラン・フェラン、ジャン＝ルー・シャペレ、ベノワ・スガン［著］、原田宗彦監訳　スタジオタッククリエイティブ　2013.8　287p　21cm〈文献あり〉　2300円　①978-4-88393-613-7
目次 第1章 オリンピックシステム、第2章 オリンピック資産とその保護、第3章 オリンピックブランドのマーケティングシステム、第4章 オリンピックマーケティングモデル、第5章 国際オリンピック委員会によるマーケティング、第6章 オリンピック競技大会組織委員会によるマーケティング、第7章 国内オリンピック委員会によるマーケティング、第8章 オリンピックスポンサーによるマーケティング、第9章 結論および展望

普及　　　　オリンピック

『家族の力―トップアスリートの家族の本音』　日刊スポーツ新聞社著　日刊スポーツ出版社　2012.7　233p　19cm（ニッカン＋）　1500円　⑪978-4-8172-0295-6
内容 家族とは何か。スポーツにはどんな力があるのか。

『初耳だらけのオリンピックびっくり観戦講座―知られざる競技の背景とその見どころ　夏編』　稲垣正浩著　はまの出版　2004.3　278p　19cm　1400円　⑪4-89361-391-X
内容 陸上競技の短距離で北米の黒人選手が強いのはなぜ？ フランスが柔道王国となったその理由とは？ サッカーが世界一の競技人口を誇る競技となった経緯は？ 本書では、夏期オリンピックに採用されているおもな競技の意外な背景や面白いエピソードを紹介。今まであまり語られなかった驚きの秘話がどんどん飛び出します。

『オリンピック標語の考察』　中村敏雄編　創文企画　2002.9　225p　20cm（スポーツ文化論シリーズ 11）　2400円　⑪4-921164-15-0
目次 オリンピックの象徴・概念, オリンピック標語と「日本的感性」をめぐる美学的断章, オリンピック標語とスポーツ固有の快楽,「より速く, より高く, より強く」は普遍か, オリンピック標語の功罪, 二〇〇二年の「世界」と「スポーツ」, オリンピック標語トピックス

『実戦・観戦スポーツ辞典』　大矢順正編　講談社　1999.11　254p　18cm（講談社ことばの新書）　1300円　⑪4-06-268560-4
内容 スポーツに関連する項目を収録した辞典。野球やサッカーなど日本人に人気の12大スポーツを中心に67種目を6タイプに分類し競技方法、特徴、見どころ、用語、ルールなどを紹介。付録としてスポーツ関連用語と巻末に索引がある。

『夢のオン・エア―放送席から見たヒーローたちのドラマ』　島村俊治著　ベースボール・マガジン社　1994.2　221p　19cm　1800円　⑪4-583-03104-1
内容 スポーツアナウンサーとして30年。「映像の語り部」に徹することをテーマに勝負

の世界に接してきた筆者のマイクの前をさまざまな選手たちが通り過ぎていった。その中で筆者の心の扉を強く叩いた選手たちは勝敗を超えた勝負の心をひたむきに伝えてくれた。実況中継という限られた映像の中で表現し切れなかったそんなヒーローたちへの想いを書き綴ったドラマ、7編―。

『夢のオン・エア―放送席から見たヒーローたちのドラマ』　島村俊治著　ベースボール・マガジン社　1994.2　221p　19cm　1800円　⑪4-583-03104-1
内容 スポーツアナウンサーとして30年。「映像の語り部」に徹することをテーマに勝負の世界に接してきた筆者のマイクの前をさまざまな選手たちが通り過ぎていった。その中で筆者の心の扉を強く叩いた選手たちは勝敗を超えた勝負の心をひたむきに伝えてくれた。実況中継という限られた映像の中で表現し切れなかったそんなヒーローたちへの想いを書き綴ったドラマ、7編―。

『スポーツ観戦マニュアル―オリンピックからF1、大相撲まで』　コンデックス情報研究所著　ロングセラーズ　1992.7　247p　18cm（ムックの本）　1200円　⑪4-8454-0367-6
内容 あらゆるスポーツのルール、記録、キーワードを満載。テレビが10倍楽しくなる。

《丹下 健三》　たんげ・けんぞう
⑭大正2年（1913年）9月4日
⑫平成17年（2005年）3月22日

◇建築家, 都市計画家。昭和13年東京帝大工学部建築科を卒業し、ル・コルビュジエの教え子である前川国男の建築設計事務所に入所。36年丹下健三都市建築設計研究所を設立。戦後の都市復興では自ら広島の担当を強く望み、24年広島市主催の平和記念館都市計画コンペで一等入選、「広島市平和記念公園」「広島平和記念資料館」の設計を担当。39年東京五輪に際して吊り屋根構造を採用して内部に豊かな空間を持つ「国立代々木競技場」を設計、曲線を描くユニークな屋根を持つ外観で広く国内外の注目を集め、45年大阪万博ではマスタープランや「お祭り広場」を手がけるなど、国家的イベントで基幹施設設計に参画した

『丹下健三―戦後日本の構想者』　豊川斎赫著　岩波書店　2016.4　224p　18cm

（岩波新書 新赤版 1603）〈文献あり〉
840円 ①978-4-00-431603-9

内容 時代の精神を独自の美へと昇華する構想力。丹下健三が創り出す建築空間は、高度成長の道をひた走る戦後日本の象徴であった。「建築の化身」。直弟子・磯崎新をしてそう言わしめた人物の足跡を、多くの逸材を輩出した丹下シューレの活動とともにたどる。バブル期の計画と構想にひそむ先見と洞察に光をあてる。

《永井 一正》 ながい・かずまさ

㊟昭和4年（1929年）

◇グラフィックデザイナー。昭和26年大和紡績に入社、グラフィック・デザインを担当。28年研究グループ「Aクラブ」を結成、35年には日本デザインセンターの創立に参加、社長を務めた。札幌冬季オリンピックオフィシャルマークを作成した

『永井一正ポスター美術館』 永井一正著

六耀社 2013.3 599p 26cm〈作品目録あり 年譜あり 索引あり〉 5800円
①978-4-89737-734-6

目次 僕のデザイン哲学, 日本デザインセンターという試み, デザインという未来, 日本復興のデザイン, 広告についての考察, 抽象と情念, 国家事業とデザイン, 亀倉先生について, 心象という抽象, 苦悩の時代, 具象と生命の発見, 富山県立美術館, 心のレイヤー, アートとデザイン, 生きる意味の追求, 若い人たちへ, 永井一正デザイン年表, 作品クレジット

《村井 邦彦》 むらい・くにひこ

㊟昭和20年（1945年）3月4日

◇作曲家, 音楽プロデューサー。1960年代グループサウンズへの作曲で注目を浴び, 昭和43年にテンプターズに書いた「エメラルドの伝説」が大ヒット。札幌冬季五輪ではテーマ曲「虹と雪のバラード」（トワ・エ・モア）を手がけた

『音楽家村井邦彦の時代—アルファの伝説』

松木直也著 茉莉花社 2016.8 357p 20cm〈年表あり 発売：河出書房新社〉 2500円 ①978-4-309-92066-5

内容 昭和の音楽シーンをそっくり作り変え, 新しい歌を次々と作り出した村井邦彦とアルファミュージック。その妥協のない, 熱い

歌作りの記録と記憶を刻銘に描きだす。知られざるニューミュージックの誕生秘話。

# オリンピック・ムーブメント

（オリンピズム）

『アジア・オリンピック評議会憲章および規定—1988年版』 日本オリンピック委員会 〔1989〕 48p 26cm

『オリンピック憲章 1991年版』 日本オリンピック委員会 〔1991〕 76p 26cm〈英語書名：Olympic charter 英文併記〉

『アジアの相互理解のために』 金香男編

創土社 2014.12 229p 22cm（シリーズ・ワンアジア） 2000円 ①978-4-7988-0219-0

目次 第1章 日中韓の歴史認識をめぐって, 第2章 アジアにおける平和と共生, 第3章 1937年をめぐる東アジアの移動とジェンダー, 第4章 東アジアにおけるエスペラント運動, 第5章 日本企業による直接投資とアジア地域, 第6章 東アジアの少子高齢化と社会保障, 第7章 西洋から見たアジア—アジアとは何か, 第8章 嘉納治五郎から見たピエール・ド・クーベルタンのオリンピズム, 第9章 アルゼンチンにおける東アジア出身の移民たちの経験

『アジアにおけるオリンピック・ムーブメント—日本オリンピック・アカデミー創立25周年記念セッション報告書』

JOA, 筑波大学オリンピック・ムーブメント研究室編 JOA 2004.3 89p 30cm〈会期・会場：平成15年11月15日 国立オリンピック記念青少年総合センター 英文併記〉

『新・スポーツ文化の創造に向けて—オリンピズムを考える』 天理やまと文化会議編, 小椋博監修 ベースボール・マガジン社 1996.9 260, 45p 21cm 2718円 ①4-583-03335-4

内容 文明としての西洋的オリンピック・スポーツに対する東洋文化からのヴィジョンと諸提言。

オリンピックの本3000冊 25

## ドーピング・不正行為

『アンチ・ドーピング体制の整備に関する
　法的課題』　エイデル研究所　2017.12
193p　21cm　（日本スポーツ法学会年報
第24号）　4286円　①978-4-87168-612-
9
[目次] 個別報告，パネルディスカッション―ア
ンチ・ドーピング体制の整備に関する法的
課題，原著論文，判例研究，スポーツ仲裁評
釈，学会通信，日本スポーツ法学会会則

『禁止表国際基準―世界アンチ・ドーピン
　グ規程国際基準 2018年1月1日発効』
日本アンチ・ドーピング機構　2017.11
31p　21cm〈英語併記〉

『ドーピングの哲学―タブー視からの脱却』
ジャン＝ノエル・ミサ，パスカル・ヌー
ヴェル編，橋本一径訳　新曜社　2017.10
323p　20cm〈索引あり〉　4300円
①978-4-7885-1546-8
[内容] ドーピングは悪なのか？「スポーツ精神」
がその根拠とされるが，ドーピングは競争・
向上をめざす近代スポーツが生み出した必
然ではないのか。ドーピング撲滅運動の問
題性を指摘し，スポーツと社会のあり方を
根底から問いなおす，関係者必読の書。日
本の現状に合わせた訳者解説を付す。

『うっかりドーピング防止マニュアル』
遠藤敦著　改訂版　アトラク　2017.9
147p　21cm　2000円　①978-4-
908483-00-4

『禁止表国際基準―世界アンチ・ドーピン
　グ規程国際基準 2017年1月1日発効』
日本アンチ・ドーピング機構　2016.11
28p　21cm〈英語併記〉

『スポーツ倫理学の射程―ドーピングから
　フェアネスへ』　クラウディア・パヴレ
ンカ編著，藤井政則訳　京都　晃洋書房
2016.4　231p　21cm　（阪南大学翻訳叢
書）　3800円　①978-4-7710-2755-8
[目次] ドーピング編（ドーピング―倫理的観点，
倫理多元主義が描くドーピングスポーツ，
ドーピング―スポーツの堕律―懐疑的見解，
ドーピングルールとゲームルール，倫理学
と偽善とドーピング，ドーピングは如何に
非自然的なのか？―経験の積み重ねと能力

向上に対しての人間学的・倫理学的反省，自
然性と人為性の緊張関係に在るスポーツの
ドーピング，遺伝子ドーピングは目前に？―
遺伝学とスポーツの関係についての考察），
フェアネス編（競技のフェアネスと協同のモ
ラルおよび現在の構造化したジレンマ，ス
ポーツにおける正義の基本的要素，身体と
のフェアな交わりとは何か？）

『水泳選手のためのアンチ・ドーピングの
　い・ろ・は』　日本水泳連盟　第2版
日本水泳連盟　2016.3　55p　21cm

『水泳選手のためのアンチ・ドーピングの
　い・ろ・は』　日本水泳連盟編　日本水
泳連盟　2015.3　55p　21cm

『スポーツと薬物の社会学―現状とその歴
　史的背景』　アイヴァン・ウォディング
トン，アンディ・スミス著，大平章，麻生
享志，大木富訳　彩流社　2014.7　363p
21cm〈索引あり〉　3700円　①978-4-
7791-2026-8
[内容] 高地トレーニングが良くて，なぜ血液
ドーピングがダメなのか?!薬物使用のマグ
ワイアー，ベン・ジョンソン，マリオン・
ジョーンズ…。イングランド・サッカー界
の薬物使用の歴史，薬漬けで走り続けたツー
ル・ド・フランスの自転車競技の選手たち。
重い出場停止処分だけでは解決しない，そ
の社会的背景を浮き彫りにするスポーツ，
薬物関係者必読の書！

『なぜ，スポーツ選手は不正に手を染める
　のか―アスリート不正列伝』　マイク・
ローボトム著，岩井木綿子訳　エクスナ
レッジ　2014.7　391p　19cm〈文献あ
り〉　1800円　①978-4-7678-1823-8
[内容] ベン・ジョンソン（陸上），ディエゴ・マ
ラドーナ（サッカ），ランス・アームストロ
ング（自転車），スカルク・バーガー（ラグ
ビー），ミハエル・シューマッハ（F1）たち
はどんな違反行為を行ったのか。成功する
ための悪の代償，カネ・クスリ・トリック
を解き明かす迫真のルポ。

『あなたはすでにドーピング違反かも!?』
鈴鹿　三重県体育協会　2014.3　10p
30cm

『うっかりドーピング防止マニュアル』
遠藤敦著　リバネス出版　2014.2　135p

オリンピック　　　　　　　　　　ドーピング・不正行為

21cm　2000円　①978-4-907375-16-4

『ドーピング関連仲裁判断評釈集─研究報
告書』　日本スポーツ仲裁機構　2011.3
448p　30cm〈平成22年度文部科学省委
託事業ドーピング紛争仲裁に関する調査
研究〉

『ドーピング関連仲裁判断評釈集─研究報
告書　別冊　CAS仲裁判断評釈集』
日本スポーツ仲裁機構　2011.3　21p
30cm〈平成22年度文部科学省委託事業
ドーピング紛争仲裁に関する調査研究〉

『図解入門よくわかるドーピングの検査と
実際─ドーピングに関わる事を図解で学
ぶ！　規定と実例』　多田光毅, 入江源
太, 石田晃士著　秀和システム　2010.6
191p　21cm　（How-nual visual guide
book）〈文献あり　索引あり〉　1400円
①978-4-7980-2638-1
内容 実際にドーピング事件を担当した法務専
門家が最新事情を解説。ドーピング検査や
違反例がよくわかる。

『JPNドーピング・データベース─世界
ドーピング防止規程禁止表国際基準』
日本体育協会監修　第2版　じほう
2010.3　174p　26cm〈索引あり〉　2500
円　①978-4-8407-4074-6

『アンチ・ドーピング─スポーツとくすり』
長尾愛彦著　熊本　熊日情報文化セン
ター（製作）　2007.10　158p　19cm
〈文献あり〉　952円　①978-4-87755-
290-9

『JPNドーピング・データベース─世界ア
ンチ・ドーピング規程禁止リスト国際基
準』　日本体育協会監修　じほう
2006.12　139p　26cm　2000円　①4-
8407-3621-9
内容 WADA（世界アンチ・ドーピング機
構）2007年ドーピング該当物質一覧掲載！
"うっかりドーピング"を防ぐ。治療に使用
する医薬品がドーピング該当物質かチェッ
クできる。医療用医薬品の一般名・商品名
リストを掲載。

『クリーンアスリートをめざして─陸上競
技者のためのアンチ・ドーピングハンド
ブック　2003』　日本陸上競技連盟編

創文企画　2003.6　92p　21cm　800円
①4-921164-21-5

『クリーンアスリートをめざして─陸上競
技者のためのアンチドーピングハンド
ブック2001』　日本陸上競技連盟編
創文企画　2001.7　88p　21cm　800円
①4-921164-09-6
目次 1 アンチドーピングとは（ドーピングと
は, アンチドーピングとは ほか）, 2 ドー
ピング検査の実際を知ろう（ドーピング検査
の種類, いつ, どこで, 誰を, どのように検
査するのか ほか）, 3 結果と罰則（禁止物質
の副作用-「クスリのリスク」, 禁止方法と
は ほか）, 4 クリーンアスリートであるた
めに（うっかりを避ける, 総合感冒薬につい
て ほか）, 5 アンチドーピング活動（IOC,
WADAのアンチドーピング活動, 国際陸連
のアンチドーピング活動 ほか）

『ドーピングの社会学─近代競技スポーツ
の臨界点』　カール＝ハインリッヒ・
ベッテ, ウヴェ・シマンク著, 木村真知子
訳　不昧堂出版　2001.6　310p　21cm
2800円　①4-8293-0405-7
内容 本書は, ドーピングをめぐる人間や社会
の有り様を分析することで近代競技スポー
ツの姿を浮き彫りにするものである。

『医療スタッフが提供するアンチ・ドーピ
ングのための正しい知識』　北海道大学
歯学部附属病院薬剤部, 北海道大学大学
院歯学研究科口腔顎顔面外科学編　札幌
北海道大学歯学部附属病院薬剤部
2001.2　28p　21cm〈共同刊行：北海道
大学大学院歯学研究科口腔顎顔面外科
学〉

『ドーピング─スポーツの底辺に広がる恐
怖の薬物』　高橋正人, 立木幸敏, 河野俊
彦著　講談社　2000.8　143, 14p　18cm
（ブルーバックス）〈文献あり〉　750円
①4-06-257299-0
内容 ますます巧妙になる手段と効果的な新
薬の登場で, スター選手による禁止薬物の
使用が絶えず, 一般のスポーツ愛好者にも
汚染は広がっている。一時のパワーアップ
に喜んだ後に来る劇的な副作用の怖さを知
ろう。

『IOC医事規程とJPNドーピング・データ

ベース **1997年度版**』　日本オリンピック委員会アンチドーピング委員会, 日本体育協会アンチドーピング対策班編・訳　ぎょうせい　1998.1　450p　26cm　5400円　①4-324-05334-0

目次 第1部 IOC医事規程（総則, 禁止物質の種類と禁止方法, 女性確認検査, 競技者に対する医療行為, IOC認定検査機関における禁止物質と禁止方法の判定 ほか）, 第2部 JPN ドーピング・データベース

『スポーツとアンチ・ドーピング』　全国体育系大学学長・学部長会編著　ブックハウス・エイチディ　1997.4　236p　21cm〈文献あり〉　3100円

『新²・ドーピングってなに？—Swim to conquer win with honor』　日本水泳連盟編著　ブックハウス・エイチディ　1997.3　64p　21cm　（"We love sports" booklet Special issue）〈文献あり〉　500円

『薬まみれの英雄たち—スポーツ選手とドーピング』　長井辰男, 柳沢裕子著　メトロポリタン　1996.6　205p　20cm〈発売：星雲社〉　1300円　①4-7952-2944-9

内容 オリンピック、世界選手権、アジア大会…華やかな栄光の陰で密かに行なわれているドーピング（薬物違反）の実態、薬物をめぐる選手と科学者の攻防を暴く問題の書。

『汚れた金メダル—中国ドーピング疑惑を追う』　松瀬学著　文芸春秋　1996.6　206p　19cm〈付：参考資料〉　1500円　①4-16-351730-8

内容 中国女子水泳選手の尿に奇妙な物質が発見された。これまで見たこともない物質だ。1994年9月ローマで開かれた世界水泳選手権大会、中国女子水泳陣は、全16種目中、12種目で金メダルを獲得、アトランタ・オリンピックへ照準をさだめる。が、圧倒的な強さの秘密には薬物の投与があるのではないかと疑問を抱いた科学者たちがいた—。薬物に手を染める中国選手と摘発に網を張る科学者たちの息詰まる攻防—。全く新しいスポーツノンフィクションの誕生。

『これだけは知っておきたいドーピング』　日本水泳連盟医・科学委員会, 日本水泳ドクター会議編著　ブックハウス・エイ

チディ　1993.10　28p　21cm　（"We love sports" booklet 1）〈監修：日本水泳連盟〉　300円

『ドーピングの現状・現実を語る』　岡田晃, 黒田善雄編著　ブックハウス・エイチディ　1990.3　94p　19cm　（Sportsmedicine express 1）〈ドーピング関連書籍、文献一覧：p92〜93〉　1030円

《オリンピック関連事件・問題》

『ブラックボランティア』　本間龍［著］　KADOKAWA　2018.7　221p　18cm　（角川新書 K-219）〈文献あり〉　800円　①978-4-04-082192-4

内容 スポンサー収入4000億円と推定されるスポーツ興業、東京オリンピック。この大イベントの運営を、組織委員会は11万人もの無償ボランティアでまかなおうとしている。応募にはさまざまな条件があり、10日以上できる人で、事前研修の参加も必須、宿泊費などの経費も自己負担に。「一生に一度の舞台」など、美名のもとに隠された驚きの構造を明らかにする。

『アジアにおけるオリンピック・パラリンピック開催をめぐる法的諸問題—平昌、東京そして北京への法的整備の推進と課題』　エイデル研究所　2016.12　243p　21cm　（日本スポーツ法学会年報 第23号）　4286円　①978-4-87168-591-7

目次 アジアにおけるオリンピック・パラリンピック開催をめぐる法的諸問題—平昌、東京そして北京への法的整備の推進と課題 アジアスポーツ法学会国際学術研究大会2015兼日本スポーツ法学会第23回大会（記念講演 東京2020オリンピック・パラリンピック競技大会の準備状況, シンポジウム 2020年東京オリンピック・パラリンピックの成功に向けた「法」の役割, 研究セッション1 五輪におけるソフトレガシーとしてのIntegrity関連規制はいかにあるべきか—求められる罪刑法定主義の理念と明確な規定の必要性, 研究セッション2 2020年東京五輪とアジアスポーツガバナンスの新展開）, スポーツ庁が果たすべき役割とその法的問題点—日本スポーツ法学会2015年総会・講演会及びパネルディスカッション（基調講演 スポーツ庁の概要と果たすべき役割, パネルディスカッシ

オリンピック　　　　　　　　　ドーピング・不正行為

ョン（日本バスケットボール協会に対する制裁（資格停止処分）が解除されるまでの経緯、スポーツ庁設置の沿革と課題、団体自治とスポーツ庁の役割に関する政策的観点からの検討―財源を取っ掛かりとして）、パネルディスカッション討論要旨、報告「スポーツ法学教育の普及・推進に関する声明」について、原著論文 学校運動部活動時の「体罰」判例に見る体罰の特徴とその要因に関する研究、スポーツ仲裁評釈 JSAA‐AP‐2014‐007（自転車）仲裁判断について―国際大会代表をめぐる紛争、スポーツ仲裁評釈 JSAA‐AP‐2015‐007仲裁判断（水泳）について、スポーツ仲裁評釈 ホッケー女子日本代表監督の解任をめぐる仲裁申立事件について―日本スポーツ仲裁機構2015年5月25日JSAA‐AP‐2015‐002仲裁判断、スポーツ仲裁評釈 JSAA‐AP‐2015‐001仲裁判断及び仲裁判断（空手）について、スポーツ仲裁評釈 U23世界選手権軽量級スイープカテゴリー代表選手決定をめぐる仲裁申立事件―日本スポーツ仲裁機構2015年6月4日JSAA‐DP‐2015‐003仲裁判断、スポーツ仲裁評釈 JSAA‐AP‐2015‐004仲裁判断（テコンドー）について）

『2020年東京五輪の黒いカネ』　一ノ宮美成, グループ・K21著　宝島社　2014.6　255p　19cm　1200円　①978‐4‐8002‐2088‐2
　内容 2020年東京オリンピック・パラリンピックに向けて巨額の公金が動き始めた！ その経済効果は約20兆円―。石原・森・安倍・舛添の狙いとは？ カジノ特区構想、東京大改造バブル…。五輪をダシにしたメガ利権のカラクリとは？ 誰も書かなかった世紀の祭典の金脈＆人脈！

『「メダリスト」スキャンダル事件簿』　別冊宝島編集部編　宝島社　2012.6　219p　16cm　（宝島SUGOI文庫 Aへー1‐158）〈年表あり〉　600円　①978‐4‐7966‐9786‐6
　内容 金メダリスト初の逮捕劇となった内柴正人が起こした"準強姦容疑事件"、前代未聞のアピール会見を開いた松野明美、公然わいせつ事件を起こした里谷多英、「日本人はメダルキ○ガイ」と発言して波紋を呼んだ千葉すず、夫にまさかのカミングアウトをされた有森裕子、金メダル取得後迷走を続ける石井慧…。一流アスリートたちの奇行・事件・疑惑・失言・痴態を総まくり。

『オリンピック返上と満州事変』　梶原英之著　海鳴社　2009.9　254p　19cm　（バウンダリー叢書）〈文献あり〉　1600円　①978‐4‐87525‐261‐0
　内容 満州事変、満州国建国、さらに2・26事件と、動乱の昭和にあって平和を模索する動きがなかったわけではない。その一つが1940年の東京オリンピック招致であった。それには国際連盟脱退という国際社会からの孤立を挽回しようとする意図と皇紀二千六百年の祝賀行事の意味があった。天皇の「詔書」と東京市の思惑の中、嘉納治五郎・杉村陽太郎・副島道正や広田弘毅といった人々の熱意によって東京招致に成功。提灯行列など国を挙げての大歓迎に湧くも、結局は返上することに…。奮闘と挫折の外交秘史。

『オリンピックタブー事件史』　宝島社　2008.8　111p　26cm　（別冊宝島1549号）　838円　①978‐4‐7966‐6503‐2

『オリンピックタブー大全―2008北京五輪（非）公式ガイドbook』　インフォレスト　2008.8　98p　26cm　（Inforest mook）　933円　①978‐4‐86190‐362‐5

『ミュンヘン―黒い九月事件の真実』　アーロン・J.クライン［著］, 富永和子訳　角川書店　2006.2　335p　15cm　（角川文庫）　743円　①4‐04‐295801‐X
　内容 一九七二年九月ミュンヘン・オリンピック。イスラエル選手団宿舎を「黒い九月」と名乗る八人のパレスチナ人テロリストが襲った。人質となった十一人全てが殺害されるという最悪の事態を受け、イスラエル首相は報復のため謀報機関モサドに首謀者たちの暗殺を命じた―。イスラエルの軍事・謀報活動を専門とするタイム誌記者が、貴重な新資料をもとに、モサドなど関係者を入念に取材。厚いベールに包まれていた暗殺事件の全貌を明らかにする、衝撃のノンフィクション。

『ミュンヘン―オリンピック・テロ事件の黒幕を追え』　マイケル・バー＝ゾウハー, アイタン・ハーバー著, 横山啓明訳　早川書房　2006.1　388p　16cm　（ハヤカワ文庫 NF）〈肖像あり〉　660円　①4‐15‐050304‐4
　内容 1972年9月、ミュンヘン・オリンピックの

オリンピックの本3000冊　29

選手村をパレスチナ・ゲリラ"黒い九月"が
襲い、イスラエル選手団の11人を惨殺した。
イスラエル政府は報復を決意、情報機関モ
サドが暗殺チームを組織し、"黒い九月"の
幹部を次々と抹殺し始める。スパイ小説の
巨匠が、衝撃のテロ事件とその後の復讐を
克明に再現し、アラブとイスラエルの対立
の原因と歴史を明らかにする。

『オリンピック革命—サマランチの挑戦』
デヴィッド・ミラー著, 橋本明訳　ベー
スボール・マガジン社　1992.8　357p
22cm　3000円　①4-583-02996-9
内容 冷戦、民族紛争、人種問題、そしてス
ポーツの商業化。本書にはこれら近代オリ
ンピックが抱えるすべての問題が提示され、
これらの解決にIOCが、いかに努力してい
るかが描かれている。

『黒い輪—権力、金、クスリオリンピッ
クの内幕』　ヴィヴ・シムソン, アンド
リュー・ジェニングズ著, 広瀬隆監訳
光文社　1992.5　436, 13p　20cm　1800
円　①4-334-96059-6
内容 巨大企業との癒着、2千万ドル (26億円)
の謝礼、野放しのドーピング、ファシスト
の前歴…。五輪を汚した権力構造、金権体
質を痛烈告発。全世界に衝撃。オリンピック
を弾劾。

『ロス五輪大麻汚染事件』　酒井正彦, 石井
直方共著　けいせい出版　1985.7　277p
19cm　980円

IOC, JOC

『JOCの活動—2016-2017. March』
日本オリンピック委員会　2017.10　66p
30cm

『JOC将来構想—人へ、オリンピックの
力』　日本オリンピック委員会　2017.1
37p　30cm

『JOCの活動—2014. April-2015.
December』　日本オリンピック委員会
2016.3　82p　30cm〈年表あり〉

『JOCの活動　2012-2014』　日本オリ
ンピック委員会　2014.5　74p　30cm
〈年表あり〉

『IOC—オリンピックを動かす巨大組織』
猪谷千春著　新潮社　2013.2　221p
20cm〈文献あり〉　1400円　①978-4-
10-333491-0
内容 東京五輪は実現するか？　開催地はいか
に決まるのか？　多くのナゾと誤解に満ちた
IOCの全貌を、30年にわたり委員として活
躍した著者が明かす。

『「IOCスポーツと環境・競技別ガイドブッ
ク」マニュアル』　日本オリンピック委
員会スポーツ環境専門委員会, 博報堂DY
メディアパートナーズ編　日本オリン
ピック委員会　2008.12　22p　21cm

『IOC医事規程とJPNドーピング・データ
ベース　1997年度版』　日本オリン
ピック委員会アンチドーピング委員会,
日本体育協会アンチドーピング対策班
編・訳　ぎょうせい　1998.1　450p
26cm　5400円　①4-324-05334-0
目次 第1部 IOC医事規程 (総則, 禁止物質の
種類と禁止方法, 女性確認検査, 競技者に対
する医療行為, IOC認定検査機関における禁
止物質と禁止方法の判定 ほか), 第2部 JPN
ドーピング・データベース.

『IOC「ベスト」スポーツフォトコンテス
ト　5』　ベースボール・マガジン社 (発
売)　1995.1　119p　31cm〈背・表紙の
書名：Best 英文併記　製作：IMSStudio
6〉　8500円　①4-583-03148-3
内容 スポーツのドラマ、その一瞬をとらえ
た。バルセロナ・オリンピックの年にあた
り、世界のカメラマンはスペインに集まっ
た。写真家独自の審美眼で人間の動きの極
限をとらえたのがこのスポーツ写真集「ベ
スト」である。

『IOC「ベスト」スポーツフォトコンテス
ト　4』　ベースボール・マガジン社 (発
売)　1993.5　115p　31cm〈背・表紙の
書名：Best 英文併記　製作：IMSStudio
6〉　8500円　①4-583-03047-9
内容 第4回IOC「ベスト」スポーツフォトコ
ンテストによって構成されているこの作品
集は、スポーツ写真に情熱を傾けている人、
単なる趣味として愛好している人を問わず
深い感銘をあたえずにはおかない。厳選さ
れた写真はこれら巨大なスポーツイベント
の強烈さを示す生きた証言であり、世界に

おけるスポーツ写真の最高傑作はこれだと語りかけているのである。

『IOC「ベスト」スポーツフォトコンテスト 3』 ベースボール・マガジン社（発売） 1992.9 114p 31cm〈背・表紙の書名：Best 英文併記 製作：IMSStudio 6〉 8500円 ①4-583-03014-2
内容 スポーツファンで写真に対して激しい審美眼をもっている人なら誰でも、スポーツフォトコンテストの審査委員によって厳選された、90枚以上にも及ぶ写真の中に、エキサイティングさせるものを発見するはずです。世界のトップクラスにある、スポーツカメラマンがとらえた、シナリオのないドラマの決定的瞬間です。

『IOC「ベスト」スポーツフォトコンテスト 2』 ベースボール・マガジン社 1992.6 1冊 31×28cm 8500円 ①4-583-02961-6
内容 本書には90枚を越す非凡にして心をとらえてはなさないスポーツ写真がおさめられています。「IOCベストスポーツフォトコンテスト」の審査団によって選ばれた写真は世界のトップ水準にある写真家の作品であります。

『IOC「ベスト」スポーツフォトコンテスト 2』 ベースボール・マガジン社（発売） 1992.6 130p 31cm〈背・表紙の書名：Best 英文併記 製作：IMSStudio 6〉 8500円 ①4-583-02961-6

## 招致活動

『東京オリンピックのボランティアになりたい人が読む本―3大会のボランティアを経験したオリンピック中毒者が教える』 西川千春著 イカロス出版 2018.6 207p 19cm 1500円 ①978-4-8022-0558-0
内容 ボランティアの役割の種類は？ 求められるスキルや知識は？ 活動の魅力は？ 選考プロセスは？ 東京大会に参加する方法は？ 2012年ロンドン大会、2014年ソチ大会、2016年リオ大会、ボランティアとして3大会に参加し、オリンピックに魅了された著者がオリンピックボランティアのすべてを語る！

『オリンピック・パラリンピック開催、障

害者スポーツに関する世論調査 平成29年9月調査』 東京都生活文化局広報広聴部都民の声課編 東京都生活文化局広報広聴部都民の声課 2018.1 4,142p 30cm （世論調査結果報告書）

『批判的スポーツ社会学の論理―その神話と犯罪性をつく』 影山健著，自由すぽーつ研究所編 名古屋 ゆいぽおと 2017.10 214p 19cm〈発行所：KTC中央出版〉 2000円 ①978-4-87758-467-2
内容 体育嫌いにはワケがあった！ 研究と実践の体育人が明快に解き明かす。

『豊洲新市場・オリンピック村開発の「不都合な真実」―東京都政が見えなくしているもの』 岩見良太郎，遠藤哲人著 自治体研究社 2017.3 109p 21cm〈文献あり 年表あり〉 1204円 ①978-4-88037-661-5
目次 1 土地区画整理で隠された豊洲新市場の闇に迫る（区画整理でおおわれたもう一つの闇，東京ガス、一転、新市場を受け入れへ―闇の始まり，換地で不当利得を得た東京ガス，区画整理でベールをかけられた汚染処理費用負担問題，東京ガスは汚染原因者負担の責任を果たしたか，東京都にとってもうまい話，ツケは築地商業者と都民の肩に），2 オリンピック村再開発で「公有地たたき売り」（オリンピック村再開発，「クレヨンしんちゃん400円」を税金で買った舛添要一都知事の時代，都民の財産・都有地を市場価格の10分の1以下で投げ売り，なぜ再開発か，ただの再開発ではない，「一人芝居の大損再開発」・五つの異常，10分の1投げ売りの秘密―個人施行、全員同意型権利変換計画，デベロッパー、特定建築者が10分の1価格で仕入れる，中心点―なぜ都有地の売却価格は「適正な価格」ではないのか），3 東京臨海部開発という闇にうかぶ豊洲・選手村開発（開発のホットスポット，豊洲・晴海，ドーピング的都市再生，よみがえる利権の島）

『東京にオリンピックを呼んだ男―御坊ゆかりの国際人和田勇 御坊市名誉市民第1号』 ［御坊］ 御坊市 ［2017］ ［6］枚 21cm〈共同刊行：御坊市教育委員会ほか〉

『反東京オリンピック宣言』 小笠原博毅，

オリンピックの本3000冊 31

山本敦久編　航思社　2016.8　269p
21cm　2200円　①978－4－906738－20－5

『街場の五輪論』　内田樹, 小田嶋隆, 平川
克美著　朝日新聞出版　2016.7　238p
15cm　（朝日文庫　う15－3）〈2014年刊の
加筆〉　600円　①978－4－02－261864－1
[内容] 東京五輪招致成功から3年。アベノミク
スの失敗が囁かれる中、成長戦略としての
五輪開催は破綻している。新競技場建設騒
動やエンブレム問題などドタバタ続き。つ
いには裏金疑惑まで浮上した。開催万歳の
同調圧力に屈しない痛快座談会に特別鼎談
を加えての文庫化。

『東京オリンピック・パラリンピック等に
向けたとちぎビジョン—2020までのと
ちぎ、2020からのとちぎ』　栃木県総
合政策部総合政策課編　宇都宮　栃木県
総合政策部総合政策課　2015.11　16p
30cm

『時代背景から考える日本の6つのオリン
ピック　3　2020年東京大会』　大熊廣
明監修, 稲葉茂勝文　ベースボール・マ
ガジン社　2015.9　31p　29cm〈索引あ
り〉　2800円　①978－4－583－10890－2
[内容] この「時代背景から考える日本の6つの
オリンピック」シリーズは、2020年の夏季
オリンピック東京大会を前にして、日本と
日本人がつくりだす社会情勢がオリンピッ
クにどう関係しているか、逆にオリンピッ
クがどんなふうに日本と日本人に影響する
のかを、考えてみようとする本です。2020
年のオリンピックを単なるお祭りさわぎに
しないためにも、このシリーズをよく読ん
でほしいと思います。

『東京オリンピック・パラリンピックのレ
ガシーと大阪経済』　大阪　大阪産業経
済リサーチセンター　2015.3　42p
30cm　（資料 no.146）〈文献あり〉

『東京オリンピック・パラリンピックに関
する世論調査　平成27年6月調査』　内
閣府大臣官房政府広報室　［2015］
212p　30cm　（世論調査報告書）〈附
帯：テロ対策に関する世論調査〉

『転換点にたつオリンピック—異議あり！
2020東京オリンピック・パラリンピッ
ク』　革新都政をつくる会編著　京都

かもがわ出版　2014.11　63p　21cm
（かもがわブックレット 198）　600円
①978－4－7803－0742－9
[目次] 1（民意なき立候補, 異議続出の開催計画,
計画からはずされた駒沢競技場 ほか）, 2（酷
暑のなかのオリンピック, 東京大改造計画で
東京は, はじまった施設見直し ほか）, デー
タ編（2020オリンピック・パラリンピック
を考える会施設見直し提案, オリンピック
憲章とアジェンダ21（抜萃）, 招致活動の経
緯 ほか）

『世界を動かすプレゼン力—日本はこうし
てオリンピックを勝ち取った！』　ニッ
ク・バーリー著, 佐久間裕美子訳　NHK
出版　2014.2　237p　19cm　1500円
①978－4－14－081630－1
[内容] 最終プレゼンの知られざる裏側—その緻
密な戦略とストーリーづくり。2020年、日
本人がグローバルな舞台で成功を収めるた
めの7つの戦略。

『街場の五輪論』　内田樹, 小田嶋隆, 平川
克美著　朝日新聞出版　2014.2　186p
19cm　1200円　①978－4－02－251148－5
[内容] 今、ニッポンには夢の力ではなく、現実
を直視する力が必要だ。大いに異議あり！
WHY？ TOKYO 2020。

『オリンピックの光と影—東京招致の勝利
とスポーツの力』　結城和香子著　中央
公論新社　2014.1　235p　20cm　1400
円　①978－4－12－004588－2
[内容] 東京はなぜ勝ったのか。IOC取材20年の
ベテラン記者が招致の舞台裏を克明に描き、
オリンピックの魔法と深淵を読み解く。

『勝ち抜く力—なぜ「チームニッポン」は
五輪を招致できたのか』　猪瀬直樹著
PHP研究所　2014.1　208p　18cm
（PHPビジネス新書 306）　840円
①978－4－569－81693－7
[内容] 招致活動の最初の記者会見をロンドン
から発信したことの重要性、情報を一元的
に集約しロビー活動に戦略と戦術を導入、
オールジャパン体制で同じ目標を共有、「ア
スリートファースト」を前面に押し出す、自
ら65歳にして初マラソンを完走—五輪招致
の舞台裏で繰り広げられた苦闘と感動のド
ラマ。

『心を動かす！「伝える」技術—五輪招致7

人のプレゼンターから学ぶ』　荒井好一
著　SBクリエイティブ　2013.12　223p
18cm　（SB新書 243）　730円　①978-
4-7973-7600-5
内容 オリンピック招致を勝ち取ったプレゼ
ン、あの時、一票を投じさせた要因とは？
7人の表現者から何を学べるか？ あの国民
的プレゼンに秘められた、「伝え方」の戦略
と本質！

『日本政治のウラのウラ―証言・政界50年』
森喜朗著, 田原総一朗聞き手　講談社
2013.12　341p　20cm　1700円　①978-
4-06-218755-8
内容 政治とは何か？ 交渉とは何か？ 派閥と
は何か？ 盟友・田原に、腹を割って語った
歴史的記録。政治史を書き換える一冊。

『なぜ東京五輪招致は成功したのか？』
松瀬学著　扶桑社　2013.10　238p
18cm　（扶桑社新書 150）〈文献あり〉
740円　①978-4-594-06919-3
内容 今回がラストチャンスだったといわれ
ていた東京、都知事の失言からの脱却/大陸
ローテーションとは？ 2016年に立候補を行
い、2020年で開催を決めるというシナリオ、
ロビー活動の全容etc.舞台裏をすべて明か
す！ テレビマネーと開催都市の関係、2016
年の招致失敗からどのように再出発したの
か？ 総会直前の取材現場の最前線とは？ 9
月7日投票の裏側を完全リポートetc.本書で
しかわからない情報も盛りだくさん！

『東京にオリンピックを呼んだ男―強制収
容所入りを拒絶した日系二世の物語』
高杉良著　光文社　2013.8　524p
19cm〈「祖国へ、熱き心を」(新潮文庫
2001年刊)の改題改訂〉　1500円
①978-4-334-92891-9
内容 交渉力を備えた史上最強・最良のリー
ダー。日本再生に手を差しのべてくれた和
田勇。

『Tokyo 2020 applicant city―2020年
オリンピック・パラリンピックを日本
で！』　東京都スポーツ振興局招致推進
部招致推進課編　東京都スポーツ振興局
招致推進部招致推進課　2012.3　14p
21×9.5cm

『2016年オリンピック・パラリンピック競
技大会招致活動報告書』　東京オリン

ピック・パラリンピック招致委員会編,
東京オリンピック・パラリンピック招致
本部編　東京オリンピック・パラリン
ピック招致委員会　2010.2　582p
30cm〈年表あり〉

『2016東京オリンピック招致失敗で変わる
日本のスポーツ』　杉山茂, 岡崎満義, 上
柿和生編　創文企画　2009.12　95p
21cm　（スポーツアドバンテージ・ブッ
クレット 4）　1000円　①978-4-
921164-93-5
目次 問われる「日本スポーツ」の総合力, ノー
ト「TOKYO2016」, 寂しい結果, 寂しい体
質, シカゴオリンピック招致失敗にオバマ効
果はどう影響したか？, たかが支持率, され
ど支持率―招致のレガシーを今後にどう生
かすか, オリンピック招致の見えざる力, 広
島・長崎オリンピックに期待する, 東京五輪
招致失敗と日本スポーツ界の危機意識, 2016
東京五輪招致失敗は平昌, 釜山の五輪招致
にとってどんな意味を持つのか, 2016東京
オリンピック招致活動に注がれたメディア
の視線―その場を映すだけのメディア, リ
オ, 混戦模様を「初」で抜け出す

『東京オリンピック・パラリンピック招致
本部事業概要　平成21年版』　[東京
都]東京オリンピック・パラリンピック
招致本部企画部総務課編　[東京都]東京
オリンピック・パラリンピック招致本
部企画部総務課　2009.8　29p　30cm

『Tokyo・2016―candidate city 立候補
ファイル「日本語版」』　[東京オリン
ピック・パラリンピック招致委員会]
[2009]　451p　30cm

『東京オリンピック・パラリンピック招致
本部事業概要　平成20年版』　[東京
都]東京オリンピック・パラリンピック
招致本部企画部総務課編　[東京都]東京
オリンピック・パラリンピック招致本
部企画部総務課　2008.9　27p　30cm

『世界を結ぶオリンピック―情熱・人・ス
ポーツ』　東京オリンピック・パラリン
ピック招致委員会著　東京都　2008.8
51p　30cm　（オリンピック学習読本 中
学校）〈共同刊行：日本オリンピック委
員会ほか　年表あり〉

オリンピックの本3000冊　33

五輪教育・学習　　　オリンピック

『未来と結ぶオリンピック―勇気・地球・
　共生』　東京オリンピック・パラリン
　ピック招致委員会著　東京都　2008.8
　51p　30cm　（オリンピック学習読本 高
　等学校）〈共同刊行：日本オリンピック
　委員会ほか　年表あり〉

『みんなをむすぶオリンピック―夢・感動・
　未来』　東京オリンピック・パラリン
　ピック招致委員会著　東京都　2008.8
　51p　30cm　（オリンピック学習読本 小
　学校）〈共同刊行：日本オリンピック委
　員会ほか〉

『Tokyo・2016―applicant city 申請
　ファイル 2016年オリンピック競技大会
　申請都市に対する質問状への回答』　東
　京オリンピック招致委員会　［2008］
　50, 30p　30cm〈英語併記〉

『福岡が丸見えになった日―検証「福岡オ
　リンピック」』　脇義重著　福岡　不知
　火書房　2007.2　147p　21cm　1500円
　①978-4-88345-044-2
　内容 無謀でおかしな五輪招致の内幕。"開発
　独裁"市政に引導を渡したオリンピック招
　致中止運動を総括する。福岡市議会オリン
　ピック招致決議「賛成」「反対」別会派・議
　員名を掲載。

『2008年オリンピック競技大会招致活動報
　告書』　大阪オリンピック招致委員会編
　〔大阪〕　大阪オリンピック招致委員会
　2001.12　310p　30cm

『スポーツと国家―スポーツ社会学確立の
　ために』　水野和英著　文芸社　2001.4
　182p　19cm　1200円　①4-8355-1754-
　7
　内容 オリンピック・ナショナリズム・ジャー
　ナリズムを考える。知られざる"平和の祭
　典"の裏側人体改造、戦争につながる恐怖を
　あなたは気づいているか。2002年サッカー
　ワールドカップは日韓で共催され、2008年
　オリンピックには大阪が立候補している。
　世界のスポーツイベントを日本で開く意味
　を考える絶好の一書。

『大阪にオリンピックがやってくる―2008
　年』　竹沢宏著　財界通信社　2001.2
　192p　19cm　980円　①4-914991-02-0

『オリンピックの汚れた貴族』　アンド
　リュー・ジェニングス著, 野川春夫監訳
　サイエンティスト社　1998.2　437, 49p
　19cm　2000円　①4-914903-49-0
　内容 オリンピックは誰のものか？　招致合戦
　の内幕を暴く真実の記録。

『From Y横浜発：新スポーツ考―2008年
　ライフスタイルへの提案』　横浜市編
　元就出版社　1997.6　175p　21cm〈折
　り込み1枚〉　1238円　①4-906631-19-3
　目次 序章 都市戦略とオリンピック―成熟都
　市型オリンピックの演出, 第1章 横浜のま
　ちづくりを支えてきたスポーツ・その歴史
　と文化, 第2章 まちづくりに活かすスポー
　ツの可能性, 第3章 未来を開く横浜オリン
　ピック

『大阪WAY―2008年海上オリンピックへ
　の挑戦：大阪流のやり方で…。』　磯村
　隆文編著　中央公論社　1997.4　191p
　21cm　1500円　①4-12-002684-1
　内容 大阪は本気やねん！　万博・花博を成功
　させ、オリンピックのビッグイベントに挑
　戦するOSAKA国際集客都市論。

『市民連絡会議活動の記録―1978年から
　1981年』　〔名古屋〕　名古屋オリン
　ピックを考える市民連絡会議　1983.12
　1冊　27cm

『反オリンピック宣言―その神話と犯罪性
　をつく』　影山健［ほか］編著　名古屋
　風媒社　1981.10　262p　19cm〈反名古
　屋オリンピック市民運動年表：p247～
　252〉　1100円

『告発・1988名古屋オリンピック』　反五
　輪市民共闘会議編著　名古屋　風媒社
　1981.9　248p　19cm　1200円

五輪教育・学習

『オリンピック・パラリンピックで知る世
　界の国と地域　1　オリンピック・パラ
　リンピックの歴史』　日本オリンピッ
　ク・アカデミー監修　小峰書店　2018.4
　44p　29cm〈文献あり 年表あり 索引あ
　り〉　3000円　①978-4-338-31501-2
　目次 オリンピック（夏季, 冬季）, パラリン

オリンピック　　　　　　　　　　　　　五輪教育・学習

ピック（夏季, 冬季）

『オリンピック・パラリンピックで知る世
　界の国と地域　2　アジア』　日本オリ
　ンピック・アカデミー監修　小峰書店
　2018.4　44p　29cm〈文献あり　年表あ
　り　索引あり〉　3000円　①978-4-338-
　31502-9
　内容 日本、中国、韓国、サウジアラビア、イ
　ンド、フィリピンなど。

『オリンピック・パラリンピックで知る世
　界の国と地域　3　ヨーロッパ　1』　日
　本オリンピック・アカデミー監修　小峰
　書店　2018.4　44p　29cm〈文献あり
　年表あり　索引あり〉　3000円　①978-4-
　338-31503-6
　内容 イギリス、イタリア、フランス、ドイツ、
　ノルウェーなど。

『オリンピック・パラリンピックで知る世
　界の国と地域　4　ヨーロッパ 2・オセ
　アニア』　日本オリンピック・アカデ
　ミー監修　小峰書店　2018.4　44p
　29cm〈文献あり　年表あり　索引あり〉
　3000円　①978-4-338-31504-3
　内容 ロシア、ルーマニア、オーストラリア、
　ニュージーランドなど。

『オリンピック・パラリンピックで知る世
　界の国と地域　5　南北アメリカ』　日
　本オリンピック・アカデミー監修　小峰
　書店　2018.4　44p　29cm〈文献あり
　年表あり　索引あり〉　3000円　①978-4-
　338-31505-0
　内容 アメリカ、カナダ、メキシコ、ジャマイ
　カ、ブラジルなど。

『オリンピック・パラリンピックで知る世
　界の国と地域　6　アフリカ』　日本オ
　リンピック・アカデミー監修　小峰書店
　2018.4　44p　29cm〈文献あり　年表あ
　り　索引あり〉　3000円　①978-4-338-
　31506-7
　内容 エジプト、ナイジェリア、エチオピア、
　ケニア、南アフリカなど。

『オリンピック・パラリンピックで知る世
　界の国と地域　全6巻』　日本オリンピッ
　ク・アカデミー監修　小峰書店　2018.4
　6冊（セット）　30×24cm　18000円

①978-4-338-31500-5
内容 この本のシリーズは6巻に分かれていま
　す。1巻ではオリンピック・パラリンピック
　の第1回大会からの歴史を解説しています。
　2巻から6巻では、2016年リオデジャネイロ
　大会に出場した206の国と地域をすべて紹介
　しています。オリンピックやパラリンピック
　でこれまでどんな活躍をしてきたか、ま
　た、それぞれの国・地域の歴史や国土、産
　業、文化、人気スポーツなどの情報をくわ
　しく紹介しています。人口や面積、公用語
　などの基本情報ものせています。小学校中
　学年から。

『私たちのまち札幌とオリンピック・パラ
　リンピック―オリンピック・パラリン
　ピック教育副教材　小学校3年生用　札幌
　オリンピックミュージアム』　札幌市ス
　ポーツ局, 札幌市教育委員会編　札幌
　札幌市スポーツ局　2018.4　14p　30cm
　〈共同刊行：札幌市教育委員会〉

『スポーツでひろげる国際理解　4　世界を
　ひとつにする国際大会―オリンピック・
　ワールドカップなど』　中西哲生監修
　文溪堂　2018.3　47p　30cm〈索引あ
　り〉　2900円　①978-4-7999-0259-2
　目次 1章 世界のビッグイベント、2章 サッカー
　ワールドカップ、3章 ラグビーワールドカッ
　プ、4章 オリンピック、5章 ツール・ド・フラ
　ンス、6章 ウィンブルドン大会、7章 WBC
　（ワールド・ベースボール・クラシック）, 8
　章 ウインタースポーツ

『ようい、ドン！ しながわ―1〜4年　品川区
　オリンピック・パラリンピック学習教
　材』　品川区教育委員会事務局指導課編
　品川区教育委員会事務局指導課　2018.3
　44p　30cm

『心にのこるオリンピック・パラリンピッ
　クの読みもの　別巻　リオから東京へ、
　つながる夢』　大野益弘監修　学校図書
　2017.9　199p　21cm〈文献あり〉　1200
　円　①978-4-7625-0188-3
　内容 リオで熱きたたかいをくり広げたアス
　リートたち。感動秘話満載のシリーズ・第4
　弾。

『福生市の先生が作ったオリンピック・パ
　ラリンピック読み物資料集』　作成委員
　会編　福生　福生市教育委員会教育部教

オリンピックの本3000冊　35

五輪教育・学習　　　　オリンピック

育指導課指導係　2017.3　40p　30cm

『**よういドン！ しながわ—品川区オリンピック・パラリンピック学習教材**』　品川区教育委員会事務局指導課編　品川区教育委員会事務局指導課　2017.3　36p　30cm

『**12歳の約束—そして世界の頂点へ**』　矢内由美子, 寺野典子著　小学館　2016.8　190p　18cm　〈小学館ジュニア文庫 ジゃー7–1〉〈イラスト：石野てん子〉　680円　①978–4–09–230876–3

　内容　12歳。それは小学校に別れを告げて中学校に上がっていく大人への第一歩。夢と希望、そして不安が渦巻く多感な季節です。オリンピックで世界の頂点に挑むトップアスリートも、誰もがそんな時代を同じように過ごしてきました。立ちはだかるさまざまな困難や迷いのなかで、どのようにして進むべき道を見出していったのでしょう。ここに登場する7選手たちは、12歳という大切な節目でそれぞれにある「約束」を交わし、そしてそれを守り続けてきました。その約束とは—。

『**オリンピック教育**』　ローラント・ナウル著, 筑波大学オリンピック教育プラットフォーム, つくば国際スポーツアカデミー監訳　大修館書店　2016.7　285p　21cm　〈索引あり〉　2400円　①978–4–469–26796–9

　内容　オリンピック教育の過去・現在・将来を展望する。教育関係者、体育・スポーツ関係者にとっての必読書。

『**学問としてのオリンピック**』　橋場弦, 村田奈々子編　山川出版社　2016.7　246, 3p　19cm　〈文献あり〉　2500円　①978–4–634–64084–9

　内容　4年に一度のスポーツの祭典オリンピックは、なぜかくも多くの人々の関心を集めるのか。歴史・哲学・芸術・スポーツ科学の視点からオリンピックの意味を考える。

『**こどもオリンピック新聞—どこから読んでも面白い**』　世界文化社　2016.5　159p　24cm　〈文献あり 年表あり 索引あり〉　1300円　①978–4–418–16814–9

　内容　世界平和を願う"スポーツの祭典"第1回アテネ～第30回ロンドン大会まで知らなかった歴史、気になる記録、感動の物語。こ

れ一冊でオリンピックのツウになる。世界が見える、歴史がわかる。記録にも記憶にも残る感動がいっぱい。新聞形式だから面白い！

『**オリンピック・パラリンピック学習読本 高等学校編**』　東京都教育庁指導部指導企画課　東京都教育庁指導部指導企画課　2016.3　123p　30cm　〈年表あり〉

『**オリンピック・パラリンピック学習読本 小学校編**』　東京都教育庁指導部指導企画課編　東京都教育庁指導部指導企画課　2016.3　68p　30cm

『**オリンピック・パラリンピック学習読本 中学校編**』　東京都教育庁指導部指導企画課編　東京都教育庁指導部指導企画課　2016.3　100p　30cm　〈年表あり〉

『**オリンピック・パラリンピック学習パンフレット—小学校低学年用**』　東京都教育庁指導部指導企画課編　東京都教育庁指導部指導企画課　2016.3　18p　30cm

『**心にのこるオリンピック・パラリンピックの読みもの　1　夢に向かってチャレンジ！**』　大野益弘監修　学校図書　2016.3　199p　21cm　〈文献あり〉　1200円　①978–4–7625–0185–2

　内容　この巻のテーマは「夢に向かってチャレンジ！」。夢に向かってアスリートがくり広げる人間ドラマは、見る者の心を打ち、私たちに大きな勇気をあたえてくれます。

『**心にのこるオリンピック・パラリンピックの読みもの　2　助け合い、支え合って**』　大野益弘監修　学校図書　2016.3　199p　21cm　〈文献あり〉　1200円　①978–4–7625–0186–9

　内容　この巻のテーマは「助け合い、支え合って」。家族や信頼する仲間と助け合い、支え合いながら戦うアスリートのすがたは、見る者に感動をあたえ、私たちの心を温かくしてくれます。

『**心にのこるオリンピック・パラリンピックの読みもの　3　世界の人々とつながって**』　大野益弘監修　学校図書　2016.3　191p　21cm　〈文献あり〉　1200円　①978–4–7625–0187–6

　内容　この巻のテーマは「世界の人々とつな

オリンピック　　　　　　　　　　　　　　　　　五輪教育・学習

がって」。世界中のアスリートが集まるオリンピックやパラリンピックでは、勝敗や国境をこえた信頼や友情が生まれ、それは、見る者の心をふるわせます。

**『16歳から知るオリンピックの軌跡』** 清水ひろし著　彩流社　2015.9　270p　19cm〈文献あり〉　2400円　①978-4-7791-2163-0
　[内容]こんなオリンピックがあったんだ!?ためになる！知りたくなる！教えたくなる！古代から1964年東京オリンピックまで。オリンピックに燃えた人々の、汗と涙の記録がこの一冊にギュッ！「平和の祭典」の歴史を今、見直そう。知られざる選手の努力、感動の名場面、各国で抱えていたオリンピック開催までの苦悩。読んでワクワク、知ってドキドキの18大会！

**『Q & Aでわかる！　はじめてのスポーツボランティア　4　オリンピック・パラリンピックに参加！』**　日本スポーツボランティアネットワーク監修、こどもくらぶ編　ベースボール・マガジン社　2014.12　31p　29cm〈文献あり　索引あり〉　2800円　①978-4-583-10722-6
　[内容]このシリーズでは、Q & A式で、スポーツボランティアについてわかりやすく紹介していきます。みなさんも、ぜひこのシリーズで「スポーツボランティア」というスポーツのもうひとつのたのしみ方を知り、スポーツ全体をもりあげていってください。

**『クレヨンしんちゃんのまんがオリンピックなるほどブック―オリンピックのすべてがわかる！』**　臼井儀人キャラクター原作、リベロスタイル編集・構成　双葉社　2014.4　207p　19cm　（クレヨンしんちゃんのなんでも百科シリーズ）〈文献あり〉　800円　①978-4-575-30661-3
　[内容]2020年の東京オリンピックに向けて！オリンピックのすべてがわかる!!

**『しらべよう！　知っているようで知らない冬季オリンピック　1　冬季オリンピックの記録と記憶』**　大熊廣明監修、稲葉茂勝文　ベースボール・マガジン社　2013.9　31p　29cm〈索引あり〉　2500円　①978-4-583-10597-0
　[内容]冬季オリンピックのさまざまな記録や、一校一国運動といった、人びとの記憶にのこ

るさまざまなできごと・日本人選手などについて、写真や資料でくわしく紹介します。

**『しらべよう！　かんがえよう！　オリンピック　4　ハイテクオリンピック』**　ニック・ハンター原著、稲葉茂勝訳・著　ベースボール・マガジン社　2012.8　31p　29cm〈索引あり〉　2500円　①978-4-583-10467-6
　[目次]オリンピックと科学技術、選手の服とシューズ、陸上競技をささえるもの、棒高とびのポール、陸上競技をささえるさまざまな科学技術、競泳とさまざまな科学技術、似ているようでまったくことなる自転車競技、小さな道具からボートまで、1000分の1秒の争いをささえる技術、冬季オリンピックの科学技術、高度先端技術のパラリンピック、オリンピックと医学、かんがえてみよう！用具による「ドーピング」!?、かんがえてみよう！マスコミの役割

**『しらべよう！　かんがえよう！　オリンピック　3　金メダリストものがたり』**　マイケル・ハーレー原著、稲葉茂勝訳・著　ベースボール・マガジン社　2012.7　31p　29cm〈索引あり〉　2500円　①978-4-583-10466-9
　[目次]夏季ロンドン大会と冬季ソチ大会、金メダルをもっとも多くとった選手は？、多くの金メダルにかがやく男女、1大会で金メダル4個の「空とぶ主婦」、「はだしのランナー」のものがたり、「キング・カール」のものがたり、食中毒からの回復直後の金メダル、世界最速は9秒58、高さ5mをこえたはじめての女性、「ナイト」の称号を得たスポーツ選手、偉大な冬季オリンピックの金メダリストたち、偉大な「パラリンピック」の金メダリスト

**『しらべよう！　かんがえよう！　オリンピック　2　五輪記録のひかりとかげ』**　マイケル・ハーレー原著、稲葉茂勝訳・著　ベースボール・マガジン社　2012.6　31p　29cm〈年表あり　索引あり〉　2500円　①978-4-583-10465-2
　[目次]オリンピック競技大会の特徴、人びとの感動もさまざま！、数字で見るオリンピック、おどろくべきこと、オリンピックでのフェアプレー、薬物とオリンピック、オリンピックと人種問題、ボイコットの応酬、オリンピックでおきたテロリズム、商業主義オリ

オリンピックの本3000冊　37

五輪教育・学習 オリンピック

ンピック，かんがえてみよう！ オリンピックが利用される理由，総さくいん

『しらべよう！ かんがえよう！ オリンピック 1 しっているようでしらない五輪』 ニック・ハンター原著, 稲葉茂勝訳・著 ベースボール・マガジン社 2012.5 31p 29cm〈索引あり〉 2500円 ①978-4-583-10464-5

内容 わたしたちは，オリンピックについてしっているようでよくしらないことがたくさんあります。さあ，このシリーズで，オリンピックについて，しらべたり，かんがえたりしてみましょう。

『世界からひとつの花になるために—冬季オリンピック読本』 文部省編 第一法規出版 1994.5 71p 30cm 330円 ①4-474-00381-0

『世界からひとつの花になるために—冬季オリンピック読本』 文部省 1994.3 71p 30cm

『スポーツ・体育ものがたり 14 オリンピックものがたり—古代オリンピック・近代オリンピック』 フォート・キシモト写真 岡尾恵市, 山本邦夫文 岩崎書店 1990.3 79p 27cm〈監修：山本邦夫〉 2300円 ①4-265-04014-4

目次 1 古代オリンピックのはじまり（オリンピアの村, 古代ギリシアの伝説, もうひとつの伝説 ほか）, 2 古代オリンピックのようす（大会の内容と, ひらかれた時期, 平和をねがって, 審判員のえらびかたとくんれん ほか）, 3 近代オリンピック大会（オリンピック競技大会のふっかつ, 近代オリンピック大会の内容）, 4 オリンピック冬季競技大会

『オリンピック物語—燃えつづける聖火』 広畑成志著, 多田治良絵 汐文社 1988.3 149p 22cm （シリーズきみにおくるすばらしいスポーツ） 1200円 ①4-8113-7065-1

内容 この本は，オリンピックのなかで生まれたたくさんのドラマや事件のなかから，オリンピックを支えてきた精神や伝統に関係した話を選んで，年代を追って10の物語にまとめたものです。みなさんが「オリンピックてなんだろう」との関心をさぐる手引になれば，と思います。小学校中級以上向。

『少年少女東京オリンピック全集 1 もえる聖火』 川本信正, 多田信作著 名古屋 黎明書房 昭和40 95p 図版 26cm

『少年少女東京オリンピック全集 2 美しい人間像』 藤田圭雄著 名古屋 黎明書房 昭和40 95p 図版 26cm

『少年少女東京オリンピック全集 3 みんなの力で』 川本信正, 黒崎貞治郎, 多田信作著 名古屋 黎明書房 昭和40 95p 図版 26cm

『少年少女東京オリンピック全集 4 新しい科学の勝利』 相島敏夫, 榎本菊雄著 名古屋 黎明書房 昭和40 95p 図版 26cm

『少年少女東京オリンピック全集 5 未来への行進』 黒崎貞治郎, 鈴木良徳著 名古屋 黎明書房 昭和40 95p 図版 26cm

『オリンピック読本』 埼玉県教育委員会［編］ 浦和 埼玉県教育委員会, 埼玉県オリンピック推進協議会 1964.6 66p 21cm

『オリンピックと学校—オリンピック学習の手引き』 オリンピック学習委員会編 誠文堂新光社 1964.5 65p 21cm

『オリンピック読本—小学生のために』 文部省 1964 56p 21cm

『オリンピック物語』 川本信正著 国土社 昭和39 206p 図版 22cm （みつばち図書館 16）

『オリンピックと学校—オリンピック学習の手引き』 東京都千代田区教育委員会編 東京都千代田区教育委員会 1963.12 64p 21cm

『オリンピック読本—高等学校・青年学級向け』 文部省 1963 68p 21cm （MEJ 4194）

『オリンピック読本—中学生のために』 文部省 1962 44p 21cm （MEJ 4133）

『少年少女のためのオリンピックの話』 オリンピック青年協議会編 ベースボー

ル・マガジン社　昭和37　295p　図版
19cm

『オリンピック物語』　川本信正著　青葉
書房　昭和32　100p　22cm　（学級図
書館 6年 1）

『オリンピック物語』　大島鎌吉著　あか
ね書房　昭和26　98p　22cm　（小学生
学習文庫 第1期 3）

『オリンピック読本　1948年版』　読賣ス
ポーツ編集部編　読賣新聞社　1948.7
52p　19cm

『オリンピック物語』　青木喬著　海住書店
昭和23　96p　図版　18cm　（学友文庫）

## 事典・辞書・図鑑

『東京オリンピック六ヶ国語用語辞典―日
英独仏露西　1　オリンピック一般用語、
アーチェリー、カヌー、競泳、近代五種
競技、サッカー、水球、自転車競技、射
撃、柔道、重量挙げ編』　本多英男著
名古屋　三惠社　2017.6　416p　21cm
2800円　①978-4-86487-687-2

『東京オリンピック六ヶ国語用語辞典―日
英独仏露西　2　シンクロナイズド・ス
イミング、新体操（一般用語・難度表・
手具）、男子体操競技（一般用語・ゆか・
あん馬・つり輪・跳馬・平行棒・鉄棒）
編』　本多英男著　名古屋　三惠社
2017.6　488p　21cm　3000円　①978-
4-86487-688-9

『東京オリンピック六ヶ国語用語辞典―日
英独仏露西　3　女子体操競技（一般用
語・跳馬・段違い平行棒・平均台・ゆ
か）、卓球、テコンド、テニス編』　本多
英男著　名古屋　三惠社　2017.6　380p
21cm　2600円　①978-4-86487-689-6

『東京オリンピック六ヶ国語用語辞典―日
英独仏露西　4　飛び込み競技、トライ
アスロン、トランポリン（一般用語・技
術種目と競技種目用語）、馬術、バス
ケットボール、バドミントン、バレー
ボール、ハンドボール、ビーチ・バレー
ボール、フェンシング編』　本多英男著

名古屋　三惠社　2017.6　404p　21cm
2700円　①978-4-86487-690-2

『東京オリンピック六ヶ国語用語辞典―日
英独仏露西　5　ボート、ボクシング、
ホッケー競技、野球・ソフトボール、
ヨット、陸上競技、レスリング、7人制
ラグビー、ゴルフ、スポーツクライミン
グ、空手、サーフィン、スケートボード
編』　本多英男著　名古屋　三惠社
2017.6　442p　21cm　2900円　①978-
4-86487-691-9

『東京パラリンピック六ヶ国語用語辞典―
日英独仏露西』　本多英男著　名古屋
三惠社　2017.6　154p　21cm　1700円
①978-4-86487-692-6

『写真で見るオリンピック大百科　6
2014年冬季ソチ～2016年リオデジャネ
イロ』　舛本直文監修　ポプラ社
2017.4　47p　29cm〈索引あり〉　3000
円　①978-4-591-15391-8
目次 第22回冬季オリンピック 2014年ソチ大
会, 第11回冬季パラリンピック 2014年ソチ
大会, 平昌オリンピックの新種目/平昌パラ
リンピックの新種目, 第31回オリンピック
2016年リオデジャネイロ大会, 復活したラグ
ビーとゴルフ, 第15回パラリンピック 2016
年リオデジャネイロ大会, 2020年東京オリン
ピック・パラリンピックがやってくる！
（2020年東京オリンピックの新競技, 2020年
東京パラリンピックの新競技）, 2020年東京
大会エンブレム

『オリンピック大事典』　和田浩一監修
金の星社　2017.2　79p　29cm〈索引あ
り〉　3800円　①978-4-323-06471-0
目次 1 オリンピックとは？（平和の祭典でも
あるオリンピック, 南米大陸初のオリンピック
ク大会 ほか）, 2 オリンピックの歴史（歴史
を年表でみよう, 古代オリンピックの歴史
ほか）, 3 発展するオリンピック（進化する
科学技術・設備・道具, 選手の技術とトレー
ニング ほか）, 4 2020年東京大会に向けて
（平和の祭典が東京に, 東京大会をむかえる
ために ほか）, 5 オリンピックの競技を知
ろう（夏季オリンピック, 2016年リオデジャ
ネイロ大会から増えた競技 ほか）

『オリンピック・パラリンピックまるごと
大百科』　真田久監修, 筑波大学オリン

事典・辞書・図鑑　　　　オリンピック

ピック教育プラットフォーム責任編集
学研プラス　2017.2　99p　31cm〈文献
あり　年表あり　索引あり〉　5500円
①978-4-05-501205-8
目次 第1章 オリンピック、パラリンピックの
基礎知識（オリンピック競技大会とは、パラ
リンピック競技大会とは ほか）、第2章 オリ
ンピック、パラリンピックからのメッセー
ジ（オリンピックから学ぶこと1 努力するこ
との喜び、オリンピックから学ぶこと2 フェ
アプレー──正々堂々と戦う ほか）、第3章 オ
リンピック、パラリンピックに関わる人々
（近代オリンピックはこうして生まれた！、
パラリンピックはこうして生まれた！ ほ
か）、第4章 オリンピック、パラリンピック
を変えた科学技術（シューズの変遷─最新
技術のつまった "魔法のくつ"、ウェアの変
遷1─水着 ほか）、第5章 オリンピックとパ
ラリンピックの文化、環境、危機（開会式と
閉会式、文化・芸術の祭典 ほか）

『オリンピックのクイズ図鑑』　　学研プラ
ス　2016.7　197p　15cm　（ニューワイ
ド学研の図鑑）　850円　①978-4-05-
204485-4
内容 100問の楽しくてためになるクイズ！ 全
部できるかな？ クイズにこたえてオリン
ピックをもっと楽しもう。オリンピックの
歴史や競技についてわかるよ。

『JOAオリンピック小事典』　　日本オリン
ピック・アカデミー編著　メディアパル
2016.6　319p　19cm〈文献あり　索引あ
り〉　1800円　①978-4-89610-160-7
目次 第1章 オリンピック、第2章 オリンピッ
ク競技大会の歴史、第3章 オリンピックの競
技・種目、第4章 パラリンピック、第5章 記
憶にのこるオリンピック・パラリンピック
の選手たち、第6章 資料

『オリンピック・パラリンピック大百科　2
平和の祭典・オリンピック競技大会』
日本オリンピック・アカデミー監修　小
峰書店　2016.4　43p　29cm〈索引あ
り〉　3000円　①978-4-338-30002-5
目次 1 オリンピックって何だろう（世界が注
目するのはなぜ？、広がりつづけるオリン
ピック、「オリンピズム」って何だろう、「オ
リンピック・ムーブメント」って何？、オ
リンピックのシンボルとモットー、オリン
ピックを開催する組織と活動）、2 オリンピ

ズムがめざすもの（古代と現代をつなぐ聖
火、フェアプレーの精神、人類の平和のため
に、芸術分野の発展をめざして、広がる女性
選手の活躍、新しい思想 オリンピック・レ
ガシー）、3 競技大会のあらまし（夏季大会
の競技、冬季大会の競技、そのほかの国際競
技大会、オリンピックの公式ポスター、選手
の栄光をたたえるメダル、大会の開会式と
閉会式）

『オリンピック・パラリンピック大百科　4
オリンピックの発展と課題』　　日本オリ
ンピック・アカデミー監修　小峰書店
2016.4　43p　29cm〈索引あり〉　3000
円　①978-4-338-30004-9
目次 1 オリンピックの進化と発展（のびてい
く記録、技術の進歩、スポーツ用具の進化、
トレーニング法の開発、オリンピック設備
の進歩、感動を伝えるメディアの発達）、2
オリンピックがかかえる課題（増大するオ
リンピックの経費、大きな役割をになうス
ポンサー、競技・種目数と参加選手の増加、
根本にあるアマチュア・プロの問題、ドー
ピング問題の解決をめざして、人種差別問
題を乗りこえる、切りはなすのはむずかし
いスポーツと政治）、3 東京オリンピック・
パラリンピック大会に向けて（知ってほし
い！ スポーツの魅力、もっともっと、オリ
ンピックを！、東京オリンピックの安全対
策最前線）

『オリンピック・パラリンピック大百科　5
オリンピックのヒーロー・ヒロインたち』
日本オリンピック・アカデミー監修　小
峰書店　2016.4　43p　29cm〈索引あ
り〉　3000円　①978-4-338-30005-6
目次 1 世界を感動させた日本の選手たち・夏
季（織田幹雄 人見絹枝、西田修平/大江季雄
円谷幸吉、高橋尚子 野口みずき 有森裕子 ほ
か）、2 世界を感動させた日本の選手たち・
冬季（猪谷千春 荻原健司 葛西紀明、上村愛
子 平野歩夢/平岡卓、橋本聖子 清水宏保 伊
藤みどり ほか）、3 記憶に残る世界の選手
たち（エミール・ザトペック アベベ・ビキ
ラ、カール・ルイス ウサイン・ボルト、マイ
ケル・フェルプス ほか）

『夏季オリンピック六ヶ国語辞典─日英独
仏露西　1　オリンピック一般用語、
アーチェリー、カヌー、競泳、近代五種
競技、サッカー、水球、自転車競技、射
撃、柔道、重量挙げ編』　　本多英男著

オリンピック　　　　　　　　　　　　事典・辞書・図鑑

名古屋　三恵社　2015.8　416p　21cm
2800円　①978-4-86487-386-4

『夏季オリンピック六ヶ国語辞典―日英独
　仏露西　2　シンクロナイズド・スイミ
　ング、新体操（一般用語・難度表・手
　具）、男子体操競技（一般用語・ゆか・あ
　ん馬・つり輪・跳馬・平行棒・鉄棒）編』
　本多英男著　名古屋　三恵社　2015.8
　488p　21cm　3000円　①978-4-86487-
　394-9

『夏季オリンピック六ヶ国語辞典―日英独
　仏露西　3　女子体操競技（一般用語・跳
　馬・段違い平行棒・平均台・ゆか）、卓
　球、テコンド、テニス編』　本多英男著
　名古屋　三恵社　2015.8　380p　21cm
　2600円　①978-4-86487-395-6

『夏季オリンピック六ヶ国語辞典―日英独
　仏露西　4　飛び込み競技、トライアス
　ロン、トランポリン（一般用語・技術種
　目と競技種目用語）、馬術、バスケット
　ボール、バドミントン、バレーボール、
　ハンドボール、ビーチ・バレーボール、
　フェンシング編』　本多英男著　名古屋
　三恵社　2015.8　404p　21cm　2700円
　①978-4-86487-396-3

『夏季オリンピック六ヶ国語辞典―日英独
　仏露西　5　ボート、ボクシング、ホッ
　ケー競技、野球・ソフトボール、ヨッ
　ト、陸上競技、レスリング、7人制ラグ
　ビー、ゴルフ編』　本多英男著　名古屋
　三恵社　2015.8　312p　21cm　2400円
　①978-4-86487-397-0

『スポーツ大図鑑』　レイ・スタッブズ編，
　岩井木綿子, 大野千鶴, 内田真弓訳　ゆま
　に書房　2014.5　456p　31cm〈索引あ
　り〉　9200円　①978-4-8433-4409-5
　内容　人類が発明した主なスポーツについ
　ての詳細な入門書。競技方法やフィールドな
　どの大きさ、最新の情報やデータを掲載。
　ワールドクラスのアスリートがどんなテク
　ニックや戦術を用いているか、その秘密に
　迫ります。各オリンピック大会や各競技の
　歴史・エピソード及びそこで大活躍したア
　スリートを紹介する。

『オリンピックまるわかり事典―大記録か

　ら2020年東京開催まで』　　PHP研究所
　編　PHP研究所　2014.3　63p　29cm
　〈楽しい調べ学習シリーズ〉〈「オリン
　ピック絵事典」(2004年刊)の改題・加筆
　修正・再構成　文献あり　索引あり〉
　3000円　①978-4-569-78385-7
　内容　過去のオリンピック夏季大会をふりかえ
　りながら、その大会で活躍した選手を紹介。
　知られていないエピソードや、メダル獲得
　数の多い国・地域のベスト3、日本のメダル
　数・順位など。冬季大会、パラリンピック
　についても、かんたんに紹介。男女のオリ
　ンピック競技種目を表にまとめ、代表的な
　種目の記録がどれほど進歩したのか、金メ
　ダルをとった日本人にはどういう人がいた
　のかから、五輪のマークはなにをあらわし
　ているのか、聖火がとちゅうで消えたらど
　うするのかなど、気になる疑問まで。

『写真で見るオリンピック大百科　1　オリ
　ンピックってなに？』　舛本直文監修
　ポプラ社　2013.4　55p　29cm〈索引あ
　り〉　3000円　①978-4-591-13295-1

『写真で見るオリンピック大百科　2
　1896年アテネ～1964年冬季インスブ
　ルック』　舛本直文監修　ポプラ社
　2013.4　55p　29cm〈索引あり〉　3000
　円　①978-4-591-13296-8

『写真で見るオリンピック大百科　3
　1964年東京～1980年モスクワ』　舛本
　直文監修　ポプラ社　2013.4　55p
　29cm〈索引あり〉　3000円　①978-4-
　591-13297-5

『写真で見るオリンピック大百科　4
　1984年冬季サラエボ～1998年冬季長
　野』　舛本直文監修　ポプラ社　2013.4
　55p　29cm〈索引あり〉　3000円
　①978-4-591-13298-2

『写真で見るオリンピック大百科　5
　2000年シドニー～2012年ロンドン』
　舛本直文監修　ポプラ社　2013.4　55p
　29cm〈索引あり〉　3000円　①978-4-
　591-13299-9

『近代日本オリンピック競技大会資料集成
　第3巻』　中川功哉校閲, 中川隆編　横浜
　紫峰図書　2009.7　462p　22cm〈複製〉
　20000円　①978-4-915911-16-3

オリンピックの本3000冊　41

事典・辞書・図鑑　　　オリンピック

『オリンピック大百科』　クリス・オクス
　レード, デーヴィッド・ボールハイマー
　著, 成田十次郎日本語版監修　あすなろ
　書房　2008.3　55p　29cm　（「知」のビ
　ジュアル百科 45）　2500円　①978-4-
　7515-2455-8
　内容 古代ギリシャで, 宗教の祭典のひとつと
　して開催されてきた古代オリンピック。そ
　して, 1896年に復活して以来, 人びとの心
　に残るたくさんの名勝負を生み出してきた
　近代オリンピック。ふたつのオリンピック
　の歴史をビジュアルで紹介。

『オリンピック事典─ポケット版』　　日本
　オリンピック・アカデミー「ポケット版
　オリンピック事典」編集委員会編　楽
　2008.1　279p　19cm〈年表あり　文献
　あり〉　1429円　①978-4-947646-25-5
　目次 第1章 オリンピックのしくみ（初代オリ
　ンピックの創始者クーベルタン, オリンピ
　ズム ほか）, 第2章 オリンピックの歴史（古
　代オリンピック, 近代オリンピック）, 第3
　章 記憶に残るオリンピアン（陸上, 水泳 ほ
　か）, 第4章 オリンピックの教育（日本のオ
　リンピック教育, 世界のオリンピック教育）,
　第5章 北京大会・バンクーバー冬季大会（北
　京大会2008, バンクーバー冬季大会2010）

『オリンピック絵事典─感動のドラマの記
　録 オリンピックがよくわかって楽しめ
　る！』　　PHP研究所編　PHP研究所
　2004.6　79p　29cm　2800円　①4-569-
　68480-7
　目次 第1章 アテネオリンピックをのぞいてみ
　よう（オリンピックの舞台となるアテネ, さ
　まざまなドラマが待ち受けるオリンピック
　会場 ほか）, 第2章 オリンピックの歴史と選
　手たちを見てみよう（古代オリンピックの発
　祥と近代オリンピックの誕生, 1896年第1回
　アテネ大会 ほか）, 第3章 オリンピックの競
　技を知ろう（陸上, 水泳 ほか）, 第4章 オリ
　ンピックなぜなにQ & A（オリンピックの
　ときによく聞くIOC, JOCってなに？, 五
　輪のマークってなにをあらわしているの？
　ほか）

『21世紀オリンピック豆事典─オリンピッ
　クを知ろう！』　　日本オリンピック・ア
　カデミー編　楽　2004.3　199p　19cm
　〈文献あり〉　952円　①4-947646-22-5
　内容 内容は一般向けとしながらも, 子どもた

ちにオリンピックの真の姿を知ってもらう
ことを願って教育的な面も考慮して作成。
また大学などの高等教育機関でも教材とし
て使えるように配慮した。

『近代日本オリンピック競技大会資料集成
　第2巻』　　中川功哉校閲, 中川隆編　横浜
　紫峰図書　1998.6　534p　22cm〈複製〉
　20000円　①4-915911-15-2

『近代日本オリンピック競技大会資料集成
　第1巻』　　中川功哉校閲, 中川隆編　横浜
　紫峰図書　1997.10　519p　22cm〈複
　製〉　20000円　①4-915911-14-4

『冬季オリンピック四カ国語辞典─日・ロ・
　英・独』　　本多英男編　不昧堂出版
　1996.1　452p　21cm〈参考文献：p450
　～452〉　5000円　①4-8293-0316-6
　内容 冬季オリンピックの運営や競技種目に関
　する用語の日本語─ロシア語─英語─ドイ
　ツ語4ヶ国語対訳辞典。排列は見出し語の五
　十音順。ロシア語, 英語, ドイツ語にはそ
　の発音をカタカナ表記で示す。

『スポーツ用語─ビッグスポーツ・主要100
　スポーツ用語総覧 ルール・ゲーム進行・
　戦術から最新用語 最新版』　　角山修司
　編　東村山　教育社　1992.11　1114p
　18cm　（Newton database）〈発売：教
　育社出版サービス（東京）　資料・参考
　文献：p1111～1114〉　2500円　①4-
　315-51267-2
　内容 ビッグスポーツ・主要100スポーツ用語
　総覧。ルール・ゲーム進行・戦術から最新
　用語。

『オリンピックものしり小事典─歴史・選
　手・競技・種目・会場・しくみ・エピ
　ソード』　　日本オリンピック・アカデ
　ミー編　池田書店　1988.4　239p
　18cm〈参考文献：p236～239〉　780円
　①4-262-14703-7
　目次 第1章 オリンピックで人々を魅了した選
　手たち（陸上競技, 水泳, レスリング, 体操,
　サッカー, バレーボール, ウエイトリフティ
　ング, 柔道, スキー, スケート）, 第2章 オリ
　ンピックとはそもそも何か？, 第3章 オリ
　ンピックの競技・種目いろいろ, 第4章 オリ
　ンピック会場あれこれ, 第5章 オリンピッ
　ク, 参加にまつわる雑学知識, 第6章 オリン
　ピックのエピソード, 第7章 オリンピック

42

のしくみを深く知ろう

『**オリンピックの事典―平和と青春の祭典**』
三省堂 1984.6 238p 19cm （Sun
lexica 11）〈監修：川本信正 オリン
ピック関係年表：p224〜234〉 950円
①4−385−15530−5

『**オリンピック・データブック―since1896
競技記録集**』 コルベ・デイタム編集室
編 コルベ出版社 1984.5 208p
21cm 1200円 ①4−906086−14−4

『**オリンピック事典**』 日本オリンピック
アカデミー編 ほるぷ出版 1982.1
820p 図版14枚 27cm （ほるぷ体育ス
ポーツ科学選書 14）〈監修：日本オリン
ピック委員会 原発行：プレスギムナス
チカ 文献目録：p708〜805〉

『**オリンピック事典**』 日本オリンピック・
アカデミー編 プレスギムナスチカ
1981.10 820p 図版14枚 27cm〈監修：
日本オリンピック委員会 年表：p325〜
410 文献目録：p707〜805〉 10000円

『**オリンピック関係文献目録**』 民放資料
研究会 1964 135p 25cm

『**オリンピック6カ国語**』 松原俊朗著 ビ
デオ出版 1963 235p 18cm

『**オリンピック競技の英語**』 宇野尚志著
研究社出版 1963 232p 図版 表
17cm （時事英語シリーズ）

## オリンピックの歴史

『**話したくなるオリンピックの歴史―オリ
ンピックの謎をひもといてみよう！**』
コンデックス情報研究所編著 清水書院
2018.7 143p 26cm〈文献あり 索引あ
り〉 2800円 ①978−4−389−50078−8
　内容 オリンピックの歴史にはいろんな謎が隠
れてる！

『**オリンピックと万博―巨大イベントのデ
ザイン史**』 暮沢剛巳著 筑摩書房
2018.2 270p 18cm （ちくま新書
1308）〈文献あり〉 860円 ①978−4−
480−07116−3

内容 二〇二〇年東京オリンピックの、メイン
スタジアムやエンブレムのコンペをめぐる
混乱。それは、巨大イベントの開催意義に
ついて再考を迫る契機となった。そもそも
オリンピックとデザインは、密接な関係に
ある。一九六四年東京オリンピックでは、
日本のデザイン界が総力を結集し、各分野
が連携を図り、統率のとれたデザインポリ
シーが展開された。その延長上に、一九七
〇年大阪万博でもデザインポリシーは発揮
されることになる。本書では、戦後に「デ
ザイン」という概念が定着していく過程か
ら説き起こし、五輪と万博という巨大国家
プロジェクトのデザインと、そこに貢献し
た丹下健三、亀倉雄策らの群像を追う。

『**〈ニッポン〉のオリンピック―日本はオリ
ンピズムとどう向き合ってきたのか**』
小路田泰直, 井上洋一, 石坂友司編著 青
弓社 2018.2 259p 19cm 2600円
①978−4−7872−3431−5
　内容 日本はオリンピズムとどう向き合って
きたのか。オリンピズムの基本を押さえた
うえで、戦前期日本のスポーツ界とオリン
ピック受容、1964年オリンピックにまとわ
りつく「成長と復興」神話、2020年オリン
ピックをめぐるシニシズム、「その後」との
向き合い方など、オリンピックと戦前・戦
後日本を十人が鋭く分析する。

『**オリンピック秘史―120年の覇権と利権**』
ジュールズ・ボイコフ著, 中島由華訳
早川書房 2018.1 333p 19cm〈文献
あり〉 2200円 ①978−4−15−209741−5
　内容 アスリートたちが人類最高の身体能力を
競う五輪の舞台裏では、もうひと
つの闘争が繰り広げられてきた。スポーツ
による社会変革を夢見た近代五輪の父クー
ベルタン、招致に躍起になる各国の為政者、
五輪ビジネスを陰で牛耳るIOC（国際オリ
ンピック委員会）、巨大イベントを狙うテロ
組織、地元住民による反対運動…各プレー
ヤーの思惑が複雑に絡み合うパワーゲーム
（覇権闘争）の全貌を、プロサッカー選手と
してバルセロナ五輪の米国代表メンバーを
経験した異色の政治学者が描き出す。2020
年に東京五輪を迎える日本人必読の書。か
さむ運営費、かたよった利権構造など昨今の
課題を論じる「日本語版増補」を特別収録。

『**現代オリンピックの発展と危機 1940 -
2020―二度目の東京が目指すもの**』

オリンピックの歴史　　　オリンピック

石坂友司著　京都　人文書院　2018.1
272p　19cm　2500円　①978-4-409-
24120-2
内容 混迷を極める事態の本質を探る、オリンピック研究の第一人者による刮目の分析。

『歴代オリンピックでたどる世界の歴史—
　1896-2016』　「歴代オリンピックで
たどる世界の歴史」編集委員会編　山川
出版社　2017.12　135p　26cm　1500円
①978-4-634-15125-3
内容 1896年の第1回アテネ大会のとき、世界はどんな情勢だった!?オリンピック120年の歴史をふりかえると、「平和の祭典」にもボイコットあり、国どうしの対立あり、事件あり…。オリンピックをたどれば、世界の歴史がみえてくる！各大会の特徴やハイライトをトピックスとコラムで解説。大会ごとに当時の国際情勢を詳細な図版で紹介。

『日本のスポーツとオリンピック・パラリ
　ンピックの歴史—スポーツ歴史の検証』
笹川スポーツ財団　2017.3　159p
21cm〈文献あり〉　①978-4-915944-
65-9

『オリンピックとっておきの話108』　大野
益弘, 髙橋玲美編著　メディアパル
2016.8　127p　19cm〈文献あり〉　680
円　①978-4-89610-162-1
内容 オリンピックの歴史をみれば、現在では考えられないことがたくさん行われていました。驚くようなハプニングもありました。本書を読むとびっくりして、オリンピックの見方が変わります。

『オリンピック』　千野帽子編
KADOKAWA　2016.6　270p　15cm
（角川文庫 あ210-3）　640円　①978-4-
04-101471-4
内容 オリンピック、四年に一度のスポーツの祭典。選手たちの躍動の一瞬、勝敗に新記録、会見に奔走する取材陣。文学はオリンピックの昂揚を切り取り、作品に取り込んできた。観戦記から、過酷だった古代オリンピックの逸話、誰も注目しなくなった未来のオリンピックまで。アイリアノス、小川洋子、グルニエ、沢木耕太郎、田中英光、筒井康隆、中野好夫、三島由紀夫、山際淳司による9編を収録。オリンピック・アンソロジー。

『オリンピックITの挑戦—システムが支え
　る大会の舞台裏』　田﨑雅彦著　インプ
レスR & D　2016.5　176p　21cm　（イ
ンプレスR & D<NextPpublishing>—
New thinking and new ways)〈文献あ
り〉　2100円　①978-4-8020-9058-2

『ほんとうにあったオリンピックストー
　リーズ』　日本オリンピック・アカデ
ミー監修　講談社　2016.5　253p
18cm　（講談社青い鳥文庫 A2-1)〈文
献あり　年表あり〉　680円　①978-4-
06-285552-5
内容 体操の内村航平選手。フィギュアスケートの伊藤みどり・浅田真央選手を育てた山田満知子コーチ。聖火台をつくった職人…。オリンピック・パラリンピックで活躍する選手から舞台裏をささえる人たちまで紹介する13の感動物語と20のミニ知識。4年に1回開かれる平和の祭典が100倍楽しめるノンフィクションのアンソロジー。興味をもったどのお話からでも読みはじめられます！小学中級から。総ルビ。ノンフィクション。

『オリンピック・パラリンピック大百科　3
　オリンピックの歴史古代から近代へ』
日本オリンピック・アカデミー監修　小
峰書店　2016.4　43p　29cm〈年表あり
索引あり〉　3000円　①978-4-338-
30003-2
目次 1 オリンピックの誕生（1200年つづいた競技祭, 古代ギリシャの四大競技祭, 始まりは、戦争をやめるため？ ほか）, 2 古代から近代へバトンタッチ（近代オリンピックの誕生, 第1回大会はギリシャのアテネで, 博覧会とともに開かれた第2〜4回大会 ほか）, 3 世界平和と現代のオリンピック（世界大戦の時代をむかえて, 第二次世界大戦後のオリンピック, 国々がボイコットし合った2つの大会 ほか）

『これならわかるオリンピックの歴史Q &
　A』　石出法太, 石出みどり著　大月書
店　2016.4　176p　21cm〈文献あり〉
1600円　①978-4-272-50222-6
目次 古代オリンピックのはじまり, 古代オリンピックのようす, 古代オリンピックに参加した人びと, 近代オリンピックのはじまり, 第一回アテネ大会, 近代オリンピックのあゆみ, 近代オリンピックと日本, 近代オリンピックと話題の選手, ファシズムとオリン

44

ピック，戦争とオリンピック，第二次世界大戦後のオリンピック，一九六四年の東京オリンピック，オリンピックと参加選手，政治とオリンピック，パラリンピック，人種・民族問題とオリンピック，ドーピング問題とオリンピック，オリンピックと商業主義，オリンピックと現在，これからのオリンピック

『すごいぞ！ オリンピックパラリンピックの大記録』 講談社編 講談社 2016.4 191p 20cm 〈世の中への扉〉〈文献あり〉 1200円 ①978-4-06-287018-4

内容 記録には感動のドラマがある。2016年夏，リオデジャネイロ五輪の前にかならず読みたい，金メダルの記録，世界最速の記録，最高得点の記録…。オリンピックとパラリンピック全77大会の記録のすべてがわかる！ この本に登場するアスリートは，ぜんぶで452選手！ 小学上級から。

『日本におけるメディア・オリンピックの誕生―ロサンゼルス・ベルリン・東京』 浜田幸絵著 京都 ミネルヴァ書房 2016.2 325，5p 22cm （MINERVA社会学叢書 51）〈索引あり〉 7000円 ①978-4-623-07476-1

内容 本書は，戦前の三つのオリンピック（ロサンゼルス大会，ベルリン大会，幻の東京大会）が，日本においていかなる社会的・文化的意味を持ち，国民意識の形成とどのように関わってきたのかについて明らかにするものである。オリンピックというメディアのイベントにおいて，ナショナリズムとインターナショナリズム，娯楽の要素はいかにして肥大化していき，極限に至ったのか。その過程を描き出す。

『歴史感動物語 10 昭和・戦後』 学研教育出版 2015.2 227p 22cm 〈発売：学研マーケティング〉 1600円 ①978-4-05-501135-8

目次 川島芳子―動乱の世を華麗に生きた，男装の女スパイ，犬養毅―藩閥政治を打ち倒した，「憲政の神様」，高橋是清―経済政策で国の舵取りをした政治家，山本五十六―アメリカとの戦争に，誰より反対した軍人，杉原千畝―自身の良心にしたがい，人道的正義を貫く，栗林忠道―本土への空襲を食い止めようとした男，大西瀧治郎―「特攻の父」が残した，平和へのメッセージ，ダグラス・マッカーサー―連合国軍最高司令官と戦後日本，永井隆―戦争で傷ついた子ど

も達を癒す，信念の医師，山口良忠―法を守って死ぬ道を選んだ，孤高の判事，吉田茂―戦後の日本を立て直した名宰相，白洲次郎―占領下でGHQに立ち向かった男，池田勇人と下村治―「国民所得倍増計画」の夢，井深八重―難病患者につくした半世紀，嘉納治五郎―五輪招致に挑んだ，「日本体育の父」，フレッド＝イサム和田―日本のオリンピックの顔に選ばれた，青果店主，松下幸之助―理想社会の実現に向けて走り続けた，経営の神様，日本万国博覧会―6400万人が訪れた，世紀の大イベント，手塚治虫―生命を描きつづけた，マンガの神様，アインシュタイン／ヘレン・ケラー／チャップリン―日本を愛した偉人たち

『新国立競技場、何が問題か―オリンピックの17日間と神宮の杜の100年』 槇文彦，大野秀敏編著 平凡社 2014.3 198p 19cm 1400円 ①978-4-582-82471-1

内容 歴史ある神宮外苑に，巨大施設は必要なのか。新国立競技場が粗大ゴミにならないためには何をするべきかを考える。

『こころに残る現代史―日本人の知らない日本がある』 白駒妃登美著 KADOKAWA 2014.1 195p 19cm 〈文献あり 年表あり〉 1400円 ①978-4-04-110655-6

内容 明治から平成までの知られざる日本の英雄たち。2020年東京オリンピックまでに読んでおきたい近・現代史。

『国立競技場の100年―明治神宮外苑から見る日本の近代スポーツ』 後藤健生著 京都 ミネルヴァ書房 2013.12 379，11p 19cm 〈文献あり 年表あり 索引あり〉 2500円 ①978-4-623-06739-8

内容 国立競技場はどのように生まれ変わり，その後，どのような歴史を辿っていくのか…。サッカージャーナリストの第一人者が問いかける力作，ついに刊行。

『スポーツ歴史の検証―オリンピアンかく語りき スポーツ史の偉人の言葉を通し、未来像を探る』 笹川スポーツ財団 2013.8 203p 30cm 2000円 ①978-4-915944-52-9

目次 小野喬（体操）“日本人最多の五輪メダル”，岡野俊一郎（サッカー）“メキシコ五輪銅メダルの真実”，上村春樹（柔道）“柔道無差別「金」の系譜”，三宅義信（ウエイトリフ

ティング）"重量挙げで五輪4連続出場"、田中聡子（水泳）"背泳ぎで数多くの記録を残す"、猪谷千春（スキー）"日本人初の冬季五輪メダル"、君原健二（マラソン）"3度の五輪を駆けた青春"、森田淳悟（バレーボール）"五輪を制した「一人時間差」"、鈴木惠一（スピードスケート）"五輪の夢追う最速スケーター"、竹田恆和（馬術）"馬術の名手、五輪への蹄跡"、平松純子（フィギュアスケート）"戦後フィギュア界の指導者"、渡辺長武（レスリング）"「東京」制したレスリングの猛者"

『希望の祭典・オリンピック―大会の「華」が見た40年』　原田知津子著　幻冬舎ルネッサンス　2012.7　205p　19cm　1200円　①978-4-7790-0862-7
内容 日本も世界も、未来への希望を託してきたスポーツの祭典。支える人々も、熱いドラマを生んできた！元チーフコンパニオンが明かす、知られざるサイドストーリー。

『オリンピックと平和―課題と方法』　内海和雄著　不昧堂出版　2012.6　614p　22cm　（広島経済大学研究双書　第38冊）〈文献あり〉　7900円　①978-4-8293-0493-8
目次 第1章 オリンピックの研究課題、第2章 オリンピックはなぜ、いかに復興されたか、第3章 各オリンピックはいかなる環境の下に開催されたか、第4章 2つの東京大会と社会背景、第5章 冬季オリンピック長野大会とセキュリティ（警備と支援）、第6章 オリンピックとナショナリズム、第7章 オリンピックの何が批判されるのか、第8章 オリンピックと平和、第9章 オリンピックと平和・ノエル・ベーカー卿・広島経済大学、第10章 補論、第11章 オリンピック文献

『日本体育協会・日本オリンピック委員会100年史―1911→2011　part 1　日本体育協会・日本オリンピック委員会の100年』　日本体育協会　2012.3　727p　31cm〈共同刊行：日本オリンピック委員会　年表あり〉

『日本体育協会・日本オリンピック委員会100年史―1911→2011　part 2　加盟団体のあゆみ』　日本体育協会　2012.3　503p　31cm〈共同刊行：日本オリンピック委員会　年表あり〉

『オリンピックと平和―文化と政治と宗教』

吉田秀樹著　仮説社　2012.1　64p　15cm　（ミニ授業書）〈文献あり〉　600円　①978-4-7735-0230-5

『19世紀のオリンピア競技祭』　真田久著　明和出版　2011.10　244p　21cm　（スポーツ人類学ドクター論文集）〈年表あり〉　2200円　①978-4-901933-31-5
目次 序章 ドイツやイギリスにおけるオリンピック競技会復興の試み、第1章 ギリシャ独立と古代オリンピア競技祭復興の始まり、第2章 第1回オリンピア競技祭の開催、第3章 第2回～第4回オリンピア競技祭の展開と変容、第4章 近代国際オリンピック競技会の受容とCoubertinとの対立、終章 ギリシャのオリンピア競技祭の展開と変容

『スポーツの源流』　佐竹弘靖著　文化書房博文社　2009.3　187p　21cm　2200円　①978-4-8301-1148-8
目次 第1章 文明の中のスポーツ（先史時代の身体活動、古代エジプト文明のスポーツ、古代ギリシャ文明のスポーツ ほか）、第2章 スポーツの原風景（「遊戯」の風景、「ボール」とは？、ベースボール ほか）、第3章 オリンピック・アラカルト（オリンピックの起源、古代オリンピックの姿、スポーツと政治 ほか）

『オリンピック面白雑学―古代から現代までの逸話満載』　満薗文博著　心交社　2008.8　207p　19cm　1600円　①978-4-7781-0617-1
内容 オリンピックには単に競技の記録だけではない、さまざまなロマンや謎も存在している。あっと驚くような金メダルのエピソード、最強のアスリートたちがつくった感動のドラマ…選りすぐりの面白ストーリーがいっぱい。

『オリンピックのすべて―古代の理想から現代の諸問題まで』　ジム・パリー，ヴァシル・ギルギノフ著, 舛本直文訳著　大修館書店　2008.4　399p　21cm　2500円　①978-4-469-26656-6
内容 全世界60億人が熱狂するメガ・スポーツイベント―オリンピックその全容を"オリンピック・リテラシー"で読み解く。

『オリンピック栄光とその影に―アムステルダム大会から東京大会まで 昭和館特別企画展』　三上孝道監修, 昭和館学芸

部編　昭和館　2008.2　79p　30cm〈年表あり〉

『オリンピック全大会―人と時代と夢の物語』　武田薫著　朝日新聞社　2008.2　322, 49p　19cm　（朝日選書 838）〈文献あり〉　1500円　①978-4-02-259938-4

内容 1896年の第1回アテネ大会は参加者240人中200人がギリシャ人、「金メダル」は銀製だった。第2回で女性が初参加し、第4回でメートル法が採用され、第5回で初めて日本人が出場…。近代オリンピックは1世紀を生き延び、出場選手は延べ12万人を超えた。政治や時代を背景に、スタジアムの内外で、無数のドラマが繰り広げられてきた。たとえば第10回ロス大会の馬術。愛馬とともに戦ったバロン西が優勝の瞬間に叫んだ「We won！」。「日本が勝った！」と報道された。そうだろうか？　第1回アテネから第28回アテネまで夏の全大会を、エピソードをつなぎつつ、出場日本人を切り口に物語に仕立てる。「アマチュアリズム」「ドーピング」「ジェンダー」など、現在につながるテーマも盛り込んで語り下ろす。

『歴史ポケットスポーツ新聞オリンピック』　菅原悦子著　大空出版　2008.2　221p　18cm　（大空ポケット新書）〈文献あり〉　857円　①978-4-903175-14-0

内容 自動車に乗ってマラソン優勝!?綱引きでアメリカとイギリスが大げんか!?…そんなおもしろエピソードから、水泳＆体操ニッポン、東京五輪、男女バレー、柔道、野球、サッカーなどの名シーンまで、すべての五輪史がこの一冊に。記事と貴重な写真で当時の興奮を再現します。北京大会観戦に役立つデータも満載。

『NHKその時歴史が動いた―コミック版感動スポーツ編』　NHK取材班編　ホーム社　2006.5　498p　16cm　（HMB）〈発売：集英社〉　876円　①4-8342-7358-X

内容 重荷を背負い戦う。君は誰よりも美しい。

『中条一雄の仕事　3　オリンピック史聞き書き 下』　中条一雄［著］　中条一雄　2006.4　220p　21cm〈発行所：サクセスブック社〉　①978-4-903730-02-8

『中条一雄の仕事　2　オリンピック裏話・戦前編. オリンピック史聞き書き 上』　中条一雄［著］　中条一雄　2005.10　188p　21cm〈発行所：サクセスブック社〉　①978-4-903730-01-1

『アテネからアテネへ―オリンピックの軌跡』　広畑成志編　本の泉社　2004.7　181p　19cm　1200円　①4-88023-856-2

目次 1章 草創から自立の時期（1894年～1920年）（IOC創立―6月のパリで、オリンピック復興を誓う、第1回・アテネ―開幕劇は、古代祭典ゆかりの地で ほか）、2章 飛翔から受難の時期（1920年～1945年）（第8回・パリ―スポーツと芸術の調和をめざして、第9回・アムステルダム―疾走し、羽ばたいていった女性選手 ほか）、3章 復興から前進の時期（1945年～1970年）（第14回・ロンドン―戦後の世界へ、洋々と再出発、第15回・ヘルシンキ―地球の向こうから届いた実況放送 ほか）、4章 激動から改革の時期（1970年～1990年）（第20回・ミュンヘン―選手村をゲリラが襲撃した日、第21回・モントリオール―大会の巨大化が改革を迫る ほか）、5章 新世紀へ向かって（1990年～2004年）（第26回・アトランタ―ルールまで買収するテレビ・マネー、冬季オリンピック―問われる、スポーツと自然との共存 ほか）

『オリンピック物語―古代ギリシャから現代まで』　結城和香子著　中央公論新社　2004.6　200p　18cm　（中公新書ラクレ）〈文献あり〉　740円　①4-12-150135-7

内容 108年ぶりに発祥の地ギリシャに里帰りするオリンピック。人間の能力と欲望が沸騰する世界最大のイベントの魅力と矛盾を、多彩なエピソードを交えて綴る。巻頭にロゲIOC会長が寄稿。

『テレビスポーツ50年―オリンピックとテレビの発展 力道山から松井秀喜まで』　杉山茂, 角川インタラクティブ・メディア著　角川インタラクティブ・メディア　2003.7　351p　20cm〈文献あり　発売：角川書店〉　1857円　①4-04-894451-7

目次 第1章 テレビ、オリンピックと出会う―ベルリンオリンピックとロンドンオリンピック、第2章 テレビ、世界の茶の間を結ぶ―宇宙中継実現・東京オリンピック、第3章 テレビ、カラーとリピート演出で新時代―

ワールドカップ日本上陸, 第4章 テレビ, スポーツの"姿"を変える―ミュンヘンオリンピック・放送権・テレジェニック, 第5章 テレビ, スポーツを"メディア"にする, 第6章 テレビ, オリンピックに"プロ"を呼ぶ, 第7章 テレビ, 巨額の放送権料に襲われる!?, 第8章 テレビスポーツの未来を探る

『オリンピック30年―中断なき改革のために』 金雲龍著 創樹社 2001.7 290p 20cm 1905円 ⓘ4-7943-0581-8
内容 ソウル五輪の誘致成功。2000年シドニー大会の歴史的な南北朝鮮同時入場行進の立役者が, 自ら波乱の人生を語る…スポーツを通じて世界の恒久平和を希求する情熱の書。

『新聞紙面でみる「近代五輪史」―日本選手の活躍の軌跡』 毎日新聞社大阪本社総合企画本部企画・編集 大阪 毎日新聞社 2000.10 155p 31cm

『スポーツ20世紀―甦る「スポーツの世紀」の記憶 v.5 「ニッポン」の栄光―五輪メダリストたちの輝き』 ベースボール・マガジン社 2000.8 143p 27cm (B.B.mook 143) 762円 ⓘ4-583-61104-8

『現代のオリンピック』 ハイドン・ミドルトン著, 鈴木出版編集部訳 鈴木出版 2000.4 35p 27cm (オリンピックがよくわかる 2) 2300円 ⓘ4-7902-3051-1
内容 読んで楽しく, 見ておもしろいオリンピックのすべて。小学校高学年・中学校向。

『オリンピック―スポーツの大祭典のすべてをビジュアルで紹介する』 クリス・オクスレード, デーヴィッド・ボールハイマー共著, 成田十次郎日本語版監修 同朋舎 1999.12 59p 29cm (ビジュアル博物館 第79巻)〈東京 角川書店 (発売)〉 3400円 ⓘ4-8104-2580-0
内容 本書は, 古代ギリシャから現代, 未来に至るまで, オリンピックの伝統や歴史, 競技種目の変遷を探ります。また, 歴史に残るオリンピック選手の紹介のほか, 時代の流れとともにメダルや聖火トーチ, 各種セレモニー, 判定, 選手の服装や用具がどのように進化していったかを, 貴重な写真でお見せします。二人のスポーツ・ライター, クリス・オクスレードとデーヴィッド・ボール

ハイマーがご案内する本書は, オリンピックの魅力のすべてを凝縮した格好のガイドブックです。

『生きているオリンピックオーク―Olympic oaks still alive』 山口史男著 近代文芸社 1998.10 139p 20cm 1600円 ⓘ4-7733-6400-9
内容 1936年夏, 優勝者の苗木は世界へと広がった。本書は, そのベルリンの賞樹について紹介したものである。

『写真集オリンピック聖火』 アーバン・コミュニケーションズ 1998.6 120p 30cm 5000円 ⓘ4-900085-17-0

『君はオリンピックを見たか』 天野恵一編著 社会評論社 1998.1 230p 20cm 2200円 ⓘ4-7845-0496-6
内容 「聖火」に象徴される「平和」のベールにつつまれたオリンピックの政治的・社会的問題。長野冬季オリンピックをにらみながら, これをリアルに歴史的に明らかにすることを目指して本書は編集された。

『日の丸とオリンピック』 谷口源太郎著 文藝春秋 1997.11 253p 20cm〈文献あり〉 1619円 ⓘ4-16-353580-2
目次 第1章 オリンピック至上主義の破綻, 第2章 クーベルタンからの百年, 第3章 長野オリンピックの罪と罰, 終章 招致の時代は終わった

『写真と記録で見る近代オリンピックと日本―栄光の100年全公式記録』 アマチュア・スポーツ研究会企画・編集 日本地方新聞協会 1997.4 215p 38cm〈背のタイトル：近代オリンピックと日本〉 25000円

『戦後体育基本資料集 第38巻 オリンピック大会と日本 オリンピック』 吉住晋策, 石川太郎著, 東京社会教育協会編 大空社 1996.10 173, 72p 22cm〈監修：木下秀明 複製〉 ⓘ4-7568-0077-7

『オリンピック百話』 朝日新聞運動部著 朝日新聞社 1996.8 210p 15cm (朝日文庫) 440円 ⓘ4-02-261158-8
内容 アメリカ・アトランタでの1996年オリンピック大会は, あのクーベルタンによって1896年に近代オリンピックが始められて

ちょうど百年めの年に開催される。近代オリンピックがたどった百年を、百の話題で綴るコラム集。事件あり、戦争あり、「美談」あり、カネあり、トラブルあり…。

『オリンピック—1896→1996 新聞紙面でみる近代五輪100年史』　毎日新聞大阪本社企画・編集　大阪　〔毎日新聞大阪本社〕　1996.5　143p　37cm〈永久保存版 限定版〉　1500円

『国立競技場の30年—オリンピックからJリーグまで』　体育施設出版編　体育施設出版　1994.10　79p　30cm〈監修：日本体育・学校健康センター〉　非売品

『近代オリンピック100年の歩み』　ベースボール・マガジン社　1994.7　461p　30cm〈企画・監修：日本オリンピック委員会　参考文献：p460～461〉　20000円　①4-583-03135-1
　目次 オリンピック100年の歴史とその主役たち（オリンピックのふるさと—オリンピアの遺跡群、写真でみる近代オリンピックの歴史、近代オリンピック100年を彩った大会ポスター、オリンピック・ムーブメントの拠点—IOC本部と歴代IOC会長、大会イメージ高揚の担い手—マスコット・キャラクターたち、第二世紀の幕開け近づく）、古代オリンピックのあらまし、近代オリンピックへの道、近代オリンピックの歩み、オリンピック大会競技成績・日本選手成績、オリンピック競技大会一覧、歴代オリンピック参加日本選手団名簿、歴代IOC会長のプロフィール、日本の歴代IOC委員のプロフィール、JOC歴代委員長・会長のプロフィール、日本のオリンピック・オーダー受賞者

『オリンピックの政治学』　池井優著　丸善　1992.6　224p　18cm　（丸善ライブラリー 53）〈オリンピック年表：p221～224〉　640円　①4-621-05053-2
　内容 オリンピックは魔物である。選手たちにとって、オリンピックで金メダルを獲得することは、世界新記録を打ち立てるより価値があるかもしれない。国家にとっても、メダルの数は国力の反映である。国家指導者は、自国選手の活躍に酔う国民の興奮を、容易にナショナリズムの高揚へと誘導した。オリンピックには、人種問題、分断国家、テロ、国威発揚など国際政治のあらゆる要素が含まれている。オリンピックを追うこと

は、政治の一角を追うことでもある。

『日本スポーツ放送史』　橋本一夫著　大修館書店　1992.4　350p　20cm〈主要参考文献：p347～350〉　2266円　①4-469-26224-2
　目次 スポーツ放送事始め、カラスが1羽、2羽、3羽、初の五輪"実感放送"、ベルリン五輪への道、スイッチを切らないで！、「幻の東京五輪」放送計画、復元!?「紀元2千6百年五輪」、双葉山70連勝成らず！、立ちこめる暗雲、戦時下のスポーツ放送、国破れてスポーツあり、フジヤマの飛び魚、民間放送スタート、テレビ開局、テレビ時代への移行、東京五輪前奏曲、スポーツ界混乱す、放送オリンピック開幕、空前の放送大作戦、冬に咲く花、モスクワ五輪騒動、テレビマネー今昔、"本物"の魅力追求を

『オリンピックと放送』　西田善夫著　丸善　1991.9　247p　18cm　（丸善ライブラリー 23）〈参考にした本：p246～247〉　660円　①4-621-05023-0
　内容 「前畑ガンバレ…」「日本の皆さん、古橋を責めないで下さい」…。歴史に残る数々の名放送。オリンピックは電波を通して様々のドラマを世界に送り出してきた。アナウンサーとして第一線で活躍する著者が、ラジオに耳をあてながらヘルシンキ・オリンピックを聞いた高校時代から、長野開催決定までの40年にわたるオリンピック放送の体験を通して、その時々の世相、選手たちの素顔、放送の失敗談や苦労話などを、マイクを筆にかえて読者に伝える。

『オリンピックと60年—JOCへの提言』　清川正二著　ベースボール・マガジン社　1989.10　261p　22cm〈著者の肖像あり〉　2800円　①4-583-02801-6
　内容 1932年ロサンゼルス大会の金メダリスト、IOC元副会長の著者がソウル・オリンピック直後「日本の不振はJOC（日本オリンピック委員会）にも一因」と喝破した一文は、JOC改革となって実現した。ほかに東西分裂の危機を回避させたIOCでの秘話など"生き証人"が語る回想と記録の60年。

『「文芸春秋」にみるスポーツ昭和史　第3巻　昭和51年～昭和63年』　文芸春秋編　文芸春秋　1988.9　621p　22cm〈昭和スポーツ年表：p598～621〉　2800円　①4-16-362910-6

**オリンピックの歴史**　　オリンピック

内容 めくるめくスポーツ宇宙の膨張期。野球、相撲、ゴルフ、ラグビー、登山、ボクシング、オリンピック。すべてを集大成してここに完結。昭和を彩るスーパースターの血と汗と涙で綴るドキュメント集。第3巻、1976年〜1988年。植村直己から山下泰裕・岡本綾子・橋本聖子まで。

『「文芸春秋」にみるスポーツ昭和史　第1巻　昭和元年〜29年』　文芸春秋編　文芸春秋　1988.8　645p　22cm　2800円　Ⓘ4-16-362890-8

内容 いま甦える感動の瞬間、栄光のとき。アムステルダム五輪からフジヤマの飛魚まで、昭和を彩るスーパースターの血と汗と涙で綴るドキュメント集。第1巻・昭和元年〜29年まで。

『「文芸春秋」にみるスポーツ昭和史　第2巻　昭和30年〜昭和50年』　文芸春秋編　文芸春秋　1988.8　637p　22cm　2800円　Ⓘ4-16-362900-9

内容 これからはスポーツの時代だ。廃墟のなかから立ち上る日本、高度成長と東京オリンピックで迎えた懐しきスポーツ黄金時代。昭和を彩るスーパースターの血と汗と涙で綴る、ドキュメント集。昭和30年から50年まで。

『スポーツと政治―オリンピックとボイコット問題の視点』　清川正二著　ベースボール・マガジン社　1987.12　258p　19cm〈著者の肖像あり〉　2300円　Ⓘ4-583-02662-5

内容 「オリンピックの危機」に際して、IOCの副会長としてボイコット問題に敢然と闘った著者の回顧録。

『オリンピック激動の歳月―キラニン前IOC会長による五輪回想録』　ロード・キラニン著、宮川毅訳　ベースボール・マガジン社　1983.11　323p　21cm〈著者の肖像あり〉　1800円　Ⓘ4-583-02372-3

『オリンピック人間ドラマ―レンズに一瞬の感動をとらえて オリンピックを撮り続けるフォトジャーナリスト20年の記録』　岸本健、川津英夫著　サイマル出版会　1982.11　283p　20cm〈著者の肖像あり〉　1900円　Ⓘ4-377-20575-7

『オリンピック外史　続　古代オリンピア祭・クーベルタンのすべて』　鈴木良徳著　ベースボール・マガジン社　1982.7　217, 54p　21cm〈巻末：クーベルタンの著書と論文等〉　1800円　Ⓘ4-583-02119-4

『オリンピック外史―第一次大戦をはさんだ二つの大会』　鈴木良徳著　ベースボール・マガジン社　1980.8　246p　21cm　1500円

『昭和スポーツ史―オリンピック80年』　毎日新聞社　1976.9　306p　28cm〈『一億人の昭和史』別冊　付：年表・スポーツ界の動き〉　1500円

『栄光のドキュメント―私の見たオリンピック』　北出清五郎著　日本放送出版協会　1976　232p　19cm　680円

『思い出のオリンピック―栄光の全記録と全証言』　毎日新聞社編　毎日新聞社　1976　210, 21p 図　35cm〈監修：日本体育協会日本オリンピック委員会　『毎日新聞』および『東京日日新聞』から第1回アテネ大会以来のオリンピック報道紙面を選び, 複製したもの〉　2000円

『オリンピックの歴史』　鈴木良徳著, 佐伯克介え　ポプラ社　1975　238p　23cm（スポーツ全集 10）

『近代オリンピックの遺産』　アベリー・ブランデージ著, 宮川毅訳　ベースボール・マガジン社　1974　348p 肖像　19cm　1000円

『近代オリンピックの遺産』　アベリー・ブランデージ著, 宮川毅訳　ベースボール・マガジン社　1972　348p 図・肖像　34枚　27cm　12000円

『ギリシア芸術とスポーツ』　ベルンハルト・ノイッチュ著, 杉勇訳　天理　養徳社　1965　58p 図版16枚　22cm

『世界各国オリンピックポスター集』　日本書籍出版協会　[1964]　19枚　31cm〈付・開催国の記念切手一覧　ホルダー入〉

『オリンピックの歴史』　河合勇著　白水

50

社　1963　222p　図版　20cm

『世界のオリンピック』　大島鎌吉著, 石田武雄絵　偕成社　昭和38　226p　図版22cm　（少年少女ものがたり百科 20）

『オリンピックの歩み』　鈴木良徳著, 吉崎正巳絵　ポプラ社　昭和36　208p　図版27cm　（少年少女体育全集 2）

『オリンピック史』　伊東明著　逍遥書院1959　218p　22cm　（新体育学講座 第1巻　大石三四郎編）

『近代オリンピック　夏季大会編』　蘭書房編集部編　京都　蘭書房　1957　図版32枚（解説共）　19cm　（蘭書房のスポーツ写真文庫）

『オリンピック史』　鈴木良徳, 川本信正共著　日本出版協同　1952　366p　図版　表19cm

『オリンピックと日本スポーツ史』　日本体育協会編　日本体育協会　1952221p　図版61枚　31cm

『近代オリンピック写真史』　オリンピック写真史刊行会編　同胞之会出版部1964　2版　95p　図版82枚　27cm〈東京オリンピック大会招致記念〉

《古代オリンピック》

『オリンピア祭―古代オリンピック』　堀口正弘著　近代文芸社　2005.5　128p18cm　（近代文芸社新書）〈文献あり〉1000円　①4-7733-7263-X
内容 古代ギリシアでは、神を祀り音楽と肉体を奉納する祭礼が各地で行われていた。取り分けオリンピア地方のゼウス神の祭典は規模が大きく、多くの人々を集めた。ゼウスに奉納した肉体競技がやがて古代オリンピックと呼ばれるようになった。その興亡の詳細とは。

『オリンピックのルーツを訪ねて―古代ギリシアの競技大祭』　西川亮, 後藤淳著協同出版　2004.7　143p　23cm〈付属資料：8p　文献あり　年表あり〉　1500円　①4-319-50881-5
目次 1 古代ギリシア競技大祭の遺跡巡り（イストモス遺跡とその周辺, ネメア遺跡とそ

の周辺, スパルタ遺跡とその周辺 ほか）, 2古代四大体育競技会の伝承と逸話（古代四大競技大祭, オリンピック競技大祭, オリンピック競技大祭の変遷と終焉）, 3 古代オリンピックのギュムナスティケー（神々と優勝者への賛辞―『競技大祭祝勝歌』, ギュムナスティケーのもつ意味, 古代オリンピックの教えるもの）

『驚異の古代オリンピック』　トニー・ペロテット著, 矢羽野薫訳　河出書房新社2004.7　231, 7p　20cm〈年表あり〉1900円　①4-309-22417-2
内容 現代のオリンピックなど足元にも及ばない興奮を生き生きと再現！ 熱狂と過激さを極めた壮大な祭典―究極のエンターテインメント。全裸で勝利か死を賭けた選手たち, 水不足と悪臭と発熱と下痢に苦しむ観衆たち…。

『古代オリンピック』　桜井万里子, 橋場弦編　岩波書店　2004.7　221, 6p　18cm（岩波新書）〈文献あり〉　740円　①4-00-430901-8
内容 裸の走者が駆け、戦車が競技場を揺るがす。熱狂する観客、勝利者の頭上の聖なるオリーヴの冠一紀元前八世紀のギリシアから古代ローマ時代に至るまで、実に千二百年近くの命脈を保った古代オリンピック競技会を、最新の考古学・歴史学の成果を踏まえて語る。競技の詳細、会期中の休戦、優勝者の得る利益についてなど、興味深い話題は尽きない。

『ギリシアの古代オリンピック』　楠見千鶴子著　講談社　2004.6　238p　20cm1800円　①4-06-211666-9
内容 最古のオリンピックは、神話時代、陰謀により殺された王の葬礼競技にさかのぼる。豊富な図版とエピソードをまじえて綴る古代オリンピックのすべて。

『オリンピックのルーツ―2004年アテネ・オリンピックの起源を求めて』　ギリシャ文明研究会著　［茨木］ギリシャ文明研究会　2004.5　273p　21cm〈大阪 かんぽう（発売）　年表あり　文献あり〉　1400円　①4-900277-47-9

『古代のオリンピック』　ハイドン・ミドルトン著, 鈴木出版編集部訳　鈴木出版2000.4　35p　27cm　（オリンピックが

よくわかる 1） 2300円 Ⓝ4-7902–
3050-3
　内容　読んで楽しく、見ておもしろいオリン
　　ピックのすべて。小学校高学年・中学校向。

『古代オリンピック』 ジュディス・スワ
　ドリング著, 穂積八洲雄訳　日本放送出
　版協会　1994.9　117p　25cm　1700円
　Ⓝ4-14-009234-3
　目次　1 古代オリンピックの起源, 2 オリンピ
　　アの遺跡, 3 オリンピック大会の準備, 4 大
　　会のプログラム, 5 厳しい大会ルール, 6 競
　　技種目の変遷, 7 優勝者の表彰式, 8 勝利の
　　祝宴, 9 古代オリンピックの終焉

『古代オリンピックの旅』 西川亮, 後藤淳
　著　協同出版　1988.4　143p　25×
　22cm　2500円　Ⓝ4-319-00635-6
　目次　1 古代ギリシア競技大祭の遺跡巡り（イ
　　ストモス遺跡とその周辺, ネメア遺跡とそ
　　の周辺, スパルタ遺跡とその周辺, オリュン
　　ピア遺跡とその周辺, デルフォイ遺跡とそ
　　の周辺）, 2 古代四大体育競技会の伝承と逸
　　話（古代四大競技大祭, オリンピック競技大
　　祭, オリンピック競技大祭の変遷と終焉）,
　　3 古代オリンピックのギュムナスティケー
　　（神々と優勝者への賛辞―『競技大祭祝勝
　　歌』, ギュムナスティーのもつ意味, 古代オ
　　リンピックの教えるもの）

『古代オリンピア英雄伝』 K.パレオロゴ
　ス著, 鈴木良徳訳　ベースボール・マガ
　ジン社　1982.12　203p　21cm　1800円
　Ⓝ4-583-02159-3

『古代オリンピック―その競技と文化』
　M.アンドロニコスほか著, 成田十次郎,
　水田徹訳　講談社　1981.3　303p
　32cm〈監修：ニコラオス・ヤルウリス,
　オット・シミチェク　参考文献：p297〉
　9800円

『古代オリンピックの歴史』 フェレンス・
　メゾー著, 大島鎌吉訳　ベースボール・
　マガジン社　1973　340p　図　22cm〈文
　献：p.311-314〉　2800円

『オリンピア―遺跡・祭典・競技』 村川
　堅太郎著　中央公論社　1963　217p
　18cm　（中公新書）〈付：参考文献〉

『古代オリンピックの歴史』 フェレンス・

メゾー著, 大島鎌吉訳　ベースボール・
マガジン社　1962　340p 図版17枚 地図
22cm〈付：文献311–314p〉

『オリンピックの勇者―古代ギリシャの青
少年物語』 I.O.エヴァンズ著, 大島鎌
吉訳　ベースボール・マガジン社　1956
243p　18cm　（スポーツ新書）

『古代オリンピアの祭典と競技』 能勢修
一著　和光書房　1956　141p　18cm

『古代オリンピック』 蘭書房編集部編
京都　蘭書房　1956　図版64p（解説共）
19cm　（蘭書房のスポーツ写真文庫）

## 近代オリンピック（夏季）

『一九一二年オリンピック、あの夏の男た
ち』 東理夫著　新潮社　1996.7　270p
20cm〈参考文献：p269～270〉　1500円
Ⓝ4-10-412601-2
　内容　初の本格的近代オリンピックとなった
　　1912年のストックホルム大会。そこで一つ
　　の人生の頂点を迎えた四人の若者たち―デ
　　ューク、ジム、アヴェリー、ジョージ。四本
　　の人生の糸はそこで出会い、そして再びそ
　　れぞれ思いがけない方向へと走り出す。競
　　技場の熱気、そして彼らの生きた道を鮮や
　　かに再現するノンフィクション。

『ロサンゼルスオリンピック』 広島　中
国新聞社　1984.8　107p　28cm　980円

『第10回ロサンゼルスオリンピック大会写
真集―ジョージR.ワトソンフォトコレク
ション』 George R.Watson著, Delmar
Watson,Miseki L.Simon編　旺文社
1984.3　135p　29cm〈書名は奥付によ
る　標題紙等の書名：Xth Olympiad Los
Angeles, 1932　著者の肖像あり　付（2
枚 複製）：Los Angeles Times, 朝日新
聞〉　2800円　Ⓝ4-01-009809-0

『オリンピック物語』 寺部頼助著　洋々
社　1956　169p　図版　19cm

## 第11回 ベルリン大会
〈ドイツ 1936年8月1日～16日〉

『金丸重嶺vs名取洋之助―オリンピック写真合戦1936』　金丸重嶺, 名取洋之助［撮影］, 白山眞理, 鳥海早喜, 櫻井由理編　JCIIフォトサロン　2018.6　31p　24×25cm　（JCII Photo Salon library 323）800円

『ヒトラーのオリンピックに挑め―若者たちがボートに託した夢　上』　ダニエル・ジェイムズ・ブラウン著, 森内薫訳　早川書房　2016.7　366p　16cm　（ハヤカワ文庫 NF 470）〈「ヒトラーのオリンピックに挑んだ若者たち」（2014年刊）の改題, 二分冊〉　980円　①978-4-15-050470-0

内容 1930年代, 大恐慌時代のアメリカ西部。ジョー・ランツはワシントン大学に進みボート部に入る。上流階級のスポーツであるボートだが, 部員の多くは労働者階級。ジョーは彼らとレギュラーの座を争い練習漬けの毎日を送る。部員たちの最終目標はベルリン五輪。それはナチス政権下で行なわれようとしていた―"ニューヨーク・タイムズ"No.1ベストセラーに輝く真実の物語。

『ヒトラーのオリンピックに挑め―若者たちがボートに託した夢　下』　ダニエル・ジェイムズ・ブラウン著, 森内薫訳　早川書房　2016.7　364p　16cm　（ハヤカワ文庫 NF 471）〈「ヒトラーのオリンピックに挑んだ若者たち」（2014年刊）の改題, 二分冊〉　980円　①978-4-15-050471-7

内容 ジョー・ランツら9人のクルーはスランプにおちいっていた。皆の心はバラバラ, オールの運びは乱れていた。鬼コーチは厳しい特訓を課し, ボート職人は仲間の大切さを説く。心をひとつにした彼らは並みいる強豪を抑え全米代表に選ばれる。ベルリンではヒトラーが威信をかけ五輪の準備を進めていた。決戦の地でジョーたちを待ち受けていたのは…全米220万部を突破したスポーツ・ノンフィクションの傑作。

『ヒトラーのオリンピックに挑んだ若者たち―ボートに託した夢』　ダニエル・ジェイムズ・ブラウン著, 森内薫訳　早川書房　2014.9　603p　20cm　3000円

①978-4-15-209485-8

内容 上流階級のスポーツとされていたボート競技。労働者階級の若者たちの集まりだったワシントン大学ボート部が, なみいる東部の強豪を打ち破って全米チャンピオンに輝き, ベルリン・オリンピックへの出場権を獲得する。だが, "ヒトラーのオリンピック"とも呼ばれる同大会では, ドイツ, イタリアと対戦する決勝で, アメリカは思わぬ苦境に立たされる―。幼いころ両親に捨てられた孤独な青年ジョー・ランツがボート競技との出会いによって成長していく姿を軸に, 大恐慌時代のアメリカの不安定な社会情勢や, オリンピックをプロパガンダに利用しようとしたナチスの思惑, そして全米を熱狂させた伝説の"エイト"クルーの軌跡を克明に記録した, 手に汗握る感動のノンフィクション。

『西條八十の見たベルリン五輪』　上村直己著　熊本　熊本出版文化会館　2012.7　206, 4p　19cm　〈文献あり 索引あり　発売：創流出版〉　1500円　①978-4-906897-01-8

目次 第1章 西條八十と「詩と音楽の旅」, 第2章 新聞社のオリンピック特派員となる, 第3章 第一一回オリンピック・ベルリン大会, 第4章 三人の文学者は開会式をどう伝えたか, 第5章 競技詩と観戦記, 第6章 閉会, 帰国へ

『ベルリン・オリンピック1936―ナチの競技』　デイヴィッド・クレイ・ラージ著, 高儀進訳　白水社　2008.8　542p　20cm　3500円　①978-4-560-03188-9

内容 独裁体制下における「平和の祭典」の全貌。各国の思惑とボイコット運動, ユダヤ人や黒人への迫害, 各競技の様子など, 「スポーツと政治」の癒着を歴史的に徹底検証する。

『オリンピア―ナチスの森で』　沢木耕太郎著　集英社　2007.7　388p　16cm　（集英社文庫）〈文献あり〉　648円　①978-4-08-746190-9

内容 1936年8月, ナチス政権下のベルリンで第11回オリンピックが開催された。ヒトラーが開会を宣言し, ナチスがその威信を賭けて演出した。その大会を撮影し, 記録映画の傑作『オリンピア』二部作を生み出した天才レニ・リーフェンシュタール。著者は彼女にインタビューを試みる…。運命の大

会に参加した日本選手団をはじめとする多くのアスリートたちの人生をたどる長編ノンフィクションの傑作。

『ドイツ・1936年―名取洋之助写真集』
名取洋之助写真　岩波書店　2006.12
119p　27cm　3200円　①4-00-008083-0
内容 1936年8月11日、女子200メートル平泳ぎの決勝レース。前畑秀子が1位でゴールした瞬間に、プールサイドの名取洋之助はシャッターを切った。その時、9000キロ離れた日本では、「前畑がんばれ！」のラジオ実況放送に沸いていた。―ナチス政権下のベルリンオリンピックで、日本選手団の活躍を取材した名取は、その後、ドイツ国内をベンツで周遊し、撮影する。遺された70年前のネガフィルムから、若さとスピード感あふれる報道写真が、今、鮮やかによみがえる。

『1936年ベルリンオリンピック遠征記―澁谷壽光の足跡』　鈴木幸子編　［鈴木幸子］　2004.6　138p　21cm〈背のタイトル：ベルリンオリンピック遠征記　年譜あり〉

『「がんばれ！ニッポン！」―号外は語るふたつの東京オリンピック―荒川ふるさと文化館企画展』　東京都荒川区教育委員会、東京都荒川区立荒川ふるさと文化館編　荒川区教育委員会　2000.1　22p　30cm〈会期：平成12年1月29日―3月19日　共同刊行：荒川区立荒川ふるさと文化館　年表あり　文献あり〉

『オリンピア―ナチスの森で』　沢木耕太郎著　集英社　1998.5　334p　20cm　1600円　①4-08-783095-0
目次 序章 階段から、第1章 炎は燃えて、第2章 勝者たち、第3章 敗者たち、第4章 九千キロの彼方、第5章 素朴な参加者、第6章 苦い勝利、第7章 故国のために、第8章 氷の宮殿、終章 階段へ

『明治生まれの「親分」アナウンサー―山本照とその時代』　橋本一夫著　ベースボール・マガジン社　1997.6　244p　19cm　2000円　①4-583-03399-0
内容 ラジオの普及とともに歩んだスポーツ中継アナのパイオニア！ヒトラー統治下のベルリン五輪、大横綱・双葉山の69連勝、終戦の「玉音放送」…激しく揺れ動いた戦前

という時代をマイクの前の語り部として駆け抜けた"親分"山本照が時代に問いかけたものは何だったのか。後輩ジャーナリストが活写した異色ノンフィクション。

『1936年ベルリン至急電―東京、遂に勝てり！』　鈴木明著　小学館　1994.10　510p　20cm　2200円　①4-09-387112-4
内容 今初めて解き明かされる渾身のノンフィクション。「紀元2600年東京オリムピック」決定の謎を追う。国連を脱退し、孤立していたはずの日本は、なぜこれほどの国際的支持を得たのか。

『幻のオリンピック』　川成洋著　筑摩書房　1992.1　220p　19cm　（ちくまプリマーブックス 61）　1100円　①4-480-04161-3
内容 今から五十六年前の、1936年（昭和11年）戦火に消えたバルセロナオリンピックがあった。この幻のオリンピックの全貌を、日本ではじめてあきらかにし、スペイン内戦、国際旅団、バルセロナ小史を、わかりやすく説く。もうひとつのバルセロナ物語。

『ヒトラーへの聖火―ベルリン・オリンピック』　ダフ・ハート・デイヴィス著,岸本完司訳　東京書籍　1988.5　256p　20cm　（シリーズ・ザ・スポーツノンフィクション 2）　1600円　①4-487-76102-6
内容 ヒトラーはナチズム体制を世界に誇示するため、ベルリン・オリンピックを利用しようとする。ゲルマン民族の優位は、その肉体をもっても証明されるはずだ。―オリンピックの光と影を感動的に描く。

『メインポールの旗のもとに―ベルリンオリンピックにかけた若人たち』　川村たかし作,岩淵慶造絵　京都　PHP研究所　1984.2　165p　22cm　（PHPこころのノンフィクション）　1100円　①4-569-28235-0

『ナチ・オリンピック』　リチャード・マンデル著,田島直人訳　ベースボール・マガジン社　1976　363p　図　19cm　1800円

## 第12回東京大会（返上）

『東洋のスポーツの中心地東京—1940年幻の東京オリンピック招致アルバム』　真田久監修　極東書店　2018.1　11, 8p 図版［24］枚　20×28cm〈東京市1933年刊の複製〉　26000円　①978-4-87394-025-0

『幻の東京五輪・万博1940』　夫馬信一著　原書房　2016.1　292p 図版16p　22cm〈文献あり〉　3500円　①978-4-562-05273-8
内容 一九四〇（昭和一五）年に開催予定だった東京五輪、札幌五輪、日本万博について、豊富な写真や図版を駆使してビジュアルに読み解く。五輪マークを意匠登録した人物、五輪・万博ポスターを作った人物、建設された施設、挫折に至った真相など、その全貌に迫る。

『地図で読み解く東京五輪—1940年・1964年・2020年』　竹内正浩著　ベストセラーズ　2014.11　191p　18cm（ベスト新書 453—ヴィジュアル新書）〈文献あり〉　1000円　①978-4-584-12453-6
内容 二〇二〇年のオリンピック開催地が決まったのは、二〇一三年九月八日午前五時二〇分（日本時間）。IOCのロゲ会長が「トーキョー」と読み上げた瞬間、日本中が歓喜に包まれたことは記憶に新しい。幻となった一九四〇年大会を含めると、東京オリンピックには三度の歴史がある。この間、八〇年という途方もない時間が流れている。途中には大きな戦争や奇跡的な復興、高度成長があった。本書は、招致活動から開催（返上）にいたる流れと、インフラを含む施設建設をテーマに、新旧地図や写真を用いながら、東京の発展とオリンピックを歴史の中に位置づける試みである。ぜひこの本を手にして、今までにない「東京オリンピック」を体感してほしい。

『資料東京オリンピック一九四〇—第十二回オリンピック東京大会東京市報告書』　［東京市役所］［編輯］　日本図書センター　2014.4　379p　27cm〈「第十二回オリンピック東京大會東京市報告書」（東京市役所 1939年刊）の複製〉　39000円　①978-4-284-50348-8

『幻の東京オリンピック—1940年大会招致から返上まで』　橋本一夫［著］　講談社　2014.1　284p　15cm（講談社学術文庫 2213）〈日本放送出版協会 1994年刊の再刊　文献あり〉　960円　①978-4-06-292213-5
内容 関東大震災からの復興をアピールし、「皇紀二千六百年」を記念して構想された一九四〇年の東京オリンピックは、ヒトラーやムソリーニとの取引で招致に成功したものの、「満州国」参加の可否、天皇の開会宣言など問題は山積みだった。そして日中戦争が勃発、ついに返上を余儀なくされる。戦争と政治に翻弄された五輪の悲劇と、尽力した人々の苦悩を描く。

『オリンピック・シティ東京—1940・1964』　片木篤著　河出書房新社　2010.2　266p　19cm（河出ブックス 012）　1400円　①978-4-309-62412-9
内容 東京は、第12回（1940）と第18回（1964）オリンピックの開催都市に選ばれた。第12回オリンピックは戦争激化のため返上、第18回オリンピックは成功を収め、戦後復興を国内外に知らしめた。二度のオリンピック東京大会の計画と実施を、都市・建築の視点から読み解くことで、戦前から戦後にかけての首都・東京とその建築の変容を浮き彫りにする。

『オリンピック返上と満州事変』　梶原英之著　海鳴社　2009.9　254p　19cm（バウンダリー叢書）〈文献あり〉　1600円　①978-4-87525-261-0
内容 満州事変、満州国建国、さらに2・26事件と、動乱の昭和にあって平和を模索する動きがなかったわけではない。その一つが1940年の東京オリンピック招致であった。それには国際連盟脱退という国際社会からの孤立を挽回しようとする意図と皇紀二千六百年の祝賀行事の意味があった。天皇の「詔書」と東京市の思惑の中、嘉納治五郎・杉村陽太郎・副島道正・広田弘毅といった人々の熱意によって東京招致に成功。提灯行列など国を挙げての大歓迎に湧くも、結局は返上することに…。奮闘と挫折の外交秘史。

『幻の東京オリンピックとその時代—戦時期のスポーツ・都市・身体』　坂上康博，高岡裕之編著　青弓社　2009.9　448p

21cm　4000円　①978-4-7872-2036-3

内容 1940年に開催が予定されていたにもかかわらず、38年に返上された東京オリンピック。「幻の東京オリンピック」の実態を、中止にいたる国際政治の力学、戦時下のスポーツ界の動向、都市開発の様子などを具体例に多数の写真・図版も添えて、多様な角度から照らし出す。

『昭和天皇と大東亜戦争──平和と繁栄を願い万世のため太平を開く 歴史絵本』
山本覚雄文、村上正師画、加瀬英明監修
善本社　2009.4　49p　17×17cm　1000円　①978-4-7939-0451-6

目次 日本の国柄（神武天皇と国の始め、聖徳太子と国の体制、日米和親条約と日の丸の旗、明治天皇と昭憲皇太后）、日本帝国とその最後（昭和天皇ご誕生と帝王学、戦争への道、開戦の挑発、敗戦の日近づく、ポツダム宣言の条件、戦争終結の玉音放送、幸福文書調印式）、昭和天皇のご業績（再出発の決意、マッカーサー元帥との会見、3万3千キロのご巡幸、大東亜協同宣言、東京オリンピック、ローマ法王とのご会見）、敗戦の後遺症（東京裁判と偏向教育、日本国憲法と自衛権、経済は二流、政治は三流、ヨーロッパご訪問のたび、アメリカご訪問の旅、崩御）

『「東京、逐に勝てり」1936年ベルリン至急電』　鈴木明著　小学館　1997.6　520p　16cm　（小学館ライブラリー）　1170円　①4-09-460100-7

内容 今初めて解き明かされる渾身のノンフィクション！「紀元2600年東京オリムピック」決定の謎を追う！。

『幻の東京オリンピック』　橋本一夫著
日本放送出版協会　1994.8　254p　19cm　（NHKブックス 709）〈主要参考・引用文献：p249〜254〉　890円　①4-14-001709-0

内容 「幻のオリンピック」と呼ばれる1940年の第12回オリンピック東京大会は、開催都市が自発的に大会を返上した唯一のケースである。名乗りをあげてからわずか5年で誘致に成功という離れ業を演じながら、東京大会はなぜ返上に追い込まれたのか。ヒトラー、ムソリーニまでを巻き込んだ激しい誘致合戦、広がる戦火のなかで遅れに遅れる大会準備、侵略戦争非難の大合唱のなかで沸きあがる大会ボイコットの動きなど、戦争と政治に振り回されたオリンピックの悲劇を綴る。

『美と力──1964 Tokyo Olympics』　読売新聞社　1964　図版289p　27cm

《岸 清一》　きし・せいいち
㊉慶応3年（1867年）7月4日
㊥昭和8年（1933年）10月29日

◇弁護士、国際オリンピック委員会委員。明治26年弁護士試験に合格、以後、法曹界で活躍。一方、43年嘉納治五郎とともに大日本体育協会（現・日本体育協会）を設立、大正10年には2代目会長に就任。また、4年〜昭和8年東京弁護士会会長、大正13年〜昭和8年国際オリンピック委員会（IOC）委員、7〜8年勅選貴族院議員などを歴任。我が国のスポーツ振興の先駆者で、極東大会や五輪に日本選手団長、大会役員としてたびたび参加した

『「幻の東京オリンピック」の夢にかけた男──日本近代スポーツの父・岸清一物語』
古城庸夫著　横浜　春風社　2016.8　286p　19cm〈年譜あり〉　2000円　①978-4-86110-484-8

内容 文明開化の華咲きほこる東京で、庶民の娯楽として人気を博した「ボート」競技観戦。そのボート競技に情熱を傾け、「スポーツ」と「平和」に半生を捧げた男の「東京オリンピック開催」という壮大な"夢"は、やがて暗雲と激動の時代に飲み込まれてゆく。しかしその夢は、確かに、未来へとつながっていった──。

## 第14回 ロンドン大会
〈イギリス 1948年7月29日〜8月14日〉

『オリンピックレポート』　毎日新聞社運動部編　毎日新聞社　1948　347p 図版17×15cm

## 第15回 ヘルシンキ大会
〈フィンランド 1952年7月19日〜8月3日〉

『オリンピック大会報告書　第15回（1952年ヘルシンキ）』　日本体育協会　1953　672p（図版16p共）　26cm

## 第17回 ローマ大会

〈イタリア 1960年8月25日〜9月11日〉

『オリンピック・ローマ大会調査報告書』
オリンピック東京大会組織委員会 1961
237p 26cm

## 第18回 東京大会

〈1964年10月10日〜24日〉

『東京オリンピックと八王子——当館収蔵の
自転車競技資料を中心に』 八王子 八
王子市郷土資料館 〔1984〕 1冊（頁付
なし） 26cm〈特別展 会期：1984年7月
1日〜8月19日〉

『Tokyo Olympiad——1964』 共同通信
社 〔 〕 351p（おもに図版） 35cm
〈監修者：オリンピック東京大会組織委
員会〉

『ふたつのオリンピック——東京1964/
2020』 ロバート・ホワイティング著，
玉木正之訳 KADOKAWA 2018.9
590p 19cm 2400円 ①978-4-04-
400218-3
内容 1962年、地球上で最もダイナミックな街
の米軍基地に、十九歳の青年は降り立った。
冷戦下、立ちあがる巨大都市。私は東京を
貪り食った。ロマンスは言うにおよばず、小
さな冒険、絶え間ない刺激、新しい世界が
山ほどあった。諜報員、英会話教師、ヤク
ザの友人、サラリーマン、売れっ子ジャーナ
リスト。ときどきの立場で、「ガイジン」＝
“アウトサイダー”として50年を生きたこの
街と私の人生は、ひとまわりしていま元へ
戻ってきたようだ——。これから東京は、日
本は、いったいどんな未来に突き進んでい
くのだろうか？

『都史資料集成 2 第7巻 オリンピックと
東京』 東京都公文書館編 東京都生活
文化局広報広聴部都民の声課 2018.3
751p 図版［16］枚 22cm 6220円
①978-4-86569-480-2

『1964東京五輪聖火空輸作戦』 夫馬信一
著，鈴木真二航空技術監修 原書房
2018.2 317p 図版16p 22cm〈文献あ
り〉 2500円 ①978-4-562-05479-4
内容 かつて、炎を携えてユーラシア大陸と日

本列島を翔け抜けた人々がいた。1964年東
京五輪のための、聖火空輸プロジェクトで
ある。ユーラシア大陸を往くふたつの陸路
調査隊、国外JALと国内ANA・空の競演、
ギリシャでの採火、シティ・オブ・トウキョ
ウ、中東・アジアでの大歓迎、知られざるネ
パール聖火リレー、香港での非常事態、占領
下の沖縄、戦後初の国産旅客機YS-11開発
の暗闘、日本列島縦断・熱狂の一日…。興奮
と混乱に満ちた前人未到の旅を完全再現！

『オリンピックと自衛隊——1964-2020』
渡邉陽子著 並木書房 2016.6 319p
19cm〈文献あり〉 1600円 ①978-4-
89063-339-5
内容 1964年東京五輪は自衛隊の支援がなけ
れば成功しなかった。開会式でブルーイン
パルスが五輪マークを大空に描き、陸海空
音楽隊が行進曲を演奏し、防大生が各国選
手団を先導した。大会を通じて約7000名の
自衛官が馬術、射撃、ヨットなど9つの競技
を支援し、自衛隊体育学校の三宅選手、円
谷選手がメダルを獲得した。法律を改正し
てまで自衛隊に支援が求められた東京五輪。
自衛隊OBの証言や各部隊に残されている資
料をもとに自衛隊とオリンピックの知られ
ざる関係を明らかにし、2020年東京五輪・
パラリンピックで求められる自衛隊の役割
をさぐる。

『オリンピック・パラリンピック大百科 1
2つの東京オリンピック1964/2020』
日本オリンピック・アカデミー監修 小
峰書店 2016.4 43p 29cm〈索引あ
り〉 3000円 ①978-4-338-30001-8
目次 1 1964年、東京にオリンピックがやっ
てきた！（アジア初のオリンピック、7年間
にわたった招致活動、建設ラッシュにわい
た東京、ととのえられた熱戦の舞台、活躍
した選手たち），2 アジアで行われたオリン
ピック（1972年冬季・札幌、1988年夏季・ソ
ウル、1998年冬季・長野、2008年夏季・北京、
オリンピックと小・中学生），3 東京にオリ
ンピックがやってくる！（2013年9月、東京
開催が決定！、開催に向けて進む準備、予
定されている競技会場、応援しよう！ 未来
の選手たち、被災地の人たちといっしょに
大会をもりあげよう！、日本のよいところ
を発見しよう、未来へつなげよう！）

『奈良女×文化2015——東京オリンピックと
その時代 オリンピックから世界をまな

ざす八つの挑戦 身体文化学演習・受講生たちの論文集』　奈良女×文化2015編集委員会編　奈良　奈良女子大学文学部人間科学科教育学・人間学コース　2016.3　125p　21cm　非売品

『東京オリンピックの社会経済史』　老川慶喜編著　オンデマンド版　日本経済評論社　2016.2　299p　21cm〈印刷・製本：デジタルパブリッシングサービス〉　4600円　①978-4-8188-1683-1

『地図と写真で見る東京オリンピック1964』　ブルーガイド編集部編集　実業之日本社　2015.2　119p　20×21cm〈文献あり〉　1800円　①978-4-408-00868-4
内容　競技と街角の写真200点と、当時の地図が高度経済成長の熱気を活写！ 半世紀前の大イベントの記憶が甦る。

『地図で読み解く東京五輪―1940年・1964年・2020年』　竹内正浩著　ベストセラーズ　2014.11　191p　18cm　（ベスト新書 453―ヴィジュアル新書）〈文献あり〉　1000円　①978-4-584-12453-6
内容　二〇二〇年のオリンピック開催地が決まったのは、二〇一三年九月八日午前五時二〇分（日本時間）。IOCのロゲ会長が「トーキョー」と読み上げた瞬間、日本中が歓喜に包まれたことは記憶に新しい。幻となった一九四〇年大会を含めると、東京オリンピックには三度の歴史がある。この間、八〇年という途方もない時間が流れている。途中には大きな戦争や奇跡的な復興、高度成長があった。本書は、招致活動から開催（返上）にいたる流れと、インフラを含む施設建設をテーマに、新旧地図や写真を用いながら、東京の発展とオリンピックを歴史の中に位置づける試みである。ぜひこの本を手にして、今までにない「東京オリンピック」を体感してほしい。

『私の東京オリンピック―過去から学び、未来へ夢を』　北野生涯教育振興会監修, 小笠原英司, 小松章編　ぎょうせい（印刷）　2014.11　209p　19cm　（私の生涯教育実践シリーズ '14）〈著作目録あり〉　1000円　①978-4-324-80073-7
目次　序章 東京オリンピック―昭和人の思い出と平成人への期待, 第1章 甦る東京オリ

ンピック―記憶の先へ, 第2章 オリンピックが映し出すもの, 第3章 私の望む東京オリンピック, 第4章 オリンピックが教えてくれたもの―私の金メダルをめざして, 終章 東京オリンピックと日本の再設計

『1964東京オリンピックと杉並―1964年東京オリンピック・パラリンピック50周年記念 杉並区立郷土博物館分館企画展』　杉並区立郷土博物館分館編　杉並区立郷土博物館分館　2014.10　70p　30cm〈会期：平成26年9月20日―12月7日〉非売品

『学長・文相愛知揆一―1964年オリンピック東京大会資料―2014年度後期特集』　東洋学園大学東洋学園史料室　2014.10　40p　30cm

『東京オリンピックと新幹線』　東京都江戸東京博物館, 行吉正一, 米山淳一編著　京都　青幻舎　2014.10　209p　26cm〈会期・会場：2014年9月30日（火）―11月16日（日）東京都江戸東京博物館　主催：東京都江戸東京博物館 東映ほか　文献あり 年表あり〉　2130円　①978-4-86152-452-3
内容　終戦から19年の1964年。奇跡の復興を成し遂げた日本は、その証として、東京オリンピック・パラリンピックを開催、東海道新幹線の開業を実現させ、世界中の人びとを驚かせた。50年後の今こそ、先人たちの「熱い思い」を知り、その「力」を未来に伝えたい。

『1964年東京オリンピック全記録―日本国民が奮い立った、あの感動をもう一度！完全保存版！』　宝島社　2014.2　111p　30cm　（TJ MOOK）〈文献あり〉　838円　①978-4-8002-2203-9

『東京オリンピックへの遥かな道』　波多野勝著　草思社　2014.2　282p　16cm（草思社文庫 は2-2）〈2004年刊に一部加筆 文献あり〉　800円　①978-4-7942-2030-1
内容　「民心に新しい息吹を注入するにはオリンピックしかない」―昭和5（1930）年から東京オリンピック開催を目指してきた、招致活動の中心的存在、田畑政治は昭和27年のヘルシンキオリンピックでそう確信した。

そこからオリンピックに向けて周到な根回しがおこなわれ、世界を舞台に劇的なドラマが繰り広げられた。日本の国際社会への復帰を決定づけ、高度経済成長の象徴ともなった戦後最大の国家イベント開催に、情熱を燃やした人々の奮闘を史料を駆使して克明に描く。

『**1964年の東京オリンピック―「世紀の祭典」はいかに書かれ、語られたか**』　石井正己編　河出書房新社　2014.1　213p　21cm　〈表紙のタイトル：TOKYO OLYMPIC 1964〉　1800円　①978-4-309-02253-6

内容 名文の数々でいま甦る―あの祭典とは何だったのか？　座談会・大宅壮一×司馬遼太郎×三島由紀夫。対談・市川崑×沢木耕太郎。ポスター・亀倉雄策。短編・星新一。

『**東京オリンピック―文学者の見た世紀の祭典**』　講談社編　講談社　2014.1　396p　16cm　（講談社文芸文庫 こS1）　1600円　①978-4-06-290217-5

内容 世紀の祭典が生んだ、煌びやかな文学者の競演！ 三島由紀夫、井上靖、檀一雄、小田実、安岡章太郎、大江健三郎、阿川弘之、石原慎太郎―錚々たる当代の名手たちが、文学者の視点で五輪に沸いた一九六四年東京のすべてを活写し、話題をさらった貴重なルポルタージュ集。

『**東京オリンピック―完全復刻アサヒグラフ**』　朝日新聞出版週刊朝日編集部編　朝日新聞出版　2013.10　230p　34cm　〈「'64東京オリンピック」（朝日新聞社1964年刊）の複製〉　933円　①978-4-02-331257-9

目次 世界一めざして、五輪史飾る感動の物語、記録への挑戦（フィールド）、悔いない力走（依田選手）、やったぞ円谷君（マラソン）、この日のために（女子バレー）、世界一の妙技（体操）、熱戦にひろう、秋の海をすべる（ヨット）、憩いのひととき（選手村）〔ほか〕

『**TOKYOオリンピック物語**』　野地秩嘉著　小学館　2013.10　361p　15cm　（小学館文庫 の4-3）〈文献あり〉　657円　①978-4-09-408876-2

内容 敗戦からの復興と繁栄を世界に知らしめた日本初のオリンピック。この大会のために集められその後の日本のシステムを変革させていった若き精鋭たち。選手村食堂

で一万人の選手の食事作りに命を燃やしたシェフ。驚く方法で伝説の五輪ポスターを作り上げたデザイナー。歴史に残るドキュメンタリー作品を作り上げた映画監督ほか、知られざる奇跡の物語。徹底取材十五年、単行本刊行時にはメディア各社で絶賛された傑作ノンフィクションを文庫化。ミズノスポーツライター賞優秀賞受賞作。

『**東京五輪1964**』　佐藤次郎著　文藝春秋　2013.10　283p　18cm　（文春新書 947）　830円　①978-4-16-660947-5

内容 敗戦から十九年、奇跡の復興を遂げ、高度成長を続ける日本でオリンピックが開催された。参加した人々は「もっとも五輪らしい大会だった」と口々にいう。金メダリスト、名スターター、選手村の理容師、実況アナウンサーなどが回顧する「それぞれのオリンピック」。

『**アジア独立と東京五輪（オリンピック）―「ガネホ」とアジア主義**』　浦辺登著　福岡　弦書房　2013.2　184p　19cm　〈文献あり 年表あり 索引あり〉　1800円　①978-4-86329-086-0

内容 1964年（昭和39年）東京五輪開幕。この時、インドネシアが参加できなかったのは、なぜか。インドネシア大統領スカルノが主導したアジア・アフリカを中心としたもうひとつの五輪＝ガネホ（GANEFO）に光をあてて、日本、東南アジア、欧米の関係史を検証する。

『**東京オリンピック1964デザインプロジェクト**』　東京国立近代美術館編　東京国立近代美術館　2013.2　161p　26cm　〈会期・会場：2013年2月13日─5月26日　東京国立近代美術館　年表あり　文献あり〉　①978-4-907102-03-6

『**TOKYOオリンピック物語**』　野地秩嘉著　小学館　2011.2　283p　20cm　〈文献あり〉　1800円　①978-4-09-388104-3

内容 東京大会が決定した。開催日まではあとわずか。そして誰もが初めて体験する大仕事だった。あの栄光の十五日間を裏で支えた、まだ名も無き若者たちの知力を尽くした戦いの記録。十五年にわたる徹底取材。野地ノンフィクションの決定版。

『**オリンピック・シティ東京―1940・**

**1964』** 片木篤著 河出書房新社 2010.2 266p 19cm （河出ブックス 012） 1400円 ①978-4-309-62412-9

内容 東京は、第12回（1940）と第18回（1964）オリンピックの開催都市に選ばれた。第12回オリンピックは戦争激化のため返上、第18回オリンピックは成功を収め、戦後復興を国内外に知らしめた。二度のオリンピック東京大会の計画と実施を、都市・建築の視点から読み解くことで、戦前から戦後にかけての首都・東京とその建築の変容を浮き彫りにする。

**『東京オリンピックの社会経済史』** 老川慶喜編著 日本経済評論社 2009.10 299p 22cm 4200円 ①978-4-8188-2060-9

内容 東京五輪は、高度経済成長期の日本社会とどのように共鳴しあっていたか。都市開発、万博・ロンドン五輪との比較、消費、娯楽、流通など多彩な視点から検討する。

**『東京オリンピック1964』** フォート・キシモト,新潮社編 新潮社 2009.8 127p 21cm （とんぼの本） 1400円 ①978-4-10-602191-6

内容 堂々と言おう―「あの15日間は素晴らしかった！」と。1964（昭和39）年に東京が見た「夢」を、「当時の写真」「当時の文章」で再現する。

**『オリンピックがやってきた！―市民の支えた熱き日々：平成20年度特別展図録』** 八王子市郷土資料館編 ［八王子］ 八王子市教育委員会 2008.9 51p 30cm 〈会期：9月2日―11月12日〉

**『東京オリンピック1964・2016』** メディアパル 2006.10 95p 26cm （メディアパルムック） 1200円 ①4-89610-472-2

**『東京オリンピックへの遥かな道―招致活動の軌跡1930-1964』** 波多野勝著 草思社 2004.7 246p 20cm 〈文献あり〉 1600円 ①4-7942-1335-2

内容 東京オリンピック決定のプロセスには劇的なドラマがあり、周到な根回しがおこなわれていた。私たちは、往々にして脚光を浴びる大会そのものに目を奪われがちである。本書は、東京開催に尽力した、いわゆる「井戸を掘った」人びとを、歴史のなか

に正当に位置づけようという試みである。

**『「がんばれ！ ニッポン！」―号外は語るふたつの東京オリンピック―荒川ふるさと文化館企画展』** 東京都荒川区教育委員会,東京都荒川区立荒川ふるさと文化館編 荒川区教育委員会 2000.1 22p 30cm 〈会期：平成12年1月29日―3月19日 共同刊行：荒川区立荒川ふるさと文化館 年表あり 文献あり〉

**『朝日クロニクル週刊20世紀―日本人の100年 21（1964） 宿願の五輪』** 朝日新聞社 1999.6 40p 30cm 533円

**『東京オリンピック女子選手村』** 奥山真著 国書刊行会 1988.9 210p 19cm 1500円

**『東京オリンピックとリーダーシップ』** 安川第五郎著 尾崎行雄記念財団 1971.1 34p 19cm （指導者シリーズ no.2）

**『東京オリンピック』** 日本放送協会放送世論調査所 1967 274p 22cm 非売

**『東京オリンピック切手目録』** 佐々木博編 ［ ］ 都島郵趣会 1967 2冊（別冊とも） 22cm 〈別冊（169p）：追加版 限定版〉 1000円

**『第18回オリンピック競技大会公式報告書』** オリンピック東京大会組織委員会編 オリンピック東京大会組織委員会 1966 2冊 31cm 〈袂入 付：オリンピック地図〉 各7900円

**『東京オリンピックに見る陸上競技の技術』** 日本陸上競技連盟編 ベースボール・マガジン社 1966 207p（おもに図版） 34cm 4800円

**『東京オリンピック放送の記録』** 日本民間放送連盟編 岩崎放送出版社 1966 395p 図版 21cm 1800円

**『東京オリンピック』** 東宝事業部出版課 1965.3 1冊（ページ付なし） 28cm

**『第18回オリンピック東京大会』** 日本体育協会監修,全国体育指導委員協議会編 全国体育指導委員協議会 1965.2 209p 38cm 〈おもに図〉

オリンピック　　　　　　　　　　　　　第18回 東京大会

『オリンピック東京大会資料集』　オリンピック東京大会組織委員会　〔1965〕　2冊　26cm〈10分冊を合冊製本したもの〉

『オリンピック競技大会報告書　第18回（1964年　東京）』　日本体育協会　1965　733p　図版36枚　26cm

『オリンピック雑記帳』　与謝野秀著　毎日新聞社　1965　208p　19cm

『オリンピック東京大会記念誌』　羽田入国管理事務所　1965　103p　図版13枚　表　26cm

『オリンピック東京大会協力の記録』　防衛庁　1965　291p　図版　27cm

『オリンピック東京大会と政府機関等の協力』　文部省　1965　258p（図版共）　27cm

『総天然色長篇記録映画「東京オリンピック」配給白書　第1編』　東宝配給部　1965　133p　図版　表　21cm

『東京オリンピック作戦―支援に参加した自衛隊員の手記』　朝雲新聞社　1965　278p　表　19cm　250円

『東京オリンピックスポーツ科学研究報告』　日本体育協会　1965　705p（図版共）　27cm

『東京オリンピック選手強化対策本部報告書』　日本体育協会　1965　488p（図版共）　27cm

『東京オリンピックの内と外―報道室長の見た舞台裏』　秋山如水著　ベースボール・マガジン社　1965　185p　図版　19cm

『われらすべて勝者―東京オリンピック写真集』　講談社　1965　198p（おもに図版）　18cm〈監修者：安川第五郎〉

『東京オリンピック』　織田幹雄著　あかね書房　昭和40　223p　図版　22cm（少年少女20世紀の記録 22）

『オリンピック東京大会特集　no.4　大成功の東京オリンピック』　〔新潟〕　新潟日報社　1964.11　58p　35cm

『オリンピック東京大会特集　no.1　金メダルをねらう有力選手』　〔新潟〕　新潟日報社　1964.9　50p　35cm

『東京オリンピック・ブック―オリンピックにだんぜん強くなる本』　世界文化社　1964.9　94p　31cm

『オリンピック準備すすむせたがや』　世田谷区編　東京都世田谷区　1964.3　26p　21×30cm

『Official handbook to Tokyo Olympics』　オリンピック東京大会組織委員会　1964　163p　地図　21cm〈オリンピック競技大会（東京 1964）〉

『Tokyo Olympics Official souvenir 1964』　電通東京オリンピックス作成委員会編　電通　1964　292p（図版共）　29cm〈オリンピック東京大会組織委員会監修〉

『'64東京オリンピック』　朝日新聞社　1964　241p（図版共）　29cm

『オリンピックを迎える東京』　〔出版地不明〕　東京都オリンピック準備局　1964　33p　15×21cm

『オリンピック準備局事業概要　1964』　東京都オリンピック準備局　1964　226p　図版　地図　22cm

『オリンピック東京大会施設作品集』　第1回日本建築祭実行委員会　1964　図解　87p　21×30cm

『オリンピック東京大会の警察記録』　警視庁　1964　621p　図版23枚　27cm

『オリンピックとその実施競技』　文部省体育局　1964　200p　26cm

『オリンピックの顔―東京大会にきそう世界の一流選手たち』　読売新聞社　1964　図版295p（解説共）　26cm

『東京オリンピック―世界文化社版』　世界文化社　1964　図版142p（解説共）　27cm

『東京オリンピック―文学者の見た世紀の祭典』　講談社　1964　301p　図版

オリンピックの本3000冊　61

21cm

『東京オリンピック施設の全貌』　日本電
　設工業会東京オリンピック施設資料編集
　委員会編　日本電設工業会　1964
　251p　25×26cm

『東京オリンピックにそなえて』　［出版地
　不明］　東京都オリンピック準備局
　1963.2　13p　15×21cm

『オリンピック準備局事業概要　1963』
　東京都オリンピック準備局　1963
　222p　図版　地図　22cm

『オリンピック東京大会への道―東京国際
　スポーツ大会画報』　ベースボール・マ
　ガジン社　1963　図版48枚　27cm〈写
　真撮影はベースボール・マガジン社写真
　部, NHK写真部表紙, 脊には「The
　prelude to the 1964 Tôkyo Olympics」
　とあり〉

『オリンピック百科―1964・東京大会』
　ジョン・グロンバック著, 毎日新聞社運
　動部訳　毎日新聞社　1963　256p　表
　19cm

『世紀のオリンピック―アテネから東京へ』
　木村象雷著　山海堂　1963　292p　図版
　19cm

『世界の一流選手―東京オリンピックの見
　どころ』　読売新聞社運動部編　ぺりか
　ん社　1963　194p　18cm　（ぺりかん
　新書）

『東京オリンピックに思う―スポーツの外
　国通信』　清川正二著　ベースボール・
　マガジン社　1963　203p　図版　19cm

『オリンピック準備局事業概要　1962』
　東京都オリンピック準備局　1962
　170p　図版　22cm

『目ざせ！ 東京オリンピック』　長谷川敬
　三, 高木公三郎著　京都　学芸出版社
　1960　146p　図版　22cm

『オリンピック百科―1964・東京大会』
　ジョン・グロンバック著, 毎日新聞社運
　動部訳　毎日新聞社　1963　2版　280p
　表　19cm

## 第19回 メキシコシティー大会

〈メキシコ　1968年10月12日～27日〉

『勝者ここに集う―メキシコ・オリンピッ
　ク写真集』　講談社　1968　図版192p
　（解説共）　18cm　（ハウ・ツウ・ブック
　ス）〈監修者：竹田恒徳〉　320円

## 第20回 ミュンヘン大会

〈西ドイツ　1972年8月26日～9月11日〉

『ミュンヘン―黒い九月事件の真実』
　アーロン・J.クライン［著］, 富永和子訳
　角川書店　2006.2　335p　15cm　（角川
　文庫）　743円　①4-04-295801-X
　内容　一九七二年九月ミュンヘン・オリンピッ
　ク。イスラエル選手団宿舎を「黒い九月」
　と名乗る八人のパレスチナ人テロリストが
　襲った。人質となった十一人全てが殺害さ
　れるという最悪の事態を受け、イスラエル
　首相は報復のため謀報機関モサドに首謀者
　たちの暗殺を命じた―。イスラエルの軍事・
　謀報活動を専門とするタイム誌記者が、貴
　重な新資料をもとに、モサドなど関係者を
　入念に取材。厚いベールに包まれていた暗
　殺事件の全貌を明らかにする、衝撃のノン
　フィクション。

『ミュンヘン―オリンピック・テロ事件の
　黒幕を追え』　マイケル・バー＝ゾウ
　ハー, アイタン・ハーバー著, 横山啓明訳
　早川書房　2006.1　388p　16cm　（ハヤ
　カワ文庫 NF）〈肖像あり〉　660円
　①4-15-050304-4
　内容　1972年9月、ミュンヘン・オリンピックの
　選手村をパレスチナ・ゲリラ "黒い九月" が
　襲い、イスラエル選手団の11人を惨殺した。
　イスラエル政府は報復を決意、情報機関モ
　サドが暗殺チームを組織し、"黒い九月" の
　幹部を次々と抹殺し始める。スパイ小説の
　巨匠が、衝撃のテロ事件とその後の復讐を
　克明に再現し、アラブとイスラエルの対立
　の原因と歴史を明らかにする。

『オリンピック競技大会報告書　第20回』
　日本体育協会［ほか］　1973　428p（図
　共）　26cm〈共同刊行：日本オリンピッ
　ク委員会〉

『ミュンヘン・オリンピック』　朝日新聞社
　1972　149p（おもに図）　28cm　2400円

## 第21回 モントリオール大会
〈カナダ 1976年7月17日～8月1日〉

『オリンピック競技大会報告書 第21回』
日本体育協会[ほか] 1976 476p（図
共） 26cm〈共同刊行：日本オリンピッ
ク委員会〉

『モントリオール栄光の群像』 朝日新聞
社編 朝日新聞社 1976 1冊（頁付な
し） 34cm 2400円

## 第22回 モスクワ大会
〈ソ連 1980年7月19日～8月3日〉

『五輪ボイコット―幻のモスクワ、28年目
の証言』 松瀬学著 新潮社 2008.6
270p 20cm 1500円 ①978-4-10-
460003-8
内容 高田裕司が思わず流した涙の理由を吐露
し、瀬古利彦は「すべて狂っちゃった」と
呟いた―オリンピック不参加という日本ス
ポーツ史上最悪の「敗北」。あのとき何が起
こっていたのか。「スポーツ」と「政治」の
関係をあらためて問うドキュメント。

『1980幻と消えたモスクワ・オリンピック
選手の思い』 荒井康夫, 後藤光雄, 籾山
隆裕編著 名古屋 荒井康夫 2002.6
157p 22cm

『モスクワ・オリンピックにむけて―プレ
オリンピック参加報告書』 日本体育協
会競技力向上委員会 1979.9 136p
26cm

## 第23回 ロサンゼルス大会
〈アメリカ 1984年7月28日～8月12日〉

『オリンピック競技大会報告書 第23回』
日本体育協会, 日本オリンピック委員会
編 日本体育協会 1984.11 518p
26cm〈ロサンゼルス1984 共同刊行：
日本オリンピック委員会〉

『ザ・ヒーロー―ロサンゼルス・オリン
ピック1984』 朝日新聞社編 朝日新
聞社 1984.9 1冊（頁付なし） 38cm
〈おもに図〉 3200円 ①4-02-255264-6

『オリンピックものがたり―栄光のメダリ

ストたち』 前田百基作 教育出版セン
ター 1984.5 143p 22cm （ジュニ
ア・ノンフィクション）〈監修：日本体
育協会 付（別冊 15p）：第23回ロサンゼ
ルスオリンピック大会〉 980円

## 第24回 ソウル大会
〈韓国 1988年9月17日～10月2日〉

『ドキュメントソウル五輪 上』 朴世直
著 潮出版社 1991.7 246p 20cm
2500円 ①4-267-01288-1

『ドキュメントソウル五輪 下』 朴世直
著 潮出版社 1991.7 289p 20cm
2700円 ①4-267-01289-X

『ソウル五輪の軌跡』 藤原健固著 道和
書院 1989.5 237p 19cm 1860円
①4-8105-5008-7

『オリンピック競技大会報告書 第24回』
日本体育協会, 日本オリンピック委員会
編 日本体育協会 1989.3 606p
26cm〈Seoul 1988 共同刊行：日本オリ
ンピック委員会〉

『池谷くんと西川くん―ぼくたちのソウル
オリンピック』 フォート・キシモト写
真 徳間書店 1988.11 93p 20cm
〈文：池谷幸雄, 西川大輔〉 980円
①4-19-463814-X
内容 ソウルを駆けぬけたふたつの青春！「ぼく
はゆっくり咲いていきたい！」体操・フレッ
シュ高校生コンビが綴る、等身大の18歳。

『Seoul'88―第24回オリンピック競技大
会・ソウル1988』 IMSStudio 6, ベー
スボール・マガジン社編 ベースボー
ル・マガジン社 1988.11 235p 31cm
〈国際オリンピック委員会ソウルオリン
ピック組織委員会オフィシャルブック〉
5800円 ①4-583-02713-3
内容 第24回ソウル五輪'88公式写真集。世界
各国から選び抜かれたスポーツの勇者たち
による熱い戦いと感動を再現したオリン
ピック競技大会ソウル1988の決定版。オール
カラー、種目別データ完全収録・日本選手
団名簿つき。国際共同出版。

『華麗なる挑戦―Games of the ⅩⅩⅣth

Olympiad Seoul 1988』　朝日新聞社
編　朝日新聞社　1988.10　1冊〈頁付な
し〉38cm　3000円　①4-02-255916-0
内容 ソウルオリンピックのすべて。160カ国・
地域の代表1万4558人が参加した史上最大
のオリンピック大会。オールカラー全競技写
真収録の豪華アルバム決定版！"朝の国"ソ
ウルに集まった全世界の若者たちはひたむ
きに、したたかに、そしてたくましく、輝
く金メダルに挑んだ…。12年ぶりに再現し
た世界の激突！

『ソウル・オリンピック―Seoul '88 カ
　ラー総集編』　盛岡　岩手日報社
1988.10　148p　34cm　980円

『ソウル・オリンピック―Seoul 1988 カ
　ラー総集編』　名古屋　中日新聞本社
1988.10　144p　34cm　980円

『聖火に向かって緑が燃える―ソウル五輪
　に賭けた青春群像 ドキュメント富士
　フィルム・グリーン軍団』　小泉志津男
著　徳間書店　1988.8　285p　21cm
1400円　①4-19-463746-1
内容 史上初の日本リーグV5の覇者、富士フ
ィルム"グリーン軍団"。いま、ソウルへ向
け、輝く。

『だからオリンピックがおもしろい―シャ
　カリキ！ ズッコケ！ 愛すべき選手たち
　'88ソウルを10倍楽しむ法』　山下泰裕
ほか編著　ベストセラーズ　1988.7
219p　18cm　（ワニの本―ベストセラー
シリーズ）　690円　①4-584-00669-5
内容 世界161か国・地域の精鋭が集うソウル・
オリンピックは、9月17日に開幕します。力
と技と、そして精神力が美しく結晶する瞬
間…というのは建て前。本音はスポーツを
通して、ギリギリの極限で演じられるパフ
ォーマンスなのです。4年に1度のスポーツ
の祭典を、思いっきり楽しんでいただくた
めに、私たちは、この本づくりに協力しま
した。

『森末慎二のスーパーソウル面白オリン
　ピック―88倍楽しめる！』　森末慎二
＆スーパーソウル特別取材班編　フジテ
レビ出版　1988.7　143p　21cm〈発売：
扶桑社〉　1200円　①4-594-00293-5
目次 ソウルオリンピックへGO！、金メダル

大予想、段違いソウル100アイテム

『韓国―ソウルオリンピック特集』　ザ・
トラベル商会　1988.6　84, 16p　19cm
〈発売：みずうみ書房〉　600円　①4-
8380-9151-6

『'88韓国―ソウル・オリンピック特集』
日本交通公社出版事業局　1988.6　176p
30cm　（交通公社のmook―マイ・パス
ポート）　1800円

『第24回オリンピックガイドブック』　コ
リアスポーツタイムズ社　1988.1　46p
18cm　（コリアスポーツ）

第25回 バルセロナ大会
〈スペイン 1992年7月25日〜8月9日〉

『第25回オリンピック・バルセロナ大会』
産業経済新聞社・サンケイスポーツ
1994.10　144p　38cm〈書名は奥付・背
による 表紙の書名：第25回オリンピッ
クバルセロナ競技大会〉　23000円

『バルセロナ街道』　後藤新弥著　南雲堂
1993.8　269p　20cm　1600円　①4-
523-26194-6
内容 日本中を湧かせたバルセロナ・オリン
ピック。ゴールに向けて猛進する選手たち
の死闘の日々を、気鋭のスポーツライター
が愛をこめて描く。エゴロワにそっと花束
を渡した有森裕子。"こけてクツをヒライに
行ったんです"と爽やかな笑顔を見せた谷口
選手。エイズを克服してみごとな開拓者魂
を見せたジョンソンなどなど。世界を感動
させた主役たちの、あの時のあの顔がいま
ここに甦る。ミズノ・スポーツライター
賞受賞。

『オリンピック競技大会報告書　第25回』
日本オリンピック委員会編　日本オリン
ピック委員会　1993.3　612p　26cm

『Barcelona'92―第25回夏季オリンピッ
　ク競技大会バルセロナ1992 日本オリン
　ピック委員会＜JOC＞公認記録写真集』
IMSStudio6, ベースボール・マガジン社
編　ベースボール・マガジン社　1992.9
238p　30cm〈背の書名：第25回オリン
ピック競技大会バルセロナ'92〉　12000
円　①4-583-03020-7

オリンピック　　　**第26回 アトランタ大会**

[内容] バルセロナの感動を再現。JOC公認記録写真集。14歳岩崎、競泳史上最年少の金メダル。ケガの古賀、不屈の精神力に日本中が感動。マラソンの有森、森下ともに銀の大健闘。

『バルセロナの夏―オリンピック'92』　朝日新聞社編　朝日新聞社　1992.9　1冊（頁付なし）　38cm〈おもに図〉　3500円　①4-02-256495-4

[内容] バルセロナ讃歌。有森、岩崎、田村、吉田、古賀、カーシー、ルイス、ジョンソン、ジョーダン…。アスリートたちの栄光の瞬間が鮮やかによみがえる。豪華写真集。

『Barcelona Olympics―栄光と感動のバルセロナ』　毎日新聞美術出版部編　毎日新聞社　1992.8　132p　30cm〈愛蔵版〉　3500円　①4-620-60424-0

『BARCELONA OLYMPICS―栄光と感動のバルセロナ』　毎日新聞美術出版部編　〔愛蔵版〕　毎日新聞社　1992.8　1冊　30cm　3500円　①4-620-60424-0

[内容] 選ばれしトップ・アスリートたちの16日間。限界に挑み、さらに超えようとする熱き情熱と肉体。そこには比類なき美しさがあった。言葉を超えて胸に迫る感動ドラマを再現。新たに生まれたバルセロナ伝説の写真記録集。

『バルセロナ・オリンピック総集編』　京都　京都新聞社　1992.8　143p　34cm　1200円　①4-7638-0301-8

『バルセロナ・オリンピック総集編』　広島　中国新聞社　1992.8　143p　34cm　1200円　①4-88517-148-2

『バルセロナ・オリンピック総集編』　名古屋　中日新聞本社　1992.8　143p　34cm　1200円　①4-8062-0251-7

『バルセロナ・オリンピック総集編』　金沢　北国新聞社　1992.8　143p　34cm　1200円　①4-8330-0780-0

『Super athletes―チャレンジするスーパーアスリートたち』　ベースボール・マガジン社　1992.6　81p　30cm　（B.B.mook 19―スポーツシリーズ 6）〈'92バルセロナオリンピック展望号〉　600円

『バルセロナ痛快観戦術―オリンピックが120%楽しめる 歴代データ＆レコード満載』　ニッポン五輪の会編　ベストセラーズ　1992.6　285p　15cm　（ワニ文庫）　500円　①4-584-30313-4

[内容] 4年に一度の世界の祭典 "オリンピック" が、今回はスペイン・バルセロナで開催される。今年で25回を数えるバルセロナ大会では、日本代表選手陣の動向はもちろんのこと、各競技・種目ごとに、見どころは盛りだくさん。注目の種目別に徹底解説した観戦法。競技とは別に、今大会をさらに楽しむための知識集。また、歴代オリンピックの主要データ、ソウル大会全記録など、世界の祭典を満喫するための必携の書。

『燃えるスペイン―バルセロナオリンピック'92＆スペイン』　日地出版　1992.3　159p　30cm　1600円　①4-527-00271-6

[内容] カール・ルイスの五輪3連覇なるか？日本選手団はメダルをいくつ獲得できるか。マラソン・コースの登り坂で倒れる選手が続出？五輪の超人伝説セビリア万博の秘密を解明。今年のスペインは違う。新しい穴場を徹底紹介。

『バルセロナ・ドローイング―バルセロナ・オリンピック建築素描集』　磯崎新著　岩波書店　1990.3　61p　図版30枚　31×42cm　18000円　①4-00-008049-0

[内容] 本書の目的は、30枚のデッサンを通じて、スポーツ・パレスがバルセロナ市街とどうかかわるかを示すことである。スポーツ・パレスはモンジュイックの丘の斜面に位置し、オリンピック・リングの1部を成す。オリンピック・リングという名前が、1992年夏に開催されるバルセロナ・オリンピックを暗示することは、いうまでもない。本書に収録するデッサンを選ぶにあたっては、スポーツ・パレスの設計がどのような過程を経て完成に至ったかを提示するでけだなく、この建物の持つイメージがデッサンという手法を通じてどのように表現されているかということを示すことをも旨とした。

## 第26回 アトランタ大会
〈アメリカ 1996年7月19日〜8月4日〉

『冠―廃墟の光』　沢木耕太郎著　朝日新聞出版　2008.6　446p　15cm　（朝日文

オリンピックの本3000冊　65

庫）　700円　①978-4-02-261580-0

内容 巨大資本やメディアにひれ伏して開催されたかに見えた、96年のアトランタ・オリンピック。開会式から閉会式まで、そこで戦う選手たちや、オリンピックの運営の実態をつぶさに観察した著者は、オリンピックが死に瀕しているのを見る。果たして、オリンピックは滅びの道を歩み始めているのか。

『冠—Olympic games』　沢木耕太郎著
朝日新聞社　2004.1　362p　20cm
1600円　①4-02-257816-5

内容 かつてあのように心を躍らせてくれたオリンピックが死に瀕している！開会式から閉会式まで、つぶさに観察した著者の奏でる痛切なレクイエム。果たして、オリンピックは滅びの道を歩みはじめているのか？アトランタ・オリンピックを描くスポーツ・ノンフィクションの決定版。

『オリンピック競技大会報告書　第26回』
日本オリンピック委員会編　日本オリンピック委員会　1997.1　719p　26cm
〈1996/アトランタ　背・表紙のタイトル：オリンピック競技大会日本代表選手団報告書〉

『アトランタ'96—第26回夏季オリンピック競技大会アトランタ1996：IOCオフィシャル・ブック/オリンピック100周年記念版』　IMSSTUDIO 6,ベースボール・マガジン社編　ベースボール・マガジン社　1996.11　238p　29cm
11650円　①4-583-03352-4

内容 人類の究極の能力を競いあうオリンピック、100周年を記念したアトランタ大会は史上最大のスポーツの饗宴となった。本書は、IOCオフィシャルブックとして、大会を全体的にとらえ、米・英・独・仏・伊などから国際共同出版として同時発売される豪華写真集。欧米の一流カメラマン、ライターが制作に携わっており、アトランタ大会を永く後世に残すものである。

『アトランタ・オリンピック視察団報告書』
大阪商工会議所プロジェクト推進部編
大阪　大阪商工会議所プロジェクト推進部　1996.11　34p　30cm〈1996.7.27-8.2　共同刊行：大阪オリンピック招致推進会議〉

『父から娘へバトンタッチ—アトランタ・オリンピック聖火ランナーのドラマ』
伴和子著　めいけい出版　1996.10
202p　19cm　970円　①4-943950-20-5

目次 第1章 四百字エッセーの魔力,第2章 スカーレット・オハラのように,第3章 肝っ玉母さん,第4章 ベスト・セレクション・手紙,第5章 みんなにカンシャ！

『走る！—有森裕子、志水見千子、千葉真子アトランタ1996の激走』　伊勢暁史著　双葉社　1996.10　251p　19cm
1400円　①4-575-28629-X

内容 マラソン連続メダル、感動ゴールの有森裕子。5000メートル4位入賞、闘志を秘めた志水見千子。10000メートル5位入賞、20歳「期待の星」千葉真子。日本の女子長距離ランナーは「なぜ強いのか？」を追走する。

『アトランタ・オリンピック—保存版：1996』　松山　愛媛新聞社　1996.8
144p　34cm　1359円　①4-900248-31-2

『アトランタ・オリンピック1996』　高知
高知新聞社　1996.8　144p　34cm〈保存版〉　1400円

『アトランタオリンピック1996』　静岡
静岡新聞社　1996.8　144p　34cm〈保存版〉　1400円　①4-7838-0221-1

『アトランタオリンピック1996』　[神戸]
神戸新聞社　1996.8　144p　34cm〈保存版　発売：神戸新聞総合出版センター〉　1500円　①4-87521-216-X

目次 有森裕子 連続メダル—女子マラソン,谷口19位と惨敗—男子マラソン,長距離に新時代到来—女子1万メートル,奇跡のゴール—男子サッカー,1000分の1秒の明暗—陸上女子100メートル,無情のレッドカード—陸上男子100メートル,小さな国の愛国者—女子200メートル自由形,近代五輪100年の体現者—体操男子,倒れない！絶対に—体操女子,陸上,柔道,水泳,サッカー〔ほか〕

『アトランタTV観戦マニュアル—オリンピック直前ガイド』　平成スポーツ研究会編　成美堂出版　1996.8　254p
15cm　（カンガルー文庫）　480円
①4-415-06612-7

『アトランタの勇者たち―オリンピック'96』　朝日新聞社 編　朝日新聞社　1996.8　1冊(頁付なし)　31cm〈おもに図〉　3600円　①4-02-258628-1

|内容| アトランタの夏、肉体の極限をめざした挑戦者たち。100年目の夏、選手たちは輝いた！ジョンソン、ルイス、ベーリー、ディバース、ロバ、バンダイケン、チェメルキン、有森、恵本、中村兄弟、野村、朝原、田村、古賀、菅原、太田、十文字、千葉、谷口…。あの感動を永遠に。豪華愛蔵版写真集。

『第26回アトランタオリンピック1996公式ガイドブック』　産経新聞社　1996.7　210p　28cm　(扶桑社ムック)〈奥付の書名：アトランタオリンピック公式ガイドブック 背の書名：'96アトランタ五輪公式ガイドブック　発売：扶桑社　会期：1996年7月19日〜8月4日〉　1200円　①4-594-60062-X

『オリンピックを100倍おいしくいただく本―アトランタの「超」観戦術』　白髭隆幸著　ジャニス　1996.6　191p　21cm〈発売：メディアパル　参考文献：p191〉　1200円　①4-89610-705-5

|内容| テレビ観戦をサポートするマル秘情報がいっぱい。アトランタ・オリンピック全26競技徹底解説。スポーツの謎・疑問にこたえる本。

『テレビモニターから見た'96オリンピックアトランタ大会飛込競技』　小山俊治［著］　日本水泳連盟　[1996]　39p　30cm

## 第27回 シドニー大会

〈オーストラリア　2000年9月15日〜10月1日〉

『シドニー五輪の概況と波及効果』　自治体国際化協会　2003.2　73p　30cm（CLAIR report no.237）

『シドニー五輪あんなはなしこんなはなし』　飯田裕子著　大阪　かんぽう　2002.2　246p　21cm　1550円　①4-900277-16-9

『第27回オリンピック競技大会（2000/シドニー）日本代表選手団報告書』　日本オリンピック委員会　2001.3　677p　26cm〈奥付のタイトル：第27回オリンピック競技大会（2000/シドニー）報告書〉

『シドニー！―Sydney！』　村上春樹著　文藝春秋　2001.1　409p　20cm　1619円　①4-16-356940-5

|内容| ひょっとしてあなたはテレビで見ただけで、オリンピックのすべてを見とどけたつもりになっていませんか？マラソン最終ランナーがゴールにたどりついたときのスタジアムのどよめき、オリンピック・パーク駅のカップル、コアラのトラウマ…なんかを知っていますか？「オリンピックなんてちっとも好きじゃないんだ」という小説家は現場で何を見たのか？村上春樹の極私的オリンピック、シドニーの23日間。

『シドニーへ彼女たちの42.195km』　増島みどり著　文藝春秋　2001.1　366p　20cm　1619円　①4-16-356990-1

|内容| 高橋尚子、山口衛里、市橋有里、小幡佳代子、弘山晴美、有森裕子…1年有余をかけた徹底取材。国内外40ヵ所、約4万kmを並走して初めて書きえた同時進行ドキュメント。

『20世紀スポーツの肖像―心に残るアスリートたち』　日本スポーツプレス協会編　学習研究社　2000.12　207p　31cm〈年表あり〉　4800円　①4-05-401267-1

|内容| 長嶋の天覧ホーマー、アリの奇跡、ルイスの四冠。そして悲願・田村の金メダル！世紀のスポーツヒーロー写真集。『佐瀬稔の肖像』文・二宮清純、時代を綴る年代記、回顧録、シドニー五輪特集、スポーツ史年表収録。

『（財）日本オリンピック委員会公式写真集2000』　日本オリンピック委員会監修　ぴあ　2000.11　245p　30cm　5500円　①4-8356-0007-X

『シドニー五輪サッカー速報―ヤングジャパン世界のベスト8』　日刊スポーツ出版社　2000.11　65p　30cm（日刊スポーツグラフ）　476円　①4-8172-5103-4

『2000年シドニー五輪日本選手名鑑』　日刊スポーツ出版社　2000.10　129p　21cm　（日刊スポーツグラフ）　743円

①4-8172-5096-8

『Sydney 2000—The Games of the 27th Olympiad：メダリストの肖像シドニーオリンピック』　朝日新聞社編　朝日新聞社　2000.10　1冊（ページ付なし）　31cm　2800円　①4-02-258672-9

内容 高橋尚子、田村亮子、井上康生、篠原信一、田島寧子、中村真衣、ジョーンズ、フリーマン、グリーン、カレリン、ネモフ、ソープ、ファンデンホーヘンバント、デブルーイン、そして日本ソフトボールチーム、松坂大輔、中田英寿…。最強のアスリートの勇姿を永遠に。

『シドニーオリンピック—2000：保存版』　共同通信社　2000.10　144p　34cm　1333円　①4-7641-0468-7

『シドニーオリンピック—2000：保存版』　札幌　北海道新聞社　2000.10　144p　34cm　1333円　①4-89453-113-5

『シドニーオリンピック—27th Olympic Games Sydney：2000：保存版』　金沢　北國新聞社　2000.10　144p　34cm　1333円　①4-8330-1120-4

『シドニーオリンピック日本代表選手写真集—完全保存版』　ジャニス　2000.10　112p　30cm　（メディアパルムック）〈日本オリンピック委員会公式ライセンス商品　発売：メディアパル〉　1238円　①4-89610-854-X

『シドニー五輪完全保存版』　文藝春秋　2000.10　166p　27cm　（Sports graphic number plus 2000 October）　762円　①4-16-008115-0

『オリンピックを30倍楽しく見る本』　田中孝一著　学習研究社　2000.9　253p　15cm　（学研M文庫）　570円　①4-05-902006-0

内容 メダルを狙える日本人選手はだれ？人気種目の金メダル候補は誰？水泳の世界記録は？マラソンのテレビ放映は何月何日何時から？オリンピックの歴史から全記録、シドニーオリンピックの見所まで、コレ一冊で全て分かります。オリンピック完全ガイド。

## 第28回 アテネ大会
〈ギリシャ 2004年8月13日～29日〉

『アテネオリンピック報告』　多摩　国士舘大学体育・スポーツ科学学会　2007.4　90p　21cm　（スポーツ・システム講座9）〈発売：アイオーエム〉　1000円　①978-4-900442-36-8

『アテネオリンピック—勝利の女神は舞い降りた』　小松成美著　ソニー・マガジンズ　2004.12　317p　19cm　1500円　①4-7897-2446-8

内容 北島選手はじめ、水泳チームを奮い立たせたあるコーチの一言とは？室伏選手のスタッフドクターが打ち明けた驚愕のエピソードとは？女子レスリング吉田選手の金メダルを支えた先輩の電話とは？―メダルの背景を知れば知るほど感動が深くなる！テレビでは味わえない感動が伝わる渾身の観戦日記。北島康介、特別インタビュー収録。

『オリンピアン、108年目の夏—stay gold, Athens 2004』　増島みどり著　角川書店　2004.12　382p　19cm　1400円　①4-04-883907-1

内容 1896年の第一回大会から数えて108年目の夏、五輪はアテネへ回帰した。2004年アテネ五輪で輝くために、完全燃焼したアスリート22人の肉声。

『（財）日本オリンピック委員会公式写真集—Athens Olympics Japanese delegation 2004』　日本オリンピック委員会監修　コナミメディアエンタテインメント　2004.11　1冊（ページ付なし）　30cm　5524円　①4-86155-804-2

内容 （財）日本オリンピック委員会監修の公式写真集。アテネオリンピック日本代表選手団の記録を完全網羅。

『第28回オリンピック競技大会（2004/アテネ）日本代表選手団報告書』　日本オリンピック委員会　2004.11　794p　26cm〈奥付のタイトル：第28回オリンピック競技大会（2004/アテネ）報告書　折り込1枚〉

『アテネ五輪から見えた日本スポーツの未来』　杉山茂, 岡崎満義, 上柿和生編　創

文企画 2004.10 95p 21cm （スポーツアドバンテージ・ブックレット 1） 1000円 ⓘ4-921164-30-4

『Samurai Japan―アテネオリンピックパーフェクトガイド』 ぴあ 2004.9 151p 29cm （Weeklyぴあ増刊） 552円

『アテネオリンピック2004―保存版』 共同通信社 2004.9 160p 34cm 952円 ⓘ4-7641-0539-X

目次 野口みずき―聖地アテネを制す, 北島康介―北島行け!, 男子体操団体―夢がかなってうれしい, 野村忠宏―五輪史上に輝く金字塔, 谷亮子―すべてを力に, レスリング女子―笑顔と涙, 初女王をめぐる争い, 室伏広治―投てき日本初メダルは金, 野球日本―絶たれた金の夢, 谷本歩美―投げて一本, 鈴木桂治―柔道王国の威信, 柴田亜衣―ニッポンのシンデレラガール, 男子チームスプリント―プロの意地, 山本博―時を超えたメダル〔ほか〕

『アテネオリンピックTV観戦life』 学習研究社 2004.8 80, 19p 29cm （TV life別冊） 476円

『アテネオリンピック見る知る楽しむ』 日刊スポーツ出版社 2004.8 98p 30cm （日刊スポーツグラフ） 524円 ⓘ4-8172-5230-8

『アテネ五輪応援ガイド―アテネに届け! ふるさとの声援』 読売新聞社 2004 43p 30cm

## 第29回 北京大会
〈中国 2008年8月8日～24日〉

『北京オリンピックと中国の経済・社会問題―兵庫県大学連携講座』 関西日中関係学会編 桜美林大学北東アジア総合研究所 2009.3 109p 21cm 1000円 ⓘ978-4-9903451-6-7

『第29回オリンピック競技大会（2008/北京）JOC Japan house』 日本オリンピック委員会 2008.12 31p 30cm

『第29回オリンピック競技大会（2008/北京）日本代表選手団報告書』 日本オリンピック委員会 2008.11 819p 26cm 〈奥付のタイトル:第29回オリンピック競技大会（2008/北京）報告書 折り込1枚〉

『北京オリンピック日本代表選手写真集―2008 完全保存版』 芸文社 2008.10 103p 30cm （Geibun mooks no.608） 1238円 ⓘ978-4-87465-916-8

『（財）日本オリンピック委員会公式写真集―Beijing Olympic Japanese delegation 2008』 日本オリンピック委員会監修 イーエム・エンタープライズ 2008.9 1冊（ページ付なし） 30cm〈発売:創英社〉 5524円 ⓘ978-4-9902898-1-2

『北京オリンピック2008―保存版』 共同通信社 2008.9 168p 34cm 952円 ⓘ978-4-7641-0594-2

『北京オリンピック2008―保存版』 札幌 北海道新聞社 2008.9 168p 34cm 952円 ⓘ978-4-89453-462-9

内容 北京で開催された、第29回オリンピック。日本選手の活躍を中心に、オールカラー写真で再現した保存版。

『北京オリンピックTV観戦ライフ』 学習研究社 2008.9 74, 28p 30cm （TV life別冊） 476円

『オリンピック小僧―2008北京五輪特集号』 白夜書房 2008.8 208p 21cm （白夜ムック 324） 1238円 ⓘ978-4-86191-418-8

『オリンピックタブー大全―2008北京五輪（非）公式ガイドbook』 インフォレスト 2008.8 98p 26cm （Inforest mook） 933円 ⓘ978-4-86190-362-5

『Venus北京―篠山紀信北京オリンピック女子アスリート写真集』 篠山紀信撮影, 一志治夫著 小学館 2008.7 1冊（ページ付なし） 30cm （Shogakukan sabra mooks） 1800円 ⓘ978-4-09-103063-4

『第29回オリンピック競技大会（2008/北京）日本代表選手団ハンドブック・名簿』 日本オリンピック委員会 2008.7 219p

26cm〈折り込1枚〉

『北京五輪―見る知る楽しむ』　日刊ス
　ポーツ出版社　2008.7　98p　30cm
　（日刊スポーツグラフ）　648円　①978–
　4–8172–5407–8

『北京五輪で輝く5人の戦士たち―永久保存
　版』　日刊スポーツ出版社　2008.7
　90p　30cm　（サッカーai増刊）　952円

『選手も観客も命がけの「北京五輪」』　宝
　島社　2008.3　128p　26cm　（別冊宝島
　1508）　619円　①978–4–7966–6237–6

『ニッポン五輪メダルプロジェクト』　岡
　田忠著　朝日新聞社　2008.3　223, 15p
　18cm　（朝日新書）〈文献あり〉　720円
　①978–4–02–273201–9
　内容 夏季、冬季、歴代オリンピックで日本
　が獲得した金、銀、銅369個のメダルが語る
　真実。日本人のメダルをめぐる苦難と栄光
　の歴史をひもとき、同時に21世紀の日本人
　とメダルの相性を占う。北京五輪を、より
　いっそう、ひと味違う角度から楽しむため
　の、異色ガイドブック。

## 第30回 ロンドン大会
〈イギリス 2012年7月27日～8月12日〉

『2012年ロンドン五輪及び2020年東京五
　輪に関する参考資料―2020年東京五輪
　成功に向けて！–ロンドンで調査して分
　かったこと』　衆議院調査局決算行政監
　視調査室　2018.7　122p　30cm〈年表
　あり〉

『五輪を楽しむまちづくり―ロンドンから
　東京へ』　喜多功彦著　鹿島出版会
　2015.10　148p　19cm〈年表あり〉
　1700円　①978–4–306–09442–0
　内容 二〇一二年、ロンドンが見せた本気のま
　ちづくり。

『みんなで創るオリンピック・パラリン
　ピック―ロンドンに学ぶ「ごみゼロ」へ
　の挑戦』　崎田裕子、鬼沢良子、足立夏子
　編著、松田美夜子監修　環境新聞社
　2015.5　158p　21cm　1500円　①978–
　4–86018–299–1
　目次 ロンドン視察の目的と事前の問題意識

（視察日2014年9月5日～8日）（2020年のオ
リンピックは東京開催に決定、「観るだけ」
から、「みんなが参加できる」へ、ロンドン五
輪の関係者に会いに行こう、インタビュー
を受けてくれた人）、第1章 2012年、ロンド
ンオリンピックはどのように開催されたか
（インタビュー（サステナビリティのマネー
ジャーに聞く―英国規格協会/アマンダ・カ
イリーさん「私たちは、本気で持続可能な
オリンピックにしたかった」、オリンピック
パークの会場建設と跡地利用の計画者に聞
く―アラップ社/ライナー・ザイマンさん、
メロディー・アブロラさん「廃棄物を循環さ
せることは、環境面だけでなく経済面におい
ても非常に重要」、イベントにおける「ごみ
ゼロ・ビジョン」の策定者に聞く―WRAP/
マービン・ジョーンズ博士「オリンピック
は、世界に向けたショーケースである」、持
続可能な食料の調達「ロンドン・フード・ビ
ジョン」の実践者に聞く―ISEAL/ノルマ・
トレガーザさん、マルカス・ニューマンさん
「すべてのステークホルダーを巻き込んで対
話することが大切」））、第2章 クイーン・エ
リザベス・オリンピックパークを訪ねて（ロ
ンドンの新しい交通システム、レンタル自
転車、念願のオリンピック会場へ）、第3章
東京版「イベントごみゼロプラン」を作ろ
う（ロンドンのごみゼロに学ぶ、イベントご
みゼロの計画書の作り方、東京版『イベント
ごみゼロプラン（案）』をつくる手順、イベ
ントごみゼロがもたらす行動と利点）、第4
章 2020年東京オリンピック・パラリンピッ
クを共創するために（オリンピックの "レガ
シー" の意味、総合力を高める4つの提案）

『オリンピックの旅に、きみも行ってみな
　いか―ロンドン・オリンピック紀行』
　廣畑成志著　本の泉社　2013.6　273p
　19cm　1600円　①978–4–7807–0967–4
　目次 はじめに―オリンピックに手招きする
　"妖怪" がいる、旅はオリンピック・ルート
　で（八月一日）、「若い世代に夢」を託して（八
　月二日）、なでしこジャパンの活躍を追って
　（八月三日）、殊勲の銀と無気力試合と（八月
　四日）、マラソンはセント・ポール寺院で
　（八月五日）、折返しを迎えたオリンピック
　（八月六日）、ハイド・パークとオリンピック
　公園（八月七日）、スタジアムからウィン
　ブルドンへ（八月八日）、ウェンブリーで女
　子サッカー決勝（八月九日）〔ほか〕

『私を変えたオリンピック―メダルの色で

は語れない物語』　佐藤岳著　廣済堂出版　2013.2　221p　19cm　1300円　①978-4-331-51687-4
内容　競技への想い、悩み、葛藤、挑戦、夢、目標…選手ひとりひとりに熱く心にしみる物語があった。ロンドン五輪代表7選手による涙と感動のストーリー。

『ロンドン五輪でソーシャルメディアはどう使われたのか―データで読むソーシャリンピック元年』　野々下裕子著　インプレスR&D　2012.12　114p　21cm　（インプレスR&D<next publishing>―New thinking and new ways）〈発売：インプレスコミュニケーションズ〉①978-4-8443-9535-5

『グラフィックロンドンの五輪美女たち』宝島社　2012.10　93p　30cm　（別冊宝島 1895―culture & sports）　648円①978-4-8002-0155-3

『日本オリンピック委員会公式写真集 2012　ロンドンオリンピック日本代表選手団』　日本オリンピック委員会監修アフロスポーツ,AP,REUTERS撮影　日本文化出版　2012.9　257p　30cm〈「〈財〉日本オリンピック委員会公式写真集」（アフロ刊）の改題, 巻次を継承〉5000円　①978-4-89084-205-6
目次　開会式, レスリング, 体操, アーチェリー, フェンシング, サッカー, トランポリン, テコンドー, 近代五種, 柔道, 馬術, シンクロナイズドスイミング, 卓球, セーリング, ボート, カヌー, バレーボール, 新体操, 射撃, バドミントン, 飛込, ビーチバレー, トライアスロン, ボクシング, テニス, 競泳, ウエイトリフティング, 自転車, ホッケー, 陸上, 選手たち, ごあいさつ, 日本代表選手団メダリスト, 全競技の結果選手団名鑑

『LONDON2012 Hero's Moment―ロンドン五輪永久保存版』　文藝春秋 2012.9　108p　30cm　（Sports Graphic Number PLUS）　933円　①978-4-16-008176-5

『師―天才を育てる。』　テレビ朝日Get Sports監修　ベストセラーズ　2012.8 221p　19cm　1300円　①978-4-584-13436-8

内容　2012年、ロンドン五輪で頂点を目指すアスリートたち。彼らのメダルへの思いはまた、ともに汗を流し、悩み、喜び、そして支えてきた「恩師」たちの思いでもある一。メダルを狙う日本代表たちと恩師の話。

『Sports graphic number―ロンドン五輪特別編集終わらない物語。』　文藝春秋　2012.8　118p　27cm　（週刊文春臨時増刊号）　524円

『挑戦者たち―ロンドン五輪日本代表の実像』　森哲志著　宝島社　2012.8　223p　19cm　1238円　①978-4-8002-0004-4
内容　オリンピックに人生を賭けた12人の波乱万丈。苦悩し、挫折しながらも頂点をめざし続ける超一流選手たちの「人間力」。

『ロンドンオリンピック2012』　京都　京都新聞出版センター　2012.8　144p　34×26cm　952円　①978-4-7638-0660-4
目次　松本薫（柔道）, 鈴木聡美/入江陵介（競泳）, 立石諒/北島康介（競泳）, 競泳女子400メートルメドレーリレー, 三宅宏実（重量挙げ）, 室伏広治（ハンマー投げ）, 古川高晴（アーチェリー）, アーチェリー女子団体, 内村航平（体操）〔ほか〕

『ロンドンオリンピック2012―日本選手、大健闘！』　保存版　共同通信社　2012.8　144p　34cm〈タイトルは奥付・背による.表紙のタイトル：ロンドンオリンピック〉　952円　①978-4-7641-0651-2
目次　松本薫（柔道）, 鈴木聡美/入江陵介（競泳）, 立石諒/北島康介（競泳）, 競泳女子400メートルメドレーリレー, 競泳男子400メートルメドレーリレー, 三宅宏実（重量挙げ）, 室伏広治（ハンマー投げ）, 古川高晴（アーチェリー）, アーチェリー女子団体, 内村航平（体操）, 卓球女子団体, フェンシング男子フルーレ団体, バドミントン女子ダブルス, サッカー女子, サッカー男子, 伊調馨（レスリング）, 吉田沙保里（レスリング）, 村田諒太（ボクシング）, ウサイン・ボルト（陸上）, バレーボール女子

『ロンドンオリンピック放送をぜんぶみる！―London 2012』　NHKサービスセンター編　NHKサービスセンター　2012.8　112,23p　30cm　（NHKウイークリーステラ臨時増刊）　571円

『ロンドンオリンピックまるごと観戦ガイド』 ぴあ 2012.8 122p 29cm （ぴあMOOK） 648円 ①978-4-8356-2136-4

『ロンドン五輪日本代表メダリスト76人の軌跡』 オークラ出版 2012.8発売 96p 30cm （コミックアクア増刊） 952円

『ロンドン五輪が100倍楽しくなる!!オリンピック全記録—ハイライト＆(珍)エピソード600連発』 菅原悦子著 大空出版 2012.7 253p 19cm〈「歴史ポケットスポーツ新聞 オリンピック」(2008年刊)の改題、加筆、再構成 文献あり〉 600円 ①978-4-903175-39-3

内容 ロンドン五輪開幕。日めくり見どころガイド名所満載マラソンコース案内MAP、世界記録＆日本記録一覧付き全競技・種目別日程表を付す。

『ロンドン五輪見る知る楽しむ—もっと日本を応援しよう！ ガイド』 日刊スポーツ出版社 2012.7 65p 30cm （日刊スポーツグラフ） 714円 ①978-4-8172-5524-2

『ロンドン夏の美女—ロンドン五輪で輝く世界の女性アスリート』 ベースボール・マガジン社 2012.7 122p 30cm （B.B.MOOK 830—スポーツシリーズNo.700） 1143円 ①978-4-583-61866-1

『自由すぎるオリンピック観戦術』 フモフモ編集長著 ぱる出版 2012.6 223p 19cm 1200円 ①978-4-8272-0719-4

内容 スポーツ観戦ブログ「フモフモコラム」のフモフモ編集長による "オリ充"のためのちょっとアレなロンドンオリンピックの見かた。

## 第31回 リオデジャネイロ大会
〈ブラジル 2016年8月5日〜21日〉

『オリンピック・パラリンピック大百科 別巻 リオから東京へ』 日本オリンピック・アカデミー監修 小峰書店 2017.10 43p 29cm〈索引あり〉 3000円 ①978-4-338-30008-7

目次 1 熱かったリオオリンピック・パラリンピック（南米で初めての大会、リオ大会が残したレガシー）, 2 2018年平昌オリンピック・パラリンピックがやってくる（選手たちを応援しよう！, 熱戦の舞台となる韓国・平昌の街）, 3 2020年東京オリンピック・パラリンピックへ!!（実力をのばす注目の選手たち, 東京大会で行われる追加の競技, 新種目のいろいろ ほか）

『第31回オリンピック競技大会（2016/リオデジャネイロ）日本代表選手団報告書—the games of the XXXI Olympiad Rio de Janeiro 2016』 日本オリンピック委員会 2017.1 974p 26cm

『東京へと続く物語。Rio 2016 Golden memories—リオ五輪永久保存版』 文藝春秋 2016.10 105p 30cm （Sports Graphic Number PLUS） 1111円 ①978-4-16-008222-9

『リオデジャネイロオリンピック・パラリンピック写真集—永久保存版 空前のメダルラッシュとなったリオの感動を再び！』 時事通信社編著 時事通信出版局 2016.10 66p 30cm〈発売：時事通信社〉 1000円 ①978-4-7887-1484-7

内容 空前のメダルラッシュとなったリオの感動を再び！ 永久保存版。

『リオデジャネイロ・オリンピック勇気を与えてくれるメダリストの言葉』 国際アスリート研究会編 ゴマブックス 2016.10 159p 19cm 1200円 ①978-4-7771-1860-1

内容 リオ五輪で生まれたあの名言を再び！

『日本オリンピック委員会公式写真集2016 リオデジャネイロオリンピック日本代表選手団』 日本オリンピック委員会監修 アフロスポーツ,AP,REUTERS撮影 アフロ 2016.9 257p 30cm〈2014の出版者：日本文化出版 発売：旭屋出版〉 5000円 ①978-4-7511-1219-9

目次 開会式, 柔道, 水泳/競泳, 水泳/飛込, バドミントン, ラグビーフットボール, ゴルフ, 卓球, 体操/新体操, 体操/トランポリン〔ほか〕

オリンピック　　　　第32回 東京大会

『RIO 2016リオデジャネイロオリンピック2016写真集』　モーターマガジン社 2016.9　127p　30cm　（Motor Magazine Mook）〈背のタイトル：リオデジャネイロオリンピック2016写真集〉1713円　①978-4-86279-419-2

『熱狂！ リオ五輪イケメンファイル―夏が10倍楽しくなる美男子アスリート 保田賢也/松井千士/古賀淳也/加藤凌平/南野拓実/ケンブリッジ飛鳥』　沖直実 著・監修　ビジネス社　2016.8　67p 29cm　1000円　①978-4-8284-1897-1
|目次| 保田賢也 水球, 加藤凌平 体操, 松井千士 ラグビー, ケンブリッジ飛鳥 陸上, 大島僚太 サッカー, 南野拓実 サッカー, 矢島慎也 サッカー, 山縣亮太 陸上, 藤光謙司 陸上, 志水祐介 水球|伊藤正樹 トランポリン, ベイカー茉秋 柔道, 古賀淳也 水泳, オリンピック観戦で寝不足のあなたを目覚めさせる 美男子アスリートたち（番外編）, 発表！読者アンケート結果, モデル級の美形海外アスリートたち

『リオ五輪完全ガイド―リオが分かる！ 語れる！ つぶやける！ 五輪ネタならこの一冊!!』　日本文芸社　2016.8　180p 26cm　（にちぶんMOOK）　537円 ①978-4-537-12315-9

『リオ五輪日本代表応援ブック―各競技別完全メダル予想』　コスミック出版 2016.8　97p　26cm　（COSMIC MOOK）　741円　①978-4-7747-8230-0

『リオデジャネイロオリンピック2016報道写真集』　共同通信社　2016.8　152p 30cm　926円　①978-4-7641-0690-1
|目次| リオデジャネイロ2016ハイライト, 萩野公介 競泳, 金藤理絵 競泳, 山室光史/内村航平/田中佑典/白井健三/加藤凌平 体操, 内村航平 体操, 羽根田卓也 カヌー, 大野将平 柔道, 田知本遥/ベイカー茉秋 柔道, 錦織圭 テニス, 三宅宏実 重量挙げ〔ほか〕

『リオデジャネイロ五輪まるごと観戦ガイド』　角川春樹事務所　2016.8　122p 29cm　（ハルキMOOK）　648円 ①978-4-7584-9204-1

『2016リオオリンピック＆パラリンピック

『日本代表選手をTVで応援！ BOOK』 東京ニュース通信社　2016.7　86p 30cm　（TOKYO NEWS MOOK 通巻552号）〈TVガイド特別編集〉　648円 ①978-4-86336-568-1

第32回 東京大会
〈2020年7月24日～8月9日（予定）〉

『ふたつのオリンピック―東京1964/2020』　ロバート・ホワイティング著, 玉木正之訳　KADOKAWA　2018.9 590p　19cm　2400円　①978-4-04-400218-3
|内容| 1962年、地球上で最もダイナミックな街の米軍基地に、十九歳の青年は降り立った。冷戦下、立ちあがる巨大都市。私は東京を貪り食った。ロマンスは言うにおよばず、小さな冒険、絶え間ない刺激、新しい世界が山ほどあった。諜報員、英会話教師、ヤクザの友人、サラリーマン、売れっ子ジャーナリスト。ときどきの立場で、「ガイジン」＝"アウトサイダー"として50年を生きたこの街と私の人生は、ひとまわりしていま元へ戻ってきたようだ―。これから東京は、日本は、いったいどんな未来に突き進んでいくのだろうか？

『2012年ロンドン五輪及び2020年東京五輪に関する参考資料―2020年東京五輪成功に向けて！―ロンドンで調査して分かったこと』　衆議院調査局決算行政監視調査室　2018.7　122p　30cm〈年表あり〉

『オリンピック・パラリンピック東京大会の安全安心な開催のための対策を考える』　公共政策調査会　2018.5　195p 21cm　（懸賞論文論文集 平成29年度）〈共同刊行：警察大学校警察政策研究センター　文献あり〉　非売品

『2020年東京オリンピック・パラリンピックはテロ対策のレガシーになるか？―日本はテロを阻止できるか？ 2』　吉川圭一著　近代消防社　2018.2　186p 18cm　（近代消防新書 014）　1000円 ①978-4-421-00907-1
|内容| 前著『日本はテロを阻止できるか？』発刊から約1年半。東京2020オリンピック・パ

オリンピックの本3000冊　73

ラリンピック競技大会の警備担当者に半年以上に亘って行脚し、その成果をまとめた著者が、東京2020オリンピック・パラリンピック競技大会のテロ対策が、どれくらい進んでいるのか？ そして、それがテロ対策に関しては欧米等に対して後発国の日本において、どれくらいレガシーになるのか？ 精密な取材に基づいてテロ対策の問題点を指摘し、その改善案と今後に関して提言する。

『あなたにもできる！ 学校・地域で取り組む「文化プログラム」事例・ノウハウ集』 文化庁長官官房政策課 ［2018］ 78p 30cm

『築地市場の豊洲への移転問題と東京オリンピックの開催計画問題』 越谷仁哉著, Science Research編 名古屋 三惠社 2017.7 38p 30cm 2500円 ①978-4-86487-748-0

『2020年東京オリンピック競技大会・東京パラリンピック競技大会の準備及び運営の推進に関する政府の取組の状況に関する報告』 ［内閣］ 2017.5 94p 30cm 〈第193回国会（常会）提出〉

『オリンピック・パラリンピック施設等における防火・避難対策—火災予防審議会答申』 火災予防審議会［編］ 東京消防庁予防部予防課 2017.3 250p 30cm

『「トップアスリート育成・強化支援のための追跡調査」報告書 第1報』 日本オリンピック委員会情報・医・科学専門部会科学サポート部門 2017.3 97p 30cm

『ときめきを未来へつづる—東京2020オリンピック・パラリンピック学習ノート』 東京都教育庁指導部指導企画課編 東京都教育庁指導部指導企画課 2016.9 112p 15×21cm

『東京オリンピック—「問題」の核心は何か』 小川勝著 集英社 2016.8 185p 18cm （集英社新書 0846）〈文献あり〉 700円 ①978-4-08-720846-7
内容 さまざまな「問題」が露呈する、二〇二〇年東京オリンピック・パラリンピック。その開催に際して政府が示す「基本方針」は、日本選手に金メダルのノルマを課し、不透明な経済効果を強調し、日本の国力を世界に誇示することに固執する、あまりに身勝手な内容で、本来、もっとも尊重すべき「オリンピック憲章」の理念とは相容れないものである。二度目の開催地となる東京から、世界に発信すべき「理念」とは何なのか。本書はオリンピックの意義を根底から問い直し、二〇二〇年への提言を行なう。

『オリンピック・パラリンピック大百科 1 2つの東京オリンピック1964/2020』 日本オリンピック・アカデミー監修 小峰書店 2016.4 43p 29cm 〈索引あり〉 3000円 ①978-4-338-30001-8
目次 1 1964年、東京にオリンピックがやってきた！（アジア初のオリンピック、7年間にわたった招致活動、建設ラッシュにわいた東京、ととのえられた熱戦の舞台、活躍した選手たち），2 アジアで行われたオリンピック（1972年冬季・札幌、1988年夏季・ソウル、1998年冬季・長野、2008年夏季・北京、オリンピックと小・中学生），3 東京にオリンピックがやってくる！（2013年9月、東京開催が決定！、開催に向けて進む準備、予定されている競技会場、応援しよう！ 未来の選手たち、被災地の人たちといっしょに大会をもりあげよう！，日本のよいところを発見し、未来へつなげよう！）

『TOKYO1/4と考えるオリンピック文化プログラム—2016から未来へ』 東京文化資源会議編 勉誠出版 2016.3 255p 21cm 〈文献あり〉 2500円 ①978-4-585-20043-7
内容 1964オリンピックから2020オリンピックへ—競技だけがオリンピックじゃない！ オリンピックはスポーツの祭典であり、文化の祭典である。これから4年間の「文化プログラム」（文化活動や発信）に向けて、すでに各地域のフロントランナーたちが走り出している。全国の先行事例が一目でわかる！ 文化プログラムに参加する人たちへ。

『ビッグスポーツイベントとOR—東京オリンピック・パラリンピックを安全・エネルギー・交通から考える 2016年春季シンポジウム（第75回）』 日本オペレーションズ・リサーチ学会 ［2016］ 61p 30cm 〈会期・会場：2016年3月16日 慶應義塾大学〉

『2020年に向けた東京都の取組—大会後のレガシーを見据えて』 東京都オリン

ピック・パラリンピック準備局総合調整部計画課編　東京都オリンピック・パラリンピック準備局総合調整部計画課　2015.12　86p　21×30cm

『東京五輪マラソンで日本がメダルを取るために必要なこと』　酒井政人著　ポプラ社　2015.12　207p　18cm　（ポプラ新書 075）〈文献あり〉　780円　①978-4-591-14769-6

内容 2020年に開催される東京五輪。特に熱い注目を集めているのが、かつてはお家芸と呼ばれ、高橋尚子の金メダルをはじめ、メダルを量産してきたマラソンだ。近年の凋落傾向に歯止めをかけ、日本選手がメダルを獲得する可能性はあるのか？ 気鋭のスポーツライターが豊富な取材と冷静な分析で、栄光を摑み取るためのポイントを徹底解説。

『東京五輪はこうなる！─読めばすべてわかる！ 東京五輪最新情報！』　宝島社　2015.12　95p　30cm　（別冊宝島 2412）　900円　①978-4-8002-4836-7

『新国立競技場問題の真実─無責任国家・日本の縮図』　森本智之著　幻冬舎　2015.11　269p　18cm　（幻冬舎新書　も-11-1）　840円　①978-4-344-98403-5

内容 計画全体の白紙撤回という前代未聞の展開となった新国立競技場問題。建設費は当初の1300億円から倍近くまで高騰し、仕様も大きく変更された。問題点は早くから指摘され、関係者もそれを認識しながら、計画は暴走。数々の歴史が刻まれ、戦後復興の象徴とされた旧競技場は既に解体され、神宮外苑の、東京を代表する美しい景観も失われようとしている。なぜこんな大失態となったのか。新計画に問題はないのか。「帝国陸軍を彷彿させる壮大な無責任体制」に、緻密な取材で斬り込む。

『悪いのは誰だ！ 新国立競技場』　上杉隆著　扶桑社　2015.9　199p　18cm　（扶桑社新書 192）〈年表あり〉　760円　①978-4-594-07352-7

内容 「部外秘」資料を入手！ メディアは絶対に報じない3つの利権の真相をすべて暴く!! 気鋭のジャーナリストがキーパーソン8人に迫る！

『平成三十二年東京オリンピック競技大会・東京パラリンピック競技大会特別措置法案（内閣提出第15号）平成三十一年ラグビーワールドカップ大会特別措置法案（内閣提出第16号）に関する資料』　衆議院調査局文部科学調査室　2015.3　90p　30cm〈第189回国会〉

『中条一雄の仕事　11』　中条一雄［著］　中条一雄　2015.2　208p　21cm〈発行所：サクセスブック社〉　1500円　①978-4-903730-12-7

『マス・コミュニケーション研究─3.11以降の現代を逆照射する　特集「東京オリンピックの80年史」とメディア』　日本マス・コミュニケーション学会編　日本マス・コミュニケーション学会, 学文社〔発売〕　2015.1　210p　21cm〈「新聞学評論」改題〉　3000円　①978-4-7620-2500-6

目次 特集「東京オリンピックの80年史」とメディア─3.11以降の現代を逆照射する（範例的メディアイベントとしての2020東京オリンピック・パラリンピック大会の行方について, ポスト戦争としてのオリンピック─1964年東京大会を再考する, 東日本大震災・オリンピック・メディア─国益と言論, 第12回オリンピック競技大会（1940年）の東京招致に関わる嘉納治五郎の理念と活動）, 論文（米国における防諜法と取材報道の自由, 大正期マルクス主義形態論─『資本論』未完訳版における社会主義知識の普及とパンフレット出版, 7・23温州列車脱線事故における中国ネット世論の形成─新浪ニュースサイト, 新浪微博, 天涯掲示板の分析を通じて, 戦後社会とオートメーション─工業化社会から消費社会への変容の技術的条件, ハーグ密使事件と日本の新聞報道─「事件」発生から第三次日韓協約締結まで）, 2014年度春季研究発表会 ワークショップ報告（日本メディアの沖縄報道─現地取材と東京発情報の落差に注目して, ジャーナリストの社会的地位─19世紀におけるイギリスの職業団体を参考に, 日本の映像コンテンツの海外流通と権利侵害の実相, 初期テレビドラマの形成とその変容─「実験の時代」から「安定の時代」へ, 打開できるか警察主導─事件事故報道の匿名実名問題, 自殺報道と自殺予防・自殺対策）, 研究会の記録（2014年6月～2014年11月）─越境する韓流文化の

ハイブリッド性に関する理論的探求

『地図で読み解く東京五輪—1940年・1964年・2020年』　竹内正浩著　ベストセラーズ　2014.11　191p　18cm　（ベスト新書 453—ヴィジュアル新書）〈文献あり〉　1000円　①978-4-584-12453-6
内容　二〇二〇年のオリンピック開催地が決まったのは、二〇一三年九月八日午前五時二〇分（日本時間）。IOCのロゲ会長が「トーキョー」と読み上げた瞬間、日本中が歓喜に包まれたことは記憶に新しい。幻となった一九四〇年大会を含めると、東京オリンピックには三度の歴史がある。この間、八〇年という途方もない時間が流れている。途中には大きな戦争や奇跡的な復興、高度成長があった。本書は、招致活動から開催（返上）にいたる流れと、インフラを含む施設建設をテーマに、新旧地図や写真を用いながら、東京の発展とオリンピックを歴史の中に位置づける試みである。ぜひこの本を手にして、今までにない「東京オリンピック」を体感してほしい。

『平成三十二年東京オリンピック競技大会・東京パラリンピック競技大会特別措置法案（内閣提出第29号）平成三十一年ラグビーワールドカップ大会特別措置法案（内閣提出第30号）に関する資料』　衆議院調査局文部科学調査室　2014.11　62p　30cm〈第187回国会〉

『私の東京オリンピック—過去から学び、未来へ夢を』　北野生涯教育振興会監修, 小笠原英司, 小松章編　ぎょうせい（印刷）　2014.11　209p　19cm　（私の生涯教育実践シリーズ ’14）〈著作目録あり〉　1000円　①978-4-324-80073-7
目次　序章 東京オリンピック—昭和人の思い出と平成人への期待, 第1章 甦る東京オリンピック—記憶の先へ, 第2章 オリンピックが映し出すもの, 第3章 私の望む東京オリンピック, 第4章 オリンピックが教えてくれたもの—私の金メダルをめざして, 終章 東京オリンピックと日本の再設計

『2020東京五輪と日本の皇室』　皇室とスポーツを考える会編著　ジャパンメディアアソシエイション　2014.10　367p　31cm〈発売：平成報道協会〉　36000円

『「らしい」建築批判』　飯島洋一著　青土社　2014.9　340p　20cm　2400円　①978-4-7917-6811-0
内容　なぜ東京オリンピックのために、ザハ・ハディドの手による新国立競技場が必要なのか。加熱する資本主義システムに加担する「ブランド」建築家たちの論理を厳密に検証。何者も国家と資本の論理から逃れられない絶望の只中で、未来の建築をいかに構想することができるのか。

『異議あり！ 新国立競技場—2020年オリンピックを市民の手に』　森まゆみ編, 山本想太郎, 松隈洋, 藤本昌也, 日置雅晴, 森山高至［執筆］　岩波書店　2014.4　62p　21cm　（岩波ブックレット No. 895）　520円　①978-4-00-270895-9
目次　1章 国立競技場を市民の手に取り戻すために, 2章 専門性ではなく総合性の問題として, 3章 歴史の中の神宮外苑, 4章 今, 建築家が議論すべき肝心の問題は何か, 5章 法的係争の可能性, 6章 国立競技場は改修可能だ！

『インパクション　194　特集 返上有理！2020東京オリンピック徹底批判』　インパクト出版会編　インパクト出版会　2014.4　215p　21cm　1400円　①978-4-7554-7200-8
目次　何のための東京オリンピックか, 東京五輪をスポーツ・ナショナリズムの「終わりの始まり」の契機に, オリンピックはホルモンアンバランス！ そして生身の身体は絶体絶命, パラリンピックへの展望, 法規制や天皇関係を無視する新国立競技場建設を許すな—国立競技場将来構想有識者会議の議事録を中心に, 差別・排除を加速させるオリンピックはいりません。, 都営霞ケ丘アパート住民Jさんが語る「霞ヶ丘町での暮らし」, オリンピック—かくもいまわしきスペクタクル, 二〇二〇年東京・“棄民五輪”にようこそ—「福島・ニッポン」を超えて世界に拡大する放射能汚染で「お・も・て・な・し」, 論考〔ほか〕

『新国立競技場、何が問題か—オリンピックの17日間と神宮の杜の100年』　槇文彦, 大野秀敏編著　平凡社　2014.3　198p　19cm　1400円　①978-4-582-82471-1
内容　歴史ある神宮外苑に、巨大施設は必要なのか。新国立競技場が粗大ゴミにならないためには何をするべきかを考える。

『2020年東京五輪に参加するために読む
　本』　日本文芸社　2014.3　96p　26cm
　（にちぶんMOOK）　743円　①978-4-
　537-12271-8

『オリンピック・レガシー──2020年東京を
　こう変える！』　間野義之著　ポプラ社
　2013.12　285p　20cm〈文献あり〉
　1700円　①978-4-591-13775-8
　内容 オリンピック後に残されなければいけな
　　い遺産とは？　2020年以降の東京をよりよい
　　都市にするための緊急提言！

『東京五輪で日本はどこまで復活するのか』
　市川宏雄著　KADOKAWA　2013.12
　205p　18cm　（メディアファクトリー新
　書 090）　840円　①978-4-04-066197-1
　内容 2020年に開催される東京五輪は、日本を
　　劇的に変える。その規模は、はたしてどの
　　くらいだろうか？　18兆円を超える経済波及
　　効果、老朽化したインフラの更新、観光・警
　　備・情報に関する新規産業の創造、開発に
　　よる国際競争力の向上…。開催に向けじわ
　　じわと、だが着実に再浮上する日本の「こ
　　れから」を、都市の再生に最も通じた専門
　　家がリアルに描き出す。

## 近代オリンピック（冬季）

『しらべよう！　知っているようで知らない
　冬季オリンピック　2　雪の競技・種目
　の技やみかた』　大熊廣明監修、稲葉茂
　勝文　ベースボール・マガジン社
　2013.11　31p　29cm〈索引あり〉　2500
　円　①978-4-583-10598-7
　内容 スキーのアルペン競技、ノルディック競
　　技って、なに？　スノーボードのハーフパイ
　　プって、なに？　フルフルフルはなんの技？
　　など、冬の競技に関する、知っているよう
　　で知らないことを、できるだけわかりやす
　　く解説。

『冬季オリンピック』　菅原悦子著　大空
　出版　2009.12　173p　18cm　（大空ポ
　ケット新書 S006─歴史ポケットスポー
　ツ新聞）〈文献あり〉　857円　①978-4-
　903175-26-3
　内容 冬季五輪の歴史をたどれば、知らなかっ
　　た雑学が満載。「最初は夏季五輪の一環だっ
　　た」「犬ぞりレースがあった」「開会式をディ

ズニーが演出!?」から、日の丸飛行隊や長
野大会の感動まで、すべての冬季五輪史を
貴重な写真と詳細な記事で再現します。さ
らに巻末には、バンクーバー大会の観戦ス
ケジュールも付いています。

『平和，友好，自然，そして感動─冬季オリ
　ンピック読本』　文部省編　第一法規出
　版　1995.5　99p　30cm　800円　①4-
　474-00525-2
　目次 1 この日この時　長野は世界を抱きしめ
　　る（日本アルプスに輝く聖火，平和と友好の
　　喜びを謳うオリンピック，私たちのオリン
　　ピック運動），2 翔ぶ，舞う，滑る あざやか
　　な長野（雪上に競う，氷上に競う），3 ワホイ
　　ト・ダンシング─実用術から世紀の祭典へ
　　（近代スポーツの誕生と冬季オリンピック，
　　冬季オリンピックの社会的影響，冬季オリ
　　ンピックと女性，冬季スポーツの歴史アラ
　　カルト）

『平和，友好，自然，そして感動─冬季オリ
　ンピック読本』　文部省　1995.3　99p
　30cm

## 第11回 札幌冬季大会
〈1972年2月3日〜13日〉

『北緯43度の雪─もうひとつの中国とオリ
　ンピック』　河野啓著　小学館　2012.1
　239p　20cm　1600円　①978-4-09-
　389740-2
　内容 1971年、大陸中国と「ふたつの中国問
　　題」を巡り国連から脱退した台湾。当時の
　　総統・蔣介石は翌年の札幌オリンピックに8
　　人のスキー選手を送る。この大会に「中華
　　民国」の名を刻めば、中国に傾いている国際
　　社会を再び引き戻せる。そう考えたいわば
　　形勢逆転の「最終兵器」だった。しかし、メ
　　ンバーの大半が雪さえ見たことのない未経
　　験者。彼らは、文字通り「へっぴり腰」で、
　　札幌の最大傾斜40度の急斜面に挑んでいく。
　　札幌後一。政治に翻弄される数奇な人生は
　　その後も続く。オリンピックでの国家名称
　　を巡り米国で裁判を起こす者。中国に移り
　　住み複雑な心境を吐露する者。台湾という
　　国が宿命のように背負い続けてきた苦難と
　　激しい政治的抗争。それはオリンピックの
　　歴史にも刻まれていた。第18回小学館ノン
　　フィクション大賞受賞。

『札幌オリンピック冬季大会資料目録』

札幌 札幌市教育委員会 1976.3 61p
26cm

『札幌オリンピック冬期大会資料目録』
札幌 北海道立図書館 1974.2 56p
26cm

『札幌オリンピック冬季大会資料目録』
北海道立図書館編 〔江別〕 北海道立
図書館 1974.2 56p 26cm

『札幌冬季オリンピック大会税関記録』
函館税関 1972.4 1冊 26cm

『札幌オリンピック冬季大会電話帳』 札
幌 日本電信電話公社 1972.1 214p
21cm

『札幌オリンピック冬季大会—資料集 vol.
1』 〔札幌〕 札幌オリンピック冬季大
会組識委員会 〔1972〕 607p 26cm

『札幌オリンピック冬季大会—資料集
vol.2』 〔札幌〕 札幌オリンピック冬
季大会組識委員会 〔1972〕 609–1311p
26cm

『札幌オリンピック冬季大会—記念写真集』
共同編集:札幌オリンピック冬季大会組
織委員会,実業之日本社 実業之日本社
1972 189p 37cm〈公式記録集:p.
120–182〉 7000円

『札幌オリンピック冬季大会と政府機関等
の協力』 文部省 1972 235p 図
27cm

『札幌オリンピック冬季大会の警察活動記
録』 〔札幌〕 北海道警察本部 1972
201p 図16枚 27cm

『第11回オリンピック冬季大会公式報告書』
〔札幌〕 札幌オリンピック冬季大会組
織委員会 1972 491p（図共） 31cm

『第11回オリンピック冬季大会札幌市報告
書』 〔札幌〕 札幌市総務局オリン
ピック整理室 1972 285p（図共）地図
31cm

『冬季オリンピック札幌大会—1972』 編
集:ベースボール・マガジン社 ベース
ボール・マガジン社 1972 199p（おも
に図） 37cm〈書名は奥付による 標題

紙等の書名：The spectacle of Sapporo
Olympics, 1972 帙入〉 25000円

『氷雪賛歌』 朝日新聞社 1972 図118p
28cm 1800円

『札幌オリンピックに関する世論調査』
総理府広報室 1971.12 1冊 26cm
（世論調査報告書 昭和46年10月調査）

『札幌五輪ハンドブック』 共同通信社運
動部札幌オリンピック室編 共同通信社
開発局 1971.12 146p 18cm〈折り込
1枚〉

『札幌オリンピック冬期大会公式ガイド
マップ 1972』 札幌 札幌オリン
ピック冬期大会組織委員会 1971.11
28p 20×23cm

『札幌オリンピック施設—競技場・選手村・
関連施設などの記録』 札幌オリンピッ
ク施設編集委員会編 工業調査会 1971
295p（図共） 26cm 3800円

『札幌オリンピック12章』 瓜生卓造著
至誠堂 1971 157p 図 22cm 480円

『札幌オリンピック冬季大会1972—公式総
合版』 札幌 札幌オリンピック冬季大
会組織委員会 1971 264p 図 地図
29cm〈発売:実業之日本社〉 2000円

『札幌オリンピック冬季大会1972公式ガイ
ドブック』 札幌 札幌オリンピック冬
季大会組織委員会 1971 235p（図・地
図共） 19cm〈発売:実業之日本社〉
400円

『札幌オリンピック冬季大会はやわかり』
文部省体育局 1970.12 94p 21cm

『オリンピック札幌大会への道』 ベース
ボール・マガジン社 1970 200p（おも
に図） 26cm （スポーツマガジン 1)
450円

『札幌オリンピックへの招待』 講談社
1970 190p 図 19cm〈監修:札幌オリ
ンピック組織委員会〉 440円

『雪と氷のスポーツ—札幌オリンピックを
めざして』 文部省 1969 89p 21cm

『オリンピック読本―札幌オリンピック冬
　季大会のために　1967年度版』　文部
　省　1968.3　51p　21cm　（MEJ 4231）

『札幌オリンピック1972』　札幌　札幌オ
　リンピック冬季大会組織委員会　1968.3
　32p　27cm

## 第12回 インスブルック冬季大会
〈オーストリア　1976年2月4日〜15日〉

『オリンピック冬季競技大会報告書　第12
　回』　日本体育協会［ほか］　1976
　139p（図共）　26cm〈共同刊行：日本オ
　リンピック委員会〉

## 第14回 サラエボ冬季大会
〈ユーゴスラビア　1984年2月8日〜19日〉

『オリンピック冬季競技大会報告書　第14
　回』　日本体育協会　1984.3　146p
　26cm〈共同刊行：日本オリンピック委
　員会〉

## 第15回 カルガリー冬季大会
〈カナダ　1988年2月13日〜28日〉

『カルガリー’88―第15回冬季オリンピッ
　ク・カルガリー大会1988 国際オリン
　ピック委員会オフィシャルブック』
　IMSStudio 6,ベースボール・マガジン社
　編　ベースボール・マガジン社　1988.4
　208p　31cm〈奥付・表紙の書名：
　Calgary’88〉　4800円　①4-583-02682-
　X
　内容　本書は、冬季五輪史上最大の規模で開か
　　れ、人々に感動を与えた第15回冬季五輪・
　　カルガリー大会の模様を的確にとらえた公
　　式記録写真集です。

『オリンピック冬季競技大会報告書　第15
　回』　日本体育協会　1988.3　174p
　26cm〈共同刊行：日本オリンピック委
　員会〉

## 第16回 アルベールビル冬季大会
〈フランス　1992年2月8日〜23日〉

『アルベールビル’92―第16回オリンピッ

ク・アルベールビル大会1992 国際オリ
ンピック委員会オフィシャルブック』
IMSStudio6,ベースボール・マガジン社
編　ベースボール・マガジン社　1992.4
204p　30cm〈奥付・背の書名：第16回
冬季オリンピック・アルベールビル大
会〉　9800円　①4-583-02974-8
目次　アルベールビル’92自然への回帰、日本
　選手団スペシャル・ページ、日本冬季五輪
　史上の快挙、選手の精進と健闘に感謝、日
　本代表選手団・メンバー一覧、永遠の聖火、
　すべてが夢幻的で忘れ難い（開会式）、速く
　ても勝てないコース!?、ノルウェー雪原を
　制覇、シュトルツの大失敗、フランス大勝
　利！、モーグルは生きる喜び、天才少年の
　スーパー・ジャンプ、メルベルでの驚き、ス
　イスボブスレーで面目たもつ、ロシア・ペア
　の流麗な演技、オリンピックの歴史をつくっ
　たトンバ、スウェーデンの陽気な娘、ニュー
　ジーランドの初メダル、ルブランついに力
　尽きる、トンバヤーゲに敗れる、歴史のマイ
　ルストーン、もう一つの記録、種目別10傑と
　日本選手成績

## 第17回 リレハンメル冬季大会
〈ノルウェー　1994年2月12日〜27日〉

『第17回冬季オリンピック・リレハンメル
　競技大会』　産業経済新聞社・サンケイ
　スポーツ　1994.6　120p　38cm〈書名
　は背・表紙による　奥付の書名：第17回
　冬季オリンピックリレハンメル大会〉
　20000円

『オリンピック冬季競技大会報告書　第17
　回』　日本オリンピック委員会　1994.5
　236p　26cm

『リレハンメル’94―第17回冬季オリンピッ
　ク・リレハンメル大会1994 IOC（国際
　オリンピック委員会）オフィシャル・
　スーベニールブック』　IMSStudio6,
　ベースボール・マガジン社編　ベース
　ボール・マガジン社　1994.4　210p
　30cm　10000円　①4-583-03124-6
　内容　IOCオフィシャル・ブックとして国際共
　　同出版されるこの豪華写真集は、欧米のトッ
　　プカメラマンとライターが総力を結集し、世
　　界的視点でとらえたもの。スポーツと人間
　　の美を芸術的に表現しています。日本選手

オリンピックの本3000冊　79

の活躍は16ページで特集、日本代表選手団名鑑、大会・全記録もついています。

## 第18回 長野冬季大会
〈1998年2月7日〜22日〉

『More than gold—Nagano Winter Olympics 1998』〔長野〕 長野冬季オリンピック伝道協力会 〔1997〕 28p 21cm〈日英両文併記〉

『'98 Nagano—The 18 Olympic Winter Games, Nagano 1998』〔長野〕 長野オリンピック冬季競技大会組織委員会 〔1998〕 1冊 31cm〈英文併載〉

『第18回オリンピック冬季競技大会長野1998daily program』〔長野〕 長野オリンピック冬季競技大会組織委員会〔1998〕 1冊（ページ付なし） 31cm

『'98感動の軌跡—医療救護活動の記録』長野県医師会編 長野 長野県医師会〔1999〕 186, 67p 26cm〈長野オリンピック冬季競技大会・長野パラリンピック冬季競技大会〉 1905円

『ポスター、リトグラフに見るオリンピック・アート展—長野オリンピック文化・芸術祭参加長野パラリンピック文化プログラム』 読売新聞社 c1997 71p 29cm〈会期・会場：1997年12月30日—1998年1月6日 西武百貨店池袋店ほか 共同刊行：美術館連絡協議会ほか 年表あり〉

『〈オリンピックの遺産〉の社会学—長野オリンピックとその後の十年』 石坂友司, 松林秀樹編著 青弓社 2013.11 198p 21cm 3000円 ①978-4-7872-3363-9
内容 1998年の長野オリンピックの遺産はどう活用されてきたのか。地方政治の変化、交通網の整備、競技施設の建設・後利用、人々のネットワークの広がり、などの視点からオリンピックの遺産の功罪をデータに基づいて評価・分析して、経済効果だけでは計れないメガイベントの正と負の効果を浮き彫りにする。

『聖火が信州にやってきた！—勝手連奮戦

25年』 木田健二郎著 ［長野］ 木田健二郎 2013.1 328p 19cm〈文献あり の改題新版〉 1200円

『聖火がおらほにやってきた—勝手連奮戦二十年』 木田健二郎著 ［長野］ 木田健二郎 2008.1 325p 19cm〈文献あり〉 1200円

『草の根ボランティア見聞録—長野冬季オリンピック・パラリンピックを支えた人々』 ワールド・ゆう川中島町有線放送編 長野 ほおずき書籍 2001.7 166p 21cm〈発売：星雲社〉 1905円 ①4-434-01218-5
内容 地域のボランティアの人たちのさまざまな体験や活動状況、小・中学生の「一校一国運動」による外国選手との交流の思い出など約180人の生の声を満載。1998年、あの熱き冬の日の感動がよみがえる。

『長野オリンピックとトキ—平成10年—11年』 編集委員会編 大日本図書 2000.3 119p 31cm （新聞で調べよう現代日本・21世紀への5年 2）〈年表あり〉 3700円 ①4-477-01097-4
内容 『新聞で調べよう現代日本の50年』全5巻の続刊。この7冊で20世紀の戦後日本の歴史55年間がわかる。本書は長野冬季オリンピックに明け、和歌山カレー毒物事件、黒沢明の死、対人地雷禁止条約批准の'98年とトキの優雅な誕生、核燃料処理での臨界事故におののいた1900年代最後の年'99年の終わりまでを収録。

『長野冬季オリンピック白書—県民から見たオリンピック』 長野県地方自治研究センター編 長野 長野県地方自治研究センター 2000.3 254p 30cm〈年表あり 文献あり〉

『ありがとうNagano—長野オリンピックボランティア日記』 丸山寿則著 諏訪 長野日報社 2000.2 83p 21cm 1000円 ①4-931435-31-9

『第18回オリンピック冬季競技大会公式報告書』 長野 長野オリンピック冬季競技大会組織委員会 1999.3 3冊 29cm〈付属資料：CD-ROM1枚（12cm ホルダー入）〉 非売品 ①4-7840-9822-4

『オリンピックは金まみれ—長野五輪の裏
　側』　江沢正雄著　雲母書房　1999.2
　317p　20cm　1900円　⑭4-87672-071-
　1
　内容　たった2週間の「感動」のお値段は2兆円。
　　「借金」かぶった長野市民はダシだった。長
　　野五輪の裏側の全貌。

『感動の冬長野'98—第18回オリンピック
　冬季競技大会』　信濃毎日新聞社編　長
　野　長野オリンピック冬季競技大会組織
　委員会　1999.2　360, 53p　28cm　非売
　品　⑭4-7840-9831-3

『世界を変えるハイテク五輪の勝者たち—
　企業戦士たちが獲ったもう一つの金メダ
　ル』　石田雄太著　出版文化社　1999.2
　245p　19cm　1500円　⑭4-88338-231-
　1
　内容　NTT、日本IBM、KDD、SEIKO、NHK、
　　5社の長野五輪に賭けた技術力とマンパワー
　　の結晶が感動を世界へ伝えた。IOCは日本
　　企業を「技術もまた長野で金メダルを獲得
　　した」(カラール技術担当事務総長)と激賞。
　　想像を超える困難を乗りこえ、五輪成功を
　　裏で支えた企業戦士たちの戦い。

『わが永遠の長野五輪』　鷹野春彦著　長
　野　信濃毎日新聞社　1999.1　189p
　20cm　1500円　⑭4-7840-9834-8

『長野オリンピック冬季競技大会と政府機
　関等の協力』　文部省　1999　141p
　30cm

『第18回オリンピック冬季競技大会
　(1998/長野)日本代表選手団報告書』
　日本オリンピック委員会　1998.11
　344p　26cm

『流れ星たちの長野オリンピック—ある選
　手とあるコーチの物語』　角皆優人著
　潮出版社　1998.10　238p　20cm　1400
　円　⑭4-267-01505-8
　内容　長野五輪での里谷多英ら日本選手の活躍
　　で脚光を浴びたフリースタイルスキー。そ
　　こには新スポーツに夢を託し、大舞台にチャ
　　レンジしていった若者たちの熱き青春のド
　　ラマがあった。第17回潮賞ノンフィクショ
　　ン部門受賞作。

『長野冬季オリンピック・パラリンピック

を支えた陸上自衛隊第12師団隊員たちの
　記録』　中野　北信ローカル出版セン
　ター　1998.9　161p　30cm〈タイトル
　は奥付による〉

『試走者たちの金メダル』　伊藤龍治著
　札幌　北海道新聞社　1998.7　224p
　19cm　1500円　⑭4-89363-982-X
　内容　元気が出るスポーツエッセイ。

『長野オリンピック聖火台のひ・み・つ』
　岡本光正著　アーバン・コミュニケー
　ションズ　1998.6　128p　19cm〈奥付
　のタイトル：聖火台のひ・み・つ〉
　1000円　⑭4-900085-18-9

『長野五輪歓喜の決算—肥大化五輪への批
　判と提言』　江沢正雄ほか著　長野　川
　辺書林　1998.4　269p　19cm　1750円
　⑭4-906529-12-7

『朝日新聞で見る長野冬季オリンピック全
　紙面—Feb.1998』　朝日新聞社　1998.
　3　255p　28cm〈背のタイトル：長野冬
　季オリンピック全紙面〉　1000円　⑭4-
　02-226003-3

『歓喜のメダリストたち・長野オリンピッ
　ク'98—写真集』　朝日新聞社編　朝日
　新聞社　1998.3　1冊(ページ付なし)
　31cm　2400円　⑭4-02-258646-X

『第18回オリンピック冬季競技大会1998/
　長野—IOC(国際オリンピック委員会)
　オフィシャル・スーベニールブック』
　IMSTUDIO 6, ベースボール・マガジ
　ン社編　ベースボール・マガジン社
　1998.3　213p　30cm　10000円　⑭4-
　583-03493-8
　内容　本書はIOC(国際オリンピック委員会)の
　　オフィシャルブックとしてインターナショ
　　ナルな視点にたって編集されており、オリ
　　ンピックの感動が鮮やかに記録されている。
　　欧米のトップカメラマン集団、ALLSPORT
　　の写真と気鋭のスポーツライターの手によ
　　るドラマの再現は選手たちの息づかいが甦
　　るほど。日本で開催された26年ぶりの冬季
　　オリンピックの記憶を確かなものにできる、
　　世界6カ国国際共同出版の記録写真集を是非
　　お手許に。

『長野オリンピック1998—The 18

Olympic Winter Games Nagano：記念保存版』 神戸 神戸新聞総合出版センター 1998.3 128p 34cm 1333円 Ⓝ4-87521-958-X

『長野オリンピック公式写真集—Nagano Olympic Winter Games, 1998』 長野オリンピック冬季競技大会組織委員会監修 桐原書店 1998.3 1冊（ページ付なし） 30cm 5700円 Ⓝ4-342-77482-8

『長野オリンピック 1998』 記念保存版 共同通信社 1998.2 128p 34×25cm 1333円 Ⓝ4-7641-0404-0
目次 ハイライト（世界最速の男—スピードスケート男子500メートル 清水宏保, 雪に舞うシンデレラ—女子モーグル 里谷多英, 白馬の風に舞った「金」と「銅」—ジャンプ・ラージヒル 船木和喜, 原田雅彦 ほか）, 競技（ジャンプ, クロスカントリースキー, ノルディック複合, アルペンスキー ほか）

『長野冬季オリンピックを支えた知恵の結晶』 長野 21世紀ニュービジネス協議会, （長野）長野県出版編集ネットサービスセンター〔発売〕 1998.2 95p 30cm 952円
内容 この本には、一人の選手も登場しません。20世紀最後の冬季オリンピックを成功させるための「人と技術とソフトの物語」です。

『第18回オリンピック冬季競技大会長野1998メディアアップデイト』 長野 長野オリンピック冬季競技大会組織委員会事務局 1998.1 135p 30cm

『長野オリンピック公式プログラム—Nagano 1998』 実業之日本社編・著 実業之日本社 1998.1 180p 30cm （ブルーガイド・グラフィック）〈付属資料：1枚：長野オリンピック公式マップ〉 1286円 Ⓝ4-408-02744-8

『長野オリンピック騒動記』 相川俊英著 草思社 1998.1 261p 20cm〈文献あり〉 1600円 Ⓝ4-7942-0800-6
内容 1998年2月、「県民の総意」による長野冬季オリンピックが開催される。2週間にわたり、世界の選手たちが美しい白銀の上でさまざまな競技を繰り広げる—はずではあるが、その内幕は決して美しいものでなかっ

た。仕掛けられた招致運動、破綻の見えてきた財務内容、変更に次ぐ変更の施設計画。「オリンピック」はあらゆることに優先し、市民から子供たちまで総動員される翼賛体制のなかで、少数の反対意見は封殺されていく。どう考えても、何かおかしいのではないか。13年もかかったという長野五輪の開催に至る道筋を、そもそもの発端から解き明かし、大イベントに振り回される地方自治体と地域住民の笑えない実態をつぶさに描き出す。

『長野オリンピック公式ガイドブック』 長野オリンピック冬季競技大会組織委員会監修, 信濃毎日新聞社編 改訂版 長野 長野オリンピック冬季競技大会組織委員会 1997.11 220p 21cm〈発売：信濃毎日新聞社〔長野〕〉 1000円 Ⓝ4-7840-9727-9

『長野オリンピック公式ガイドブック』 長野 長野オリンピック冬季競技大会組織委員会 1996.12 191p 21×10cm〈発売：信濃毎日新聞社〉 971円 Ⓝ4-7840-9627-2

『長野オリンピックに関する世論調査 平成8年11月調査』 総理府内閣総理大臣官房広報室 〔1996〕 89p 30cm （世論調査報告書）

『Naganoは燃えているか—冬季五輪開催県長野の栄光と苦悩』 荒川進著 東都書房 1992.10 210p 20cm〈発売：講談社 参考資料：p209〜210〉 1500円 Ⓝ4-88668-070-4
内容 1998年冬季五輪開催都市に長野が決まり1年半、本書は、ミスターナガノの活躍を軸に招致成功までのストーリー、開催への整備状況、その問題点を究明し、さらに日本が当面する「国際性」とは何かを論ずる。

『オリンピックが日本にやってくる—冬季・長野五輪決定記念』 長野 信濃教育会出版部 1991.11 95p 26cm 1000円

『1998年第18回オリンピック冬季競技大会招致報告書』 長野冬季オリンピック招致委員会編 〔長野〕 長野冬季オリンピック招致委員会 1991.10 268p 30cm〈背の書名：第18回オリンピック冬季競技大会招致報告書〉

『オリンピックへの道―きそう・友情・ゆ
め　長野五輪会手記集』　長野五輪会著
長野　信濃教育会出版部　1989.10
264, 2p　22cm〈付（1冊）：読書感想文〉
1000円　①4-7839-1065-0

『オリンピックブック―第18回冬季オリン
ピック・長野への道』　長野五輪バクの
会編　長野　銀河書房　1988.1　157p
26×13cm〈書名は奥付等による　標題紙
の書名：'98 Olympic book　折り込図2
枚〉　500円

『第18回オリンピック競技大会東京都報告
書』　東京都　1965　383p（図版共）
31cm

## 第19回　ソルトレークシティ冬季大会
〈アメリカ　2002年2月8日～24日〉

『第19回オリンピック冬季競技大会
（2002/ソルトレークシティ）日本代表
選手団報告書』　日本オリンピック委員
会　2002.5　338p　26cm〈奥付・背の
タイトル：第19回オリンピック冬季競技
大会（2002/ソルトレークシティ）報告〉

## 第20回　トリノ冬季大会
〈イタリア　2006年2月10日～26日〉

『夢はトリノをかけめぐる』　東野圭吾著
光文社　2009.2　282p　16cm　（光文社
文庫　ひ6-10）　514円　①978-4-334-
74547-9
内容 直木賞授賞パーティの翌日、受賞作家
は成田にいた。隣には何故か、人間に化け
た作家の愛猫・夢吉が…。彼らが向かった
のはイタリア・トリノ。まさに冬季オリン
ピックが開かれているその地だ。指さし会
話で国際交流をしながら、驚きと感動に満
ちた観戦旅行が始まった！　冬季スポーツと
オリンピックをこよなく愛する著者が描く、
全く新しいオリンピック観戦記。

『第20回オリンピック冬季競技大会
（2006/トリノ）日本代表選手団報告書
―the 20 Olympic winter games
Torino 2006』　日本オリンピック委員
会　2006.5　330p　26cm〈奥付のタイ
トル：第20回オリンピック冬季競技大会

（2006/トリノ）報告書〉

『夢はトリノをかけめぐる』　東野圭吾著
光文社　2006.5　231p　19cm　1400円
①4-334-97499-6
内容 日本人にとって、冬季五輪とは何か？　新
直木賞作家が、現地取材を通して描く、楽
しい冬季五輪の見方。

『トリノオリンピック日本代表選手写真集
―有終の輝き　2006』　フォート・キ
シモト写真　ジャニス　2006.3　80p
30cm　（メディアパルムック）〈発売：
メディアパル〉　1200円　①4-89610-
459-5

『(財)日本オリンピック委員会公式写真集
2002』　日本オリンピック委員会監修
ぴあ　2002.3　1冊（ページ付なし）
30cm　4800円　①4-8356-0039-8
目次 Opening Ceremony, Speed Skating,
Ski Jumping, Luge, Snowboarding, Ice
Hockey, Moguls, Short Track Speed Skat-
ing, Aerials, Nordic Combined〔ほか〕

## 第21回　バンクーバー冬季大会
〈カナダ　2010年2月12日～28日〉

『第21回オリンピック冬季競技大会
（2010/バンクーバー）日本代表選手団
報告書―the 21 Olympic winter
games Vancouver 2010』　日本オリ
ンピック委員会　2010.7　394p　26cm

『ひぐらしの記―冬季バンクーバーオリン
ピック開幕』　前田静良著　和光　現代
文藝社　2010.4　217p　22cm　①978-
4-901735-70-4

『(財)日本オリンピック委員会公式写真集
2010』　日本オリンピック委員会
（JOC）監修　アフロ　2010.3　179p
30cm〈撮影：アフロスポーツ（JOC公式
写真チーム），AP, Reuters　発売：創英
社〉　4571円　①978-4-9904959-0-9
内容 バンクーバーオリンピック日本代表選手
団の記録を完全網羅。

『バンクーバーオリンピック2010日本代表
選手写真集』　モーターマガジン社
2010.3　127p　30cm　（Motor

magazine mook)〈日本オリンピック委員会公式ライセンス商品〉　1600円　①978-4-86279-236-5

『第21回オリンピック冬季競技大会（2010/バンクーバー）日本代表選手団安全管理マニュアル』　日本オリンピック委員会　2010.1　20p　21cm

## 第22回　ソチ冬季大会
〈ロシア　2014年2月7日〜2月23日〉

『第22回オリンピック冬季競技大会（2014/ソチ）日本代表選手団報告書—the XXII Olympic winter games Sochi 2014』　日本オリンピック委員会　2014.6　403p　26cm

『第22回オリンピック冬季競技大会（2014/ソチ）2014 Japan house』日本オリンピック委員会　2014.3　15p　30cm

『日本オリンピック委員会公式写真集2014　ソチオリンピック日本代表選手団』　日本オリンピック委員会監修　アフロスポーツ,AP,REUTERS撮影　日本文化出版　2014.3　176p　30cm　4500円　①978-4-89084-221-6
目次 開会式, ジャンプ, ノルディック複合, クロスカントリー, バイアスロン, カーリング, アイスホッケー, アルペン, フリースタイルモーグル, フリースタイルスロープスタイル〔ほか〕

『ソチオリンピック放送をぜんぶみる！』NHKサービスセンター編　NHKサービスセンター　2014.2　113p　30cm（NHKウイークリーステラ臨時増刊）571円

## 第23回　平昌冬季大会
〈韓国　2018年2月9日〜2月25日〉

『第23回オリンピック冬季競技大会（2018/平昌）日本代表選手団報告書』日本オリンピック委員会　2018.5　410p　26cm

『2018平昌冬季オリンピック・パラリンピック写真集—永久保存版』　時事通信社編著　時事通信出版局　2018.4　66p　30cm〈発売：時事通信社〉　926円　①978-4-7887-1577-6

『歓喜のメモリー—平昌オリンピック特集号 永久保存版』　集英社　2018.3　74p　30cm　（集英社ムック—スポルティーバ）　1593円　①978-4-08-102259-5

『挑戦者たち—男子フィギュアスケート平昌五輪を超えて』　田村明子著　新潮社　2018.3　220p　20cm　1400円　①978-4-10-304034-7
内容 フィギュアスケートを25年に亘り取材し、会見通訳も務めるジャーナリストが綴る、選ばれし者たちの素顔。

『日本オリンピック委員会公式写真集2018　平昌オリンピック日本代表選手団』　日本オリンピック委員会企画・監修　アフロスポーツ（JOC公式写真チーム）,AP,REUTERS撮影　アフロ　2018.3　208p　30cm〈発売：ポプラ社〉5000円　①978-4-591-15875-3
目次 開会式, ジャンプ, ノルディック複合, クロスカントリー, バイアスロン, カーリング, アイスホッケー, アルペン, フリースタイルモーグル, フリースタイルスロープスタイル〔ほか〕

『平昌オリンピックと朝鮮半島情勢』　エネルギー問題研究会編　富士社会教育センター　2018.3　47p　21cm　（エネルギー問題研究会レポート　第40回）

『平昌冬季オリンピック報道写真集』　盛岡　岩手日報社　2018.2　96p　30×24cm　926円　①978-4-87201-828-8
目次 オリンピック・ハイライト（小平奈緒—スピードスケート, 高木美帆、佐藤綾乃、高木菜那—スピードスケート, 高木美帆—スピードスケート, 高梨沙羅—ジャンプ ほか）, 競技別ハイライト（スピードスケート, ノルディックスキー・ジャンプ, フィギュアスケート, ノルディックスキー複合 ほか）, 日本選手団名簿, 種目別競技結果

『平昌冬季オリンピック報道写真集』　長野　信濃毎日新聞社　2018.2　96p　30cm〈折り込 1枚〉　926円　①978-4-7840-7320-7
目次 オリンピック・ハイライト（小平奈緒—

スピードスケート, 高木美帆・佐藤綾乃・高木菜那―スピードスケート, 高木美帆―スピードスケート, 高梨沙羅―ジャンプ, 羽生結弦―フィギュア ほか), 競技別ハイライト (ノルディックスキー・ジャンプ, ノルディックスキー複合, スノーボード, フリースタイルスキー, ショートトラック ほか), 日本選手団名簿, 種目別競技結果, 閉会式

『第23回オリンピック冬季競技大会（2018/平昌）日本代表選手団ハンドブック・名簿』 日本オリンピック委員会 2018.1 117p 26cm〈会期：2018年2月9日―25日〉

『ピョンチャン冬季オリンピックにおける韓国のICT戦略』 マルチメディア振興センター編 マルチメディア振興センター 2017.10 5, 43p 30cm

# パラリンピック

『パラリンピック国際身体障害者スポーツ大会写真集』 国際身体障害者スポーツ大会運営委員会 〔1964〕 175p 31cm〈背のタイトル：東京パラリンピック〉

『パラリンピックとある医師の挑戦』 三枝義浩漫画 講談社 2018.8 127p 21cm〈文献あり〉 980円 ①978-4-06-512747-6

『オリンピック・パラリンピックで知る世界の国と地域 1 オリンピック・パラリンピックの歴史』 日本オリンピック・アカデミー監修 小峰書店 2018.4 44p 29cm〈文献あり 年表あり 索引あり〉 3000円 ①978-4-338-31501-2
目次 オリンピック（夏季, 冬季）, パラリンピック（夏季, 冬季）

『オリンピック・パラリンピックで知る世界の国と地域 2 アジア』 日本オリンピック・アカデミー監修 小峰書店 2018.4 44p 29cm〈文献あり 年表あり 索引あり〉 3000円 ①978-4-338-31502-9
内容 日本、中国、韓国、サウジアラビア、インド、フィリピンなど。

『オリンピック・パラリンピックで知る世界の国と地域 3 ヨーロッパ 1』 日本オリンピック・アカデミー監修 小峰書店 2018.4 44p 29cm〈文献あり 年表あり 索引あり〉 3000円 ①978-4-338-31503-6
内容 イギリス、イタリア、フランス、ドイツ、ノルウェーなど。

『オリンピック・パラリンピックで知る世界の国と地域 4 ヨーロッパ 2・オセアニア』 日本オリンピック・アカデミー監修 小峰書店 2018.4 44p 29cm〈文献あり 年表あり 索引あり〉 3000円 ①978-4-338-31504-3
内容 ロシア、ルーマニア、オーストラリア、ニュージーランドなど。

『オリンピック・パラリンピックで知る世

パラリンピック

界の国と地域　5　南北アメリカ』　日本オリンピック・アカデミー監修　小峰書店　2018.4　44p　29cm〈文献あり　年表あり　索引あり〉　3000円　①978-4-338-31505-0
内容　アメリカ、カナダ、メキシコ、ジャマイカ、ブラジルなど。

『オリンピック・パラリンピックで知る世界の国と地域　6　アフリカ』　日本オリンピック・アカデミー監修　小峰書店　2018.4　44p　29cm〈文献あり　年表あり　索引あり〉　3000円　①978-4-338-31506-7
内容　エジプト、ナイジェリア、エチオピア、ケニア、南アフリカなど。

『オリンピック・パラリンピックで知る世界の国と地域　全6巻』　日本オリンピック・アカデミー監修　小峰書店　2018.4　6冊（セット）　30×24cm　18000円　①978-4-338-31500-5
内容　この本のシリーズは6巻に分かれています。1巻ではオリンピック・パラリンピックの第1回大会からの歴史を解説しています。2巻から6巻では、2016年リオデジャネイロ大会に出場した206の国と地域をすべて紹介しています。オリンピックやパラリンピックでこれまでどんな活躍をしてきたか、また、それぞれの国・地域の歴史や国土、産業、文化、人気スポーツなどの情報をくわしく紹介しています。人口や面積、公用語などの基本情報ものせています。小学校中学年から。

『可能性は無限大─視覚障がい者マラソン道下美里』　高橋うらら文　新日本出版社　2018.3　143p　20cm　（パラリンピックのアスリートたち）　1600円　①978-4-406-06231-2
目次　第1章　中学3年生で右目の光を失う、第2章　見えていた左目まで、第3章　盲学校でのカルチャーショック、第4章　はじめてのフルマラソン、第5章　走ることが出会いにつながる、第6章　チーム道下、世界に挑戦！、第7章　リオデジャネイロから東京へ！

『スポーツでひろげる国際理解　5　知ろう・やってみよう障がい者スポーツ』　中西哲生監修　文溪堂　2018.3　47p　30cm〈索引あり〉　2900円　①978-4-

7999-0260-8
目次　1章　障がい者スポーツのはじまり（世界が注目するパラリンピック、パラリンピックの歴史　ほか）、2章　夏の競技や室内の競技（陸上競技、水泳　ほか）、3章　冬の競技（アルペンスキー、クロスカントリースキー、バイアスロン　ほか）、4章　障がい者スポーツの現在と未来（サポーターの役わりを知ろう、体験しよう、障がい者スポーツ　ほか）

『よくわかる障がい者スポーツ─種目・ルールから支える人びとまで』　藤田紀昭監修　PHP研究所　2017.11　63p　29cm　（楽しい調べ学習シリーズ）〈文献あり　索引あり〉　3000円　①978-4-569-78709-1
目次　第1章　障がい者スポーツを知ろう！（障がいとともに生きる、障がい者におけるスポーツの効果、目が見えない人とスポーツ　ほか）、第2章　障がい者スポーツを支える人びと（みんなで支える障がい者スポーツ、陸上選手・高桑早生さんにインタビュー──障がい者スポーツの魅力を伝える！、水泳コーチ・峰村史世さんにインタビュー──選手を導き、力を引き出す！　ほか）、第3章　パラリンピックを応援しよう！（知ってる？　パラリンピック、パラリンピックの精神、パラリンピックの歴史とこれから　ほか）

『パラリンピック大百科』　陶山哲夫監修, コンデックス情報研究所編著　清水書院　2017.9　543p　26cm〈索引あり〉　5800円　①978-4-389-50059-7
内容　2020年東京パラリンピックに向けて、パラリンピックの全てがわかる！全51競技を紹介！気になるパラスポーツを見つけてみよう。夏季22競技、冬季6競技のルールを徹底解説！東京パラリンピック注目の日本人選手情報も満載。

『障がい者スポーツ大百科─大きな写真でよくわかる　4　挑戦者たちとささえる人たち』　大熊廣明監修, こどもくらぶ編　六耀社　2017.3　31p　29cm〈索引あり〉　2800円　①978-4-89737-886-2
内容　多彩な競技に、きたえられた体とダイナミックな技。ロンドン、リオのオリンピック・パラリンピックの感動は今も残ります。とくにパラリンピックは、競技のすばらしさや感動とともにますます発展する可能性を広く世界の人びとに知らせた大会となりました。「障がい者スポーツ大百科」は、そ

86

の定義・意義から国内外の競技スポーツと
しての歴史、競技者たち、支える人びとな
どのすべてを大きな写真を多用してよく理
解できるように編成されたシリーズです。

『パラリンピック大事典』　和田浩一監修
金の星社　2017.3　79p　29cm〈索引あ
り〉　3800円　①978-4-323-06472-7
目次 1 パラリンピックとは？（オリンピック
と並ぶ世界最高峰の大会パラリンピック、リ
オデジャネイロ・パラリンピック ほか）、2
パラリンピックの歴史（歴史を年表でみよ
う、パラリンピックの原点 ほか）、3 2020年
東京パラリンピック（56年ぶりにパラリン
ピックが東京へ、東京パラリンピックへの
取り組み ほか）、4 パラリンピックの競技
を知ろう（夏季パラリンピック、2016年リオ
デジャネイロ大会まで行われていた競技 ほ
か）

『福生市の先生が作ったオリンピック・パ
ラリンピック読み物資料集』　作成委員
会編　福生　福生市教育委員会教育部教
育指導課指導係　2017.3　40p　30cm

『オリンピック・パラリンピックまるごと
大百科』　真田久監修,筑波大学オリン
ピック教育プラットフォーム責任編集
学研プラス　2017.2　99p　31cm〈文献
あり 年表あり 索引あり〉　5500円
①978-4-05-501205-8
目次 第1章 オリンピック、パラリンピックの
基礎知識（オリンピック競技大会とは,パラ
リンピック競技大会とは ほか）、第2章 オリ
ンピック、パラリンピックからのメッセー
ジ（オリンピックから学ぶこと1 努力するこ
との喜び,オリンピックから学ぶこと2 フェ
アプレー――正々堂々と戦う ほか）、第3章 オ
リンピック、パラリンピックに関わる人々
（近代オリンピックはこうして生まれた！,
パラリンピックはこうして生まれた！ ほ
か）、第4章 オリンピック、パラリンピック
を変えた科学技術（シューズの変遷―最新
技術のつまった“魔法のくつ”,ウェアの変
遷1―水着 ほか）、第5章 オリンピックとパ
ラリンピックの文化、環境、危機（開会式と
閉会式,文化・芸術の祭典 ほか）

『障がい者スポーツ大百科―大きな写真で
よくわかる　3　国際大会と国内大会』
大熊廣明監修,こどもくらぶ編　六耀社
2017.2　31p　29cm〈索引あり〉　2800

円　①978-4-89737-885-5
内容 多彩な競技に、きたえられた体とダイナ
ミックな技。ロンドン、リオのオリンピック
・パラリンピックの感動は今も残ります。
とくにパラリンピックは、競技のすばらし
さや感動とともにますます発展する可能性
を広く世界の人びとに知らせた大会となり
ました。「障がい者スポーツ大百科」は、そ
の定義・意義から国内外の競技スポーツと
しての歴史、競技者たち、支える人びとな
どのすべてを大きな写真を多用してよく理
解できるように編成されたシリーズです。

『障がい者スポーツ大百科―大きな写真で
よくわかる　2　いろいろな競技を見て
みよう』　大熊廣明監修,こどもくらぶ
編　六耀社　2017.1　31p　29cm〈索引
あり〉　2800円　①978-4-89737-884-8
内容 多彩な競技に、きたえられた体とダイナ
ミックな技。ロンドン、リオのオリンピック
・パラリンピックの感動は今も残ります。
とくにパラリンピックは、競技のすばらし
さや感動とともにますます発展する可能性
を広く世界の人びとに知らせた大会となり
ました。「障がい者スポーツ大百科」は、そ
の定義・意義から国内外の競技スポーツと
しての歴史、競技者たち、支える人びとな
どのすべてを大きな写真を多用してよく理
解できるように編成されたシリーズです。

『障がい者スポーツ大百科―大きな写真で
よくわかる　1　障がい者スポーツって、
なに？』　大熊廣明監修,こどもくらぶ
編　六耀社　2016.12　31p　29cm〈索
引あり〉　2800円　①978-4-89737-883-
1
内容 多彩な競技に、きたえられた体とダイナ
ミックな技。ロンドン、リオのオリンピック
・パラリンピックの感動は今も残ります。
とくにパラリンピックは、競技のすばらし
さや感動とともにますます発展する可能性
を広く世界の人びとに知らせた大会となり
ました。「障がい者スポーツ大百科」は、そ
の定義・意義から国内外の競技スポーツと
しての歴史、競技者たち、支える人びとな
どのすべてを大きな写真を多用してよく理
解できるように編成されたシリーズです。

『パラスポーツルールブック―パラリン
ピックを楽しもう』　陶山哲夫監修,コ
ンデックス情報研究所編著　清水書院

オリンピックの本3000冊　87

2016.9 207p 26cm 2900円 ①978-4-389-50052-8

内容 パラリンピックを100倍楽しむために！知っておきたいルールが満載！「そうだったんだ！」目からウロコの特別ルールが満載！特別ルールがまるわかり！この1冊でパラリンピックを楽しもう！

『パラリンピックを学ぶ』 平田竹男, 河合純一, 荒井秀樹編著 早稲田大学出版部 2016.8 222p 21cm 1500円 ①978-4-657-16014-0

目次 1 パラリンピックの基礎知識（パラリンピックとは何か, パラリンピックの歴史, パラリンピックの競技について ほか）, 2 選手たちは語る（水泳から考えるパラリンピックの変遷, 選手の発掘・育成・強化, パラリンピックとクラス分け—水泳・トライアスロン ほか）, 3 パラリンピックの今後（パラリンピックのマーケティング, パラリンピックを支援する企業の取り組み, 2020年東京大会に向けて ほか）

『パラリンピックの楽しみ方—ルールから知られざる歴史まで』 藤田紀昭著 小学館 2016.8 190p 19cm 1200円 ①978-4-09-388491-4

内容 1964年東京パラリンピック開催から近年の状況, 競技の種類, 用具の進化, 歴史的な選手まで完全記録！最新パラリンピック観戦入門書！

『オリンピック・パラリンピック大百科 2 平和の祭典・オリンピック競技大会』 日本オリンピック・アカデミー監修 小峰書店 2016.4 43p 29cm〈索引あり〉 3000円 ①978-4-338-30002-5

目次 1 オリンピックって何だろう（世界が注目するのはなぜ？, 広がりつづけるオリンピック, 「オリンピズム」って何だろう, 「オリンピック・ムーブメント」って何？, オリンピックのシンボルとモットー, オリンピックを開催する組織と活動）, 2 オリンピズムがめざすもの（古代と現代をつなぐ聖火, フェアプレーの精神, 人類の平和のために, 芸術分野の発展をめざして, 広がる女性選手の活躍, 新しい思想 オリンピック・レガシー）, 3 競技大会のあらまし（夏季大会の競技, 冬季大会の競技, そのほかの国際競技大会, オリンピックの公式ポスター, 選手の栄光をたたえるメダル, 大会の開会式と閉会式）

『オリンピック・パラリンピック大百科 4 オリンピックの発展と課題』 日本オリンピック・アカデミー監修 小峰書店 2016.4 43p 29cm〈索引あり〉 3000円 ①978-4-338-30004-9

目次 1 オリンピックの進化と発展（のびていく記録, 技術の進歩, スポーツ用具の進化, トレーニング法の開発, オリンピック設備の進歩, 感動を伝えるメディアの発達）, 2 オリンピックがかかえる課題（増大するオリンピックの経費, 大きな役割をになうスポンサー, 競技・種目数と参加選手の増加, 根本にあるアマチュア・プロの問題, ドーピング問題の解決をめざして, 人種差別問題を乗りこえる, 切りはなすのはむずかしいスポーツと政治）, 3 東京オリンピック・パラリンピック大会に向けて（知ってほしい！スポーツの魅力, もっともっと, オリンピックを！, 東京オリンピックの安全対策最前線）

『オリンピック・パラリンピック大百科 6 パラリンピックと障がい者スポーツ』 日本オリンピック・アカデミー監修 小峰書店 2016.4 43p 29cm〈索引あり〉 3000円 ①978-4-338-30006-3

目次 1 パラリンピックはどんな大会？（もう1つのオリンピック, 始まりは, けがの治療から, 国際競技大会として発展！ ほか）, 2 パラリンピックで活躍！名選手たち（成田真由美, 田中康大, 高橋勇市 ほか）, 3 障がい者スポーツの発展（「できること」をいかし, 公正に競い合う, 選手の目となるサポーター, 選手をささえる障がい者スポーツ用具 ほか）

『オリンピック・パラリンピック学習読本 高等学校編』 東京都教育庁指導部指導企画課編 東京都教育庁指導部指導企画課 2016.3 123p 30cm〈年表あり〉

『オリンピック・パラリンピック学習読本 小学校編』 東京都教育庁指導部指導企画課編 東京都教育庁指導部指導企画課 2016.3 68p 30cm

『オリンピック・パラリンピック学習読本 中学校編』 東京都教育庁指導部指導企画課編 東京都教育庁指導部指導企画課 2016.3 100p 30cm〈年表あり〉

『オリンピック・パラリンピック学習バン

フレット—小学校低学年用』　東京都教育庁指導部指導企画課編　東京都教育庁指導部指導企画課　2016.3　18p　30cm

『オリンピック・パラリンピックから考える—文化・生きる力・マネジメント』瀧元誠樹, 篠田信子, 吉田聡美, 東原文郎, 金誠［述］　札幌　札幌大学インターコミュニケーションセンター　2016.3　93p　21cm　（札幌大学公開講座講演集第36回（平成27年度））

『オリンピック・パラリンピックと人権』舛本直文監修　改訂　人権教育啓発推進センター（制作）　2016.2　18p　30cm

『人間の真の生き方と武道、スポーツの活用—二〇二〇年、東京オリンピックとパラリンピックを目指して』　水口修成著日新報道　2014.12　198p　19cm　1200円　①978-4-8174-0781-8
内容 地方から学び、新日本創出の新風を起こそう！千葉・南房総、勝浦、鴨川と愛媛・南予、宇和島、八幡浜の武道、スポーツと文化にまず学べ!!

『パラリンピックってなんだろう？』　日本障がい者スポーツ協会監修　文研出版2014.10　47p　29cm　（まるわかり！パラリンピック）〈年譜あり 索引あり〉2800円　①978-4-580-82249-8
目次 身体の限界にいどむ「パラリンピック」, パラリンピックのはじまり, パラリンピックスポーツの特徴, パラリンピックの競技, 競技の数はこれからも増えていく!?, パラリンピックの開会式, パラリンピックの開催地, 日本で開かれた冬季パラリンピック, パラリンピックの記録, もっと知りたい！パラリンピックのメダルには点字が入っている？, パラリンピックに出場するには, パラリンピックを支える人びと, もっと知りたい！選手村ってどんなところ？, パラリンピックが目指す社会

『写真で見るオリンピック大百科　別巻パラリンピックってなに？』　舛本直文監修　ポプラ社　2014.4　55p　29cm〈索引あり〉　3000円　①978-4-591-13889-2
内容 パラリンピックの全競技掲載！

『パラリンピックからの贈りもの』　平山

譲著　PHP研究所　2012.9　179p　20cm　1500円　①978-4-569-80556-6
内容 水泳/陸上競技/ブラインドサッカー/スキー/シッティングバレーボール/ボッチャ/シンクロナイズドスイミング、スポーツに出合い、パラリンピックという「可能性」に挑んだ人々の実話。悲しみや苦しみのどん底から、もう一度、夢を見つけた7人の挑戦。

『障害者スポーツの世界—アダプテッド・スポーツとは何か』　藤田紀昭著　角川学芸出版　2008.4　235p　21cm〈発売：角川グループパブリッシング〉　2400円①978-4-04-621614-4
内容 アダプテッド・スポーツとは障害者、子ども、女性などに開かれたスポーツです。障害者スポーツの現状、選手をとりまく障壁、関連用語、歴史、大会、留意点、指導者資格の取得、各競技のクラス分け、用器具などを詳しく説明。パラリンピック関連の競技だけでなく、42種のアダプテッド・スポーツを紹介！障害者スポーツ選手、その家族と指導者、サポーターの生の声も収録。

『パラリンピックがくれた贈り物』　佐々木華子著　メディアファクトリー2004.9　269p　20cm　1400円　①4-8401-1131-6
内容 ある日突然、それまでの人生を変えてしまった事故や病気。彼らは挫折と障害を乗り越え、見事、アテネパラリンピックへの切符を手にした。自らの運命と闘った六人の感動のドラマ。

『パラリンピックへの招待—挑戦するアスリートたち』　中村太郎著　岩波書店2002.2　240p　19cm〈文献あり〉　1800円　①4-00-024408-6

『写真集成 日本の障害者スポーツ』　藤田紀昭監修　日本図書センター　2001.11　3冊　30cm　36000円　①4-8205-9472-9
目次 第1巻 清水一二 輝く競技者たち, 第2巻 スポーツの魅力と楽しさ, 第3巻 パラリンピックへの道

『障害のある人のスポーツ大会を見に行こう』　藤原進一郎, 田中信行著, 日本障害者スポーツ協会監修　汐文社　2001.4　55p　27cm　（障害のある人のスポーツガイド 2）〈索引あり〉　2000円　①4-

8113–7401–0

目次 1 全国的なスポーツ大会（全国障害者スポーツ大会、ジャパンパラリンピック ほか）、2 身近な地域で行われる大会（都道府県・政令指定都市を中心とした大会、全国で行われている競技大会）、3 障害のある人のスポーツをもっと知るために（インターネットのホームページ、各地の障害者スポーツ協会 ほか）、4 スポーツ指導者、5 障害のある人への配慮（障害のある人への配慮、障害のある人へのお手伝い）

『障害のある人のスポーツを知ろう』 藤原進一郎、田中信行著、日本障害者スポーツ協会監修 汐文社 2001.3 55p 27cm（障害のある人のスポーツガイド 1）〈索引あり〉 2000円 ①4-8113-7400-2

内容 この本は、障害のある人のスポーツの国内外の歴史や大会、ルールなど非常に幅広く、かつ分かりやすい表現でまとめてあります。小学生や中学生ばかりでなく、障害のある方のスポーツをこれから知っていただく方のためにも非常によいガイドブックです。

『障害のある人のスポーツルールを学ぼう』 藤原進一郎、田中信行著、日本障害者スポーツ協会監修 汐文社 2001.3 67p 27cm（障害のある人のスポーツガイド 3）〈索引あり〉 2000円 ①4-8113-7402-9

内容 この本では、障害のある人のスポーツルールを中心に紹介します。この本で紹介するスポーツは、日本で最も規模の大きな競技大会の「全国障害者スポーツ大会」と、世界で最も規模の大きな競技大会の「パラリンピック」で行われるものを取り上げました。

『ディサビリティ・スポーツ—ぼくたちの挑戦』 藤田紀昭著 東林出版社 1998.4 244p 20cm 1800円 ①4-924786-19-5

目次 第1章 スポーツはみんなのもの、第2章 スポーツとノーマライゼーション、第3章 ディサビリティ・スポーツの可能性、第4章 知的障害のある人のスポーツ、第5章 もうひとつのオリンピック「パラリンピック」、第6章 ディサビリティ・スポーツ情報、第7章 みんなで楽しむスポーツ文化—スポーツも変わらなきゃ！

『パラリンピック物語』 土方正志文、奥野安彦写真 リトル・モア 1998.3 226p 19cm 1500円 ①4-947648-65-1

内容 障害を類まれなる能力でのりこえた選手たちの物語。

《スペシャルオリンピックス・デフリンピック》

『めざせスペシャルオリンピックス・世界大会！—がんばれ、自閉症の類くん』 沢田俊子著 文研出版 2016.4 151p 22cm（文研じゅべにーる—ノンフィクション） 1300円 ①978-4-580-82296-2

内容 この物語の主人公、深津類くんが自閉症と診断されたのは、三歳のときでした。医師から、「大人になっても、知能も社会性も小学低学年のままです。」と宣告されましたが、家族の応援と小学校に入学してからの友だちとの出会いが、大きな力となって類くんを成長させました。そして、さまざまな試練を乗り越えた類くんは、公立高校に入学し無事卒業することができたのです。大人になった類くんは、乗馬クラブで働きながら、知的障がい者の競技会スペシャルオリンピックス・世界大会（乗馬部門）を目指して練習にはげんでいます。

『チャレンジ！』 鳴母ほのか著、スペシャルオリンピックス日本・東京監修・取材協力 秋田書店 2013.6 223p 21cm（『光とともに…』が遺したもの） 900円 ①978-4-253-10593-4

『スペシャルオリンピックスがソーシャル・インクルージョンに果たす役割—学校連携プログラムにおける交流経験を中心に』 小森亜紀子著 風間書房 2013.2 260p 22cm〈文献あり〉 6000円 ①978-4-7599-1984-4

目次 序章 本研究の背景と目的・意義・構成・研究方法、第1章 知的障害者への偏見、第2章 知的障害者への偏見の修正に有効な手段としてのスペシャルオリンピックス、第3章 知的障害児・者に対する意識、交流経験についての先行研究、第4章 知的障害児への児童生徒の意識—スペシャルオリンピックス学校連携プログラム実施前、第5章 スペシャルオリンピックス学校連携プログラム実施後の状況、第6章 年間継続交流体験プロ

グラム実施校の生徒の意識の変化，終章 ス
ペシャルオリンピックスがソーシャル・イ
ンクルージョンに果たす役割

『アイ・コンタクト─もう一つのなでしこ
ジャパン』　中村和彦著　岩波書店
2011.10　227, 5p　19cm〈文献あり〉
1800円　①978-4-00-022068-2
[内容] 目で聴く！ 目で伝える！ 静寂のピッチ
で目と目で意思を伝えあう，ろう者女子サッ
カー。ろう者によるろう者のオリンピック
である「デフリンピック」で初の日本代表
として闘ったメンバーは，なぜサッカーを
始めたのか。日本代表として闘って，何を
得たのか。インタビューをするため，サイ
レントにして饒舌な手話を，著者も学び始
める。おのおのの人生の軌跡を描きながら，
聴者とともにサッカーをすること，大学で
の学びの日々，社会人として働くこと，ろう
の高齢者のための介護施設で働くこと，な
どの日常を生きいきと綴る。サッカーの新
たな醍醐味にも出会える本。

『ともこちゃんは銀メダル』　細川佳代子
お話，東郷聖美絵　京都　ミネルヴァ書
房　2009.3　29p　27cm　1800円
①978-4-623-05369-8
[内容] 障害のあるともこちゃん，世界大会で銀
メダル。第8回スペシャルオリンピックス
夏季世界大会に出場したダウン症の少女の
物語。

『「山国の夢」に夢見て─長野冬季五輪から
アフガニスタン復興支援，そしてスペ
シャルオリンピックス冬季世界大会へ』
深井克純著　松本　郷土出版社　2007.3
294p　20cm　1600円　①978-4-87663-
882-6
[目次] 第1章 遭遇─ウェルカム・クーデター，
第2章 退避─アフガニスタン空爆，第3章 不
完全燃焼─ガンダーラの国での国際協力，第
4章 壊滅─山岳首都カブールへ，第5章 復興
支援最前線─救え！ アフガニスタン，第6
章 準備を急げ─スペシャルオリンピックス
冬季プレ大会，第7章 無謀な挑戦─SO冬季
世界大会ホストタウンプログラム，第8章 オ
リンピックの街とガンダーラの国から見え
るもの，終章 衝撃─パキスタン北部地震

『Believe─僕たちは自分の目で見た，撮っ
た documentary film crew スペシャ
ルオリンピックス知的発達障がいのある

9人の映画クルーの記録』　小栗謙一編
著　求龍堂　2006.1　149p　21cm〈撮
影：9人のビリーブクルーと倉智成典〉
2000円　①4-7630-0612-6
[内容] スペシャルオリンピックス冬季世界大会
を撮った知的発達障がいのある9人の映画ク
ルーの記録。

『カッチンが行く！─スペシャルオリン
ピックス再生への道』　中村勝子著
［熊本］　熊本日日新聞社　2005.10
206p　18cm〈熊本 熊本日日新聞情報文
化センター（製作・発売） 聞き書き：平
野有益　年表あり〉　952円　①4-
87755-218-9

『2005年スペシャルオリンピックス冬季世
界大会ホストタウンプログラム公式記録
集』　長野　2005年スペシャルオリン
ピックス冬季世界大会・長野　2005.9
199p　30cm〈英語併記〉　非売品

『開会式・閉会式─スピーチ集─』　［長
野］　2005年スペシャルオリンピックス
冬季世界大会・長野　2005.9　1冊（ペー
ジ付なし）　25×26cm〈英語・アラビア
語・中国語・フランス語・ロシア語・ス
ペイン語併記〉

『2005年スペシャルオリンピックス冬季世
界大会公式報告書』　長野　2005年スペ
シャルオリンピックス冬季世界大会・長
野　2005.7　390p　31cm〈年表あり〉
非売品

『ありがとう。─2005年スペシャルオリン
ピックス冬季世界大会・長野メモリアル
ブック』　スキージャーナル編　スキー
ジャーナル　2005.6　127p　19cm
1500円　①4-7899-0059-2
[内容] 2005年スペシャルオリンピックス冬季
世界大会・長野。この大会を通して見えて
くるものを一冊の本にまとめました。

『「2005年スペシャルオリンピックス冬季
世界大会・長野」大会公式写真集』　長
野　2005年スペシャルオリンピックス冬
季世界大会・長野　2005.4　127p
31cm〈英語併記　会期・会場：2005年2
月26日─3月5日 山ノ内町：志賀高原一
の瀬ファミリースキー場ほか〉

『2005年スペシャルオリンピックス冬季世界大会・長野公式ガイドブック』　長野2005年スペシャルオリンピックス冬季世界大会・長野　2005.1　95p　30cm〈英語併記　会期・会場：2005年2月26日―3月5日　山ノ内町：志賀高原一の瀬ファミリースキー場ほか〉

『スペシャルオリンピックス日本選手団公式ガイドブック―Special Olympics Nippon delegation guidebook：2005年スペシャルオリンピックス冬季世界大会』　熊本　スペシャルオリンピックス日本　2005.1　48p　21cm〈会期：2月26日―3月5日　年表あり〉

『Special Olympics長野2005』　信濃毎日新聞社, 共同通信社編集・制作　［長野］　2005年スペシャルオリンピックス冬季世界大会・長野　［2005］　1冊　41cm〈英語併載　会期：2005年2月26日―3月5日〉

『今日もどこかでスペシャルオリンピックス―知的発達障害者たちの世界的なスポーツ活動』　植松二郎文, かみやしん絵　佼成出版社　2004.10　123p　22cm（感動ノンフィクションシリーズ）1500円　①4-333-02104-9
内容 感動, 勇気, 生きる力…私たち一人一人が生きてゆく中で必要な, これらを与えてくれる…スポーツ。そのスポーツをからだと心いっぱいで伝えてくれる仲間の活動のひとつ。それがスペシャルオリンピックス！ 小学校中学年から。

『スペシャルオリンピックス』　遠藤雅子著　集英社　2004.2　221p　18cm　（集英社新書）　740円　①4-08-720230-5
内容 スペシャルオリンピックスとは, 知的発達障害者による世界規模のスポーツの祭典。発祥の地アメリカではパラリンピックをしのぐ九五％の認知度がある。世界大会には各国や地域から数千人規模のアスリートとボランティアたちが集い, 著名人らが集い, 共に生きる喜びを謳歌する。二〇〇五年二月, この第八回冬季世界大会が, 長野で開催される。ケネディ家の秘話に端を発し, 様々な人間ドラマを生んできたスペシャルオリンピックスの真実の姿とその意義, それを支える人々たちの奮闘振りを紹介する。

『花と人の交響楽―スペシャルオリンピックスから共生自立の丘へ』　春風社編集部編　横浜　春風社　2002.7　199p　21cm　1500円　①4-921146-49-7
内容 眠っているあいだに見るのが夢で, ときに現実離れする場合もあるが, 反対に, 日常をたくましく生きるための水先案内人にもなり得る。とくに現代のような八法ふさがりの時代に, 一見突拍子もないと思われる夢を抱き, 実現に向けてコツコツとはたらくことがとても重要に思える。本書では, スペシャルオリンピックスの感動に触れ, その価値観の深さ, 射程の広さに思いをいたす人々の夢を紹介している。

『やさしさをありがとう―スペシャルオリンピックスとの出逢い』　中村勝子述　山口　みほり峠　1998.5　80p　19cm（みほり文庫 第2集）　400円

《梶下 怜紀》　かじした・れいき
◇テニス選手。平成21年, 聴覚障がい者の五輪でもあるデフリンピックの銀メダリスト

『15（フィフティーン）―ハンディ―わが子は耳の聞こえぬテニスプレーヤー』　梶下律子著　小学館　2009.7　238p　19cm　1400円　①978-4-09-387861-6
内容 聴覚障がい者のオリンピック日本代表の快挙！ トッププレーヤーに成長した少年と家族の物語。

## パラリンピック（夏季）

『すべての人が輝くみんなのスポーツを―オリンピック・パラリンピックの壁を越えて』　芝田徳造, 正木健雄, 久保健, 加藤徹編　京都　クリエイツかもがわ　2015.1　160p　21cm〈文献あり〉　1800円　①978-4-86342-153-0
内容 すべての人が楽しめるスポーツの追求・創造を！ パラリンピック・オリンピックの壁を取り払い, 一体となった組織・運営, 可能な限りの共同競技開催を呼びかける。

『Body―奥野安彦写真集』　奥野安彦著　リトル・モア　2000.9　1冊（ページ付なし）　21×27cm　2500円　①4-89815-033-0
内容 パラリンピック・アスリートたちの4年

間の記録。

## 1964東京大会

（第13回 国際ストーク・マンデビル競技大会）（東京）〈1964年11月8日〜12日〉

『**1964東京オリンピックと杉並—1964年東京オリンピック・パラリンピック50周年記念 杉並区立郷土博物館分館企画展**』杉並区立郷土博物館分館編 杉並区立郷土博物館分館 2014.10 70p 30cm〈会期：平成26年9月20日—12月7日〉非売品

『パラリンピック東京大会報告書—国際身体障害者スポーツ競技会』 国際身体障害者スポーツ大会運営委員会 1965.8 270p 21cm

## 1996アトランタ大会

〈1996年8月16日〜25日〉

『ジャパン・パラリンピック冬季競技大会報告書 1996』 〔国立〕 日本身体障害者スポーツ協会 〔1996〕 61p 26cm

『**Pride of sports**』 Kiyoshi Okada, Tamotsu TAKI Takiguchi,Tomoshige Asada撮影 光進社 1997.12 1冊（ページ付なし） 30cm〈Sports Watcher特別編集 おもに図〉 2500円 ①4-87761-008-1
内容 1996年8月、アトランタはオリンピックに続く2度目のスポーツの祭典パラリンピックの開催を迎える。本書は障害を持つアスリートたちの写真集である。

## 2000シドニー大会

〈2000年10月18日〜29日〉

『ケンタウロス、走る！—車椅子レーサーたちのシドニー・パラリンピック』 土方正志著 文藝春秋 2001.1 221p 19cm 1476円 ①4-16-356930-8
内容 アトランタからシドニーまで、車椅子で駆け抜けた42.195km。室塚一也、広道純、土田和歌子ら、パラリンピックに挑んだ日本陸上陣の栄光と挫折—。苦楽をともにした著者による、四年間の伴走記。

『車椅子のJリーガー—いま僕はシドニー・パラリンピックの日本代表』 京谷和幸,京谷陽子著 主婦の友社 2000.11 198p 20cm〈東京 角川書店（発売）〉1300円 ①4-07-229145-5
内容 もと、Jリーグ・ジェフ市原のミッドフィルダー。交通事故で引退。2000年、車椅子バスケットの日本代表選手として、シドニー・パラリンピックに出場。夫婦で語る、その道のり。

## 2004 アテネ大会

〈2004年9月17日〜28日〉

『パラリンピックがくれた贈り物』 佐々木華子著 メディアファクトリー 2004.9 269p 20cm 1400円 ①4-8401-1131-6
内容 ある日突然、それまでの人生を変えてしまった事故や病気。彼らは挫折と障害を乗り越え、見事、アテネパラリンピックへの切符を手にした。自らの運命と闘った六人の感動のドラマ。

## 2008北京大会

〈2008年9月6日〜17日〉

『アジアにおけるオリンピック・パラリンピック開催をめぐる法的諸問題—平昌、東京そして北京への法的整備の推進と課題』 エイデル研究所 2016.12 243p 21cm （日本スポーツ法学会年報 第23号） 4286円 ①978-4-87168-591-7
目次 アジアにおけるオリンピック・パラリンピック開催をめぐる法的諸問題—平昌、東京そして北京への法的整備の推進と課題 アジアスポーツ法学会国際学術研究大会2015兼日本スポーツ法学会第23回大会（記念講演 東京2020オリンピック・パラリンピック競技大会の準備状況, シンポジウム 2020年東京オリンピック・パラリンピックの成功に向けた「法」の役割, 研究セッション1 五輪におけるソフトレガシーとしてのIntegrity関連規制はいかにあるべきか—求められる罪刑法定主義の理念と明確な規定の必要性, 研究セッション2 2020年東京五輪とアジアスポーツガバナンスの新展開）, スポーツ庁が果たすべき役割とその法的問題点—日本スポーツ法学会2015年総会・講演会及びパネル

ディスカッション（基調講演 スポーツ庁の概要と果たすべき役割，パネルディスカッション（日本バスケットボール協会に対する制裁（資格停止処分）が解除されるまでの経緯，スポーツ庁設置の沿革と課題，団体自治とスポーツ庁の役割に関する政策的観点からの検討―財源を取っ掛かりとして），パネルディスカッション討論要旨，報告「スポーツ法学教育の普及・推進に関する声明」について，原著論文 学校運動部活動時の「体罰」判例に見る体罰の特徴とその要因に関する研究，スポーツ仲裁評釈 JSAA‐AP‐2014‐007（自転車）仲裁判断について―国際大会代表をめぐる紛争，スポーツ仲裁評釈 JSAA‐AP‐2015‐007仲裁判断（水泳）について，スポーツ仲裁評釈 ホッケー女子日本代表監督の解任をめぐる仲裁申立事件について―日本スポーツ仲裁機構2015年5月25日JSAA‐AP‐2015‐002仲裁判断，スポーツ仲裁評釈 JSAA‐AP‐2015‐001中間判断及び仲裁判断（空手）について，スポーツ仲裁評釈 U23世界選手権軽量級スイープカテゴリー代表選手決定をめぐる仲裁申立事件―日本スポーツ仲裁機構2015年6月4日JSAA‐DP‐2015‐003仲裁判断，スポーツ仲裁評釈 JSAA‐AP‐2015‐004仲裁判断（テコンドー）について）

## 2012ロンドン大会
〈2012年8月29日〜9月9日〉

『みんなで創るオリンピック・パラリンピック―ロンドンに学ぶ「ごみゼロ」への挑戦』 崎田裕子，鬼沢良子，足立夏子編著，松田美夜子監修 環境新聞社 2015.5 158p 21cm 1500円 ①978‐4‐86018‐299‐1

目次 ロンドン視察の目的と事前の問題意識（視察日2014年9月5日〜8日）（2020年のオリンピックは東京開催に決定，「観るだけ」から，「みんなが参加できる」へ，ロンドン五輪の関係者に会いに行こう，インタビューを受けてくれた人），第1章 2012年，ロンドンオリンピックはどのように開催されたか（インタビュー（サステナビリティのマネージャーに聞く―英国規格協会／アマンダ・カイリーさん「私たちは，本気で持続可能なオリンピックにしたかった」，オリンピックパークの会場建設と跡地利用の計画者に聞く―アラップ社／ライナー・ザイマンさん，メロディー・アブロラさん「廃棄物を循環さ

せることは，環境面だけでなく経済面においても非常に重要」，イベントにおける「ごみゼロ・ビジョン」の策定者に聞く―WRAP／マービン・ジョーンズ博士「オリンピックは，世界に向けたショーケースである」，持続可能な食料の調達「ロンドン・フード・ビジョン」の実践者に聞く―ISEAL／ノルマ・トレガーザさん，マルカス・ニューマンさん「すべてのステークホルダーを巻き込んで対話することが大切」），第2章 クイーン・エリザベス・オリンピックパークを訪ねて（ロンドンの新しい交通システム，レンタル自転車，念願のオリンピック会場へ），第3章 東京版「イベントごみゼロプラン」を作ろう（ロンドンのごみゼロに学ぶ，イベントごみゼロの計画書の作り方，東京版『イベントごみゼロプラン（案）』をつくる手順，イベントごみゼロがもたらす行動と利点），第4章 2020年東京オリンピック・パラリンピックを共創するために（オリンピックの"レガシー"の意味，総合力を高める4つの提案）

## 2016リオデジャネイロ大会
〈2016年9月7日〜18日〉

『オリンピック・パラリンピック大百科 別巻 リオから東京へ』 日本オリンピック・アカデミー監修 小峰書店 2017.10 43p 29cm 〈索引あり〉 3000円 ①978‐4‐338‐30008‐7

目次 1 熱かったリオオリンピック・パラリンピック（南米で初めての大会，リオ大会が残したレガシー），2 2018年平昌オリンピック・パラリンピックがやってくる（選手たちを応援しよう！，熱戦の舞台となる韓国・平昌の街），3 2020年東京オリンピック・パラリンピックへ!!（実力をのばす注目の選手たち，東京大会で行われる追加の競技，新種目のいろいろ ほか）

『リアル×リオパラリンピック―井上雄彦，熱狂のリオへ』 井上雄彦［著］，チームリアル編 集英社 2016.12 141p 図版8枚 21cm 1200円 ①978‐4‐08‐780806‐3

内容 リオパラリンピック2016，車イスバスケットボール日本代表・シンペーJAPANの激闘と足跡を井上雄彦＆チームリアルが完全追跡！

『リオデジャネイロパラリンピック2016報

道写真集』　共同通信社　2016.9　104p
30cm　926円　①978-4-7641-0691-8

目次 リオデジャネイロパラリンピック2016
ハイライト（道下美里―陸上、山本篤―陸
上、佐藤友祈―陸上、辻沙絵―陸上、木村敬
一―競泳、広瀬誠―柔道、車いすラグビー、
上地結衣―車いすテニス、ボッチャ、鹿沼由
理恵―自転車、藤田征樹―自転車 ほか）

『リオデジャネイロパラリンピック2016報
道写真集』　名古屋　中日新聞社
2016.9　104p　30cm　926円　①978-4-
8062-0716-0

目次 リオデジャネイロパラリンピック2016
ハイライト 道下美里 陸上、山本篤 陸上、佐
藤友祈 陸上、辻沙絵 陸上、木村敬一 競泳、
広瀬誠 柔道、車いすラグビー、上地結衣 車
いすテニス、ボッチャ、鹿沼由理恵 自転車
〔ほか〕

『リオパラリンピックを楽しむための完全
観戦ガイド』　ぴあ　2016.9　95p
30cm　（ぴあMOOK）　1000円
①978-4-8356-3108-0

『2016リオオリンピック＆パラリンピック
日本代表選手をTVで応援！ BOOK』
東京ニュース通信社　2016.7　86p
30cm　（TOKYO NEWS MOOK 通巻
552号）〈TVガイド特別編集〉　648円
①978-4-86336-568-1

2020東京大会
〈2020年8月25日～9月6日（予定）〉

『参加しよう！ 東京パラリンピックとバリ
アフリー　1　パラリンピック競技を体
験！―ボッチャ、ゴールボールなど』
山岸朋央著　汐文社　2018.9　47p
27cm〈文献あり 索引あり〉　2300円
①978-4-8113-2508-8

内容 2020年の開催を前にして、さまざまな準
備が進む東京2020パラリンピック。世界中
から観客が集まる東京は、いま、障がいの
ある人たちが過ごしやすい街に変わってき
ています。本書では、パラリンピック競技
の選手のすごさや競技の魅力を紹介しなが
ら、障がいのある人たちが不便なく生活し
ていくための街づくりについても知ること
ができます。パラリンピックについて学ぶ
とともに、障がいのある人もない人も明る

く楽しく暮らせる街を、みんなで作ってい
きましょう。

『オリンピック・パラリンピック東京大会
の安全安心な開催のための対策を考え
る』　公共政策調査会　2018.5　195p
21cm　（懸賞論文論文集 平成29年度）
〈共同刊行：警察大学校警察政策研究セン
ター　文献あり〉　非売品

『東京2020パラリンピックジャンプ
VOL.1　パラコミック満載！ 井上雄彦
猿渡哲也 高橋陽一が挑むパラスポーツ
の世界!!!』　週刊ヤングジャンプ
＆Sportiva共同編集　集英社　2017.11
191p　21cm　（SHUEISHA MOOK）
1000円　①978-4-08-102187-1

『都民のスポーツ活動・パラリンピックに
関する世論調査　平成28年9月調査』
東京都生活文化局広報広聴部都民の声課
編　東京都生活文化局広報広聴部都民の
声課　2017.1　6, 188p　30cm　（世論
調査結果報告書）

『ときめきを未来へつづる―東京2020オ
リンピック・パラリンピック学習ノート』
東京都教育庁指導部指導企画課編　東京
都教育庁指導部指導企画課　2016.9
112p　15×21cm

『ビッグスポーツイベントとOR―東京オ
リンピック・パラリンピックを安全・エ
ネルギー・交通から考える 2016年春季
シンポジウム（第75回）』　日本オペ
レーションズ・リサーチ学会　〔2016〕
61p　30cm〈会期・会場：2016年3月16
日 慶應義塾大学〉

『コンセプトはアスリート・ファースト―
オリンピック・パラリンピック「2020
東京」』　廣畑成志著　本の泉社　2015.
3　215p　19cm〈背のタイトル：コンセ
プトはアスリート・ファースト2020東
京〉　1500円　①978-4-7807-1210-0

目次 第1章 発せられた「アスリート宣言」、第
2章 メダルの色を超えた選手たち、第3章 自
由に自己表現する新競技者、第4章 あの3.11
に連帯したアスリートたち、第5章「参加と
平等」に挑むパラリンピアン、第6章 結婚、
出産後も現役アスリート、第7章 社会正義を

オリンピックの本3000冊　95

つらぬくアスリート，第8章 アスリートには悲しい歴史があった，第9章 起これ！ アスリートファーストの声，第10章 これから始まる新時代への挑戦

『平成三十二年東京オリンピック競技大会・東京パラリンピック競技大会特別措置法案（内閣提出第15号）平成三十一年ラグビーワールドカップ大会特別措置法案（内閣提出第16号）に関する資料』 衆議院調査局文部科学調査室 2015.3 90p 30cm〈第189回国会〉

『平成三十二年東京オリンピック競技大会・東京パラリンピック競技大会特別措置法案（内閣提出第29号）平成三十一年ラグビーワールドカップ大会特別措置法案（内閣提出第30号）に関する資料』 衆議院調査局文部科学調査室 2014.11 62p 30cm〈第187回国会〉

## パラリンピック（冬季）

『しらべよう！ 知っているようで知らない冬季オリンピック 1 冬季オリンピックの記録と記憶』 大熊廣明監修，稲葉茂勝文 ベースボール・マガジン社 2013.9 31p 29cm〈索引あり〉 2500円 ①978-4-583-10597-0
内容 冬季オリンピックのさまざまな記録や，一校一国運動といった，人びとの記憶にのこるさまざまなできごと・日本人選手などについて，写真や資料でくわしく紹介します。

『冬季五輪の栄光』 徳間書店 2002.4 66p 29cm（Town mook—英雄神話 dramatic sports v.4） 552円 ①4-19-710142-2

### 1998長野大会

『「長野オリンピック・パラリンピックから20年」報告書—2017年12月26日—2018年1月19日調査』 長野 長野県世論調査協会 2018.2 57p 30cm

『「長野オリンピック・パラリンピックから20年」報告書—2017年12月26日—2018年1月19日調査』 長野 長野県世論調査協会 2018.2 57p 30cm

『もうひとつの聖火—パラビットの日』 島田豊子著 新風舎 2003.5 123p 19cm 1200円 ①4-7974-2768-X
内容 1998年（平成10年）3月5日から10日間にわたって行われた長野パラリンピック冬季競技大会。自らの障害に立ち向かい，力の限界へと努力を惜しまない選手の活躍とともに，一人の少女をめぐる小学生たちの友情を描く。

『長野パラリンピックボランティア活動報告集』 長野県作業療法士会長野パラリンピックボランティア検討委員会編 丸子町（長野県） 長野県作業療法士会 1999.11 30p 26cm

『長野オリンピック・パラリンピック山ノ内町記録誌』 山ノ内町（長野県） 山ノ内町 1999.2 2冊 31cm〈標題紙等のタイトル：山ノ内町の記録 「招致編」「大会編」に分冊刊行〉

『長野オリンピック・パラリンピック山ノ内町記録誌』 山ノ内町（長野県） 山ノ内町 1999.2 2冊 31cm〈標題紙等のタイトル：山ノ内町の記録 「招致編」「大会編」に分冊刊行〉

『長野オリンピック冬季競技大会と政府機関等の協力』 文部省 1999 141p 30cm

『長野冬季オリンピック・パラリンピックを支えた陸上自衛隊第12師団隊員たちの記録』 中野 北信ローカル出版センター 1998.9 161p 30cm〈タイトルは奥付による〉

『試走者たちの金メダル』 伊藤龍治著 札幌 北海道新聞社 1998.7 224p 19cm 1500円 ①4-89363-982-X
内容 元気が出るスポーツエッセイ。

『長野パラリンピック公式写真集』 長野 長野パラリンピック冬季競技大会組織委員会 1998.7 1冊（ページ付なし） 31cm

『1998長野パラリンピック日本選手名鑑』 日本身体障害者スポーツ協会監修 中央法規出版 1998.2 83p 21cm 800円

①4-8058-1667-8
内容 長野パラリンピック冬季競技大会に出場する日本選手を紹介した選手名鑑。プロフィールのほかに各選手のコメントもある。

『飛ぶ夢を見た。―長野パラリンピックに挑む者たちの記録』　黒田信一[ほか]
著　光進社　1998.2　253p　20cm
1800円　①4-87761-009-X
目次 長野、パラドキシカルな夢, 風になりたい, 氷上のアーティスト, 長く遠いゴール

# 競技・種目

『ルールと見どころ！ オリンピック・パラ
リンピック全競技』　日本オリンピッ
ク・アカデミー監修　ポプラ社　2018.4
6冊（セット）　29×22cm　18000円
①978-4-591-91715-2
目次 1陸上競技・自転車競技・スケートボード
ほか 屋外競技・複合競技, 2水泳・カヌー・
サーフィンほか 水上競技, 3体操・レスリ
ング・柔道ほか 屋内競技・格闘技, 4サッ
カー・バレーボール・テニス ほか 球技・ター
ゲットスポーツ, 5スキー・スケート・カー
リングほか 冬季競技, 6パラ陸上競技・車
いすテニス・ボッチャ ほか パラリンピック
競技

『ルールと見どころ！ オリンピック・パラ
リンピック全競技　1　陸上競技 自転車
競技 スケートボードほか―屋外競技・
複合競技』　日本オリンピック・アカデ
ミー監修　ポプラ社　2018.4　55p
29cm〈索引あり〉　3000円　①978-4-
591-15735-0
目次 陸上競技（短距離, 中・長距離 ほか）, 自
転車競技（トラック競技, ロード競技 ほか）,
馬術（馬場馬術, 障害馬術 ほか）, スケート
ボード（ストリート, パーク）, 近代五種

『ルールと見どころ！ オリンピック・パラ
リンピック全競技　2　水泳 カヌー
サーフィンほか―水上競技』　日本オリ
ンピック・アカデミー監修　ポプラ社
2018.4　55p　29cm〈索引あり〉　3000
円　①978-4-591-15736-7
目次 水泳, トライアスロン, ボート, カヌー,
セーリング, サーフィン

『ルールと見どころ！ オリンピック・パラ
リンピック全競技　3　体操 レスリング
柔道ほか―屋内競技・格闘技』　日本オ
リンピック・アカデミー監修　ポプラ社
2018.4　63p　29cm〈索引あり〉　3000
円　①978-4-591-15737-4
目次 体操, フェンシング, レスリング, 柔道,

ボクシング, テコンドー, 空手, ウエイトリ
フティング, スポーツクライミング

『ルールと見どころ！ オリンピック・パラ
リンピック全競技　4　サッカー バレー
ボール テニスほか―球技・ターゲット
スポーツ』　日本オリンピック・アカデ
ミー監修　ポプラ社　2018.4　63p
29cm〈索引あり〉　3000円　①978-4-
591-15738-1
目次 サッカー, バレーボール, ラグビー, バ
スケットボール, ハンドボール, テニス, バ
ドミントン, 卓球, ホッケー, 野球, ソフト
ボール, ゴルフ, アーチェリー, 射撃

『ルールと見どころ！ オリンピック・パラ
リンピック全競技　5　スキー スケート
カーリングほか―冬季競技』　日本オリ
ンピック・アカデミー監修　ポプラ社
2018.4　63p　29cm〈索引あり〉　3000
円　①978-4-591-15739-8
目次 アルペンスキー, クロスカントリース
キー, スキージャンプ, ノルディック複合,
フリースタイルスキー, スノーボード, ス
ピードスケート, ショートトラック・スピー
ドスケート, フィギュアスケート, バイアス
ロン, ボブスレー, スケルトン, リュージュ,
カーリング, アイスホッケー

『ルールと見どころ！ オリンピック・パラ
リンピック全競技　6　パラ陸上競技 車
いすテニス ボッチャほか―パラリン
ピック競技』　日本オリンピック・アカ
デミー監修　ポプラ社　2018.4　63p
29cm〈索引あり〉　3000円　①978-4-
591-15740-4
目次 パラリンピックってなに？, パラ陸上
競技, 自転車競技, 馬術, パラ水泳, トライ
アスロン, ボート, カヌー, 車いすフェンシ
ング, 柔道〔ほか〕

『低学年からのスポーツ・ルール　3　テニ
ス・バドミントン・卓球』　全日本子ど
もスポーツ連盟編著　汐文社　2015.3

競技・種目

83p　22cm　2000円　①978-4-8113-2129-5

目次 テニス（サーブ権の決め方，失点（相手プレーヤーの得点），点数の数え方 ほか），バドミントン（得点，試合，サーブ ほか），卓球（試合，サービス，ダブルス ほか）

『低学年からのスポーツ・ルール　4　柔道・剣道・相撲・空手』　全日本子どもスポーツ連盟編著　汐文社　2015.3　83p　22cm　2000円　①978-4-8113-2130-1

目次 柔道（歴史，競技場 ほか），剣道（歴史，競技場 ほか），相撲（歴史，競技場（土俵）ほか），空手（歴史，空手競技とは ほか）

『スポーツなんでも事典武道』　こどもくらぶ編　ほるぷ出版　2010.2　71p　29cm〈文献あり　年表あり　索引あり〉　3200円　①978-4-593-58416-1

内容 武道の歴史，道衣や袴，道場から，各武道の特徴，世界の武道事情などなど。この本は，武道についてさまざまなことがらをテーマごとにまとめて解説した，ビジュアル版子ども向け事典です。武道について，何を，どのように調べたらよいかがわかります。

『IOCスポーツと環境・競技別ガイドブック』　日本オリンピック委員会スポーツ環境専門委員会，博報堂DYメディアパートナーズ編　日本オリンピック委員会　2008.12　164p　30cm

『世紀の誤審―オリンピックからW杯まで』　生島淳著　光文社　2004.7　198p　18cm　（光文社新書）　700円　①4-334-03259-1

内容 故意か過失か？ それとも偏見か？ 大舞台での「誤審」の真相。

『図解スポーツルール大事典』　綿井永寿監修　3訂版　東陽出版　1997.6　419p　30cm　9800円　①4-88593-180-0

目次 陸上競技（トラック競技，フィールド競技），水上競技，体操競技，球技（バスケットボール，ハンドボール，バレーボール，卓球，テニス，バドミントン，サッカー，ラグビー，アメリカンフットボール，野球，ソフトボール），冬季競技（スキー，スケート），武道・格技（すもう，柔道，剣道，弓道，空手道，レスリング，ボクシング，フェンシング），その

他の競技（ウエイトリフティング，アーチェリー，ゴルフ，ゲートボール，ヨット，ボート，カヌー，馬術，射撃，近代五種競技）

『要約図解スポーツ・ルール―図解コーチ』　多和健雄監修　改訂版　成美堂出版　1997.5　253p　16cm　560円　①4-415-00475-X

内容 本書は，高等学校学習指導要領の体育科の学習内容に示されている19種目のスポーツについて収録した。だれでもが理解しやすいように，各競技ルールの条文を要約し，さらに図解を加えて，競技場やテレビなどでスポーツを観て楽しむ人にも役立つように配慮した。スポーツ競技の各ルールは，競技用具の改良や競技技術の向上にともなって，毎年のように改正される。本書は，その改正された部分については可能なかぎり増補・改訂を行ない，つねに最新のルールを掲載することに努めている。

『イラストによる最新スポーツルール百科　1997年版』　大修館書店編集部編　大修館書店　1997.3　336p　21cm〈付：近代の体育・スポーツ年表〉　1339円　①4-469-26360-5

目次 バレーボール，バスケットボール，ハンドボール，サッカー，ラグビー，陸上競技，水泳，体操，柔道，剣道，テニス，卓球，バドミントン，野球，ソフトボール，スキー，スケート，新体操，ホッケー，レスリング，すもう，なぎなた，弓道，アメリカンフットボール，ウエイトリフティング，ボクシング，アーチェリー，フェンシング，ゴルフ，ボート，ヨット

『図解スポーツルール大事典』　改訂新版　東陽出版　1986.1　403p　31cm〈監修：佐々木吉蔵〉　9800円　①4-88593-119-3

『図解スポーツルール大事典』　新訂版　東陽出版　1977.5　408p　32cm〈監修：佐々木吉蔵〉　7800円

『図解スポーツルール大事典』　東洋図書〔ほか〕　1965　472p（図版共）　31cm〈監修者：佐々木吉蔵　共同刊行：日本教図〉　4500円

『スポーツ辞典　第17-20』　日本放送協会編　日本放送出版協会　1964　4冊　18cm

オリンピックの本3000冊　99

『オリンピック競技とアマチュアリズム』
井上春雄, 阿部馨, 篠塚睿著　明玄書房
1963　169p　22cm〈付：参考文献〉

# 選手

『誰も知らない偉人伝—勇気をくれる日本
　史』　白駒妃登美［著］　KADOKAWA
2018.6　261p　15cm　（角川文庫 し64-
1）〈「こころに残る現代史」（2014年刊）
の改題、加筆・修正　文献あり〉　640円
①978-4-04-106668-3
内容 命と引き換えにコレラ拡大を防いだ警察
　官、20万人以上の沖縄県民の命を救った県
　知事、ポーランド孤児を救うためドイツ軍へ
　屹然と立ち向かった大使館の書記官…。日
　本にはまだまだ私たちの知らないヒーロー
　がいる！ 圧倒的に不利な状況だった日露戦
　争に勝機をもたらした人物から、諸外国と
　の友好の懸け橋となった人物まで、現代の
　日本を作った陰の立役者らを紹介。名もな
　き英雄たちの物語。

『日本の金メダリストじてん　2　夏季パラ
　リンピック・冬季パラリンピック編』
中嶋舞子著, 大熊廣明監, こどもくらぶ
編集　ベースボール・マガジン社
2018.5　31p　29cm〈索引あり〉　3000
円　①978-4-583-11130-8
内容 この本では、日本の金メダリストたちに
　ついて、つぎのようなことがらをくわしく
　見ていきます。いつ、どこで、だれが金メダ
　ルをとったか？ 金メダリストの生年か出身
　地、子ども時代のようすや人柄は？ パラリ
　ンピックに出るまでの活躍ぶりは？ 金メダ
　ルをとった試合での戦いぶりは？ 金メダル
　をとったあとの活躍ぶりは？ など。なお、
　本の最初と最後の「見返し」には、日本の
　金メダリストを一覧で紹介しています。

『日本の金メダリストじてん　1　夏季オリ
　ンピック・冬季オリンピック編』　中嶋
舞子著, 大熊廣明監, こどもくらぶ編集
ベースボール・マガジン社　2018.4
95p　29cm〈索引あり〉　7500円
①978-4-583-11129-2
内容 この本では、オリンピックの金メダルを
　獲得した日本人の選手たちについて、つぎ
　のようなことがらをくわしく見ていきます。
　いつ、どこで、だれが金メダルをとったか？
　金メダリストの生年や出身地、子ども時代
　のようすや人柄は？ オリンピックに出るま
　での活躍ぶりは？ 金メダルをとった試合で

の戦いぶりは？ 金メダルをとったあとの活躍ぶりは？ など。

『まんがNHKアスリートの魂—信念をつらぬく 野球田中将大 バドミントン高橋礼華・松友美佐紀 体操村上茉愛』 山田幸雄スポーツ監修, 高岩ヨシヒロ, 春野まこと, 東園子まんが 学研プラス 2017.9 175p 21cm 1200円 ①978-4-05-204688-9
内容 誰よりも努力して…何度もくやしい思いをして…それでもけっしてあきらめない。栄光に向かってひたむきに生きる、アスリート感動まんが。

『近代オリンピックのヒーローとヒロイン』 池井優著 慶應義塾大学出版会 2016.12 365p 20cm 〈文献あり〉 2600円 ①978-4-7664-2389-1
内容 四年に一度のスポーツの祭典、オリンピックはこれまで数々のヒーロー、ヒロインを生んだ。クーベルタン、嘉納治五郎から前畑秀子、「東洋の魔女」、そして大会を支えた裏方たちまで—。祭典を彩ったひとびとのドラマを、豊富なエピソードとともに描き出す。

『オリンピック男子—ルックスも実力もピカイチ！ 注目アスリート22名』 マガジンハウス 2016.8 84p 30cm （MAGAZINE HOUSE MOOK—an・an SPECIAL）〈an・an特別編集〉 833円 ①978-4-8387-5114-3

『オリンピック・パラリンピック大百科 7 オリンピック競技完全ガイド』 日本オリンピック・アカデミー監修 小峰書店 2016.4 43p 29cm 〈索引あり〉 3000円 ①978-4-338-30007-0
目次 1 オリンピックの競技と種目（競技、種目って何？, 2020年東京オリンピックでは、どんな競技が増える？, 2020年東京パラリンピックの新しい競技は？）, 2 夏季オリンピック競技の見どころ（ゴルフ、7人制ラグビー、陸上競技 ほか）, 3 冬季オリンピック競技の見どころ（雪と氷のスポーツ7競技（スキー、バイアスロン、スケート ほか））

『あの一瞬—アスリートが奇跡を起こす「時」』 門田隆将［著］ KADOKAWA 2016.3 364p 15cm （角川文庫 か63-6）〈新潮社 2010年刊の加筆・修正 文

献あり〉 880円 ①978-4-04-103376-0
内容 重傷を負いグラウンドに立てなくなったキャプテンがまとめ上げたサッカー日本代表、舌の表面のざらざらした細胞が立ってしまうほどの減量に耐え「圧倒的不利」との下馬評をひっくり返したファイティング原田、「松井五敬遠」で世間の非難を一身に浴びた明徳義塾ナインが示し続ける鉄の結束…。さまざまな競技から歴史に残る名勝負を選りすぐり、勝敗を分けた「あの一瞬」に至るまでの心の軌跡を描きだす。

『〈スポーツ感動物語〉アスリートの原点 1 才能に勝る努力—錦織圭/宮本恒靖/野村忠宏/八重樫東 宮崎正裕/星奈津美/高見山ほか』 学研プラス 2016.2 191p 22cm 1400円 ①978-4-05-501184-6
目次 錦織圭（テニス）—世界に羽ばたくシャイな少年, 川澄奈穂美（—走って走って、その先に, 八重樫東（ボクシング）—激闘王と呼ばれた男, クリスティアーノ・ロナウド（サッカー）—スーパースター、栄光までの軌跡, 宮本恒靖（サッカー）—頭脳的な兵法, 高見山（相撲）—「目から汗」を流しながら, 星奈津美（水泳）—病に負けない努力, 野村忠宏（柔道）—あの背負い投げを、もう1度, 宮崎正裕（剣道）—最強剣士は「努力」の天才, 羽生結弦（フィギュアスケート）—窮地で試された精神力

『〈スポーツ感動物語〉アスリートの原点 2 ゆずれない信念—岡本美鈴/本田圭佑/五郎丸歩/国枝慎吾/川内優輝 ダルビッシュ有/入江陵介/ジャッキー・ロビンソンほか』 学研プラス 2016.2 195p 22cm 1400円 ①978-4-05-501185-3
目次 岡本美鈴（フリーダイビング）—海に潜る、新たな自分を求めて, 五郎丸歩（ラグビー）—「必勝の勝利」を支えたもの, 川内優輝（マラソン）—常識破りの公務員ランナー, ダルビッシュ有（野球）—なるか、メジャー挑戦2年目の完全試合, 本田圭佑（サッカー）—W杯優勝、その信念をつらぬく, 国枝慎吾（車いすテニス）—挑み続けるチャンピオン, ジャッキー・ロビンソン（野球）—人種の壁を乗り越えて, 入江陵介（水泳）—天才スイマーの "エース" への道, グラント・ヒル（バスケットボール）—謙虚さと不屈と, 田中史朗（ラグビー）—信念と孤独の狭間で

『〈スポーツ感動物語〉アスリートの原点

選手

4 遅咲きのヒーロー——和田一浩/遠藤保仁/三浦雄一郎/葛西紀明 伊藤鐘史/輪島功一/藤光謙司/鈴木明子ほか』 学研プラス 2016.2 191p 22cm 1400円 ⑪978-4-05-501187-7

目次 和田一浩(野球)——「僕はできる」で叶えた夢, 遠藤保仁(サッカー)——約束の地, W杯への道のり, 三浦雄一郎(登山)——どこまでも続く冒険, 藤光謙司(陸上)——遅咲きスプリンターの春, 伊藤鐘史(ラグビー)——ゆるがぬ「思いの芯」, 葛西紀明(スキージャンプ)——くじけない心, 輪島功一(ボクシング)——不屈のファイター, 鈴木明子(フィギュアスケート)——たとえ, 遠回りに見えても…, 旭天鵬(相撲)——「角界のレジェンド」と呼ばれて, 有森裕子(マラソン)——自分らしく輝ける場所へ

『〈スポーツ感動物語〉アスリートの原点 6 高めあえるライバル——白井健三/長井淳子/成田真由美 伊藤有希/バルタリ&コッピほか』 学研プラス 2016.2 190p 22cm 1400円 ⑪978-4-05-501189-1

目次 白井健三(体操)——兄たちの存在と飛躍, 瀬戸大也(水泳)——天才スイマーの背中を追って, 伊藤有希(スキージャンプ)——女子ジャンプ「天才少女」の復活, スノーボード男子日本代表——馴れ合いなき切磋琢磨, 長井淳子(柔道)——「永遠の二番手」と呼ばれて, 明徳義塾高校vs高知高校(野球)——「1点差」を分けるもの, チーム青森とチーム長野(カーリング)——氷上の熱き戦い～カーリング女子, ジーノ・バルタリ&ファウスト・コッピ(自転車)——イタリアを二分したライバル, 魔裟斗vs山本"KID"徳郁(格闘技)——リングの魂～世紀の一戦, 成田真由美(水泳)——永遠のライバル

『10分で読めるスポーツで夢をあたえた人の伝記』 塩谷京子監修 学研教育出版 2015.7 175p 21cm 〈発売:学研マーケティング〉 800円 ⑪978-4-05-204143-3

内容 歴史を動かした人から, 今活やくする人まで, サッカー, 野球, 水泳, 陸上…スポーツで, 人々を感動させた20人。学校で使う道徳の本や, 国語の教科書に出ている人, 人物のことが「名言」で, よくわかる。小学校低～中学年向け。

『二階堂を巣立った娘たち 戦前オリンピック選手編』 勝場勝子, 村山茂代著 不昧堂出版 2013.4 172p 21cm 2000円 ⑪978-4-8293-0498-3

目次 第1章 第9回オリンピックアムステルダム大会(人見絹枝), 第2章 第10回オリンピックロサンゼルス大会(眞保正子, 石津光惠, 相良八重, 廣橋百合子, 松澤初穂), 第3章 第11回オリンピックベルリン大会(峰島秀, 三井美代子, 壺井宇乃子)

『宇賀なつみ戦士のほっとタイム』 テレビ朝日「報道ステーション」, 朝日新聞社編, 宇賀なつみ著 朝日新聞出版 2013.3 140p 19cm 1200円 ⑪978-4-02-251067-9

内容 取材では, 「これはどうなのかな?」と, 誰もが疑問に思うようなことを率直に聞いてきた。香川真司, 田中将大, 澤穂希, ウサイン・ボルトをはじめとする, 一流アスリート25人に熱く迫る。各選手に宛てた手紙を特別収録。

『トップアスリートの決定的瞬間——100年先も語り継がれる:その舞台裏では何が起きていたのか?』 西山和明著 PHP研究所 2012.8 175p 19cm 1300円 ⑪978-4-569-80563-4

内容 三浦知良, ダルビッシュ有, 高橋尚子, イチロー, 松井秀喜, 岡崎朋美…この瞬間を撮るためにすべてをかけた名写真家30年の記録。

『あの負けがあってこそ——再起を懸けたアスリート25の軌跡』 大元よしき著 ウェッジ 2012.6 216p 19cm 1400円 ⑪978-4-86310-099-2

内容 時に「二度と口にしたくない」や「思い出したくない」という言葉に接した。その一方で, 「あの日があればこそ, 今がある…」と頬に落ちる涙に出合ったこともある。彼らは, いかにしてその負けを克服し, 再起を懸けたのか——。

『オリンピックヒーローたちの物語』 大野益弘著 ポプラ社 2012.6 143p 20cm (ポプラ社ノンフィクション 10) 〈文献あり 年譜あり〉 1200円 ⑪978-4-591-12955-5

内容 半分ずつつなぎあわされたメダルにひめられた友情, 熱投がよんだ最初で最後の金

メダル、ケガや不調をのりこえつかんだ2種目2連覇の快挙…。オリンピックの感動の裏には、アスリートたちの苦悩や努力がかくされていた。オリンピックが生んだ、熱い感動の物語。

『スポーツ感動物語　第2期 2　先駆者たちの道のり―森末慎二（体操）/東洋の魔女（バレーボール）荻村伊智朗（卓球）/織田幹雄（陸上）/前畑秀子（水泳）西村雄一（サッカー）/テンジン・ノルゲイ（登山）ほか』　学研教育出版　2012.2　175p　22cm〈発売：学研マーケティング〉　1400円　①978-4-05-500923-2
目次 森末慎二―大失敗が生んだ体操界一、東洋の魔女―世界一の練習でつかんだ金メダル、荻村伊智朗―伝説の卓球人、佐賀商業高校フェンシング部―インターハイがやってくる！、前畑秀子―前畑がんばれ！，西村雄一―信念のレッドカード、女子スキージャンプ―ついに手にした冬季オリンピックへの道、織田幹雄―五輪史に刻んだジャンプ，テンジン・ノルゲイ―世界で最も高い所へ友情の赤いスカーフ、堀江謙一―ひとりで渡った太平洋

『スポーツ感動物語　第2期 4　挫折と苦難の克服―高橋大輔（スケート）/室伏広治（ハンマー投げ）2010W杯日本代表チーム（サッカー）/田中達也（サッカー）河合純一（水泳）/ペ・ヒョンジン（マラソン）ほか』　学研教育出版　2012.2　174p　22cm〈発売：学研マーケティング〉　1400円　①978-4-05-500925-6
目次 高橋大輔―危機を乗り越えた、表現者の意地、河合純一―ブラインドの向こうに見える光、室伏広治―36歳の鉄人がたどり着いた頂、ペ・ヒョンジン―やり遂げたサブスリー、大野均―今、やれることをやる、田中達也―カモン、ワンダーボーイ！、羽中田昌―再び、あのフィールドへ、大枝茂明―屈辱を雪辱へ松坂大輔を育てた男、ジョー・シンプソン―諦めきれないアイガー山、2010W杯日本代表チーム―南アフリカでの躍進はなぜ起こったのか

『スポーツ感動物語　第2期 5　天才と努力―内藤大助（ボクシング）/池田勇太（ゴルフ）/有森裕子（マラソン）吉田沙保里（レスリング）/ローリー・マキロイ（ゴルフ）ウサイン・ボルト（陸上）/野村克

也（野球）ほか』　学研教育出版　2012.2　175p　22cm〈発売：学研マーケティング〉　1400円　①978-4-05-500926-3
目次 内藤大助―逃げずにつかんだ三度目の夢、池田勇太―苦い春、苦い涙、有森裕子―初めて、自分で自分をほめたい、吉田沙保里―前人未到の強さを求めて、サチェル・ペイジ―42歳の新人投手、ローリー・マキロイ―少年が王者になる日、ウサイン・ボルト―夢を越えた記録、野村克也―苦難を乗り越え、凛と咲いた「月見草」、浜田剛史―"はがゆい"拳で極めた、世界の頂点、アベベ―裸足の英雄

『スポーツ感動物語　第2期 6　それぞれの誇りを胸に―WBC日本代表チーム（野球）/マニー・パッキャオ（ボクシング）ラモス瑠偉（サッカー）/長谷部誠（サッカー）カタリナ・ビット（スケート）/古橋広之進（水泳）ほか』　学研教育出版　2012.2　175p　22cm〈発売：学研マーケティング〉　1400円　①978-4-05-500927-0
目次 WBC日本代表チーム―誇りと意志で勝ち取った連覇、カタリナ・ビット―国家をまたいで輝く銀盤の女王、長谷部誠―普通の選手が代表のキャプテンに、マンデラ大統領と"スプリングボクス"―民族融和を成し遂げた勝利、マニー・パッキャオ―現在進行形の伝説、古橋広之進―フジヤマのトビウオ、アントン・ヘーシンク―日本柔道界を震撼させた巨人、ラモス瑠偉―かなわなかったワールドカップの夢、白井義男―復興の夢をかなえた拳、オリンピック名言集―オリンピックを通じて人生の真実が宿る

『スポーツ感動物語　第2期 8　チームワークと絆―北京五輪男子4×100mリレー日本代表チーム（陸上）田中将大＆奥村幸治（野球）/コバルトーレ女川（サッカー）琉球ゴールデンキングス（バスケットボール）ほか』　学研教育出版　2012.2　175p　22cm〈発売：学研マーケティング〉　1400円　①978-4-05-500929-4
目次 北京五輪男子4×100mリレー日本代表チーム―チーム朝原、夢への疾走、ニューオリンズ・セインツ―復興の思いをかけた聖者の戦い、太田雄貴＆オレグコーチ―歴史を作った師弟の信頼関係、田中公士（佐賀商野球部監督）―素人監督の意地が起こした

奇跡, 琉球ゴールデンキングス―琉球ゴールデンキングスのキセキ, 1992年サッカー日本ユース代表―夜明け前の輝き, 田中将大＆奥村幸治―イチローからマー君へ継がれた意識, 東芝ブレイブルーパス―本当の感謝と個性, 立正大学淞南高等学校―甲子園の夏, 熱き想いをのせて, コバルトーレ女川―女川復興のシンボルとして

『スポーツ感動物語　第2期 9　ライバルと成長―山下泰裕（柔道）/最後の早慶戦（野球）江川卓と西本聖（野球）/谷本歩実（柔道）/熊谷一弥（テニス）グレッグ・レモン（自転車）/箱根駅伝ほか』　学研教育出版　2012.2　173p　22cm〈発売：学研マーケティング〉　1400円　①978-4-05-500930-0
目次 山下泰裕―柔道界の生ける伝説, 日体大陸上部―箱根駅伝の大逆転劇, 谷本歩実―こだわり続けた, 「美しい柔道」, 早稲田大学と慶應義塾大学―最後の早慶戦, グレッグ・レモン―わずか8秒差最終日の逆転劇, 江川卓と西本聖―エースの座を賭けた永遠のライバル, 太田幸司―甲子園が生んだアイドル, 熊谷一弥―初めて "世界" をライバルにした日本人, 報徳学園VS西脇工―同県勢の優勝争い, 時代を彩る「名コンビ」たち―見る者の心を打つ名コンビの系譜

『スポーツ感動物語　第2期 10　記録か勝利か―松井秀喜（野球）/中田翔（野球）/清水宏保（スケート）/井上康生（柔道）/荻原健司（スキー）/伊藤みどり（スケート）/マリーン・オッティ（陸上）ほか』　学研教育出版　2012.2　174p　22cm〈発売：学研マーケティング〉　1400円　①978-4-05-500931-7
目次 松井秀喜―僕は前よりも強くなる, 伊藤みどり―女子フィギュアを変えたジャンプの天才, 中田翔―怪物少年の葛藤, 井上康生―天才が歩んだ試練の道, 荻原健司―戦い抜いた王者, 清水宏保―スケートが嫌いになるまで, マリーン・オッティ―金メダル以上の輝き, ツール・ド・フランス―ピレネー山麓の鍛冶屋で生まれた伝説, 篠宮龍三―ジャック・マイヨールを超えた男, スポーツ界の「神童」たち―天性の才能がたどった挫折と栄光

『スポーツ感動物語　第2期 11　すべてはスポーツのために―船木和喜（スキー）/

中澤佑二（サッカー）/塚本泰史（サッカー）/荻野正二（バレーボール）/横浜フリューゲルス（サッカー）人見絹枝（陸上）/水野勇気（バスケットボール）ほか』　学研教育出版　2012.2　179p　22cm〈発売：学研マーケティング〉　1400円　①978-4-05-500932-4
目次 船木和喜―長野五輪金メダリストの華麗なる挑戦, 中澤佑二―10年のチカラ, 島野修―伝説のマスコットアクター, 荻野正二―五輪のたすきをつないだ40歳プレーヤー, 横浜フリューゲルス―最後の天皇杯, 塚本泰史―背番号「2」はあきらめない, 水野勇気―秋田県にプロスポーツチームを！, 金栗四三―54年8ヵ月かけたゴール, 人見絹枝―女子スポーツの未来のために, 東日本大震災直後のJリーグ―サッカーが止まった42日

『スポーツ感動物語　第2期 12　勝利を支える愛情―田中マルクス闘莉王（サッカー）/ウィリアムズ姉妹（テニス）長谷川穂積（ボクシング）/葛西紀明（スキー）/内田篤人（サッカー）/浅井えり子と佐々木功（マラソン）ほか』　学研教育出版　2012.2　175p　22cm〈発売：学研マーケティング〉　1400円　①978-4-05-500933-1
目次 田中マルクス闘莉王―父との絆, 長谷川穂積―サボり魔から名王者へ, ウィリアムズ姉妹―女子テニスの革命児, 内田篤人とマヌエル・ノイヤー―2人の約束が生み出した勝利, 葛西紀明―スキージャンプを愛してやまずに, エディ・タウンゼント―ハートのラブで選手を育てるね, ハインズ・ウォード―母子でつかみ取った, 2つの母国での栄光, 浅井えり子―師弟でつなぐ長距離走の灯火, 新田佳浩―おじいちゃんに捧げる金メダル, スペシャルオリンピックス―とも子ちゃんの銀メダル

『アスリートたちの英語トレーニング術』岡田圭子, 野村隆宏著　岩波書店　2011.8　196p　18cm　（岩波ジュニア新書692）〈並列シリーズ名：IWANAMI JUNIOR PAPERBACKS〉　820円　①978-4-00-500692-2
内容 オリンピックや国際大会で活躍するアスリートたちは, どうやって英語を身に付けたのだろうか。鈴木大地, 増田明美, 箕内拓郎, 瀬戸利彦, 太田章の5人のトップアス

リートが、世界の舞台で栄光をつかむまでの道のりと、ユニークな英語学習法、引退後の国際的な活躍について語ります。英語トレーニング術のヒントをもらおう。

『私は敢えて「一流」をめざす』　安達巧編　岡山　ふくろう出版　2011.3　106p　26cm〈執筆：倉田倫江ほか〉　838円　①978-4-86186-465-0

[目次] 父に学んだ「常識は捨てよ」が石川遼を成功に導いた，安藤美姫さんの復活に学ぶ―復活のポイントは，適切なコーチ選定により精神的に強くなれたこと，夢を実現できた者と実現できなかった者―キムヨナが金メダルで浅田真央が大差の銀メダルに終わったオリンピック結果はコーチの差である，香川真司のたくましさを目指す―下から這い上がっていく，斎藤佑樹は実力と演出でここまできた―自分を最大限に生かすためには，大学のブランド力と自己ブランド力，恐れていては何も始まらない―私には目標とすべき素晴らしい先輩がいた，絶対に負けられない戦いがそこにはある―AKB48を魅力的にするもの，瀧本美織の行動力が成功を引き寄せた―チャンスを勝ち取ったヒロイン，芦田愛菜！ 芦田愛菜！ 芦田愛菜！―圧倒的な存在感を作り上げた教育，茶々（淀殿）は「成功と幸せ」の両方を手に入れた？，人はなぜ成功した者を見ると。祝福する気持ちと同時に，妬みの感情が発生するのか？，先生，先輩，黒木メイサさんへの感謝を込めて

『復活の力―絶望を栄光にかえたアスリート』　長田渚左著　新潮社　2010.12　220p　18cm　（新潮新書 399）　720円　①978-4-10-610399-5

[内容] 腕が上がらない，拳を砕いた，靭帯断裂，複雑骨折，脚の切断…アスリートにとって最大の宿敵は，大ケガや大病である。高橋大輔，村田兆治，池谷幸雄，佐藤真海，浜田剛史，中野浩一，安直樹，青木功―彼らは選手生命が消えるほどの絶望から，どのように甦り，栄光を勝ち取ったのか？ 名選手の陰の苦闘と内なるパワーの源泉を，スポーツジャーナリストの第一人者が徹底取材から描き出す，感動のノンフィクション。

『あの一瞬―アスリートはなぜ「奇跡」を起こすのか』　門田隆将著　新潮社　2010.7　286p　20cm〈文献あり〉　1500円　①978-4-10-460503-3

[内容] その時，彼らの脳裏に何がよぎったのか？ 徹底取材でアスリートたちの極限の心情が炙り出された。サッカー，野球，柔道，ボクシング…魂をふるわせる名勝負に隠されていた人間ドラマ。スポーツ・ノンフィクション。

『緊急発売!!オリンピック裏Japan―美女アスリートの衝撃ハプニング満載！』　ブレインハウス　2010.4　1冊（ページ付なし）　26cm　（MSムック）〈発売：メディアソフト〉　743円　①978-4-904282-88-5

『トップアスリート』　小松成美著　扶桑社　2008.7　387p　20cm　1500円　①978-4-594-05716-9

[内容] 情熱が限界の壁を突き破っていく。彼らは，弱い―。彼らの弱き姿，儚き心にこそ，真実がある。人々を魅了してやまないトップアスリート三十五人の魂の軌跡。

『記録への挑戦、自分との戦い』　学習研究社　2007.2　175p　22cm　（スポーツ感動物語 3）　1300円　①978-4-05-202707-9

[目次] イアン・ソープ―前人未到の6冠制覇，為末大―「侍ジャンパー」の大勝負，山田久志―120キロの快速球，劉翔―アジア人唯一の金メダリスト，アンディ・フグ―不屈の鉄人，西口文也―3度こぼれ落ちたノーヒットノーラン，鈴木大地―独自理論で目指した「世界」，舞の海―小さな「技のデパート」，ジャック・マイヨール―イルカになった男，マグワイアVSソーサ―史上最高レベルのホームラン争い

『ヒーローと偉大なる敗者』　学習研究社　2007.2　175p　22cm　（スポーツ感動物語 6）　1300円　①978-4-05-202710-9

[目次] マイケル・ジョーダン―神と呼ばれた不世出のスーパースター，ベーブ・ルース―野球の神様が見出した男，ディエゴ・マラドーナ―伝説の5人抜きゴール，ロベルト・バッジョ―最も記憶に残った敗者，貴乃花―力士生命をかけた千秋楽，トマス・リプトン&イギリス王室（ヨット）―王家の誇りをかけた挑戦，斎藤佑樹（早稲田実業）―甲子園を沸かせた「ハンカチ王子」，モハメド・アリ―差別と戦い続けたアメリカのヒーロー，長嶋茂雄―「ミスタープロ野球」，セルゲイ・ブブカ―世界を震撼させた「鳥人」

『ライバルと名勝負』　学習研究社　2007.
2　175p　22cm　（スポーツ感動物語2）
1300円　①978-4-05-202706-2
　目次 松坂大輔（横浜高校）VSPL学園―甲子園
　史に刻まれた名勝負，吉田秀彦VS小川直也
　―2人の柔道王対決，バルセロナVSレアル
　マドリッド―因縁の「クラシコ」，大場政夫
　VSチャチャイ―「永遠のチャンプ」のラス
　トファイト，琴光喜VS武双山―9分18秒の
　大相撲，桑田真澄と清原和博―日本シリー
　ズで実現したKK対決，中京女子大学・レス
　リング部―アテネを目指した2組の姉妹，ボ
　ルグVSマッケンロー―ウィンブルドン伝説
　の名勝負，松山商VS熊本工―奇跡のバック
　ホーム，伊達公子VSシュテフィ・グラフ―
　3時間25分の奇跡

『年中無休スタジアム』　乙武洋匡著　講
　談社　2004.12　262p　19cm　1400円
　①4-06-211932-3
　内容 井上康生，秋田豊，安藤美姫，日本シ
　リーズ，高校サッカー…乙武洋匡が駆け抜
　けた，スポーツの世界。甲子園からアテネ
　まで，今日も明日も感動を求めて，スポー
　ツライター・オトタケ，走る，走る。

『近代オリンピックのヒーローたち』　池
　井優著　日本放送出版協会　2004.7
　157p　21cm　（NHKシリーズ―NHKカ
　ルチャーアワー）〈文献あり〉　850円
　①4-14-910531-6

『こんな凄い奴がいた―技あり，スポーツ
　界の寵児たち』　長田渚左著　文藝春秋
　2004.7　254p　16cm　（文春文庫）
　543円　①4-16-767918-3

『Sports graphic Numberベスト・セレ
　クション　4』　スポーツ・グラフィッ
　クナンバー編　文藝春秋　2004.6　298p
　16cm　（文春文庫plus）〈2000年刊の増
　訂〉　552円　①4-16-766070-9
　内容 あらたな時代を前にして，彼らの胸中に
　去来したものとは―。1980年4月の創刊以
　来，「ナンバー」の誌面を彩った名アスリー
　トたちのインタビューを完全収録。長島茂
　雄，三浦知良，中山雅史，千代の富士関，中
　嶋悟，有森裕子，平尾誠二，具志堅用高，武
　豊，松井秀喜ら，歴史にその名を刻む16人
　の肉声が，鮮やかに甦る。大好評シリー
　ズ第4弾。

『一流を育てる』　朝日新聞be編集部編
　晶文社　2003.9　245p　19cm　1500円
　①4-7949-6582-6
　内容 サッカーの「黄金世代」（高原，稲本，小
　野，小笠原選手ら）の素質を引き出したコー
　チの一人に松田保がいる。平泳ぎで世界記
　録を樹立し続ける北島の横には，平井伯昌
　が立っている。復活を成し遂げた早稲田大
　学ラグビー部には清宮克幸の顔がある。大
　リーグ野茂英雄の才能をいち早く見出した
　のは，新日鉄堺の野球部スタッフたちであっ
　た。いずれも，もうひとつの「一流の人々」
　である。その指導者たちが，日々の試行錯
　誤の中でつかんだ「人材育成」，「組織論」の
　原点を描いたのが，この『一流を育てる』で
　ある。朝日新聞好評連載中エッセイの単行
　本化。

『まんが笑いと感動！　スポーツ(秘)話』
　うおりゃー大橋原作，富士山みえる漫画
　金の星社　2002.3　127p　22cm　（まん
　が超おもしろ！　なんでも百科）　1000円
　①4-323-05345-2
　内容 大リーグで活躍する佐々木主浩選手や，
　マラソンの高橋尚子選手，柔道のヤワラちゃ
　んこと田村亮子選手，サッカーの明神智和
　選手，ハンマー投げの室伏広治選手などな
　ど―肉体の可能性を追求するスポーツマン
　の，感動的な体験や楽しいエピソードを紹
　介！　各選手からのコメントや，ためになる
　ワンポイント・アドバイスも掲載。

『20世紀スポーツの肖像―心に残るアス
　リートたち』　日本スポーツプレス協会
　編　学習研究社　2000.12　207p　31cm
　〈年表あり〉　4800円　①4-05-401267-1
　内容 長嶋の天覧ホーマー，アリの奇跡，ルイ
　スの四冠。そして悲願・田村の金メダル！
　世紀のスポーツヒーロー写真集。『佐瀬稔の
　肖像』文・二宮清純，時代を綴る年代記，回
　顧録，シドニー五輪特集，スポーツ史年表
　収録。

『600字の風景』　二宮清純著　光進社
　2000.12　1冊（ページ付なし）　21cm
　1800円　①4-87761-053-7
　内容 20世紀のスポーツエンターテーメントを
　ぎっしり詰め込んだ一冊。

『Sports graphic Numberベスト・セレ
　クション　4』　スポーツ・グラフィック
　ナンバー編　文藝春秋　2000.10　245p

21cm 1524円 ①4-16-356460-8

内容 歴史が鳴動した瞬間、先駆者たちは何を思ったか。新たな時代を前にして、彼らの胸中に去来したものとは一。創刊以来の誌上を彩ったアスリートたちの言葉を、美しい写真とともに振り返る「ナンバー」の真骨頂。

『20世紀スポーツ列伝—世界に挑んだ日本人』 読売新聞運動部著 中央公論新社 2000.9 245p 20cm〈年表あり〉 1400円 ①4-12-003046-6

内容 世界に向かって闘い、涙し、羽ばたいた。伝説のヒーロー、感動のヒロインたちの苦闘と栄光の足跡で綴る日本スポーツの100年。

『こんな凄い奴がいた』 長田渚左著 ベースボール・マガジン社 2000.6 263p 20cm 1800円 ①4-583-03579-9

内容 オリンピック20世紀の傑作。本物のカエルを凌駕した平泳ぎ・葉室鉄夫、重量挙げ・三宅義信の手のひらは赤子のようなピンク色、失格スレスレのギャンブルで摑んだ田口信教の金、「バサロ」鈴木大地の右手中指に眼があったなど、全38人を収録。

『オリンピックおもしろ情報館 3 オリンピック熱き闘いと友情』 田中舘哲彦著 汐文社 2000.4 115p 22cm 1400円 ①4-8113-7321-9

目次 熱闘—男たちの夢をかけた熱き闘い、闘いが生んだ真の友情、プレッシャーとの闘い、極限の勝負—千分の一秒の世界、日本柔道とヘーシンクの熱き闘い、「東洋の魔女」の伝説、100m背泳ぎ—鈴木大地、優勝への秘密、日本男子体操—世界最強の男たち、女子柔道—田村亮子の挑戦

『スポーツに生きる』 岩崎書店 2000.4 152p 20cm （20世紀のすてきな女性たち 5）〈年譜あり 文献あり 索引あり〉 1600円 ①4-265-05145-6

目次 伊達公子、ヴェラ・チャスラフスカ、成田真由美、谷川真理、ここにすてきな女性たち（二階堂トクヨ、人見絹枝、及位野衣、小林則子、フロレンス・ジョイナー、吉岡牧子、畑中和、田村亮子）、女性はじめて物語—田部井淳子

『スポーツに生きる』 岩崎書店 2000.4 152p 20cm （20世紀のすてきな女性

たち 5）〈年譜あり 文献あり 索引あり〉 1600円 ①4-265-05145-6

目次 伊達公子、ヴェラ・チャスラフスカ、成田真由美、谷川真理、ここにすてきな女性たち（二階堂トクヨ、人見絹枝、及位野衣、小林則子、フロレンス・ジョイナー、吉岡牧子、畑中和、田村亮子）、女性はじめて物語—田部井淳子

『オリンピックおもしろ情報館 2 オリンピックのスーパースターたち』 田中舘哲彦作 汐文社 2000.3 118p 22cm 1400円 ①4-8113-7320-0

目次 日本のヒーローたち、日本の陸上選手のヒーローたち、日本の水泳選手のヒーローたち、日本の体操選手のヒーローたち、日本の柔道選手のヒーローたち、世界のヒーローたち、陸上のスーパースターカール・ルイス、世界のスーパーヒーローたち

『パラリンピック・アスリート—輝く挑戦者たちのフォト・ストーリー』 清水一二写真・文 中央法規出版 1999.12 143p 21cm 1800円 ①4-8058-1860-3

内容 より強く、より速く、より人間らしく。日本でただ一人、障害者スポーツを追い続けるカメラマン清水一二が、世界中で出会った障害者アスリートたちとの交流を迫力ある写真とエッセイで綴った感動的ノンフィクション。

『トップランナー v.11』 NHK「トップランナー」制作班編 名古屋 KTC中央出版 1999.7 222p 21cm 1500円 ①4-87758-128-6

内容 スポーツシーンを彩る5つの個性。

『朝日新聞の記事にみるスポーツ人物誌—明治・大正・昭和』 朝日新聞社編 朝日新聞社 1999.6 457, 21p 15cm （朝日文庫） 800円 ①4-02-261255-X

内容 安部磯雄、嘉納治五郎、太刀山、人見絹枝、ベーブ・ルース、織田幹雄、前畑秀子、双葉山、大鵬、具志堅用高、王貞治、青木功など、明治〜昭和のスポーツ史を彩る選手とその記録を収録。さらにオリンピック報道やスポーツ関係の雑報とあわせて「時代とスポーツの関係」を読む。

『勝者と敗者』 島村俊治著 ごま書房 1998.6 253p 18cm （Goma books）

〈「勝者の条件」(1996年刊)の改訂〉
571円　①4-341-33004-7

『オリンピックヒーローたちの眠れない夜』
佐瀬稔著　世界文化社　1996.8　317p
20cm　1600円　①4-418-96510-6
　内容 勝者と敗者の知られざる人生ドラマ。身
を削る訓練の日々。勝利への執着心。オリ
ンピックに賭ける彼らのさまざまな人生模
様を描くノンフィクション。

『五輪の十字架』　西所正道著　日本放送
出版協会　1996.7　287p　20cm　1500
円　①4-14-005253-8
　内容 選手たちは人生の第2章をどう生きたか。
東京オリンピック出場選手の軌跡を追う。
東京五輪に参加した日本選手357人の中に
は4人の行方不明者がいた。日の丸という
十字架を背負った選手たちは、オリンピッ
ク後の人生とどう格闘し、何を得たのか。

『わたしたちのオリンピック―日本女子選
　手52人の思い出集 1932～1994』
Total Olympic Ladies会編　ベースボー
ル・マガジン社　1996.7　304p　19cm
1800円　①4-583-03321-4
　内容 歓呼の声に送り出されたオリンピック日
本代表、彼女たちの思いはどんなものだった
ろうか。日の丸を背負うプレッシャー、感
動、涙、そして外国選手との交流、選手村
での生活…本書は、60年間にわたる時代の
変遷のなか、出場した52人の選手たちがそ
れぞれの体験を豊富なエピソードを交えて
書いたものである。本書を、スポーツを愛
するすべての人々に捧げたい。

『スポーツ怪物列伝―最強のヒーロー33人
　はかく闘えり』　康奉雄著　ベストセ
ラーズ　1991.2　252p　15cm　〈ワニ文
庫〉〈参考文献：p252〉　470円　①4-
584-30245-6
　内容 スポーツという、ごまかしのきかない真
剣勝負の場には数多くの怪物たちが出現し
た。ベーブ・ルース、ビヨン・ボルグ、アベ
ベ・ビキラ、長島茂雄、双葉山など、我々は
彼らの雄姿に熱狂し拍手を贈り、感動した。
だが、あたかも地位と名声を欲しいままに
したかに見えた彼らにも、やはり知られざ
る苦悩と努力と忍耐があった。いま、ここ
に心情溢れるストーリーを再現、集大成。

『ヒーローたちの報酬』　武田薫著　朝日

新聞社　1990.10　180p　20cm　1050円
①4-02-256201-3
　目次 1 怒濤のランナー―中山竹通 マラソン,
2 地球を押す男―砂岡良治 重量挙げ, 3 白球
と魔物―戸田秀明 高校野球, 4 異文化のド
リブル―水島武蔵 サッカー, 5 溢れ出る涙
―岡本綾子 ゴルフ, 6 誤り抜いた道―溝口
和洋 やり投げ, 7 走るメロス―瀬古利彦 マ
ラソン, 8 銀盤のロゴス―宮部保範 スケー
ト, 9 敗れ去る者―尾崎富士雄 ボクシング,
10 幻の一歩―工藤一良 マラソン, 11 君待
つゲート―佐々木勝雄 ゲートボール, 12 流
線型のメダル―鈴木大地 水泳, 13 はぐれ者
の夢―高橋松吉 自転車

『狼はまだ、夢の中―挑戦者たちの肖像』
長田渚左著　光文社　1989.8　247p
20cm　1100円　①4-334-97058-3
　内容 本命だったオリンピック予選に敗れた
陸上100メートルの不破弘樹。高校野球 "優
勝請負人" 人生の京都西高・三原新二郎。泳
法違反ルールに翻弄された平泳ぎの高橋繁
浩。大けがからカムバック、"もっと遠く"
へ飛びたかったジャンプの秋元正博。27歳
でプロボクサーにデビュー、ロッキーを目
差したウルフ佐藤。最年長レスラーでソウ
ル五輪銀メダル、バルセロナをめざす太田
章。栄冠をめざしながら、あと一歩で挫折
した男たち。彼らに「敗者」の文字はない。

『わたし流、プレッシャー物語―オリン
　ピックの女たちの素敵な生き方』　吉広
紀代子著　日本文化出版　1988.9　315p
19cm　1300円　①4-931033-82-2
　内容 青春をスポーツに賭け、オリンピックへ
の夢を追った女たちのドキュメント。ひた
むきに、前向きに、ギリギリまでチャレン
ジし…、完全燃焼したあと、彼女たちはど
う変身したか。

『名人たちの世界』　近藤唯之著　新潮社
1988.3　447p　16cm　（新潮文庫）
480円　①4-10-132205-8
　内容 本塁打を打った翌日、フォームが不満
でコーチに双眼鏡で打撃をチェックしても
らった長嶋茂雄。本割りで負けた14分後の
優勝決定戦で、戦術の完全転換をして勝っ
た千代の富士。後ろを振りかえらずに銅メ
ダルになった円谷幸吉とゴール前の死闘の
さ中でも時計を見ていた瀬古利彦。野球、
相撲、マラソン、柔道…。勝負の世界に生
き、勝負に人生を賭けた名人たちの真実の

姿を描き出す。

『ビジュアル版・人間昭和史 9 記録への
挑戦者』 講談社 1986.11 255p
22cm〈監修：大来佐武郎ほか 編集：第
二アートセンター 付（1枚 19cm）：
フォーカスザ・昭和9 オリンピック年
表：p252～253〉 1600円 ①4-06-
192559-8
内容 "努力"─記録に挑んだすべての人に共
通することばである。スポーツに、勝負に、
冒険に、人生を完全燃焼させた人びとの栄
光の歴史をいまここに再現する。植村直己、
王貞治ほか200余名を収録。

『オリンピックものがたり─栄光のメダリ
ストたち』 前田百基作 教育出版セン
ター 1984.5 143p 22cm （ジュニ
ア・ノンフィクション）〈監修：日本体
育協会 付（別冊 15p）：第23回ロサンゼ
ルスオリンピック大会〉 980円

# オリンピック夏季競技

『絵とDVDでわかるスポーツルールとテク
ニック 4 バレーボール・ソフトテニ
ス・卓球・バドミントン』 中村和彦総
合監修 学研教育出版 2015.2 63p
29cm〈発売：学研マーケティング〉
3300円 ①978-4-05-501095-5
目次 スペシャルインタビュー プロバレーボー
ルプレイヤー 木村沙織，バレーボール（コー
ト、用具、服装、チーム、得点と勝敗、サー
ビス ほか），ソフトテニス（コート、用具、
服装、ゲームの進め方 ほか），卓球（テーブ
ル、用具、服装、ゲームの進め方 ほか），バ
ドミントン（コート、用具、服装、ゲームの
進め方 ほか）

『Q & A（エー）式しらべるラケットス
ポーツ 4 大会・記録』 山田幸雄監
修 ベースボール・マガジン社 2012.3
31p 29cm〈タイトル：Q & A式しらべ
るラケットスポーツ 索引あり〉 2200
円 ①978-4-583-10364-8
目次 テニスの4大大会がおこなわれている国
は？，テニスの4大大会に加え、オリンピッ
クを制することを、なんという？，テニス、
バドミントン、卓球のプロ選手はオリンピッ
クに参加できないって、ほんと？，「世界
選手権」がない競技は、つぎのうちどれ？，
大会名につく「～オープン」の意味として、
正しいものは？，「ブンデスリーガ」は、
つぎのどの国のプロ卓球リーグ？，中国の
プロ卓球リーグ「超級」、日本ではなんとよ
ぶ？，バドミントンの「日本リーグ」に参
加しているのは、どのチーム？，第1回世界
選手権の男子国別対抗戦で、日本が優勝し
た競技は？，国民体育大会の正式競技でな
いものは？〔ほか〕

『Q & A（エー）式しらべるラケットス
ポーツ 3 ルール・技術』 山田幸雄
監修 ベースボール・マガジン社
2012.2 31p 29cm〈タイトル：Q & A
式しらべるラケットスポーツ 索引あ
り〉 2200円 ①978-4-583-10363-1
内容 本書は、ラケットスポーツについての
ルールや技術についてくわしく見ていく本
です。

『Q & A（エー）日本の武道事典 2 用具をつかわない現代武道を調べよう！』
ベースボール・マガジン社編 ベースボール・マガジン社 2009.12 31p 29cm〈索引あり〉 2200円 ①978-4-583-10205-4
内容 武道は、日本に古くから伝わる武術などから生まれた、わたしたち日本人のたいせつな文化です。文部科学省は、2008年、武道を通して、相手と競いあうたのしさとよろこびをあじわい、相手を尊重する気持ちをやしなうようにしようと決めました。そこで、実際に武道をはじめる前に、武道がどういうものなのかを知ることからはじめましょう。この「Q & A日本の武道事典」は、みなさんの興味や関心のあることがらについて、Q & A形式で、ていねいに説明しています。さあ、この本で、武道についての、しっかりとした知識をつけていきましょう。

『図解ザ・採点競技—オリンピックが10倍楽しくなる！』 塚原光男［ほか］監修、杉山茂編 青春出版社 2004.8 95p 26cm 1300円 ①4-413-00690-9
内容 いまの早技は何か？ 美しく見える理由は？ なぜこの得点なのか？ 不思議がわかればもっと面白い！ 知りたかった疑問に答えて2004年アテネを満喫する本。

『旭化成の運動部—オリンピック日本代表たちを育てた野武士集団の栄光の軌跡』 大野誠治著 中経出版 2000.8 317p 20cm 1500円 ①4-8061-1381-6
内容 旭化成の運動部のモットーは「よき社会人たれ、よき企業人たれ、そして、オリンピックの勝者たれ」ということだが、なぜ、旭化成の運動部はこのように強いのか、長年、不思議でしようがなかった。今回、どのようにして強い選手をつくるのか、「人材育成」という観点から、同社の運動部を分析してみた。すると、感動的なドラマがいっぱいあった。

---

## 陸上競技

◆トラック、フィールド、ロードの3種に大分される。トラック競技は、短距離走（100、200、400m）、中距離走（800、1500m）、長距離走（5000、10000m）、ハードル（男女400m、男子110m、女子100m）、障害（3000m）、リレー（4人×100m、4人×200m）が行われる。フィールド競技は、投てきと跳躍に分けられる。前者は、やり投げ、ハンマー投げ、砲丸投げ、円盤投げ。後者は、走り幅跳び、棒高跳び、三段とび、走り高とび。ロード競技は一般道で実施され、マラソン（42.195km）、競歩（男女20km、男子50km）がある

『陸上競技ルールブック 2018年度版』 日本陸上競技連盟 2018.4 567p 17cm〈背のタイトル：RULE BOOK 発売：ベースボール・マガジン社〉 1900円 ①978-4-583-11163-6
目次 国際陸上競技連盟競技会規則及び国内適用、日本陸上競技連盟競技規則、競技会における広告および展示物に関する規程、競技場に関する規定、細則、競技場一覧

『四継—2016リオ五輪、彼らの真実』 宝田将志著 文藝春秋 2017.8 252p 19cm （Sports Graphic Number Books） 1400円 ①978-4-16-390700-0
内容 男子4×100mリレー衝撃の銀メダルに秘められた37秒間の真実。1走・山縣亮太、2走・飯塚翔太、3走・桐生祥秀、4走・ケンブリッジ飛鳥。4人が起こしたリオデジャネイロの地での "奇跡"。その裏には日本の伝統であるバトンパスを進化させてきた歴史と、「10秒の壁」を越えるため個々のプライドを懸けて競ってきた日々があった。

『陸上競技審判ハンドブック 2017-2018年度版』 日本陸上競技連盟 2017.4 422p 17cm〈背のタイトル：HAND BOOK 発売：ベースボール・マガジン社〉 1650円 ①978-4-583-11102-5
目次 公認審判員、公認競技会と公認記録、競技会役員、トラック競技、フィールド競技、競歩競技、混成競技、付録

『陸上男子400mリレー山縣・飯塚・桐生・ケンブリッジ』 本郷陽二編 汐文社 2016.12 147p 20cm （チームでつかんだ栄光のメダル）〈文献あり〉 1500円 ①978-4-8113-2341-1
目次 第1章 世界が驚いた銀メダル（勝てるは

ずがない, 笑顔でサムライポーズ, 4人で手にした世界2位, バトンパスの秘密), 第2章 日本の短距離アスリートたち(短距離走は陸上の華, パワーと持久力が必要, 「暁の超特急」と呼ばれたアスリート, 「10秒の壁」にはばまれ続ける日本の陸上, 36歳で銅メダルを獲得した人, いまだに破られない10秒00), 第3章 偉業を成し遂げた選手たち(9秒台にいちばん近い桐生祥秀, 腰痛に襲われた, ユースの世界最高記録を出す, 電光掲示板に10秒01が, ボルトからアドバイスをもらう, なんと9.90のタイムが, 積極的に世界のレースに出場, 世界が驚いたスーパースター山縣亮太 ほか), 第4章 リオでのすばらしい活躍(イメージ通りに走れたケンブリッジ, 「ボルトが速すぎる」と感じた桐生, 前だけを見ようと考えた山縣, 全力で挑戦した闘い, 歴史を作った若き4人, スタートに悩んでいた山縣, やった! 銀メダルだ)

『記録が伸びる! 陸上競技投てき―砲丸投げ・やり投げ・円盤投げ・ハンマー投げ』 小山裕三監修 メイツ出版 2015.12 96p 21cm (コツがわかる本) 1800円 ①978-4-7804-1616-9
内容 コツをおさえればこんなに遠くへ飛ばせる! 各投法の構えから流れ, トレーニング法まで, 大会で勝つための「答え」がここにある!

『絵とDVDでわかるスポーツルールとテクニック 7 陸上競技・水泳』 中村和彦総合監修 学研教育出版 2015.2 63p 29cm〈発売: 学研マーケティング〉 3300円 ①978-4-05-501098-6
目次 スペシャルインタビュー 陸上競技選手 福島千里, 陸上競技(競技場と競技の種類, 競走競技共通のきまり, 短・中・長距離走, ハードル走・リレー, 走り幅とび ほか), 水泳(プール・競技の種類, 競泳競技共通のきまり, クロール・背泳ぎ, 平泳ぎ・バタフライ, フリーリレー・個人メドレー・メドレーリレー ほか)

『日本人は100メートル9秒台で走れるか』 深代千之[著] 祥伝社 2014.4 168p 18cm (祥伝社新書 363)〈文献あり〉 760円 ①978-4-396-11363-6
内容 現在の陸上一〇〇メートル走の日本記録は, 伊東浩司が一九九八年に出した一〇秒〇〇. それ以来, 更新されておらず, 一〇

秒の壁を破った日本人はいない. しかし近年, 九秒台達成の期待が高まっている. では, はたして日本人は本当に九秒台で走ることができるのか? 圧倒的な力を持つジャマイカの選手やアメリカの選手たちに伍することはできるのか? 最新科学の観点から理想の走りを研究するスポーツ・バイオメカニクスの第一人者が, 走りのメカニズムをやさしく解説, その可能性を分析する.

『夏から夏へ』 佐藤多佳子著 集英社 2010.6 317p 16cm (集英社文庫 さ 47-1)〈2008年刊の再編集〉 514円 ①978-4-08-746577-8
内容 速く走るだけでは世界を相手に戦えない. リレーは, 速く確実なバトンつなぎも重要だ. 2007年世界陸上大阪大会でアジア新記録を樹立. 08年北京五輪のメダルにすべてを賭ける日本代表チームに密着した, 著者初のノンフィクション. 酷暑のスタジアム, 選手達の故郷, 沖縄合宿へと取材は続く. 大阪と北京, 2つの夏の感動がよみがえる! 2大会のアンカー走者・朝原宣治との文庫オリジナル対談つき.

『金メダリストのシューズ』 大野益弘著 ポプラ社 2009.9 151p 20cm (記録への挑戦 2)〈並列シリーズ名: Record challenge 文献あり〉 1200円 ①978-4-591-11039-3
内容 野口みずき選手, 高橋尚子選手, 有森裕子選手ら, オリンピック・マラソンのメダリストたちがはいていたシューズには, 一流技術者たちの技と心がこめられていた. 陸上シューズをつくる人たちとランナーたちとの, 熱き挑戦の記録.

『つなぐ力―4×100mリレー銅メダルへの"アンダーハンドパス"プロジェクト』 石井信著 集英社 2009.7 189p 19cm 933円 ①978-4-08-781425-5
内容 陸上競技のトラック種目は, スタートからゴールまで, 自分の体を運び, 速さを競う. ところが4人で走るリレー競技のみ, 体を運ばなくてすむ部分がある. それがバトンだけが移動するバトンパスの距離だ. これが利得距離. 胴体は移動することがないので, その距離だけ, お得になる. リレーはバトンパスでお得な距離を稼ぎながら, 4人でつないでいく陸上で唯一のチーム競技だ. この本には, 日本短距離界の高野進を縦糸に, 夢にチャレンジを続けてきた短距

陸上競技　　オリンピック夏季競技

離走者が紡いできた物語が沢山詰まっています。

『10秒の壁―「人類最速」をめぐる百年の物語』　小川勝著　集英社　2008.6　203p　18cm　（集英社新書）　700円　①978-4-08-720447-6
内容 陸上競技100m。かつて、この種目で「10秒」を突破することは世界中の夢であり目標だった。では、10秒の壁は、いかにして破られたのか。そこには、天才アスリートの出現、テクノロジーの進歩、競技環境の変化など、様々な要素が存在した。そして、時代背景に翻弄され、「記録」に残らなかった意外な事実も隠されている。本書は、一瞬の勝負の裏に潜む幾多のドラマを発掘するとともに、この先、「人種最速」はどのレベルまで進化するのかを考察する。

『陸上競技』　こどもくらぶ編　ほるぷ出版　2008.3　71p　29cm　（スポーツなんでも事典）　3200円　①978-4-593-58409-3
内容 陸上競技の歴史から、各種目のルールや特徴、歴史に残るスター選手や陸上競技選手の生活についてなど。陸上競技にかかわるさまざまなことがらをテーマごとにまとめて解説した、ヴィジュアル版子ども向け陸上競技事典です。陸上競技について、なにを、どのように調べたらよいかがわかります。

『2時間で足が速くなる！―日本記録を量産する新走法ポン・ピュン・ランの秘密』　川本和久著　ダイヤモンド社　2008.2　194p　19cm　1429円　①978-4-478-00424-1
内容 2時間で、変わります！女子400メートル日本記録保持者・丹野麻美をモデルに、日本陸上界の名匠が、手取り足取り解説。

『陸上競技・水泳競技―ルールと技術』　尾縣貢, 高橋伍郎校閲・指導　学習研究社　2005.2　63p　29cm　（絵でわかるジュニアスポーツ　新版6　関岡康雄監修）〈シリーズ責任表示：関岡康雄監修〉　3300円　①4-05-202190-8
目次 陸上競技（ルール, 技術）, 水泳競技

『クリーンアスリートをめざして―陸上競技者のためのアンチ・ドーピングハンドブック　2003』　日本陸上競技連盟編

創文企画　2003.6　92p　21cm　800円　①4-921164-21-5

『クリーンアスリートをめざして―陸上競技者のためのアンチドーピングハンドブック2001』　日本陸上競技連盟編　創文企画　2001.7　88p　21cm　800円　①4-921164-09-6
目次 1 アンチドーピングとは（ドーピングとは, アンチドーピングとは ほか）, 2 ドーピング検査の実際を知ろう（ドーピング検査の種類, いつ, どこで, 誰を, どのように検査するのか ほか）, 3 結果と罰則（禁止物質の副作用‐「クスリのリスク」, 禁止方法とは ほか）, 4 クリーンアスリートであるために（うっかりを避ける, 総合感冒薬について ほか）, 5 アンチドーピング活動（IOC, WADAのアンチドーピング活動, 国際陸連のアンチドーピング活動 ほか）

『陸上競技―図解コーチ　トラック＆フィールド』　佐々木秀幸監修　成美堂出版　2000.11　222p　16cm　600円　①4-415-01414-3
内容 わが国の陸上競技のレベルを世界のレベルアップのスピードに追いつかせるためには、陸上競技の基本を十分に理解し、基本を身につけることが重要です。本書では、各種目の基本をやさしく表現するためにイラストと図表を中心として解説し、初心者の入門書として十分に活用できるようにまとめました。

『日本体育基本文献集―大正・昭和戦前期　第32巻　オリムピック競技の実際』　成田十次郎監修, 大熊廣明, 野村良和編　野口源三郎著　日本図書センター　1998.12　605p　22cm〈大日本体育協会出版部大正7年刊の複製〉　①4-8205-5825-0

『陸上競技―図解コーチ　トラック編〔1996〕』　大西暁志, 高木直正著　成美堂出版　1996.11　190p　16cm　580円　①4-415-00440-7

『陸上競技―図解コーチ　フィールド編〔1996〕』　佐々木秀幸著　成美堂出版　1996.11　239p　16cm　580円　①4-415-00442-3
内容 オリンピック大会や世界陸上競技選手権大会の発展とともに、陸上競技の競技力がますます向上してきました。我が国の陸上

競技のレベルも大きくアップされてきましたが、世界のレベルアップのスピードにはなかなか追いついて行けない状況にあります。その原因を追求するにつけ、必が指摘されることは陸上競技の基本が十分に理解されず、従って身についていないということです。本書は特にそのことに留意し、まず各種目の基本をできる限りやさしく表現するために図と写真を中心として解説を試み、初心者の入門書として十分に活用できるようにまとめてみました。

『ハンマー投げ』　室伏重信著　ベースボール・マガジン社　1994.9　155p　22cm　（最新陸上競技入門シリーズ 8）〈監修：帖佐寛章, 佐々木秀彦　参考文献：p155〉　2400円　①4-583-03119-X

内容 "アジアの鉄人"とうたわれスポーツ人としての名声が高い著者は、日本のハンマー投げの歴史を自らつくってきた人だ。アジア大会に5連勝、日本選手権10連勝、現在も75m96の日本記録保持者。その著者が「ハンマー界初の本格指導書に」と、若い競技者のためにわかりやすく書き下ろした好著。

『円盤投げ』　山崎祐司著　ベースボール・マガジン社　1993.9　139p　21cm　（最新陸上競技入門シリーズ 12）〈監修：帖佐寛章, 佐々木秀幸　参考文献：p139〉　1600円　①4-583-03076-2

内容 鋭い身体の回転から弾き出された円盤が、空中を滑るようにグーンと伸びる―。円盤投げの流れるようなフォームは、陸上競技のなかでももっとも優雅な動作のひとつである。その技術を身につけるために、現在の第一人者である筆者が、円盤投げ入門者にわかりやすく解説したプレーヤー必携の書。

『激動の昭和スポーツ史　7　陸上競技―織田幹雄の金メダル獲得で明けて文化功労者顕彰で暮れる』　ベースボール・マガジン社　1989.4　176p　30cm〈『陸上競技マガジン別冊』春風号　永久保存版〉　1200円

『陸上競技を見るための本』　丸山吉五郎著　同文書院　1982.6　2冊　19cm　（スポーツの見どころシリーズ）　各980円

『砲丸投・ハンマー投』　西藤宏司著　ベースボール・マガジン社　1977.10

175p　21cm　（陸上競技入門シリーズ）〈監修：織田幹雄〉　1300円

『円盤投・ヤリ投』　宮下桂治, 金子今朝秋共著　ベースボール・マガジン社　1977.9　178p　21cm　（陸上競技入門シリーズ 9）〈監修：織田幹雄　参考文献：p.177〜178〉　1300円

『図説陸上競技事典　上巻 総論編・トラック編 下巻 フィールド編・資料編』　著者代表：大島鎌吉等　講談社　1971　2冊　27cm　3600円, 4300円

『陸上競技』　織田幹雄著　5訂版　旺文社　1963　221p　19cm　（旺文社スポーツ・シリーズ）

『陸上競技』　織田幹雄著　旺文社　昭和21　127p 図版　18cm　（青年スポーツ新書）〈附録：オリンピックに優勝するまで〉

《青木 半治》　あおき・はんじ

㊸大正4年（1915年）7月16日

㊱平成22年（2010年）5月30日

◇砲丸投げ選手。早大商学部に進み、昭和13年日立製作所に入社。23年第3回福岡国体後に現役を引退。36年日本陸上競技連盟（日本陸連）理事長、日本体育協会理事となり、39年東京五輪では日本オリンピック委員会（JOC）総務主事、また最年少の組織委員として運営に関わった。43年メキシコ五輪日本選手団副団長、44年日本体育協会（日体協）から独立する前のJOC委員長と日体協専務理事に就任。53歳の若さでの就任から"スポーツ界のケネディ"と呼ばれた。47年ミュンヘン五輪日本選手団長。国際陸連に日本での世界選手権マラソン開催を提案、これが今日の福岡国際マラソン選手権へと繋がった

『幸運の星の下に』　青木半治著　ベースボール・マガジン社　1998.12　350p　20cm　2500円　①4-583-03562-4

内容 スポーツはわが人生そのもの。日本スポーツ界の波乱と消長の歴史を見つめ続けて半世紀。斯界の重鎮が、スポーツと共に歩んだ激動の半生をいま振り返る。

『アスリートよ永遠なれ』　青木半治著, 伊藤修編　早稲田大学出版部　1986.4

266, 4p　20cm　1300円　①4-657-86308-8

内容 青木陸連会長の証言。戦前、砲丸投げの日本選手権者となった著者は、戦後、陸上界の指導者に迎えられ、スポーツ界の重鎮としてオリンピックをはじめ主要な競技会にかかわってきた。本書は著者の陸上との出会いに始まる生きたスポーツ史だ。

《朝原 宣治》　あさはら・のぶはる

㋫昭和47年（1972年）6月21日

◇元・陸上選手（短距離）。同志社大進学後、短距離の指導を受ける。平成7年大阪ガスに入社。8年アトランタ五輪では初出場の100メートルで準決勝まで進む。走り幅跳び予選落選、4×100メートルリレー（朝原、伊東浩司、井上悟、土江寛裕）予選失格。12年9月シドニー五輪4×100メートルリレー（伊東、朝原、小島茂之、末続慎吾）6位入賞。16年アテネ五輪は100メートル2次予選敗退（21位）、4×100メートルリレー（土江、末続、高平慎士、朝原）4位入賞。20年、現役最後の国際大会となった北京五輪は、100メートルは2次予選敗退するも、4×100メートルリレーでは、予選で英国、米国、ナイジェリアのアテネ五輪上位3チームがバトンミスで失格に。前年の世界選手権と同じメンバーで臨んだ日本チームは、決勝でジャマイカ、トリニダード・トバゴに次ぐ3着となり、トラック種目では昭和3年アムステルダム五輪女子800メートル銀メダルの人見絹枝以来、80年ぶりのメダルとなる銅メダルを獲得した。同年9月セイコースーパー陸上100メートルを最後に、36歳で現役を引退。世界選手権に6度、五輪に4度出場、男子100メートルの日本記録を3回更新するなど、長期間トップスプリンターとして走り続け、"鉄人スプリンター"と称された。14年シンクロナイズドスイミングのバルセロナ五輪銅メダリスト・奥野史子と結婚

『「英語」で夢を追うアスリート　3　英語でかなえたふたつの夢』　［横山匡］［総合監修］　朝原宣治著　くもん出版　2017.1　46p　28cm〈文献あり〉　2800円　①978-4-7743-2574-3

目次 1 世界を夢みた少年時代（夢は世界をかけまわるサラリーマン、かっこいい「英語」にあこがれて必死に勉強！　ほか），2 ひとつめの夢を実現した留学時代（たったひとりのドイツ留学、英語ならドイツでもやっ

ていける!! ほか），3 オリンピック夢の舞台へ（不安よりも楽しみだったアトランタオリンピック、けがと試練―逆境をバネに ほか），4 もうひとつの夢の実現へ（ことばの壁が気にならない！，テキサス大学で英語を学ぶ ほか）

『こうすればかけっこが速くなる』　朝原宣治［著］　小学館　2010.4　159p　19cm　（こどもスーパー新書）　800円　①978-4-09-253801-6

目次 第1章 体を前に運べば速くなる！，第2章 体に軸をとおせば速くなる！，第3章 こうすれば、かけっこが速くなる！，第4章 運動会でスターになる！，第5章 未来のスプリンターになる！，第6章 みんなにバトンをわたそう！

『チーム朝原の挑戦―バトンは夢をつなぐ』　折山淑美文　学習研究社　2009.7　163p　22cm　（スポーツノンフィクション）　1200円　①978-4-05-203133-5

内容 北京五輪4×100mリレーの快挙。銅メダルは獲るべくして獲ったものだった。この日のために、日本の短距離チームはどんなことをしてきたのか。4人のメンバーはどんなことを考えてきたのか。先輩たちから思いの乗ったバトンを受け取り、彼らも思いを乗せて後輩たちに渡す。バトンは思いを乗せて、夢をつなぐ。日本代表として世界に挑んできた「チーム朝原」の熱い物語。

『朝原宣治―歴史をつくった感動のスプリンター』　金田妙著　旺文社　2009.4　137p　20cm　（シリーズ・素顔の勇者たち）〈年表あり〉　1100円　①978-4-01-069578-4

内容 真の完全燃焼を求めて。日本陸上界ヒーローのメダル獲得までの感動ストーリー。

『肉体マネジメント』　朝原宣治著　幻冬舎　2009.1　189p　18cm　（幻冬舎新書106）　740円　①978-4-344-98105-8

内容 36歳の日本人である著者が、究極のスプリント種目4×100mリレーで世界の黒人選手を退け、メダルを獲得できたのはなぜなのか。その秘密は、卓越した自己管理能力にあった。やみくもに筋トレに励んでもパフォーマンスは上がらない。己の感覚と「対話」しながら、体のメカニズムを追究し、筋肉を的確に操る。コーチに頼らないそのセルフマネジメント力こそが、衰えない肉

オリンピック夏季競技　　　　陸上競技

体を作り上げてきたのである。試行錯誤の
末に辿り着いた、究極の身体論。

『パパ、かっこよすぎやん！―夫婦で勝ち
　取った五輪3個の銅メダル』　奥野史子
　著　小学館　2008.12　205p　19cm
　1300円　①978-4-09-387808-1
　内容 北京で銅メダルの朝原宣治さんとバルセ
　ロナで銅メダル2個の奥野史子さん。日本一
　のアスリート夫婦が語った「愛と涙の軌跡」。

《飯室 芳男》　いいむろ・よしお
　㊗大正14年1月8日
　◇三段跳び選手。昭和27年、ヘルシンキ五輪
　大会三段跳びで6位入賞した。62年日本体育
　協会理事・日本スポーツ少年団副本部長

『あるオリンピック選手の軌跡』　飯室芳
　男著　近代文芸社　2008.5　226p
　20cm　1000円　①978-4-7733-7556-5
　内容 ヘルシンキ五輪三段跳び入賞者が語るス
　ポーツ談義。往年の名選手とのふれあい、
　長年のスポーツ人生における紆余曲折から
　体得した哲学は、健康、教育、生き方へと
　広がる。青少年と未来のスポーツ界へ。

《板倉 美紀》　いたくら・みき
　㊗昭和50年（1975年）8月1日
　◇陸上選手（競歩）。平成4年バルセロナ五輪
　選考会女子10キロ競歩で45分16秒の日本最
　高、高校総体地区予選の3000メートル競歩
　（トラック）で高校新をマークし、バルセロ
　ナ五輪女子10キロ競歩の代表選手に選ばれ、
　23位。同年12月練習中トラックではねられ
　重体、再起不能といわれたがリハビリに努
　め、5年国体県予選で優勝、本大会4位で復
　活。順天堂大学に進学するが、在学中は毎年
　手術を繰り返す。11年全日本競歩根上大会
　20キロで優勝、5年ぶりに全国大会を制した

『もう一度あるきたい―競歩界のシンデレ
　ラガール板倉美紀奇跡の復活』　織田淳
　太郎著　文春ネスコ　2002.6　270p
　19cm〈東京 文藝春秋（発売）〉　1500円
　①4-89036-157-X
　内容 日本陸上界史上最年少の17歳でバルセロ
　ナ五輪に出場後、交通事故で瀕死の重体に
　陥った美紀。その10年の記録。

『わたしはあきらめない―大事故をのりこ
　えた競歩選手板倉美紀』　国松俊英作、

藤本四郎絵　PHP研究所　2001.12
130p　22cm　（未知へのとびらシリー
ズ）〈肖像あり〉　1250円　①4-569-
68304-5
内容 高校二年でオリンピックに出場し、日本競
歩の星として期待された板倉美紀選手。練
習中に大事故にあい、ひん死の重傷をおっ
てしまった。再起不能といわれていたのに、
勇気とあきらめない心で、みごと復活をと
げる。ひたむきな努力の日々を、あざやか
に描きだす。小学中級以上。

《伊東 浩司》　いとう・こうじ
　㊗昭和45年（1970年）1月29日
　◇陸上選手（短距離）。平成3年世界選手権の
　リレーメンバーで、4年バルセロナ五輪の代
　表となるが出場はなし。8年6月日本選手権
　200で20秒29のアジア記録をマーク。同年
　アトランタ五輪200で日本人初の準決勝進
　出、1600リレーでは日本タイ記録の5位で
　64年ぶりに日本勢の入賞を果たした。12年
　シドニー五輪は100、200ともに準決勝進出、
　400リレーで6位入賞を果たす

『キミはもっと速く走れる！　2　どうし
　て足が速い人と遅い人がいるのか？』
　近藤隆夫著　汐文社　2011.1　31p　21
　×22cm　2000円　①978-4-8113-8742-
　0
　目次 ウサイン・ボルト（ジャマイカ）、伊東浩
　司（日本）、「走り」のしくみ、「正しい走り
　方」を知ろう、「足の速い人」と「足の遅い
　人」の違いは？、まずは、しっかりと立と
　う、「大きくカラダを動かす」ことが大切、
　スタートの上手な切り方、腕は左右ではな
　く前後に振る、骨盤を前傾させる！〔ほか〕

『疾風になりたい―「9秒台」に触れた男の
　伝言』　伊東浩司著, 月刊陸上競技編
　出版芸術社　2003.4　287p　19cm〈肖
　像あり〉　1600円　①4-88293-233-4
　内容 400mが専門の彼の100m、200mへの挑
　戦とトレーニング、走法の変化は、表れる
　結果とともに「世紀の実験」と呼ばれ、'98
　年、東洋人初の「10秒00」の金字塔を打ち立
　てる快挙に結びついた。その背景には、あ
　いまいな「常識」にノーと言える彼の研ぎ
　澄まされた感性と、たゆまぬ努力があった。
　「努力の方向性」を求め続けた歴史と記録。

オリンピックの本3000冊　115

陸上競技　　　オリンピック夏季競技

《今井 哲夫》　いまい・てつお

�生明治45年（1912年）5月29日

㊀昭和62年（1987年）12月27日

◇陸上選手、柏崎市長。昭和11年、ベルリン五輪3000メートル障害に出場した。26年柏崎市役所に入る。38年助役を務め、54年以来柏崎市長に2選。62年引退

『体育人今井哲夫』　柏崎　柏崎体育団
1988.6　143p　29cm〈今井哲夫の肖像あり　付（1枚）〉

《オーエンス，ジェシー》

�生1913年9月12日

㊀1980年3月31日

◇米国の陸上選手。曽祖父は奴隷で、貧しい綿つみの小作人の家に生まれた。兄弟11人。大学3年の時、1936年ベルリン五輪に出場、100メートル10秒2、200メートル20秒7、走幅跳び8メートル06、400メートルリレー39秒8と4個の金メダルをとり、"褐色の弾丸"と異名をとった。1973年から米国オリンピック委員会委員をつとめた

『走ることは、生きること―五輪金メダリスト ジェシー・オーエンスの物語』
ジェフ・バーリンゲーム著、古川哲史、三浦誉史加、井上摩紀訳　京都　晃洋書房
2016.7　112p　22cm〈文献あり　年譜あり〉　1600円　①978-4-7710-2692-6
内容 アメリカ南部の貧しいアフリカ系アメリカ人の家庭に生まれ、幼いころは病気がちであったジェシー・オーエンス。しかし、彼は走ることに目覚め、走ることに生きる喜びと、「自由」を見つけていく。ヒトラーを怒らせた最強の陸上選手オーエンス伝記の本邦初訳。

《大江 季雄》　おおえ・すえお

�生大正3年（1914年）8月2日

㊀昭和16年（1941年）12月24日

◇棒高跳び選手。旧制舞鶴中（現・西舞鶴高）から慶応大学へ進学。昭和11年ベルリン五輪に出場。決勝戦では金メダルを獲得した米国のメドウス、日本の西田修平らと共に6人で争い、結果、大江と西田が同記録の銀メダルに。2人の話し合いで、年長者の西田が銀メダル、大江が銅メダルとなったが、銀、銅メダルを半分ずつ割って持ち合うことに

なった。当時"友情のメダル"は全世界の話題を呼んだ

『リンデンの梢ゆれて―大江季雄の青春』
結踏一朗著　出版芸術社　1991.12
309p　19cm〈参考文献：p309〉　1600円　①4-88293-039-0
内容 西田選手との"友情のメダル"で世界中を感動させた棒高跳の元日本記録保持者・大江選手は、太平洋戦争ぼっ発直後、フィリピンで戦火に散った。背のうの底には愛用のスパイクをしのばせていた。あれから半世紀、大江選手の青春像が鮮烈に甦り、胸を打つ。

《大島 鎌吉》　おおしま・けんきち

�生明治41年（1908年）11月10日

㊀昭和60年（1985年）3月30日

◇三段跳び選手。昭和7年のロサンゼルス五輪の三段跳びで銅メダル、11年のベルリン五輪でも同じ三段跳びで6位に入賞。この間9年に毎日新聞社に入社、ベルリン特派員、東京本社運動部次長として記者活動の傍らオリンピックと平和運動に力を注いだ。また東京五輪では日本選手団長を務め、57年には欧米人以外では初めてオリンピック平和賞を受賞している

『大島鎌吉の東京オリンピック』　岡邦行著　東海教育研究所　2013.9　318p
19cm〈文献あり　年譜あり　発売：東海大学出版会〔秦野〕〉　1800円　①978-4-486-03781-1
内容 ベルリン陥落を生還し、敗戦日本から立ち上がる人々にスポーツの光をもたらすために世界を駆けた日々。1964年東京五輪選手団長になった男のオリンピックの理想を求めた生涯に迫る。

『大島鎌吉というスポーツ思想―脱近代化の身体文化論』　伴義孝著　吹田　関西大学出版部　2013.3　751, 6p　22cm
〈文献あり　索引あり〉　5500円　①978-4-87354-557-8
目次 スポーツで何ができるのか、スポーツの人, 本書の研究目的, 生の実践運動, レクリエーション運動という視点, 青少年問題という視点, 生産体育という視点, みんなのスポーツ運動という視点, オリンピック運動という視点, センチュリープランという視点

オリンピック夏季競技　　　陸上競技

『スポーツ思想の誕生』　大島鎌吉の周辺
　著，伴義孝著　創文企画　1994.5　336p
　22cm　2400円

『スポーツの人大島鎌吉』　中島直矢，伴義
　孝共著　吹田　関西大学出版部　1993.3
　422p　20cm〈大島鎌吉の肖像あり〉
　2000円　①4-87354-154-9

『スポーツ』　大島鎌吉著　偕成社　昭和
　31　231p 図版　22cm　（絵とき百科
　14）

『ソ連の陸上競技』　L.S.ホメンコフ編，大
　島鎌吉訳　ベースボール・マガジン社
　1955　316p 表　22cm

『スポーツの教室』　大島鎌吉著　金子書
　房　昭和28　270p 図版　19cm　（少年
　図書館選書 14）

《織田 幹雄》　おだ・みきお
⑭明治38年（1905年）3月30日
⑫平成10年（1998年）12月2日
◇三段跳び選手。旧制広島一中（現・国泰寺
　高）から早大に進学。三段跳びで、パリ五
　輪、アムステルダム五輪、ロス五輪と3回連
　続してオリンピックに出場し、昭和3年のア
　ムステルダム五輪では、15メートル21を
　マークして、金メダルを獲得。日本人初の金
　メダリストとなった。日本陸上界育ての親で
　あり、"三段跳び"という言葉を考案するな
　ど、博識の理論家としても知られた。ヘル
　シンキ五輪、東京五輪の陸上監督、JOC委
　員などを歴任

『報道写真が伝えた100年—定点観測者と
　しての通信社 写真集』　新聞通信調査
　会，共同通信社編　新聞通信調査会
　2016.8　63p　30cm〈会期・会場：2016
　年8月27日～9月9日 東京国際フォーラム
　ガラス棟ロビーギャラリー〉　2000円
　①978-4-907087-08-1
　目次 1912—明治天皇の大喪儀, 1918—出初め
　式の蒸気ポンプ車, 1919—大演習に向かう
　大正天皇, 1920—日本初のメーデー, 1952—
　1952年の血のメーデー, 1923—関東大震災
　後の銀座, 1933—関東大震災から10年後の
　銀座, 1928—織田幹雄が五輪三段跳びで優
　勝, 1928—昭和天皇の即位の礼, 1990—即位
　の礼で古装束姿〔ほか〕

『陸上競技ヨーロッパ転戦記—日本は強
　かった 織田幹雄日記から』　織田幹雄
　著　有斐閣アカデミア（製作）　2001.12
　309, 13p　20cm〈編集：織田正雄, 織田
　和雄　肖像あり〉　非売品

『織田幹雄—わが陸上人生』　織田幹雄著
　日本図書センター　1997.2　177p
　20cm　（人間の記録 15）〈肖像あり〉
　1800円　①4-8205-4254-0
　目次 1 スポーツと私—楽しさと心と, 2 陸上
　競技との出会い, 3 精進と努力, 4 第八回オ
　リンピック・パリ大会, 5 輝く金メダルの栄
　光, 6「三段跳び」と命名, 7 世界一のスポー
　ツ記者に, 8 世界のスポーツ界へ, 9 国民的
　スポーツの発展のために

『陸上競技わが人生』　織田幹雄著　ベー
　スボール・マガジン社　1991.9　277p
　22cm　3800円　①4-583-02935-7
　内容 日本オリンピック陸上初の金メダリスト
　が綴るひとすじの道八十余年。

『織田幹雄』　渡辺靖彦著, 中国新聞社編
　広島　広島県　1991.2　142p　19cm
　（広島県名誉県民小伝集）〈織田幹雄の
　肖像あり〉

『鈴木健二・お元気ですか 7』　日本放送
　協会編　日本放送出版協会　1987.3
　214p　19cm　1400円　①4-14-008526-
　6
　内容 第一線の方々と語り合う「健康と人生」
　第7弾！ 好評テレビ番組の出版！

『織田幹雄スポーツ資料目録』　広島市企
　画調整局文化担当編　〔広島〕　広島都
　市生活研究会　1985.3　101p　26cm
　（広島市博物館資料調査報告書 4）〈監
　修：荒井貞光　織田幹雄の肖像あり〉

『織田幹雄さんへのインタビュー—少年～
　選手～指導者時代を通して』　織田幹雄
　述, 荒井貞光編著　広島　広島都市生活
　研究会　1983.3　22p　26cm　（広島市
　博物館資料調査報告書）〈「スポーツ・娯
　楽」付属資料〉

『わが陸上人生』　織田幹雄著　新日本出
　版社　1977.12　181p　19cm　700円

『陸上競技百年』　織田幹雄著　改訂新版

オリンピックの本3000冊　117

陸上競技　　　　　オリンピック夏季競技

時事通信社　1976　654p　図16枚　19cm
2000円

『**21世紀への遺言**』　織田幹雄著　ベース
ボール・マガジン社　1975　353p
22cm　1800円

『**金メダル**』　織田幹雄著　早稲田大学出
版部　1972　215p　図　19cm　580円

『**陸上競技百年**』　織田幹雄著　改定増補
版　時事通信社　1970　600p　図版16枚
19cm　1500円

『**陸上競技百年**』　織田幹雄著　時事通信社
1966　540p　図版16枚　19cm　1000円

『**オリンピック**』　織田幹雄著　社会思想
研究会出版部　1959　175p(図版共)
16cm　(現代教養文庫)

『**私の信条—スポーツ精神**』　織田幹雄著
ダヴィッド社　1957　207p　図版　19cm

『**スポーツと冒険物語**』　織田幹雄等編，酒
井光男等絵　新潮社　昭和32　283p　図
版　18cm　(新編日本少国民文庫 10)

『**跳躍一路**』　織田幹雄著　日本政経公論
社　1956.5　308p　19cm　300円

『**陸上競技五十年**』　織田幹雄著　時事通
信社　1955　372p(附共)　図版　19cm

『**オリンピック物語**』　織田幹雄著　改訂版
朝日新聞社　1952　277p　図版　19cm

『**スポーツ**』　織田幹雄，斎藤正躬共著　岩
波書店　1952　183p　図版　18cm　(岩
波新書 第101)

『**スポーツの見方**』　織田幹雄著　大泉書
店　1952　326p　図版　19cm　(入門百
科叢書)

『**オリンピック物語**』　織田幹雄著　朝日
新聞社　1948　266p　図版　18cm

『**オリンピック物語**』　織田幹雄著　朝日
新聞社　1948　277p　図版　19cm

《**苅部 俊二**》　かるべ・しゅんじ
㋑昭和44年(1969年)
　◇陸上選手(障害・中距離)。平成8年アトラ
ンタ五輪400メートル障害、1600メートルリ

レーに出場。リレーでは日本タイ記録で5位
となり64年ぶりに日本勢の入賞を果たした。
12年シドニー五輪でも1600メートルリレー
に出場した

『**はじめよう！ 陸上競技**』　苅部俊二著，
ベースボール・マガジン社編　ベース
ボール・マガジン社　2014.3　127p
21cm　(こどもチャレンジ第2シリーズ)
1500円　①978-4-583-10663-2
内容 短距離走、走り幅跳び、リレー、ハード
ル、持久走。オリジナル練習メニュー28紹
介。振り返りアドベンチャー、オリジナル
検定つき！

《**コー, セバスチャン**》
㋑1956年9月29日
　◇英国の陸上選手。1980年英国がボイコット
したモスクワ五輪に個人として出場し、1500
メートルで金メダル、800メートルで銀メダ
ルを獲得。'84年ロス五輪も1500メートルで
金メダル、800メートルで銀メダルを獲得し
た。2004年、2012年の夏季五輪ロンドン招
致委員会委員長に就任し、知名度や実務能
力に人柄を兼ね備えた存在感で世界各国を
飛び回りPRに努め、2005年ロンドンが2012
年夏季五輪の開催地と決定すると、ロンド
ン五輪組織委員会会長に就任

『**ザ・チャンピオン—セバスチャン・コー物
語**』　セバスチャン・コー，デヴィッド・
ミラー著，佐藤亘訳　ベースボール・マ
ガジン社　1983.2　244p　19cm〈監修：
織田幹雄　セバスチャン・コーの肖像あ
り〉　1200円　①4-583-02305-7

《**佐々木 吉蔵**》　ささき・きちぞう
㋑明治45年(1912年)3月10日
㋱昭和58年(1983年)1月23日
　◇陸上選手。戦前、日本短距離界のエースと
してロサンゼルス五輪、ベルリン五輪に"暁
の超特急"吉岡隆徳らとともに出場。後年は
スターターとして活躍、東京五輪では男子
100メートル決勝を一発の号砲でスタートさ
せた

『**よーいドン！—スターター30年**』　佐々
木吉蔵著　報知新聞社　1966　237p
18cm　260円

『**スポーツマンシップ物語**』　野口源三郎，

佐々木吉蔵著, 吉崎正巳等絵　ポプラ社　昭和35　218, 4p 図版　27cm　（少年少女体育全集 14）

『少年オリンピックものがたり』　鈴木良徳, 佐々木吉蔵著　東西文明社　昭和28　159p 図版　22cm　（精選学校図書館全集 29）

《沢田 文吉》　さわだ・ぶんきち
⑭大正9年（1920年）7月18日
⑫平成18年（2006年）6月12日
◇棒高跳び選手。東京高師在学中に日本選手権棒高跳びで優勝し、戦争による中断を挟んで8連覇を達成するなど、昭和20年代の棒高跳びの第一人者として活躍。27年戦後日本が初めて五輪に参加したヘルシンキ五輪に32歳で出場、6位入賞を果たし、開会式では日本選手団旗手を務めた

『虹色のバーを超えた男—沢田文吉の20世紀』　岐阜　岐阜新聞社　2001.3　187p　19cm〈岐阜 岐阜新聞情報センター（発売）　年譜あり〉　1300円　①4-87797-007-X

《サンティー, ウェス》
◇米国の陸上選手。高校生の時、マイル走行でカンザス州記録を樹立。1952年のヘルシンキ五輪では陸上5000メートルに出場した

『パーフェクトマイル—1マイル4分の壁に挑んだアスリート』　ニール・バスコム著, 松本剛史訳　ヴィレッジブックス　2008.6　469p　15cm　（ヴィレッジブックス）　900円　①978-4-86332-040-6
内容 1950年代、世界中が戦後の復興に必死だった時代。1マイル＝1609メートルを4分以内で走るという未踏の記録に立ち向かった若きアスリートたちがいた。英国の伝統とアマチュア精神を背負ったオックスフォードの医学生ロジャー・バニスター、高校時代に走りの才能を見いだされ、虐待から救われたアメリカのウェス・サンティー、豊かな自然の中で育ったオーストラリアの孤高のランナー、ジョン・ランディ。3人はオリンピックでの敗北をきっかけに、"4分の壁"に向かって挑戦を始める。自分を信じてひたむきに走りつづけたランナーだけがたどりつける、感動のゴールとは…。

『パーフェクトマイル—1マイル4分の壁に挑んだアスリート』　ニール・バスコム著, 松本剛史訳　ソニー・マガジンズ　2004.7　438p　20cm　1800円　①4-7897-2321-6
内容 1950年代、世界中が戦後の復興に必死だった時代。1マイル＝1609メートルを4分以内で走るという、未踏の記録に立ち向かった若きアスリートたちがいた。英国の医学生ロジャー・バニスター、親の虐待から逃れてきた米国のウェス・サンティー、豪州の静かなる闘士ジョン・ランディ。何十年にもわたって、挑戦者たちがその限界の前に破れ、医師は「無謀な挑戦は命を落とす」と警告し、エヴェレスト登頂や南極点到達よりも難攻不落といわれた"4分の壁"。1952年のヘルシンキ五輪での敗北をきっかけに、若きアスリート3人が、ときを同じくして挑戦をはじめた。人間の能力に限界はない。そこに1％でも可能性があるかぎり、壁は打ち破れると信じて…。

《ジョンソン, ベン》
⑭1961年12月30日
◇カナダの元・陸上選手（短距離）。1976年カナダに移住し、国籍を取得。1984年ロス五輪100メートル銅メダル、'85年ワールドカップ優勝で注目される。'87年世界陸上選手権（ローマ）では、100メートル9秒83の世界新記録で優勝。'88年ソウル五輪では9秒79の世界新記録で優勝したが、ドーピングが発覚し金メダルをはく奪される。'89年6月カナダのトロントで行われたスポーツの薬物汚染に関する公聴会で薬物使用を認める証言をし、同年9月国際陸連はジョンソンの100メートル9秒83の世界新記録を末梢することに決定した。'92年バルセロナ五輪は準決勝で敗退。'93年3月再びドーピング違反の疑いがもたれ、国際陸連から永久追放処分を受ける。'99年8月国際陸連が、出されていた再審査請求を却下し、処分が最終決定となる

『こども10大ニュース　1988』　こどもニュース研究会著　国土社　1995.4　64p　27cm　2500円　①4-337-26504-X
内容 本書は、今と未来を考える子どものためのニュース解説。第一線の新聞記者たちが、特に子どもたちの今と未来に関わりのあるニュースを、やさしく、わかりやすく解説。

陸上競技　　　オリンピック夏季競技

『十字架の男―ベン・ジョンソン』　山本茂
著　毎日新聞社　1989.8　257p　20cm
〈ベン・ジョンソンの肖像あり　付：参
考文献〉　1300円　①4-620-30693-2
内容 罪人ベン。誰がその人に石をなげること
ができるのか。現代オリンピックの堕落を
追及する渾身のノンフィクション。

《末續 慎吾》　すえつぐ・しんご
㊉昭和55年（1980年）6月2日
◇陸上選手（短距離）。平成11年東海大に進
学。12年シドニー五輪は200メートル準決
勝敗退、4×100メートルリレー（伊東浩司、
朝原宣治、小島茂之、末續）6位入賞。16年
日本選手権100メートル連覇。同年アテネ
五輪100メートルは17位（10秒19、2次予選
敗退）、4×100メートルリレー（土江寛裕、
末續、高平慎士、朝原宣治）4位入賞。20年6
月北京五輪代表選考会を兼ねた日本選手権
は3位。8月3度目の五輪となった北京五輪
は200メートル一次予選敗退。4×100メー
トルリレーでは、予選で英国、米国、ナイ
ジェリアのアテネ五輪上位3チームがバトン
ミスで失格に。前年の世界選手権と同じメ
ンバーで臨んだ日本チームは、決勝でジャ
マイカ、トリニダード・トバゴに次ぐ3着と
なり、トラック種目では、昭和3年アムステ
ルダム五輪女子800メートル銀メダルの人見
絹枝以来、80年ぶりのメダルとなる銅メダ
ルを獲得した。北京五輪後、約3年間の休養
に入る。29年6月200メートルで9年ぶりに
日本選手権に出場

『誰でも足が速くなる本―大人も子どもも
うまく走れば疲れない！　すぐできる白
木式メソッド』　白木仁著　宝島社
2013.4　91p　21cm〈「誰でも足は速く
なる」（2012年刊）の改題、改訂　文献あ
り〉　1000円　①978-4-8002-0978-8
内容 昨今のマラソンブームのなか、「走るの
が苦手」という人は少なくありません。苦
手な人たちは「正しい走り方」を知らない
のです。この「正しい走り方」さえ覚えて
しまえば、短距離でも長距離でも、すぐに
効果が表れます。多くのトップアスリート
たちをサポートしてきた白木仁教授による
実践的な解説で走り方を習得すれば、驚く
ほどの効果が得られます。

『チーム朝原の挑戦―バトンは夢をつなぐ』
折山淑美文　学習研究社　2009.7　163p

22cm　（スポーツノンフィクション）
1200円　①978-4-05-203133-5
内容 北京五輪4×100mリレーの快挙。銅メダ
ルは獲るべくして獲ったものだった。この
日のために、日本の短距離チームはどんな
ことをしてきたのか。4人のメンバーはどん
なことを考えてきたのか。先輩たちから思
いの乗ったバトンを受け取り、彼らも思い
を乗せて後輩たちに渡す。バトンは思いを
乗せて、夢をつなぐ。日本代表として世界
に挑んできた「チーム朝原」の熱い物語。

『100m末續慎吾』　高野進責任編集　マ
ガジンハウス　2005.7　114p　29cm
（Magazine House mook）　1714円
①4-8387-8474-0

『世界最速の靴を作れ！―常識を覆せ！　末
續慎吾選手を支える「ミズノ」スタッフ
たちの挑戦』　松井浩著　光文社
2004.7　229p　20cm　1400円　①4-
334-97458-9
内容 日本人初のメダリスト誕生までの「人生
を賭けた」熱きドラマ。

『末續慎吾×高野進―栄光への助走 日本人
でも世界と戦える！』　折山淑美著　集
英社　2003.12　191p　16cm　（集英社
be文庫）　552円　①4-08-650051-5
内容 高野は、末續や指導している50人ほどの
選手全員と運命共同体だと言う。進路を悩
み、最終的には東海大へ行って五輪を目指
したいと決断してきた以上、彼らの将来の
運命を担うわけだから、と。

《鈴木 良徳》　すずき・よしのり
㊉明治35年（1902年）1月25日
㊦平成3年（1991年）9月14日
◇日本陸連理事長、ローマ五輪陸上競技総監
督、東京五輪組織委競技交通警備特別委員、
ユニバシアード組織委総務委員、第8回・第
14回国際オリンピックアカデミー調査員、
体協アマチュア委員長、札幌オリンピック
式典委員、体協理事、COJO・JOC合同委員
長などを歴任。昭和40年より陸運審議委員

『オリンピック暮色』　鈴木良徳著　ベー
スボール・マガジン社　1985.3　213p
21cm　2000円　①4-583-02510-6

『オリンピック余聞』　鈴木良徳著　ベー

スポール・マガジン社　1983.12　326p
22cm　2500円　⑪4-583-02367-7

『オリンピックのすべて』　鈴木良徳編
講談社　昭和39　223p 図版　22cm

『スポーツ』　鈴木良徳著　偕成社　昭和
38　171p 図版　27cm　（目で見る児童
百科 14）

『少年オリンピックものがたり』　鈴木良
徳,佐々木吉蔵著　東西文明社　昭和28
159p 図版　22cm　（精選学校図書館全
集 29）

『オリンピック読本』　鈴木良徳著　改訂
版　旺文社　1952　263p 図版　19cm
（旺文社スポーツ・シリーズ）

『オリンピックの話』　鈴木良徳著　筑摩
書房　昭和26　192p 図版　19cm　（中
学生全集 54）

《園原 健弘》　そのはら・たけひろ
⊕昭和37年（1962年）
◇競歩選手（陸上）。競歩が強かった明治大学
　に進学、昭和58年全日本選手権20キロ競歩
　で当時の日本記録を出し優勝。ソウル五輪
　代表が有力視されていたが、63年の五輪50
　キロ競歩最終選考会で46キロ地点で低血糖
　症のため倒れ代表落ち。平成4年全日本選
　手権50キロ競歩で3時間56分56秒の日本記
　録をマーク（当時）。同年のバルセロナ五輪
　50キロ競歩に出場し、22位

『ウォーキング100のコツ―元オリンピッ
ク選手が教える』　園原健弘監修　主婦
の友社　2008.9　191p　18cm　940円
⑪978-4-07-262540-8
目次 第1章 知っているだけで健康効果倍増の
　基礎知識（「ウォーキングは全身運動だ」と
　いう意味をまず知る、太る、筋肉も衰える！
　「ダラダラ歩き」ほか）、第2章 健康とダイ
　エットの決め手、教えます（みるみる体脂肪
　が減る秘訣は、「フォーム」と「運動強度」
　にあり、「スピードウォーク」で、自然に太
　りにくい体になる ほか）、第3章 フォーム
　を意識して、体の中心部の筋肉を動かす（日
　常の歩きを見直しましょう、「正しく歩く」
　ことのメカニズムを覚えておく ほか）、第4
　章 ケガや故障を上手に避けるコツ（痛みが
　出たら、ウォーキングは即中止！、太もも

のストレッチが、膝関節のトラブルを未然
に予防 ほか）、第5章 自分の体を自分で守
る、ちょっとした心づかいが効く（素早い疲
労回復にはクエン酸の多い柑橘類を、体内
温度の上昇を抑えるには、冷たい飲み物が
有効 ほか）

《ソープ, ジム》
⊕1887年5月28日
⊗1953年3月28日
◇米国の大リーグ選手, プロフットボール選手;
　陸上選手。インディアンのサック・フォッ
　クス族出身。1912年ストックホルム五輪に
　出場、陸上の5種競技と10種競技で2個の金
　メダルを獲得。スウェーデン国王から "世
　界で最も偉大なアスリート" とたたえられ
　たが、五輪以前に大リーグのマイナーリーグ
　に所属し、報酬をもらっていたことが暴露
　され、'13年金メダルを剥奪された。'53年他
　界したのをきっかけに復権への動きが始ま
　り、'83年名誉が復権

『20世紀最高のスポーツマンはだれか』
佐山和夫著　小学館　1998.10　249p
15cm　（小学館文庫）　457円　⑪4-09-
416401-4
内容 ベーブ・ルースはホームランをよく打っ
　た。カール・ルイスはオリンピックで九個
　の金メダルを獲得した。アベベ・ビキラの
　神々しい走りも忘れられない。ボブ・ヘイ
　ズに、ボー・ジャクソン、それにマイケル・
　ジョーダンだって、すごいスポーツマンだ。
　でも、この超人たちよりもっとすごい男が
　いた…それがこの本の主人公ジム・ソープ
　だ。英語に堪能な著者ならではの取材力で
　主人公ジム・ソープの生涯が構成されてい
　ます。

《高野 進》　たかの・すすむ
⊕昭和36年（1961年）5月21日
◇陸上選手（短距離）。昭和59年のロス五輪
　400では準決勝に進出。63年ソウル五輪準
　決勝進出。平成4年バルセロナ五輪400で
　決勝に進出、日本人の短距離としては60年
　ぶりに8位入賞を果たす。12年シドニー五輪
　でコーチをつとめる

『かけっこの科学―高野進のスポーツ科学
講座』　高野進著, 手塚プロダクション
画　学研教育出版　2010.3　269p
21cm〈文献あり　発売：学研マーケティ

ング〉 1900円 ①978-4-05-403439-6

内容 人はいつから走り始めたのか？ 人によって筋肉のタイプが違う!?乳酸がたまるってどういうこと？ ナンバ、二軸走法ってなに？ けがの予防によい食事とは？ 本番での不安やあがりをなくすには？ など、かけっこに関するさまざまな疑問を、高野進がスポーツ科学の視点から、まんがでわかりやすく解説。

『つなぐ力―4×100mリレー銅メダルへの"アンダーハンドパス"プロジェクト』 石井信著 集英社 2009.7 189p 19cm 933円 ①978-4-08-781425-5

内容 陸上競技のトラック種目は、スタートからゴールまで、自分の体を運び、速さを競う。ところが4人で走るリレー競技のみ、体を運ばなくてすむ部分がある。それがバトンだけが移動するバトンパスの距離だ。これが利得距離。胴体は移動することがないので、その距離だけ、お得になる。リレーはバトンパスでお得な距離を稼ぎながら、4人でつないでいく陸上で唯一のチーム競技だ。この本には、日本短距離界の高野進を縦糸に、夢にチャレンジを続けてきた短距離走者が紡いできた物語が沢山詰まっています。

『走れ！ ニッポン人―一億三千万総アスリート計画』 高野進著 文藝春秋 2007.11 237p 20cm 1500円 ①978-4-16-369700-0

内容 「二軸走法」で日本人の足はもっと速くなる！ バルセロナ五輪400メートルファイナリストとして、末續慎吾らを育てた現・日本陸連強化委員長による提言。

『末續慎吾×高野進―栄光への助走 日本人でも世界と戦える！』 折山淑美著 集英社 2003.12 191p 16cm （集英社be文庫） 552円 ①4-08-650051-5

内容 高野は、末続や指導している50人ほどの選手全員と運命共同体だと言う。進路を悩み、最終的には東海大へ行って五輪を目指したいと決断してきた以上、彼らの将来の運命を担うわけだから、と。

『ふたりはいつも愛プラスワン―400メートルに夫婦の夢を賭けて』 高野由美著 主婦と生活社 1993.5 213p 20cm 1300円 ①4-391-11552-2

内容 バルセロナのあの感動から9か月。学生結婚から7年の軌跡をつづった「妻からの金メダル」物語。

《高橋 千恵美》 たかはし・ちえみ

㊓昭和51年（1976年）

◇陸上選手（長距離）。高校卒業後地元の日本ケミコンに入社。平成9年第32回千葉国際クロスカントリー大会一般女子6000メートルで19分59秒の2位（日本人1位）に入賞。12年シドニー五輪1万メートル15位

『走るの大好き！―走り続けた五輪への道』 高橋千恵美著 仙台 プレスアート 2004.8 221p 19cm 1200円 ①4-9901909-1-2

《高平 慎士》 たかひら・しんじ

㊓昭和59年（1984年）7月18日

◇陸上選手（短距離）。平成14年初の五輪となったアテネ五輪では200メートル1次予選敗退（40位）。4×100メートルリレー（土江寛裕, 末続慎吾, 高平, 朝原宣治）4位入賞。20年6月日本選手権200メートルで、第一人者の末続を破って優勝し、北京五輪代表に。8月の五輪本番では、200メートル2次予選敗退。4×100メートルリレーでは、予選で英国、米国、ナイジェリアのアテネ五輪上位3チームがバトンミスで失格に。前年の世界選手権と同じメンバーで臨んだ日本チームは、決勝でジャマイカ、トリニダード・トバゴに次ぐ3着となり、トラック種目では、昭和3年アムステルダム五輪女子800メートル銀メダルの人見絹枝以来、80年ぶりのメダルとなる銅メダルを獲得した。24年6月日本選手権200メートル3位。8月ロンドン五輪200メートルは準決勝敗退、4×100メートルリレー（山県亮太, 江里口匡史, 高平, 飯塚翔太）で3走を務め、5位入賞（2位の米国がのちにドーピング違反で失格処分となり4位に繰り上がる）。28年日本選手権は200メートルで決勝に進めず、リオデジャネイロ五輪出場を逃す

『チーム朝原の挑戦―バトンは夢をつなぐ』 折山淑美文 学習研究社 2009.7 163p 22cm （スポーツノンフィクション） 1200円 ①978-4-05-203133-5

内容 北京五輪4×100mリレーの快挙。銅メダルは獲るべくして獲ったものだった。この日のために、日本の短距離チームはどんなことをしてきたのか。4人のメンバーはどん

なことを考えてきたのか。先輩たちから思いの乗ったバトンを受け取り、彼らも思いを乗せて後輩たちに渡す。バトンは思いを乗せて、夢をつなぐ。日本代表として世界に挑んできた「チーム朝原」の熱い物語。

## 《田島 直人》 たじま・なおと

『栄光の樹—ベルリン五輪三段跳びの覇者 田島直人』 小山尚元著 滝沢村（岩手県） 小山尚元 2004.8 199p 20cm 〈年譜あり 年表あり〉 1333円 ①4-9902175-8-6

## 《為末 大》 ためすえ・だい

㊉昭和53年（1978年）5月3日

◇元・陸上選手（障害・短距離）。平成12年大学4年のシドニー五輪では、400メートル障害（転倒して予選敗退）と1600メートルリレーに出場。平成8月世界選手権エドモントン大会400メートル障害で日本記録の47秒89をマーク、トラック種目では日本男子初のメダルとなる銅メダルを獲得。16年アテネ五輪400メートル障害で準決勝進出。20年3月以降故障が続いていたが、6月日本選手権で優勝し、北京五輪代表に決定。競技生活の集大成として、30歳で迎えた3度目の五輪は、予選敗退に終わった

『諦める力』 為末大著 小学館 2018.10 245p 15cm （小学館文庫プレジデントセレクト） 700円 ①978-4-09-470023-7

内容 「がんばれば夢はかなう」と信じて努力し続ける人を世間は称賛する。しかし、夢がいつまでたってもかなわないこともある。それでも費やした時間を無駄にしたくないから、応援してくれる人の期待を裏切りたくないから、そして何より「逃げた」と言われたくないから、がんばり続ける…。その苦しさを誰よりも知っているトップアスリートの著者は、「やめる」を「選ぶ」と再定義して楽になったという。かなわぬ夢の呪縛から自由になるためには、世間の価値観ではなく自分の価値観で生きよ、と説いて大きな反響を呼んだベストセラー。

『為末大の未来対談—僕たちの可能性とと りあえずの限界の話をしよう』 為末大著 プレジデント社 2015.12 283p 19cm 1600円 ①978-4-8334-2159-1

内容 科学技術が進歩するほど人間がそれをどこまで受け入れられるかが問われる。人間にできないことが増えてくればくるほど人間らしさについて深く考えていく必要がある。

『ダイ・ストーリー—栄光と挫折を繰り返 した天才アスリートの半生』 為末大著, 月刊陸上競技編集 出版芸術社 2013.7 263p 19cm 1600円 ①978-4-88293-449-3

内容 世界陸上で2つのメダル獲得。スプリント種目で日本人唯一の偉業を成し遂げた“侍ハードラー”。

『為末大走りの極意』 為末大著 ベースボール・マガジン社 2007.8 158p 21cm 1300円 ①978-4-583-10036-4

内容 自らの経験と実戦のなかで辿り着いたスプリント論。走りの“手の内”明かします。著者実践のドリルを初公開。

『インベストメントハードラー』 為末大著 講談社 2006.7 239p 20cm （Football Nippon books） 1600円 ①4-06-213464-0

内容 初期投資30万円が、現在2000万円に増えた話。

## 《塚原 直貴》 つかはら・なおき

㊉昭和60年（1985年）5月10日

◇元・陸上選手（短距離）。平成20年4月富士通に入社。6月北京五輪代表選考会を兼ねた日本選手権100メートルで、第一人者の朝原を抜いて3連覇し、初の五輪代表に。8月の五輪本番では、100メートルで日本勢でただ一人準決勝に進出。4×100メートルリレーでは、予選で英国、米国、ナイジェリアのアテネ五輪上位3チームがバトンミスで失格に。前年の世界選手権と同じメンバーで臨んだ日本チームは、決勝でジャマイカ、トリニダード・トバゴに次ぐ3着となり、トラック種目では、昭和3年アムステルダム五輪女子800メートル銀メダルの人見絹枝以来、80年ぶりのメダルとなる銅メダルを獲得した

『チーム朝原の挑戦—バトンは夢をつなぐ』 折山淑美文 学習研究社 2009.7 163p 22cm （スポーツノンフィクション） 1200円 ①978-4-05-203133-5

内容 北京五輪4×100mリレーの快挙。銅メダ

ルは獲るべくして獲ったものだった。この日のために、日本の短距離チームはどんなことをしてきたのか。4人のメンバーはどんなことを考えてきたのか。先輩たちから思いの乗ったバトンを受け取り、彼らも思いを乗せて後輩たちに渡す。バトンは思いを乗せて、夢をつなぐ。日本代表として世界に挑んできた「チーム朝原」の熱い物語。

### 《寺尾 正》　てらお・きみ

㊐明治44 (1911) 年11月7日

◇陸上選手。50mの元日本記録保持者。双子の妹、文も100mの元日本記録保持者。人見絹枝のライバルとして知られる

**『遠い青春の快走―寺尾姉妹物語』**　田中館哲彦著　ベースボール・マガジン社　1986.7　251p　18cm　(スポーツ・ノンフィクション・シリーズ 2)〈寺尾正・文の肖像あり〉　880円　①4-583-02585-8

内容 女性のスポーツの黎明期、人見絹枝らと激しいライバル争いを演じた双生児の姉妹スプリンターがいた。雑誌の口絵からブロマイドにまで登場し、短距離で世界記録まで出しながら、なぜ姉妹は消えなければならなかったのか。日本の女性スポーツ史、日本の女性史を探る話題作。

### 《寺尾 文》　てらお・ふみ

㊐明治44 (1911) 年11月7日

㊍平成9 (1997) 年12月24日

◇陸上選手。100mの元日本記録保持者。双子の姉、正も50mの元日本記録保持者。人見絹枝のライバルとして知られる

**『遠い青春の快走―寺尾姉妹物語』**　田中館哲彦著　ベースボール・マガジン社　1986.7　251p　18cm　(スポーツ・ノンフィクション・シリーズ 2)〈寺尾正・文の肖像あり〉　880円　①4-583-02585-8

内容 女性のスポーツの黎明期、人見絹枝らと激しいライバル争いを演じた双生児の姉妹スプリンターがいた。雑誌の口絵からブロマイドにまで登場し、短距離で世界記録まで出しながら、なぜ姉妹は消えなければならなかったのか。日本の女性スポーツ史、日本の女性史を探る話題作。

### 《永井 純》　ながい・じゅん

㊐昭和19年 (1944年)

◇元・陸上選手。昭和43年メキシコ五輪の陸上800メートル日本代表に選ばれる

**『がんばれジュン！ チャレンジ陸上』**　永井純編著, 矢野竜彦著, 小泉隆絵　文渓堂　1992.7　127p　21cm　(チャレンジスポーツシリーズ 4)　1200円　①4-938618-44-3

目次 1 基礎, 2 走種目, 3 跳種目, 4 投種目, 5 試合

### 《南部 忠平》　なんぶ・ちゅうへい

㊐明治37年 (1904年) 5月24日

㊍平成9年 (1997年) 7月23日

◇三段跳び選手。アムステルダム五輪三段跳びで4位。昭和7年のロス五輪では三段跳びで15メートル72の世界新記録で金メダルを獲得。58年IOCのオリンピック功労章銀賞を受賞

**『南部忠平―南部忠平自伝』**　南部忠平著　日本図書センター　1999.12　120p　20cm　(人間の記録 117)〈肖像あり　年譜あり〉　1800円　①4-8205-5777-7

目次 馬とともに (酒問屋のせがれ馬に乗る, 三度中学入試を受けて合格せず ほか), 陸上競技をはじめる (徒歩部に入る, もう一年五年を ほか), 日章旗をあげる (走幅跳に世界記録を, ついに日章旗をあげる), スポーツと人生 (ブラジルと娘, 三輪車で日本周遊旅行 ほか), 新聞に見る南部忠平

**『世界へ跳ぶ―南部忠平さんを偲んで』**　札幌　南部忠平記念財団　1998.6　65p　26cm　非売品

**『紺碧の空に仰ぐ感激の日章旗』**　南部忠平著　ベースボール・マガジン社　1988.6　213p　19cm〈著者の肖像あり〉　1800円　①4-583-02686-2

内容 昭和7年のロサンゼルス・オリンピックで三段跳に優勝、走幅跳に三位入賞の偉業を成し遂げた著者の活躍の蔭には、馬の動きを見てスタート・ダッシュの参考にしたり、猿の飛び上がる様から跳躍力と助走スピードのバランスのヒントを得たり、走法の研究のために機関車の動輪の動き方を観察に出かけるなど、血のにじむようなたゆまざる研究と練習の蓄積があったのだ。今こそロサンゼルス・オリンピックで三段跳優勝の輝かしい金字塔を打ち立てた北海の

巨星・南部忠平に学ぶ時代だ。

『南部忠平自伝』　ベースボール・マガジ
ン社　1964　131p（図版7-86p）　26cm

《野口 源三郎》　のぐち・げんざぶろう
㊤明治21年（1888年）8月24日
㊦昭和42年（1967年）3月16日
◇スポーツ指導者、体育学者。大正6年東京で
開催の第3回極東選手権大会で十種競技に優
勝。9年第7回アントワープ五輪では日本選
手団主将をつとめた。10年大日本体育協会
主事となり、陸上競技の普及に努めた。13
年パリ五輪の選手団監督。32年内閣スポー
ツ振興審議会委員

『野口源三郎遺稿集』　野口源三郎遺稿集
刊行会編　不昧堂書店　1969　1733p 図
版　22cm　4500円

『スポーツマンシップ物語』　野口源三郎,
佐々木吉蔵著, 吉崎正巳等絵　ポプラ社
昭和35　218, 4p 図版　27cm　（少年少
女体育全集 14）

『オリンピック』　野口源三郎著　金子書
房　1951　221p 図版　18×11cm　（教
育文庫）

《バニスター, ロジャー》
㊤1929年3月23日
◇英国の元・陸上選手, 医事コンサルタント;
神経学者。1952年ヘルシンキ五輪1500メー
トルで4位

『パーフェクトマイル—1マイル4分の壁に
挑んだアスリート』　ニール・バスコム
著, 松本剛史訳　ヴィレッジブックス
2008.6　469p　15cm　（ヴィレッジブッ
クス）　900円　①978-4-86332-040-6
内容 1950年代、世界中が戦後の復興に必死だ
った時代。1マイル＝1609メートルを4分以
内で走るという未踏の記録に立ち向かった
若きアスリートたちがいた。英国の伝統と
アマチュア精神を背負ったオックスフォー
ドの医学生ロジャー・バニスター、高校時
代に走りの才能を見いだされ、虐待から救
われたアメリカのウェス・サンティー、豊か
な自然の中で育ったオーストラリアの孤高
のランナー、ジョン・ランディ。3人はオ
リンピックでの敗北をきっかけに、"4分の壁"

に向かって挑戦を始める。自分を信じてひ
たむきに走りつづけたランナーだけがたど
りつける、感動のゴールとは…。

『パーフェクトマイル—1マイル4分の壁に
挑んだアスリート』　ニール・バスコム
著, 松本剛史訳　ソニー・マガジンズ
2004.7　438p　20cm　1800円　①4-
7897-2321-6
内容 1950年代、世界中が戦後の復興に必死
だった時代。1マイル＝1609メートルを4分
以内で走るという、未踏の記録に立ち向かっ
た若きアスリートたちがいた。英国の医学
生ロジャー・バニスター、親の虐待から逃
れてきた米国のウェス・サンティー、豪州の
静かなる闘士ジョン・ランディ。何十年に
もわたって、挑戦者たちがその限界の前に
破れ、医師は「無謀な挑戦は命を落とす」と
警告し、エヴェレスト登頂や南極点到達よ
りも難攻不落といわれた"4分の壁"。1952
年のヘルシンキ五輪での敗北をきっかけに、
若きアスリート3人が、ときを同じくして挑
戦をはじめた。人間の能力に限界はない。
そこに1%でも可能性があるかぎり、壁は打
ち破れると信じて…。

《バンクス, ウイリー》
㊤1956年3月16日
◇米国の元・三段跳び選手。1976年モントリ
オール五輪、'84年ロス五輪、'88年ソウル五輪
に出場、'80年モスクワ五輪代表。'85年世界
新記録（17メートル97センチ）を樹立。'83
～86年米国陸上競技連盟（TAC）選手諮問
委員会会長、米国オリンピック委員会（USOC）
代表

『ホップ・ステップ・チャレンジ』　ウイ
リー・バンクス著, 浅野輝子訳　河合出
版　1990.10　164p　20cm〈著者の肖像
あり〉　1200円　①4-87999-043-4
内容 三段跳びの世界記録を樹立し法学博士で
もある著者がチャレンジ精神で貫かれた半
生を綴る。

《人見 絹枝》　ひとみ・きぬえ
㊤明治40年（1907年）1月1日
㊦昭和6年（1931年）8月2日
◇陸上選手。岡山県立高女（現・操山高）時代、
走り幅跳びで4メートル67の日本記録を出
す。昭和3年日本選手権で、100メートルで

陸上競技　　　オリンピック夏季競技

12秒2、走り幅跳びで5メートル98の世界記録をマーク。同年の陸上競技に女子種目が初めて採用されたアムステルダム五輪では、日本人女性として初めて五輪に出場。最も得意な走り幅跳びが五輪競技から外され、100メートルに出場するも決勝に進出できず、未経験だった800メートルに出場、2分17秒6の世界タイ記録を出し、銀メダルを獲得した

『不滅のランナー　人見絹枝』　田中良子著　右文書院　2018.10　168p　19cm　1500円　①978-4-8421-0792-9
内容 24歳という若さで早世した陸上女子アスリートであり、日本女性初のオリンピックメダリスト（アムステルダム大会）であり、100m・200m・走幅跳の元世界新記録保持者として活躍しながら、陸上指導者として後継者育成という先駆的な偉業を果たしたランナー人見絹枝。その足跡をたどる。

『伝説の人　人見絹枝の世界―日本女子陸上初の五輪メダリスト』　猪木正実著　岡山　日本文教出版　2018.5　155p　15cm　（岡山文庫 309）〈文献あり 年譜あり〉　900円　①978-4-8212-5309-8

『人見絹枝――一輪のなでしこ』　イデア絵本委員会、福澤桃子、下茂希、福原菜摘、Lillian S.Androphy編集・本文制作、谷新絵、日本女子体育大学監修　イデア・インスティテュート　2018.1　44p　28cm　〈年譜あり　英語・フランス語・スウェーデン語併記〉

『時代を切り開いた世界の10人―レジェンドストーリー　第2期7　人見絹枝―日本人女性ではじめてのオリンピックメダリスト』　髙木まさき監修　学研教育出版　2015.2　143p　22cm　〈文献あり 年譜あり　発売：学研マーケティング〉　1600円　①978-4-05-501157-0
目次 レジェンドストーリー（7）人見絹枝（1907 - 1931）（一九二八年のなでしこ、日本を背負う、秘密のラケット、未来へ、とぶ！、世界が私を呼んでいる、ペンとスパイク、夢をあたえる選手になる！、命をかけた八百メートル走、八月二日）、人見絹枝資料館（人見絹枝の功績、深く知りたい！ オリンピック・パラリンピックで活躍した日本人女子選手たち、深く知りたい！ オリン

ピックの歴史、人見絹枝の生涯とその時代、人見絹枝が残した言葉、人見絹枝のゆかりの地、伝記学習 感動や考えを新聞にまとめてみよう）

『知られざる日本の偉人たち―じつは凄かった！ 世界に誇れる伝説の10人』　河合敦著　大和書房　2012.4　237p　16cm　（だいわ文庫 224-1H）〈文献あり〉　648円　①978-4-479-30379-4
内容 「困難な時期」と呼ばれる現代よりも、さらに不便で未開、混沌を極めていた戦前の日本。そんな時期にあって、己の信じた道を歩き続け、ついに偉業を成し遂げた先人たちがいた。歴史に埋もれてしまった彼らの生涯を掘り起こし、色褪せかけていた栄光に再び陽の光を当てる。

『人見絹枝―生誕100年記念誌』　永島惇正編　日本女子体育大学　2008.2　311p　21cm〈肖像あり　年譜あり〉　1905円

『Kinueは走る―忘れられた孤独のメダリスト』　小原敏彦著　健康ジャーナル社　2007.8　255p 図版12枚　20cm〈年譜あり〉　1600円　①978-4-907838-38-6
内容 有森裕子、高橋尚子、池田久美子―そのもっと以前にたったひとりで世界に挑み、日本女子陸上の歴史を築いた女性がいた。日本女子初のオリンピックメダリスト人見絹枝の苦難の物語。

『ライジングガール！―人見絹枝物語 コミック版』　比古地朔弥作・画 祥伝社　2005.8　225p　19cm　（FC gold）　952円　①4-396-76364-6

『はやての女性ランナー―人見絹枝讃歌』　三澤光男著　不昧堂出版　2005.7　165p　21cm〈著作目録あり　文献あり〉　2000円　①4-8293-0440-5
目次 第1章 国際オリンピックに初の日章旗―1928年・アムステルダム（女子800m競走、その他の出場種目の結果、八百米競走出場への決断）、第2章 絹枝を励まし、育ててくれた人たち（織田幹雄、岡部平太 ほか）、第3章 人見絹枝が果たした業績（競技会での活躍、活発な執筆活動、後継者の育成）、第4章 人見絹枝にまつわる余聞・仄聞（絹枝は風邪をひきやすかった、人見絹枝は女性であった）、第5章 人見絹枝の文献目録作成への試み（目録作成の意義、文献の語義、目録作成

126

の方法, 写真目録作成と技術動作の分類)

『絹枝恋い―僕の人見絹枝伝』　戸田純著
復刻版　〔戸田純〕　2001.8　342p 図
版10枚　21cm〈原本：1990年刊　肖像
あり〉　非売品

『女子スポーツを語る』　人見絹枝著　ゆ
まに書房　2000.6　240p　22cm（女性
のみた近代 6　原ひろ子監修, 高良留美
子, 岩見照代編）〈シリーズ責任表示：原
ひろ子監修　シリーズ責任表示：高良留
美子, 岩見照代編　人文書房昭和6年刊の
複製〉　8000円　①4-8433-0094-2

『日本体育基本文献集―大正・昭和戦前期
第33巻　ゴールに入る　世界の運動会』
成田十次郎監修, 大熊廣明, 野村良和編
人見絹枝著, 岡部平太著　日本図書セン
ター　1998.12　256,386p　22cm〈複
製〉　①4-8205-5826-9

『人見絹枝―炎のスプリンター』　人見絹
枝著, 織田幹雄, 戸田純編　日本図書セン
ター　1997.6　347p　20cm（人間の記
録 32）〈肖像あり　年譜あり〉　1800円
①4-8205-4273-7
目次 第1部 スパイクの跡（学校時代, 第一回
欧州遠征, 練習時代, 第二回欧州遠征, 第九
回万国オリンピック大会出場）, 第2部 ゴー
ルに入る（希望と収穫の一九二九年, ブラー
グ目指して, 第三回世界女子オリンピック
大会, 転戦の記, ゴールに入る）

『スパイクの跡・ゴールに入る―伝記・人
見絹枝』　人見絹枝著　大空社　1994.
11　406,256,5p　22cm（伝記叢書
154）〈複製　著者の肖像あり〉　18000円
①4-87236-453-8

『絹枝恋い―僕の人見絹枝伝』　戸田純著
〔戸田純〕　1990.8　227p　21cm〈人見
絹枝の肖像あり 限定版〉　非売品

『人見絹枝物語―女子陸上の暁の星』　小
原敏彦著　朝日新聞社　1990.6　302p
15cm　（朝日文庫）　500円　①4-02-
260584-7
内容 日本女子スポーツ黎明期の1920年代, 陸
上競技界に彗星のごとく現れ, いくつもの
世界記録を書きかえた人見絹枝。単身参加
した万国女子競技会スウェーデン大会での

個人優勝、アムステルダムオリンピックで
ドイツ人選手と演じた800メートルレース
での死闘は、世界中の人々に感銘を与えた。
24年と8カ月の短い人生を全力で走り抜いた
アスリートの、波乱に満ちた青春を追いな
がら、大正から昭和初期にかけての女性と
運動競技の状況を探る。

『遠い青春の快走―寺尾姉妹物語』　田中
館哲彦著　ベースボール・マガジン社
1986.7　251p　18cm　（スポーツ・ノン
フィクション・シリーズ 2）〈寺尾正・文
の肖像あり〉　880円　①4-583-02585-8
内容 女性のスポーツの黎明期、人見絹枝らと
激しいライバル争いを演じた双生児の姉妹
スプリンターがいた。雑誌の口絵からブロ
マイドにまで登場し、短距離で世界記録ま
で出しながら、なぜ姉妹は消えなければなら
なかったのか。日本の女性スポーツ史、日
本の女性史を探る話題作。

『人見文庫目録』　森川貞夫編著　アイ
オーエム　1984.3　72p　26cm〈奥付の
書名：人見絹枝文庫目録〉

『炎のスプリンター――人見絹枝自伝』　人見
絹枝著, 織田幹雄, 戸田純編著　岡山　山
陽新聞社出版局　1983.2　447p　20cm
〈人見絹枝年譜：p445～446〉　1500円

『燃え尽きたランナー――人見絹枝の生涯』
小原敏彦著　大和書房　1981.2　209p
19cm〈人見絹枝の肖像あり　人見絹枝
略年譜：p202～205 参考文献：p207〉
880円

『わが人見絹枝伝抄―詩集』　戸田純著
詩の家　1977.6　32p　16cm　（詩の家
叢書 Part 10）　600円

《ボルト, ウサイン》
㊉1986年8月21日
◇ジャマイカの陸上選手（短距離）。2008年
5月100メートルで世界歴代2位の9秒76を
マーク。同月リーボックGP100メートルで、
アサファ・パウエル（ジャマイカ）の持つ
世界記録を100分の2秒上回る9秒72で優勝。8
月北京五輪100メートルでは、史上初めて
9秒70を突破する9秒69の世界記録で金メダ
ルを獲得。200メートルでも19秒30の世界
記録で金メダル。両種目制覇は、男子では
1984年ロス五輪のカール・ルイス（米国）以

来で、24年ぶり9人目。男子で両種目の世界記録を同時に保持するのは、史上3人目の快挙。4×100メートルリレーでは第3走者を務め、37秒10の世界記録で優勝。出場した全種目で世界記録を樹立し、3冠を達成した。2012年ロンドン五輪は100メートル（9秒63の五輪記録）と200メートル、4×100メートルリレー（36秒84の世界記録）で世界初の2大会連続の短距離3冠に輝く。電光石火の走りから、"ライトニング・ボルト（稲妻）"と呼ばれる

『**ウサイン・ボルト自伝**』　ウサイン・ボルト著，生島淳訳　集英社インターナショナル　2015.5　381p 図版16p　19cm〈発売：集英社〉　2300円　①978-4-7976-7277-0

内容 俺は生きるレジェンドだ！ 100メートル9秒58（世界記録）、オリンピック3種目連覇、世界陸上200メートル3連覇─数々の偉業を成し遂げてきたスプリンターがはじめて明かす驚きのライフ・ストーリー。

『**日本人は100メートル9秒台で走れるか**』深代千之［著］　祥伝社　2014.4　168p　18cm　（祥伝社新書 363）〈文献あり〉760円　①978-4-396-11363-6

内容 現在の陸上一〇〇メートル走の日本記録は、伊東浩司が一九九八年に出した一〇秒〇〇。それ以来、更新されておらず、一〇秒の壁を破った日本人はいない。しかし近年、九秒台達成の期待が高まっている。では、はたして日本人は本当に九秒台で走ることができるのか？ 圧倒的な力を持つジャマイカの選手やアメリカの選手たちに伍することはできるのか？ 最新科学の観点から理想の走りを研究するスポーツ・バイオメカニクスの第一人者が、走りのメカニズムをやさしく解説、その可能性を分析する。

『**誰でも足が速くなる本─大人も子どももうまく走れば疲れない！　すぐできる白木式メソッド**』　白木仁著　宝島社　2013.4　91p　21cm〈「誰でも足は速くなる」（2012年刊）の改題、改訂　文献あり〉　1000円　①978-4-8002-0978-8

内容 昨今のマラソンブームのなか、「走るのが苦手」という人は少なくありません。苦手な人たちは「正しい走り方」を知らないのです。この「正しい走り方」さえ覚えてしまえば、短距離でも長距離でも、すぐに効果が表れます。多くのトップアスリート

たちをサポートしてきた白木仁教授による実践的な解説で走り方を習得すれば、驚くほどの効果が得られます。

『**数学でわかるオリンピック100の謎─ウサイン・ボルトはどうすればこれ以上がんばらなくても世界記録を更新できるか**』ジョン・D・バロウ著，松浦俊輔，小野木明恵訳　青土社　2012.7　343, 21p　20cm　2200円　①978-4-7917-6660-4

内容 数学脳で、新記録続出。一見なんの関係もないような数学とスポーツ。両者をつなげる法則性に気がつけば、筋力トレーニングではみつけられない飛躍の可能性からまさかの落とし穴まで、知らないことさえ知らなかった盲点を発見できる。アタマとカラダの全身運動。

『**U・ボルト**』　スポーツ伝説研究会著　汐文社　2012.1　127p　20cm　（SPORTS LEGEND）〈文献あり〉1400円　①978-4-8113-8855-7

目次 第1章 世界新記録の衝撃（すごいやつが現れた、世界新記録で圧勝、世界一のスプリンター、ジャマイカという国、アメリカよりもいい環境、陸上にかける気持ちは負けない、ジャマイカの陸上選手たち）、第2章 小さな島から生まれた世界のスター（島国ジャマイカの誇り、行き先のない旅には出られない、足が速いジャマイカの人たち、努力を続ける、ゲームが大好き、弓矢を天に向けて引くポーズ、速さの秘密はストライド）、第3章 100メートル走の歴史（将来の夢、10秒の壁、シューズの改良、カール・ルイスの活躍、ドノバン・ベイリーの偉業、モーリス・グリーンの活躍、アサファ・パウエルの走り、ボルトのライバル、タイソン・ゲイ、期待の新星ヨハン・ブレーク）、第4章「超人」ボルト（すさまじい活躍、ベストではなかったコンディション、ライバルの存在、信じられないタイム、ライバルへの気持ち、200メートルでも勝利、世界一の短距離王国に）、第5章 ロンドンオリンピックを目指して（ボルトには、つけいるスキがある、信じられない失格、200メートルで金メダル、つらいシーズンを超えて）

『**ヒトは地上最速の動物だった─高岡英夫の「神速」走行理論**』　高岡英夫著　講談社　2011.10　219p　19cm〈文献あり〉　1300円　①978-4-06-217298-1

内容 ウサイン・ボルトが実践する常識破りの

オリンピック夏季競技　　　　　　陸上競技

「トカゲ走り」とは？ フルマラソンの距離
（42.195km）を1時間弱で走破する「神足歩
行術」とは？―すべての根本原理は体の「ゆ
るみ」だった！ 運動学、生理学、人類学を
総合して編み出された驚くべきセオリーの
数々！ 走りの常識を覆す話題が満載。

『キミはもっと速く走れる！　2　どうし
て足が速い人と遅い人がいるのか？』
近藤隆夫著　汐文社　2011.1　31p　21
×22cm　2000円　①978-4-8113-8742-
0
目次 ウサイン・ボルト（ジャマイカ），伊東浩
司（日本），「走り」のしくみ，「正しい走り
方」を知ろう，「足の速い人」と「足の遅い
人」の違いは？，まずは、しっかりと立と
う，「大きくカラダを動かす」ことが大切，
スタートの上手な切り方，腕は左右ではな
く前後に振る，骨盤を前傾させる！〔ほか〕

《三島 弥彦》　みしま・やひこ
⑭明治18年（1885年）2月
㉘昭和29年（1954年）2月1日
◇陸上選手（短距離）。明治44年11月オリンピ
ック派遣選手予選会において、100メートル
12秒、400メートル59秒6、800メートル2分
19秒2で優勝、金栗四三と共に代表となり、
45年8月ストックホルム五輪に参加した。日
本の陸上競技選手としては、初めてのオリ
ンピック参加となる

『絵葉書で読み解く大正時代』　学習院大
学史料館編　彩流社　2012.12　168p
21cm〈文献あり 年表あり〉　2800円
①978-4-7791-1850-0
内容 メディアとしての絵葉書から、鮮明に写
し撮られた都市の風景や風俗など、大正時
代の記憶を生き生きと伝える。「大正の記憶
絵葉書の時代」展の貴重な展示資料をもと
に278点の美しい図版、絵葉書から大正時代
の諸様相を読み解く新しい「大正時代史」。

《溝口 和洋》　みぞぐち・かずひろ
⑭昭和37年（1962年）5月4日
◇元・やり投げ選手。昭和59年ロス五輪代表。
62年5月、規則改正（61年）後の世界歴代3位
にあたる84メートル16をマーク。63年ソウ
ル五輪代表

『一投に賭ける―溝口和洋、最後の無頼派
アスリート』　上原善広著

KADOKAWA　2016.6　232p　19cm
1600円　①978-4-04-102743-1
内容 「全身やり投げ男」。一九八九年、当時の
世界記録からたった六cm足らずの八七m六
〇を投げ、WGP（ワールド・グランプリ）シ
リーズを日本人で初めて転戦した不世出の
アスリート・溝口和洋。無頼な伝説にも事
欠かず、スターであった。しかし、人気も体
力も絶頂期にあった八九年の翌年からはほ
とんど試合に出なくなり、伝説だけが残っ
た…。大宅賞受賞作家が一八年間をかけて
聞き取りを続けたライフワーク作品。その
関係から紡がれる異例の一人称文体。泥臭
い一人の漢の生き様から、スポーツ界が、社
会が、昭和と平成の歴史が彩られていく。

《村社 講平》　むらこそ・こうへい
⑭明治38年（1905年）8月29日
㉘平成10年（1998年）7月8日
◇陸上選手。昭和7年中央大学に進学。11年第
11回ベルリン五輪に出場、5000と1万メート
ルで4位入賞を果たし、世界の注目を浴びた。
31年のメルボルン五輪ではマラソン監督を
務めた

『宮崎の偉人　中』　佐藤一一著　宮崎
旭進学園　1998.1　222p　21cm
1500円
内容 本書では、それぞれの人物の生きざまと
共に、当時の世界情勢や日本の社会的背景、
あるいは当時の人たちの物の考え方なども
知ることが出来る。

『長距離を走りつづけて』　村社講平著
趣味と生活（制作）　1981.6　257p
22cm　（ほるぷ自伝選集―スポーツに生
きる 16）〈企画：ほるぷ教育開発研究所
原発行：ベースボール・マガジン社 発
売：ほるぷ〉

『長距離を走りつづけて』　村社講平著
ベースボール・マガジン社　1976　257p
22cm　1800円

《室伏 広治》　むろふし・こうじ
⑭昭和49年（1974年）10月8日
◇元・ハンマー投げ選手。父・室伏重信は"ア
ジアの鉄人"といわれたハンマー投げ元日本
記録保持者、母はルーマニア人のやり投げ
選手。平成12年のシドニー五輪ではメダル
を確実視されながら9位に終わる。13年世界

オリンピックの本3000冊　129

選手権エドモントン大会で日本投擲史上初のメダルとなる銀メダルを獲得。16年アテネ五輪ではハンガリーのアヌシュに敗れ2位となるが、国際オリンピック委員会 (IOC) はドーピング (禁止薬物使用) 規程違反でアヌシュの失格を決定、繰り上がりで金メダルを獲得した。マラソン以外で日本の陸上選手が金メダルを獲得したのは68年ぶり。20年8月大会連覇を目指した北京五輪は5位に終わる。24年ロンドン五輪銅メダル。28年2年ぶりに日本選手権に出場したが12位に終わり5大会連続となる五輪出場を逃し、現役引退を表明した。21年東京五輪招致委員会理事となり、競技の普及に努めた他、国際会議で反ドーピング活動にも取り組む。2020年開催の東京五輪・パラリンピック組織委員会理事を務め、28年9月スポーツ局長に就任。30年6月スポーツ局長を退き、兼務していたスポーツディレクター (SD) に専念

『ゾーンの入り方』 室伏広治著 集英社
　2017.10　220p　18cm　(集英社新書
　0905)　740円　①978-4-08-721005-7
　内容 超一流アスリートが教える、結果を出すための集中法。

『ベストパフォーマンスを引き出す方法』
　室伏広治,咲花正弥著　ベースボール・
　マガジン社　2013.6　207p　19cm
　1300円　①978-4-583-10569-7
　内容 選手とトレーナー、それぞれの立場から語られる「ベストパフォーマンス」「グッドチーム」を生み出す秘訣。いじめ・体罰問題から、上司・部下間のコミュニケーション法まで。スポーツ関係者のみならず、ビジネスマンや教育者にヒントを与える一冊。

『超える力』 室伏広治著 文藝春秋
　2012.6　237p　20cm〈文献あり〉　1300
　円　①978-4-16-375360-7
　内容「超えた」と思える瞬間が人間をつくる一。私が超えてきたものを今こそ語ろう。ハンマーに魅せられた人生のすべて。

『室伏広治孤独な王者』 室伏広治著,十文字美信撮影　文藝春秋　2010.9　129p
　24cm　2800円　①978-4-16-373110-0
　内容 スポーツとアート、沈黙の共犯関係。奇蹟のコラボレーション。

『室伏広治物語』 本郷陽二編 汐文社
　2007.11　145p　22cm　(夢かけるトッ

プアスリート スポーツノンフィクション)　1500円　①978-4-8113-8448-1
　目次 第1章 栄光のアテネ五輪 (みんなのために、アドバイスに耳を傾ける ほか)、第2章 偉大な父と重ねた努力 (偉大な父, 才能あふれる子供 ほか)、第3章 ハンマー投げという競技 (競技のルール, 遠くへ飛ばすために ほか)、第4章 世界での活躍 (トップ選手への仲間入り, 記者泣かせ ほか)、第5章 室伏家の輝かしい栄光 (アジアの鉄人, 体格に恵まれた活発な少年 ほか)、第6章 北京へ向けて (人生はチャレンジだ, 思い切って休養 ほか)

《室伏 重信》 むろふし・しげのぶ
　㊵昭和20年 (1945年) 10月2日
◇元・ハンマー投げ選手。昭和47年ミュンヘン五輪8位、51年モントリオール五輪11位、55年モスクワ五輪代表、59年ロサンゼルス五輪14位。日本選手権12回優勝 (含む10連覇)、アジア大会で5連覇を達成するなど"アジアの鉄人"と呼ばれた。61年現役を引退。長男の室伏広治はハンマー投げのアテネ五輪金メダリスト、長女の室伏由佳もハンマー投げ選手

『ハンマー投げ』 室伏重信著 ベースボール・マガジン社　1994.9　155p
　22cm　(最新陸上競技入門シリーズ 8)
　〈監修：帖佐寛章, 佐々木秀彦　参考文献：p155〉　2400円　①4-583-03119-X
　内容 "アジアの鉄人"とうたわれスポーツ人としての名声が高い著者は、日本のハンマー投げの歴史を自らつくってきた人だ。アジア大会に5連勝、日本選手権10連勝、現在も75m96の日本記録保持者。その著者が「ハンマー界初の本格指導書に」と、若い競技者のためにわかりやすく書き下ろした好著。

『室伏重信の楽しい陸上競技』 室伏重信著　小峰書店　1991.3　126p　22cm
　(ジュニア・スポーツ・セレクション11)　1080円　①4-338-08511-8
　内容 スポーツって楽しい。だから、楽しく学んで、楽しく上達したい。もちろん、苦しい練習もある。つらいトレーニングもある。でも、心はいつも楽しく、明るく。名選手なら、きっとそのコツをやさしく教えてくれる。スポーツって、ほんとうに楽しい。

『その瞬間にかける』 室伏重信著 原生

林　1988.3　229p　19cm　1200円

内容 過去と未来の接点に瞬間はある。未来に向かって「その瞬間」に、私はすべてをかけた。それは、より充実した過去をつくるために。

《森 千夏》　もり・ちなつ
⊕昭和55年（1980年）5月20日
⊗平成18年（2006年）8月9日
◇砲丸投げ選手。平成16年7月から原因不明の下腹部の痛みと発熱に悩まされる中、アテネ五輪に日本女子砲丸投げの選手として東京五輪以来40年ぶりの出場を果たすが、体調不良のために実力が発揮できず、15メートル86で予選敗退（32位）に終わった。17年7月難病の虫垂がんと診断され、競技復帰を目指して闘病を続けたが、18年8月26歳の若さで亡くなった。169センチと小柄ながら9度日本記録を更新、世界と大きな差を開けられていた記録を大幅に伸ばした

『18m22の光―砲丸投に人生をかけた森千夏』　山田良純著　広島　南々社
2017.12　311p　19cm　1600円　①978-4-86489-070-0
内容 26年の一生を、一本気に生き抜いた日本記録保持者。女子砲丸投オリンピアン。2020年東京五輪、必読の書。

《矢田 喜美雄》　やだ・きみお
⊕大正2年（1913年）9月17日
⊗平成2年（1990年）12月4日
◇走り高跳び選手、ジャーナリスト。昭和11年走り高跳びの選手としてベルリン五輪に出場、5位に入賞した

『翔んだ男矢田喜美雄―異色社会部記者の軌跡』　「翔んだ男矢田喜美雄」刊行委員会編　「翔んだ男矢田喜美雄」刊行委員会　1991.12　349p　20cm〈矢田喜美雄の肖像あり　矢田喜美雄年表：p342～347〉　2000円

《山縣 亮太》　やまがた・りょうた
⊕平成4年（1992年）6月10日
◇陸上選手（短距離）。平成23年慶応義塾大学に進学。24年8月20歳で出場したロンドン五輪は100メートル予選で自己ベスト記録となる日本人五輪史上最速の10秒07をマーク

して準決勝に進出。第1走を務めた4×100メートルリレーは5位（2位の米国がのちにドーピング違反で失格処分となり4位に繰り上がる）。28年5月リオデジャネイロ五輪の代表選考会を兼ねたセイコーゴールデングランプリ川崎100メートルで日本人最高の2位。日本選手権ではゴール前でケンブリッジ飛鳥にかわされ2位となるが、2大会連続で五輪代表入り。8月のリオ五輪では100メートルで準決勝に進出、自己ベストの10秒05をマークするも、決勝進出を逃す。第1走を務めた4×100メートルリレーは37秒60のアジア新記録をマークし銀メダルを獲得。セイコーホールディングスAC所属

『山縣亮太100メートル9秒台への挑戦―トレーナー仲田健の改革』　仲田健著　学研プラス　2017.8　159p　19cm（GAKKEN SPORTS BOOKS）　1200円　①978-4-05-800807-2
目次 第1章 面会―山縣亮太の第一印象、第2章 改革―リオ・オリンピックに向けて、第3章 実践―実戦的なトレーニング、第4章 対談―山縣亮太が語る仲田健との改革、第5章 未来―100メートル9秒台の先へ

《山田 宏臣》　やまだ・ひろおみ
⊗昭和56年（1981年）10月21日
◇走り幅跳び選手。順天堂大体育学部の4年から走り幅跳びを始め、東急入社後の昭和45年6月7日、南部忠平の日本記録7メートル98を39年ぶりに破る8メートル01を跳んだ。新記録の瞬間、「死んでもいい」と涙ぐんだ話は有名。東京、メキシコ五輪の代表選手

『とんで、とんで天まで―十字架のジャンパー山田宏臣物語』　長岡民男著　講談社　1982.10　383p　19cm〈山田宏臣の肖像あり〉　1300円　①4-06-200187-X

《吉岡 隆徳》　よしおか・たかよし
⊕明治42年（1909年）6月20日
⊗昭和59年（1984年）5月5日
◇陸上選手（短距離）。昭和7年のロサンゼルス五輪の陸上100メートルで6位に入賞後、10年には10秒3の世界タイ記録を3度マークし、"暁の超特急"の異名を取る

『10秒の壁―「人類最速」をめぐる百年の物語』　小川勝著　集英社　2008.6　203p　18cm　（集英社新書）　700円

陸上競技　　　　　オリンピック夏季競技

①978-4-08-720447-6

内容 陸上競技100m。かつて、この種目で「10秒」を突破することは世界中の夢であり目標だった。では、10秒の壁は、いかにして破られたのか。そこには、天才アスリートの出現、テクノロジーの進歩、競技環境の変化など、様々な要素が存在した。そして、時代背景に翻弄され、「記録」に残らなかった意外な事実も隠されている。本書は、一瞬の勝負の裏に潜む幾多のドラマを発掘するとともに、この先、「人類最速」はどのレベルまで進化するのかを考察する。

『夢、未だ盡きず―平木信二と吉岡隆徳』
辺見じゅん著　文藝春秋　1998.6　533p　20cm　2000円　①4-16-353560-8

内容 一代でミシン王国「リッカー」を築いた起業家平木信二と、「暁の超特急」と呼ばれた名スプリンター吉岡隆徳。二人の出会いは、夢の東京五輪へと続く闘いの日々の始まりだった。一「日本再建」の志に燃えた男達とその時代を描く、感動の書下し超大作。

『わが人生一直線』　吉岡隆徳著　日本経済新聞社　1979.5　181p　20cm〈著者の肖像あり〉　980円

《吉田 雅美》　よしだ・まさみ
㊤昭和33年（1958年）6月14日
㊥平成12年（2000年）3月7日
◇やり投げ選手。和歌山工でやり投げを始め、和歌山県教委時代の昭和56年日本新をマーク。59年ロス五輪5位、63年ソウル五輪代表。平成4年バルセロナ五輪代表。5年引退

『ヤリ投げ』　吉田雅美著　ベースボール・マガジン社　1993.9　161p　21cm　（最新陸上競技入門シリーズ 9)〈監修：帖佐寛章、佐々木秀幸　参考文献：p160～161〉　①4-583-03075-4

内容 オリンピックなどのビッグゲームでは、競技場の中央空間を切り裂くヤリ投げ競技は、フィールドの華ともいえる存在。ヤリと一体になる飛行感の喜びを味わえるように、元日本記録保持者である筆者が、ヤリ投げの初心者、指導者のために、自身の経験を豊富に盛り込んで書き下ろした好著。

《ランディ，ジョン》
㊤1930年4月12日
◇オーストラリアの陸上競技選手。1952年の

ヘルシンキ五輪に出場、1500m、5000mにエントリーしたが、ともに予選落ち。1956年、地元で開催されるメルボルン五輪に出場、1500mでは優勝候補とされるも、アイルランドのロン・ディラニー、ドイツのクラウス・リヒツェンハインに敗れ、銅メダル。のちに政治家に転身

『パーフェクトマイル―1マイル4分の壁に挑んだアスリート』　ニール・バスコム著, 松本剛史訳　ヴィレッジブックス　2008.6　469p　15cm　（ヴィレッジブックス）　900円　①978-4-86332-040-6

内容 1950年代、世界中が戦後の復興に必死だった時代。1マイル＝1609メートルを4分以内で走るという未踏の記録に立ち向かった若きアスリートたちがいた。英国の伝統とアマチュア精神を背負ったオックスフォードの医学生ロジャー・バニスター、高校時代に走りの才能を見いだされ、虐待から救われたアメリカのウェス・サンティー、豊かな自然の中で育ったオーストラリアの孤高のランナー、ジョン・ランディ。3人はオリンピックでの敗北をきっかけに、"4分の壁"に向かって挑戦を始める。自分を信じてひたむきに走りつづけたランナーだけがたどりつける、感動のゴールとは…。

『パーフェクトマイル―1マイル4分の壁に挑んだアスリート』　ニール・バスコム著, 松本剛史訳　ソニー・マガジンズ　2004.7　438p　20cm　1800円　①4-7897-2321-6

内容 1950年代、世界中が戦後の復興に必死だった時代。1マイル＝1609メートルを4分以内で走るという、未踏の記録に立ち向かった若きアスリートたちがいた。英国の医学生ロジャー・バニスター、親の虐待から逃れてきた米国のウェス・サンティー、豪州の静かなる闘士ジョン・ランディ。何十年にもわたって、挑戦者たちがその限界の前に破れ、医師は「無謀な挑戦は命を落とす」と警告し、エヴェレスト登頂や南極点到達よりも難攻不落といわれた"4分の壁"。1952年のヘルシンキ五輪での敗北をきっかけに、若きアスリート3人が、ときを同じくして挑戦をはじめた。人間の能力に限界はない。そこに1％でも可能性があるかぎり、壁は打ち破れると信じて…。

132

《ランヤン, マーラ》

㊛1969年1月4日

◇米国の陸上選手（中距離），マラソン選手。幼い頃から器械体操やサッカーに取り組むが，網膜に穴があき，14歳でボールが見えなくなり，陸上を始める。大学に入ってから七種競技を始め，1992年バルセロナ・パラリンピック女子100メートル，200メートル，400メートル，走り幅跳びで金メダルを獲得。'96アトランタ五輪選考会の七種競技で10位。同年アトランタ・パラリンピック1000メートルで金メダルを獲得。2000年シドニー五輪に米国初の視覚障害を持った代表選手として出場，1500メートルで8位入賞。2004年アテネ五輪5000メートルに出場

『私の人生にゴールはない―視覚障害を持ったトップ・アスリートの挑戦』
マーラ・ランヤン著, 鹿田昌美訳　早川書房　2002.10　308p　19cm　1600円　①4-15-208450-2

内容　スタルガルト病という難病のために視覚の大半を失いながらも，アメリカのトップ・アスリートとして活躍する女子陸上選手マーラ・ランヤン。シドニー・オリンピック1500m走では8位入賞を果たし，世界中のメディアがその快挙を報じた。だが，ランヤンはその結果に満足せず，2004年のアテネ五輪を目指しトレーニングを再開する。その後5000m走では米国室内記録を樹立し，マラソンへの挑戦の意志も表明した。しかし，彼女は複雑な思いも抱いていた。素晴らしい成績も障害の裏に隠れてしまう。私は何かをなさなくてはならない…。彼女の飽くなき挑戦は続く。彼女には，文字通り，ゴールラインが見えない。いまスポーツ選手として，障害者として，彼女自身がその眼を通して見た世界と激動の半生を，力強く綴る。

《リデル, エリック》

㊛1902年

㊧1945年2月

◇英国の宣教師，元・陸上選手。1924年大学在学中にパリ五輪に参加，陸上100メートルで優勝を確実視されていたが，競技が日曜日に行われ，安息日には競技をしないという宗教上の理由から英国皇太子の説得も断って棄権。代わりに出場した400メートルで優勝し，郷土スコットランドの英雄となった

『闇に輝くともしびを継いで―宣教師となった元日本軍捕虜の76年』　スティーブン・メティカフ［著］　いのちのことば社フォレストブックス　2005.2　140p　19cm　1200円　①4-264-02334-3

内容　第二次世界大戦のさなか，中国で日本軍の捕虜となった14歳のイギリス人少年は，収容所で出会った一人の人物から，敵を赦し，敵のために祈ることを教えられる。その人物とは，映画「炎のランナー」の主人公として描かれたオリンピックのゴールド・メダリストエリック・リデルだった。やがて少年は大人になり，かつての敵国，日本へ宣教師となって来日することに。歴史に翻弄されながらも，怒りと憎しみに押しつぶされることなく，愛と平和を伝える使者となった著者の半生を綴る。

《ルイス, カール》

㊛1961年7月1日

◇米国の元・陸上選手（短距離），元・走り幅跳び選手。1983年のヘルシンキ世界陸上選手権で100メートル，走り幅跳び，400メートルリレーの3種目に優勝。'84ロス五輪ではこれらに200メートルを加えた4種目で金メダルを獲得。'88年のソウル五輪でも100メートル，走り幅跳びの2種目で金メダル。'92バルセロナ五輪では走り幅跳びで史上初の五輪3連覇を遂げ，400メートルリレーでも優勝して，ロス五輪以来8個の金メダルを獲得した。'96年アトランタ五輪走り幅跳びで，4大会連続五輪出場を果たし，同種目の4連覇を達成。同一種目の4連覇は史上5人目，個人としての金メダル通算9個は戦後最多タイ記録

『スポーツ感動と友情のドラマ』　NHK「プロジェクトX」制作班編　汐文社　2001.12　185p　22cm　（ジュニア版NHKプロジェクトX 5）　1400円　①4-8113-7412-6

目次　海のかなたの甲子園―熱血教師たち・沖縄涙の初勝利（廃墟のなか，野球ができる喜び，戦後，沖縄高校野球のあけぼの，甲子園への道は開かれた，初勝利，悲願の甲子園一勝），ツッパリ生徒と泣き虫先生―伏見工業ラグビー部・日本一への挑戦（熱血教師がやって来た，生徒が誇りをもてる学校に…，ダメチームが関西の強豪に変身），カール・ルイスの魔法の靴―超軽量シューズ　若手

マラソン　　　オリンピック夏季競技

社員の闘い（世界のトップスター、ルイスとの契約、ミズノ・若手社員の挑戦、奇跡のシューズ、ルイス・スペシャル）、エベレスト熱き1400日―日本女子登山隊の闘い（アンナプルナ3（七五七七メートル）登頂成功、世界最高峰エベレストに登りたい、未知との闘い、エベレストに挑戦）

『永遠への212日―ビクトリー・ラップをもう一度』　カール・ルイス、ジェフリー・マークス著，小林信也訳　自由国民社　1997.1　318p　20cm　2060円　①4-426-76002-X
内容　もっと速く、もっと遠くへ―勝利のための心と身体へのヒントがここにある!!史上最高のアスリートがアトランタでの"奇蹟の日"までを自ら書きつづった精神の軌跡。

『カール・ルイス―アマチュア神話への挑戦』　カール・ルイス、ジェフリー・マークス著，山際淳司訳　日本テレビ放送網　1991.7　333p　22cm〈カール・ルイスの肖像あり〉　2000円　①4-8203-9117-8
目次　第1章 グッドラッグ，第2章 裏庭の「全米選手権」，第3章 誘惑の声，第4章 ヒューストン大時代，第5章 キリストと瞑想，第6章 カール・バッシング，第7章 1984年、ロサンゼルス・オリンピック，第8章 狙われた栄光，第9章 再び故郷へ，第10章 ナイキとの闘争，第11章 ドラッグと世界記録，第12章 ジョー・テローチ，第13章 1988年、ソウル・オリンピック，第14章 ステロイド騒動の舞台裏，第15章 陸上競技委員会（TAC）への挑戦，第16章 ヨーロッパ日記，第17章 プロフェッショナルなアマチュア，第18章 再び、ベン・ジョンソン

《ルドルフ，ウィルマ》

『奇跡のランナーウィルマ―歩けなかった金メダリスト』　ジョー・ハーパー著，渋谷弘子訳　汐文社　2014.2　191p　20cm　1500円　①978-4-8113-2070-0
内容　幼いときにかかったポリオがもとで歩けず、家から一歩も出られなかった少女、ウィルマ・ルドルフ。病気や孤独、人種差別、女性差別…たび重なる試練にも負けず、オリンピックで三個の金メダルを獲得する短距離走の選手となります。これは奇跡のランナー、ウィルマの物語です。

《渡辺 康幸》　わたなべ・やすゆき
⊕昭和48年（1973年）6月8日
◇元・陸上選手（長距離）。平成4年4月瀬古利彦が監督を務める早大に進学。6年9月日本学生対校選手権5000優勝。7年箱根駅伝では7人抜きの快走で2区の区間記録を出す。8年4月エスビー食品入社。同年アトランタ五輪1万メートル代表となるが、左アキレス腱痛のため欠場

『箱根から世界へ』　渡辺康幸著、北條愁子監修　ベースボール・マガジン社　2014.11　191p　19cm　1400円　①978-4-583-10777-6
内容　2020年東京五輪に向けての提言。サラザール理論への転換と組織改革の必要性。夢がつぶれた張本人の逆襲。

〈マラソン〉

《浅井 えり子》　あさい・えりこ
⊕昭和34年（1959年）10月20日
◇マラソン選手。日本電気ホームエレクトロニクス入社後、61年の北京アジア大会では金メダルを獲得。63年ソウル五輪では日本人最高の25位に入る。平成6年3月名古屋国際で優勝。同年9月、がんを宣告され闘病を続ける佐々木監督と入籍した。7年3月に佐々木監督が逝去した

『もういちど二人で走りたい』　浅井えり子著　徳間書店　1995.11　221p　19cm　1200円　①4-19-860391-X
内容　ガン告知、そして入籍。13年間の思いを194日間の結婚生活に賭けたマラソンランナー・浅井えり子の手記。

《浅利 純子》　あさり・じゅんこ
⊕昭和44年（1969年）9月22日
◇マラソン選手。昭和63年大阪・ダイハツ工業に入社。平成4年バルセロナ五輪選考会は6位で、代表入りを逃す。8年アトランタ五輪17位。13年現役引退後は、ダイハツの陸上部コーチを務めた

『金メダルを掛けたアヒルさん―浅利純子の青春』　中島祥和著　報知新聞社　1994.4　271p　19cm〈浅利純子の肖像

オリンピック夏季競技　　マラソン

あり〉　1500円　①4-8319-0106-7

内容 金メダルの向こうに浅利純子の素顔が見えた。葛藤、失意、再起、歓喜。女の青春が凝縮する42.195キロ。燃えて輝いた93年夏のシュツットガルト―。

《アベベ・ビキラ》

�生1932年8月7日
㊣1973年10月25日

◇エチオピアのマラソン選手。19歳でハイレ・セラシエ皇帝の親衛隊に入隊。マラソン選手としては無名だった1960年ローマ五輪に裸足で出場。2時間15分16秒2の世界最高記録で優勝し、エチオピアに初の金メダルをもたらした。この功績で兵士から軍曹に昇進。'64年の東京五輪では、1ケ月前に盲腸を手術しながら、またも五輪記録の2時間12分11秒2で金メダルを獲得、史上初のマラソン2連覇、少尉に昇進した。'69年3月29日自動車事故で下半身まひとなった。'70年ロンドン・パラリンピックに監督として参加、アーチェリー、卓球に出場した。"ハダシの英雄""走る哲人"といわれた

『アベベ・ビキラ―「裸足の哲人」の栄光と悲劇の生涯』　ティム・ジューダ著,秋山勝訳　草思社　2011.8　237p 20cm〈文献あり〉　1800円　①978-4-7942-1848-3

内容 1964年、東京オリンピックのマラソン競技で、史上初の二連覇を成し遂げたアベベ選手。4年前のローマ大会を裸足で走って優勝したこの無名のエチオピア人は、その寡黙で禁欲的な姿勢から「裸足の哲人」と呼ばれ、いまなお多くの尊敬を集めている。エチオピア最後の皇帝ハイレ・セラシエの親衛隊兵士でもあるアベベは、スウェーデン人トレーナー・ニスカネンの献身的な指導のもと、次のメキシコ大会で前人未到の三連覇を目指す。だが彼は途中で棄権する。哲人に何が起こったのか…。輝かしい栄光に満ちた前半生と、悲劇的な躓きの果てに車椅子に身を預けるほかない後半生。あまりに劇的なその生涯を追う。

『アベベを覚えてますか』　山田一廣著鳩ヶ谷　壮神社　2004.8　332p　20cm〈筑摩書房1992年刊の増補　文献あり〉1500円　①4-915906-95-7

内容 オリンピック史上における金字塔！ローマ・東京オリンピックマラソン金メダリス

ト「アベベ・ビキラ」が、いま甦る。

『アベベを覚えてますか』　山田一広著筑摩書房　1992.6　301p　15cm（ちくま文庫）〈アベベの肖像あり〉　640円①4-480-02626-6

内容 ハダシの英雄、走る哲人、マラソンの王者、アベベ・ビキラ。あなたはこの名前を覚えてますか。東京オリンピックで、近寄りがたいまでの強さと美しさを見せ、われわれの前を走り抜けたアベベのその後の人生を知っていますか。アベベに魅せられ、彼の祖国のエチオピアに渡った著者による、伝説のランナーの人生に迫るルポルタージュ。

《有森 裕子》　ありもり・ゆうこ

�生昭和41年（1966年）12月17日

◇元・マラソンランナー。平成元年自ら売り込みリクルートに入社。4年バルセロナ五輪では銀メダルを獲得。8年アトランタ五輪では銅メダルを獲得、ゴール後に語った「自分で自分をほめてあげたい」が流行語となり、高校英語の教科書にも取り上げられた。オリンピック連続メダル獲得は陸上日本女子初。同年12月リクルートを退社。9年1月リクルートS＆C室と年俸契約を交わし、事実上のプロ宣言を行う。しばらくレースから遠ざかっていたが、11年4月ボストンマラソン3位で復活。同年5月JOCがプロとして正式に認定した。13年11月ランナー活動の休止を宣言。19年2月現役最後の東京マラソンで5位に入る。同年〜21年日本陸上競技連盟理事。NPO・スペシャルオリンピックス日本理事長

『アニモ』　有森裕子著　メディアファクトリー　〔1997.9〕　150p　23×18cm 1500円　①4-88991-459-5

内容 自分は何も持っていない。だからこそ、いつも手を伸ばして何かをつかもうと生きている。有森裕子、初めてのフォト＆エッセイ。

『やめたくなったら、こう考える』　有森裕子著　PHP研究所　2012.8　174p 18cm　（PHP新書 813）　760円①978-4-569-80544-3

内容 「これは"ほんとうの自分"じゃない！」「いまの会社はなんとなく合わない」―同じ仕事を五年も続ければ一度は迷う。やりがいを求め、「好きなこと」を仕事にしたいと

マラソン　　　オリンピック夏季競技

望むのは自然なこと。でも、好き嫌いはやめる理由になるだろうか？自分に自信がもてず、不安でたまらなかった幼いころ。「走ること」との出会いは偶然だった。「これだったらできるかも」が「これだ！」と言える武器になるまで、平凡なランナーはあきらめなかった…。頑張る意味が見出しにくい世の中で、「頑張るしかない」と思える強さの源とは何か？一二大会連続メダリストの思考法。

『育成力』　小出義雄著　中央公論新社　2009.3　187p　18cm　（中公新書ラクレ311）〈並列シリーズ名：Chuko shinshola clef〉　720円　①978-4-12-150311-4

　内容　有森裕子、高橋尚子…。豪放磊落な性格と、「ほめて育てる」名指導で知られる著者の金言至言が一冊に。人を育成する立場に立つすべての人にヒントをもたらす、人材活用の指南書。

『わたし革命—be proud of yourself』
　有森裕子著　岩波書店　2003.11　219p　20cm　1500円　①4-00-002646-1

『夢を力に！—「大化け」の方程式』　小出義雄著　改訂新版　ザ・マサダ　2000.7　242p　19cm　1400円　①4-88397-059-0

　内容　有森を、高橋尚子を育てた小出義雄が綴るわが弟子、わがマラソン人生。小出義雄＆高橋尚子師弟「かく語りき」を巻末に収録。

『母が語る有森裕子物語』　有森広子著　あいゆうぴい　1997.11　134p　22cm　〈肖像あり　〔東京〕　萌文社（発売）〉　1400円　①4-900801-09-7

　内容　小学中級から中学生向き。

『娘・裕子と私たち』　有森茂夫著　京都かもがわ出版　1997.8　140p　19cm　（かもがわライブラリー　4）　1238円　①4-87699-324-6

　内容　「自分で自分をほめたい」—バルセロナからアトランタへ。そして今もたたかいつづける有森裕子を支える家族の絆を父・茂夫氏が語る。

『メダルへの食卓—食べてきれいに強くなる　有森裕子アトランタ五輪銅メダルを支えた食事法』　金子・ひろみ著　多摩

ベネッセコーポレーション　1996.12　198p　19cm　1200円　①4-8288-1780-8

　内容　本書は、有森選手が、4月の中旬から試合当日までに食べた代表的なメニューを中心に、合宿の様子を紹介すると同時に、スポーツのための食事の考え方といくつかのメニューを載せたものです。

『裕子へ—旅立ちへの愛情物語』　有森茂夫著　スターツ出版　1996.12　218p　20cm　1262円　①4-915901-28-9

　内容　アトランタ五輪の銅メダリスト、有森裕子。ひたすら走り続けてきた彼女の笑顔、涙、孤独…父が綴る愛情エッセイ。

『夢を力に！』　小出義雄著　ザ・マサダ　1996.12　231p　20cm　1400円　①4-915977-34-X

　内容　三流ランナー有森裕子をメダリストに育て上げた名伯楽・小出義雄が、その全てを初めて語る。おかしくも万感胸に迫る、わが夢、わが弟子、わが人生。

『娘からの贈りもの—有森家の親と子の絆』　有森茂夫・広子著　移動大学出版会　1994.12　189p　20cm〈発売：萌文社　有森裕子および著者の肖像あり〉　1500円　①4-900801-00-3

　内容　バルセロナオリンピック。数々のドラマの中で、ひときわ鮮烈な印象を残した女子マラソン銀メダリストの有森裕子さん。両腕を高々とあげてゴールしたときの彼女の笑顔はさわやかな感動を呼びました。あの笑顔の秘密は。厳しいレースでみせたやさしさの秘密とは。彼女の両親が子育てのこと、家族の絆を赤裸々に語る。国際家族年に贈る感動の一冊。

《市橋　有里》　いちはし・あり
　⊕昭和52年（1977年）11月22日
　◇マラソン選手。平成10年5月東京選手権1万メートル優勝。同年6月札幌国際ハーフマラソン2連覇。11月東京国際女子マラソンでは優勝した浅利純子と同タイムで2位。12年シドニー五輪は15位

『スローラン—いまから始めるランニングメニュー』　市橋有里著　池田書店　2010.9　159p　21cm　1300円　①978-4-262-16337-6

136

オリンピック夏季競技　　マラソン

|内容|自分の生活リズムに調和するよう、自然にランニングを取り入れる方法を著者のラン生活から学ぶ。始めようと思い立った瞬間から、フルマラソン完走まで。―長く続けて、心も体もキレイになる―を目標に、知っておきたいポイントや練習法をていねいに解説。取り入れれば、よりランニングが好きになり、もっと走りたくなるような、小さなコツと技の提案。

《宇佐美 彰朗》　うさみ・あきお
㊐昭和18年（1943年）5月31日
◇マラソン選手。戦後日本を代表するマラソン選手の一人。昭和39年中日マラソンでデビューし、日本代表としてメキシコ五輪（9位）、ミュンヘン五輪（12位）、モントリオール五輪など、マラソン出場は41回（優勝11回）を数える

『きみも走れる42.195km』　宇佐美彰朗、杉山照美著　自由国民社　1994.9　230p　19cm　1200円　①4-426-73500-9
|内容|読んでいくうちに…自然に走りたくなる本。だれでも走ることの楽しさがわかる本＆指導者の必読書。

『マラソンランナー』　宇佐美彰朗著　朝日新聞社　1988.8　221p　19cm　（朝日選書 359）〈主要参考文献：p218〉　880円　①4-02-259459-4
|内容|日本最高、世界3位の実績を持つ筆者が豊富な体験談を織り交ぜながら描く、マラソンとは何だ。限界に挑むトップランナーたちの世界。

『ザ・ジョギング』　宇佐美彰朗著　情報センター出版局　1981.5　218p　18cm（Century press）　780円

『ぼくとマラソン―走れ！ 中学生』　宇佐美彰朗著　岩波書店　1980.8　214p　18cm　（岩波ジュニア新書）　530円

《金栗 四三》　かなぐり・しぞう
㊐明治24年（1891年）8月20日
㊥昭和58年（1983年）11月13日
◇マラソン選手。東京高師在学中の明治45年ストックホルム五輪を皮切りに大正9年アントワープ五輪、同13年のパリ五輪と3回連続で五輪マラソンに出場。その後、東京女子師範などで教員生活のかたわらマラソンの

普及指導に当たった"日本マラソンの父"

『コミック版 金栗四三物語―日本初のオリンピックマラソンランナー』　鍋田吉郎脚本, 藤原芳秀作画, 佐山和夫原案協力　小学館　2018.10　191p　19cm　1150円　①978-4-09-310869-0
|内容|金栗四三は…オリンピックマラソンの競技中に消え、55年近く失踪していた…!?箱根駅伝を創設。その目的はアメリカ横断レースの実現だった!!マラソンにとどまらず、日本陸上界、日本の女子スポーツ界発展の仕掛け人だった!!スウェーデンで今なお敬愛され、そのことが2020年東京オリンピック招致につながった!!

『金栗四三と田畑政治―東京オリンピックを実現した男たち』　青山誠著　KADOKAWA　2018.9　221p　15cm（中経の文庫）　650円　①978-4-04-602311-7
|内容|昭和39年（1964）10月10日、快晴の空に五輪のマークが飛行機雲で鮮やかに描き出された。ついにオリンピックが東京にやって来たのだ。日本人初のオリンピック選手（マラソン）・金栗四三と、招致活動で陣頭指揮を執ってきた日本初のオリンピック開催のキーマン・田畑政治は特別な思いで、この日を迎えていた―。二人の熱い男たちの魂が、オリンピックをめぐって交錯する感動のストーリー。

『伝説のオリンピックランナー"いだてん"金栗四三』　近藤隆夫著　汐文社　2018.9　193p　20cm〈文献あり 年譜あり〉　1500円　①978-4-8113-2499-9
|内容|日本初のオリンピック選手、3度のオリンピック出場、マラソン世界記録を3度破る…。いまから100年以上前、まだマラソン競技が始まって間もない頃、日本には「いだてん（足の速い神）」にたとえられたランナーがいた。その名は金栗四三。この本は、伝説のマラソンランナー・金栗四三の功績を余すところなく紹介するものである。

『走れ二十五万キロ―「マラソンの父」金栗四三伝』　長谷川孝道著　復刻版, 第2版〔熊本〕　熊本日日新聞社　2018.5　349p　21cm〈年表あり〉　発売：熊日出版〔熊本〕〉　1500円　①978-4-87755-574-0

オリンピックの本3000冊　137

マラソン　　　　オリンピック夏季競技

『金栗四三―消えたオリンピック走者』
　佐山和夫著　潮出版社　2017.12　279p
　19cm〈文献あり〉　1800円　①978-4-
　267-02117-6
　内容 日本人が出場した初めての国際的な競
　　技大会となった一九一二年のストックホル
　　ム・オリンピック。この大会でマラソンに
　　エントリーした金栗四三選手は、レースの
　　途中で姿を消してしまう―。現地ではその
　　とき何があったのか。その後、金栗四三は
　　いかにして「箱根駅伝」の創設に尽力した
　　のか。その真相に迫る。

『走れ二十五万キロ―マラソンの父金栗四
　三伝』　長谷川孝道著　復刻版　［熊
　本］　熊本日日新聞社　2013.8　347p
　21cm〈共同刊行：熊本陸上競技協会
　年表あり　原本：講談社昭和36年刊　発
　売：熊日情報文化センター〔熊本〕〉
　1500円　①978-4-87755-467-5

『箱根駅伝に賭けた夢―「消えたオリン
　ピック走者」金栗四三がおこした奇跡』
　佐山和夫著　講談社　2011.12　218p
　19cm〈文献あり〉　1400円　①978-4-
　06-217389-6
　内容 明治45年、日本が初めて参加したストッ
　　クホルム・オリンピックで味わった屈辱の
　　途中棄権。しかし、逆境をバネに後進の育
　　成に努めた金栗は、箱根駅伝のほか、福岡
　　国際マラソンを創設し、自らも54年8ヵ月余
　　の歳月をかけて、ついにマラソンのゴール
　　ラインに辿り着いた金栗。「日本のマラソン王」
　　の生涯を描いた本格評伝。

『「マラソンの父・金栗四三―25万キロの人
　生」展』　玉名市立歴史博物館こころピ
　ア編　玉名　玉名市立歴史博物館こころ
　ピア　2002.3　24p　30cm

『走ったぞ！　地球25万キロ―マラソンの
　父・金栗四三』　浜野卓也作、清水耕蔵
　絵　佼成出版社　1987.5　163p　23cm
　（ノンフィクション・シリーズかがやく
　心）　1200円　①4-333-01274-0
　目次 おかあさん、白梅がきれいばい、ぼく、な
　　にになろうか、走ってみたら勝っていた、日
　　本一、記録は世界一、シベリア鉄道、オリン
　　ピック第一号、駅伝のはじまり、走って走っ
　　て25万キロ

『走れ25万キロ―マラソンの父金栗四三伝』

豊福一喜、長谷川孝道著　講談社　1961
285p　19cm

《川嶋 伸次》　かわしま・しんじ
　④昭和41年（1966年）6月4日
　◇マラソン指導者。平成8年東京国際マラソ
　　ンで6位になり、アトランタ五輪の補欠選手
　　に。12年びわ湖毎日マラソン2位となり、シ
　　ドニー五輪に出場するも、21位と惨敗。14
　　年旭化成からの出向で東洋大学陸上部監督
　　に就任したまた、盲人マラソンで伴奏者も
　　務め、20年北京パラリンピックでは、大会2
　　連覇を狙う全盲ランナー高橋勇市選手の伴
　　走を務めた

『監督―挫折と栄光の箱根駅伝』　川嶋伸
　次著　バジリコ　2009.8　273p　20cm
　1600円　①978-4-86238-138-5
　内容 2008年12月、部員の不祥事により監督を
　　辞任。明けて2009年1月、箱根駅伝で手塩に
　　かけたチームは往路・復路を制覇し悲願の
　　完全優勝を果たす。シドニー五輪男子マラ
　　ソン代表選手にして元東洋大学陸上競技部
　　監督、川嶋伸次が綴る「走り」へのオマー
　　ジュ。

《君原 健二》　きみはら・けんじ
　④昭和16年（1941年）3月20日
　◇元・マラソン選手。昭和37年の朝日国際マ
　　ラソンに初出場で3位となる。以来、東京五
　　輪8位、メキシコ五輪で銀メダル、ミュンヘ
　　ン五輪5位の好成績を残し、48年第一線を
　　退く

『ひと日記―このひとに会いたい』　中西
　和久著　福岡　海鳥社　2016.11　241p
　19cm　1600円　①978-4-87415-989-7
　内容 多彩なテーマで語る「人権」の現在。KBC
　　九州朝日放送ラジオ対談番組「中西和久ひ
　　と日記」20周年記念出版。

『君原健二聞書きゴール無限』　君原健二
　述、助清文昭著　文芸社　2002.6　198p
　19cm　1200円　①4-8355-4118-9
　内容 東京五輪8位（1964）、メキシコ五輪銀メ
　　ダル（1968）、ミュンヘン五輪5位（1972）、
　　日本のマラソン界に、赫赫たる記録を打ち
　　立てた鉄の男。途中棄権ゼロの名誉を持つ
　　君原は、実は知力・体力とも劣等生だった…。

『人生ランナーの条件』　君原健二著　佼成

出版社　1992.11　202p　19cm〈著者の肖像あり〉　1200円　①4-333-01595-2

内容 自分を知り、自分を高め、自分をどう生かしきり、見えないゴールへ向けて生きていくべきか。五輪メダリストが、その名誉と栄光をかみしめ、今、「現代社会の選手たち」に放つ"生き方"のメッセージ。

『君原健二のマラソン』　君原健二著　ランナーズ　1986.8　214p　19cm　（ランナーズブックス）〈著者の肖像あり〉　1000円

『君原健二のマラソン』　君原健二著　ランナーズ　1986.3　214p　19cm　（ランナーズ・ブックス）　1000円

内容 君原健二はなぜ、あれほどマラソンが強かったのか。不出世のマラソンランナーが自ら綴った30年間のマラソン生活のすべて。

『マラソンの青春』　君原健二著　筑摩書房　1978.3　201p　19cm　（ちくま少年文庫）　980円

『マラソンの青春』　君原健二, 高橋進著　時事通信社　1975　262p　図　肖像　19cm　860円

『ぼくはなぜ走るのだろう―君原健二のマラソン人生』　浜上潮児著　講談社　1972　183p　肖像　19cm　380円

《小出 義雄》　こいで・よしお
㊂昭和14年（1939年）4月15日
◇マラソン監督。高校教師を経て、昭和63年4月リクルートランニングクラブ発足と同時に女子マラソン監督に就任、有森裕子、鈴木博美選手などを育てる。平成7年6月リクルート総監督。9年積水化学女子監督に転じ、同時に移籍した高橋尚子と二人三脚でトレーニングを重ね、12年シドニー五輪金メダル、13年世界最高記録達成へと導いた。13年企業や国籍の枠を超えたランナーを育てる目的で佐倉アスリートクラブ株式会社（SAC）を設立

『ゴールへ駆けたガキ大将―女子マラソンに賭けた夢』　小出義雄著　東京新聞　2016.2　189p　20cm　1500円　①978-4-8083-1009-7

内容 常識を超えた"非常識"指導で、金、銀、銅。有森裕子、鈴木博美、そして高橋尚子

に続け！秘蔵っ子でもう一度金メダル。かけっこが大好きで、「速く走る」ことばかり考えていた少年は、いつの間にか「速く走らせてあげる」ことばかり考える名伯楽になっていた！

『君の眠っている力を引き出す35の言葉』　小出義雄著　すばる舎　2012.7　191p　19cm　1400円　①978-4-7991-0161-2

内容 くじけそうになったとき、自信をなくしたとき、もうひと踏ん張りするとき、トップアスリートたちはどんな言葉に背中を押され、前に踏み出したのか―。

『愛のコムスメ操縦術―彼女たちをやる気にさせる方法』　小出義雄著　集英社　2009.6　187p　18cm　700円　①978-4-08-780527-7

内容 女子社員はやる気になり、年ごろの娘は素直になり、妻は文句を言わなくなる。すべての女性を味方につける方法、教えます。

『育成力』　小出義雄著　中央公論新社　2009.3　187p　18cm　（中公新書ラクレ311）〈並列シリーズ名：Chuko shinsho la clef〉　720円　①978-4-12-150311-4

内容 有森裕子、高橋尚子…。豪放磊落な性格と、「ほめて育てる」名指導で知られる著者の金言至言が一冊に。人を育成する立場に立つすべての人にヒントをもたらす、人材活用の指南書。

『君ならできる』　小出義雄［著］　幻冬舎　2004.7　270p　16cm　（幻冬舎文庫）　533円　①4-344-40537-4

内容 高橋尚子、有森裕子、鈴木博美…、世界に通ずるトップランナーを輩出する小出流指導術。「女心にえこひいきは厳禁」「指導者は諦めてはいけない」―女性心理を的確に把握し、ひとりひとりが持つ能力を最大限に引き出す。非常識と言われた指導の裏に隠された、緻密な計画と飽くなき工夫の数々。名伯楽・小出義雄から「大化け」の法則を学ぶ。

『勝者の組織改革』　二宮清純著　PHP研究所　2004.7　195p　18cm　（PHP新書）　①4-569-63692-6

内容 問題が起こると知りつつ何もしない。そもそも本気で変わろうとしていない。過去の成功体験にしがみつき、いつかは「神風」が吹くと根拠なく楽観視。日本の組織に

マラソン　　　　　　　オリンピック夏季競技

蔓延する「不作為の病」。決定力不足に悩む
サッカー、人気凋落にあえぐ大相撲、既得権
をめぐって混乱するプロ野球、ドタバタを
くりかえすオリンピック代表選考。責任の
所在はどこにあるのか。勝てるチームをつ
くりあげた名指導者たちの声に耳を傾け、考
える。「伝統か改革か」はナンセンス！「明
日の勝者」になるために、スポーツから学
ぶ組織改革の思考。

『へこたれるもんかい』　小出義雄著　幻
冬舎　2004.7　199p　20cm　1300円
①4-344-00642-9
内容 代表選考会の真相、幻のアテネ・シミュ
レーション、世界記録再挑戦。

『小出義雄夢に駆ける』　満薗文博著　小
学館　2002.1　215p　15cm　（小学館文
庫）　476円　①4-09-408006-6
内容 有森裕子と五輪銀・銅メダル、鈴木博美
と世界選手権制覇、そして高橋尚子と五輪
金メダル・世界記録樹立…。女子マラソン
の歴史を塗りかえ続ける "名伯楽" 小出義雄
監督に、この偉業を可能にさせたものはな
にか？いまでこそ実績は認められているが、
かつてそのやり方は「非常識」のそしりを
受けた。だが、常識通りにやっていては新
しいことはできない、と小出は言う。情熱
と夢。そして、工夫。それだけが財産だっ
たのだ。平凡なランナーにすぎなかった現
役時代から遠い先を見据えてきた男は、い
まどんな夢を描いているのか。

『Qちゃん金メダルをありがとう』　小出
義雄著　扶桑社　2001.10　223p　16cm
（扶桑社文庫）〈平成12年刊の増補〉
533円　①4-594-03294-X
内容 高橋尚子がシドニーに続いてベルリンマ
ラソンでも1位！Qちゃんすごい！本書は、
世界最強のマラソンランナーを育てた小出
義雄監督の指導者としての金メダルへの困
難・信頼・感動の物語です。常識破りの高
地トレーニングから、放任主義の完全否定、
有森裕子、鈴木博美…選手それぞれの個性
に応じたノセ方、「髭」「下ネタ」「笑い」が指
導の三種の神器という話まで、小出流ナッ
トク＆ユニーク人材育成論一挙公開。ベル
リン直後の緊急インタビュー掲載。

『Qちゃん金メダルをありがとう』　小出
義雄著　扶桑社　2000.11　218p　20cm
1238円　①4-594-03010-6

内容 平坦ではなかった金メダルへの道、いま
明かされるとっておきのエピソード。初公
開！高橋尚子のすべてを記した『小出メモ』。
高橋尚子から監督へあてた『感謝の手紙』。

『君ならできる』　小出義雄著　幻冬舎
2000.10　224p　20cm　1400円　①4-
344-00022-6
内容 会ったその日にまずほめる、女心にえこ
ひいきは厳禁、代表決定直前の食中毒、決
死の高地トレーニング…平凡な記録の少女
をトップ・ランナーに変えた「大化け」の
法則とは。

『夢を力に！―「大化け」の方程式』　小
出義雄著　改訂新版　ザ・マサダ
2000.10　242p　19cm　1400円　①4-
88397-059-0

『夢を力に！―「大化け」の方程式』　小
出義雄著　改訂新版　ザ・マサダ
2000.7　242p　19cm　1400円　①4-
88397-059-0
内容 有森を、高橋尚子を育てた小出義雄が
綴るわが弟子、わがマラソン人生。小出義
雄＆高橋尚子師弟「かく語りき」を巻末に
収録。

『夢を力に！』　小出義雄著　ザ・マサダ
1996.12　231p　20cm　1400円　①4-
915977-34-X
内容 三流ランナー有森裕子をメダリストに育
て上げた名伯楽・小出義雄が、その全てを
初めて語る。おかしくも万感胸に迫る、わ
が夢、わが弟子、わが人生。

『かけっこの職人芸―小出義雄が走を語る』
小出義雄著　ランナーズ　1989.8　215p
19cm　（ランナーズ・ブックス―ランニ
ング・トレーニングシリーズ）〈構成：
石井信〉　1200円　①4-947537-29-9

《黄永祚》　こう・えいそ
㋑1970年3月22日
◇マラソン選手。中学校まで自転車選手だっ
たが、1991年3月初マラソンのソウル国際
マラソンで2時間12分35秒で初優勝。'92年
8月バルセロナ五輪では森下広一に競り勝
ち、韓国人として56年ぶりの金メダルに輝
き国民的ヒーローに。韓国陸上界の実業団
の名門コーロンに所属し、金メダル獲得後、
同社の名誉取締役・終身理事に抜擢された

オリンピック夏季競技　マラソン

『韓国レポート―激動の80‒90年代が教え
てくれること』　並木友著　文芸社
2004.10　223p　19cm　1400円　①4‒
8355‒8065‒6

内容 今やアジア中を席巻する「韓流」パワーの
下地は、1980‐1990年代にかけてつくられ
た―。1988年のソウルオリンピック、1993
年の大田万博開催などを契機に、急速な高
度経済成長、民主化の実現などの重要な変革
が見られた時代を、現地駐在員が語る！ 韓
国の現在を正しく理解するための絶好の書。

《サラザール, アルベルト》

㊉1958年8月7日

◇米国の陸上競技指導者、元マラソン選手。ア
メリカで2001年に設立された「ナイキ・オ
レゴン・プロジェクト」のヘッドコーチ。モ
ハメド・ファラー、ゲーレン・ラップ、大
迫傑などが所属している

『日本のマラソンはなぜダメになったのか
―日本記録を更新した7人の侍の声を聞
け！』　折山淑美著　文藝春秋　2016.
11　285p　19cm　(Sports Graphic
Number Books)〈文献あり〉　1450円
①978‒4‒16‒390566‒2

内容 2020年東京五輪の表彰台に上るために、
7人の侍が物申す！ 14年ものあいだ、日本
記録が更新されていない男子マラソン。記
録を更新してきた7人の、当時のすさまじい
練習とレース内容、そして思う、現在の低
迷の理由と2020年に向けての再建案。

『マラソン哲学―日本のレジェンド12人の
提言』　小森貞子構成, 月刊陸上競技編
集　講談社　2015.2　352p　19cm
1600円　①978‒4‒06‒219348‒1

内容 頂点極めた名選手、名指導者の足跡。強
くなるためのヒントが満載。選手も、指導
者も “意識改革”を―2020東京五輪に向けて
「今、動け！」「世界一になるには、世界一
になる練習をすればいい」

『箱根から世界へ』　渡辺康幸著, 北條愁子
監修　ベースボール・マガジン社
2014.11　191p　19cm　1400円　①978‒
4‒583‒10777‒6

内容 2020年東京五輪に向けての提言。サラ
ザール理論への転換と組織改革の必要性。
夢がつぶれた張本人の逆襲。

『マラソンと日本人』　武田薫著　朝日新
聞出版　2014.8　313, 19p　19cm　（朝
日選書 923）〈文献あり 索引あり〉
1600円　①978‒4‒02‒263023‒0

内容 開国後の日本は外国人からさまざまなス
ポーツを学び、それらは全国津々浦々に普
及した。なかでも「走る」ことで国際的舞
台への参加・活躍を夢見た近代日本は、や
がて世界に例のないかたちの「マラソン大
国」となってゆく。参加者1万人超の規模の
フルマラソン大会が毎週ある国は珍しい。
マラソンをテレビ中継するのも、メディア
の利権が絡むのも特異だ。日本初参加の五
輪、ストックホルム大会で走った金栗四三、
東京五輪の銅メダルののち自死した円谷幸
吉、その後の瀬古利彦、中山竹通など、日
本のマラソンを世界に導いたランナーたち
は何を想って走ったのか。いま、日本のマ
ラソンは低迷し、世界のトップ集団から置
いていかれる一方で、国内では多くの市民
ランナーたちが走っている。日本人にとっ
てマラソンとは何か。近代マラソンの歩み
を振り返り、我が国の国際性、スポーツ観
の変遷をたどる。

『箱根駅伝―世界へ駆ける夢』　読売新聞
運動部著　中央公論新社　2013.11
269p　20cm〈文献あり〉　1500円
①978‒4‒12‒004565‒3

内容 襷に込めた意志と情熱。箱根に憧れ、箱
根に泣いて、ランナーたちは強くなる。走
り継がれる想いを背負い、箱根路の歴史を
彩った選手たちの物語。

『「天満屋」強さの秘密―オリンピックへの
道』　松尾和美著　文芸社　2008.8
126p　19cm　1000円　①978‒4‒286‒
05296‒0

内容 快挙！ オリンピック3大会連続出場。オ
リンピック・マラソン代表を輩出するだけ
でも至難のことなのに、3大会連続とは！ そ
の育成・指導法に、在籍7年、マラソン3連
勝の実績をもつアスリートが迫る。巻末に
“市民ランナーへのアドバイス”を掲載。

『マラソンを走る・見る・学ぶQ＆A100』
山地啓司著　大修館書店　2007.12
226p　19cm　1500円　①978‒4‒469‒
26648‒1

内容 野口みずきの記録の可能性は？ ホノル
ルマラソンの完走率が高いのは？ 一流選手

オリンピックの本3000冊　141

マラソン　　　　　オリンピック夏季競技

がマラソンを走ったときに足にかかる重さ
は？―100の疑問に科学的な視点からわかり
やすく答える。

『本当にアテネるということ―アテネオリ
　ンピック女子マラソンで勝利するため
　に』　中康匡著　文芸社　2004.7　166p
　19cm〈文献あり〉　1300円　①4-8355-
　7602-0

『マラソン金メダルへのセオリー―オリン
　ピック・アテネ大会』　金哲彦著　メ
　ディアファクトリー　2004.7　196p
　20cm　1200円　①4-8401-1117-0
　内容 マラソン日本代表の"金メダルへの道"
　を完全シミュレーション！ 多くのオリン
　ピック選手を育てた元リクルート陸上部監
　督・金哲彦氏が贈る、テレビでは伝えられ
　ない"マラソン中継を100倍楽しむための決
　定版解説書"。

『夢を走り続ける女たち―女子マラソン炎
　の闘い』　増田明美著　講談社　2004.5
　268p　20cm　1700円　①4-06-212373-
　8
　内容 オリンピックを目指す道は、遠く険しい。
　シドニーからアテネまでの4年間、栄光と挫
　折の日々を走り続けた女子マラソンのラン
　ナーたち。勝利を目指す女たちの軌跡をた
　どる。

『マラソンランナー』　後藤正治著　文藝
　春秋　2003.12　221p　18cm　（文春新
　書）　700円　①4-16-660357-4
　内容 一九一二年のストックホルム五輪に日
　本人として初めて参加した「日本マラソン
　の父」金栗四三以降、日本は傑出したラン
　ナーを数多く輩出してきた。孫基禎、田中
　茂樹、君原健二、円谷幸吉、瀬古利彦、宗
　茂・猛、中山竹通、谷口浩美、森下広一、有
　森裕子…。時代の変化、周囲の
　期待、そしてランナーの意思。彼らが闘っ
　たレースとその肉声に迫りつつ、日本マラ
　ソン百年の変遷を辿る。「日本人の精神史」
　に通じる、出色のスポーツ人物列伝。

『速すぎたランナー』　増田晶文著　小学
　館　2002.5　253p　20cm　1400円
　①4-09-379227-5
　内容 マラソンランナー早田俊幸。彼の悲劇
　は、「ゆっくり走れない」ことだった。瀬古
　利彦、中山竹通に続くホープと期待された

ランナーを阻み続けた「30キロの壁」を見
極める―スポーツ・ノンフィクションのか
つてない試み。小学館ノンフィクション大
賞優秀作受賞。

『爆走！ 小出家の人々―夫の夢の支え方、
　妻への愛のそそぎ方』　小出啓子著　現
　代書林　2001.10　238p　19cm　1300円
　①4-7745-0358-4
　内容 女房、子供より「かけっこが好き」といっ
　てはばからない夫、小出義雄とのアップダ
　ウン人生。だけど、いやだから夫婦はやめ
　られない―。名監督一家、小出家の不思議
　パワーの謎を一挙公開。

『命運を決める一瞬―新・女子マラソン伝
　説』　中村直文著　日本放送出版協会
　2001.1　221p　20cm　（NHKスペシャ
　ルセレクション）　1300円　①4-14-
　080569-2
　内容 本書では、主に3つの番組で行った取材、
　インタビューに基づいている。「にんげん
　ドキュメント/シドニーへ、女たちの闘い」
　（平成12年3月30日放送）「NHKスペシャル
　/ゴールへ女子マラソン代表3選手」（平成12
　年9月3日放送）「NHKスペシャル/高橋尚子
　私の42.195キロ」（平成12年10月8日放送）代
　表選考レースから、シドニーオリンピック
　までである。これまで放送では日の目を見
　なかった、選手、監督、関係者の方々の様々
　なエピソード。そうしたものを記録するこ
　とで、アスリートたちの軌跡をまた別の視
　点から世に伝える。

『マラソンに勝つ。』　　別冊宝島編集部編
　宝島社　2000.9　250p　16cm　（宝島社
　文庫）　600円　①4-7966-1941-0
　内容 高橋尚子、市橋有里、山口衛里…シド
　ニーオリンピックに挑戦するマラソンラン
　ナーたち。瀬古利彦、中山竹通、谷口浩美、
　有森裕子…、日本マラソンの黄金期を担っ
　た名ランナーたちの「栄光と挫折」。オリン
　ピック代表選考会の舞台裏。史上最強の雑
　草集団「旭化成陸上部」。個性派監督たちの
　「指導者としての器」。よみがえる「42.195
　キロ」のドラマ…。日本のマラソンは再生
　するのか。

『私は走る―女子マラソンに賭けた夢』
　歌代幸子著　新潮社　2000.7　262p
　20cm　1400円　①4-10-438801-7
　内容 高橋尚子、山口衛里、市橋有里、有森裕

子、弘山晴美、浅利純子、鈴木博美…素顔
の選手に迫った、気鋭のスポーツ・ドキュ
メント。

『女子マラソン―どうして強くなったのか』
宇佐美彰朗著　筑摩書房　1996.11
196p　19cm　（ちくまプリマーブックス
106）　1133円　①4-480-04206-7
内容 「努力」と「根性」だけじゃない。ゴー
マン美智子から有森裕子まで、強さの秘密
と魅力をさぐる。

『カントク―オリンピック女子マラソンラ
ンナーを育てた男たち』　奥田益也著
家の光協会　1996.7　228p　20cm
1500円　①4-259-54498-5
内容 有森、浅利、真木。無名だった彼女たち
をアトランタへ送り出した監督。その人間
指導の秘訣は…。

『人はなぜ走るのか―絵で見るランニング
史』　川本信正著　ランナーズ　1990.6
119p　21cm〈参考文献一覧：p109 年
表・オリンピックマラソン優勝者のすべ
て：p112～119〉　1300円　①4-947537-
33-7
内容 ランニングの歴史は、ただの「タイム
との戦い」ではない。輝かしい記録の数々
の裏にかくされた、汗と涙と男と女の人間
物語。苦しくても、なお走り続けてきたラ
ンナーたち彼らを駆り立ててきたものは何
か？ その答えはこの本を読んだあなたが出
してください。

《シモン, リディア》
⊕1973年9月4日
◇ルーマニアのマラソン選手。1996年アトラ
ンタ五輪6位。2000年のシドニー五輪では
高橋尚子に敗れ銀メダル。2004年アテネ五
輪に出場するも途中棄権。2008年北京五輪
8位。2012年ロンドン五輪に出場し、五輪史
上初のマラソン5大会連続出場という偉業を
達成（45位）

『駆け引き―高橋尚子とリディア・シモン』
黒井克行著　新潮社　2001.9　205p
20cm　1300円　①4-10-448901-8
内容 マラソンは、"高度な心理ゲーム"である
―。下り天才高橋尚子、終盤に抜群のスピー
ドを持つリディア・シモン。2000年9月。二
人の天才がシドニーで激突した。高橋の作

戦は終盤までにシモンを振り落とすこと。
シモンの戦術は40キロ地点まで高橋につい
てゆくこと。小出監督の周到な作戦がシモ
ンの驚異的な精神力を揺さぶる。シモン陣
営のリディアへの信頼は小揺るぎもしない。
両者・両陣営の緻密な計算を狂わせたのは
些細な偶然だった。マラソンという精密な
ドラマを十全に描きえた渾身のノンフィク
ション。

《ショーター, フランク》
⊕1947年10月31日
◇ドイツの元・マラソン選手。1971年福岡国
際マラソンにヒッピースタイルで出場し優
勝。'72年ミュンヘン五輪で2時間12分19秒
8をマークし金メダル、米国にマラソン・ブー
ムを起こした。'76年モントリオール五輪で
銀メダル

『フランク・ショーターのマラソン＆ラン
ニング―オリンピック金メダリストによ
るランニングからフルマラソンまで。心
理的効果を引き出す斬新なプログラム』
フランク・ショーター著, 日向やよい訳
ガイアブックス　2010.4　159p　23cm
〈『走りを極める』（産調出版2005年刊）の
ペーパーバック版　文献あり　索引あり
発売：産調出版〉　1800円　①978-4-
88282-744-3
内容 オリンピック金メダリストによるランニ
ングからフルマラソンまで。心理的効果を
引き出す斬新なプログラム。

『フランク・ショーターの闘い―マラソン
金メダリストから一流ビジネスマンへ』
疋田好彦著　ランナーズ　1980.6　239p
20cm　（ランナーズ・ブックス）〈フラ
ンク・ショーター年譜：p237～239〉
1200円

《瀬古 利彦》　せこ・としひこ
⊕昭和31年（1956年）7月15日
◇マラソン選手, 指導者。昭和51年早稲田大学
に入学、中村清監督の指導を受け、1万メー
トル、2万メートルの日本記録でスピードを
磨く。箱根駅伝では4年連続2区を走る。55
年エスビー食品に入社。同年モスクワ五輪
代表となり、金メダルが確実視されていた
が、日本は五輪不参加に。4年後の59年、期
待されたロス五輪は14位に終わった。63年

マラソン　　　オリンピック夏季競技

ソウル五輪は9位、12月の国際千葉駅伝で現役を引退。平成元年からエスビー食品陸上部監督。25年3月エスビー食品陸上部が廃部となり、4月DeNAランニングクラブ総監督に就任

『すべてのマラソンランナーに伝えたいこと』　瀬古利彦著　実業之日本社　2012.2　191p　19cm　1300円　⑪978-4-408-45372-9

内容 マラソンの練習はきつかった。何度もやめそうになった。しかし現役中、練習を途中でやめたことはただの一度もない。現在、マラソンは明るく健康的なスポーツとして、多くの市民ランターに親しまれているが、その本質は泥臭く、根性がいるものだと思う。苦しいからと言って、練習を途中でやめては「いつでもやめていいんだ」と甘える癖がついてしまう。苦しくないマラソンなどない。15戦10勝のマラソンランナーが語る折れない心の作り方。

『マラソンの真髄―世界をつかんだ男の"走りの哲学"』　瀬古利彦著　ベースボール・マガジン社　2006.12　262p　19cm　1600円　⑪4-583-03946-8

内容 頂点を極めた走りの理論。著者自らのマラソン練習メニュー初公開。

『永遠のランナー瀬古利彦』　瀬古利彦,小田桐誠著　世界文化社　1989.6　206p　20cm〈瀬古利彦の肖像あり〉　1200円　⑪4-418-89508-6

内容 なぜ僕は走ったか？　今まで僕が何かを語ると必ずこう言われた。「優等生的発言」「本音を言え！」でも言いたくても言えない事情がそこにはあった。びわ湖マラソン、ソウルオリンピック、恩師中村監督の死、結婚、引退、未来への夢…。そして今、ここにはじめて総ての真実を皆さんにお話しします。

『逆転の軌跡―二人のランナー』　木村幸治著　講談社　1988.9　246p　20cm　1200円　⑪4-06-203942-7

内容 不世出の二人のマラソンランナー中山竹通VS.瀬古利彦。エリートと雑草、優等生と破天荒、そして栄光と屈辱が交錯するその熱き戦いと葛藤のドラマ。

『走れ瀬古利彦！』　宮嶋泰子著　東京出版　1984.8　186p　22cm〈発売：アス

ク　瀬古利彦の肖像あり〉　780円

『マラソンは芸術です―瀬古利彦を育てた男の真実』　木村幸治著　新潮社　1984.7　238p　20cm　950円　⑪4-10-353701-9

『瀬古利彦―'84ロスへの激走』　木村幸治著　徳間書店　1984.6　228p　19cm〈瀬古利彦の肖像あり　日本選手の五輪マラソン史：p123〉　980円

《宗 茂》　そう・しげる

⊕昭和28年（1953年）1月9日

◇マラソン選手，マラソン指導者。宗兄弟の兄。昭和48年春にマラソンデビュー。53年別府大分マラソンで2時間9分5秒6の好タイムで優勝、世界のトップクラス入りを果たす。3度日五輪代表となり、59年のロサンゼルス五輪では17位の成績を残す。63年4月旭化成陸上部監督に就任、谷口浩美をはじめ多くの一流選手を育てる。日本陸上連盟シドニー五輪強化特別委員会副委員長・長距離マラソン部長も兼務

『宗茂マラソンの心―『マラソン練習』誕生ストーリー』　宗茂著　学習研究社　2008.3　198p　19cm　（Gakken sports books）　1200円　⑪978-4-05-403436-5

内容 日本のマラソンはここから始まった。試行錯誤の末、二人のランナーが作り上げた「マラソン練習」の真実とは。

『友情とライバル―スポーツマンシップとはなにか？』　田中館哲彦著,多田治良絵　汐文社　1988.3　156p　22cm　（シリーズきみにおくるすばらしいスポーツ）　1200円　⑪4-8113-7068-6

目次 第1章 氷上に贈る熱いメッセージ―黒岩彰・人生の金メダル、第2章 渡せなかったタスキ―埼玉栄高校・"京"への長い道、第3章 2人の絆―永遠のライバル・宗兄弟

《宗 猛》　そう・たけし

⊕昭和28年（1953年）1月9日

◇マラソン選手，マラソン指導者。宗兄弟の弟。昭和48年延岡西日本マラソンでマラソンデビューし、優勝。同年福岡国際マラソンで7位となりトップランナーの仲間入り。昭和59年ロス五輪4位。63年旭化成陸上部副監督、平成20年監督を経て、26年総監督

『友情とライバル―スポーツマンシップとはなにか？』　田中舘哲彦著、多田治良絵　汐文社　1988.3　156p　22cm　（シリーズきみにおくるすばらしいスポーツ）　1200円　①4-8113-7068-6

[目次] 第1章 氷上に贈る熱いメッセージ―黒岩彰・人生の金メダル、第2章 渡せなかったタスキ―埼玉栄高校・“京”への長い道、第3章 2人の絆―永遠のライバル・宗兄弟

《孫 基禎》　ソン・キジョン

㊐1912年8月29日

㊦2002年11月15日

◇マラソン選手。19歳の時、陸上競技の才能を認められてソウルの養正高等普通学校に入り、本格的にマラソンに取り組む。朝鮮半島が日本の統治下にあった1936年、ベルリン五輪に日本代表として出場、五輪記録の2時間29分19秒で金メダルを獲得。韓国人初の金メダリストとなった。’84年ロス五輪の聖火リレーに参加。’86年にはベルリン大会優勝の記念の兜が50年ぶりに届けられた。地元開催となった’88年ソウル五輪では、組織委員会委員を務めた

『近代日本・朝鮮とスポーツ―支配と抵抗、そして協力へ』　金誠著　塙書房　2017.12　229p　19cm　（塙選書 122）〈文献あり〉　2400円　①978-4-8273-3122-6

[内容] 帝国日本からみた統治技術としてのスポーツ、植民地朝鮮からみたナショナリズム高揚のためのスポーツ、双方の思惑とスポーツの実際にせまる。

『旅でみつめた戦争と平和』　重田敞弘写真・文　改訂新版　草の根出版会　2008.1　143p　23cm　（母と子でみる47―定本シリーズ）〈文献あり〉　2200円　①978-4-87648-247-4

[目次] オラドゥール村（フランス）、リディツェ村（チェコ）、外交官・杉原千畝（リトアニア）、第2次世界大戦末期のこと（イタリア）、「満州731部隊」跡（中国）、平頂山事件（中国）、南京大虐殺（中国）、劉連仁を知っていますか、近くて遠い国（韓国）、元従軍慰安婦の生涯（韓国）、悲しい金メダル・孫基禎氏（韓国）、抗日蜂起の霧社事件（台湾）、ソンミ虐殺事件（ベトナム）、アウンサン・スーチーさん（ビルマ）

『韓国・台湾に向き合う授業』　三橋広夫

著　日本書籍　1999.12　95p　21cm　（近現代史生き生き）　1300円　①4-8199-0465-5

[内容] 近現代史生き生きシリーズは生き生き教材の発掘、生き生き討論の組織という二つの柱をたてて、「子どもとつくる近現代史の授業」の実現をめざしています。

『日の丸抹消事件を授業する』　山本典人著　岩波書店　1994.2　62p　21cm　（岩波ブックレット no.334）　400円　①4-00-003274-7

[内容] 1936年ベルリンオリンピックの金メダリスト孫基禎の胸から日の丸のゼッケンが消された…。ベテラン教師による日韓の歴史授業。

『日章旗とマラソン―ベルリン・オリンピックの孫基禎』　鎌田忠良著　講談社　1988.8　526p　15cm　（講談社文庫）〈参考・引用文献：p514～517〉　660円　①4-06-184265-X

[内容] 日本の植民地に生まれ、日の丸を胸に走らされる屈辱。胸に秘めた被抑圧民族朝鮮人としての強い誇りと祖国愛。ベルリン大会で起こった“日章旗抹消事件”の衝撃。日本唯一の五輪マラソン金メダリスト孫基禎（ソン ギジョン）の栄光と苦難の半生を記録し、日本と朝鮮の歪んだ現代史を検証する。初の本格的長編ドキュメント。

『ああ月桂冠に涙―孫基禎自伝』　孫基禎著　講談社　1985.2　294p　20cm　1400円　①4-06-200568-9

『日章旗とマラソン―ベルリン・オリンピックの孫基禎』　鎌田忠良著　潮出版社　1984.8　501p　20cm　〈参考・引用文献：p498～500〉　1800円

『鳳仙花―ベルリン五輪の覇者・孫基禎の光と影 小説』　清水洋充著　皆美社　1984.3　120p　21cm　〈参考図書一覧：p119〉　1000円

《高橋 進》　たかはし・すすむ

㊐大正9年（1920年）11月17日

㊦平成13年（2001年）5月13日

◇マラソン指導者、元・陸上選手（障害）。昭和27年ヘルシンキ五輪代表に選ばれ、アジア大会にも3回出場。引退後はマラソンの

指導者となり、メキシコ五輪（43年）男子マラソン銀メダリストの君原健二選手らを育てた

『**マラソン百話**』　高橋進著　ベースボール・マガジン社　1997.10　316p　19cm〈文献あり〉　2000円　①4-583-03443-1
内容 ファンラン・アスリートの数は世界一の日本。戦前から日本の長距離界をリードし、戦後君原や中山など著名なマラソナーを育てた著者が、マラソンの楽しさ、怖さ、意外性などを豊富な情報源をもとに書き下ろした。マラソンに興味を持つ人には欠かせないエンサイクロペディア。

『**輝け！　女子マラソン**』　高橋進著　碩文社　1983.1　287p　19cm　980円

『**マラソンの青春**』　君原健二,高橋進著　時事通信社　1975　262p　図　肖像　19cm　860円

『**中長距離走—あなたもオリンピック選手になれる！**』　高橋進,帖佐寛章著　講談社　1974　238p　図　21cm　（講談社スポーツシリーズ）〈標題紙等の書名：Distance running〉　1200円

《**高橋 尚子**》　たかはし・なおこ
㋿昭和47年（1972年）5月6日
◇マラソン選手, スポーツキャスター。大阪学院大卒業後、有森裕子選手を育てた小出義雄監督を慕い、平成7年リクルートに入社。トラックの中長距離選手として活躍し、8年日本選手権1万メートルで5位。9年1月初マラソンとなった大阪国際女子マラソンで7位。4月小出監督とともに積水化学に移籍。12年3月名古屋国際女子マラソンを2時間22分19秒で制し、初の五輪代表に。9月のシドニー五輪では五輪記録の2時間23分14秒をマークし、日本陸上界では64年ぶり、女子では初の金メダルを獲得。閉会式では旗手を務めた。20年3月北京五輪最終代表選考会となった名古屋国際女子マラソンで、順位（27位）、記録（2時間44分18秒）とも自己ワーストで惨敗し、2大会ぶりの五輪出場がなくなった。10月「プロの走りができなくなった」として現役を引退した

『**こんなに楽しいのに走らなきゃもったいない！**』　高橋尚子著　ポプラ社　2014.4　196p　19cm　1300円　①978-4-591-13963-9
内容 100人いれば、楽しみ方は100通り。健康、美容、ダイエットだけじゃない「走る」ライフスタイルの魅力が満載。Qちゃん流前向きに生きるヒント。

『**笑顔で生きる魔法の言葉**』　高橋尚子著　角川書店　2012.4　182p　19cm〈発売：角川グループパブリッシング〉　1200円　①978-4-04-885068-1
内容 言葉が人生を変えてくれる。まったく芽が出ない時、思い悩んだ時…「Qちゃん」を支え続けた言葉の宝石箱。

『**シューズとアフリカと500日—スマイルアフリカ**』　高橋尚子,スマイルアフリカプロジェクト著　木楽舎　2010.10　144p　21cm　1200円　①978-4-86324-031-5
目次 スマイルロード、『スマイルアフリカプロジェクト』、アフリカ、ケニアへ、アフリカ大陸を走る、シューズ回収と市民マラソン、母校からケニアへ、故郷で『スマイルアフリカプロジェクト』、生きることの原点、365日、ケニア、2010、再びケニア、社会貢献と環境のマラソン、自然に学ぶ、ムパタ、500日目

『**教えてQちゃん！　メタボだってマラソン完走！**』　高橋尚子,穐田文雄著　阪急コミュニケーションズ　2010.2　235p　19cm　1500円　①978-4-484-10204-7
内容 マラソンへの入口に「こうじゃなきゃいけない」という制限はありません。それよりも、実際に走ってみて、走ることの面白さを実感することが大切です。面白さを発見すると、自分で目標を立てて、それに向かってチャレンジするようになる。ここまで来れば、あなたも立派なランナーの仲間入りです。あなたに合った目標を立てて、あなたなりのマラソンを楽しんでください。この本は、そんなあなたを応援する一冊です。

『**育成力**』　小出義雄著　中央公論新社　2009.3　187p　18cm　（中公新書ラクレ311）〈並列シリーズ名：Chuko shinsho la clef〉　720円　①978-4-12-150311-4
内容 有森裕子、高橋尚子…。豪放磊落な性格と、「ほめて育てる」名指導で知られる著者の金言至言が一冊に。人を育成する立場に立つすべての人にヒントをもたらす、人材活用の指南書。

オリンピック夏季競技　　マラソン

『高橋尚子―夢に乗って走る』　増島みどり［著］　講談社　2008.4　187p　18cm（火の鳥人物文庫 9）〈年譜あり〉　720円　ⓘ978-4-06-271209-5
[内容] 走ることが大好きで、中学校から陸上部に入部。その後、高校、大学と続けていくけれど、それは走ることが、ただ楽しかったから。オリンピックなんて考えたこともなかった彼女が、どのようにして五輪金メダリストとなり、世界最高記録を樹立するランナーとなったのか―。国民的ヒロイン「Qちゃん」の、勇気と元気に溢れる生き方を描きます。

『高橋尚子勝利への疾走』　黒井克行［著］　講談社　2006.9　268p　16cm（講談社+α文庫）〈「駆け引き」（新潮社2001年刊）の増訂〉　762円　ⓘ4-06-281038-7
[内容] 2000年シドニー五輪の女子マラソンで金メダルを獲得した高橋尚子だが、アテネでの五輪連覇は夢と潰えた。敗戦と挫折、故障…。しかし、引退も囁かれた絶望の淵から、彼女は05年東京国際女子マラソンの舞台で見事に蘇った。象徴的だったシドニーでのリディア・シモンとの熱い死闘を追いつつ、極秘トレーニングに密着。新たに北京五輪を目指す高橋の強さの原点に迫る。

『高橋尚子夢はきっとかなう』　黒井克行著　学習研究社　2006.7　223p　20cm〈肖像あり〉　1200円　ⓘ4-05-202550-4
[内容] だから、私は走り続ける。数々の挫折や苦難を乗り越えQちゃんが再び走り出した！「東京国際」での復活優勝を支えたものとは？子ども時代から辿る感動のノンフィクション。

『高橋尚子物語』　本郷陽二編　汐文社　2006.3　161p　22cm（スポーツのニューヒロイン 4）　1500円　ⓘ4-8113-8027-4
[目次] 第1章 栄光のシドニーオリンピック（シドニーの朝、感謝の手紙 ほか）、第2章 自分にきびしく、他人にやさしく（マラソン大会で優勝、男の子になってやる ほか）、第3章 世界へはばたけ（あこがれの小出監督、大学最後の戦い ほか）、第4章 まぼろしのアテネオリンピック（金メダルの翌朝、オリンピックを終えて ほか）、第5章 もう一度、オリンピックへ（「チームQ」結成、あのレースで走る ほか）

『高橋尚子失われた夏』　黒井克行著　新潮社　2004.11　173p　20cm　1300円　ⓘ4-10-448903-4
[内容] 東京国際の謎の失速により、アテネという夏を失った高橋尚子。フルマラソン八戦して六回の優勝、一回の準優勝、そして世界最高記録更新一回。圧倒的な実績を誇る天才ランナーは、その夏、何を思い、何と闘ったのか。アテネでの野口みずきの完勝、ベルリンでの渋井陽子の日本最高記録更新。そして、超高速のラドクリフ、バランスのヌデレバ。群雄割拠の戦国時代と化した女子マラソン界での高橋尚子復活の可能性を探る。

『君ならできる』　小出義雄［著］　幻冬舎　2004.7　270p　16cm（幻冬舎文庫）　533円　ⓘ4-344-40537-4
[内容] 高橋尚子、有森裕子、鈴木博美…、世界に通ずるトップランナーを輩出する小出流指導術。「安心にえこひいきは厳禁」「指導者は諦めてはいけない」―女性心理を的確に把握し、ひとりひとりが持つ能力を最大限に引き出す。非常識と言われた指導の裏に隠された、緻密な計画と飽くなき工夫の数々。名伯楽・小出義雄から「大化け」の法則を学ぶ。

『へこたれるもんかい』　小出義雄著　幻冬舎　2004.7　199p　20cm　1300円　ⓘ4-344-00642-9
[内容] 代表選考会の真相、幻のアテネ・シミュレーション、世界記録再挑戦。

『夢はかなう』　高橋尚子［著］　幻冬舎　2004.7　290p　図版14枚　16cm（幻冬舎文庫）〈「風になった日」（2001年刊）の改題　肖像あり〉　571円　ⓘ4-344-40538-2
[内容] ひとりの平凡なランナーに過ぎなかった高橋尚子は、なぜ世界のトップアスリートにまで昇りつめることができたのか？小出監督との出会い、ラストチャンスでつかんだシドニーへの切符、前代未聞の過酷なトレーニング、五輪レース本番の舞台裏…。強く願えば夢はかなう！夢を信じて明日へと駆けた「Qちゃん」の知られざる真実の姿。

『高橋尚子のマラソンしようよ！パーフェクトガイド』　キュービスト編　タイトー　2003.12　143p　21cm（The PlayStation 2 books）〈東京 ソフトバン

オリンピックの本3000冊　147

マラソン　　オリンピック夏季競技

クパブリッシング（発売）〉　1400円
①4-7973-2566-6
|内容|Qちゃんを超えろ！最強ランナー育成バイブル！施設・人事・研究開発…クラブ運営のセオリーを詳細解説。トレーニングからレースまで、選手強化のノウハウを伝授。ゲーム中に登場する全1452人の選手データを完全網羅。

『スポーツを「視る」技術』　二宮清純著
講談社　2002.10　224p　18cm　（講談社現代新書）　700円　①4-06-149630-1
|内容|勝者には勝者の理由がある―プロ野球、サッカー日本代表など、トップに立つための技術と戦略を検証する。

『努力の天才―高橋尚子の基礎トレーニング』　山内武著, 月刊陸上競技編　出版芸術社　2002.10　254p　19cm〈肖像あり〉　1500円　①4-88293-225-3
|内容|ダイヤモンドの原石だった高橋尚子の大学時代。この原石を磨き、世界一の輝きを与えたのは名伯楽・小出義雄氏だが、鉱山から掘り出してきたのは大阪学院大学時代の恩師・山内武監督だった。その山内監督が、高橋の学生時代と競技生活、4年間のトレーニング内容を詳述する。

『高橋尚子―走る、かがやく、風になる』
早野美智代著　旺文社　2002.3　151p　20cm　（素顔の勇者たち）〈肖像あり　年譜あり〉　1000円　①4-01-072500-1
|内容|笑顔のトップランナー、マラソン世界最速をめざすQちゃんの物語。

『Qちゃん金メダルをありがとう』　小出義雄著　扶桑社　2001.10　223p　16cm（扶桑社文庫）〈平成12年刊の増補〉　533円　①4-594-03294-X
|内容|高橋尚子がシドニーに続いてベルリンマラソンでも1位！Qちゃんすごい！本書は、世界最強のマラソンランナーを育てた小出義雄監督の指導者としての金メダルへの困難・信頼・感動の物語です。常識破りの高地トレーニングから、放任主義の完全否定、有森裕子、鈴木博美…選手それぞれの個性に応じたノセ方、「髭」「下ネタ」「笑い」が指導の三種の神器まで、小出流ナットク＆ユニーク人材育成論一挙公開。ベルリン直後の緊急インタビュー掲載。

『駆け引き―高橋尚子とリディア・シモン』

黒井克行著　新潮社　2001.9　205p　20cm　1300円　①4-10-448901-8
|内容|マラソンは、“高度な心理ゲーム”である―。下り天才高橋尚子、終盤に抜群のスピードを持つリディア・シモン。2000年9月。二人の天才がシドニーで激突した。高橋の作戦は終盤までにシモンを振り落とすこと。シモンの戦術は40キロ地点まで高橋についてゆくこと。小出監督の周到な作戦がシモンの驚異的な精神力を揺さぶる。シモン陣営のリディアへの信頼は小揺るぎもしない。両者・両陣営の緻密な計算を狂わせたのは些細な偶然だった。マラソンという精密なドラマを十全に描きえた渾身のノンフィクション。

『やさしいメンタルトレーニング―試合で最高の力を発揮するために』　新畑茂充, 関矢寛史著　名古屋　黎明書房　2001.5　226p　21cm〈文献あり〉　2300円　①4-654-07596-8
|目次|序章 高橋尚子が金メダル獲得, 第1章「日本一」への過程とメンタルトレーニングとの関わり, 第2章 スポーツ・パフォーマンス（成績）の不振の原因を分析する, 第3章 スポーツのスキル（技能）を効果的に習得する方法, 第4章 自己認識のメンタルトレーニング, 第5章 自己コントロールのメンタルトレーニング

『風になった日』　高橋尚子著　幻冬舎　2001.2　253p　図版14枚　20cm〈肖像あり〉　1400円　①4-344-00048-X

『スーパースターその極意のメカニズム』
高岡英夫著　総合法令出版　2001.1　345, 4p　19cm〈インタビュアー：松井浩ほか〉　1600円　①4-89346-695-X
|内容|高橋尚子、マリオン・ジョーンズ、長嶋茂雄、中田英寿のパフォーマンスは如何にして生み出されるのか！21世紀を駆け抜けるスーパースターのメカニズム＝「極意」を運動科学者高岡英夫が明らかにする。

『Qちゃん金メダルをありがとう』　小出義雄著　扶桑社　2000.11　218p　20cm　1238円　①4-594-03010-6
|内容|平坦ではなかった金メダルへの道、いま明かされるとっておきのエピソード。初公開！高橋尚子のすべてを記した『小出メモ』。高橋尚子から監督へあてた『感謝の手紙』。

オリンピック夏季競技　　マラソン

『君ならできる』　小出義雄著　幻冬舎
2000.10　224p　20cm　1400円　①4-
344-00022-6
内容 会ったその日にまずほめる、女心にえこ
ひいきは厳禁、代表決定直前の食中毒、決
死の高地トレーニング…平凡な記録の少女
をトップ・ランナーに変えた「大化け」の
法則とは。

『激走！ 高橋尚子―シドニーを駆け抜けた
青春』　増田明美編・監修　早稲田出版
2000.10　192p　19cm〈肖像あり〉
1200円　①4-89827-212-6
内容 42.195キロのドラマチックな戦いと誰も
知らなかった勝利への極秘作戦を第1人者・
増田明美が縦横に語りつくす…。

『高橋尚子金メダルへの絆』　小出義雄著
日本文芸社　2000.10　261p　19cm
1200円　①4-537-25015-1
内容 小出監督がはじめて明かす、シドニー五
輪感動の秘話。数々の試練を乗り越えた勇
気と信頼、5年間の軌跡。

『夢を力に！―「大化け」の方程式』　小
出義雄著　改訂新版　ザ・マサダ
2000.7　242p　19cm　1400円　①4-
88397-059-0
内容 有森を、高橋尚子を育てた小出義雄が
綴るわが弟子、わがマラソン人生。小出義
雄＆高橋尚子師弟「かく語りき」を巻末に
収録。

《谷口 浩美》　たにぐち・ひろみ
㊉昭和35年（1960年）4月5日
◇元・マラソン選手。平成4年バルセロナ五輪
に出場、途中、転倒するが8位に入賞。8年
アトランタ五輪は19位に終わる

『雑草のごとく―転んでも踏まれても立ち
上がれ！』　谷口浩美著, 月刊陸上競技
編　出版芸術社　1992.12　247p　19cm
〈著者の肖像あり〉　1200円　①4-
88293-048-X
内容 '91世界陸上マラソン金メダルの谷口浩
美選手が、バルセロナ五輪では「こけちゃ
いましたよ」の一言で全国民を感動の渦に
巻き込んだ。飾らず、おごらず、常に自然
体。不器用だが、真正面に精一杯頑張り抜
いたマラソン人生を自らつづる。

《千葉 真子》　ちば・まさこ
㊉昭和51年（1976年）7月18日
◇マラソン選手, スポーツコメンテーター。平
成8年日本選手権1万メートルで3位、アト
ランタ五輪では1万メートルで5位。16年大阪
国際女子マラソン2位。同年のアテネ五輪は
補欠。18年8月北海道マラソンを最後に現役
を引退

『ちばちゃんのポジティブ・ランニング―
週1ランナーから始める自分改造術』
千葉真子著　学研パブリッシング
2009.11　117p　21cm　（Gakken sports
books）〈発売：学研マーケティング〉
1200円　①978-4-05-404366-4
目次 第1章 ちばちゃん、走ることの意味を教
えて！（楽しく続けるためのスマイルランQ
& A, 走ることにはメリットがいっぱい！
ほか）, 第2章 ちばちゃん、走る準備はどう
すればいいの？（楽しく続けるためのスマ
イルランQ & A, シューズは“身体の一部”
だと考えて！ ほか）, 第3章 ちばちゃん、
走りのコツを教えて！（楽しく続けるため
のスマイルランQ & A, 理想的なフォーム
は十人十色です！ ほか）, 第4章 ちばちゃ
ん、マラソン大会に出たいの？（楽し
く続けるためのスマイルランQ & A, 10km
走れたら、ハーフに挑戦してみよう！ ほ
か）, 第5章 ちばちゃん、おすすめの市民マ
ラソンを教えて！（市民マラソン大会の熱
い一日―「果樹王国ひがしねさくらんぼ大
会」密着レポート, おすすめ市民マラソン
大会ガイド ほか）

『ベストスマイル―補欠になった私』　千
葉真子著　文春ネスコ　2004.8　161p
19cm〈共同刊行：文藝春秋〉　1400円
①4-89036-208-8
内容 人生の主役になれなかった時、あなたな
らどうしますか？ アテネ五輪・女子マラソ
ン補欠の千葉真子がすべての人に贈る、“元
気が出る”メッセージ。

『へこたれるもんかい』　小出義雄著　幻
冬舎　2004.7　199p　20cm　1300円
①4-344-00642-9
内容 代表選考会の真相、幻のアテネ・シミュ
レーション、世界記録再挑戦。

《円谷 幸吉》　つぶらや・こうきち
㊉昭和15年（1940年）5月13日

オリンピックの本3000冊　149

㉘昭和43年（1968年）1月9日
◇マラソン選手。昭和35年陸上自衛隊に入り、自衛隊体育学校でマラソンを練習。38年オークランドで2万メートルに59分51秒4の世界新記録を樹立。39年東京五輪に出場し、1万メートルで6位、マラソンでは2時間16分22秒8の自己最高記録を出し、あと200メートルのところでヒートリー（英国）に抜かれ、銅メダルとなった。次回メキシコ五輪での活躍が期待されていたが、故障とプレッシャーから自信を失い、43年1月9日自衛隊体育学校の自室で遺書を残して自殺した

『仮面の女と愛の輪廻』　虫明亜呂無著
清流出版　2009.11　301p　21cm　2400円　①978-4-86029-313-0
内容 甘美で悲痛な自伝的回想、三島由紀夫、伊丹十三、三宅一生、藤田嗣治らを論じた卓抜な人物スケッチ、悲劇のマラソンランナー円谷幸吉を描いた幻の傑作長篇評論「朽ちぬ冠」も収録。

『孤高のランナー—円谷幸吉物語』　青山一郎著　ベースボール・マガジン社　2008.8　299p　19cm〈「栄光と孤独の彼方へ」（1980年刊）の改訂〉　1600円　①978-4-583-10105-7
内容 彗星のごとく現れ、東京オリンピックで日本陸上界唯一のメダルを獲得したマラソンランナー円谷幸吉。自衛官としての職務を遂行しつつ、一切の妥協を許さず、振り向くことなく走り続けた男の生きざまが、現代に甦る。

『オリンピックに奪われた命—円谷幸吉、三十年目の新証言』　橋本克彦著　小学館　1999.6　316p　15cm（小学館文庫）　590円　①4-09-403341-6
内容 東京オリンピックで日の丸を！日本陸上界の悲願は、円谷幸吉という不世出のランナーの出現で叶えられた。だが、それから4年後、円谷は自らの手で人生に幕を下ろしてしまう。自殺の原因は何か？自衛隊という巨大組織とスポーツ選手としてのアイデンティティの軋轢に悩む円谷、そんな円谷を陰で支える女性、そして、円谷の人間形成に大きな影響を与えた厳父の密かな苦しみ。30年後の新証言を加えて、橋本克彦が真相に迫る。解説・君原健二（メキシコオリンピック・銀メダリスト）。

『三島由紀夫と自衛隊—秘められた友情と信頼』　杉原裕介, 杉原剛介著　並木書房　1997.11　229p　20cm　1600円　①4-89063-087-2
内容 昭和四十二年四月三島由紀夫が陸上自衛隊富士学校へ体験入隊した際、指導官を命じられ、以来事件直前まで親交のあった自衛官らの証言、手記、書簡をもとに、三島由紀夫がなぜあれほどまでに自衛隊に魅せられ、何を期待していたのか、そして袂を分かたざるを得なくなった理由とは？―知られざる「三島事件の真相」を自衛隊関係者が初めて明かした話題の書。

『知ってるつもり?!　5　人生の熱き指導者たち』　日本テレビ放送網　1992.6　247p　19cm　1100円　①4-8203-9223-9
内容 人生に決定的な影響をおよぼした人と人との宿命的な出会いをたどる。

『栄光と孤独の彼方へ—円谷幸吉物語』　青山一郎著　ベースボール・マガジン社　1980.3　317p　19cm〈円谷幸吉の肖像あり〉　980円

『もう走れません—円谷幸吉の栄光と死』　長岡民男著　講談社　1977.12　301p　図肖像　19cm　890円

《中村　清》　なかむら・きよし
◇マラソン選手, 指導者。昭和11年のベルリン五輪1500メートルに出場、翌年同種目でマークした3分56秒8の日本記録は、14年間破られなかった

『伴走者—陸上に賭けて散った、中村清の苛烈な生涯』　木村幸治著　JICC出版局　1990.2　262p　20cm　1400円　①4-88063-809-9
内容 瀬古利彦をはじめ、数々の長距離ランナーを育てた男、中村清。世間の常識を無視したその生き方には未だに毀誉褒貶が相半ばしている。中村清とは一体、何者だったのか。200人に及ぶ関係者への綿密な取材によって中村清の孤独な魂の内奥に迫り人物ノンフィクションに新境地を開いた会心作。

『心で走れ—マラソン、わが人生』　中村清著　東京新聞出版局　1985.6　251p　20cm〈著者の肖像あり〉　980円　①4-8083-0225-X

オリンピック夏季競技　　　マラソン

## 《中山 竹通》　なかやま・たけゆき

㊐昭和34年（1959年）12月20日

◇元・マラソン選手。養蚕農家の3人姉弟で姉2人の長男。昭和59年12月第19回福岡国際マラソンで初優勝。63年10月ソウル五輪4位。4年のバルセロナ五輪でも2大会連続で4位に入り、日本勢では史上3人目の五輪連続入賞を果たした

『挑戦―炎のランナー中山竹通の生き方・走り方』　中山竹通述,井上邦彦文・構成　自由国民社　2000.3　190p　19cm〈肖像あり　年表あり〉　1300円　①4-426-76402-5

内容　ソウル・バルセロナ両オリンピックで、いずれも4位に入賞した中山竹通は、かってさまざまに形容されていた。"本音をずばずば吐く男""野生児""マラソン界の異端児"…。瀬古利彦（現・エスビー陸上部監督）をはじめ、中山と競い合ったランナーはみな陸上の名門と呼ばれる高校、大学から実業団へと進んだいわゆるエリートぞろい。中山は信州の谷底からはい上がってきたといっていい。だからこそ十数年にわたる国内外のレースで、中山は一人闘い続けてきた。アウトサイダーの魂を抱きながら。いま中山は、指導者の道を歩みつつ、家に帰れば小学生である男の子の父親として顔を見せる。それでも、中山の反骨の炎は冷めることがない。彼の言葉と行動は、閉塞感のなかにあるといわれる今日の日本人の胸に重く響き多くの示唆を与えるであろう。

『逆転の軌跡―二人のランナー』　木村幸治著　講談社　1988.9　246p　20cm　1200円　①4-06-203942-7

内容　不世出の二人のマラソンランナー中山竹通VS.瀬古利彦。エリートと雑草、優等生と破天荒、そして栄光と屈辱が交錯するその熱き戦いと葛藤のドラマ。

## 《猫 ひろし》　ねこ・ひろし

㊐昭和52年（1977年）8月8日

◇タレント,マラソン選手。平成15年4月久本雅美らが所属する劇団・WAHAHA本舗に入り、テレビ「笑いの金メダル」などに出演。テレビ番組の企画で長距離走に挑戦、その健脚が注目され、国内外のマラソンレースに次々と参加。22年2月"3時間を切れなかったら本名（滝崎邦明）に改名する"と公約を掲げて東京マラソンに出場、見事2時間

55分45秒で快走した。12月カンボジアのアンコールワット国際ハーフマラソンで3位に入賞すると、同国オリンピック委員会からカンボジア代表選手として五輪に出場しては、という話が持ち上がる。23年6月プノンペン国際ハーフマラソンで2位に入り、正式にカンボジア代表としてロンドン五輪出場を目指すことを表明、11月カンボジア国籍を取得。24年2月の別府大分毎日マラソンでは2時間30分26秒の自己ベストを記録し、一つしかなかったカンボジアの五輪代表枠を獲得したものの、国籍変更後1年は国際大会に出場できないという規則に抵触し、ロンドン五輪出場を逃す。28年5月カンボジア五輪代表選考会で自己ベストの2時間27分52秒をマークして優勝。五輪参加標準記録2時間19分0秒には届かなかったが、特例措置でリオデジャネイロ五輪代表に選ばれた。8月の五輪本番は完走者140人中139位

『僕がカンボジア人になった理由』　猫ひろし著　幻冬舎　2017.12　189p　19cm　1300円　①978-4-344-03233-0

内容　2012年に、一度はロンドン五輪マラソン・カンボジア代表に内定していたが、国際陸連の新規定により出場が消滅。このとき、34歳―。しかし、猫ひろしは諦めなかった。4年後のリオ五輪出場を目指して、トレーニングを再開すると、今度は見事にカンボジア代表としての出場権を獲得。芸人初の五輪選手として出場したリオ五輪本番では、15名が途中棄権する中、139位、2時間45分55秒で見事に完走した。ときには批判に耐え、悩みながらも、ひたすら愚直に走り続けた芸人・猫ひろしの知られざる本音が詰まった、笑いと感動の一冊！

『猫トレ―猫ひろしのマラソントレーニング』　猫ひろし著　ベースボール・マガジン社　2017.2　191p　21cm　1500円　①978-4-583-11095-0

内容　あなたも必ず速くなる。芸人猫ひろしがオリンピアンになるまでのノウハウを大公開！

『爆笑！　あるあるマラソン』　猫ひろし監修,マラソンあるある研究部編著　スコラマガジン　2013.3　191p　18cm　952円　①978-4-902307-48-1

内容　思わず納得!?ランナーの笑える日常"あるある"走りに魅せられたすべてのランナーの皆様へ。

オリンピックの本3000冊　151

マラソン　　　　　　オリンピック夏季競技

『猫ひろしのマラソン最速メソッド—市民
　ランナーのサブスリー達成術』　猫ひろ
　し著　ソフトバンククリエイティブ
　2011.11　197p　18cm　（ソフトバンク
　新書 178）　730円　①978-4-7973-
　6584-9
　内容 自己ベスト2時間37分49秒。元卓球部で
　陸上競技の経験のないお笑い芸人・猫ひろ
　しが、なぜこんなにも速いのか？ 真夜中の
　40km走、10kgの荷物を背負っての帰宅ラン
　など、その背景には非常識なメソッドが隠
　されていた。本書では、芸人として忙しく
　働きながらも、日々トレーニングを積んで
　サブスリーを達成、いまやオリンピックを
　目指すまでになった猫ひろしのベールに包
　まれたトレーニング法を全公開。

『おもしろマラソンガイドブック—猫まっ
　しぐラン!!』　猫ひろし［著］　Tokyo
　FM出版　2010.2　127p　21cm　1238円
　①978-4-88745-225-1
　内容 こんな大会があったのか!? 猫も仰天！「マ
　ラソン珍百景」。

《弘山 晴美》　ひろやま・はるみ
　㊀昭和43年（1968年）9月2日
　◇元・マラソン選手、元・陸上選手（長距離）。
　平成6年1500メートル、3000メートルの日本
　記録を更新。同年広島アジア大会3000メー
　トルで銀メダルを獲得。8年アトランタ五輪
　5000メートルに出場。12年シドニー五輪マ
　ラソン代表の有力候補と言われていたが、そ
　の後の名古屋国際女子マラソンを2時間22分
　19秒で制した高橋尚子が代表となり落選、1
　万メートルでシドニー五輪に出場、20位。16
　年アテネ五輪は1万メートル18位。五輪は、
　8年のアトランタから3大会連続でトラック
　長距離種目に出場した

『スピードトレーニングでタイムが伸びる
　—弘山晴美のマラソン術』　弘山勉
　［著］　学習研究社　2005.4　141p
　21cm　（Gakken sports books）　1200
　円　①4-05-402519-6
　目次 1 トップランナーから学ぶ—弘山晴美
　選手はこんなトレーニングをやってきた、2
　合理的で無駄のないフォーム—ブレーキを
　かけずにスムーズに前進するためのフォー
　ムとは、3 ランナーに必要な筋力づくり—
　フォーム、スピード、スタミナアップのた

めの筋力トレーニング、4 タイムがどんど
ん伸びる—まずは5km・10kmのタイムを伸
ばすことから始めよう、5 故障しない身体
に整える—バランス良い食事や十分な睡眠
は、トレーニングと同じぐらい大事、6 練習
を100％レースに生かす—弘山晴美選手はこ
うしてレースに臨んでいる

《藤村 信子》　ふじむら・のぶこ
　㊀昭和40（1965）年12月18日
　◇陸上選手、指導者。昭和63年ダイハツに入
　社。平成8年1がつの大阪国際女子マラソン
　でアトランタ五輪枠をかけて代表入りを目
　指したが8位となり、五輪出場は果たせな
　かった。11年ダイハツを退社、17年より母
　校の大阪府立南丹高校の体育教師・陸上部
　顧問に就任した

『走れ、藤村』　藤村信子著　神戸 長征
　社　1999.11　204p　20cm　1800円
　①4-924929-36-0
　内容 東京国際女子マラソンがはじまって20
　年。2000年のシドニーで、ようやく5回目
　となるオリンピック女子マラソン。エリー
　トランナーを生み出す実業団という「世界」
　で、おんなたちは鍛えられる。マラソンラ
　ンナーの世界。

《増田 明美》　ますだ・あけみ
　㊀昭和39年（1964年）1月1日
　◇スポーツジャーナリスト、元・マラソン選
　手。昭和57年川崎製鉄に入社。5月1万メー
　トルの日本記録などをマークし、日本マラソ
　ン界のホープに。59年期待されたロス五輪
　では途中棄権、五輪直後に川崎製鉄を退社

『スポーツ選手増田明美』　歌代幸子著
　理論社　2005.1　206p　19cm　（こんな
　生き方がしたい）〈年譜あり〉　1500円
　①4-652-04950-1
　内容 高校時代に長距離走のトップランナーと
　なり、ロス五輪に参加するが、途中棄権。懸
　命に再起に挑む。引退後、心に響くマラソ
　ン解説やエッセーで新境地を開く増田明美
　の歩み。

『増田明美のさぁ走りましょう』　増田明
　美著　毎日新聞社　1998.11　191p
　19cm　1429円　①4-620-31261-4
　内容 永六輔さん、十勝花子さんらをゲストに
　迎え、増田明美さんが各人に合ったウォーキ

152

ングとジョギングを指南。走ることを通して、家族の暖かさ、人と人とのふれあい、人生の喜びに出会います。涙ちょっぴり、笑いたっぷり、ほんわか暖かくなる「走る本」。

## 『おしゃべりなランナー——走って転んでた起きて』 増田明美著 リヨン社
1997.12 266p 20cm〈〔東京〕二見書房(発売)〉 1500円 ①4-576-97186-7
内容 優しさと好奇心に溢れたマラソン解説。一歩一歩大地と語り続けた増田さんの足跡がそのまま文章になりました。

## 《松野 明美》 まつの・あけみ
㊌昭和43年(1968年)4月27日
◇元・マラソン選手。平成元年末のバルセロナ国際女子駅伝の2区9.7キロを30分41秒で走り、区間賞(日本チームは2位)。2年北京アジア大会1万メートル銅メダル。3年世界選手権(東京)代表。同年9月マラソンに転向、4年初マラソンの大阪国際女子マラソンで2時間27分2秒をマークして2位となるが、バルセロナ五輪代表の座は逃した。22年より熊本市議2期を経て、27年熊本県議に当選

## 『いちばんじゃなくて、いいんだね。』 松野明美著 アスコム 2010.2 222p
19cm 1333円 ①978-4-7762-0584-5
内容 ダウン症の息子と母の、笑って泣けて元気になれる物語。

## 《モタ, ロザ》
㊌1958年6月29日
◇ポルトガルの元・マラソン選手。1982年9月ヨーロッパ選手権でデビューし2時間36分04秒で優勝。'84年ロス五輪で銅メダルを獲得し、一躍世界のトップランナーの仲間入りを果たす。'88年ソウル五輪金メダル。'92年のバルセロナ五輪は不出場。'94年東京国際女子マラソンで2年7ケ月ぶりにマラソンに復帰するが、途中棄権。'95年10月ポルトガル総選挙で社会党所属の国会議員となった

## 『ロザ・モタ——ソウル五輪マラソンの女王』
武田薫著 ランナーズ 1989.6 202p
19cm (ランナーズ・ブックス——Life style series)〈ロザ・モタの肖像あり〉
1200円 ①4-947537-27-2
内容 ロザ・モタさんは、走ることによって女性の地位を高めた。そして、その脚と笑顔で誰よりもポルトガルの名を世界にしらし

め、日本とポルトガルの友好に貢献した。この本は、そんなモタさんとポルトガルの魅力を満載している。

## 《ラドクリフ, ポーラ》
㊌1973年12月17日
◇英国のマラソン選手。1996年アトランタ五輪5000メートル5位、2000年シドニー五輪1万メートル4位入賞。2008年5月左足大腿骨の疲労骨折が判明するが、8月の北京五輪に出場し、23位と惨敗。2012年のロンドン五輪は怪我で欠場した

## 『HOW TO RUN——ポーラ・ラドクリフのランニング・バイブル』 ポーラ・ラドクリフ〔著〕, 加藤律子訳 ディスカヴァー・トゥエンティワン 2012.7
175p 26cm 2200円 ①978-4-7993-1186-8
内容 ロンドン・オリンピック2012で金メダルが期待される世界で最も有名な女性マラソンランナー、ラドクリフ選手による最新の科学と豊富な経験から生まれた正しいトレーニング・プログラム。

---

## 水泳(競泳・飛び込み・水球)

◆競泳はプールで、一定の距離を決められた泳法で泳いでタイムを競う競技。自由形(50, 100, 200, 400m, 女子800m, 男子1500m)、背泳ぎ(100, 200m)、平泳ぎ(100, 200m)、バタフライ(100, 200m)、個人メドレー(200, 400m)、自由形リレー(4人×100m, 4人×200m)、メドレーリレー(4人×100m)が行われる。飛び込みは、踏切りや空中の姿勢、入水時の水しぶきの少なさなどが審査される採点競技。種目は男女共通で、3m飛板飛こみ、10m高飛びこみ、2人で行うシンクロナイズドダイビング(3m, 10m)がある。水球は、1チーム7人でプールに設置された相手側ゴールにボールを入れ、点数を競う競技。プール底に足をついたり、ゴールキーパー以外の選手が両手でボールを投げたりするのは反則。試合時間は8分×4ピリオド、合計32分。プールで行われる唯一の球技

水泳（競泳・飛び込み・水球）　オリンピック夏季競技

種目

『競泳　萩野・瀬戸・松田・坂井・江原・小堀・金藤・星』　本郷陽二編　汐文社　2016.12　161p　20cm　（チームでつかんだ栄光のメダル）〈文献あり〉　1500円　①978-4-8113-2342-8
目次 序章 すごいぞリオオリンピックの競泳陣（水泳ニッポンの期待を背負った選手たち，競泳初日にメダル2つ ほか），第1章 ロンドンオリンピックの日本の泳ぎ（エリザベス女王が開会宣言，日本チームを盛り上げた萩野選手の銅メダル ほか），第2章 ロンドンオリンピック後の国際大会（ロンドンに続き萩野選手がメダル1号，次々と行われる決勝レース ほか），第3章 リオオリンピックに向けての戦い（男子チームはベテランと若手の接戦，若手の成長が気になる女子チーム ほか），第4章 南米初のオリンピック（リオデジャネイロオリンピック開幕，フェルプス選手が現役復帰 ほか）

『ポセイドンジャパン応援ブック』　ベースボール・マガジン社編　ベースボール・マガジン社　2016.7　127p　21cm　1800円　①978-4-583-11044-8
内容 リオ五輪水球日本代表。全選手の肉体美＆パーソナルデータを大公開。

『水泳選手のためのアンチ・ドーピングのい・ろ・は』　日本水泳連盟編　第2版　日本水泳連盟　2016.3　55p　21cm

『水泳選手のためのアンチ・ドーピングのい・ろ・は』　日本水泳連盟編　日本水泳連盟　2015.3　55p　21cm

『絵とDVDでわかるスポーツルールとテクニック　7　陸上競技・水泳』　中村和彦総合監修　学研教育出版　2015.2　63p　29cm〈発売：学研マーケティング〉　3300円　①978-4-05-501098-6
目次 スペシャルインタビュー　陸上競技選手 福島千里，陸上競技（競技場と競技の種類，競走競技共通のきまり，短・中・長距離走，ハードル走・リレー，走り幅とび ほか），水泳（プール・競技の種類，競泳競技共通のきまり，クロール・背泳ぎ，平泳ぎ・バタフライ，フリーリレー・個人メドレー・メドレーリレー ほか）

『水泳ニッポン黄金時代の金メダリストた

ち』　下八十五著　文芸社　2013.6　276p　19cm〈文献あり〉　1400円　①978-4-286-13780-3

『つながる心―ロンドン五輪競泳日本代表ひとりじゃない、チームだから戦えた』　27人のトビウオジャパン著　集英社　2013.1　223p　19cm　1300円　①978-4-08-786026-9
内容 康介さんを、手ぶらで帰らせるわけにはいかない。選手27人の心のリレーが、最高の結果を導いた。松田丈志、北島康介、寺川綾…日本代表全27選手が、あの瞬間の秘話を告白。

『最高の自分を鍛えるチームの力―なぜ、競泳日本は11個のメダルを取ることができたのか？』　平井伯昌著　マガジンハウス　2012.10　165p　19cm　1200円　①978-4-8387-2492-5
内容 松田丈志、入江陵介、萩野公介、鈴木聡美、寺川綾…チームワークを発揮して、最高のパフォーマンスを見せた最強の競泳チーム。個人の力を最大限に引き出すのが、真のチーム力である。

『陸上競技・水泳競技―ルールと技術』　尾縣貢，高橋伍郎校閲・指導　学習研究社　2005.2　63p　29cm　（絵でわかるジュニアスポーツ 新版 6　関岡康雄監修）〈シリーズ責任表示：関岡康雄監修〉　3300円　①4-05-202190-8
目次 陸上競技（ルール, 技術），水泳競技

『金メダルへの挑戦！―世界一を成し得た水泳研究と女子英才教育の戦略的手法』　新谷時雄著　新風舎　2004.9　229p　21cm〈年譜あり〉　1700円　①4-7974-5097-5
内容 ロート製薬創業者・山田輝郎氏が創設した女子水泳界のトップ集団 "山田スイミングクラブ"の全貌が今ここに！ 国際競争力を作る総合プロデュース、勝つ組織の創り方とは？ "プロジェクトYamada"の全てを一挙公開。

『アテネの空に日の丸を！―水泳ニッポン復活の戦略』　上野広治著　東洋経済新報社　2004.8　211p　20cm　1500円　①4-492-04211-3
内容 北島康介選手はじめ競泳ニッポンのすべ

て！個人競技だからこそ「チーム力」で勝つ！アトランタ五輪の屈辱から8年…。代表チームを立て直してシドニー五輪で結果を出し、アテネ五輪での大躍進を期す競泳ニッポンの司令塔が初めて明かす。

『**Stay gold　水泳編**』　松岡修造著　ナナ・コーポレート・コミュニケーション　2003.7　243p　20cm〈本文は日本語〉　1500円　①4-901491-15-6

内容 北島康介、中村真衣、山本貴司、田中雅美、森隆弘、伊藤華英、寺川綾、立花美哉、武田美保。世界レベルの競泳7選手とシンクロ2選手の素顔の魅力に松岡修造が迫る対談集。待望の『Stay Gold』シリーズ第2弾。

『**水泳―図解コーチ**』　高嶺隆二著　成美堂出版　1999.5　175p　16cm　600円　①4-415-00740-6

内容 夏だけのスポーツだった水泳が、室内プールの普及によって一年中泳げる環境が整い、赤ちゃんからお年寄りまで幅広く水泳を楽しむ光景が見られるようになってきました。中には80歳になってもマスターズ水泳で記録に挑戦している姿も見られるようになっています。このようにすばらしい水泳をさらに多くの人に楽しんでもらいたいということで、本書は書かれています。オリンピック種目となっている4つの泳法を泳げるようになることが基本です。そこで、この4つの泳法を練習する手順を示しました。

『**基礎から実戦まで水球マニュアル**』　大本洋嗣著,清原伸彦監修　ベースボール・マガジン社　1996.11　142p　24cm　1942円　①4-583-03348-6

内容 豊富な連続写真と分かり易い解説で、初心者からトップレベルの選手まで使える水球技術書決定版。

『**水泳―図解コーチ**　〔**1995**〕』　荒木昭好著　成美堂出版　1995.4　188p　16cm　580円　①4-415-00466-0

目次 1 水泳の歴史とその特徴, 2 水泳の基本技術, 3 競泳四泳法の技術と練習, 4 実用的な泳法の技術と練習, 5 競泳の技術と練習, 6 水泳における安全, 7 競技会の運営と競泳のルール

『**激動の昭和スポーツ史　18　水泳競技―アムステルダムからソウルへオリンピック栄光の軌跡**』　ベースボール・マガジ

ン社　1989.7　122p　30cm〈『スイミングマガジン別冊』青葉号　永久保存版〉　1200円

『**激動のスポーツ40年史―1945～1985　15　スイミング―戦後トップスイマーの軌跡**』　ベースボール・マガジン社　1986.3　121p　30cm〈ベースボール・マガジン社創立40周年記念出版　『別冊スイミング＆ウォーターポロ・マガジン』桜花号〉　1000円

『**図説水泳事典**』　古橋広之進［等］著　講談社　1971　446p　図　26cm　3900円

《**入江 陵介**》　いりえ・りょうすけ

㊇平成2年（1990年）1月24日

◇水泳選手（背泳ぎ）。20年1月200メートルで1分56秒53の日本記録を樹立。4月近大法学部へ進学。同月北京五輪代表選考会を兼ねた日本選手権200メートルで優勝し、男子競泳陣最年少の18歳で初の五輪代表に決定。8月の五輪本番では200メートルで5位に入賞。24年ロンドン五輪200メートル、4×100メートルメドレーリレー（入江, 北島康介, 松田丈志, 藤井拓郎）で銀メダル、100メートルで銅メダルを獲得。28年日本選手権200メートルで全種目を通じて史上最多の10連覇を達成。リオデジャネイロ五輪は100メートル7位、200メートル8位、第1泳者を務めた4×100メートルメドレーリレー（入江, 小関也朱篤, 藤井, 中村克）は5位

『**夢に向かって泳ぎきれ―水泳・入江陵介**』　入江陵介監修　あかね書房　2013.3　160p　21cm　（スポーツが教えてくれたこと 3）　1400円　①978-4-251-08283-1

内容 「ぼくをささえてくれた人たちを、ぼくの泳ぎで笑顔にしたい」入江陵介は何度もくやしなみだを流して、オリンピックのメダルを手にした。家族、コーチ、仲間、スタッフ…。トップスイマー入江陵介と、彼をささえる人たちの、今までと、これから。一流のスポーツ選手がみんなの質問にこたえる。「スポーツが教えてくれたこと」シリーズ、よーいスタート。

《**岩崎 恭子**》　いわさき・きょうこ

㊇昭和53年（1978年）7月21日

水泳（競泳・飛び込み・水球）　オリンピック夏季競技

◇スイミングアドバイザー, 元・水泳選手（平泳ぎ）。沼津五中2年の平成4年, 最年少の13歳で平泳ぎのバルセロナ五輪代表に選ばれる。五輪本番では200メートル予選で自己ベストを3秒30も縮める2分27秒78の日本記録を出し, 2位で決勝に進出。決勝では世界記録保持者のアニタ・ノール（米国）を一気に抜き去り, 自己記録をまたも1秒13更新する2分26秒65の五輪記録・日本記録で優勝, 五輪1週間前に14歳になったばかりの, 五輪競泳史上最年少金メダリスト（14歳6日）となった。女子200メートル平泳ぎでの金メダルは昭和11年ベルリン五輪の前畑秀子以来, 56年ぶり。優勝インタビューでのコメント「今まで生きてきた中で一番幸せです。」は流行語になり, 国民的人気を集めた。100メートルは13位, 400メートルメドレーリレー（岩崎, 漢人陽子, 肥川葉子, 千葉すず）は4分9秒92の日本記録で7位。8年アトランタ五輪で2大会連続五輪出場を果たすも, 200メートル10位, 100メートルは予選落ち。12年現役を引退。同年のシドニー五輪ではテレビ朝日のキャスターを務めた。15年JOCのスポーツ指導者海外研修員としてロサンゼルスにコーチ留学

『**Metamorphoses―金メダリスト岩崎恭子初写真集**』　M.S.Park, Paul Shida, 井口進撮影　ぶんか社　2005.1　1冊　31cm　3000円　①4-8211-2645-1
内容 200M平泳ぎ金メダリストが決意した再出発の序曲。岩崎恭子初写真集。

『**岩崎恭子のゆっくりきれいに平泳ぎ**』　岩崎恭子著　学習研究社　2005.1　130p　21cm　（Gakken sports books）　1200円　①4-05-402596-X
内容 平泳ぎを「ゆっくり」「きれいに」「長く」泳ぐための方法をわかりやすくアドバイスすることを心掛けました。これまでのレッスン書は, 一冊の中に4つの泳法をまんべんなく取り入れたものがほとんどで, 平泳ぎにはあまりページが用意されてきませんでした。それゆえに, どうしても平泳ぎの細かい技術を紹介しきれなかった部分もあったかと思います。そこで本書では, 平泳ぎの上達に不可欠な技術を細かい点まで扱っています。

『**岩崎恭子母と娘が見つけたほんとうの金メダル**』　柴田充著　三起商行　2004.6　175p　19cm　（ミキハウス"夢"応援シ

リーズ）　1300円　①4-89588-810-X
内容 "いままで生きてきたなかで一番しあわせです"という言葉を残した14歳の金メダリストは, どのように育てられ, 育ったのか。オリンピック最年少記録の金メダリスト岩崎恭子がいま, あらためて母と向き合う。子育て中の母親にヒント満載, 自信と勇気が持てる感動の必読書。

『**岩崎恭子―14歳の戴冠**』　武田薫著　日本工業新聞社　1993.11　253p　19cm　（大手町ブックス）〈岩崎恭子の肖像あり〉　1200円　①4-8191-0874-3
内容 勝負の世界に"れば""たら"はないと言う。けれど, 岩崎恭子が世界最高のスイマー・アニタ・ノール（米）を破るまでには「れば」も「たら」も「もしも…」すらあった。この"一瞬の明暗"を分けたものは何か？ モンジュイックの丘に日の丸を掲げた14歳の少女の秘密。

『**14歳のスパート―ビバ・キョーコ**』　進藤武洪著　名古屋　KTC中央出版　1993.1　213p　19cm　（輝け！ ヤングチャレンジャー 1）〈岩崎恭子の肖像あり〉　1000円　①4-924814-34-2
内容 本書は「水精」キョーコの魅力と強さの秘密を科学的データを織り混ぜて, 分かり易く語っている。

《**内田 正練**》　うちだ・せいれん
⊕明治31年（1898年）
⊗昭和20年（1945年）
◇水泳選手。北海道帝国大学在学中の大正9年に, 日本代表選手（水泳フリースタイル）としてアントワープ五輪に出場。しかし, 水温の低さと欧米選手のクロール泳法に圧倒されたのが禍し, 100メートルで失格, 400メートルでも6分40秒のタイムで敗退した。彼は日本国民に申し訳が立たないと丸坊主になって帰国したが, この時にクロール泳法を持ち帰ったことにより, 日本の近代水泳の歴史が始まったとされている。その後, 太平洋戦争に従軍し, 昭和20年ニューギニア島で戦死した

『**内田正練とその時代―日本にクロールがもたらされた頃 北海道大学総合博物館第20回企画展示**』　三浦裕行執筆, 松枝大治編　札幌　北海道大学総合博物館　2005.4　41p　30cm〈肖像あり〉

オリンピック夏季競技　水泳（競泳・飛び込み・水球）

### 《大貫 映子》　おおぬき・てるこ

㊂昭和35年（1960年）7月19日

◇ジャーナリスト，スポーツアドバイザー；水泳インストラクター。高校1年でモントリオール五輪代表最終選考会400メートル個人メドレー9位

『テルちゃんののびのびスイミング―ドーバー海峡横断の大貫映子が教える水泳教室』　大貫映子著　民衆社　1986.8　173p　21cm　1200円

『ドーバー海峡泳いじゃった！』　大貫映子著　新日本出版社　1986.4　222p　19cm　1000円　①4-406-01378-4

内容 波にもまれ，流されて冷水に耐えてひたすら泳ぐ――底ぬけに明るく楽しいテルコのドーバー体験記

### 《大本 洋嗣》　おおもと・ようじ

㊂昭和42年（1967年）6月26日

◇水球指導者。日本体育大学に入学した昭和61年に日本代表入り。平成6年まで日本代表を務め，3年，5年，6年は主将。日本水泳連盟水球委員会強化コーチを経て，13～18年男子代表監督。24年代表監督に復帰し，27年アジア選手権で優勝，32年ぶりの五輪出場に導いた

『超攻撃型―水球日本代表―ポセイドンジャパンの挑戦』　大本洋嗣著　叢文社　2016.5　253p　19cm〈奥付の責任表示（誤植）：編者：大本洋嗣〉　1500円　①978-4-7947-0761-1

内容 水球日本代表が32年振りにオリンピック出場を決めた舞台裏。

### 《金戸 幸》　かねと・ゆき

㊂昭和43年（1968年）

◇飛び込み選手。旧姓元洞。昭和63年アジア選手権高飛び込み3位，板飛び込み3位，ソウル五輪代表。平成4年バルセロナ五輪代表。8年飛込室内選抜兼五輪代表選考会で，1メートル・3メートル板で優勝。同年アトランタ五輪では板飛び込みで日本人選手としては60年ぶりの6位入賞を果たす。9月夏季国体板飛び込み優勝を最後に引退，元飛び込み選手の金戸恵太と結婚

『高みをめざす幸せ』　金戸幸著　天理　天理教道友社　2017.7　230p　19cm

1300円　①978-4-8073-0611-4

内容 飛込一家の金戸家。祖父母はローマ，東京の2大会，両親はソウル，バルセロナ，アトランタの3大会に連続出場した元オリンピック選手ぞろいの家族だ。そして華，快，凛の3きょうだいも東京五輪をめざす。飛込競技で史上初となる“五輪3世”の誕生なるか――。母としてコーチとして奮闘する著者が，“腕まくりの日々”をつづった子育てエッセー！

### 《カハナモク，デューク》

㊂1890年8月24日

㊎1968年1月22日

◇米国の水泳選手。ハワイに生まれる。1912年，ストックホルム五輪では100m自由形で金メダル。リレーでも銀メダルを獲得した。1920年，アントワープ五輪では100m自由形で2連覇達成。800mリレーでも金。1924年パリ五輪では，100m自由形で銀メダル

『デューク・カハナモク―幻の世界記録を泳いだ男』　東理夫著　メディアファクトリー　1993.1　124p　20cm　（The life story）〈デューク・カハナモクの肖像あり　参考文献：p110 年譜：p118～124〉　1500円　①4-88991-280-0

内容 肌の色を理由に公認されなかった幻の短距離水泳世界記録。金メダルに挑戦し続けた熱き海の男の記憶…。

### 《北島 康介》　きたじま・こうすけ

㊂昭和57年（1982年）9月22日

◇元・水泳選手（平泳ぎ）。平成12年日本選手権100メートルに日本記録で初優勝し，初の五輪代表に。同年シドニー五輪100メートル4位，200メートルは予選落ち。16年のアテネ五輪直前に米国のブレンダン・ハンセンに100メートルと200メートルの世界記録を破られるが，五輪ではハンセンを抑え100メートルと200メートルで金メダルを獲得，日本競泳初の1大会個人2冠を達成した。森田（銅），山本（銀），奥村幸大と，4人中3人が個人種目でメダルを獲得し，史上最強チームといわれて臨んだ4×100メートルメドレーリレーは，日本記録で銅メダル。20年日本選手権100メートル9連覇，200メートルでは5年ぶりの自己ベストで日本記録をマークして優勝し（2連覇，6度目），3大会連続の五輪出場を決める。北京五輪では競泳日本代表の主将を務める。8月の五輪本番では，

水泳（競泳・飛び込み・水球）　オリンピック夏季競技

100メートル決勝でハンセンの世界記録を0秒22更新する58秒91出し、連覇を達成。200メートルも連覇し（ハンセンは出場せず）、日本の競泳史上初めて2大会連続2冠を達成した。宮下純一、藤井拓郎、佐藤久佳といずれも五輪初出場の若手と臨んだ4×100メートルメドレーリレーでは、決勝で、個人100メートルよりも早い58秒07で泳ぎ、3分31秒18の日本記録をマークして2大会連続銅メダルに導いた。24年4月3日JAPAN SWIM 2012で、男子100m平泳ぎを58秒90の日本記録で優勝、また男子200m平泳ぎでも2分8秒00で優勝し、4大会連続オリンピック出場を果たす（平泳ぎ2種目での3大会連続オリンピック出場は日本競泳史上初）。同年のロンドン五輪では、男子100m平泳ぎで5位入賞、男子200m平泳ぎで4位入賞。男子400mメドレーリレーでは初の銀メダルを獲得した。28年、日本選手権・リオデジャネイロ五輪代表選手選考会で5大会連続の五輪出場を逃す。引退を発表した

『北島康介トレーニング・クロニクル』小泉圭介著, 北島康介監修　ベースボール・マガジン社　2017.7　173p　21cm　1700円　①978-4-583-11096-7
　内容 水泳界のトレーニングやコンディショニングに対する概念を一変させた北島康介監修によるトレーニングヒストリー。レジェンドはいかにして世界の頂点を極め続けたのか―。

『Get Sports―スポーツドキュメンタリー　2013SUMMER　競泳北島康介×南原清隆スペシャル対談』　日刊スポーツ出版社　2013.7　82p　30cm（日刊スポーツグラフ）　1238円　①978-4-8172-5534-1

『北島康介「闘いの軌跡」―小学生時代からロンドン五輪まで：写真で綴る"スーパースイマー"の歩み』　ベースボール・マガジン社　2012.9　81p　30cm（B.B.MOOK 845―スポーツシリーズNo.715）〈年譜あり〉　1143円　①978-4-583-61885-2

『前に進むチカラ―折れない心を作る7つの約束』　北島康介著　文藝春秋　2011.7　190p　19cm　1000円　①978-4-16-374330-1
　目次 序章 日本のために泳ぎたい, 折れない心

を作る7つの約束（とことん素の自分と向き合う, 進化のための変化を恐れない, やるべきことに優先順位をつける, 体の声, 心の声に耳を傾ける, プレッシャーを力に変える, 頑張りすぎない勇気を持つ, それでも一人では戦えない）

『平井式アスリートアプローチ―北島康介育ての親が明かす心の交流術 心を鍛える脳を鍛える』　平井伯昌著　ベースボール・マガジン社　2009.7　239p　19cm〈年譜あり〉　1400円　①978-4-583-10173-6
　内容 戦略戦術よりも大切なことがある。トップコーチが明かす勝負できる脳のつくり方。

『夢の力こぶ―北島康介とフロッグタウンミーティング』　北島康介［著］　角川書店　2009.3　176p　18cm（角川つばさ文庫 Dき1-1）〈構成：田中章義　並列シリーズ名：Kadokawa tsubasa bunko 文献あり　発売：角川グループパブリッシング〉　620円　①978-4-04-631014-9
　内容 小4の時にオリンピック選手と泳いだことから北島康介はオリンピックを目指す。「練習がいやだなあ, と思うことは毎日。でも金メダルという目標があったから, がんばれた」。アテネ後から始まった「フロッグタウンミーティング」。みんなの「応援」があったから金メダルがとれた。こんどはみんなの「夢」を北島先生が応援する。小学上級から。

『努力は決して裏切らない』　平井伯昌, 折山淑美著　日本文芸社　2008.11　225p　19cm　1400円　①978-4-537-25639-0
　内容 名コーチが明かす, 北島康介の強さの秘密。

『前略, がんばっているみんなへ―キタジマくんからのメッセージ』　北島康介著　ベースボール・マガジン社　2008.10　127p　21cm〈肖像あり〉　1200円　①978-4-583-10125-5
　内容 「壁は乗りこえるからこそ楽しい」。オリンピック2冠連覇, 北島康介の夢読本。

『北島康介の水が怖くなくなる魔法の本』　北島康介著・画　講談社　2008.8　101p　21cm（トップアスリートkamiwazaシリーズ ビギナーズ）　1600円　①978-4-06-214653-1

オリンピック夏季競技　　水泳（競泳・飛び込み・水球）

内容 金メダル・北島康介がはじめての水泳を怖くなくしちゃう。親子で読む決定版！水泳入門読本。北島康介もこれで泳げるようになった。東京スイミングセンター40年の秘伝を公開。

『北島康介夢、はじまる』　折山淑美著　学習研究社　2008.7　223p　20cm〈肖像あり〉　1200円　①978-4-05-203031-4

内容 なぜ北島はこんなにも「強い」のか。4度にわたる世界新記録の樹立。アテネオリンピックでの2つの金メダル。数々の故障・アクシデントを乗り越えての復活。そして、北京オリンピックで2種目2連覇の偉業への挑戦。5歳で水泳と出会ってから今日までをたどり、その強さの秘密を探り出す。

『「北島康介」プロジェクト2008』　長田渚左著　文藝春秋　2008.6　239p　16cm　（文春文庫）〈2004年刊の増訂〉　571円　①978-4-16-771774-2

内容 アテネ五輪の金メダルの陰には、「鬼」と呼ばれた5人のスタッフ、通称「チーム北島」の存在があった―。記録上は平凡な選手だった北島が、なぜ世界最速となったのかを解き明かしたノンフィクション『「北島康介」プロジェクト』から4年。北京五輪に向けた取り組みを新たに取材。2008年の北島を浮き彫りにした。

『北島康介物語』　本郷陽二編　汐文社　2007.11　178p　22cm　（夢かけるトップアスリート　スポーツノンフィクション）　1500円　①978-4-8113-8447-4

目次 第1章 世界のトップスイマー、第2章 下町に生まれた元気な子、第3章 大きく成長を遂げた中学生時代、第4章 世界での戦い、第5章 栄光のアテネオリンピック、第6章 世界一への挑戦はつづく

『北島康介―世界最速をめざすトップアスリート』　折山淑美著　旺文社　2006.4　151p　20cm　（素顔の勇者たち）〈肖像あり　年譜あり〉　1000円　①4-01-072556-7

内容 金メダリストの果てしなき挑戦。水泳にかける康介の熱き戦いの物語。勇気と力が出てくる本。

『泳げ！ 北島ッ―金メダルまでの軌跡』　平井伯昌, 折山淑美著　太田出版　2004.10　314p　19cm　1380円　①4-87233-

875-8

内容 「一緒にオリンピックへ行こう！」ガリガリで体も硬かった中学生にコーチが声をかけた時からそれは始まった。北島康介とコーチ平井伯昌。オリンピックで金メダルを獲るために…二人三脚で歩んだ最高の舞台への道。そしてついに北島は表彰台の真ん中に立った！北島＆平井の金メダルまでの1年間を克明に追ったノンフィクション。

『北島康介物語―めざせ！ 金メダル　闘莉王物語―めざせ！ 金メダル』　山下てつお漫画, 和泉誠漫画　講談社　2004.8　60p　19cm　（KPC）　286円　①4-06-353370-0

『世界でただ一人の君へ―新人類北島康介の育て方』　平井伯昌著　幻冬舎　2004.7　223p　19cm　1300円　①4-344-00650-X

内容 康介の才能を見い出し、二人三脚でアテネへ導いたコーチ初の書き下ろし！緊急出版。なにがなんでも勝つ成功へのロードマップの描き方。

『「北島康介」プロジェクト』　長田渚左著　文藝春秋　2004.5　220p　20cm　1400円　①4-16-365870-X

内容 北島康介の世界新の陰には、5人のスタッフ、通称「チーム北島」の存在があった。記録上は平凡な選手だった北島が、なぜ世界最速のスイマーになったのか。平泳ぎ世界新を叩き出した、書かれざるプロジェクトの全貌。

《木原 光知子》　きはら・みちこ
⑭昭和23年（1948年）4月5日
⑫平成19年（2007年）10月18日

◇水泳選手, タレント。昭和39年山陽女子高校1年の時に当時最年少の16歳で東京五輪に出場。女子400メートルメドレーリレーではアンカーとして4位入賞に貢献した。42年メキシコプレ五輪の100メートル自由形でも優勝。日本大学在学中の43年、メキシコ五輪最終選考会となった日本選手権で100メートル自由形5位、200メートル棄権のため落選し、現役を引退。"ミミ"の愛称で親しまれ45年五輪出場を目指す水泳選手を描いたドラマ「金メダルへのターン！」に本人役で出演して話題を呼んだ

『水を得た女たち』　木原光知子著　法研

水泳（競泳・飛び込み・水球）　オリンピック夏季競技

2004.9　165p　19cm〈年表あり〉　1200
円　④4-87954-531-7
　内容　あなたのこと、「あの人」のこと、笑っ
て、泣いて、水に流して…。プールで繰り
広げられる"すっぴん"ドラマ。

『Natural nado—自然の水泳イルカと泳
　ぐ』　木原光知子著　ベストセラーズ
　1995.11　108p　26×26cm〈おもに図〉
　2800円　④4-584-16221-2

《清川 正二》　きよかわ・まさじ
　⑪大正2年（1913年）2月11日
　⑫平成11年（1999年）4月13日
　◇水泳選手。昭和7年ロス五輪100メートル背
泳ぎで2位に1秒以上の差を付けて金メダル
を獲得。同種目では入江稔夫が銀メダル、
河津憲太郎が銅メダルと日本人が金銀銅を
独占する圧勝ぶりを見せた。ベルリン五輪
では同種目で銅メダル。21年から7年間、日
本水泳チームのヘッドコーチを務めた。44
年IOC委員となり、理事、54年には日本人
として初めて副会長に就任。63年退任して
名誉委員。平成元年日本人初のオリンピッ
クオーダー銀賞を受けた

『私のスポーツの記録—オリンピックと共
　に半世紀』　清川正二著　ベースボー
ル・マガジン社　1984.7　340p 図版16枚
22cm〈著者の肖像あり　年譜・著書：
p257〜269〉　3800円　④4-583-02432-0

『ミュンヘンオリンピックより帰りて』
　清川正二講演　［大阪］　大阪倶楽部
1972.12　21p　19cm　（大阪倶楽部講演
特集 第406号）

《久世 由美子》　くぜ・ゆみこ
　⑪昭和22年（1947年）1月29日
　◇水泳指導者、元・水泳選手。筑紫女学園高で
全国高校総体に出場。昭和54年から宮崎県
延岡市の東海（とうみ）スイミングクラブで
指導を始める。63年、4歳から松田丈志を指
導。松田は平成16年アテネ五輪400メート
ル自由形で8位入賞を果たす。20年の北京
五輪では200メートルバタフライで銅メダ
ルを獲得。24年ロンドン五輪でも200メー
トルバタフライで銅メダル。男性トップア
スリートを、女性が指導するのは、極
めて異例のことだった。24年限りで松田と

の師弟関係を解消し、松田は拠点を東京に
移した

『夢を喜びに変える自超力—壁を突破し、
　成果を出すための「学び」×「教え」』
松田丈志、久世由美子［著］　ディスカ
ヴァー・トゥエンティワン　2017.3
231p　19cm　1400円　①978-4-7993-
2032-7
　目次　第1章 自分と向き合うことのできない人
は成長しない, 第2章 情熱を育み、維持し続
ける, 第3章 周りの力を自分の力に変える,
第4章 「折れない魂」の育み方, 第5章 ロン
ドンの"敗戦"とリオへの挑戦から学んだこ
と, 第6章 伸びるための知恵を絞り続ける,
第7章 競泳日本代表に見る、本当のチーム
ワークとは, 第8章 「行動」するチカラ, 第9
章 モチベーションを上げる方法, 第10章 文
字で伝えることの大切さ

『自分超え—弱さを強さに変える』　松田
　丈志, 久世由美子著　新潮社　2012.6
190p　20cm〈年譜あり〉　1200円
①978-4-10-332421-8
　内容　延岡のビニールハウスプールから、五輪
「金」を目指す。常識を追わず、変化し続け
てきた師弟の独自の思考法とは。

《菅谷 初穂》　すがや・はつほ
　⑫平成23年（2011年）1月1日
　◇水泳選手。昭和7年のロス五輪では日本女子
水泳チームの主将を務め、女子100メート
ル自由形に出場。11年のベルリン五輪では同
チームコーチとして前畑秀子の金メダル獲
得に貢献した

『日本女子水泳のパイオニア—菅谷初穂の
　歩み』　川西　編集工房is　2014.3
166p　21cm〈年譜あり〉　①978-4-
9904327-2-0

《鈴木 大地》　すずき・だいち
　⑪昭和42年（1967年）3月10日
　◇元・水泳選手（背泳ぎ）。昭和59年選手選考
会の100メートル背泳ぎで日本記録をマー
ク。ロス五輪100メートルでは58秒30の日
本記録を出して11位、200メートルで16位。
63年21歳の時に、ソウル五輪100メートル
で、日本人水泳選手としては16年振りに五
輪金メダルを獲得。14歳の頃から練習して
いたバサロキック（潜水泳法）を、普段より

160

長い30メートルに伸ばし、ゴール手前で有力選手をとらえ、0秒13差での逆転勝ちだった。10年から2年間、日本オリンピック委員会（JOC）のスポーツ指導者在外研究員として米国に留学。16年世界オリンピアズ協会（WOA）理事に就任、スポーツを通じた国際慈善活動に励むJOCアスリート専門委員会副委員長や同理事も歴任。27年新設されたスポーツ庁の初代長官に就任

『「英語」で夢を追うアスリート　2　金メダルよりうれしかったもの』［横山匡］［総合監修］　鈴木大地著　くもん出版　2017.1　47p　28cm〈文献あり〉　2800円　①978-4-7743-2573-6
　目次　1 夢はオリンピックで金メダル（水泳との出会い,目標は日本一 ほか）,2 夢にみたオリンピックの舞台へ！（世界に近づいた高校時代,手ごたえを感じたロサンゼルスオリンピック！ ほか）,3 海外での経験をいかして、次のチャレンジ（次の選手にも伝えたい！,引退,そしてあらたな夢へ ほか）,4 世界での学びを、たくさんの人へ（経験をいかして医学の研究へ,スポーツイングリッシュの開発 ほか）

『僕がトップになれたのは、いつも人と違うことを考えていたから』　鈴木大地著　マガジンハウス　2014.7　183p　19cm　1300円　①978-4-8387-2672-1
　内容　ソウル五輪100m背泳ぎの金メダリストである鈴木大地は、なぜ46歳という史上最年少の若さで水連会長になれたのか？ それは彼が「決勝直前のバサロキック変更」をはじめ、「ハーバード大学へのコーチ留学」「医学博士号取得」「体操選手の飛び込み転向」など、類い稀なる「直感力」と「チャレンジ力」を持っているからだ！ 世の中をすいすい泳ぎ抜く46の法則。

『鈴木大地メソッド―生き方の金メダル』　鈴木大地著　毎日新聞社　2014.1　189p　19cm〈年譜あり〉　1300円　①978-4-620-32248-3
　内容　現役引退後の喪失感、焦燥感―ハーバード大学での2年間のコーチ研修で人生を取り戻し再び、世界の舞台に戻ってきた。ソウル五輪から25年。史上最年少で日本水連会長に選出された五輪金メダリストに学ぶリーダーシップ論。

《スピッツ, マーク》
㊉1950年2月4日
◇米国の元・水泳選手。1968年メキシコ五輪では高校生で400、800メートル自由形2種目に金メダル。'72年ミュンヘン五輪で自由形100メートル51秒2、200メートル2分0秒7、100メートルバタフライ54秒3、200メートル2分0秒7、400メートルリレーと800メートルリレー、400メートルメドレー（バタ）の7種目に世界新で金メダル、世紀のスイマーといわれた

『マーク・スピッツの現代アメリカ泳法』　マーク・スピッツ, アラン・ルモンド共著, 宮川毅訳　ベースボール・マガジン社　1977.7　172p　26cm〈監修：古橋広之進〉　1500円

《瀬戸 大也》　せと・だいや
㊉平成6年（1994年）5月24日
◇水泳選手（個人メドレー・バタフライ）。平成24年、ロンドン五輪選考会の日本選手権400メートル個人メドレーで同い歳のライバル萩野公介が優勝、自身は3位で五輪の切符を逃す。28年日本選手権200メートルバタフライで優勝。リオデジャネイロ五輪は400メートル個人メドレーで銅メダルを獲得。萩野が金メダルを獲得し、競泳で2人が同時に表彰台に上がるのは60年ぶりの快挙となった。200メートルバタフライは5位

『まんがNHKアスリートの魂―自分らしく前へ スキージャンプ髙梨沙羅 競泳瀬戸大也 サッカー三浦知良』　山田幸雄スポーツ監修, 吉田博哉, 神宮寺一, 海野そら太まんが　学研プラス　2017.6　175p　21cm　1200円　①978-4-05-204636-0

《ソープ, イアン》
㊉1982年10月13日
◇オーストラリアの水泳選手（自由形）。2000年1月W杯シドニー大会200メートルでは短水路世界記録をマーク、2月W杯ベルリン大会同種目で記録を更新。5月オーストラリア選手権400メートルと200メートルで世界記録をマークし優勝。9月地元開催のシドニー五輪では400メートルを世界記録で制し、400メートルリレー、800メートルリレーで金メダル、200メートルで銀メダルを獲得。17歳で世界のトップに上り詰め、ソー

プ旋風を巻き起こした。2004年アテネ五輪でも200メートル、400メートルで金メダル、800メートルリレーで銀メダル、100メートルで銅メダル。2006年11月24歳で現役引退を表明。2度の五輪で金メダル5、銀メダル3、銅メダル1と9個のメダルを手にし、2011年国際殿堂入りを果たした。同年11月シンガポールで行われた短水路W杯で競技会に復帰。2012年のロンドン五輪出場を目指したが、出場を逃した

『夢はかなう』 イアン・ソープ著, 川村透訳 PHP研究所 2003.4 152p 22cm 〈肖像あり〉 1500円 ⓘ4-569-62771-4
内容 成功の秘訣、両親からの教え、プライベート…。水泳が苦手だった彼が、世界No1スイマーになるまでを語った初の自伝&写真。

『今、ここに生きる人々』 南原清隆著
日刊スポーツ出版社 2002.4 223p 19cm 1400円 ⓘ4-8172-0215-7
内容 選手たちは、今に生きている。この時代、2002年のこの時点で呼吸している人たちだ。その彼らから「何を感じ」「どう思ったのか」、自分の個性をこめて記し続けた。いつも変えることなく持っている、「南原清隆の目線」で。

《田口 信教》 たぐち・のぶたか
⊕昭和26年（1951年）6月18日
◇元・水泳選手（平泳ぎ）。43年メキシコ五輪に出場したが、独自の下向きのキック（ドルフィンキック）が泳法違反となり失格。4年間でそのキックを改良し、47年のミュンヘン五輪100メートル平泳ぎでは、史上初めて1分5秒の壁を破り、1分4秒94の世界記録で金メダル、200メートルは銅メダル獲得した。51年のモントリオール五輪では100メートル、200メートルともに決勝進出を逃したが、25歳で1呼吸2かきの新泳法に挑戦、同五輪代表選考会の200メートルで日本記録を樹立した

『金メダルの壁―どのようにして金メダリストに育つのか』 田口信教著 アートヴィレッジ 2006.4 262p 19cm 1500円 ⓘ4-901053-46-9

《立石 諒》 たていし・りょう
⊕平成1年（1989年）6月12日
◇元・水泳選手（平泳ぎ）。平成18年、兵庫国体少年男子Aの200メートル平泳ぎで、アテネ五輪金メダリスト北島康介の持つ高校記録を1秒14上回る2分12秒33で優勝し、注目される。22年2月短水路日本選手権で3冠を達成。4月の日本選手権は2年ぶりに出場した北島をいずれも抑え、3冠に輝いた。24年ロンドン五輪200メートル平泳ぎ決勝では隣のレーンを泳いだ北島をわずか0.06秒でかわして銅メダルを獲得。100メートルは準決勝敗退。26年に右肘を手術するなど故障が続いて低迷し、28年のリオデジャネイロ五輪出場も逃す。29年4月の日本選手権を最後に現役を引退した

『「立石諒」追い抜く力―憧れのヒーローから勝ち取った世代交代』 藤江直人著 イースト・プレス 2012.10 159p 19cm 1200円 ⓘ978-4-7816-0868-6
内容 「努力しない天才」と言われた男が、憧れのヒーローを倒して摑んだ銅メダル。"2年前は引退も考えた"―波瀾万丈に富んだ競技人生の軌跡。

《田中 聡子》 たなか・さとこ
⊕昭和17年（1942年）
◇水泳選手（背泳ぎ）。旧姓：竹宇治。昭和35年ローマ五輪100メートル背泳ぎで銅メダル、39年東京五輪で4位となり、水泳の天才少女 "サトコ" と親しまれた。引退後は水泳指導員の資格をとり、52年喘息児のための水泳教室、風の子会を開催。平成3年国際水泳の殿堂（米国）入り

『ぜんそくなんかふっ飛ばせ』 竹宇治聡子著 講談社 1990.11 207p 19cm 1000円 ⓘ4-06-204985-6
内容 著者が娘のぜんそく体験を生かして、国立療養所南福岡病院・西間三馨先生の医学指導で始めた「ぜんそく児水泳教室＝風の子会」。医師と看護婦と水泳コーチが三位一体となって子どものやる気を引き出し、楽しみながら泳いで心と体を強くする、「風の子会」13年の実践記録。

『メダリスト―水の女王田中聡子の半生』 佐々木博子著 毎日新聞社 1989.2 219p 19cm 1200円 ⓘ4-620-30671-1
内容 日本選手がオリンピックで勝てなくなったはなぜか。世界記録を次々更新、水の女王として一時代を築いた田中聡子の半生に

その答えがある。

## 《田中 雅美》　たなか・まさみ

⊕昭和54年（1979年）1月5日

◇スポーツキャスター，元・水泳選手（平泳ぎ）。平成8年日本選手権兼五輪代表選考会100メートル優勝。アトランタ五輪では200メートル5位、100メートル13位、4×100メートルメドレーリレー（青山絵里，田中，千葉すず，中村真依）は9位（予選落ち）。12年4月日本選手権50メートル、100メートル（日本記録）、200メートルにいずれも優勝。同年3大会連続出場したシドニー五輪では100メートル6位、200メートル7位。4×100メートルメドレーリレー（中村，田中，大西順子，源純夏）は4分4秒16の日本記録で女子リレー初の銅メダルを獲得。16年アテネ五輪200メートルは、3位選手と僅か100分の5秒差の2分25秒87で、惜しくも4位だった。100メートルは9位、4×100メートルメドレーリレー（中村礼子，田中，大西，永井裕子）は5位入賞

『Body＋remake—田中雅美ダイエットエッセイ』　田中雅美［著］　ワニブックス　2008.7　97p　26cm　1714円　①978-4-8470-4100-6

目次 PROLOGUE, START！, LESSON, DIARY, HISTORY, FAVORITE, EPIROGUE

『きれいに速く泳げる田中雅美のスイミング』　宝島社　2006.7　64p　30cm（宝島mook）　1429円　①4-7966-5335-X

## 《千葉 すず》　ちば・すず

⊕昭和50年（1975年）8月11日

◇元・水泳選手（自由形）。平成3年世界選手権（豪州・パース）400で日本記録をマークし銅メダル獲得。日本女子の自由形メダル獲得は初めて。4年バルセロナ五輪200で6位入賞、400メドレーリレーでは日本記録で7位。8年2月全米選手権200で優勝、400は2位。4月日本選手権兼五輪代表選考会200は日本記録で優勝。アトランタ五輪では200で10位、800リレーは4位。9年現役を引退。11年シドニー五輪を目指し、3年ぶりに現役復帰。同年6月日本選手権200と100で日本記録をマークし優勝。8月パンパシフィック選手権100で5位、400メドレーリレーで3

位。12年4月シドニー五輪代表選考会を兼ねた日本選手権200で優勝、100で3位となり代表の有力候補とされていたが、落選。同年5月代表から漏れた理由が不明瞭だとして、日本水泳連盟をスポーツ調停裁判所（CAS）米国デンバー支部に提訴するが、訴えは却下され、10月再び引退した

『すず』　千葉すず，生島淳著，藤田孝夫写真　新潮社　2001.7　207p　19cm〈肖像あり〉　1600円　①4-10-448201-3

内容 バルセロナ五輪の苦い思いからシドニー五輪代表選考をめぐるスポーツ仲裁裁判所の審理まで、プールを輝かせた「すず」の闘いと笑顔のすべてを、自らの回想と関係者への徹底取材、写真家が膨大なカットから選んだベストショットで構成する。待望のメモワール。

『千葉すずスマイル・アゲイン』　文藝春秋　2000.6　84p　27cm（Sports graphic number plus 2000 June—Athlete file）　933円　①4-16-008112-6

## 《寺川 綾》　てらかわ・あや

⊕昭和59年（1984年）11月12日

◇水泳選手（背泳ぎ）。大学進学の平成16年、アテネ五輪200メートル背泳ぎ8位入賞。20年北京五輪は代表選考会で敗れた。12月に北島康介を指導した平井伯昌コーチの門下生になる。24年8月のロンドン五輪では100メートル背泳ぎで58秒83の日本新記録ならびにアジア記録で銅メダルを獲得。4×100メートルメドレーリレー（寺川，鈴木聡美，加藤ゆか，上田春佳）でも3分55秒73の日本記録をマークし銅メダルを獲得した

『夢を泳ぐ。—寺川綾公式フォトエッセイ』　寺川綾著　徳間書店　2012.6　1冊（ページ付なし）　21cm　1600円　①978-4-19-863424-7

内容 美少女スイマーと呼ばれた世界デビューから11年。不器用でも、回り道をしても全力で泳ぎ続けてきたからこの "輝ける瞬間" がある。歓び、苦悩、葛藤、決心、想い…本人が初めて綴った渾身の公式フォトエッセイ。

## 《長崎 宏子》　ながさき・ひろこ

⊕昭和43年（1968年）7月27日

◇スポーツコンサルタント，元・水泳選手（平

水泳（競泳・飛び込み・水球）　オリンピック夏季競技

泳ぎ）。小学6年生になったばかりの昭和55年4月、日本室内選手権平泳ぎ100メートルと200メートルで準優勝。初の大舞台で彗星のようなデビューを飾り、6月のモスクワ五輪代表選考会でも好記録を出し、11歳で幻のモスクワ五輪代表となった。期待された59年のロス五輪では、100メートル6位、200メートル4位に終わる。63年ソウル五輪は100メートル、200メートルともに予選落ち

『こころをつなぐ子育てスイミングのすすめ』　長崎宏子著　PHP研究所　2002.7　235p　18cm　（PHPエル新書）　760円　①4-569-62274-7

内容 0歳から3歳までの間は、子どもが心身ともに成長する大切な期間。だからこそ子どもとの濃密なスキンシップが大切。限られた時間でも、プールで赤ちゃんと一対一で見つめ合えば、こころが通い、育児ストレスも軽くなる。長崎流・ベビーアクアティクスの魅力を紹介。

《萩野 公介》　はぎの・こうすけ

ⓖ平成6年（1994年）8月15日

◇水泳選手（個人メドレー・自由形・背泳ぎ）。高校3年の24年4月、ロンドン五輪代表選考会を兼ねた日本選手権400メートル個人メドレーで4分10秒26の日本記録を出し、ロンドン五輪代表に決定。五輪本番では同種目決勝で4分08秒94の好タイムでマイケル・フェルプス（米国）に競り勝ち、男子個人メドレー種目では日本人選手で初、高校生選手ではメルボルン五輪の山中毅以来56年ぶりのメダルとなる銅メダルを獲得した。28年リオデジャネイロ五輪は400メートル個人メドレーで4分06秒05の日本記録をマークし同種目で日本人初の金メダルを獲得。200メートル個人メドレーは銀メダル、200メートル自由形は7位、第1泳者を務めた4×200メートルリレーは同種目で52年ぶりとなる銅メダルを獲得した

『萩野公介─日本の誇る天才スイマー』　本郷陽二編　汐文社　2016.1　138p　20cm　（ニッポンのトップアスリートメダルへの道）〈文献あり〉　1500円　①978-4-8113-2260-5

目次 プロローグ 萩野公介、MVPに輝く、第1章 アジア競技大会で大活躍、第2章 萩野選手の成長、第3章 オリンピックと世界選手権での飛躍、第4章 萩野選手はなぜがんば

れるのか、エピローグ 萩野選手の未来

《萩原 智子》　はぎわら・ともこ

ⓖ昭和55年（1980年）4月13日

◇元・水泳選手（背泳ぎ・自由形）。平成12年4月日本選手権200メートル個人メドレーで2分12秒84の日本記録をマークし2連覇。同年シドニー五輪200メートル背泳ぎで4位、200メートル個人メドレー8位。16年日本選手権50メートル自由形で優勝するも、アテネ五輪選考会で代表の座を逃し、現役を引退した。22年4月、6年ぶりに日本選手権に出場、50メートルと100メートルの自由形で3位に入る。10月W杯東京大会では自由形50メートルと100メートル個人メドレーで短水路日本記録をマークして優勝（自由形50メートル24秒91、100メートル個人メドレー59秒94）。24年ロンドン五輪の代表選考会に出場したが、代表の座を逃した。25年日本水泳連盟理事となり、東京五輪・パラリンピック組織委員会のアスリート委員も務める

『ハギトモ─いつも笑顔で…』　萩原智子著　ベースボール・マガジン社　2006.6　211p　19cm　1400円　①4-583-03892-5

内容 長いトンネル、過換気症候群…どんなに苦しいときも、自分を支えてくれた「笑顔」と「克己」を胸に泳いできた。水泳からもらったもの。それは記録でもメダルでもなかった。引退から2年─今なお輝きつづけるハギトモが、彼女を育んだ16年間のスイマー生活を自ら書き下ろす。

《平井 伯昌》　ひらい・のりまさ

ⓖ昭和38年（1963年）5月31日

◇水泳指導者。小学1年の時、東京スイミングセンター（東京SC）で水泳を始める。大学3年の時にマネジャーに転向。平泳ぎの北島康介をを中学生の時から指導、五輪選手に育て上げ、平成14年200メートル、15年100メートル、200メートル、20年200メートルの世界記録樹立に導いた。北島は16年アテネ五輪、20年北京五輪と2大会連続で平泳ぎ2冠を達成。20年日本水泳連盟の競泳日本代表ヘッドコーチに就任。他にアテネ・北京両五輪の200メートル背泳ぎ銅メダリスト中村礼子、北京五輪自由形代表上野春佳、ロンドン五輪個人メドレー銅メダリスト萩野公介、同200メートルバタフライ銅メダリス

ト星奈津美ら多くのトップ選手を指導

『突破論—世界で勝ち続ける秘訣、60の"金言"』　平井伯昌著　日経BP社　2012.7　255p　19cm〈文献あり　発売：日経BPマーケティング〉　1400円　①978-4-8222-3063-0
|目次| 第1章 勝つために何が必要か、第2章 選手の心に届く伝え方、第3章 心を強くする、第4章 チームで磨き、個で勝つ、第5章 指導者に必要な思考、第6章 ロンドン五輪へのロングスパート、特別インタビュー

『バケる人に育てる—勝負できる人材をつくる50の法則』　平井伯昌著　朝日新聞出版　2011.10　199p　19cm　1400円　①978-4-02-330956-2
|内容| なぜ平井コーチに教わると勝負できる人が育つのですか？ その秘密すべてお教えします。

『平井式アスリートアプローチ—北島康介育ての親が明かす心の交流術 心を鍛える脳を鍛える』　平井伯昌著　ベースボール・マガジン社　2009.7　239p　19cm〈年譜あり〉　1400円　①978-4-583-10173-6
|内容| 戦略戦術よりも大切なことがある。トップコーチが明かす勝負できる脳のつくり方。

『努力は決して裏切らない』　平井伯昌, 折山淑美著　日本文芸社　2008.11　225p　19cm　1400円　①978-4-537-25639-0
|内容| 名コーチが明かす、北島康介の強さの秘密。

『見抜く力—夢を叶えるコーチング』　平井伯昌著　幻冬舎　2008.11　172p　18cm　（幻冬舎新書）　720円　①978-4-344-98100-3
|内容| 「見抜くのは才能ではなく、たったひとつ人間性である」と著者は言う。純粋だが、平泳ぎには不向きな身体の硬さをもつ北島康介。勤勉だが、精神的に弱く本番で力を発揮できない中村礼子。この二人の性格や性質を見抜き、異なるアプローチでオリンピック・メダリストへと導いた。成功への指導法はひとつではない。指導者が自分の経験へのこだわりと、選手への嫉妬と先入観を捨てれば、自ずとそれぞれに適した指導法が見えてくる。誰でも人は伸びる。すべて指導者次第なのだ。

『トップスポーツビジネスの最前線 2008 夢を実現させる仕事』　平田竹男, 中村好男編著　講談社　2008.9　221p　21cm　（講談社biz）〈年表あり〉　1619円　①978-4-06-282100-1
|内容| 五輪連覇を陰で支えたコーチングの妙。アスリートの「マネタリゼーションの場」としての競技会のマネージング。スポーツからバリューを生み出し、自立経営を達成するための戦略・考え方を、第一線で活躍するプロたちが明かす。早大の人気講義を完全書籍化するシリーズ第5弾。

『泳げ！ 北島ッ—金メダルまでの軌跡』　平井伯昌, 折山淑美著　太田出版　2004.10　314p　19cm　1380円　①4-87233-875-8
|内容| 「一緒にオリンピックへ行こう！」ガリガリで体も硬かった中学生にコーチが声をかけた時からそれは始まった。北島康介とコーチ平井伯昌。オリンピックで金メダルを獲るために…二人三脚で歩んだ最高の舞台への道。そしてついに北島は表彰台の真ん中に立った！ 北島＆平井の金メダルまでの1年間を克明に追ったノンフィクション。

《藤本 隆宏》　ふじもと・たかひろ
�生昭和45年（1970年）7月21日
◇俳優、元・水泳選手。昭和63年日本選手権200メートル、400メートル個人メドレー優勝。同年ソウル五輪同種目に出場。4年バルセロナ五輪400メートル個人メドレーで日本記録をマークし8位入賞。200メートル個人メドレーも出場。8年日本選手権3位で引退。同年、俳優に転身し、劇団四季に入団。20年NHKスペシャルドラマ「坂の上の雲」で大役のひとつ広瀬武夫役に抜擢され、テレビドラマに初出演を果たした

『武骨なカッパ藤本隆宏』　松瀬学著　ワニ・プラス　2010.12　205p　19cm〈文献あり　発売：ワニブックス〉　1400円　①978-4-8470-1952-4
|内容| ソウル、バルセロナ五輪の競泳日本代表の栄光を擲ち、一転、ミュージカル俳優を目指して14年間。ちょっと涙もろいオンリー・ワンの快男児。

《古橋 広之進》　ふるはし・ひろのしん
�生昭和3年（1928年）9月16日

水泳（競泳・飛び込み・水球）　オリンピック夏季競技

㉒平成21年（2009年）8月2日

◇水泳選手（自由形）。昭和15年小学6年で100・200メートル自由形の学童日本記録を出し、地元紙に"豆魚雷"と紹介された。22年8月日本選手権400メートル自由形準決勝で、当時の50メートルプールでの世界記録を6秒近く縮める4分38秒8を記録（日本が国際水泳連盟から除名されていたため記録は非公式）、翌日の決勝でも25メートルプールで出された世界記録を破るタイム4分38秒5を出し、優勝した。23年日本のロンドン五輪への参加が認められなかったため、日本水泳連盟の田畑政治会長は五輪のプログラムに合わせて日本選手権を開催し、同じ日に同じ種目を行うことを発表。同選手権1500メートル自由形決勝では橋爪と大接戦を演じ、ともに18分37秒台でゴール（五輪の優勝タイムは19分18秒台）。400メートル自由形でも五輪優勝タイムに8秒近い差を付けて優勝した。24年日本水連は国際水連（FINA）への再加入が認められ、国際舞台に復帰。同年8月ロサンゼルスで開催された全米水泳選手権に参加、400メートル自由形4分33秒3、800メートル自由形9分35秒2、1500メートル自由形18分19秒0の世界記録で優勝。地元メディアが"フジヤマのトビウオ"と、その活躍を称え、占領下の日本人の希望の象徴となった。27年ヘルシンキ五輪400メートル自由形に出場したが、選手としてのピークは過ぎており、8位に終わった。この時、実況を担当していたNHKの飯田次男アナウンサーは"古橋を責めないでください、古橋の活躍なくして、戦後の日本の発展は有り得なかったのであります"と述べた。この大会を最後に現役を引退、現役時代、競泳自由形で樹立した世界記録は非公式を含むと33回。31年開催のメルボルン五輪についての世話役を頼まれて以来、ボイコットした55年のモスクワ五輪を除く全大会にコーチや役員として参加。39年東京五輪日本選手団長秘書、43年メキシコ五輪水泳監督、平成2年日本オリンピック委員会（JOC）会長、4年バルセロナ五輪日本選手団団長、8年アトランタ五輪日本選手団団長を務めた。昭和51年国際水連副会長、平成4年アジア水泳連盟会長（12～21年再任）、日本ユニバーシアード委員長、アジアオリンピック評議会（OCA）副会長なども歴任。11年JOC会長、15年日本水泳連盟会長を退任した。平成21年8月世界選手権が行われていたイタリア・ローマに滞在中、宿泊先のホテルで急逝した。

『あの頃日本人は輝いていた―時代を変えた24人』　池井優著　芙蓉書房出版　2017.11　250p　19cm　1700円　①978-4-8295-0723-0

内容　日本人に夢を与え、勇気づけた24人のスーパースターたちの挫折と失敗、そして成功までのストーリーをたくさんのエピソードを交えて紹介。政治、経済からスポーツ、文学、映画、音楽の世界までワクワク、ドキドキした感動と興奮の記憶がよみがえってきます。

『古橋廣之進伝―フジヤマのトビウオ ミスター・オリンピック 泳心一路』　松尾良一著　［出版地不明］　雄踏喜楽会　2017.11　221p　20cm〈年譜あり　文献あり〉　1280円

『古橋廣之進―力泳三十年』　古橋廣之進著　日本図書センター　1997.2　203p　20cm　（人間の記録 20）〈肖像あり〉　1800円　①4-8205-4259-1

『熱き水しぶきに―とびうおの"航跡"』　古橋広之進著　東京新聞出版局　1986.12　261p　20cm　1200円　①4-8083-0242-X

内容　水に生きて半世紀！　戦後の虚脱の中で、次々に世界記録を樹立し国民に希望の光を点した著者。その数々の栄光と苦難の道を語り、現在、日本水連会長としての円熟の指導ぶりをつづる。

『地球ひと周り半』　古橋広之進著　ベースボール・マガジン社　1986.6　189p　19cm〈著者の肖像あり〉　980円　①4-583-02579-3

内容　浜名湖畔、雄踏小4年のときから泳ぎはじめて、50年近く水泳一筋の筆者。若いころは毎日6、7時間、2万メートル泳ぎ、いまもなお週2日は泳ぐ。これまで地球ひと周り半泳いだことになる!!　フジヤマのトビウオの履歴書

『わが青春の日大水泳部―古橋広之進とその仲間たち』　佐坂宏夫著　地平社　1986.5　286p　20cm〈発売：創樹社　参考文献：p285～286〉　1200円

『わが青春の日大水泳部―古橋広之進とその仲間たち』　佐坂宏夫著　地平社, 創樹社〔発売〕　1986.3　286p　19cm

オリンピック夏季競技　水泳（競泳・飛び込み・水球）

1200円
内容 古橋、橋爪、そして戦前は葉室、遊佐たちが泳いだ！水上日本の黄金時代を築いた日大水泳部の青春群像

『フジヤマのトビウオ―水泳の勇者古橋広之進物語』　那須田稔作, 阿部肇絵　舞阪町（静岡県）　ひくまの出版　1985.7　182p　22cm　（ひくまのノンフィクションシリーズ）　1200円　①4-89317-081-3

『力泳三十年』　古橋広之進著　趣味と生活（制作）　1981.6　243p　19cm　（ほるぷ自伝選集―スポーツに生きる　14）〈企画：ほるぷ教育開発研究所　原発行：文化出版局　発売：ほるぷ　著者の肖像あり〉

『力泳三十年―フジヤマのトビウオ古橋広之進』　古橋広之進著　文化出版局　1977.8　243p　図　19cm　800円

『古橋広之進の水泳教室』　古橋広之進著　大阪　ひかりのくに　1977.7　275p（図共）　19cm　（Hikarinokuni collection familier）〈付：参考文献〉　1200円

《フレーザー, ドーン》
㊉1937年9月4日
◇オーストラリアの競泳選手。1956年メルボルン、1960年ローマ、1964年東京の各五輪で女子100m自由形3連覇を達成した。競泳の同一種目3連覇は史上初であった（当時）。1965年に引退。2000年に開催されたシドニー五輪の開会式で、聖火ランナーとしてスタジアムに登場した

『ドーン・フレーザーの告白―オリンピック・チャンピオン行状記』　ドーン・フレーザー著, 宮川毅訳　ベースボール・マガジン社　1965　316p 図版　18cm　（スポーツ新書）

《星 奈津美》　ほし・なつみ
㊉平成2年（1990年）8月21日
◇元・水泳選手（バタフライ）。春日部共栄高1年の時、甲状腺ホルモンが過剰に分泌されるバセドー病と診断されるが、1、2年時に全国高校総体女子200メートルバタフライで連覇。平成20年4月北京五輪代表選考会を兼ねた日本選手権200メートルバタフライで、

高校記録を更新して2位に入り、同種目で初の五輪代表に。8月の五輪本番では予選で高校記録を更新、準決勝で敗退した。24年4月日本選手権200メートルバタフライで自身の日本記録を1秒22も更新する2分04秒69で優勝。8月ロンドン五輪200メートルバタフライで銅メダルを獲得、100メートルは準決勝敗退。28年3度目の五輪となったリオデジャネイロ五輪は、200メートルバタフライで2大会連続となる銅メダルを獲得。日本の競泳女子が2大会連続で五輪のメダルを獲得するのは、昭和7年、11年大会200メートル平泳ぎの前畑秀子、平成16年、20年大会200メートル背泳ぎの中村礼子に続く3人目の快挙となった。100メートルは準決勝敗退。五輪後、引退

『明日に向かって―病気に負けず、自分の道を究めた星奈津美のバタフライの軌跡』　田坊友暁著　ベースボール・マガジン社　2016.7　207p　19cm　1500円　①978-4-583-11064-6
内容 カザン世界選手権200mバタフライ、日本女子初の金メダル。病を乗り越えて、手にした頂点。みんなに愛される200mバタフライ女王の素顔。

《前畑 秀子》　まえはた・ひでこ
㊉大正3年（1914年）5月20日
㊐平成7年（1995年）2月24日
◇水泳選手。小学6年生で50、100、200メートル平泳ぎの小学生記録をマーク。父母を亡くした後は椙山学園理事長の椙山正弌の後援を受け、昭和4年汎太平洋女子オリンピック大会（ハワイ）100メートル平泳ぎで優勝。7年ロサンゼルス五輪100メートル平泳ぎは、0秒1差で銀メダル。11年のベルリン五輪では、世界記録3分3秒6で、日本の女子選手初の金メダルを獲得した。競技の模様を伝える実況放送の中で、NHKの河西三省アナウンサーは「前畑ガンバレ!!」を24回絶叫し、ゴール後は「勝った、勝った！前畑勝った！」と18回叫んだという。実況を録音したレコードも発売された。56年日本女性として初の五輪功労章銀章を受けた

『前畑秀子関係資料総合目録―和歌山県・橋本市・椙山女学園・橋本まちかど博物館所蔵品を中心に　前畑秀子生誕百周年記念』　橋本まちかど博物館編　橋本　橋本市まちの歴史資料保存会　2015.3

オリンピックの本3000冊　167

89p 図版 4p　30cm〈付・橋本まちかど博物館館蔵品目録第2巻　年譜あり〉

『努力は必ず報われる―勇気を与えてくれる歴史上の人物12人の絵物語』　下川高士絵・文　新人物往来社　2003.6　77p　21cm　（シリーズ：こどもとおとなたちに贈る人物日本の歴史 1）　1000円　①4-404-03132-7

内容 歴史上に名を残した偉人たち。でも、元をただせば普通の人々。それぞれが、その時々に努力・感謝・信念を心に持ちつづけて物事を成し遂げてきたのです。現代社会に生きる私たちが、苦境に立たされたときに、生きるヒントと勇気を与えてくれます。

『「前畑ガンバレ」と私』　湯地富雄著, 畑岡紀元編　〔湯地富雄〕　1996.7　203p　21cm〈前畑秀子および著者の肖像あり　参考文献：p200～201〉　非売品

『わが青春の日大水泳部―古橋広之進とその仲間たち』　佐坂宏夫著　地平社　1986.5　286p　20cm〈発売：創樹社　参考文献：p285～286〉　1200円

『わが青春の日大水泳部―古橋広之進とその仲間たち』　佐坂宏夫著　地平社, 創樹社〔発売〕　1986.3　286p　19cm　1200円

内容 古橋、橋爪、そして戦前は葉室、遊佐たちが泳いだ！ 水上日本の黄金時代を築いた日大水泳部の青春群像

## 《松田 丈志》　まつだ・たけし

㊓昭和59年（1984年）6月23日

◇元・水泳選手（自由形・バタフライ）。4歳の時、旭化成の元競泳選手だった久世由美子が指導していた宮崎県延岡市の東海スイミングクラブで水泳を始める。8歳の時から五輪の金メダルを目指して久世コーチの本格的な指導を受けるようになる。平成16年短水路ワールドカップで200、1500メートル自由形と200メートルバタフライの3種目で日本記録を樹立。同年日本選手権400、800、1500メートル自由形で優勝。200メートルバタフライでは五輪派遣標準記録を上回るタイムを出し、五輪出場を決めた。アテネ五輪では3種目に出場し、400メートル自由形で、40年ぶりの入賞となる8位。20年日本選手権400メートル自由形優勝、200メートルバタフライは2位、1500メートル自由形1位。6月のジャパンオープンでは、世界記録が続出した英国スピード社の水着レーザー・レーサー（LZR）を着用して、200メートル自由形で日本記録1分54秒42をマーク。8月2度目の五輪となった北京五輪では、200メートルバタフライ決勝で、1分52秒97の日本記録をマーク。前日に出した記録を一気に1秒05短縮して銅メダルを獲得。400メートル自由形は日本記録3分44秒99をマークするも、予選敗退。1500メートル自由形も予選敗退。24年ロンドン五輪200メートルバタフライ銅メダル、100メートルバタフライ予選スイムオフ棄権。4×100メートルメドレーリレー（入江陵介, 北島康介, 松田, 藤井拓郎）では日本男子史上初の銀メダルを獲得。北島が同大会個人種目でメダルを逃したことを受け、"康介さんを手ぶらで帰らせる訳にはいかない"と他のチームメートを鼓舞した言葉は、その年の新語・流行語大賞トップテンにも選ばれた。28年リオデジャネイロ五輪は個人種目での出場は逃したが、4×200メートルリレーメンバーとして4大会連続の五輪出場を決め、競泳日本代表チームの主将も務める。アンカーを務めた4×200メートルリレー（萩野公介, 江原騎士, 小堀勇気, 松田）では同種目で52年ぶりとなる銅メダルを獲得した。9月の国体を最後に現役を引退

『夢を喜びに変える自超力―壁を突破し、成果を出すための「学び」×「教え」』　松田丈志, 久世由美子［著］　ディスカヴァー・トゥエンティワン　2017.3　231p　19cm　1400円　①978-4-7993-2032-7

目次 第1章 自分と向き合うことのできない人は成長しない, 第2章 情熱を育み、維持し続ける, 第3章 周りの力を自分の力に変える, 第4章「折れない魂」の育み方, 第5章 ロンドンの"敗戦"とリオへの挑戦から学んだこと, 第6章 伸びるための知恵を絞り続ける, 第7章 競泳日本代表に見る、本当のチームワークとは, 第8章「行動」するチカラ, 第9章 モチベーションを上げる方法, 第10章 文字で伝えることの大切さ

『自分超え―弱さを強さに変える』　松田丈志, 久世由美子著　新潮社　2012.6　190p　20cm〈年譜あり〉　1200円　①978-4-10-332421-8

内容 延岡のビニールハウスプールから、五輪

オリンピック夏季競技　　アーティスティックスイミング

「金」を目指す。常識を追わず、変化し続けてきた師弟の独自の思考法とは。

《山中 毅》　やまなか・つよし
⑭昭和14年（1939年）1月18日
⑫平成29年（2017年）2月10日
◇水泳選手。高校3年の昭和31年、17歳でメルボルン五輪に出場、400メートル自由形、1500メートル自由形で同い年のマレー・ローズ（オーストラリア）と金メダルを争うが敗れ、両種目で銀メダルを獲得。4×200メートル自由形リレー（古賀学、谷乃、野々下耕嗣、山中）は4位。35年のローマ五輪400メートル自由形で再びローズと相まみえたが前回と同じく銀メダルにとどまり、1500メートル自由形は4位。4×200リレー（石井宏、福井誠、藤本達夫、山中）は銀メダル。39年の東京五輪にも出場したが、全盛期を過ぎており400メートル自由形で6位に終わった（4×200リレーは予選のみ出場）。3大会連続で五輪に出場して4つの銀メダルを獲得、合計10個の世界記録を出すなど水泳界で一時代を築き、41年引退した。その後、ISS（イトマン・スイミング・スクール）を設立した

『泳ぎまくった十一年』　山中毅著　ベースボール・マガジン社　1967　174p　18cm　（スポーツ新書）　280円

〈アーティスティックスイミング（シンクロナイズドスイミング）〉

◆女子のみの競技で、音楽に合わせてプールで演技を行い、技の完成度やそろい方、表現力などを競う。「チーム」では8人、「デュエット」では2人で演技する。2017年、国際水泳連盟が種目名を「シンクロナイズドスイミング」から「アーティスティックスイミング」に変更すると発表した

『日本シンクロ栄光の軌跡―シンクロナイズドスイミング完全ガイド』　金子正子責任編集　改訂新版　出版芸術社　2012.10　191p　19cm　1400円　①978-4-88293-434-9
内容 技術・競技・採点といった基本的知識。シンクロが正式種目に採用された1984年のロス五輪から2012年のロンドン五輪まで、全ての五輪に出場し続けてきた日本シンク

ロの歴史。美しい演技を支える、振り付け・音楽・トレーニング・食事といった知られざる舞台裏。長年にわたり日本シンクロを牽引してきた、金子正子元シンクロ委員長による、唯一のシンクロナイズドスイミング完全ガイド。

『日本シンクロ栄光の軌跡―シンクロナイズドスイミング完全ガイド』　金子正子責任編集　出版芸術社　2008.5　159p　19cm　952円　①978-4-88293-340-3
内容 技術・競技・採点といった基本的知識。84年のロス五輪で正式種目となって以来、全ての五輪でメダルを獲得し続けてきた日本シンクロの歴史。美しい演技を支える、振り付け・音楽・トレーニング・食事・装飾品といった知られざる舞台裏。長年にわたり日本シンクロを牽引してきた、金子正子シンクロ委員長責任編集による、唯一のシンクロナイズドスイミング完全ガイド。

『シンクロナイズドスイミング教程』　J.K.ルンドホルム,M.J.ルッジェリ共著、井上卓二訳　ベースボール・マガジン社　1980.9　134p　26cm〈監修：石井宏, 金子正子〉　2000円

《石黒 由美子》　いしぐろ・ゆみこ
⑭昭和58年（1983年）10月31日
◇シンクロナイズドスイミング選手。小学3年から競技を始める。小2のときの交通事故の後遺症である視力障害、難聴、顔面まひなどに苦しめられたが、平成16年日本代表Bチーム入りする。17年競技から離れるがコーチらの説得により1年後に復帰。20年北京五輪のチームでは必死の熱演を見せるも、決勝で選手の一人がプールの底に足を触れた減点もあり、米国との5位タイに終わり、昭和59年から続いた"全大会全種目メダル"の伝統が途切れた（フリールーティン決勝は他の選手と交代し出場しなかった）

『奇跡の夢ノート』　石黒由美子著　日本放送出版協会　2010.8　228p　20cm　1400円　①978-4-14-081431-4
内容 失明の危機、三半規管の損傷でまっすぐ泳げない、ましてや水中での倒立や回転は不可能。顔には傷が残り「フランケン」と呼ばれた。―「シンクロでオリンピックに出る！」交通事故で瀕死の重傷を負った少女は「夢ノート」に綴る。

アーティスティックスイミング　　オリンピック夏季競技

## 《井村 雅代》　いむら・まさよ

㊉昭和25年（1950年）8月16日

◇シンクロナイズドスイミング指導者。中学1年の時シンクロナイズドスイミングを始め、日本選手権で優勝2回。昭和47年ミュンヘン五輪には公開競技で出場。53年日本代表ヘッドコーチ（HC）に就任。同4年世界選手権で藤原昌子・育子組を銀メダルに導いた。60年独立し、井村シンクロクラブを設立。平成5年日本選手権で奥野史子を擁し、ソロ、デュエット、チームで初の3冠を達成。オリンピックではシンクロが正式競技となった昭和59年ロス大会の元好三和子・木村さえ子組の銅メダルから、アテネ大会まで、日本に6大会連続計11個のメダルをもたらした。他の教え子に小谷実可子などがおり、“シンクロの母”と呼ばれる。平成16年アテネ五輪で、チームと立花美哉・武田美保組を銀メダルに導いた後、日本代表HCを勇退。19年1月北京五輪でメダル獲得を目指すライバル・中国の代表HCに就任。2ケ月後の世界選手権でいきなり、チーム、デュエットともに4位に導く。20年4月五輪最終予選で、デュエットにオープン参加した中国チームは、2位の日本を上回る点数を出し、1年余りで飛躍的な成長を遂げた。8月の北京五輪では、デュエットに出場した双子ペアは鈴木絵美子・原田早穂組に次ぐ4位に終わったが、チームを銅メダルに導いた。五輪後、中国HCを退任。22年9月中国HCに復帰。24年ロンドン五輪で中国代表はデュエット銅メダル、チーム銀メダルを獲得。日本代表はデュエット、チームともに5位で初めてメダルを逃した。25年5月英国代表コーチを経て、26年2月日本代表HCに復帰。27年世界選手権でデュエット・テクニカルルーティン（TR/乾友紀子・三井梨紗子組）銅メダル獲得に導く。28年リオデジャネイロ五輪はデュエット（乾・三井組）、チームともに銅メダルを獲得。29年世界選手権はチームTRとフリーコンビネーション（FC）で銅メダル。指導者として五輪で9大会連続、計17個のメダルを獲得している

『井村雅代コーチの結果を出す力―あと「1ミリの努力」で限界を超える』　井村雅代著　京都　PHP研究所　2016.10　140p　18cm　1000円　①978-4-569-83444-3

内容　なぜ日本のシンクロは復活できたのか？「心の才能」を鍛える熱い言葉が満載。「心

のスイッチ」を入れた30の言葉。

『井村雅代 不屈の魂―波乱のシンクロ人生』　川名紀美著　河出書房新社　2016.6　254p　19cm〈文献あり〉　1300円　①978-4-309-02478-3

内容　「売国奴」と呼ばれた中国代表コーチ就任を経て再び日本代表コーチに復帰、そしてリオ五輪へ―。勝負だけではなく、人を育て心を育て続けた「シンクロナイズドスイミングの母」挑戦の軌跡。

『シンクロの鬼と呼ばれて』　井村雅代著，松井久子聞き書き　新潮社　2015.11　301p　16cm　（新潮文庫 いー124-1）〈「教える力」（2013年刊）の改題、再編集、加筆訂正〉　550円　①978-4-10-120216-7

内容　シンクロ日本代表コーチとして、全てのオリンピック、世界選手権でメダルを獲得し続けた著者が、突然、単身中国へ―。名コーチと称賛されていた彼女は、一転、売国奴とまで批判されながら、なぜ決意したのか。中国をシンクロ大国へと導き、2014年、日本代表コーチに復帰。翌年、低迷していた日本に8年ぶりとなるメダルをもたらす。結果は必ず出す名将の物語。

『教える力―私はなぜ中国チームのコーチになったのか』　井村雅代著，松井久子聞き手　新潮社　2013.4　223p　20cm　1200円　①978-4-10-333931-1

内容　「裏切り者」と言われながら単身、中国へ。必ず結果を出す指導論、40年間の波乱のコーチ人生、全てを語った！名コーチによる指導法の極意、マル秘エピソードが満載。

『あなたが変わるまで、わたしはあきらめない―努力する心の育て方』　井村雅代，松瀬学著　光文社　2012.6　292p　16cm　（光文社知恵の森文庫 tい10-1）〈2009年刊の加筆修正〉　667円　①978-4-334-78605-2

内容　「駄馬を名馬に変えるのが、コーチの仕事です」―。出場した全オリンピックでメダルを獲得した、シンクロナイズドスイミングの世界的指導者が、自らのコーチングの肝を語りつくす。それはそのまま、希望の見えない時代を強く生き抜く方法につながっていた。すべての子を持つ親、部下を持つビジネスマン、教師、スポーツの指導

者必読。

『あなたが変わるまで、わたしはあきらめ
　ない―努力する心の育て方』　井村雅代,
松瀬学著　光文社　2009.5　253p
19cm　1400円　①978-4-334-97572-2
内容 シンクロのコーチとして、出場したすべ
てのオリンピックでメダルを獲得。世界的
な指導者が、希望の見えない時代を強く生き
抜く方法を語りつくす。すべての子を持つ
親、部下を持つビジネスマン、教師、スポー
ツの指導者必読！　絶対、今よりよくなる。

『そのとき選手が変わった！』　児玉光雄著
中経出版　2007.9　191p　15cm　（中経
の文庫）　495円　①978-4-8061-2818-2
内容 スポーツ心理学の観点から、いずれも強
烈な個性の持ち主である5人の名監督―平尾
誠二（ラグビー）、岡田武史（サッカー）、ボ
ビー・バレンタイン（野球）、井村雅代（シ
ンクロ）、落合博満（野球）の言葉を分析し、
選手の能力を高め、チームを勝利に導く秘
密にせまる。

『愛があるなら叱りなさい』　井村雅代
［著］　幻冬舎　2004.7　249p　16cm
（幻冬舎文庫）〈肖像あり〉　533円
①4-344-40533-1
内容 叱るとは、あなたはすばらしい人間だ
と教えること―。「本物を、本気で」をポリ
シーに、三一年の歳月をシンクロナイズド
スイミングのコーチ生活に費やしてきた著
者。シドニー五輪での銀メダル獲得を達成
した指導法とは？「叱るときは、全員の前
で筋を通す」「時には理屈抜きにやらせてみ
る」など、潜在能力を引き出す指導の極意
を伝授する。

『愛があるなら叱りなさい』　井村雅代著
幻冬舎　2001.7　211p　20cm　1400円
①4-344-00098-6
内容 その一言で、人は変われる。叱るとは、あ
なたはすばらしい人間だと教えること。日
本人が忘れてしまった、人を育てる大切な
習慣。

《奥野 史子》　おくの・ふみこ
㋱昭和47年（1972年）4月14日
◇スポーツコメンテーター、元・シンクロナイ
ズドスイミング選手。中2年の時、井村雅代
コーチに見出されたのが転機となり、平成元
年ジュニア選手権（コロンビア）ソロ3位、2

年日本選手権ソロ4位、アメリカンカップソ
ロ2位。4年バルセロナ五輪代表となり、ソ
ロ、高山亜樹とのデュエットで2つの銅メダ
ルを獲得した

『パパ、かっこよすぎやん！―夫婦で勝ち
　取った五輪3個の銅メダル』　奥野史子
著　小学館　2008.12　205p　19cm
1300円　①978-4-09-387808-1
内容 北京で銅メダルの朝原宣治さんとバルセ
ロナで銅メダル2個の奥野史子さん。日本一
のアスリート夫婦が語った「愛と涙の軌跡」。

《小谷 実可子》　こたに・みかこ
㋱昭和41年（1966年）8月30日
◇スポーツコメンテーター、元・シンクロナ
イズドスイミング選手。昭和63年ソウル五
輪ではソロ、田中京と組んだデュエットで、
ともに銅メダルを獲得。その後日本オリン
ピック委員会（JOC）アドバイザリースタッ
フとなるが、3年現役に復帰。4年バルセロナ
五輪代表となるが、出場はしなかった。その
後、JOC広報専門委員会委員や長野五輪組
織委員会広報委員などを務める。8年アトラ
ンタ五輪ではTBS現地リポーターを務めた。
12年アジアオリンピック評議会（OCA）選
手委員会委員長。17～21年JOC理事。東京
オリンピック・パラリンピック招致委員会
理事を務める

『小谷実可子の一筆啓上―スポーツ見て歩
　記』　小谷実可子著　名古屋　中日新聞
社　2004.7　237p　20cm〈年表あり〉
1600円　①4-8062-0483-8

『ドルフィン・ピープル』　小谷実可子著
近代文芸社　1998.8　156p　20cm
1500円　①4-7733-6279-0
内容 小さい頃からの夢だったオリンピック、
最終ゴールだったはずの場所にたどりつい
た時、思わぬ付録がついてきた。"イルカに
近い人間"小谷実可子、初のエッセイ集。

『実可子伝説―小谷実可子写真集 Life of
　swimming part 3』　毎日スポーツ企
画企画・編集　徳間書店　1989.5　94p
30cm　（Tokuma lady's mook）〈監修：
石井宏〉

『夢をつかんだ人魚―小谷実可子』　渡辺
研著　リクルート出版　1989.4　246p
19cm　（Soul to Seoul）〈小谷実可子の

サッカー　　　　　　オリンピック夏季競技

肖像あり〉　1100円　①4-88991-148-0

[目次] 第1章 萌春（心の支えはアメリカ留学の経験です，待望の初優勝，世界をめざす機会が訪れて慎重になる，余裕をもって伸び伸び練習），第2章 烈夏から実りの秋へ（ふさわしい舞台へ，日本の小谷であることの誇り，エジプトで見た "希望"，逃してはじめてわかったメダルの重み），第3章 そして冬─オリンピックイヤーに突入（オリンピックへ向けて猛練習，オリンピックイヤーの幕開け，ルーティーンの曲が『蝶々夫人』に決定，プールに曲が流れてシーズン到来も間近だ，不安に面と向かえる強さが備わった），第4章 プレオリンピック（夢にまでみたオリンピックの代表選手に，プレオリンピックで堂々の銅メダル，期待と関心が高まっていく），第5章 ソウルへ（風格さえ備えてオリンピックを待つ，もう1度，本番で日の丸を見てみたい，夢の実現！ 次は世界1の座をめざして），大会記録集（1986年～1988年）

## サッカー

◆1チーム11人で，相手ゴールにボールを入れて点数を競う。競技時間は前半と後半，各45分。手を使っていいのはペナルティエリア内のゴールキーパーだけで選手は足でボールを操る。男子にのみ年齢制限があり，24歳以上の選手は1チームに3人までしか登録できない

『サッカー観戦バイブル─進化する現代サッカーがわかる』　河治良幸著　成美堂出版　2018.5　239p　19cm　1400円　①978-4-415-32474-6

[内容] W杯，各国リーグなど観戦に役立つ！ 徹底図解！ 攻撃戦術，守備戦術，世界的トレンドのフォーメーション，見逃せない一流選手の動き。

『サッカーレフェリーズ　2017-2018』　浅見俊雄著，日本サッカー協会審判委員会監修　アドスリー　2018.2　98p　21cm〈発売：丸善出版〉　1000円　①978-4-904419-73-1

[目次] サッカーレフェリーズ，試合をはじめる前に，試合をはじめる─入場～試合開始，試合を進行させる，オフサイド，ファウルと不正行為，フリーキック，ペナルティーキック，

ゲームコントロールとスムーズランニング，試合を終わらせる，試合が終わってから

『日本サッカー「戦記」─青銅の時代から新世紀へ』　加部究著　カンゼン　2018.2　429p　19cm〈索引あり〉　2400円　①978-4-86255-434-5

[内容] フットボール・ライティングの名手が贈る，半世紀の歴史群像劇。登場200名，全49編。当事者が語る熱闘とプライドの記憶!!

『日本代表を撮り続けてきた男サッカーカメラマン六川則夫』　六川則夫著　スクワッド　2017.9　271p　21cm（ELGOLAZO BOOKS）　1600円　①978-4-908324-20-8

[内容] ピッチから最も近い「至福の戦場」で見たもの、聞いたもの、感じたものとは─。ファインダーの中のヒーローたちは彼に何を語りかけてきたのか─。「ゴール裏のパイオニア」ならではの独自の視点で切り取ったサッカーの世界。

『このくにのサッカー─日本サッカーの「これまで」と「これから」賀川浩対談集』　賀川浩[述]　神戸　苦楽堂　2017.5　330, 4p　21cm〈年表あり 索引あり〉　1800円　①978-4-908087-06-6

[内容] 92歳の現役最年長スポーツライターを前にサッカー界の重要人物が胸襟を開く。日本サッカーの歴史と未来を考える対談集。対談参加者：岡田武史（FC今治代表）、川淵三郎（Jリーグ初代チェアマン）、櫻井嘉人（名古屋オーシャンズ代表）、釜本邦茂（メキシコ五輪得点王）、澤穂希（元なでしこジャパン）、セルジオ越後（サッカー解説者）、黒田和生（台湾代表監督）、加藤寛（日本クラブユースサッカー連盟会長）、佐々木則夫（なでしこジャパン前監督）、加茂建（加茂商事社長）、岸本健（フォート・キシモト創業者）、石井幹子（照明デザイナー）、岡野俊一郎（日本サッカー協会元会長）、デットマール・クラマー（元日本代表コーチ）。

『五輪サッカー〈男子〉その長い歴史と激闘の記録─ベルリンの奇跡からリオ五輪まで』　国吉好弘著　ベースボール・マガジン社　2016.7　207p　21cm　1200円　①978-4-583-11038-7

[内容] 世界の名だたる強豪国。日本サッカーの歩み。100年超の五輪サッカー男子の歴史。

オリンピック夏季競技　　サッカー

ベルリンの奇跡からリオ五輪まで。

『サッカーU−23伝説の始まり—The
　Road of the Medal』　戸塚啓編著
洋泉社　2016.6　159p　21cm　1400円
①978−4−8003−0941−9
[内容]“リオ五輪経由ロシアW杯行き”を誓う
　新世代、手倉森ジャパンが世界を驚かす！

『ベルリンの奇跡—日本サッカー煌きの一
　瞬』　竹之内響介著,賀川浩監修　東京
新聞　2015.11　277p　20cm〈文献あ
り〉　1600円　①978−4−8083−1006−6
[内容]初参加のオリンピックでの死闘と歓喜。
　それは日本サッカー進撃の狼煙のはずだ
　った…

『サッカー観戦力—プロでも見落とすワン
　ランク上の視点』　清水英斗著　東邦出
版　2015.9　221p　19cm　1400円
①978−4−8094−1305−6
[内容]ここを見るだけ！1試合の観戦方法を時
　系列で解説！実際に起こったプレーからそ
　の“駆け引き”を徹底分析！

『7人の外国人監督と191のメッセージ—彼
　らの言葉の中にこそ真実がある』　六川
亨著　東邦出版　2014.10　229p　19cm
〈文献あり〉　1400円　①978−4−8094−
1251−6
[内容]オフト、ファルカン、トルシエ、ジーコ、
　オシム、ザッケローニ、そしてアギーレ。歴
　代サッカー日本代表監督は日本に何を伝え
　ようとしたのか？

『超カンタンにわかる！　少年サッカールー
　ル—8人制サッカー、フットサルもバッ
　チリ！　最初の1冊』　ファンルーツ監
修,主婦の友社編　主婦の友社　2014.7
159p　21cm〈索引あり〉　1300円
①978−4−07−295900−8
[内容]サッカー経験のないパパ＆ママもこれさ
　え読めばOK！ルールがわかればサッカー
　がもっと楽しくなる！うまくなる！

『徹底図解でわかる！　サッカーのルール—
　この一冊で少年8人制・フットサルにも
　対応』　濱口和明監修　メイツ出版
2014.4　128p　21cm　（コツがわかる
本）　1300円　①978−4−7804−1426−4
[内容]サッカーの基本知識から審判のテクニッ
　クまで!!間違えやすい「オフサイド事例」や

意外と知らない「不正行為」など、おさえ
ておきたいポイントをわかりやすく解説！

『徹底図解！　誰でもよくわかるサッカー戦
　術、フォーメーション事典』　都並敏史
監修　実業之日本社　2013.12　253p
21cm　（LEVEL UP BOOK）　1300円
①978−4−408−45468−9
[内容]プレッシング、サイド攻撃、カウンター、
　ラインコントロールなどチーム戦術のバリ
　エーションを身につけよう！「個の力」を
　「チーム」として機能させる戦術、練習法
　フォーメーションがよくわかる！

『サッカー好きほど知らない戦術の常識—
　なぜあなたはいつまでも素人の見方をす
　るのか』　清水英斗著　カンゼン
2013.11　231p　19cm　1500円　①978−
4−86255−201−3
[内容]なぜあなたはいつまでも素人の見方をす
　るのか。

『あなたのサッカー「観戦力」がグンと高
　まる本—9割の人はなぜサッカーの見方
　を間違えるのか？』　清水英斗著　東邦
出版　2013.7　284p　19cm　1429円
①978−4−8094−1127−4
[内容]CL、ユーロ、欧州4大リーグ、五輪、ACL、
　Jリーグ…スペイン代表、ユナイテッド、ザッ
　クジャパン、なでしこ…実際に起こったプ
　レーからその“駆け引き”を徹底分析。

『サッカー戦術サミット—一流フットボー
　ラーがリアルに語る「個」の戦術論』
西部謙司著　カンゼン　2013.7　218p
19cm　1500円　①978−4−86255−192−4
[内容]日本を代表する選手たちのサッカーIQ
　を探求する。

『なぜ日本人サイドバックが欧州で重宝さ
　れるのか』　北健一郎著　宝島社　2013.
7　201p　18cm　（宝島社新書387）〈文
献あり〉　848円　①978−4−8002−0797−5
[内容]中田英寿や中村俊輔など、1990・2000
　年代は中盤の選手が海外で活躍していた日
　本。しかしその状況がいま、大きく変わろ
　うとしている。強豪インテルでレギュラー
　を張る長友佑都、古豪シャルケで躍動する
　内田篤人…。現代サッカーで最も重要なポ
　ジションであるサイドバックに、日本人選
　手の起用が目立つようになってきた。「なぜ
　いま日本人サイドバックが欧州で評価され

オリンピックの本3000冊　173

サッカー　　オリンピック夏季競技

ているのか？」―。ロンドン五輪でも活躍した徳永悠平による戦術的な分析から、海外移籍のパイオニア・奥寺康彦の証言、そして日本人選手のドイツ移籍に関わってきた代理人、トーマス・クロートへの取材を通して浮かび上がらせる。

『サッカースターの少年時代―プロになった16人の成長物語』　学研パブリッシング　2013.6　235p　19cm　（GAKKEN SPORTS BOOKS)〈ストライカーDX特別編集　発売：学研マーケティング〉1400円　①978-4-05-800104-2
内容　プロ選手が歩んだ、努力、決断、栄光のエピソードが満載！

『なでしこの誓い―世界一の心のきずな物語』　上野直彦著　学研教育出版　2012.10　135p　22cm　（スポーツ・ノンフィクション）〈発売：学研マーケティング〉　1200円　①978-4-05-203520-3
内容　サッカー日本女子代表、なでしこたちの強さの秘密は仲間・恩師・サポーター・自分へのゆるぎない誓い、そしてそこから生まれる心のきずなだった。かがやき続ける7人のなでしこたちの子ども時代からの成長物語。

『なでしこジャパン物語―宮間あや安藤梢鮫島彩』　工藤晋原作、笠原巴、山崎夏軌、佐治晴斗漫画　講談社　2012.7　158p　18cm　（ライバルKC 226)　476円　①978-4-06-380226-9

『なでしこジャパン!!―ロンドン五輪女子サッカー日本代表応援magazine』　オークラ出版　2012.7発売　80p　30cm　（コミックアクア増刊）　933円

『サッカー「観戦力」が高まる―試合が100倍面白くなる100の視点』　清水英斗著　東邦出版　2012.1　253p　19cm　1429円　①978-4-8094-1000-0
内容　9割の人はなぜサッカーの見方を間違えるのか？　実際に起こったプレーからその"駆け引き"を徹底分析。

『紡―なでしこジャパンを織りなす21の物語』　早草紀子写真＋文　武田ランダムハウスジャパン　2011.12　207p　21cm　1600円　①978-4-270-00679-5
内容　選手から選手へ紡がれてきた"想い"と

いう名のバトンが、いつしか大きな花になる。優勝メンバー全員への取材を元に、なでしこの過去と現在、そして未来へと繋げる物語。

『なでしこの遺伝子―世界頂点へ。日本女子サッカー30年の戦い』　矢内由美子著　学研パブリッシング　2011.12　223p　19cm〈年表あり　文献あり　発売：学研マーケティング〉　1300円　①978-4-05-405161-4
内容　代表発足から30年、ついに世界の頂点へ。日本女子サッカー界、その波乱万丈の歴史、選手たちの思い、このフィーバー後の展望は―。佐々木則夫監督を始めとした、現役・OG選手、関係者の証言から、そのすべてが明らかに。

『なでしこジャパンロンドン五輪への道』　学研パブリッシング　2011.8発売　55p　30cm　（ストライカーDX別冊）〈発売：学研マーケティング〉　648円

『Q & A（エー）式しらべるサッカー　4　日本のサッカー―これまでとこれから』　ベースボール・マガジン社編　ベースボール・マガジン社　2010.7　30p　29cm〈タイトル：Q & A式しらべるサッカー　索引あり〉　2200円　①978-4-583-10246-7
内容　日本にサッカーが伝えられた年や、国際大会での活躍、Jリーグの誕生など、日本のサッカーに関する25問。

『子どもをサッカー選手にするためにできること―日本代表12人の育ったルーツを探る』　伯井寛, 巴康子, 赤澤竜也著　PHP研究所　2010.5　221p　19cm　1200円　①978-4-569-77799-3
内容　俊輔への「教えすぎない」指導、本田を全力で受け止めた兄、長友を煽った勝負師の母、日本代表キーマンたちの少年時代を支えたのは…日本代表12人の少年時代。

『サッカー「見るプロ」になれる！　50問50答』　杉山茂樹著　三笠書房　2010.5　251p　15cm　（王様文庫 A68-1)〈並列シリーズ名：OHSAMA BUNKO〉　571円　①978-4-8379-6548-0
内容　なぜ日本の選手はシュートを打たないのか、強いチームが「必ずやっている戦術」

174

は何か、「いい選手」の条件とは…etc.サッカーの「これ以上ない楽しみ方」が90分でわかる。

## 『サッカーを100倍楽しむための審判入門』
松崎康弘著　講談社　2009.12　189p　19cm　1300円　①978-4-06-215693-6

内容　審判を知ればサッカー観戦がより楽しくなる。Jリーグで話題になった「あの判定」も解説。

## 『日本サッカー狂会』　日本サッカー狂会
編　国書刊行会　2007.7　343p　22cm　1900円　①978-4-336-04848-6

内容　この本に登場するのは、日本代表が本当に弱かった時代にも応援をやめなかった人たちだ。彼らの語る言葉は、日本サッカーが特別なひとにぎりの人物によって作られたのではないことを教えてくれる。また後半にはスペシャル・ゲストとしてウルトラスのメンバーが登場。数人での応援が現在のようなスタジアム全体に響きわたるようになるまでに、どのような出来事があったのかを語ってくれる。

## 『日本サッカー史―日本代表の90年 1917-2006』　後藤健生著　双葉社　2007.1　398p　20cm　（Soccer critique library）〈年表あり　文献あり〉　2000円　①978-4-575-29932-8

## 『日本サッカー史―日本代表の90年 1917-2006 資料編』　後藤健生著　双葉社　2007.1　325p　20cm　（Soccer critique library）〈文献あり〉　1800円　①978-4-575-29933-5

## 『オマエにマンマーク！』　川上つよし著
ソニー・マガジンズ　2006.7　192p　19cm　1300円　①4-7897-2884-6

内容　音楽界きってのサッカー・フリーク、東京スカパラダイスオーケストラの川上つよしによる、サッカー選手への愛情溢れるマンマーク・エッセイ。

## 『サッカーイズム―夢をかなえる60の言葉』
児玉光雄著　ぜんにち出版　2006.6　157p　19cm　1200円　①4-86136-096-X

内容　日本代表の「熱い思考（コトバ）」をベストセラー『イチロー思考』の著者が分析。

## 『星屑たち―それからのアトランタ組物語：

サッカーノンフクション』　川端康生著　双葉社　2005.1　220p　19cm　（サッカー批評叢書）　1600円　①4-575-29756-9

内容　1996年アトランタ・オリンピックサッカー競技日本代表。彼らは通称「アトランタ組」。28年振りにアジア予選を勝ち抜き、世界への扉をこじ開けた。その快挙は国民的な熱狂を呼び、日本列島を興奮の渦に巻き込んだ。それから6年の月日が過ぎた2002年、円熟期を迎えた彼らを待っていたのは冷徹なる現実だった。しかし彼らは今日もプレーしているし、ハートは熱く燃えている。彼らの時代を検証する、星屑たちの物語。

## 『にわかサッカーファンへ―サッカー豆知識（日本代表15年の軌跡）』　ファンタジスタ・ブルー著　新風舎　2004.12　39p　15cm　（Toppu）　900円　①4-7974-6029-6

目次　サッカー史、日本代表、思い出編（二強対決編、ジーコ来日編、日本サッカー夜明け編、アメリカワールドカップ予選編、カズ、イタリア挑戦―Jニュースター編、アトランタオリンピック予選編、アトランタオリンピック編、A代表、冬の時代編、中田（英）ブレーク編、フランスワールドカップアジア予選編 ほか）、サッカー史 歴史を変える戦士へ

## 『基本がわかるスポーツルールサッカー――イラスト版』　永嶋正俊監修、藤森瑞樹著　汐文社　2004.11　63p　22cm　1500円　①4-8113-7901-2

内容　サッカーをやる人も見て楽しむ人も、もっとサッカーが好きになり、もっともっと楽しむには、サッカーのルール（競技規則）を知ることです。ゲームの成り立ちやゲームの進め方、プレーするときに知っていいことと、やってはいけないことなどがルールで決められています。オフサイドやファール、イエローカード（警告）や、レッドカード（退場）などについてもわかっていれば、もっとサッカーを楽しめます。この本を読んでサッカーのルールを理解し、もっともっとサッカー大好き人間になりましょう。サッカーは面白いし、楽しいし、奥が深いんだから。サッカーのルールを知ってサッカーの奥義を楽しみましょう。

## 『U-23サッカー五輪代表熱狂マガジン』
後藤健生共同編集　学習研究社　2004.9

オリンピックの本3000冊　175

サッカー　　　　　　オリンピック夏季競技

95p　30cm　（週刊パーゴルフ別冊）
724円

『がんばれ！　女子サッカー』　大住良之，
大原智子著　岩波書店　2004.8　169, 7p
18cm　（岩波アクティブ新書）〈年表あ
り〉　700円　①4-00-700120-0
目次 1 ここまできた！ 日本の女子サッカー
（世界の王者アメリカとも対等の試合を見
せる, 日本の女子チーム第一号は神戸で誕
生 ほか）, 2 世界の女子サッカー（サッカー
の未来は女性の手に, 記録に残る最古の試合
は一八九五年 ほか）, 3 日本の女子サッカー
事情（L・リーグにつながる組織の確立が課
題, 男子の天皇杯にあたる全日本女子選手
権大会 ほか）, 4 日本女子サッカーリーグ
（L・リーグ）（YKK AP東北女子レイナスFC
部フラッパーズ, さいたまレイナスFC ほ
か）, 5 対談 沢穂希選手・酒井与恵選手

『聖地へ！―サッカー・アテネ五輪日本代
表チーム応援mook』　ソニー・マガジ
ンズ　2004.8　161p　21cm　（Sony
magazines deluxe）　933円　①4-7897-
9648-5

『蹴球日本五輪の書―2004アテネ五輪サッ
カーTV観戦ガイドブック』　講談社
2004.7　98p　27cm　（講談社mook―
フットボールニッポン特別臨時増刊）
619円　①4-06-179436-1

『ぜ～んぶヤングジャパン―アテネ五輪代
表コンプリートブック』　日刊スポーツ
出版社　2004.7　93p　30cm　（サッ
カーai増刊）　657円

『代表戦記―二つのナショナル・チームが
闘った600日』　大住良之著　日本経済
新聞社　2004.7　318p　20cm　1500円
①4-532-16469-9
目次 第1章 始動, 第2章 アジアのなかの日本,
第3章 2003年, 代表の6月, 第4章 残された
時間, 第5章 若い力と…, 第6章 ドイツへの
道が始まる, 第7章 アテネへ, 第8章 再び,
スタート台

『サッカー観戦きほんの（き）―目で見てわ
かるサッカー・ルール』　永嶋正俊著
改訂版　アドスリー　2004.3　197p
22cm〈東京 丸善出版事業部（発売）〉
1000円　①4-900659-64-9

目次 第1章 見えないライン上での攻防オフサイ
ド（競技規則第11条）, 第2章 思わず？ わ
ざと？ 反則と不正行為（競技規則第12条）,
第3章 最大のチャンス, 最大のピンチ, 第4
章 こうしてドラマは生まれる, 第5章 はじ
めの一歩そして再出発, 第6章 ドラマの舞
台と役者たち, 第7章 ドラマの演出家たち

『日本サッカー史・代表篇―日本代表の85
年 1917-2002』　後藤健生著　双葉社
2002.11　359, 64p　20cm　（サッカー
批評叢書）　2000円　①4-575-29489-6
内容 日本サッカーの未来のために。日本、香
港、韓国、ドイツ、スウェーデン、南米…広
範かつ膨大な取材によって明らかにされた
日本代表チーム、誕生から今日までの軌跡。

『サッカー観戦きほんの（き）―目で見てわ
かるサッカー・ルール』　永嶋正俊著
アドスリー　2002.6　197p　22cm〈東
京 丸善出版事業部（発売）〉　1000円
①4-900659-63-0
目次 第1章 見えないライン上での攻防, 第2
章 思わず？ わざと？, 第3章 最大のチャ
ンス, 最大のピンチ, 第4章 こうしてドラマ
は生まれる, 第5章 はじめの一歩そして再
出発, 第6章 ドラマの舞台と役者たち, 第7
章 ドラマの演出家たち

『サッカー日本代表物語―世界を夢見た男
たち』　大住良之文　学習研究社
2002.5　142p　22cm　（学研のノンフィ
クション）　1200円　①4-05-201712-9
内容 戦いの舞台は日本からアジアを超え世
界へ。カズが、ラモスが、中田が、小野が
FIFAワールドカップを目指した日本代表の
戦いの秘話。

『サッカーを「観る」技術―スーパープ
レー5秒間のドラマ』　湯浅健二著　新
潮社　2002.2　245p　20cm　1300円
①4-10-436202-6
内容 ジダン、トッティ、中田、稲本etc.一天
才たちの技とセンスを見極める目、教えま
す！ 名シーンの数々をリプレー・イラスト
と共に徹底解説。

『サッカー日本代表世界への挑戦―1936-
2002 Japan football history』　新紀
元社　2002.1　224p　26cm　2500円
①4-7753-0024-5
目次 1 シドニーへの道のり（1999年～2000

176

年), 2 世界との出会いと躍進（1936年〜1968年), 3 世界の壁、苦闘の歴史（1969年〜1992年), 4 世界の扉をたたいたJリーグ発足（1992年〜1994年), 5 世界へ羽ばたく日本サッカー（1995年〜1998年), 6 2002年ワールドカップへの課題―世界No.1を目指して（2000年〜2002年)

『ジェイボーイズ―オリンピックサッカー日本代表シドニーから2002年へ』　オークラ出版　2000.10　66p　30cm　（Oak mook 54）　552円　①4-87278-683-1

『ヤングジャパンのすべて―シドニー五輪サッカー日本代表応援マガジン　サッカーaiリミックス1995-2000』　日刊スポーツ出版社　2000.9　130p　30cm　762円　①4-8172-5094-1

『Sydney 2000サッカー五輪代表―サポートガイドブック』　U-23サポーターズ編　東邦出版社　2000.8　127p　26cm　1333円　①4-8094-0208-8
内容 五輪サッカーが10倍面白くなるパーフェクトガイド。

『日本代表spirits―サッカーシドニーオリンピック特別号』　ネコ・パブリッシング　2000.8　194p　26cm　（Neko mook）　933円　①4-87366-636-8

『日本サッカー黙示録2000　五輪代表編』　セルジオ越後著　ザ・マサダ　2000.2　254p　19cm　1500円　①4-88397-008-6
内容 「史上最強」の顔ぶれが揃った五輪代表の真実とは。

『28年目のハーフタイム』　金子達仁著　文藝春秋　1999.10　238p　16cm　（文春文庫）　429円　①4-16-763401-5
内容 1996年夏のアトランタ。28年ぶりに五輪出場を果たしたサッカー日本代表は、ブラジル戦での奇跡的な勝利で世界中を沸かせた。だが、躍進の陰で矛盾と亀裂を抱えたチームは、続くナイジェリア戦のハーフタイムで、ついに崩壊する。日本サッカーの苦悩に肉迫した、スポーツ・ドキュメンタリーの新しい金字塔。

『サッカーTV観戦入門―カウチサポーター・ハンドブック』　湯浅健二著　小学館　1998.5　191p　21cm　1200円

①4-09-346031-0
内容 「試合中の中田選手の姿勢を見てほしい。彼の顔はつねにあがっている。プレー中に下を向いているような選手は世界に通用しない」「井原選手は試合中にいつも首を左右に振っている。彼の首が動かなくなったときチームは劣勢になっているはずだ」…ちょっと知らなかった画面でわかるチェックポイントが満載。理論的な分析と図版で、お茶の間サポーターはもちろん、アマチュア競技者、サッカーママも思わずうなずく、サッカーの本質が見えてくる本。

『28年目のハーフタイム』　金子達仁著　文藝春秋　1997.9　217p　20cm　1429円　①4-16-353260-9
内容 ブラジル戦の奇跡は栄光への序章にすぎない。メキシコ以来、28年ぶりのオリンピック出場を果たし、チーム内外にいくつもの「断層」を抱えながら史上空前の快挙をなし遂げた日本サッカー。そして、アトランタ世代の闘いは、フランスへ、21世紀へと続いていく。

『サッカー観戦なんでも百科―国内から海外までサッカーを10倍たのしめる』　山岡夏子著　金園社　1997.6　141p　21cm　（ワイドブックス）　1000円　①4-321-33811-5

『サッカー劇場へようこそ―Bienvenue au théâtre de football　その面白さ、楽しさ、美しさを語り合うために』　湯浅健二著　日刊スポーツ出版社　1997.6　214p　21cm　1500円　①4-8172-0178-9
目次 1 サッカーってどんなボールゲームなの, 2 サッカー観戦のコツ, 3 ドラマの主役「オフサイド」, 4 ボールはいくら走っても疲れない, 5 守備のメカニズム, 6 攻撃のエッセンス, 7 スタジアムへ行こう

『サッカー観戦なんでも百科―国内から海外までサッカーを10倍たのしめる』　山岡夏子著　金園社　1997.2　141p　21cm　（ワイドブックス）　1030円　①4-321-33811-5
内容 サッカーという奥の深いスポーツを、本書一冊ではとても語り尽くすことなどできないが、その深さを知るきっかけにはなる。

『未来はボクらの手のなか―アトランタ五

サッカー　　オリンピック夏季競技

輪サッカー応援ブック』　『サッカーai』
編集部，寺野典子編　日刊スポーツ出版
社　1996.7　173p　21cm　1200円
①4-8172-0165-7
内容 栄光をつかめ!!世界に挑む，若きチャレ
ンジャーたちを追う。

『サッカー英雄列伝─世界にはこんなに凄
い奴がいる!』　康奉雄著　広済堂出版
1994.8　275p　18cm　（Kosaido
books）〈参考文献：p275〉　880円
①4-331-00656-5
目次 '94W杯 新しいヒーロー誕生，天才列伝
（サッカーを変えた貴公子 ヨハン・クライ
フ，'80年代最高の選手 ディエゴ・マラドー
ナ，セリエAの誇り ロベルト・バッジョ，悲
運の天才ストライカー マルコ・ファンバ
ステン，ミスター・イングランド ボビー・
チャールトン），怪物列伝（サッカーの神様
ペレ，ゲルマン魂の権化 ウーベ・ゼーラー，
野生の荒馬 ルート・フリット，恐怖の爆撃機
ゲルト・ミュラー），日本の英雄列伝（炎の
ストライカー 釜本邦茂，日本のエース 三浦
知良，日本の司令塔 ラモス瑠偉，'98W杯フ
ランス大会の星 日本のストライカーたち），
得点王列伝（豹のように走る男 マリオ・ケン
ペス，帰ってきた英雄 パオロ・ロッシ，フェ
アプレー精神の象徴 ゲーリー・リネカー，
執念のゴールハンター サルバトーレ・スキ
ラッチ，悪魔の化身 ガリンシャ，驚異の黒
豹 エウゼビオ），アーティスト列伝（フィー
ルドのナポレオン ミッシェル・プラティニ，
プロの中のプロ ピエール・リトバルスキー，
フリーキックの魔術師 ジーコ，サッカー帝
国の皇帝 フランツ・ベッケンバウアー），資
料 栄光のワールドカップ

『サッカー─ルールまるわかり』　高橋書
店　1989.10　134p　21cm　（スポーツ
観戦シリーズ）〈監修：奥寺康彦〉　980
円　①4-471-14364-6
目次 1 観戦を楽しむために，2 ゲームの正体
を知る，3 個人プレーを見てみよう，4 珍
プレーは許されない得点法，5 1個のゲーム
の行方を追う，6 勝つためのゲーム展開，7
サッカー雑学辞典

『激動の昭和スポーツ史　9　サッカー─ベ
ルリン五輪の奇跡とメキシコ五輪の栄
光』　ベースボール・マガジン社　1989.
5　177p　30cm〈『サッカー・マガジン

別冊』新緑号　永久保存版〉　1200円

『スポーツ辞典　第8-10』　日本放送協会
編　日本放送出版協会　1961　3冊 図版
18cm

《阿部 勇樹》　あべ・ゆうき
㊉昭和56年（1981年）9月6日
◇サッカー選手（浦和レッズ・MF）。平成10
年ジェフ市原（現・ジェフ千葉）と2種登録。
11年アマチュア選手として初めてシドニー
五輪予選代表に選出される。16年アテネ五
輪代表

『泣いた日』　阿部勇樹著　ベストセラー
ズ　2011.6　221p　19cm　1333円
①978-4-584-13321-7
内容 涙の後には，笑顔がある─イビチャ・オ
シム，祖母井秀隆，両親，妻…阿部勇樹と
同じ時間を共有した5人，7つの物語。

『阿部勇樹のサッカーレベルアップマス
ター─DVDでさらに上達!!』　阿部勇
樹著　新星出版社　2010.2　175p
21cm　1500円　①978-4-405-08652-4

《荒川 恵理子》　あらかわ・えりこ
㊉昭和54年（1979年）10月30日
◇サッカー選手。読売日本SC女子メニーナ入
り後，日テレ・ベレーザのFWを務める。平
成12年女子日本代表（なでしこジャパン）入
り。16年アテネ五輪アジア予選準決勝・北
朝鮮戦で先制点を含む2得点に絡む活躍を見
せ，2大会ぶりとなる本選出場に貢献。同年
アテネ五輪代表に選ばれ，五輪では7位。ま
た，0年の北京五輪では，3位決定戦で敗退
し4位

『行け！なでしこジャパン！─荒川恵理子
物語』　荒川恵理子著　講談社　2008.7
237p　20cm　1400円　①978-4-06-
214678-4
内容 アフロヘアに隠された不屈のドラマ！
脱臼癖，開放骨折，気胸…選手生命の危機
を何度も乗り越えて。女子サッカー界の人
気者・がんちゃんの感動秘話。

《池田 浩美》　いけだ・ひろみ
㊉昭和50年（1975年）12月22日
◇サッカー選手。旧姓・磯崎。平成9年女子日
本代表（なでしこジャパン）入り。16年日本

代表主将としてアテネ五輪出場に貢献し、本番では強豪スウェーデンを破る金星にも貢献して7位。20年北京五輪でも主将を務め、初のベスト4進出を果たすも、3位決定戦で強豪ドイツに惜敗し4位。同年限りで現役を引退した

『荒れ地に花は咲く―サッカーへたくそ少女、なでしこジャパンの飛躍を支える』
池田浩美著　アートヴィレッジ　2009.11　208p　19cm　1429円　①978-4-901053-81-5
内容 サッカーをはじめたのは高校から。卓越した技術は無かったが、持ち前のサッカー感性と練習の日々でなでしこジャパンに選抜され、そしてキャプテンへ。北京五輪後、引退。池田(磯崎)浩美が語るなでしこジャパン活躍への道のりと、何にも屈せずディフェンスラインを守り続けたサッカー人生。

《石川 直宏》　いしかわ・なおひろ
㊎昭和56年(1981年)5月12日
◇サッカー選手(FC東京・MF)。横浜マリノスユースから横浜Fマリノスユースを経て、平成12年トップチームに昇格。14年4月FC東京にレンタル移籍し、15年完全移籍。16年アテネ五輪代表

『石川直宏まっすぐに平常心』　馬場康平著　出版芸術社　2010.5　229p　19cm　1200円　①978-4-88293-393-9
内容 身体の成長の遅れに苦しんだ少年期、ライバルに敗れポジションを確立できなかったユース時代、選手生命に関わる程の大ケガ…度重なる困難を乗り越え、ついに覚醒した石川直宏の軌跡。

《稲本 潤一》　いなもと・じゅんいち
㊎昭和54年(1979年)9月18日
◇サッカー選手(コンサドーレ札幌・MF)。平成9年12月正式にガンバ大阪とプロ契約。10年U-19代表。11年U-22代表。12年シドニー五輪代表として予選リーグ突破に貢献

『稲本潤一足跡』　稲本潤一担当記者グループ編著　増補改訂版　アールズ出版　2006.2　214p　19cm　1300円　①4-86204-009-8
内容 2002年、日本サッカー界悲願のW杯初勝利、そして決勝トーナメント進出への扉は、Jリーグ開幕前年の1992年にプロの下部組

織に入団し、W杯初出場決定に沸いた1997年に17歳でプロデビューを飾った、浪速出身の1人の男によって開かれた。「Jが生んだ最高傑作」、いや「W杯の申し子」稲本潤一。彼が歩まんとする道は、日本サッカーの未来を切り開く―。数々のエピソードと戦歴でつづるW杯の申し子27年の軌跡。

『稲本潤一物語』　本郷陽二編　汐文社　2003.4　159p　22cm　(黄金のカルテット)　1400円　①4-8113-7645-5
目次 第1章 サッカー新時代のヒーローの誕生, 第2章 本格的なサッカーへ, 第3章 Jリーガー稲本潤一, 第4章 代表チームへの定着と活躍, 第5章 2002ワールドカップへ, 第6章 ヨーロッパへの旅立ち, 第7章 2002ワールドカップ開幕

『稲本vsベッカム―プレミアシップ・リーグ進化論』　金子義仁, 永井透共著　フットワーク出版　2002.12　237p　19cm　1300円　①4-87689-457-4
内容 稲本潤一の未来。そしてベッカムの魅力。世界が注目するプレミアリーグのスゴさを徹底解剖。

『稲本潤一―1979-2002』　佐藤俊著　文藝春秋　2002.9　301p　19cm〈肖像あり〉　1571円　①4-16-358960-0
内容 サッカーをはじめた少年時代から、W杯2得点の大活躍、イングランドへの移籍、ハットトリックの大活躍まで。寡黙な稲本選手が、信頼する著者だけに語ってきた真実の言葉。

『稲本潤一足跡』　稲本潤一担当記者グループ編　ラインブックス　2002.8　215p　20cm　1300円　①4-89809-105-9
内容 1998年フランスW杯での3連敗から4年―。日本サッカー界悲願のW杯初勝利、そして決勝トーナメント進出への扉は、Jリーグ開幕前年の1992年にプロの下部組織に入団し、W杯初出場決定に沸いた1997年に17歳でプロデビューを飾った、「Jが生んだ最高傑作」と呼ぶべき1人の男によって開かれた。稲本潤一。彼が歩んできた道は、日本サッカーの軌跡にそのまま重なる―。リベンジ！ 海外再挑戦へ。ニッポンW杯初勝利の立役者数々の秘話と輝ける戦歴でつづるJの申し子栄光の軌跡。

『イナ！―稲本潤一コンプリートブック』

小学館　2002.4　118p　26cm　1238円　①4-09-102349-5

《大久保 嘉人》　おおくぼ・よしと

㊓昭和57年（1982年）6月9日

◇サッカー選手（川崎フロンターレ・FW）。平成13年Jリーグのセレッソ大阪に入団。14年U-21代表。15年対韓国戦で日本代表デビュー。16年アテネ五輪アジア最終予選対UAE戦で2得点を挙げるなど、本選出場に貢献。同年アテネ五輪代表

『情熱を貫く―亡き父との、不屈のサッカー人生』　大久保嘉人著　フロムワン　2014.3　284p　19cm〈発売：朝日新聞出版〉　1400円　①978-4-02-190240-6

内容 父の遺書を軸に巡るひたむきな歩み。2013年Jリーグ得点王による初の自伝。

『大久保嘉人の挑戦―desafio』　小宮良之著　角川書店　2005.10　237p　20cm〈肖像あり〉　1400円　①4-04-883936-5

内容 2004年12月、地中海にポツリと浮かぶ穏やかな小島にひとりの日本人サッカー選手が降り立った。リーガ・エスパニョーラの熾烈な残留争いの渦中に救世主として招かれたストライカーは、自身にとっても初めての海外移籍という難局に直面し、その大きな壁を克服すべく孤高の戦いを挑んでいく―。大久保嘉人、世界へ。その軌跡がここにある。

《岡野 俊一郎》　おかの・しゅんいちろう

㊓昭和6年（1931年）8月28日

㊣平成29年（2017年）2月2日

◇サッカー指導者，サッカー選手。昭和30年日本代表入り。36年西ドイツにコーチ留学し、デットマル・クラマーに師事。盟友・長沼健監督のもと、39年東京五輪、43年メキシコ五輪で日本代表のコーチを務め、メキシコ五輪では銅メダル獲得に導いた。52年日本オリンピック委員会（JOC）総務主事、平成元年～3年同専務理事を歴任。昭和55年にモスクワ五輪ボイコットを余儀なくされた経験から、政治介入を受けないために日本体育協会からJOCを独立させることに尽力した。2～23年国際オリンピック委員会（IOC）委員

『サッカーのすすめ』　岡野俊一郎著　講談社　1968　227p 図版　18cm　（ハウ・ツウ・ブックス）　260円

《小野 伸二》　おの・しんじ

㊓昭和54年（1979年）9月27日

◇サッカー選手（コンサドーレ札幌・MF）。平成10年浦和レッズに入団。11年4月ワールドユース選手権（U-20）準優勝に貢献し、ベストイレブンに選出される。同年7月シドニー五輪アジア地区一次予選で左足内側副じん帯断裂の重傷を負い戦線離脱。12年シドニー五輪代表に有力視されるが、落選。16年オーバーエイジ枠でアテネ五輪に出場した

『小野伸二天才の素顔』　西川昭策著　増補改訂版　アールズ出版　2006.3　239p　19cm　1300円　①4-86204-013-6

目次 第1章 空き地から生まれた天才少年，第2章 わたしと伸二の出会い，第3章 伸二との3年間，第4章 Jリーガー、そして日本代表として，第5章 世界への飛翔

『小野伸二―ベルベットパスへの軌跡』　小西弘樹著　旺文社　2003.3　149p　20cm　（素顔の勇者たち）〈年譜あり〉　1000円　①4-01-072551-6

内容 天才司令塔・伸二のサッカー大好き物語。

『小野伸二物語』　本郷陽二編　汐文社　2003.3　155p　22cm　（黄金のカルテット）　1400円　①4-8113-7643-9

目次 第1章 きらめき，第2章 成長，第3章 開花，第4章 逆流，第5章 展開，第6章 飛躍

『シンジ―Challenger栄光と挫折の1528days 小野伸二写真集』　山添敏央撮影　ブックマン社　2002.9　111p　29cm　2667円　①4-89308-498-4

内容 浦和レッズプロデビュー戦から、日韓ワールドカップ決勝トーナメント1回戦まで、MF小野伸二の軌跡をカメラが追った完全密着写真集。本人の想いもつづられた、ファン待望の一冊。

『小野伸二天才の素顔』　西川昭策著　ラインブックス　1999.8　232p　20cm〈肖像あり〉　1200円　①4-89809-043-5

内容 清水商業時代の「心の師」が描くサッカー王国静岡が生んだ若き司令塔の軌跡。

オリンピック夏季競技　サッカー

## 《香川 真司》　かがわ・しんじ

⊕平成1年 (1989年) 3月17日

◇サッカー選手 (ドルトムント・MF)。高校2年の平成18年セレッソ大阪とプロ契約。Jクラブ下部組織ではない高校生としては初。19年シーズン途中から、攻撃的MFでレギュラーに定着。同年U−20W杯に唯一の平成生まれとして出場。20年2月反町康治監督のもと、U−23日本代表 (北京五輪代表候補) に飛び級で選出される。8月北京五輪に出場

『まんがNHKアスリートの魂―試練を乗りこえて サッカー香川真司 フィギュアスケート宮原知子 柔道野村忠宏』　山田幸雄スポーツ監修, 岡本圭一郎, 朝吹まり, 岩元健一まんが　学研プラス　2017.7　175p　21cm　1200円　①978−4−05−204637−7

内容 誰よりも努力して…何度もくやしい思いをして…それでもけっしてあきらめない。栄光に向かってひたむきに生きる、アスリート感動まんが。

## 《釜本 邦茂》　かまもと・くにしげ

⊕昭和19年 (1944年) 4月15日

◇元・サッカー選手。昭和38年早大に入学。センターフォワードとして活躍し、大学2年の時、39年東京五輪代表。42年ヤンマー・ディーゼル (現・セレッソ大阪) に入社。翌43年メキシコ五輪では7得点を挙げてアジア人初の得点王に輝き、日本の銅メダルに貢献した

『それでも俺にパスを出せ―サッカー日本代表に欠けているたったひとつのこと』　釜本邦茂著　講談社ビーシー　2017.2　239p　19cm〈発売：講談社〉　1200円　①978−4−06−220549−8

内容 サッカー日本代表 (男子) 最多得点の筆者が語る、そのサッカー人生と信念。

『釜本邦茂の「とってナンボ」のFW論』　釜本邦茂著　宝島社　2006.6　205p　19cm　1300円　①4−7966−5291−4

内容 W杯で勝つために！日本史上最高のFWによるFWのための本。ストライカーが見た、サッカーの世界は本当に面白い。

『釜本流ストライカーの作り方―戦うサッカー』　釜本邦茂著　実業之日本社　2001.1　214p　21cm　1300円　①4−408−61093−3

内容 サッカーはこうやって点を取る！サッカーを指導しているコーチとストライカーをめざす若きサッカー選手へ！ストライカーのみならずすべてのサッカー選手に必要な要素を解き明かし、すべての身につけ方をやさしく説明する。

『ゴールの軌跡―釜本邦茂自伝』　釜本邦茂著　改訂版　ベースボール・マガジン社　1995.7　243p　19cm〈著者の肖像あり〉　1200円　①4−583−03229−3

目次 第1章 栄光のメキシコ, 第2章 サッカーとの出会い, 第3章 東京オリンピック, 第4章 ヤンマー入社, 第5章 日本リーグ入り, 第6章 栄光への序曲, 第7章 そしてメキシコ, 第8章 暗黒の日々, 第9章 日本リーグ優勝, 第10章 そしてそれから, 付章 ゴールの軌跡

『釜本邦茂の熱血！サッカー読本』　釜本邦茂著　騎虎書房　1994.11　169p　19cm　980円　①4−88693−286−X

内容 釜本邦茂のメッセージ。「これが私のサッカーだ」何が起こるかわからないがサッカーだ。プレーヤーもサポーターもこの1冊でもっとサッカーの面白さがわかる。

『釜本邦茂のサッカーの達人』　釜本邦茂著　ポプラ社　1994.7　157p　21cm　(悩んだらヒーローにきけ！ 1)　980円　①4−591−04396−7

内容 釜本邦茂―Jリーグができるまで、日本のサッカーをささえてきた男。天才ストライカーだ。数々の試練を乗りこえ、スーパースターになったサッカーの達人が、きみたちにメッセージを贈る。きみも…悩んだら釜本にきけ。

『私のサッカー人生』　釜本邦茂述　富山　富山県教育委員会　1986.1　76p　18cm　(精神開発叢書 102)　非売品

『サッカーに燃えた日々』　釜本邦茂著　実業之日本社　1985.12　188p　22cm　980円　①4−408−39323−1

『釜本のサッカーを始める人のために―世界のカマモトが直接教える初歩から高等テクニック カラー図解』　釜本邦茂著　池田書店　1985.3　207p　19cm　(スポーツ入門シリーズ)　780円　①4−262−11203−9

オリンピックの本3000冊　181

『ストライカーの美学―釜本邦茂写真集』
大阪　東方出版　1985.1　151p　31cm〈監修：賀川浩　釜本邦茂年譜：p144～145〉　3800円

『ゴールの軌跡―釜本邦茂自伝』　釜本邦茂著　趣味と生活（制作）　1981.6　235p　19cm　（ほるぷ自伝選集―スポーツに生きる 10）〈企画：ほるぷ教育開発研究所 原発行：ベースボール・マガジン社 発売：ほるぷ　著者の肖像あり　釜本邦茂―ゴールの軌跡：p228～231〉

## 《川口 能活》　かわぐち・よしかつ

㊓昭和50年（1975年）8月15日

◇サッカー選手（SC相模原・GK）。平成6年、横浜マリノス（現・横浜Fマリノス）に入団。8年アトランタ五輪に出場、予選第1戦の対ブラジル戦では、計28本のシュートからゴールを守り、無失点に抑え、チームを勝利に導いた（マイアミの奇跡）

『壁を超える』　川口能活［著］
KADOKAWA　2017.10　212p　18cm（角川新書 K‒165）　800円　①978‒4‒04‒082166‒5
内容 順風満帆に見えて、実際は今ほど整っていない環境での海外移籍や度重なるケガなどつらい時期を幾度も乗り越えてきた。メンタルが問われるゴールキーパーという特殊なポジションで自分を支え続けるものは何なのか。

『川口能活証』　山中忍著　文藝春秋
2006.5　214p　20cm　1238円　①4‒16‒368010‒1
内容 「あの経験があるから、今の自分がいる」ポーツマス、ノアシェラン、そして日本への帰国。サッカー選手として、人間として、日本の守護神が苦脳し続けた三年間を赤裸々に描く。

『魂のゴールキーパー川口能活』　西川昭策著　増補改訂版　アールズ出版
2006.3　223p　19cm　1300円　①4‒86204‒012‒8
目次 第1章 私と能活の3年間―清商時代（Jリーグ入りして大人になった能活, 能活との出会い, 大滝雅良先生のすばらしい教育 ほか）, 第2章 磨かれた才能―小中学校時代（富士のすそ野が能活のふるさと, サッカー少年能活誕生, 恩師・太田英雄監督が語る能活の思い出 ほか）, 第3章 日本の守護神―プロ入りから世界へ（マリノス入団、2年目に優勝に貢献, 能活のJリーグ戦記, アトランタ五輪への道 ほか）

『魂のゴールキーパー川口能活』　西川昭策著　ラインブックス　2002.1　222p　20cm〈肖像あり〉　1300円　①4‒89809‒091‒5
内容 高校時代の恩師がつづる日本代表の守護神素顔のエピソード。

『ゴールはオレにまかせろ！「川口能活」―アトランタ若き守護神』　大貫哲義著　主婦と生活社　1996.8　214p　19cm〈川口能活の肖像あり〉　1100円　①4‒391‒11912‒9
目次 第1章 富士のガキ大将, 第2章 特訓に継ぐ特訓, 第3章 理想のゴールキーパー, 第4章 ルーキー・オブ・ジ・イヤー能活！, 第5章 世界への扉が開いた！, 第6章 明日の守護神

## 《川澄 奈穂美》　かわすみ・なほみ

㊓昭和60年（1985年）9月23日

◇サッカー選手（シアトルレイン・MF）。平成20年なでしこリーグのINAC神戸レオネッサに入団。同年5月AFC女子アジア杯韓国戦で女子日本代表（なでしこジャパン）に初選出。24年8月ロンドン五輪ではグループリーグ第1戦のカナダ戦で得点するなど全6試合に出場し、銀メダル獲得に貢献。28年3月リオデジャネイロ五輪はアジア最終予選3位で出場を逃す

『なでしこの★キセキ★川澄奈穂美物語』
上野直彦原作, 大和屋エコ漫画　小学館
2012.7　169p　18cm　（少年サンデーコミックス）　743円　①978‒4‒09‒159122‒7

『夢をかなえるチカラ―なでしこ☆川澄奈穂美の笑顔の秘密』　川澄奈穂美著　小学館　2012.7　113p　21cm　952円　①978‒4‒09‒388260‒6
内容 サッカー日本女子代表・世界一の勝利の女神、初公式ブログ本。新しい言葉と写真が加わって、2年分のリアルな想いがマルわかり。

オリンピック夏季競技　　サッカー

## 《川淵 三郎》　かわぶち・さぶろう

⊕昭和11年（1936年）12月3日

◇サッカー指導者, 元・サッカー選手。早大時代関東大学リーグ優勝3回、2年時に日本代表入り。昭和36年古河電工入社。39年の東京五輪では釜本邦茂と組んで右ウイングで活躍した。平成3年日本プロサッカーリーグ（Jリーグ）発足と同時にチェアマン（理事長）に就任20年7月、3期6年を務め、任期満了により日本サッカー協会会長を退任した

## 『「J」の履歴書―日本サッカーとともに』

川淵三郎著　日本経済新聞出版社
2009.9　349p　20cm　1900円　①978-
4-532-16711-0

内容 サッカー界ともにあった半生を振り返り、未来の夢を語る。日経新聞「私の履歴書」に大幅加筆し、単行本化。

## 《清武 弘嗣》　きよたけ・ひろし

⊕平成1年（1989年）11月12日

◇サッカー選手（セレッソ大阪・MF）。中学3年で大分トリニータジュニアユースに入団し、九州から唯一、U-12代表に選ばれ、以来各世代の代表に選出される。20年トップチームに昇格。22年セレッソ大阪に完全移籍。U-23日本代表ではエース格としてチームの中心に君臨し、ロンドン五輪出場権獲得に貢献。同年Jリーグベストイレブンに選出

## 『明日への足音』　清武弘嗣著　小学館

2014.5　245p　19cm　1400円　①978-
4-09-388361-0

目次 1 サッカーとの出合い―大分トリニータユース（サッカーとの出合い, 文武両道 ほか）, 2 大分トリニータ、セレッソ大阪そしてドイツへ（ガラスのハート、悪夢の14連敗 ほか）, 3 初めての国際経験―ロンドン五輪（慶悟へのラストパス、涙の戦線離脱 ほか）, 4 1.FCニュルンベルク（がむしゃらなスタート、「どうしたらいいんやろう」 ほか）, 5 日本代表として（気が乗らんかった初の代表選出、引きこもりの3日間 ほか）

## 《クラマー, デットマール》

⊕1925年4月4日

⊗2015年9月17日

◇ドイツのサッカー指導者。1946年サッカーチームのドルトムントに入団。'51年足の故障で現役を引退、指導者となる。'60年日本サッカー協会の招聘を受け初来日し、東京五輪に向け日本代表コーチに就任。"サムライ・スピリット"と科学的理論を基礎としたコーチングで日本の若い指導者を魅了した。チーム強化でも、合宿中に選手たちと寝食をともにする情熱的な指導や、基礎技術の習得に重点を置いた練習で釜本邦茂、杉山隆一ら世界に通用する選手を育て、'64年の東京五輪で8強入りに導き'68年のメキシコ五輪銅メダルに繋がった。また、国内リーグの創設や指導者の育成、日本代表の定期的な海外遠征、芝生グラウンドの増設、高校年代の担当を含めた日本代表コーチの常設などを提言し、日本サッカーの実力向上に大きく貢献した功績から"日本サッカーの父"と呼ばれる。'92年バルセロナ五輪では韓国代表総監督を務めた

## 『Q & A（エー）式しらべるサッカー　4　日本のサッカー―これまでとこれから』

ベースボール・マガジン社編　ベースボール・マガジン社　2010.7　30p　29cm〈タイトル：Q & A式しらべるサッカー　索引あり〉　2200円　①978-4-583-10246-7

内容 日本にサッカーが伝えられた年や、国際大会での活躍、Jリーグの誕生など、日本のサッカーに関する25問。

## 《今野 泰幸》　こんの・やすゆき

◇サッカー選手。平成12年5月インターハイ予選で初戦敗退するも、同年コンサドーレ札幌の合宿に参加し、13年入団。16年FC東京に移籍。同年アテネ五輪出場

## 『道を拓く力―自分をマネジメントするイメージとは』　今野泰幸著　日本経済新聞出版社　2013.1　207p　19cm〈年譜あり〉　1300円　①978-4-532-16859-9

目次 第1章 日本代表として戦う男の「勝負する力」、第2章 がむしゃらに自分を磨き続けることで体得した「吸収する力」、第3章 プロの壁をぶち破る―見極める力、第4章 世界の舞台での苦境を糧にする「繋げる力」、第5章 Jリーグの未来を創る「魅せる力」、第6章 仲間と切磋琢磨する「共有する力」、第7章 できることを全力でやり抜く「絆の力」

## 『サッカーと郷愁と―戦後少年のスポーツと学問の軌跡』　成田十次郎著　不味堂

オリンピックの本3000冊　183

サッカー　　　　　　　　　オリンピック夏季競技

出版（発売）　2010.9　157p　20cm
1600円　①978-4-8293-0481-5
　内容　「日本サッカーの父」デットマール・クラマーをドイツから連れてきた青年。土佐の山奥に生まれ、『郷愁記』に導かれ、世界を舞台にスポーツと学問に生きた感動の人生。

『デットマール・クラマー――日本サッカー改革論』　中条一雄著　ベースボール・マガジン社　2008.8　307p　19cm〈年譜あり〉　1800円　①978-4-583-10116-3
　内容　歓喜のメキシコ五輪銅メダルから、40年。そこには、日本サッカーを「本当に」変革した、一人のドイツ人の存在があった。初来日から48年にもわたる圧倒的な取材を元に描いた、これが本当の「クラマーの教え」だ。

『大和魂のモダンサッカー――クラマーとともに戦った日本代表の物語』　加部究著　双葉社　2008.6　293p　19cm　（Soccer critique library）〈肖像あり〉　1800円　①978-4-575-30042-0
　内容　オシムの教えは、すでに日本サッカーの父・クラマーによって実践されていた！　語り継がねばならない日本サッカーの原点、そして日本代表史上もっとも熱い人間ドラマがここにある―。世界を驚かせた1968年の「日本化」サッカー。

《佐々木 則夫》　ささき・のりお
㊱昭和33年（1958年）5月24日
◇サッカー指導者。平成18年女子日本代表（なでしこジャパン）コーチとなり、U-15、U-16女子日本代表監督、19年1月U-19女子日本代表監督を兼務。同年末に女子日本代表監督昇格が決まり、20年1月就任。8月の北京五輪では3位決定戦で強豪ドイツに敗れるも、メキシコ五輪の男子以来40年ぶりとなる準決勝進出に導く。24年1月国際サッカー連盟（FIFA）の女子最優秀監督賞に選出、8月のロンドン五輪では米国との決勝戦で敗れるが、男女を通じて日本のサッカー史上初となる五輪での銀メダルを日本にもたらした。28年3月アジア最終予選3位でリオデジャネイロ五輪の出場を逃し、代表監督を退任

『なでしこ力―さあ、一緒に世界一になろう！』　佐々木則夫［著］　講談社　2012.7　233p　15cm　（講談社文庫 さ

107-1）〈文献あり〉　476円　①978-4-06-277330-0
　内容　「日本女性の長所が百パーセント発揮されたら、女子ワールドカップ・ドイツ大会で世界の頂点に立てる」。大会の約半年前に書き下ろした本書で宣言したとおり、著者は選手の能力を最大限に引き出し、“なでしこジャパン”を世界一に導いた。世界最優秀監督賞に輝いた指揮官による、必読の組織マネジメント論。

『なでしこ力次へ』　佐々木則夫著　講談社　2012.4　221p　19cm〈文献あり〉　1200円　①978-4-06-378716-0
　内容　FIFA女子年間最優秀監督賞受賞。ワールドカップ、オリンピックで常に優勝を狙う日本になるために名将が明かす、なでしこ未来予想図。

『なでしこ力―さあ、一緒に世界一になろう！』　佐々木則夫著　講談社　2011.1　220p　19cm　1200円　①978-4-06-378713-9
　内容　なでしこジャパンはなぜ強い？　日本の女性の長所とは？　女性が100％の力を発揮したくなる組織とは？　女子ワールドカップで世界一を狙う現役監督が、その秘密を解き明かす。

《澤 穂希》　さわ・ほまれ
㊱昭和53年（1978年）9月6日
◇サッカー選手。府中市立第五中入学と同時に読売ベレーザ（現・日テレ・ベレーザ）に入団。15歳の平成5年12月アジア選手権対フィリピン戦で日本代表にデビューし、いきなり4得点をあげた。8年アトランタ五輪代表（予選リーグ敗退）。16年アテネ五輪アジア予選では、右膝の半月板を損傷していながらもエースとして活躍し、2大会ぶりとなる本選出場に貢献。同年アテネ五輪は7位。20年北京五輪は、1次リーグ初戦の対ニュージーランド戦で五輪初ゴールを決めるなど3得点を挙げ、初のベスト4進出を果たすも、3位決定戦で強豪ドイツに敗れ、4位に終わった。24年8月のロンドン五輪は米国との決勝戦で敗れるが、男女を通じて日本のサッカー史上初となる五輪での銀メダルを獲得した

『夢はみるものではなく、かなえるもの』　澤穂希著　京都　PHP研究所　2017.2

141p　20cm　（100年インタビュー保存
版）　1300円　①978-4-569-83466-5
内容 小学生の頃、男子にまじって紅一点。サ
　　ッカーに夢中だった。プロになりたい、日
　　本代表になりたい、オリンピックでメダル
　　をとりたい、ワールドカップで世界一にな
　　りたい…どんなに苦しくてもあきらめず、
　　夢をかなえた女子サッカー界のレジェンド
　　が、熱き日々と新たな夢を語る。

『チャンスの波に乗りなさい』　澤満壽子
著　徳間書店　2016.1　190p　19cm
1200円　①978-4-19-864094-1
内容 女子サッカー界のレジェンド・澤穂希。
　　その半生を見守ってきた実母による回想エ
　　ッセイ。出産、幼少時代、いじめ、離婚、思
　　春期、海外挑戦、ケガ、W杯優勝、結婚、引
　　退など最も近くから見守ってきた実母がそ
　　の舞台裏と心情を振り返った。澤穂希に
　　よるコラム「わたしの記憶」も収録！

『澤穂希』　本郷陽二編　汐文社　2013.2
157p　20cm　（オリンピックのアスリー
トたち）〈文献あり〉　1500円　①978-
4-8113-8968-4
目次 第1章 初めてボールを蹴った時，第2章
　　男子よりサッカーがうまい，第3章 闘志を
　　燃やせ，第4章 アメリカに渡る，第5章 世界
　　の頂点に立つ，第6章 オリンピックの銀メ
　　ダル

『澤穂希の拓いた道―なでしこ躍進の秘密』
森哲志著　平凡社　2012.7　206p
19cm　1400円　①978-4-582-82461-2
内容 2008年、北朝鮮戦勝利から始まったな
　　でしこの変化。そこには何があったのか!?
　　女子サッカーの成長とともに生きた、澤穂
　　希のサッカー人生を追う。本人へのインタ
　　ビューや関係者の証言を集め、長年の取材
　　が結実。

『なでしこサッカー―世界の頂点へ』　高
倉麻子著　愛育社　2012.6　233p
19cm　1200円　①978-4-7500-0412-9
内容 日本女子サッカー伝説の天才MFが、な
　　でしこジャパンの過去、現在、将来を徹底
　　検証。なでしこの強さとライバル国の戦力
　　を分かりやすく分析する。

『なでしこキャプテン！―夢は見るもので
はなく、かなえるもの』　澤穂希作，早
草紀子写真　集英社　2012.1　165p

18cm　（集英社みらい文庫　さー2-1）
620円　①978-4-08-321067-9
内容 キャプテンとしてチームを率い、ドイツ
　　ワールドカップで『なでしこジャパン』を世
　　界一に導いた澤穂希選手。スーパープレイ
　　ヤーとして大活躍していますが、子どもの
　　頃は勉強よりも、サッカーと遊ぶことが大
　　好きな普通の女の子でした。ただ一つ違っ
　　たのは、一生懸命に目標へと向かう強い意
　　志を持っていたこと。世界一になった澤選
　　手が教えてくれた、夢を絶対にかなえる方
　　法とは!?小学中級から。

『負けない自分になるための32のリーダー
の習慣』　澤穂希著　幻冬舎　2011.11
202p　19cm　1200円　①978-4-344-
02091-7
内容 目標は「言葉」にすれば、必ず実現す
　　る。プレゼに強い心で戦い続けるための習
　　慣。成功を引き寄せる、「有言実行」のメン
　　タル術。

『夢をかなえる。―思いを実現させるため
の64のアプローチ』　澤穂希著　徳間書
店　2011.11　222p　19cm　1200円
①978-4-19-863298-4
内容 夢を抱くのに年齢もキャリアも関係な
　　い。シンプルな習慣を少しプラスするだけ
　　で、あなたの夢がグッと近づく。「あきらめ
　　ない自分」をつくるヒントがきっと見つか
　　ります。

『直伝澤穂希』　澤穂希著　講談社　2008.
8　150p　21cm　（トップアスリート
kamiwazaシリーズ　プレミアム）　1600
円　①978-4-06-295003-9
内容 澤穂希が説き明かす、読んで上達する女
　　子サッカーの極意。リフティングからパス、
　　ドリブル、シュート、ボディケアまで、自
　　身の経験と写真で綴ったプレー指南書。

『ほまれ―なでしこジャパン・エースのあ
ゆみ』　澤穂希著　河出書房新社
2008.7　222p　19cm　1600円　①978-
4-309-27027-2
目次 第1章 サッカー少女―男の子に混じって
　　始まったサッカー人生，第2章 日本代表―
　　12歳でベレーザ、15歳で代表デビュー，第3
　　章 チャンスの波に乗れ―低迷する女子サッ
　　カー界を転機ととらえて，第4章 アメリカ―
　　世界最高峰プロリーグへの挑戦，第5章 ジャ
　　ンヌ・ダルク―死闘の北朝鮮戦と、負傷を

サッカー　　　　　オリンピック夏季競技

乗り越えて，第6章 初タイトル―北京へと
続く道はアテネから始まった，第7章 サッカーが救ってくれた―29年間の人生を支えてくれたもの，終章 未来へ―夢は見るものではなく，叶えるもの

### 《城 彰二》　じょう・しょうじ
㊛昭和50年（1975年）6月17日

◇サッカー解説者，元・サッカー選手。平成6年Jリーグのジェフ市原（現・ジェフ千葉）に入団。8年アトランタ五輪1次リーグで強国ブラジルを破った"マイアミの奇跡"のメンバー

『サッカー界のぶっちゃけ話』　城彰二著
宝島社　2013.10　207p　19cm　1238円
Ⓘ978-4-8002-1435-5
内容 テレビじゃ観られないJ・代表・欧州サッカーの舞台裏！ 現役を退いたいまだから語る代表エースの秘話！

『エースのJO』　城彰二著　リヨン社
1998.4　239p　20cm〔東京〕二見書房（発売）〉　1400円　Ⓘ4-576-98045-9
内容 イランに起死回生の同点ゴールをたたき込み日本を初のワールドカップへと導いた，時代のストライカー城彰二。アトランタ五輪からW杯最終予選，そしてサッカーへの想い。

### 《杉山 隆一》　すぎやま・りゅういち
㊛昭和16年（1941年）7月4日

◇サッカー指導者。昭和36年日本代表に初選出され，明大時代の昭和39年の東京五輪では，エースストライカーとして3得点を挙げた。釜本邦茂との"黄金コンビ"で，43年のメキシコ五輪でも5アシストと活躍し，銅メダルの原動力となった

『杉山隆一黄金の左足の伝説―ジュビロ磐田をつくった男』　丸山一昭著　角川書店　2002.12　206p　20cm　1200円
Ⓘ4-04-883805-9
内容 「20万ドルの黄金の足」と騒がれた東京オリンピック。銅メダルに輝いたメキシコ・オリンピック。三菱重工時代のスター，杉山隆一。彼の人生は，サッカー一筋，鉄道のレールのように横にずれたことがない。現役引退後は故郷に帰り，創部2年目，静岡県リーグ2部のヤマハ発動機の監督になり，7年でトップの日本リーグ1部昇格を果たし

た。さらに9年目にして天皇杯優勝という日本一の座を獲得する。プロ化のなかではジュビロ磐田のスーパバイザーとして，名実ともにJリーグのトップチームをつくりあげた。戦後日本のサッカーを引っ張り続けてきた代表的な男である。

### 《ストイコビッチ，ドラガン》
㊛1965年3月3日

◇セルビアのサッカー監督（広州富力），元・サッカー選手。1981年ラドニキ・ニシュでプロ契約。'94年Jリーグの名古屋グランパスに入団。'88年ソウル五輪に出場

『Pixy the final―ドラガン・ストイコビッチ写真集』　Sports Graphic Number編　文春ネスコ　2001.8　133p　31cm〈東京 文藝春秋（発売）〉　2500円
Ⓘ4-89036-135-9
内容 Jリーグ最後のファンタジスタよ，永遠に！ 名古屋グランパスエイト・オフィシャルフォトグラファーの選りすぐりの写真をはじめ，幼少の頃から2001年の第1ステージ最後の試合まで，完全網羅した永久保存版写真集。

『ドラガン・ストイコビッチ完全読本』
集英社　2001.7　415p　21cm〈肖像あり　付属資料：カード1枚〉　1900円
Ⓘ4-08-780326-0
内容 プロデビュー、レッドスター、ユーゴ代表、そして日本…。20年間にわたるプレー＆プライベート未公開写真多数。木村元彦、田村修一、加部究、武智幸徳、湯浅健二ほか国内外の多彩な執筆陣によるピクシー賛歌。アーセン・ベンゲル、加茂周はじめ各界著名人によるピクシーへの惜別のコメント集。ラスト・ロングインタビュー。本人直筆によるメッセージ。ストイコビッチの半生を追った感動のノンフィクション・コミック「背番号10」（完全版）等々を掲載した、豪華メモリアル完全読本。

『誇り―ドラガン・ストイコビッチの軌跡』
木村元彦著　集英社　2000.9　318p　16cm　（集英社文庫）〈東京新聞出版局1998年刊の増補　年表あり〉　571円
Ⓘ4-08-747245-0
内容 フィールドの妖精 "PIXY"ドラガン・ストイコビッチ。人々を魅了する華麗なプレー。だが、その半生から浮かび上がるの

は、政治に翻弄された祖国ユーゴスラビア
への熱き想いと誇りだった。来日当初「乱
暴者」のレッテルを貼られた、彼の真の姿
がここにある。過酷な運命を乗り越え世界
を舞台に光り輝く、憂国のフットボーラー
の軌跡を綴るヒューマン・ノンフィクショ
ン。一章分の書き下ろしを追加し、貴重な
初公開写真も収録。

『誇り―ドラガン・ストイコビッチの軌跡』
木村元彦著　東京新聞出版局　1998.5
238p　20cm　1500円　Ⓝ4-8083-0633-
6
内容 フランスW杯に、存在の全てを賭ける！
祖国ユーゴの分裂、国際舞台からの追放。不
条理な力に蹂躙されながらも、つねに"誇
り"を持って戦ってきたサッカー選手がい
る。名古屋グランパスエイトの司令塔スト
イコビッチ。かつての朋友クロアチア代表
との友情を胸に、新生ユーゴ代表として再
び夢舞台に挑む"妖精"を追う。

『Pixy―ドラガン・ストイコビッチ写真集』
石島道康撮影　アリアドネ企画　1996.3
95p　27cm〈発売：三修社　年譜：p92
〜94〉　2400円　Ⓝ4-384-02302-2
内容 妖精か、気まぐれ屋か、天才か。ピク
シーの全貌がここにある。

《ソロ, ホープ》
Ⓑ1981年7月30日
◇米国のサッカー選手。GK。2004年のアテ
ネ五輪ではバックアップ要員で登録。代表
では2005年から正GKとして活躍。2008年
北京五輪出場。アテネに続くアメリカの2
連覇に貢献した。また、2012年のロンドン
五輪にも出場し、決勝で日本を破り五輪3連
覇を果たした

『ソロ―希望（ホープ）の物語―』　ホー
プ・ソロ, アン・キリオン著, タカ大丸訳
ベストセラーズ　2013.3　286p　19cm
1800円　Ⓝ978-4-584-13485-6
内容 日本代表の金メダル阻んだ左手、その裏
にあった壮絶なる過去。親友宮間あやとの
メール、ホームレスになった父、アルコー
ル依存症の母、それでも愛し続けた家族…
日本版特別収録・ロンドン五輪、なでしこ
戦激闘秘話。

《高倉 麻子》　たかくら・あさこ
Ⓑ昭和43年（1968年）4月19日
◇サッカー選手、指導者。サッカー女子日本
代表監督。平成6年読売ベレーザの日本女
子リーグ4連覇に貢献した。中学3年15歳で
女子日本代表に初選出され、16歳で代表デ
ビュー。8年アトランタ五輪代表。引退後は
指導者となり、28年4月女子日本代表（なで
しこジャパン）監督に就任

『なでしこサッカー―世界の頂点へ』　高
倉麻子著　愛育社　2012.6　233p
19cm　1200円　Ⓝ978-4-7500-0412-9
内容 日本女子サッカー伝説の天才MFが、な
でしこジャパンの過去、現在、将来を徹底
検証。なでしこの強さとライバル国の戦力
を分かりやすく分析する。

《高原 直泰》　たかはら・なおひろ
Ⓑ昭和54年（1979年）6月4日
◇サッカー選手・監督（沖縄SV・FW）。10年
ジュビロ磐田に入団。12年2月対シンガポー
ル戦でA代表にデビューし、シドニー五輪
代表として予選リーグ突破に貢献した。14
年W杯日韓共催大会代表に有力視されてい
たが、直前の移動中に発病した肺血栓塞栓
のため代表入りを逃す。16年オーバーエイ
ジ枠でのアテネ五輪代表に有力視されてい
たが病気が再発し、代表入りを逃した

『高原直泰物語』　本郷陽二編　汐文社
2008.3　178p　22cm　（夢かけるトップ
アスリート スポーツノンフィクション）
1500円　Ⓝ978-4-8113-8449-8
目次 第1章 アジアナンバーワン・ストライカー
（久しぶりのピッチ、すべてに優れたオール
ラウンダー ほか）, 第2章 努力を重ねた少年
時代（やんちゃで恥ずかしがり屋、サッカー
を始める ほか）, 第3章 Jリーグそして世界
の桧舞台へ（プロデビュー戦、ドゥンガとの
出会い ほか）, 第4章 ドイツでのあくなき
挑戦（エコノミー症候群発症、そして代表
落選、Jリーグ史上最年少得点王 ほか）, 第5
章 最後のチャンスへ向けて（フランクフル
トへ, ハットトリック ほか）

『高原直泰原点』　高部務著　増補改訂版
アールズ出版　2006.2　222p　19cm
1300円　Ⓝ4-86204-011-X
内容 小・中・高校時代の指導者やチームメ
イトへの徹底取材で描くストライカー誕生

サッカー　　　オリンピック夏季競技

物語。数々のエピソードをつづった日本の
エースFW、27年の軌跡。

『高原直泰原点』　高部務著　ラインブッ
ク　2003.11　222p　20cm　1300円
①4-89809-138-5
内容 日本のエースFW素顔の軌跡。小・中・
高時代の指導者やチームメイトへの徹底取
材で描くストライカー誕生物語。

『Goal gate—高原直泰1979-2003』　佐
藤俊著　小学館　2003.5　254p　19cm
〈肖像あり〉　1400円　①4-09-355332-7
内容 日本最高のFWが、ブンデスリーガで大
暴れ!!ハンブルガーSV移籍後、ついに真実
を語る。

《田中 マルクス闘莉王》　たなか・まるく
　　　すとぅーりお
㊞昭和56年（1981年）4月24日
◇サッカー選手（京都サンガ・DF）。日系3世
としてブラジルで生まれる。13年サンフレ
ッチェ広島に入団。15年誕生日の4月24日
に日本国籍を申請、10月9日に認可され、田
中マルクス闘莉王に改名。12月のU-22代表
合宿で初招集され、16年のアテネ五輪は3試
合に出場した

『大和魂』　田中マルクス闘莉王著　幻冬
舎　2010.12　236p　20cm　1300円
①978-4-344-01922-5
内容 二〇一〇年南アフリカW杯に不動のセ
ンターバックとして臨んだ田中マルクス闘
莉王。前評判の低かった岡田ジャパンが躍
進を遂げ、ベスト16に進出できた秘密はど
こにあったのか。初めてのW杯に懸ける思
い、愛する浦和レッズと断腸の思いで訣別
した理由、そして新天地・名古屋グランパ
スでの再出発と栄光――。日本を愛し、日本
人としての誇りに満ちた男、田中マルクス
闘莉王の激動の半生。

『鉄壁』　田中マルクス闘莉王著　小学館
2010.3　191p　19cm　1200円　①978-
4-09-387893-7
内容 野生の本能が、今、目を覚ます。今、本
気でブラジルに勝ちたいと思っている。オ
シム前日本代表監督、浦和レッズを愛する
人への手紙他、数編の書簡を収録。

『闘莉王超攻撃的ディフェンダー』　矢内
由美子文　学習研究社　2009.4　175p

22cm　（スポーツノンフィクション）
1200円　①978-4-05-203086-4
内容 ディフェンダーとして味方のゴールを
守っていたかと思えば、いつの間にか相手
のゴール前で得点をねらっている背番号4。
つねに闘志あふれるプレーをみせてくれる
田中マルクス闘莉王の、努力と成長の物語。

《トルシエ, フィリップ》
㊞1955年3月21日
◇フランスのサッカー指導者。1984年指導者
に転向、'98年日本代表監督に就任。2000年
9月シドニー五輪では初の決勝トーナメント
進出を果たした

『トルシエ革命』　フィリップ・トルシエ,
田村修一著　新潮社　2001.6　267p
20cm　1600円　①4-10-540801-1
内容 涙のシドニー五輪、歓喜のアジア杯優勝、
アウェイに散った欧州遠征。花も嵐も乗り
越えて、世界を目指した二年半。代表全て
の疑問に答える待望の独占手記。

『トゥルシエとその時代—シドニー五輪、
アジアカップから見えてきたトゥルシエ
の攻撃サッカー』　後藤健生著　双葉社
2000.12　240p　20cm　1400円　①4-
575-29184-6
内容 今、ようやくトゥルシエというサッカー・
コーチの全体像を評価しうる時が来た。

『ああいえば、こう蹴る』　大住良之,後藤
健生著　ベースボール・マガジン社
2000.9　277p　19cm　1500円　①4-
583-03587-X
内容 気鋭のサッカージャーナリストがクール
に激論。トルシエでいいのか、2002年。

『サッカー・アンソロジー――記者席から見
た日本サッカー人と事件'94-'00　3』
財徳健治著　NECメディアプロダクツ
2000.9　357p　19cm　〈出版者の名称変
更：2まではNECクリエイティブ〉
1400円　①4-87269-160-1
内容 フィリップ・トルシエの挑戦は2002年へ
の道を拓くか!?「サッカー・マガジン」の人
気コラム単行本化第3弾。

『サッカーの話をしよう　5』　大住良之著
NECクリエイティブ　2000.4　255, 3p
19cm　〈索引あり〉　1400円　①4-

188

87269–147–4

内容 トルシエと日本代表が目指すものとは何か？　サッカージャーナリスト大住良之のサッカーをとことん愛するコラム集第5弾。

『**U–22—フィリップ・トルシエとプラチナエイジの419日**』　元川悦子著　小学館　2000.1　222p　19cm　1400円　①4–09–386041–6

内容 本書は1998年9月21日、トルシエの日本代表監督就任の日から99年11月13日、五輪2次予選でシドニーへのキップを手に入れるまでの波瀾の419日間を、U–22（under 22—22歳以下）世代＝プラチナエイジたちの視点から、つぶさに迫ったライヴドキュメントである。サッカーに憧れ、サッカー選手を夢見て、夢を現実にし、ついには「世界標準」の実力を勝ち取っていくJリーグの申し子たちの、昨日、今日、明日を、記録と分析、選手本人や関係者へのインタビューで綴る。

《**永里 優季**》　ながさと・ゆうき

⊕昭和62年（1987年）7月15日

◇サッカー選手。平成14年Lリーグ（現・なでしこリーグ）日テレベレーザの下部組織であるメニーナに入団。15年ベレーザに昇格。16年高校生ながらアテネ五輪アジア予選の女子日本代表（なでしこジャパン）に選出され代表デビューするも、本番では代表落ち。20年8月初の五輪となった北京五輪は全試合に出場、3位決定戦で強豪ドイツに敗れるも、メキシコ五輪の男子以来、40年ぶりとなる準決勝進出の原動力となった。24年、8月の五輪ではエースとして3得点を挙げる活躍で、チームを銀メダルに導く

『**結果を出すための「合わせる」技術—Ogimi Method**』　大儀見優季著　実業之日本社　2016.3　223p　19cm〈表紙のタイトル：The "Combination" skill to achieve results〉　1400円　①978–4–408–45587–7

内容 人生を劇的に変える！　個人×組織、感覚×論理…異なるモノを合わせるハイブリッド思考術!!「結果を出す」「進化する」ために思考し続ける著者が行き着いた、心と身体を磨く究極のメソッド！

『**大儀見の流技—アスリートとして、女性として輝くために**』　大儀見優季著　カンゼン　2014.4　238p　19cm　1600円

①978–4–86255–234–1

《**中田 浩二**》　なかた・こうじ

⊕昭和54年（1979年）7月9日

◇元・サッカー選手。10年鹿島アントラーズに入団。12年シドニー五輪代表として予選リーグ突破に貢献

『**中田浩二の「個の力」を賢く見抜く観戦術—サッカーが11倍楽しくなる！**』　中田浩二著　ワニブックス　2016.2　206p　18cm　（ワニブックス｜PLUS｜新書159）　830円　①978–4–8470–6570–5

内容 現在、テレビ『やべっちF.C.』の解説者としても活躍中のサッカー元日本代表の中田浩二。現役時代のプレースタイルと同じく、"賢い"サッカーの観方を初公開。90分間ずっとサッカーを面白く観るために、選手の「個の力」を見抜くシンプルな方法とは？　現日本代表選手の真の「個の力」、1999年ワールドユース、2002年ワールドカップ日本代表の知られざるエピソード、鹿島アントラーズ時代に培われた"勝者のメンタリティー"などのテーマから語り尽くされるサッカー観戦術本の決定版。

《**中田 英寿**》　なかた・ひでとし

⊕昭和52年（1977年）1月22日

◇元・サッカー選手。平成7年Jリーグのベルマーレ平塚（現・湘南ベルマーレ）に入団。8年史上最少少で五輪代表となりアトランタ五輪に出場、豊富な運動量、強烈なシュート、正確なセンタリングで得点にからみ、1次リーグでブラジルを破る"マイアミの奇跡"を演出した。12年のシドニー五輪では日本の決勝トーナメント進出に貢献した

『**Nakata.net 2000**』　中田英寿著，小松成美解説　新潮社　2002.4　292p　16cm　（新潮文庫）〈本文は日本語〉514円　①4–10–132433–6

内容 強豪A.S.ローマへの電撃移籍、そこで立ちはだかった大きな壁、二度目のオリンピック出場、そして準々決勝アメリカ戦でのPK失敗etc.—。「プロである以上、立ち止まるわけにはいかない」と感じたヒデは、苦難を乗り越え、"真のジョカトーレ"へと成長していった。自身のHPで綴られた33通のメールを一挙収録！　秘蔵写真満載でおくる、2000年版"ヒデ・メール"の集大成。

サッカー　　　　　オリンピック夏季競技

『中田英寿─日本をフランスへ導いた男』
高部務著　改訂版　ラインブックス
2000.3　237p　20cm〈肖像あり〉　1300
円　①4-89809-051-6
[内容] ワールドカップ、セリエA、シドニー五
輪予選、そして…さらなる頂点へ！恩師や
知人の語るエピソードや秘蔵写真、そして
出場した試合の名シーンで描くセリエAプ
レーヤー・NAKATAの軌跡。セリエAへの
移籍や五輪予選での活躍などワールドカッ
プ以降の歩みを加えた改訂版。

『中田英寿「超」事典─アーチスト解体新
書』　ワールドアッカファンズ著　アー
トブック本の森　1999.5　212p　19cm
（C・books）〈〔東京〕コアラブックス
（発売）〉　1000円　①4-87693-466-5
[内容] いまや日本の若者を代表する重要な人
物・中田英寿!!サッカーへの夢がすべて！
パーフェクト解体新書。

『中田英寿─日本をフランスへ導いた男』
高部務著　ラインブックス　1998.3
237p　20cm　1300円　①4-89809-013-
3
[内容] 故郷・山梨の恩師と友人が語る、クール
な天才司令塔の素顔の青春ストーリー。

《長友 佑都》　ながとも・ゆうと
㊸昭和61年（1986年）9月12日
◇サッカー選手（ガラタサライ・DF）。平成
17年明治大学に入学、在学中の19年FC東京
の強化指定選手となり、同年U-22日本代表
に初選出され、北京五輪アジア2次予選の対
マレーシア戦で初先発初ゴールを挙げた

『長友佑都─世界の左サイドバック』　本
郷陽二編　汐文社　2015.7　163p
20cm　（蒼きSAMURAI2）〈文献あり〉
1500円　①978-4-8113-2206-3
[目次] 序章 セリエAでの激闘, 第1章 愛媛の
サッカー少年, 第2章 ぼろぼろサッカー部,
第3章 サッカー漬けの高校時代, 第4章 大学
サッカーとプロへの道, 第5章 オリンピッ
クからワールドカップへ, 第6章 世界を舞
台に大活躍

『長友佑都』　スポーツ伝説研究会著　汐
文社　2011.7　164p　20cm　（SPORTS
LEGEND）〈文献あり〉　1400円
①978-4-8113-8808-3

[目次] 序章 世界一のサイドバック, 第1章 わん
ぱくだった少年時代, 第2章 恩師と出会っ
た中学時代, 第3章 頑張り続けた高校時代,
第4章 チャンスをつかんだ大学時代, 第5章
オリンピックそしてワールドカップを目指
して, 第6章 世界での戦い

《長沼 健》　ながぬま・けん
㊸昭和5年（1930年）9月5日
㊲平成20年（2008年）6月2日
◇サッカー監督・選手。昭和30年古河電気工
業（現・ジェフ千葉）に入社。31年メルボル
ン五輪代表。37年"日本サッカーの父"とい
われるデットマル・クラマーの推薦もあり、
人柄と情熱、卓越した指導力を買われて32
歳で日本代表監督に抜擢。39年東京五輪ベ
スト8、43年メキシコ五輪では釜本邦茂、杉
山隆一、八重樫茂生といった個性豊かな選
手たちをまとめ、銅メダル獲得の壮挙を成
し遂げた

『サッカー─ロングインタビュー』　長沼
健［述］　読売新聞社東京本社　2006.3
64p　21cm　（読売ぶっくれっと no.54
─時代の証言者 13）〈下位シリーズの責
任表示：読売新聞解説部［編］〉　429円
①4-643-06006-9

『サッカーに賭けた青春』　長沼健著　講
談社　1969　229p 図版　19cm　360円

《中村 俊輔》　なかむら・しゅんすけ
㊸昭和53年（1978年）6月24日
◇サッカー選手（ジュビロ磐田・MF）。平成9
年横浜マリノス（現・横浜Fマリノス）に入
団。12年9月シドニー五輪代表として予選
リーグ突破に貢献した

『中村俊輔─世界へはなつシュート』　北
條正士著　旺文社　〔2007.4〕　135p
19cm　（シリーズ・素顔の勇者たち）
〈重版〉　1000円　①978-4-01-072495-
8
[内容] シュンスケがフェイントで抜く、自分よ
りからだの大きな選手を。絶妙なパスをピ
タリと合わせる、全力で走る味方の選手に。
そして、はるかにはなれた場所からここし
かないというコースへシュート。黄金の左
足がはなつそのキックで、シュンスケは世
界へとはばたいていく。小学校高学年～中

190

学生向き。

**『中村俊輔物語』** 本郷陽二編 汐文社
2003.3 161p 22cm （黄金のカルテッ
ト） 1400円 ①4-8113-7644-7
目次 第1章 サッカーとの出会い，第2章 最初
の挫折…そして自信を取り戻すまで，第3章
全国レベルの評価，第4章 プロサッカー選
手・中村俊輔，第5章 シドニー五輪へ，第
6章 2002年に向けて試練，第7章 ワールド
カップイヤー・ジェットコースターイヤー

**『中村俊輔―世界へはなつシュート』** 北
條正士著 旺文社 2000.8 135p
20cm （素顔の勇者たち）〈肖像あり
年譜あり〉 1000円 ①4-01-072495-1
内容 決めろスーパーキック！ 横浜F・マリノ
スの司令塔シュンスケの物語。勇気と力が
出てくる本。

**《西野 朗》** にしの・あきら
⊕昭和30年（1955年）4月7日
◇サッカー指導者。日本リーグの日立で活躍、
釜本邦茂と並ぶ8試合連続得点のリーグ記
録を打ち立てた。平成2年現役引退後コー
チに。5年アトランタ五輪日本代表の監督
に就任。8年同大会予選では、対ブラジル戦
で歴史的勝利を挙げるなど（マイアミの奇
跡）、2勝するが決勝トーナメント進出はな
かった

**『攻め切る―指揮官西野朗の覚悟』** 戸塚
啓文, 清水和良写真 アートヴィレッジ
2012.6 175p 26cm 1600円 ①978-
4-905247-13-5
目次 第1章 1991 - 1996 世界との遭遇―日本
ユース代表、アトランタ五輪代表（韓国戦勝
利で突破口を開く、未来への財産としての
アジア3位、三つの「速さ」に基づくチーム
作り、選手がプロなら、監督もプロに）、第
2章 1998 - 2001 柏レイソル（日本人監督の
可能性を示したい、国立で宙に舞う―ナビ
スコカップ優勝、"動かない"という意志、監
督という職業の不条理）、第3章 2002 - 2011
ガンバ大阪（助走のない飛躍、攻めて勝ち切
る、最終節での戴冠、アジア制覇という新た
な目標、スタイルを確立しアジアの頂点に、
マンチェスター・Uに見せた反攻、負のスパ
イラルを抜けて天皇杯連覇、「常勝」が前
提）、第4章 日本人監督としての矜持（継続
と一貫性の10シーズン、強い選択を求める、

悔しさが情熱をかきたてる）

**『挑戦―ブラジルを破るまでの軌跡』** 西
野朗著 ニッポン放送プロジェクト
1997.2 245p 20cm〈東京 扶桑社（発
売） 肖像あり〉 1359円 ①4-594-
02180-8
内容 サッカー五輪代表チームはどう考え、悩
み、戦ったのか。団塊ジュニア選手たちの
知られざる素顔。

**《平山 相太》** ひらやま・そうた
⊕昭和60年（1985年）6月6日
◇☆サッカー選手, サッカー解説者, 平成16年
筑波大に進学。19歳でアテネ五輪代表に選
出された

**『平山相太―世界へ続くウイニング・ゴー
ル』** 高部務著 西宮 鹿砦社 2004.8
206p 18cm〈肖像あり〉 950円 ①4-
8463-0562-7
内容 話題沸騰！ アテネオリンピック代表FW・
平山相太。今、日本を越え世界中が彼に注
目する理由がここにある。進化しつづける
若き天才プレイヤーから目が離せない。

**《堀江 忠男》** ほりえ・ただお
⊕大正2年（1913年）9月13日
⊗平成15年（2003年）3月29日
◇評論家, サッカー選手。昭和11年朝日新聞
社への入社を半年遅らせてベルリン五輪に
サッカー代表選手として出場。初戦で優勝
候補のスウェーデンと対戦、腕を骨折しな
がらもゴールを死守し、3対2の大逆転で破
る "ベルリンの奇跡" に貢献した

**『わが青春のサッカー』** 堀江忠男著 岩
波書店 1980.2 198p 18cm （岩波
ジュニア新書） 480円

**《本田 美登里》** ほんだ・みどり
⊕昭和39年（1964年）11月16日
◇サッカー監督。読売ベレーザなどでDFとし
てプレー。28歳で現役引退後は、日本女子
リーグの運営に携わる傍ら、U-18女子日本
選抜の監督代行などを務めた。平成19年S
級ライセンスを取得。日本サッカー協会C
級、B級、S級ライセンス取得はいずれも女
性で初

**『なでしこという生き方―日本女子サッ**

カーを拓いたひとりの女性の物語』　本田美登里, 鈴木利宗著　セブン＆アイ出版　2012.2　221p　19cm　1300円　①978-4-86008-602-2

目次 序章 2011年7月18日早朝, 第1章 なんで女の子がサッカーやるの, 第2章 岡山湯郷Belleを一から立ち上げ, 第3章 指導者としての新境地, 第4章 おいたち—知らぬ間に受けていた父母の愛, 第5章 母から授かったもの、宮間あやに授けたもの, 第6章「なでしこジャパン」強さの本当の秘密

《前園 真聖》　まえぞの・まさきよ

㊓昭和48年（1973年）10月29日

◇サッカー選手, サッカー解説者, タレント。平成4年Jリーグの横浜フリューゲルスに入団。アトランタ五輪チームでは主将を務め、8年3月アジア最終予選で五輪出場権獲得に貢献。7月同大会予選リーグでは、対ブラジル戦で“マイアミの奇跡”と呼ばれる歴史的勝利を挙げるなど2勝するが、決勝トーナメント進出はならなかった

『第二の人生』　前園真聖著　幻冬舎　2016.3　197p　19cm　1300円　①978-4-344-02910-1

内容 弱い心を認めて、自分にダメ出し。失敗するからこそ、学べることがある。“強面”キャラを捨て、素の自分になれた。—ゼロから再出発するための、58の心得。

『12年目の真実—マイアミの奇跡を演出した男』　前園真聖, 戸塚啓著　ぴあ　2008.8　207p　19cm　1400円　①978-4-8356-1706-0

内容 アトランタ五輪でブラジルを倒した“マイアミの奇跡”あのとき、日本を率いていたのはキャプテン・前園真聖だった—ブラジル、ポルトガル、ギリシャ、韓国…05年5月、世界中を渡り歩いた末、ひっそりとスパイクを脱いだ。アトランタ五輪でつかんだ栄光は幻だったのか？ ブラジル戦勝利のあと、前園は何を手にし、何を失ったのか？ いま、明かされる前園真聖の“真実”。

『ドリブル』　前園真聖著　ベースボール・マガジン社　1996.8　180p　20cm〈著者の肖像あり〉　1300円　①4-583-03316-8

『アトランタドリーム「前園真聖物語」』　大貫哲義著　主婦と生活社　1996.4　214p　19cm〈前園真聖の肖像あり〉　1100円　①4-391-11882-3

内容 横浜フリューゲルス、U-23日本代表、そして日本代表。おめでとう。「夢」の五輪出場。日本サッカー若獅子の肖像。

《丸山 桂里奈》　まるやま・かりな

㊓昭和58年（1983年）3月26日

◇元・サッカー選手。中学1年の時に読売ベレーザ（現・日テレベレーザ）のユースに入団。平成16年アテネ五輪アジア予選で活躍、2大会ぶりとなる本選出場に貢献。同年アテネ五輪代表（7位）。24年ロンドン五輪では銀メダルを獲得した

『逆転力—マイナスをプラスにかえる力』　丸山桂里奈著　宝島社　2012.3　190p　19cm　1300円　①978-4-7966-8818-5

内容 なでしこジャパンのムードメーカーが語る、人生をかえる逆転力。逆境を乗り越えるための教訓。

《宮本 恒靖》　みやもと・つねやす

㊓昭和52年（1977年）2月7日

◇サッカー指導者。生野高進学と同時にガンバ大阪ユース入り。平成7年ガンバのトップチームに昇格。12年シドニー五輪の予選リーグ突破に貢献。同年6月A代表にデビュー、9月シドニー五輪は6位入賞を果たした

『宮本恒靖学ぶ人』　佐藤俊著　文藝春秋　2012.7　269p　19cm　1200円　①978-4-16-375580-9

内容 元サッカー日本代表キャプテンのリーダー論、サッカー論、W杯の記憶。Numberの人気連載に加え、新たにインタビューを掲載。

『主将論』　宮本恒靖著　幻冬舎　2010.6　219p　18cm　（幻冬舎新書 171）　760円　①978-4-344-98172-0

内容 プロサッカーの主将とは元来、独立意識の強い選手たちを、一枚岩にする難しい仕事だ。しかも宮本は、中田英寿ら“史上最高”の選手たちを擁するチームの「鎹」に徹し、二度のW杯を戦い抜かねばならなかった。時には監督の指示に背いてでも戦術を変え、時には海外組と国内組の軋轢を解くために、試合後、深夜でも全員で緊急ミーティングを開く。チームの窮地を救ったのは、粘り強い対話と一瞬の状況判断だった。

個を連動させ、組織力を倍増する、献身的リーダー論。

## 『キャプテン—宮本恒靖が見た五輪代表』

佐藤俊著　小学館　2001.1　225p　19cm〈肖像あり〉　1300円　①4-09-355331-9

目次 序章 アデレードの夜, 第1章 白い呪術師, 第2章 世代融合, 第3章 フラット3の絆, 第4章 アルマトイの勝利, 第5章 国立の歓喜, 第6章 復活への道程, 第7章 シドニー・サバイバル, 第8章 焦燥, 第9章 宿敵ブラジル, 第10章 夢の彼方

## 《宮本 征勝》　みやもと・まさかつ

⽣昭和13年（1938年）7月4日
⺟平成14年（2002年）5月7日
◇サッカー監督。早大時代の昭和32年東京五輪代表。卒業後は古河電工に進み、43年メキシコ五輪代表として銅メダル獲得に貢献

## 『サッカーに魅せられた男宮本征勝』　加藤栄二著　三一書房　1997.4　242p　19cm　1700円　①4-380-97222-4

目次 1章 恐ろしい国際試合と2つのオリンピック, 2章 夢の中でもシュート, 3章 指導者と先輩に恵まれて, 4章 負傷, 挫折, 落胆, 5章 Jリーグ開幕と宮本の激動, 6章 後進の育成と広がるサッカー人脈, 7章 プロサッカーの内側と鹿嶋市民・宮本

## 《八重樫 茂生》　やえがし・しげお

⽣昭和8年（1933年）3月24日
⺟平成23年（2011年）5月2日
◇サッカー選手。旧朝鮮の大田に生まれ、中学1年で終戦を迎え、一家で岩手県に引き上げる。大学3年の昭和30年に日本代表に選ばれ、31年メルボルン五輪に出場。39年東京五輪は8強。クラマーから指導を受けた選手で構成された43年のメキシコ五輪では、初戦のナイジェリア戦で右膝内側靭帯を断裂する重傷を負ったため以降の試合にほとんど出場できなかったが、主将として銅メダル獲得に貢献した

## 『サッカーと対峙した男八重樫茂生』　加藤栄二著　三一書房　1998.6　211p　19cm　1500円　①4-380-98255-6

目次 1章 日本サッカー界の財産, 2章 アジアの中低位からワールド杯へ, 3章 温かい家庭と厳しい歩み, 4章 言語明瞭な家族, 5章 精

神力と激しさ, 6章 アマチュアスポーツマン, 7章 プロ組織と優れた指導者育成

## 《山本 昌邦》　やまもと・まさくに

⽣昭和33年（1958年）4月4日
◇サッカー選手, サッカー解説者・指導者。昭和56年ヤマハ発動機（現・ジュビロ磐田）に入社、DFとして活躍。平成7年五輪代表コーチに就任し、8年アトランタ五輪に参加。12年シドニー五輪代表コーチに就任。14年7月アテネ五輪代表監督兼日本代表コーチに就任。16年アテネ五輪本戦では予選リーグ敗退を喫した

## 『山本昌邦指南録』　山本昌邦著　講談社　2005.1　357p　20cm　1700円　①4-06-212677-X

内容 世界に勝つ日本型組織と日本型リーダーシップの研究と実践の物語。

## 『山本昌邦勝って泣く』　田村修一著　文藝春秋　2004.7　247p　19cm　1333円　①4-16-366090-9

## 《吉田 麻也》　よしだ・まや

⽣昭和63年（1988年）8月24日
◇サッカー選手（サウサンプトン・DF）。名古屋グランパスの育成チーム入団、平成19年トップチームの名古屋グランパスに昇格。20年飛び級でU-23代表に初招集され、北京五輪に出場。24年ロンドン五輪に出場したU-23日本代表にオーバーエイジ枠で選出され、守備の要としてチームをベスト4進出に導いた

## 『吉田麻也レジリエンス—負けない力』

吉田麻也著　ハーパーコリンズ・ジャパン　2018.6　254p　19cm　1400円　①978-4-596-55128-3

内容 日本人初のキャプテン任命、チームMVP、世界最高峰リーグで結果を出し続ける男。サッカーの母国で生き抜く"Unbeatable Mind"とは—

## 『増刊マヤニスタ』　吉田麻也著　ベースボール・マガジン社　2013.6　141p　22cm　1300円　①978-4-583-10589-5

内容 週刊サッカーマガジンの人気連載「月刊マヤニスタ」がついに書籍化！「増刊」だけの書き下ろしコラム、未公開写真も満載！

## 『吉田麻也』　本郷陽二編　汐文社　2013.

2　151p　20cm　（オリンピックのアス
リートたち）〈文献あり〉　1500円
①978-4-8113-8967-7
目次 第1章 サッカーが大好きな少年（世界に
通用する名前に，楽しい家族 ほか），第2章
プロ選手として（公立高校を選んだわけ，絶
対にプロになる ほか），第3章 北京オリン
ピックと海外移籍（北京オリンピック代表
に選ばれる，3戦全敗の屈辱を味わう ほか），
第4章 ベスト4に輝いたロンドンオリンピッ
ク（ロンドンオリンピックチームのキャプ
テンに，ノッティンガムの夜 ほか），第5章
ブラジルワールドカップに向けて（悔しさ
も前向きなパワーに，活躍した選手に選ば
れる ほか）

『サムライDays、欧州Days─夢と、ブロ
グと、サッカーと』　吉田麻也著　学研
パブリッシング　2012.3　192p　19cm
〈発売：学研マーケティング〉　1333円
①978-4-05-405245-1
内容 1日最高40万アクセスの超人気ブログを
綴る日本代表DFが欧州と代表の日々をコミ
カルに描く。期待を裏切らないおもしろさ
に圧倒。

《ロナウジーニョ》
㊝1980年3月21日
◇ブラジルのサッカー選手（FW）。1998年グ
レミオとプロ契約。2008年北京五輪にオー
バーエージ（OA）枠で出場し，銅メダル獲
得に貢献した

『Ronaldinho─Ronaldo de Assis
Moreira・1980～now R10』
Tokimekiパブリッシング　2007.6　50p
30cm　（Legends football planet（story
& photos）1（Gaucho！））〈本文は日
本語　年譜あり　発売：角川グループパ
ブリッシング〉　1800円　①978-4-04-
894624-7

『Ronaldinho─Ronaldo de Assis
Moreira・1980～now R10』
Tokimekiパブリッシング　2007.6　1冊
30cm　（Legends football planet（story
& photos）1（Gaucho！））〈本文は日
本語　年譜あり　発売：角川グループパ
ブリッシング〉　5000円　①978-4-04-
894625-4

内容 フットボールの頂点を極めた世界最高の
選手、ロナウジーニョの半生を詳細に迫っ
たドキュメント。ブラジル代表、バルセロ
ナ、パリサンジェルマン、グレミオ時代の
貴重な写真を収蔵した写真集。世界最高の
サッカープレイヤーとして、世界中の関係者
やファンが認めるロナウジーニョ。これま
で知られることのなかったスーパープレー
の秘密を解き明かす密着取材の映像と、華
麗なるシーン映像満載。デジタルフォトア
ルバム約90点付き。

『ジンガ─ブラジリアンフットボールの魅
力』　竹澤哲著　プチグラパブリッシン
グ　2006.6　223p 図版16枚　21cm
1800円　①4-903267-31-8
内容 ブラジルは何故強いのか。サンバのリ
ズムと、しなやかな肉体を駆使した華麗で
ファンタジックなフットボール。それは、
"ジンガ"があるからに他ならない。今日も
ビーチで、そして街角で、ボロボロのボー
ルを蹴る少年たちがいる。苦境を楽しめ！
そして、フットボールで未来をつかめ！ブ
ラジリアンフットボールの魅力を解き明か
す渾身のルポルタージュ。

# テニス

◆コート中央のネットをはさんで、ボールを
ラケットで打ち合う競技。ボールはワン
バウンド以内で返し、相手側のコートに入
らなければならない。試合は2セット（「男
子シングルス」は決勝戦のみ3セット）先
取すると勝ち。1セットは6ゲーム獲得で
取れ、1ゲーム獲得するには、2ポイント
以上の差をつけて4ポイントを先取する必
要がある。男女ともにシングルス、ダブ
ルスがある。また、男女2人で行うミック
スダブルスも行われている

『国際ルールソフトテニス─新ルールでの
ゲーム展開と戦略』　若月道隆著　講談
社　1993.12　207p　21cm　1500円
①4-06-206725-0
内容 日本初の「国際ルールソフトテニス」指導
書。イラストで新ルールのフォーメーショ
ン展開を。一流選手の見事なフォームを分
解写真で。国際ルールで勝つための戦略戦
術を一挙公開。

『テニスを見るための本』　森清吉著　同文書院　1982.11　266p　19cm　（スポーツの見どころシリーズ）　1400円

『図説テニス事典』　著者代表：福田雅之助, 写真：川廷栄一　講談社　1973　352p 図　27cm　3900円

『スポーツ辞典　第4　テニス・卓球競技』　日本放送協会編　日本放送出版協会　1958　181p　18cm

## 《アガシ, アンドレ》

㊓1970年4月29日

◇米国のテニス選手。1992年全英オープン（ウィンブルドン）を初制覇。'94年の全米オープンはノーシードで初優勝。'95年全豪オープンに初出場で初優勝。'96年アトランタ五輪で金メダルを獲得。2001年10月元プロテニス選手シュテフィ・グラフと結婚

『OPEN―アンドレ・アガシの自叙伝』　アンドレ・アガシ著, 川口由紀子訳　ベースボール・マガジン社　2012.5　622p　19cm　1900円　①978-4-583-10472-0

内容 20ヶ国語に翻訳され、全世界で注目された衝撃作！ カツラ、禁止薬物使用、虚偽報告、女優との結婚生活…グランドスラムを制覇したテニス界のスターの衝撃的告白。

## 《岩渕 聡》　いわぶち・さとし

㊓昭和50年（1975年）10月7日

◇テニス指導者。平成8年アトランタ五輪代表。12年シドニー五輪ダブルス代表。27年IOCスポーツ指導者海外研修員としてロサンゼルスに留学。30年日本テニス協会強化副本部長

『岩渕聡のテニスダブルス最強バイブル―Tennis Magazine extra』　岩渕聡著　ベースボール・マガジン社　2015.11　191p　21cm　2000円　①978-4-583-10932-9

内容 めざせ必勝！ すでにダブルスを戦っている人たちがもうワンランク上にいくために。技術、戦術、練習法。すべてを網羅！

## 《ギルバート, ブラッド》

㊓1961年8月9日

◇米国のテニス選手。1982年プロとなる。'88年ソウル五輪銅メダル

『俺がついている―トップクラスのテニス選手から企業の重役まで優秀な人材を育てるコーチ術 ウイニング・アグリー 2』　ブラッド・ギルバート, ジェームズ・カプラン共著, 高梨明美訳　日本文化出版　2009.6　241p　19cm　1800円　①978-4-89084-166-0

内容 選手からコーチに転身したブラッド・ギルバート。141位までランキングを下げたアガシをいかにして1位まで押し上げたのか？ グランドスラムで優勝できなかったロディックをどのようにしてUSオープン優勝に導いたのか？ この本にはギルバートのコーチ術がギッシリ詰まっている。

## 《沢松 奈生子》　さわまつ・なおこ

㊓昭和48年（1973年）3月23日

◇元・テニス選手。往年の名選手、沢松順子の娘、和子の姪。平成4年バルセロナ五輪代表8年アトランタ五輪代表

『ウィンブルドンの風に誘われて―プロテニス10年の軌跡』　沢松奈生子著　旺文社　1999.2　253p　20cm　1300円　①4-01-050011-5

内容 グランドスラム出場計34回、通算＝205勝143敗の元・プロテニスプレーヤー、沢松奈生子初のエッセイ。

## 《シャラポワ, マリア》

㊓1987年4月19日

◇ロシアのテニス選手。2001年プロデビュー。2008年全豪オープン初優勝。北京五輪は右肩痛のため欠場した。2012年ロンドン五輪は決勝でセリーナ・ウィリアムズに敗れ銀メダル

『マリア・シャラポワ自伝』　マリア・シャラポワ著, 金井真弓訳　文藝春秋　2018.6　324p　20cm　2100円　①978-4-16-390862-5

内容 貧しい少女時代、ステージパパ、遅い初恋、世界ランキング1位、そしてドーピング騒動…強く、美しく、あまりに壮絶な人生。

『シャラポワ―マリア・シャラポワ写真集 first』　ゲッティイメージズ写真　PHP研究所　2005.12　124p　27cm

2500円　①4-569-64527-5

内容 シャラポワ18歳。世界的なテニスプレ
イヤーにしてモデル。ドレス、ミニスカー
ト、そして華麗なテニスウエアに身をつつむ
シャラポワの魅力が詰まった写真集。モデ
ルの微笑み、さらに14歳当時のフレッシュ
な笑顔のカットも含む、150点以上のカラー
写真を収録。

## 《セレシュ, モニカ》

㊙1973年12月2日

◇米国のテニス選手。1989年15歳の時プロに
転向。'96年アトランタ五輪に米国代表とし
て出場し、5位。2000年シドニー五輪シング
ルスで銅メダル獲得

『私は負けない』　モニカ・セレシュ著, 田
口俊樹訳　徳間書店　1997.7　351p
20cm　1800円　①4-19-860737-0

内容 1993年4月、試合中、ストーカーに背中
を刺され、重症を負ったモニカ・セレシュ。
挫折を知らない天才プレーヤーを襲った突
然の暴力は、彼女を人生のどん底に突き落
とした。世界1位の座を失い、夜毎の悪夢に
苦しみ、ストレスによる過食症で体重は増
えるばかり。精神的強さで知られた彼女が、
二度とコートに立てないのではないかとい
う不安に脅える日々を送る。だが、モニカ
の父親は「苦しみから逃れてはいけない」と
励まし続ける。「本当に大切なものはテニス
じゃないんだ」母、兄そして親友の愛に支
えられ、やがて彼女は心の傷を乗りこえる
強さを得ていく─。天才セレシュが人間と
して悩み苦しみながら、復活していくまで
を赤裸々に綴った感動の手記。

## 《伊達 公子》　だて・きみこ

㊙昭和45年（1970年）9月28日

◇テニス選手。平成元年高校を卒業し、プロ
に転向。4月ジャパンオープンでツアー
初優勝。バルセロナ五輪出場（シングルス・
ダブルスとも2回戦敗退）。8年アトランタ
五輪シングルスベスト8。29年5月約1年4ケ
月ぶりに復帰したが、9月のジャパン女子
オープンを最後に2度目の引退

『幸福論─Nothing to Lose』　クルム伊
達公子著　PHP研究所　2014.9　198p
18cm　（PHP新書 945）　760円
①978-4-569-81942-6

内容 「ライジングショット」で世界中のテニ

スファンを熱狂させた著者。惜しまれつつ
二十代で現役を引退。そして結婚を経て、
三十七歳で再び現役復帰を果たす。そして
今、明らかに著者が実感するのは、「自分が
変わった」ということだ。世界中を転戦す
るツアーが苦手だったのに、今はそれすら
も楽しい。著者を変えたものはなんだった
のかを明らかにし、今、この瞬間を輝かせ
る生き方を提案する。

『進化する強さ』　クルム伊達公子著　ポ
プラ社　2012.3　205p　19cm　1300円
①978-4-591-12881-7

内容 明日は変えることができる。自分らしく
しなやかに進化し続ける強さの秘訣。

『チャレンジ!!』　クルム伊達公子著　講談
社　2009.7　220p　19cm　1500円
①978-4-06-215524-3

内容 やりたいことは、いつからでも始められ
る！「世界のDATE」が再びコートに戻っ
てきた。「復帰」へと至る軌跡を、今、あり
のままに綴る。

『いつも笑顔で』　伊達公子著　マガジン
ハウス　2006.9　173p　19cm　1200円
①4-8387-1682-6

『In & out伊達公子─Photo & real
essay』　伊達公子著, 沢渡朔撮影　新
潮社　2000.1　190p　25cm〈折り込1
枚〉　2300円　①4-10-431301-7

内容 テニスプレーヤーである前に一人の女性
でいたかった。今まで言葉にできなかった、
独白と素顔の写真。素顔の伊達公子。

『二つのファイナル・マッチ─伊達公子、
神尾米、最後の一年』　佐藤純朗著　扶
桑社　1998.8　295p　20cm　1524円
①4-594-02547-1

内容 1996年、伊達公子、神尾米という2人の
プロテニス・プレーヤーが引退。日本の女
子テニス界が、最も世界に近づき、そして、
わたりあっていた時。シーズン・オフのな
いテニス界において、世界中を転戦してき
た2人のプロ生活最後の1年の戦いと、その
裏にあった心理を絶妙につづったスポーツ・
ノンフィクションの傑作。

『伊達公子自分のための生き方』　甘露寺
圭郁著　三笠書房　1996.12　251p
15cm　（知的生きかた文庫）　500円
①4-8379-0848-9

オリンピック夏季競技　　テニス

内容 一つ一つ自分で決断し、自然に答えを出
したプロへの道—そこから伊達公子の戦い
が始まった！テニスに強くなることで得た
もの、強くなるために失ったもの、そして
世界の頂点に最も近づいた今、自分に忠実
に生き、引退を決意した伊達公子の"自分
らしい生き方"とは。

『ラストゲーム—プロツアー転戦記最終篇
「続・晴れのちテニス」』　伊達公子著
日本文化出版　1996.11　224p　21cm
〈肖像あり　年譜あり〉　1553円　①4-
89084-017-6
内容 いま絶頂の時にある。なぜ引退なのか。
とだれもが感じた。しかし、伊達公子はし
ずかに、穏やかな微笑を浮かべながら舞台
から消えた。プロテニスプレーヤーとして
世界を駆けめぐった7年9か月の足跡を残し
て。折々に世界の街から書き送ったほとば
しる情熱、ひそやかに滴り落ちた心のしず
く。衝撃の引退発表の真相をみずからの筆
でつづった「決意」を収録。

『晴れのちテニス—伊達公子のプロツアー
転戦記』　伊達公子著　日本文化出版
1994.2　252p　19cm〈著者の肖像あり
伊達公子年譜：p244〜249〉　1500円
①4-89084-000-1

《チャン, マイケル》
㊱1972年2月22日
◇米国のテニス選手, テニス指導者。中国系
2世。1989年6月、全仏オープンで前年の全
英オープン（ウィンブルドン）覇者ステファ
ン・エドベリ（スウェーデン）をフルセット
の末破って優勝、史上最年少（17歳3ヶ月）
のチャンピオンとなった。2003年8月全米
オープンを最後に現役を引退。2013年12月
錦織圭に請われてコーチに就任。トッププ
ロを指導した実績はないが、身長が低くプ
レースタイルが似ている錦織を技術面、肉
体面で強化し、2014年全米オープン準優勝、
2015年世界ランキング4位に導いた

『超一流のメンタル—マイケル・チャンの
テニス塾』　マイケル・チャン［述］,
WOWOWテニスチーム, 福原顕志著
宝島社　2017.10　191p　21cm〈索引あ
り〉　1600円　①978-4-8002-7628-5
内容 "鋼のメンタルを持つ男"マイケル・チャ
ンが語る、最悪の状況で最高のパフォーマ

ンスを引き出すメンタル強化術。

《長塚 京子》　ながつか・きょうこ
㊱昭和49年（1974年）
◇テニス指導者。小学2年頃からテニスを始
める。6年広島アジア大会ではダブルスで
金メダル、混合ダブルスで銅メダル。7年全
豪オープン、全仏オープンベスト16。8年ア
トランタ五輪で杉山愛と組みダブルスに出
場（1回戦敗退）。10年9月引退

『長塚京子のダブルスステップ・アップ塾』
長塚京子監修　学習研究社　2007.3
97p　29cm　（Gakken sports mook）
1100円　①978-4-05-604669-4

《ナダル, ラファエル》
㊱1986年6月3日
◇スペインのテニス選手。2001年15歳でプロ
に転向。2008年8月北京五輪で金メダルを
獲得し、フェデラーが約4年半守り続けた世
界ランク1位の座を奪った

『ナダル・ノートすべては訓練次第』　ト
ニ・ナダル著, タカ大丸訳　東邦出版
2017.6　277p　19cm　1600円　①978-
4-8094-1501-2
内容 ラファエル・ナダルのLESSON公開!!選
手育成や子育て、そして組織における人材
育成にも！魔法のような効果をもたらす、
「開花」へのメソッド一式！

『ラファエル・ナダル自伝』　ラファエル・
ナダル, ジョン・カーリン著, 渡邊玲子訳
実業之日本社　2011.10　257p　19cm
1900円　①978-4-408-45357-6
内容 コート上で野性的に躍動するラファの闘
争心やメンタルの強さは、暗やみや雷、犬さ
えも怖がる不安・恐怖感の裏返しなのだ…
チャンピオンが抱える苦悩と挫折。そのす
べてを乗り越えて、スーパーフォアハンド
が炸裂する。

《ナブラチロワ, マルチナ》
㊱1956年10月18日
◇米国のテニス選手。1975年米国へ亡命（'81
年に国籍取得）、プロデビュー。2004年ア
テネ五輪の米国ダブルス代表として、オリ
ンピックに初出場

『ナブラチロワ』　エイドリアン・ブルー

オリンピックの本3000冊　197

著, 真喜志順子訳　近代文芸社　1996.8
298p　20cm　1800円　①4-7733-5174-
8

内容 女王の孤独。女子テニス界の頂点を極め
たナブラチロワ。その知られざる素顔を、
ウィンブルドンの真相を握る腕利きリポー
ターが公私両面から描く。

『ナブラチロワ—テニスコートが私の祖国』
マルチナ・ナブラチロワ著, 古田和与訳
サンケイ出版　1986.5　462p　20cm
1800円　①4-383-02474-2

《錦織 圭》　にしこり・けい
�生平成1年（1989年）12月29日
◇テニス選手。13歳で米国にテニス留学。20
年8月国際テニス連盟（ITF）が決める推薦
枠で北京五輪に出場。24年8月のロンドン
五輪は3回戦で世界ランク5位のフェレール
を破り、日本男子88年ぶりの8強に進出を果
たした。添田豪と組んだダブルスは1回戦敗
退。28年リオデジャネイロ五輪は準決勝で
前回覇者のアンディ・マリー（英国）に敗れ
るも、3位決定戦で元世界王者ラファエル・
ナダル（スペイン）を破り、銅メダルを獲得。
日本勢としては96年ぶりの表彰台となった

『超一流のメンタル—マイケル・チャンの
テニス塾』　マイケル・チャン［述］,
WOWOWテニスチーム, 福原顕志著
宝島社　2017.10　191p　21cm〈索引あ
り〉　1600円　①978-4-8002-7628-5

内容 "鋼のメンタルを持つ男"マイケル・チャ
ン。錦織圭のテニス、フィジカル、メンタ
ルをどのように改革したのか、最悪の状況
で最高のパフォーマンスを引き出すメンタ
ル強化術。

『錦織圭に学ぶテニス勝ちにいく教科書』
児玉光雄著　新紀元社　2016.12　191p
19cm〈文献あり〉　1200円　①978-4-
7753-1462-3

内容 このテクニックや練習法、メンタルト
レーニングを実践すれば、誰でも優れたプ
レーヤーへと生まれ変わる。"ヘタの壁"を
突破し、「試合に勝ちきる」ための最高のヒ
ントが満載！読むだけで"一流のワザと思
考"が身につくレッスン書。

『戦略脳を育てる—テニス・グランドスラ
ムへの翼』　柏井正樹著　大修館書店

2016.6　167p　19cm　1500円　①978-
4-469-26794-5

内容 テニスの魅力に取り憑かれ、「1万人にひ
とり」の才能に翼をつけた！体育大出身で
も、元トップ選手でもない男が錦織圭を指
導した、8年間の軌跡。

『錦織圭—世界の頂点へ』　本郷陽二編
汐文社　2015.12　152p　20cm　（ニッ
ポンのトップアスリート メダルへの道）
1500円　①978-4-8113-2258-2

目次 第1章 世界のトップランカーに（4大大
会の全米オープン決勝に進出, ハードすぎ
るテニスの試合 ほか）, 第2章 大器らしさ
を見せた少年時代（おみやげのラケットで
テニスを始める, 年齢制限の壁を破ってテ
ニススクールへ ほか）, 第3章 厳しいプロ
の世界へ飛び込む（海外遠征で活躍し盛田
ファンドの候補生に, 13歳でアメリカにテ
ニス留学 ほか）, 第4章 ケガを乗り越え戦
い続ける（タイミングを考えての復帰戦, 大
震災とTennis for Japan ほか）, 第5章 夢の
実現に向かって（黄金期を迎えた日本男子
テニス界, 勝負の年に幸先の良いスタート
を切る ほか）

『錦織圭リターンゲーム—世界に挑む9387
日の軌跡』　内田暁著　学研プラス
2015.11　334p　19cm〈文献あり〉
1500円　①978-4-05-800563-7

内容 本人はじめ数十人の関係者のインタビ
ューで分かった知られざるエピソードの
数々が、1人の若者のみずみずしい心情を
映し出す。8年以上にわたって彼を取材し
続けている著者渾身のノンフィクション！

『ダウン・ザ・ライン錦織圭』　錦織圭言,
稲垣康介文, 佐藤ひろし写真　朝日新聞
出版　2015.8　233p　21cm　1500円
①978-4-02-251251-2

内容 33の言葉が導く33の物語。ニュースを賑
わせた発言の本当の意味から、垣間見える
コーチへの信頼、テニス愛まで。錦織圭の
言葉から生まれる深遠な物語を、錦織を長
年取材してきた記者が真実を基に紡ぐ。55
点の貴重な写真と独占ロングインタビュー
も収録。

『錦織圭限界を突破する瞬間（とき）』　石
井大裕著, 松岡修造解説, 坂井利彰分析
KADOKAWA　2015.6　188p　19cm
1300円　①978-4-04-621339-6

オリンピック夏季競技　　テニス

内容 同じ「修造チャレンジ」門下生として、またアナウンサーとして「錦織圭」の成長を見続けた石井大裕（TBSアナウンサー）が初めて語る "覚醒" の秘密。トップを目指す人だけが知る "自分を進化させる" 思考法とは!?

『錦織圭さらなる高みへ—新たな記録がつくられる』　塚越亘著　廣済堂出版　2015.5　151p　24cm　1500円　①978-4-331-51934-9

目次 錦織圭、誕生（1989 - 1999），小学生時代の活躍（1999 - 2001），修造チャレンジで世界への扉が開かれた（2001 - 2003），大きな成長を遂げたジュニア時代（2003 - 2007），プロ宣言。プロデビューはジャパンオープン（2007）17歳，ツアー初優勝は18歳，予選から（2007）18歳，怪我によるツアー離脱，試練のとき（2009）19歳，ATPランク外から再始動，カムバックへの道（2010）20歳，「プロジェクト45」達成を目指せ（2011）21歳，勝利が何よりの自信になっていく（2012）22歳，トップテンが見えてきた（2013）23歳，M・チャンのコーチング。（2014）24歳，新たなる挑戦2015（2015）25歳

『頂点への道』　錦織圭，秋山英宏著　文藝春秋　2015.4　370p　20cm　1550円　①978-4-16-390251-7

内容 わずか5年前、怪我に苦しみ、世界ランクも898位から再スタートした。世界各地を週ごとに転戦していき、大会によっては深夜2時まで試合を続けることもある。ジョコビッチ、フェデラー、ナダル、マリー、世界の4強と相まみえる精神的重圧と高揚。2014年、運命のコーチと出会い、「動かず攻める」テニスを習得、頂点を目指す。本人が初めて綴った長い道のり。

『錦織圭—マイケル・チャンに学んだ勝者の思考』　児玉光雄著　楓書店　2014.12　187p　19cm〈文献あり　発売：サンクチュアリ・パブリッシング〉　1300円　①978-4-86113-824-9

内容 意識を変えれば、人は劇的に成長できる。本書では、錦織選手の強さはどこにあるのか、そしてマイケル・チャンはどのような思考を植え付けたのか、二人の言葉をスポーツ心理学によって分析し、その真意を説き明かします。

『錦織圭』　本郷陽二編　汐文社　2013.3

158p　20cm　（オリンピックのアスリートたち）〈文献あり〉　1500円　①978-4-8113-8969-1

目次 第1章 世界のトップへ（数々の記録を塗り替えた男，意外にタフなテニスの試合 ほか），第2章 ジャパンオープンの優勝（ブランクからの復活，世界のトップ選手にあと一歩 ほか），第3章 負けず嫌いの少年（「世界にはばたく」という願いが込められた名前，5歳のときにテニスと出合う ほか），第4章 階段を上る（松岡修造さんとの出会い，ジュニアの中でひときわ目立つプレー ほか），第5章 夢に向かって（順調にスタートしたアメリカ留学，松岡さんが留学をすすめた理由 ほか）

『錦織圭15-0』　神仁司著　実業之日本社　2008.10　245p　19cm〈肖像あり〉　1400円　①978-4-408-45181-7

内容 視線の先には世界の頂点。本人へのロングインタビュー、両親、コーチへの取材を通して見えてきた "Air - K" の素顔。

《原田 武一》　はらだ・たけいち
㊀明治32年（1899年）5月16日
㊀昭和53年（1978年）6月12日
◇テニス選手。大正13年パリ五輪でシングルスのベスト8

『フォレストヒルズを翔けた男—テニスの風雲児・原田武一物語』　小林公子著　朝日新聞社　2000.5　202p　20cm　1400円　①4-02-257499-2

内容 日活俳優に誘われた美貌。女にもて、車を乗り回し、ラケットを握れば全日本優勝、全米で3位。一生涯、自由と個性を追求した大正モダンボーイの物語。

《フェデラー, ロジャー》
㊀1981年8月8日
◇スイスのテニス選手。1998年世界ジュニアランキング1位となり、同年プロに転向。2000年シドニー五輪でベスト4に進出。2004年アテネ五輪は2回戦敗退。2008年北京五輪はシングルスでは準々決勝で敗退したが、スタン・バブリンカと組んだダブルスで金メダルを獲得。2012年ロンドン五輪は決勝で地元出身のアンディ・マリーに敗れ銀メダル

『ロジャー・フェデラー』　マーク・ホジキ

オリンピックの本3000冊　199

ンソン著, 鈴木佑依子訳　東洋館出版社　2016.11　272p　23cm〈文献あり 索引あり〉　1900円　①978-4-491-03236-8

内容 相手の裏をかくサーブ、27種類のフォアハンド、ゲームの流れを変えるボレー、誰よりも静かなステップ、観る者すべてを魅了する美しいプレー―史上最高のオールラウンダー、その強さの秘密を解き明かす！

『ロジャー・フェデラー伝』　クリス・バウワース著, 渡邊玲子訳　実業之日本社　2016.9　323p　19cm　1900円　①978-4-408-45602-7

内容 やっぱり、フェデラー。テニスの素晴らしさを教えてくれたのは、あなたです！ ありがとう、ロジャー。やんちゃな少年がどのようにして人格者になっていったのか、本書には、そのすべてが書かれています。

### 《福田 雅之助》　ふくだ・まさのすけ

㊓明治30年（1897年）5月4日

㊣昭和49年（1974年）12月21日

◇テニス選手, テニス評論家。大正8年増田貿易に入り硬式に転向。13年パリの第8回オリンピックに出場。昭和2年東京日日新聞（毎日）に特嘱で入り、テニスの技術批評を続けた

『福田雅之助物語―日本テニスの源流』　岡田邦子［著］　毎日新聞社　2002.12　207p　20cm〈文献あり〉　1700円　①4-620-31604-0

内容 多くのテニス選手に影響を与えた名言「庭球規」の起草者であり第一回全日本庭球選手権の優勝者、福田雅之助の生涯と日本テニスの黎明期を描く評伝。

『この一球―随筆』　福田雅之助著　札幌　太平社　昭和22　242p　18cm

### 《森田 あゆみ》　もりた・あゆみ

㊓平成2年（1990年）3月11日

◇テニス選手。20年全英オープン（ウィンブルドン）で4大大会初出場。同年の北京五輪シングルス1回戦に18歳5ケ月で勝利、日本女子の五輪史上初の快挙となった。ダブルスは杉山と組んで2回戦敗退

『STEP―森田あゆみ、トップへの階段』　神仁司著　出版芸術社　2012.6　245p　19cm　1400円　①978-4-88293-422-6

内容 強烈なストロークを武器に、日本のトップとして着実に進化し続ける森田の素顔を、本人・コーチ・家族のインタビューから初めて明らかにした一冊。

### 《レンドル, イワン》

㊓1960年3月7日

◇米国のテニス指導者, 元・テニス選手。4大大会制覇はジミー・コナーズ（米国）と並ぶ8度（全仏3回、全米3回、全豪2回）。1985年から3年間世界ランキング1位。2011年12月アンディ・マリー（英国）のコーチに迎えられる。マリーを、2012年のロンドン五輪優勝に導いた

『アタック・ザ・レンドル』　イワン・レンドル著, 後藤新弥訳・構成　講談社　1984.4　206p　19cm　（ホットドッグ・バックス）〈技術解説：塚越亘〉　950円　①4-06-172322-7

## ボート

◆直線コースでオールを使って舟を漕ぎ、舟の先がゴールに着くまでのタイムを競う。カヌーとは逆で、漕ぎ手から見て後ろ向きに進むのが特徴。距離は男女とも2000m。漕ぎ手が左右に一本ずつオールを持つ「スカル」と、1本のオールを使って片側で漕ぐ「スウィープ」がある。1〜8人の漕ぎ手のほか、種目によっては舵取り役「コックス」がいる。男女共通で、スカルはシングル、ダブル〈2人〉、軽量級ダブル〈2人〉、クォドルプルスカル〈4人〉があり、スウィープは舵なしペア、舵なしフォア〈4人〉、エイト〈8人〉、男子のみ軽量級舵なしフォア〈4人〉がある

『戸田ボートコース物語―オリンピックがやってきた！　第31回特別展』　戸田　戸田市立郷土博物館　2015.10　57p　30cm〈年表あり〉

『栄光と狂気―オリンピックに憑かれた男たち』　デイビッド・ハルバースタム著, 土屋政雄訳　ティビーエス・ブリタニカ　1987.8　266p　20cm　1600円　①4-484-87133-5

|内容| ボート競技（スカル）オリンピックアメリカ代表の座をめぐり、アマチュアリズムの核心に迫る、ハルバースタム会心のスポーツ・ノンフィクション！

《堀内 浩太郎》 ほりうち・こうたろう
㊞大正15年（1926年）10月13日
◇ボートデザイナー、元・ボート選手。昭和35年日本楽器製造入社。41年ヤマハ発動機に転じる。東京大学在学中にはエイトの選手としてならし、35年のローマ五輪、39年の東京五輪各ボートエイト監督を務めた。ボートデザイナーとしても活躍

『あるボートデザイナーの軌跡』 堀内浩太郎著 舵社 1987.8 294p 27cm
〈発売：天然社〉 4800円 ①4-8072-4201-6
|目次| やさしいボートの力学, Sボート, 一本脚の水中翼船, 漕艇「図南」の設計, プロペラ船サイクロンI型, II型, 南極観測隊のソリ, 水中バス, プロペラ船「ひえん」, 農林省の沼用プロペラ船, カタマランボートの3態, スポーツ用のソリ, 7m高速警備救難艇, パドル・ホイール・クライマー, FRPスカル, 線の表情と面の表情について〔ほか〕

《レンク, ハンス》
◇ドイツの哲学者;応用倫理学者;元・ボート選手。1966年哲学教授資格取得。カールスルーエ大学人文・社会学部長、国際スポーツ哲学会会長、ヨーロッパ法哲学アカデミー副会長、ドイツ哲学会会長、ドイツ・オリンピック委員会委員、国際オリンピック・アカデミー名誉会員などを歴任。一方、ボート選手として、'60年ローマ五輪のエイトで金メダルを獲得。'66年コーチとして、世界選手権でドイツをエイト優勝に導く

『スポーツの哲学的研究―ハンス・レンクの達成思想』 関根正美著 不昧堂出版 1999.2 335p 22cm 5500円 ①4-8293-0374-3
|目次| 第1章 H.レンクのスポーツ哲学における主要概念への道程, 第2章 競技者についての思想, 第3章 スポーツにおける実存の問題と生涯スポーツ論, 第4章 スポーツの哲学, 補論1 H.レンクにおける技術哲学の探求, 補論2 現代に対するレンクの時代認識

# ホッケー

◆スティックを使い、走りながらボールを相手側ゴールに打ちこみ得点を競う。1チーム11人。各15分の4クオーター制（計60分）で実施され、競技時間内に多く得点した方が勝ち。同点の時は、シューターと相手ゴールキーパーとが1対1で攻防するシュートアウト（SO）戦で決着をつける

『アテネで輝け！ Nippon女子ホッケー』 岐阜新聞社女子ホッケー日本代表取材班著 ［岐阜］ 岐阜新聞社 2004.5 187p 19cm 〈岐阜 岐阜新聞情報センター（発売）〉 1238円 ①4-87797-079-7
|目次| 第1章 ドキュメント五輪代表決定（五輪予選へ最終調整, 各務原市長が激励, 仕上がり万全, 合宿終える ほか）, 第2章 安田監督に聞くアテネへの道（二〇〇一年一月二六日安田善治郎監督が全日本女子監督に就任, 二〇〇一年九月ワールドカップ予選で四位, 一二年ぶりに本大会出場を決める, 二〇〇二年四月・五月強化に弾み, かがみはらワールドカップ予選で四位, かがみはらチャレンジカップ開催, 四位と健闘 ほか）, 第3章 燃えろアテネで 応援メッセージ（吉田大士（日本ホッケー協会長）, 大原正雄（日本ホッケー協会副会長・強化本部長）, 勇崎恒也（日本ホッケー協会女子強化部長）ほか）

『朝日よ昇れ―ガンバレ！ 女子ホッケー日本代表 アッコにおまかせ！』 TBS制作・著作 TBS（発売） ［2004］ 35p 31cm 〈付属資料：DVD-Video1枚（12cm） チャリティDVD & photobook〉 1900円

『6人制ホッケー』 恩田昌史著 不昧堂出版 1983.10 172p 21cm （スポーツ新シリーズ 13） 2000円

『ホッケー競技法―付・ホッケー競技の解説およびルール』 ギアン・シン著, 杉浦隆, 岡田豊禧訳 法政大学出版局 1961 139p 19cm

《恩田 昌史》 おんだ・まさし
㊞昭和14年（1939年）6月27日
◇ホッケー指導者。中学からホッケーを始め

ボクシング　　　オリンピック夏季競技

る。昭和43年メキシコ五輪の日本代表で、華麗なドリブルからシュートを決め、"天才ゴールゲッター"と呼ばれた。40年母校天理大ホッケー部監督に。男子は全日本学生18回、女子は55年以来全日本学生11連勝、全日本選手権6回優勝と、国内無敵チームに育てた。平成3年日本女子代表監督となり、バルセロナ五輪は予選敗退。6年再び日本女子監督に。16年アテネ五輪後、3度目の日本女子監督となる。20年北京五輪10位

『ホッケー』　恩田昌史著　不昧堂出版　1973　283p 図　21cm　（体育図書館シリーズ）　1200円

## ボクシング

◆拳にグローブをつけ、口にはマウスピースをはめて、6.1m四方のリングでパンチを打って戦う。攻撃対象は相手の上半身のみ、また攻撃手段は拳のみというシンプルな競技。オリンピックに参加できるのはアマチュア選手のみ。男子は3分×3ラウンド、女子は2分×4ラウンドの中で、審査員の判定でポイントを多く得たほうが勝者となる。相手をKO（ノックアウト）した場合はその時点で勝敗が決まる。男子はライトフライ49kg級～スーパーヘビー91kg超級（10段階）、女子はフライ51kg級～ミドル75kg級（3段階級）の階級が設けられている

『新・凄くて愉快な拳豪たち―True Story of The Old Greats　国内篇　知っておきたい波瀾万丈のボクサー21傑』　草野克己著　ベースボール・マガジン社　2015.4　191p　19cm〈索引あり〉　1500円　①978-4-583-10857-5
内容 日本ボクシング史を支えた拳豪たちの色褪せない秘話の数々を収録。

『メダリストへの道―五輪に挑むボクサーたちの肖像』　高尾啓介写真　福岡石風社　2012.7　1冊（ページ付なし）　26cm　1900円　①978-4-88344-216-4

『図解コーチボクシング』　成美堂出版　1995.9　173p　16cm〈監修：ファイティング原田〉　600円　①4-415-00485-7

目次 第1章 ボクシングの攻撃, 第2章 攻撃のコンビネーション, 第3章 ボクシングの防御, 第4章 ボクシングの応用技術, 第5章 ボクシング・グッズ, 第6章 ボクシングのトレーニング, 第7章 ボクシングの魅力

『スポーツ辞典　第13巻　ボクシング』　日本放送協会編　日本放送出版協会　1963　137p 図版　18cm

## 《アリ, モハメド》

⑭1942年1月17日
⑭2016年6月3日

◇米国のプロボクサー。12歳でボクシングを始め、アマで108勝8敗。1960年ローマ五輪のライトヘビー級で金メダルを獲得。96年のアトランタ五輪では病気の影響で手が震えながらも、聖火の点灯役という大役を果たした。2012年ロンドン五輪の開会式に登場、過去のメダリストらとともに五輪旗を運ぶ役目を担った

『モハメド・アリ 伝説の男―秘蔵写真満載完全保存版！　20世紀最大のスーパースターとその時代』　宝島社　2016.8　111p　30cm　（別冊宝島 2484）〈文献あり 年譜あり〉　1200円　①978-4-8002-6046-8

『モハメド・アリ―アイロニーの時代のトリックスター』　チャールズ・レマート著, 中野恵津子訳　新曜社　2007.7　332p　20cm〈年譜あり〉　3300円　①978-4-7885-1060-9
内容 ボクシングの世界に革命を起こしたモハメド・アリ＝カシアス・クレイ。その言動はいたるところで話題になり、アリ現象＝神話として、いまなお多くの謎に包まれている。その言動の意味を彼の生きた時代のなかにさぐり、英雄ではなく反英雄という視点から、浮き彫りにする秀逸のエッセイ。

『モハメド・アリ―その生と時代　下』　トマス・ハウザー［著］, 小林勇次訳　岩波書店　2005.5　464p　15cm　（岩波現代文庫 社会）　1200円　①4-00-603113-0
内容 宿敵フレージャーとの死闘を境に、アリの肉体は急速に衰えはじめた。無残な敗北、カムバック、身体の変調。生きる力を使い尽くすかのごとく、彼はリングへ上がり、戦いつづける。いったい、何のために？ 栄光

202

オリンピック夏季競技　ボクシング

の絶頂と衰退の果てにつかんだ、人生の真実を描く後編。

『モハメド・アリ―その生と時代　上』　トマス・ハウザー［著］, 小林勇次訳　岩波書店　2005.4　494p　15cm　〈岩波現代文庫 社会〉　1300円　①4-00-603112-2

『対角線上のモハメド・アリ』　スティーブン・ブラント著, 三室毅彦訳　MCプレス　2004.10　398p　20cm　1800円　①4-901972-03-0
内容 リングの向こう側に陣取る男の名はモハメド・アリ。ライトの光が降り注ぐ四角いリングで、選ばれし者たちだけがアリという存在に遭遇した。彼らはアリのジャブの切れ味を…アリの右クロスのパワーを肌で感じ、そして反撃のパンチで軋むアリの肉体を、自らの手に感じたのだった。偉大なる黒人ファイター、反戦のシンボル、危険な人種分離主義者…膨れ上がるイメージと現実。この歴史的巨人と遭遇する機会は、すべての男たちの人生を変えていった。これはそんな男たちの物語、アリと戦った男たちが描くいわば肖像画である。

『モハメド・アリ―合衆国と闘った輝ける魂』　田原八郎著　大阪　燃焼社　2003.8　279p　19cm　〈年譜あり〉　1600円　①4-88978-034-3
内容 モハメド・アリが生命をかけて闘った真の相手は、徴兵を拒否したアリをリングから追放した合衆国であった。アリがタイトルマッチで迎え撃った、リストン、フレージャー、フォアマン…など最強の挑戦者たちは、アメリカ総権力がアリを追い落とすために放った「刺客」であった。

『モハメド・アリとその時代―グローバル・ヒーローの肖像』　マイク・マークシー著, 藤永康政訳　未來社　2001.10　494p　20cm　2800円　①4-624-41085-8
内容 圧倒的なファイトと強烈な個性でスポーツ史上に燦然と輝くボクサー＝モハメド・アリ。60年代アメリカの時代情況のなかで、その一貫した自己の尊厳の主張は過激な政治性を帯びていく。マルコムXら同時代の黒人たちとの友情や衝突を通して形成されたこの不屈の魂を、現代に再び問う力作評伝。

『私の父モハメド・アリ』　ハナ・アリ著, 北沢あかね訳　愛育社　2001.10　165p

20cm　〈肖像あり　年譜あり〉　1300円　①4-7500-0098-1
内容 20世紀最も偉大なアスリート、モハメド・アリの素顔をアリ自身が作った詩とともに愛娘ハナが語る。

『モハメド・アリ―その闘いのすべて』　デイビッド・レムニック著, 佐々木純子訳　ティビーエス・ブリタニカ　2001.9　500p　20cm　〈肖像あり〉　2200円　①4-484-01104-2
内容 ピュリッツァー賞作家が活写する、20世紀最高の賞賛と非難を一身に集めた「カリスマ」の全貌。

『モハメド・アリ―ブラック・アメリカン・ファイター』　ジャック・ルメル著, 国代忠男訳・解説　大阪　解放出版社　2000.11　227p　21cm　1800円　①4-7592-6050-1
内容 人種差別、「イスラムの民」入信、徴兵拒否によるボクシング界追放、反戦の気運のなかでのリング復活、パーキンソン病、アトランタ・オリンピック聖火台での勇姿…。数かずの困難と戦いつづけてきた彼の軌跡を平易な文章でたどる、アリー伝決定版。

『カリスマ―神に最も近づいた男モハメド・アリ』　ジェラルド・アーリー編, 鈴木孝男訳　ベストセラーズ　1999.7　575p　20cm　〈年譜あり〉　3200円　①4-584-18381-3
内容 モハメド・アリは、おそらく20世紀最高のスポーツ選手であり、そして間違いなく、最も有名なアメリカ人のひとりである。彼の権威に反抗する勇気と、苦難をものともしないしなやかな精神が、アリの名を人々に記憶させた。アリとは、チャンピオンであって負け犬、ならず者にして王子、プレイボーイにして敬虔なイスラムの徒、偉大なアメリカ精神の体現者であると同時に、自らの良心に従ってそれに反抗し、罰された人間だった。そしていまや、かつて頂点をきわめたスポーツマンだった彼は、パーキンソン症候群による肉体の衰弱と戦っている。掲載された作品はすべて、生きながら伝説となった最高のボクサーについて、当代きっての著者が書き残したものである。アリの一挙手一投足に反応した世界の驚くべき物語が集められている。本書は1960年代から90年代を4章に分けて構成され、各章

オリンピックの本3000冊　203

はそれぞれの時代において語られたアリ自
身の言葉から始まる。現代アメリカで最も
論争の的となったカリスマの真実の姿がこ
こに解き明かされる。

『モハメド・アリの道』　デイヴィス・ミ
ラー著，田栗美奈子訳，落合弘志編　青
山出版社　1997.9　286p　20cm　1700
円　⑭4-900845-51-5
内容　「モハメド・アリ」―それは偉大なるボ
クサーの名前ではない。不滅の'生き方'の
称号だ。伝説の勇者とピュリッツァー賞候
補作家。男たちの人生が交錯する、輝きの
ノンフィクション。

『モハメド・アリ―その生と時代』　トマ
ス・ハウザー著，小林勇次訳　東京書籍
1993.7　742p　20cm　（シリーズ・ザ・
スポーツノンフィクション 14）〈モハメ
ド・アリの肖像あり〉　3500円　⑭4-
487-76148-4
内容　「俺はあまりにも偉大だ」「俺は美しす
ぎる」―。天才か？　妄想家か？　蝶のよう
に舞い、蜂のように刺す。史上初の三度も
のヘビー級チャンピオン。全米を揺るがし、
その後のアメリカの行方に決定的な影響を
与えたベトナム徴兵拒否。三年にわたる絶
望的なブランクの後の奇跡の復活。世界ス
ポーツ史上、最も凶暴で、最も華麗、最大
の騒乱を生み続けた存在、モハメド・アリ
の初の決定版評伝。

『モハメド・アリ―リングを降りた黒い戦
士』　田中茂朗著　メディアファクト
リー　1992.6　135p　20cm　（The life
story）〈モハメド・アリの肖像あり　参
考文献：p126　モハメド・アリ年譜：p134
～135）　1300円　⑭4-88991-255-X
内容　俺はベトコンと戦う理由はない。ベトナ
ム戦争、人種問題、宗教…。チャンピオン
ベルトとひきかえにこだわり続けたアメリ
カの光と影。無敗のチャンプは政治を敵に
まわして、孤独な闘いに備えた。

『モハメド・アリ―フォーク・ヒーロー』
バッド・シュルバーグ著，宮川毅訳
ベースボール・マガジン社　1975　223p
図　肖像　20cm　980円

《柴田 勝治》　しばた・かつじ
⑭明治44年（1911年）1月26日

⑳平成6年（1994年）8月20日
◇ボクシング選手，指導者。昭和初期に日大
高等師範部でボクシング選手として活躍、
昭和24年から20年間、日本アマチュアボク
シング連盟理事長を務めた。27年ヘルシン
キ、31年メルボルン五輪には監督として参
加。44年日本オリンピック委員会（JOC）総
務主事、47年札幌冬季五輪日本選手団団長
を歴任。55年のモスクワ五輪では幻の選手
団団長に終ったが、56年再びJOC委員長に
選出され、59年にロス五輪日本選手団団長
の大任を果たした。平成元年名誉委員長

『新世紀に向けて―五輪と日本大学に生き
る』　柴田勝治著　東京新聞出版局
1988.5　219p　20cm　1200円　⑭4-
8083-0274-8
内容　草深い岩手県の山村に生まれ、書生とし
て上京。持前のバイタリティーを発揮して、
さまざまな試練、障害をつぎつぎに乗り越
え、ついにはスポーツ界と大学教育の頂点
を極める…その波乱に満ちた人生と五輪裏
方の哀歓をつづる五十話。JOC委員長とし
てソウル五輪に挑み、日本大学理事長とし
て母校の百周年事業に情熱を燃やす著者の
自伝エッセイ。

《平仲 明信》　ひらなか・あきのぶ
⑭昭和38年（1963年）11月14日
◇元・プロボクサー。昭和59年ロス五輪に出
場した

『ボクサー回流―平仲明信と「沖縄」の10
年』　山岡淳一郎著　文藝春秋　1999.7
285p　19cm　（Sports graphic number
books 2）　1333円　⑭4-16-355420-3

《フォアマン, ジョージ》
⑭1949年1月10日
◇米国の元・プロボクサー。1968年メキシコ
五輪ヘビー級で金メダルを獲得

『ザ・ファイト』　ノーマン・メイラー著，
生島治郎訳　集英社　1997.10　380p
20cm〈1976年刊の新装版〉　2800円
⑭4-08-773279-7
内容　1974年10月、アメリカ文壇の鬼才ノーマ
ン・メイラーは、世界ヘビー級チャンピオ
ン、ジョージ・フォアマンとあのモハメッ
ド・アリとのタイトルマッチにわくアフリ
カ、ザイール共和国（当時）に乗り込んだ。

この『ザ・ファイト』は、メイラーが最も知りつくしているスポーツと、その力と力の勝負をめぐる人間の祭典を描いて、まさに最高の洞察力を示した。

『スタジアムで会おう』　山際淳司著　角川書店　1996.4　223p　15cm　（角川文庫）　430円　①4-04-154060-7
内容 西武ライオンズの四番打者「清原和博」。神になったチャンプ「ジョージ・フォアマン」。天才ジョッキー「武豊」。劇場（スタジアム）では、様々なドラマが生まれ、去っていく。感動と興奮に満ちた物語。珠玉のスポーツノンフィクション集。

『敗れざる者―ジョージ・フォアマン自伝』　ジョージ・フォアマン著, 安部譲二訳　角川春樹事務所　1995.10　430p　20cm　〈発売：飛鳥新社 著者の肖像あり〉　2100円　①4-87031-228-X
内容 本書は、フォアマンが、彼の信じられないような半生を、初めて明かした自伝である。輝くばかりの勝利、すべてを奪う敗北、奇跡のカムバック。厄介者だった子供時代、年若くして手にしたスポーツマンとしての栄光が生む激しい情熱、数回におよぶ結婚、そして神との交感。彼はすべてを赤裸々に書く。ジョージ・フォアマンが運命を生きただけでなく、運命に打ち勝ったその後ろ姿は、もっとも霊感に満ちた、いつまでも人の心を打つ、我々の時代の英雄神話なのである。

『敗れざる者―ジョージ・フォアマン自伝』　ジョージ・フォアマン著, 安部譲二訳　角川春樹事務所　1995.10　430p　20cm　2100円　①4-89456-006-2
内容 天才ボクサーは、いかに闘い、敗れ、そして、蘇ったか。回想のなかから、凄まじい闘志と素晴しい懐しさが、たちのぼる。

《ホリフィールド, イベンダー》
⑰1962年10月19日
◇米国の元・プロボクサー。1984年ロス五輪でライトヘビー級銅メダル

『真実の男イベンダー・ホリフィールド』　イベンダー・ホリフィールド, バーナード・ホリフィールド共著, 齋藤誠訳　ベースボール・マガジン社　1997.6　429p　20cm〈肖像あり〉　2500円

①4-583-03398-2
内容 生き方に悩む人々に捧げる一冊！ 敬虔なクリスチャンにして最強の戦士、三たび世界ヘビー級王座に輝いたボクサーはいかにして栄光を勝ち取ったのか。

《村田 諒太》　むらた・りょうた
⑰昭和61年（1986年）1月12日
◇プロボクサー。平成24年ロンドン五輪で金メダルを獲得し、昭和39年東京五輪バンタム級の桜井孝雄以来、48年ぶり2人目の日本人金メダリスト

『人生を変える「見る力」―集中力、観察力、イメージ力が高まる目のトレーニング』　飯田覚士著　マキノ出版　2018.4　143p　19cm　1400円　①978-4-8376-7271-5
内容 なぜ、村田諒太は「見る力」を高めようと思ったのか？ 1日5分からでいい。始めた人から人生が好転する！ アスリートだけじゃない！ 子どもの学習・運動能力向上に、目の衰えが気になる中高年に、人生に不安を感じている人に。

『101％のプライド』　村田諒太［著］　幻冬舎　2018.4　305p　16cm　（幻冬舎文庫　むー9-1）〈2012年刊の加筆修正〉　600円　①978-4-344-42732-7
内容 疑惑の判定負けを乗り越え、見事、世界ミドル級王者に輝いた村田諒太。常に"定説"を疑い、自ら考えて導き出した理論に基づいて、人よりも1％多く努力を重ねる。その勝利哲学が、彼を日本人初の"金メダリスト世界王者"へと導いた。不登校だった中学時代、恩師との号泣秘話、さらに知られざるタイトルマッチの舞台裏まで収録した、文庫完全版。

『FIGHT―プロボクサー村田諒太フォトブックFIGHT』　［山口徹花］［撮影］, マガジンハウス編　マガジンハウス　2014.5　1冊（ページ付なし）　30cm　2000円　①978-4-8387-2674-5
内容 183cm73kg、パワフルな身体とハンサムな風貌、「世界王者になることは、僕の義務」と五輪金メダリストからプロへ。男も女も魅了する、ボクサーを超えた新しいヒーロー。

『101％のプライド』　村田諒太著　幻冬舎　2012.12　267p　19cm　1300円

①978-4-344-02309-3

内容 小6で両親が離婚、反抗を重ねた少年時代。「おまえの拳には可能性があるんだ」と言ってくれた生涯の恩師・武元先生との出逢い。北京五輪出場の夢破れ、「海外では通用しない」と引退を決意した22歳の春。カムバック直後の恩師の死―。波瀾万丈の人生を歩み、決してメンタル的に強くなかった男が、「日本人には不可能」とまでいわれた種目で、なぜ金メダルを獲得できたのか。知られざる過去と、勝利の秘訣を初めて明かす。

《森岡 栄治》 もりおか・えいじ

㉒平成16年（2004年）11月9日

◇ボクシング選手。昭和43年のメキシコ五輪ではバンタム級で銅メダルを獲得。その後、プロに転向

『子猫の涙―ひとりのボクサーと娘の物語』
森岡利行著 竹書房 2008.1 290p
15cm （竹書房文庫―Ta-ke shobo
entertainment books） 619円 ①978-
4-8124-3384-3

内容 私の名前は治子。父は1968年、メキシコオリンピック、ボクシング・バンタム級で銅メダルを獲得した伝説のボクサー・森岡栄治―。オリンピック後にプロに転向するも、網膜剥離により75年に引退。今はりっぱなブータロー、しかも女に目がない。定職に就かない父と家族を支えるために母・和江は毎日スナックで働いている。そんな父への反発からか、私はいじめも許さない正義感の強い女の子に育った。そんな父を支えたもうひとりは姉の加代子。「腐ってもオリンピック選手」と弟の栄治を誇りにしていた。あることがきっかけに父はヤクザの親分の世話になり、ボクシングジムの会長を務めることに。しかし、父の破天荒な生き方に嫌気がさした母は私たちをおいて家を出て行く。入れ替わるように父の愛人・裕子が家に住み始める…。ひとりのボクサーの栄光と挫折、父と娘の絆を描いた感動実話。

《渡辺 政史》 わたなべ・せいし

㉔昭和7年（1932年）2月22日

◇ボクシングコーチ。昭和47年ミュンヘン五輪コーチ、モスクワプレ五輪監督

『ボクシング』 渡辺政史著 法政大学出

版局 1966 106p 19cm〈付：参考文献〉 350円

---

## バレーボール

◆屋内のコートで、中央のネットをはさんで2チームがボールを打ち合う球技。1チーム6人で、相手側から打ちこまれたボールを落とさずに3打以内で返す。相手側コートにボールを落とすか、相手側から打ち返されたボールが自コート外に落ちれば得点。25点（第5セットのみ15点）先取で1セット獲得、3セット先取で勝利。野外の砂浜で行う「ビーチバレー」もほぼ同じルールだが、1チーム2人で行われる。21点（第3セットのみ15点）先取で1セット獲得、2セット先取で勝利

『バレーボールぴあ―オール撮りおろし！石川祐希、山内晶大、越川優、清水邦広、ほか人気選手を総力特集「バレーボールは好きですか？」』 ぴあ 2016.3 114p 29cm （ぴあMOOK） 1111円 ①978-4-8356-2593-5

『眠らずに走れ―52人の名選手・名監督のバレーボール・ストーリーズ』 中西美雁著 スタジオイチマルハチ 2015.12 382p 21cm〈発売：ベースボール・マガジン社〉 2500円 ①978-4-583-10977-0

目次 中垣内祐一、越川優、加藤陽一、山本隆弘、宇佐美大輔、松平康隆、佐野優子、石島雄介、菅山かおる、東レアローズ〔ほか〕

『「東洋の魔女」論』 新雅史著 イースト・プレス 2013.7 213p 18cm （イースト新書 009） 860円 ①978-4-7816-5009-8

内容 一九六四年一〇月二三日、視聴率六六・八％を稼ぎ出すほどの国民が見守る中、金メダルを獲得した「東洋の魔女」。彼女たちが在籍した繊維工場は、当時多くの女性が従事した日本の基幹産業であり、戦前には『女工哀史』に象徴されるような悲惨な労働環境も抱えていたが、そこでバレーボールが行われたことの意味するものは何か。そして「東洋の魔女」が「主婦」を渇望したことの意味するものは何か。「レクリエーショ

オリンピック夏季競技　　バレーボール

ン」という思想からバレーボールが発明さ
れ、日本の繊維工場から「東洋の魔女」が
誕生したことの歴史性を考察する。

『日の丸女子バレー――ニッポンはなぜ強い
　のか』　吉井妙子著　文藝春秋　2013.6
　247p　20cm〈文献あり〉　1400円
　①978-4-16-376440-5

『全日本女子バレーボール五輪への軌跡』
　扶桑社　2012.6　91p　30cm　1500円
　①978-4-594-06630-7
　目次　祝！ ロンドン五輪出場決定!!世界最終
　　予選完全速報リポート, 木村沙織―今はロ
　　ンドンが, 遠い夢から現実的な目標へと変
　　わりました, 新鍋理沙―サーブレシーブと
　　ディフェンスという持ち味でアピール, 岩
　　坂名奈―チーム全体で勝ちに向かうすごさ
　　を感じた, 江畑幸子―両エースの一端を担
　　うようになって, 私の中で変わったもの, 竹
　　下佳江―三度目の五輪こそ, 特別な舞台に
　　したい, 荒木絵里香―何があっても頑張る
　　という覚悟は決まっている, 佐野優子―ロ
　　ンドン五輪で, 私のバレー人生が終わって
　　もいい, 狩野舞子―やはりオリンピックに
　　懸ける思いは, 特別なものです, 栗原恵―
　　ヒザに不安を抱えることなく新しい季節を
　　迎えられる〔ほか〕

『なぜ全日本女子バレーは世界と互角に戦
　えるのか―勝利をつかむデータ分析術
　バレーボール「観戦力」が高まる!!』
　渡辺啓太著, 大塚一樹構成　東邦出版
　2012.5　198p　19cm　1429円　①978-
　4-8094-1037-6
　目次　Prologue データとバレーボール, 01 新
　　兵器『iPad』がもたらしたもの, 02 情報戦
　　略のプロ, アナリスト, 03 アナリストへの
　　道, 04 全日本女子チームのデータ活用, 05
　　オリンピックにつながるデータ, 06 世界一
　　のデータを目指して, 07 データの作り方と
　　伝え方

『精密力―日本再生のヒント 全日本女子バ
　レー32年ぶりメダル獲得の秘密』　眞鍋
　政義著　主婦の友社　2011.6　191p
　18cm　（主婦の友新書 023）　781円
　①978-4-07-277842-5
　内容　全日本女子バレーに32年ぶりのメダルを
　　もたらしたのは,「根性」でなく「精密力」。
　　正確な時刻表, 5分前行動, 精密機器製造
　　など, 日本人が古くから持つアイデンティ

ティというべき精密力が日本再生の鍵を握
る。眞鍋政義監督がロンドン五輪に向けて,
「日本人らしさ」を考える一冊。

『復活―all for victory 全日本男子バレー
　ボールチームの挑戦』　市川忍著　角川
　書店　2008.4　287p　21cm〈発売：角
　川グループパブリッシング〉　1800円
　①978-4-04-883996-9
　内容　1972年, ミュンヘンで金メダル。1992
　　年, バルセロナで6位。以降, オリンピッ
　　クには出場していない。敗れた世代と栄光
　　を知らない世代が混在する植田ジャパン。
　　全日本男子バレーの復活を目指してボール
　　を追う14名を徹底取材した初めての男子バ
　　レーボールノンフィクション。

『バレーボール』　こどもくらぶ編　ほる
　ぶ出版　2006.11　72p　29cm　（スポー
　ツなんでも事典）　3200円　①4-593-
　58406-X
　内容　バレーボールの歴史や道具のことから,
　　日本Vリーグや世界のバレーボールリーグ,
　　そしてビーチバレーやシッティングバレー
　　ボールなどなど。バレーボールにかかわる
　　さまざまなことがらをテーマごとにまとめ
　　て解説した, ヴィジュアル版子ども向けバ
　　レーボール事典です。バレーボールについ
　　て, どのように, なにを調べたらよいかが
　　わかります。

『女子バレーの女神たち―2008年、北京へ
　のパスポート』　吉井妙子著　ぴあ
　2006.10　270p　19cm　1500円　①4-
　8356-1642-1
　内容　06年世界バレー, 07年ワールドカップ,
　　そして, 08年北京五輪を目指す22選手, そ
　　れぞれの素顔。

『基本がわかるスポーツルール バレーボー
　ル―イラスト版』　下山隆志監修, 尾沢
　とし和著　汐文社　2005.2　63p　22cm
　1500円　①4-8113-7902-0
　内容　バレーボールの試合は, サーブを正確
　　に入れて, 相手のアタックをブロックして,
　　そしてレシーブからトスを上げてアタック
　　するプレーのくり返しで行います。バレー
　　ボールのルールを勉強してバレーボールの
　　成り立ちやゲームのすすめ方を学び, プレー
　　をするときのいろいろな反則を知ることに
　　よって, 楽しくバレーボールを行ったり,
　　テレビを見たりすることができます。本書

バレーボール　　　　オリンピック夏季競技

を読んで、バレーボールのルールを理解して、みんなで仲良く、楽しくバレーボールの試合をしたり、テレビで見たりしましょう。バレーボールはだれもができるみんなのスポーツです。

『バレーボール―ルールと技術』　高橋和之校閲・指導　学習研究社　2005.2　63p　29cm　（絵でわかるジュニアスポーツ　新版4　関岡康雄監修）〈シリーズ責任表示：関岡康雄監修〉　3300円　①4-05-202188-6
[目次] ルール（6人制バレーボール, 9人制バレーボール）, 技術（パス, サービス, レシーブ, トス, スパイク, ブロック, オープン攻撃・時間差攻撃, フォーメーション）

『100パーセントの闘争心―全日本女子バレーの栄光、挫折、そして再生』　吉井妙子著　文藝春秋　2004.12　277p　20cm　1667円　①4-16-366500-5
[内容] 全日本女子バレーボールチームのアテネ五輪までのチームの懊悩のすべてが明かされる！　全選手に密着取材。

『甦る全日本女子バレー―新たな闘い』　吉井妙子著　日本経済新聞社　2004.4　255p　20cm　1400円　①4-532-16460-5
[内容] 監督の操り人形ではない、選手個々の強靭な精神力が噛み合わさった堅牢なチームはどうやって出来上がったのか。

『詳解9人制バレーボールのルールと審判法2002』　日本バレーボール協会審判規制委員会監修　大修館書店　2002.7　195p　19cm　1400円　①4-469-26495-4
[内容] 本書は、9人制バレーボールの面白さをより引き出すことを念頭において、ルールと審判技術についての解説をまとめた。

『夢を見て夢を追いかけ夢を食う』　国分秀男著　日本文化出版　2002.7　216p　20cm　1429円　①4-89084-066-4
[目次] 第1部 わがバレー人生（それは東京オリンピックに始まった、一枚の名刺を持って…京浜女子商業高校（現白鵬女子高校）へ, 思い出の「ユニチカ」修行, 京浜を去り古川へ ほか）, 第2部 かずかずの思い出（山田重雄氏「世界の三冠監督」, 袁偉民氏「世界の三冠監督」, 大木正裕先生（東九州龍谷高校監督）, 加藤広志・能代工業高校バスケット

ボール部前監督 ほか）

『詳解6人制バレーボールのルールと審判法2001-2004年版』　山岸紀郎, 下山隆志著, 砂田孝士監修　大修館書店　2001.5　203p　19cm　1500円　①4-469-26461-X
[目次] 1 ルールの解説（ゲーム, 審判員とその責務および公式ハンド・シグナル）, 2 審判の方法（基本的な技術, 判定基準の確立, 試合の運営, 補助役員の役割）

『日本バレーボール五輪秘話　第5巻　バルセロナへの挑戦』　小泉志津男著　ベースボール・マガジン社　1992.7　245p　21cm　1800円　①4-583-02988-8
[内容] 中村祐造率いる男子は、モスクワ五輪に出場できなくなるというドン底に追い込まれ、中野尚弘、斉藤勝、南将之ら次々と監督を代えて"世界奪回"を試みるのだが、無残の敗北を重ねていく。こうした中で、山田―小島の女子も新強豪を迎えて苦境に立たされるが、ロス五輪でメダルを死守したものの、ソウル五輪ではとうとう"メダルなし"。そしてバルセロナ五輪に大古監督の男子、米田監督の女子が挑戦することになる。

『日本バレーボール五輪秘話　第4巻　世界三冠の舞台裏』　小泉志津男著　ベースボール・マガジン社　1992.6　233p　21cm〈書名は奥付・背による　標題紙の書名：日本バレーボール秘話〉　1800円　①4-583-02977-2
[内容] 「もう協会に頼らん」と、ありとあらゆる手段をこうじて強化に乗り出した山田重雄は、"大砲"白井貴之を手に入れてライバルを蹴落とし、世界一奪回への実現を図る。男子は松平が引退して、小山勉が指揮をとるが、なかなか足並みが揃わず、ミュンヘンの遺産で世界を戦う。が、ポーランド、ソ連の他、キューバという強敵が出現して4位に転落。男子勢は協会執行部と対立する。

『日本バレーボール五輪秘話　第3巻　松平全日本の奇跡』　小泉志津男著　ベースボール・マガジン社　1992.4　239p　21cm〈書名は奥付・背による　標題紙の書名：日本バレーボール秘話〉　1800円　①4-583-02954-3
[内容] アラブ・ゲリラ銃撃の中で強行されたミュンヘン五輪。小島全日本が苦杯、松平

オリンピック夏季競技　　バレーボール

全日本が奇跡を生む感動ドラマ。

『日本バレーボール五輪秘話　第2巻　ポスト魔女の激闘』　小泉志津男著　ベースボール・マガジン社　1992.2　223p　21cm　1800円　①4-583-02952-7
内容　大松博文の引退で、女子はニチボー、ヤシカ、日立武蔵の主導権争いが激化した。こうした中から、バレー界の"一匹オオカミ"山田重雄が率いる日立が浮上すれば、男子は松平康隆が大型化をめざして名セッター猫田勝敏を中心とする森田淳悟、大古誠司、横田忠義らを育成して、山田、松平がメキシコ五輪に挑み、同じ銀メダルと並んだ。松平の野望は4年後へと燃えた。

『日本バレーボール五輪秘話　第1巻　東洋の魔女伝説』　小泉志津男著　ベースボール・マガジン社　1991.11　222p　21cm　1800円　①4-583-02944-6
内容　鬼の大松、6人の魔女─。東京オリンピックで感動的な金メダルを獲得し引退した"東洋の魔女"の優勝までの秘話と猛練習。これに対応した男子はみじめな海外遠征を続けて、銅メダルに結びつくが、国内ではこの快挙も"魔女"の威力にかき消されてしまった。「魔女に追いつけ、追いこせ」とばかりに敢然と立ち上がったのが、男子チームを率いる松平康隆であった。感動の第一巻。

『素顔の女子バレーボール─めざせ！金メダル』　池田書店　1988.5　1冊（頁付なし）　26cm〈企画・編集：ソレカラ社〉　880円　①4-262-17056-X
内容　大型カラーピンナップ大林素子選手。カラーシール中田、斉藤選手他。お楽しみ豪華プレゼント付。

『虹色のVロード　パート2　田中直樹・真鍋政義・原秀治─全日本男子バレーボール「ニューヒーロー」物語』　山崎征治著　日刊スポーツ出版社　1988.3　268p　19cm〈田中直樹ほかの肖像あり〉　980円　①4-8172-0102-9
内容　バレーボール・ファンを引きつける若きプレーヤー3人。田中直樹、真鍋政義、原秀治。青春をバレーボールに賭け、いまなお、その血をたぎらせる。が、その軌跡には人知れぬ悩み、喜び、そして汗があった。いま、汗と涙の感動のドキュメントが綴られていく。

『ラヴ・ホイッスル─川合俊一・井上謙・原秀治』　北原美喜男撮影　ワニブックス　1988.3　1冊（頁付なし）　30cm　1700円　①4-8470-2075-8

『ザ・バレーボール─夢戦士』　松本正[ほか]著　潮出版社　1987.10　221p　15cm　（潮文庫）　600円　①4-267-01175-3
目次　第1章　夢戦士・熱き日々─川合俊一・熊田康則・井上謙、第2章　証言／その、遥かなる道、第3章　夢戦士・明日へ向って─杉本公雄・田中直樹・笠間裕治・三橋栄三郎・米山一朋、岩島章博・真鍋政義・海藤正樹・原秀治、第4章　戦士の足跡─全日本男子バレーボール戦歴、第5章　バレーボール応援団

『バレーボールおもしろ「通」の手引書　第4弾』　リップスティック著　日本文化出版　1987.10　252p　19cm　980円　①4-931033-76-8
内容　全日本男子バレーボールチームファンの必読書！

『青春の色は緑─富士フイルム男子バレーボールドキュメント』　小泉志津男著　日本文化出版　1986.11　293p　21cm　1300円　①4-931033-68-7

『男子バレーボールなんでも百科』　新成出版局　1986.9　174p　15cm〈折り込図4枚〉　780円　①4-88251-001-4
内容　ときめきのスポーツ・アイドル120％！クマ、ユズル、シュンのすべてに大接近。ミニビンナップ、カセットインデックス、自筆履歴書などプレゼントも盛りだくさん。

『バレーボールおもしろ「通」の手引書─アイドル3のぜぇ～んぶ』　リップスティック著　日本文化出版　1986.5　252p　19cm　980円　①4-931033-63-6
内容　あなたが知りたかったことを知りたかっただけ、知りたいようにお知らせする、まったく新しいタイプのこの本こそ、名づけて「アイドル3のぜぇ～んぶ」！待ちに待った君の欲望を100パーセント満足させる企画の数々に、カラー32ページとモノクロ写真数10点は、すべてがすべて未公開。正にキラメキとトキメキ大発見のスーパー情報パックです！

『金メダルへの方程式─史上最強・ソ連男

オリンピックの本3000冊　209

バレーボール　　　　オリンピック夏季競技

子バレーボールの真実』　ビャチェスラ
フ・プラトーノフ著, 横山和明訳　日本
文化出版　1985.5　325p　20cm〈著者
の肖像あり〉　2000円　①4-931033-52-
0

『6人制バレーボール―図解コーチ』　梶尾
義昭著　成美堂出版　1985.5　238p
16cm　500円　①4-415-00247-1

『バレーボールを見るための本』　五十嵐
紀雄著　同文書院　1982.2　244p
19cm　（スポーツの見どころシリーズ）
〈監修：松平康隆〉　980円

『6人制バレーボール―ルールと審判心得』
砂田保著　永岡書店　1980.9　178p
15cm　480円

『ミュンヘンの12人―日本男子バレー・勝
利への記録』　松平康隆著, 佐藤幸三写
真　柴田書店　1972　274p（おもに図）
19cm　650円

『図説バレーボール事典』　前田豊, 松平康
隆, 豊田博著　講談社　1967　410p
27cm　2900円

『6人制バレーボール―ルールハンドブッ
ク』　池田久造著　ベースボール・マガ
ジン社　1963　210p　18cm　（スポー
ツ新書）

《青山 繁》　あおやま・しげる
㊷昭和44年（1969年）4月27日
◇元・バレーボール選手。平成2年初の全日本
代表入り。同年ワールドチャレンジカップ、
世界リーグ、アジア大会、世界選手権に出
場。4年バルセロナ五輪代表。14年守備専門
のリベロとして2年ぶりの全日本復帰を果た
す。同年5月所属のフジフイルムバレー部が
休部となり、東レに移籍。18年全日本選手
権で優勝、MVPを獲得した。同大会を最後
に現役を引退

『バレーボール』　青山繁著　旺文社
2001.4　127p　22cm　（Jスポーツシ
リーズ 4）〈ハードカバー〉　1600円
①4-01-071824-2
内容 この本は、バレーボールをやってみたい、
バレーボールがうまくなりたい、という小・
中学生に向けて書いたものです。技術編で

は、FILE1～9まで順に、バレーボールをや
るために必要な基本技術、応用編、上手にな
るためのコツ、練習方法などが書かれてい
ます。FILE10では、チームとして試合中、
どのように動けば良いか、フォーメーショ
ンについてまとめました。

『バレーボール』　青山繁著　旺文社
2001.4　127p　21cm　（Jスポーツシ
リーズ 4）　1100円　①4-01-071834-X
内容 本書は、バレーボールをやってみたい、
バレーボールがうまくなりたい、という小・
中学生のみなさんに向けて書いたものです。
近年の世界のトップ選手やバレーボールが
誕生してからの歴史を紹介するとともに、
著者のバレーボール人生を綴りました。バ
レーボールをやるために必要な基本技術、
応用編、上手になるためのコツ、練習方法
なども書かれています。

《浅尾 美和》　あさお・みわ
㊷昭和61年（1986年）2月2日
◇元・ビーチバレー選手。16年高校を卒業し、
バレーボール元日本代表の川合俊一のスカ
ウトでビーチバレーに転向、プロのビーチ
バレー選手に。その美貌で人気が沸騰し、
タレント活動も開始。17年より4歳年上の
西堀健実と組み、20年7月全日本女子選手権
で国内大会初優勝。結成5年目の国内最長ペ
アだったが、国内ツアーでは一度も優勝を
果たせず、ロンドン五輪出場も難しいこと
から、同年11月ペアを解消。23年松山紘子、
24年は浦田景子と組む。24年ロンドン五輪
代表を逃し、12月現役を引退

『Memories』　浅尾美和著, 浦川一憲撮影
扶桑社　2009.4　1冊（ページ付なし）
25cm〈本文は日本語〉　1900円　①978-
4-594-05934-7
内容 こんな浅尾美和、見たことない！写真で
振り返る足跡とエッセイで綴るいまの心境。

『asao miwa―浅尾美和ファーストフォト
ブック』　浦川一憲撮影　ポニーキャニ
オン, バンエイト, 扶桑社〔発売〕
2007.1　1冊　30cm〈付属資料：DVD1〉
1900円　①978-4-594-05280-5

《朝日 健太郎》　あさひ・けんたろう
㊷昭和50年（1975年）9月19日
◇ビーチバレー選手。中学でバレーボールを

始める。高校時代は高校選手権、インターハイで準優勝。法政大では、平成7年全日本大学選手権優勝、4年時には、内定選手としてサントリーからVリーグに出場、この間、6年日本代表に初選出され、以後全日本の中心選手として活躍するもインドアでの五輪出場は果たせなかった。14年ビーチバレーに転向し、プロのビーチバレー選手としてチームBeach Windsを結成。18年8月より白鳥勝浩とペアを結成。20年北京五輪で初の五輪出場を果たし、決勝トーナメント1回戦で敗退。24年ロンドン五輪は1次リーグ敗退。同年現役を引退後はNPO法人・日本ビーチ文化振興協会理事長を務める

『朝日健太郎―Air breaker 1999ワールドカップバレーボールプロモーション写真集』 1999ワールドカップバレーボール組織委員会監修 日本文化出版 1999.10 1冊(ページ付なし) 21cm (日本文化出版ムック v.23―全日本男子切り札コレクション 2) 952円 ⑪4-89084-034-6

《ヴァグネル, フーベルト》
◇ポーランドのバレーボール指導者。1976年モントリオール五輪でポーランドが金メダルを獲得したときの監督

『バレーボール/ゴールド・メダルへの挑戦―H.ヴァグネル物語(モントリオール五輪金メダル監督)』 フーベルト・ヴァグネル, スビグニェフ・コセック共著, 小原雅俊訳 ベースボール・マガジン社 1978.11 175p 19cm 〈フーベルト・ヴァグネルほかの肖像あり〉 980円

《大友 愛》 おおとも・あい
㊤昭和57年(1982年)3月24日
◇バレーボール選手(JT)。平成13年NEC(レッドロケッツ)に入社。16年アテネ五輪世界最終予選で活躍、2大会ぶりの本選出場に貢献した。アテネ五輪は5位入賞。24年ロンドン五輪は昭和59年のロス五輪以来28年ぶりの銅メダルを獲得。ンドン五輪

『I Love…―大友愛フォトブック』 塚原孝顕撮影 ポニーキャニオン, 扶桑社〔発売〕 2005.9 1冊 30cm 〈付属資料:別冊1 DVD1〉 1600円 ⑪4-594-

04987-7
[内容]NECレッドロケッツのエースであり、女子バレーボール日本代表、コートネーム『ユウ』こと大友愛のファーストフォトブック。ユニフォームを脱いだ大友愛の魅力が満載のブックinブック&オフショットも見逃せないスペシャルDVD封入。

《大林 素子》 おおばやし・もとこ
㊤昭和42年(1967年)6月15日
◇スポーツキャスター、タレント;元・バレーボール選手。昭和61年日立に入社。平成3年ソウル五輪代表。4年バルセロナ五輪代表。8年アトランタ五輪代表

『マイ・ドリーム』 大林素子著 アリス館 1998.3 191p 20cm 〈肖像あり〉 1500円 ⑪4-7520-0098-9
[内容]あなたの夢は、どんな夢?「モトコ」の場合…。元全日本バレーボールのエースが17年間の選手生活をふりかえる。

『バレーに恋して』 大林素子著 講談社 1995.11 239p 20cm 〈共同刊行:講談社インターナショナル 著者の肖像あり〉 1500円 ⑪4-06-207631-4

《大山 加奈》 おおやま・かな
㊤昭和59年(1984年)6月19日
◇元・バレーボール選手。平成15年4月東レ(アローズ)に入社。16年アテネ五輪5位入賞に貢献。右肩故障で長期離脱した後、19年11月リーグ終盤で復帰し、北京五輪出場権を懸けたW杯では控えながら代表にも復帰。22年現役を引退

『栗原恵・大山加奈物語』 本郷陽二編 汐文社 2006.1 149p 22cm (スポーツのニューヒロイン 3) 1500円 ⑪4-8113-8026-6
[目次]第1章 救世主は19歳、第2章 ひまわりのように明るく、まっすぐな女の子(大山加奈)、第3章 がんばりやの女の子(栗原恵)、第4章 アテネを目指して、第5章 夢の舞台アテネ、第6章 これからの日本を支える二人

《河西 昌枝》 かさい・まさえ
㊤昭和8年(1933年)7月14日
㊦平成25年(2013年)10月3日
◇バレーボール選手。昭和29年日紡足利から

創設されたばかりの日紡貝塚（ニチボー，現・ユニチカ）に移籍。39年の東京五輪では、大松博文監督率いる日本代表の主将として金メダルを獲得、“東洋の魔女”と呼ばれた。ソ連との決勝戦はスポーツ中継史上最高の視聴率66.8％を記録。40年現役を引退。同年自衛官と結婚。平成15年日本バレーボール協会女子強化副委員長に就任し、16年のアテネ五輪女子チーム団長を務めた。

『お母さんの金メダル―東洋の魔女』　河西昌枝［著］　学習研究社　1992.7　221p　19cm〈著者の肖像あり〉　1000円　Ⓘ4-05-106381-X
　内容 東京オリンピックの栄光から28年。河西昌枝が普通の主婦として、家庭というコートで目指す、もう一つの金メダル。初めて明かす感動の愛情物語。

《加藤 明》　かとう・あきら
◇バレーボール指導者。慶応高、慶大、八幡製鉄（当時）でプレーしたバレーボール選手で、スイッチアタッカーとして活躍。昭和40年指導者としてペルーに渡り、僅か3年後の43年に無名だったペルー女子代表チームをメキシコ五輪で4位に導いた。44〜46年、48〜49年にもペルー女子代表監督を務める。ブラジル、チリ、旧西独チーム監督も歴任。57年急死したが、その告別式にはペルーの閣僚も含め6000人が参列、地元紙は「ペルーは泣いている」とその死を惜しんだ

『アキラ！―加藤明・南米バレーボールに捧げた一生』　上前淳一郎著　角川書店　1984.4　497p　15cm　（角川文庫）　540円　Ⓘ4-04-326905-6

《川合 俊一》　かわい・しゅんいち
㊏昭和38年（1963年）2月3日
◇スポーツキャスター、タレント。元・バレーボール選手。明大中野高バレーボール部時代から将来の大器と注目され、日体大3年の時に日本代表入り。昭和59年ロス五輪では学生からただ一人代表に選ばれる。60年富士フィルムに入社し、主将。63年ソウル五輪代表。平成2年引退後、ビーチバレーと出合い日本で第1号のプロのビーチバレー選手となる。19年日本ビーチバレー連盟会長に就任

『川合俊一―Private photo memory』

スコラ　1988.12　1冊（頁付なし）30cm　（別冊スコラ 3）　1500円　Ⓘ4-88275-603-X

『川合俊一スタイルブック―Volleyball photo style book』　CBS・ソニー出版　1988.9　159p　26cm　1500円　Ⓘ4-7897-0390-8
　内容 これぞファン待望の1冊。ソウル五輪で引退が囁かれる川合俊一、最高のフォトブック。

《木村 沙織》　きむら・さおり
㊏昭和61年（1986年）8月19日
◇元・バレーボール選手。平成15年成徳学園高（現・下北沢成徳高）1年の時、春の高校バレーで優勝。同年高校生ながら日本代表に抜擢される。16年アテネ五輪に日本バレー史上最少の17歳で出場（5位）。17年東レアローズ（滋賀県）に入団。20年北京五輪代表（5位）。24年ロンドン五輪はエースとして活躍、昭和59年のロス五輪以来28年ぶりの銅メダルを獲得。25年から日本代表の主将を務め、28年リオデジャネイロ五輪世界最終予選で4位以上を確定させ、日本女子バレー初の4大会連続五輪出場を果たすが、チームは5位に終わる。29年3月、30歳で現役を引退

『ありがとう。―木村沙織メモリアルブック』　木村沙織［著］　日本文化出版　2017.5　129p　26cm　（NBP MOOK）　1389円　Ⓘ978-4-89084-254-4

『SAORI KIMURA 232 days in Turkey―木村沙織フォトブック』　日本文化出版　2013.8　127p　25cm　（日本文化出版MOOK）　1143円　Ⓘ978-4-89084-215-5

『Saori―木村沙織フォト＆エッセイ』　木村沙織［著］　日本文化出版　2011.11　130p　21cm　（NBP mook）　1143円　Ⓘ978-4-89084-195-0

《栗原 恵》　くりはら・めぐみ
㊏昭和59年（1984年）7月31日
◇バレーボール選手（岡山シーガルズ）。平成15年NECレッドロケッツに入団。16年アテネ五輪最終予選でも大山とともに活躍、2大会ぶりの本選出場に貢献した。アテネ五輪

オリンピック夏季競技　　バレーボール

は5位。20年5月北京五輪世界最終予選では、日本の2大会連続五輪出場に貢献。北京本番はアテネと同じ5位。24年ロンドン五輪は膝の故障の回復が遅れ、代表入りを逃した

『めぐみ』　栗原恵著　実業之日本社
　2008.5　189p　19cm〈肖像あり〉　1200円　①978-4-408-45163-3
　内容 能美島で生まれ育ち中学2年生で海を渡り、幾度の苦難とケガを乗り越え、女子バレー・世界の頂点へ！撮り下ろし写真満載！島少女の挑戦！素顔のメグ物語。

『栗原恵・大山加奈物語』　本郷陽二編
　汐文社　2006.1　149p　22cm（スポーツのニューヒロイン 3）　1500円　①4-8113-8026-6
　目次 第1章 救世主は19歳、第2章 ひまわりのように明るく、まっすぐな女の子（大山加奈）、第3章 がんばりやの女の子（栗原恵）、第4章 アテネを目指して、第5章 夢の舞台アテネ、第6章 これからの日本を支える二人

《佐藤 伊知子》　さとう・いちこ
　�生昭和40年（1965年）3月11日
　◇バレーボール監督（東北福祉大）、元・バレーボール選手。昭和60年のユニバーシアード神戸大会で日本チームの金メダル獲得に貢献。10月ワールドカップ直前に全日本チームに抜擢される。62年日本電気に入社。63年ソウル五輪、平成4年バルセロナ五輪代表、全日本チームのキャプテンをつとめた。バルセロナ五輪終了後引退

『バレーボール6人制―図解コーチ』　佐藤伊知子著　成美堂出版　2000.1　174p　16cm　600円　①4-415-01061-X
　内容 本書では、バレーボールを守備から、基礎体力の養成から実戦的なフォーメーションまで、上達するためのヒントをあげながら解説しました。最初は一人、そして二人のコンビネーション、三人、四人と人数を増やし、最終的に六人で練習する形にしてあります。その後にアタックのアドバイスをしました。

『バレーボール6人制―図解コーチ』　佐藤伊知子著　成美堂出版　1999.1　174p　16cm　600円　①4-415-00752-X
　内容 本書は、バレーボールを守備から、それも基礎体力の養成から実戦的なフォーメーションまで、上達するためのヒントをあげ

ながら解説。最初は一人、そして二人のコンビネーション、三人、四人と人数を増やし最終的に六人で練習する形にしてある。

《セリンジャー, アリー》
　�生1937年4月5日
　◇米国のバレーボール監督。イスラエル男女バレーボールチームの監督を経て、米国女子チームの監督となり、'84年ロス五輪で同チームを銀メダルに導く。'86年7月からオランダ男子チームの指導に当たり、'88年のソウル五輪では5位。'92年バルセロナ五輪銀メダル

『サバイバー―名将アリー・セリンジャーと日本バレーボールの悲劇』　吉井妙子著　講談社　2008.8　287p　20cm〈肖像あり　年譜あり〉　1800円　①978-4-06-214901-3
　内容「実は、私はサバイバーなのです」一瞬、サバイバーの意味が飲み込めなかった。「サバイバーといいますと？」「ナチスドイツのホロコースト政策の生き残りです」五輪のメダルと名声を手に入れた男が初めて明かす壮絶な人生。二つの国で五輪の銀メダルを獲り、Vリーグの覇者・ダイエー、パイオニアを率いた知将が打ち明けた、「ホロコースト」「アンネ・フランク」そして「日本のバレーボール」。

《高橋 みゆき》　たかはし・みゆき
　�生昭和53年（1978年）12月25日
　◇元・バレーボール選手。日本電気（NECレッドロケッツ）に入社。平成16年アテネ五輪出場（5位）。20年北京五輪世界最終予選では、中心メンバーとして、日本の2大会連続五輪出場に貢献。北京五輪はアテネと同じ5位

『シン！』　高橋みゆき著　実業之日本社
　2008.4　231p　19cm　1200円　①978-4-408-45152-7
　内容 ニックネームは「シン」、全日本の元気印！シンの心、真、芯、辛、信、親、進、新…彼女が初めて明かす、涙と笑いのバレー人生。北京オリンピック・金メダルへの熱い想い。

《竹下 佳江》　たけした・よしえ
　㊜昭和53年（1978年）3月18日
　◇バレーボール監督（ヴィクトリーナ姫路）。

オリンピックの本3000冊　213

バレーボール　　　　　オリンピック夏季競技

平成8年日本電気（NEC）に入社。12年シド
ニー五輪は最終予選で敗退。16年アテネ五
輪では8強入り（5位）に貢献。20年8月北京
五輪は、アテネ同様5位。24年ロンドン五輪
は昭和59年のロス五輪以来28年ぶりの銅メ
ダルを獲得

『セッター思考―人と人をつなぐ技術を磨
　　く』　竹下佳江著　PHP研究所　2015.6
214p　18cm　（PHP新書 990）　820円
①978-4-569-82534-2
内容 オリンピックに3大会連続で出場し、2012
年のロンドン五輪では銅メダルを獲得した
元・全日本女子バレーボール代表キャプテ
ンの竹下佳江氏が語る、仕事と人生の成功
法則。13年の現役引退後、ゲームの解説や
子供たちの指導など、バレーの魅力を選手
時代とは異なる形で伝える仕事に取り組む
なか、周りを支える喜びを自分の喜びに変
える「セッター思考」の重要性に改めて気
づいた。全員がアタッカー型やリベロ型で
は、チームは決してうまくいかない。いま
の時代、セッター思考こそ一人ひとりを輝
かせ、チームを、組織を、そして日本を元
気にする可能性を秘めているのだ。

『世界最小最強セッター竹下佳江 短所を武
　　器とせよ』　吉井妙子著　新潮社
2011.11　191p　20cm〈年譜あり〉
1300円　①978-4-10-453003-8
内容 身長わずか159センチ。一時引退に追い
込まれたこともあった。彼女はいかにして、
絶望を希望へと変えたのか？―。

《谷田 絹子》　たにだ・きぬこ
�生昭和14年（1939年）
◇元バレーボール選手。日紡貝塚に入社し、当
時 "東洋の魔女" と呼ばれた日本女子代表の
エースアタッカーとして活躍。大松博文監
督の指導で、守りから攻撃に素早く移る回
転レシーブを武器に、昭和36年初の欧州遠
征で22戦全勝、37年世界選手権優勝。39年
東京五輪でも金メダル獲得に貢献した。40
年引退後はチームメイトとクラブチームを
結成、国体2連覇を果たした

『私の青春―東洋の魔女と呼ばれて』　谷
田絹子著　宝塚　三帆舎　2018.8　180p
19cm　1300円　①978-4-908341-18-2
内容 1964年東京五輪で金メダル。東洋の魔
女たちの素顔。「鬼の大松」、実は「ホトケ

の大松」だった!?魔女のことを知ってる方
にも子どもたちにも読んでほしい、ユーモ
アあふれる青春ストーリー。

《豊田 博》　とよだ・ひろし
�生昭和8年（1933年）10月14日
◇バレーボール指導者。昭和38年東京五輪の
バレーボール強化コーチを務めた

『バレーボール』　松平康隆, 豊田博著　改
訂新版　講談社　1978.5　158p　21cm
（講談社スポーツシリーズ）　1200円

『バレーボール』　豊田博著　ポプラ社
1975　222p　23cm　（スポーツ全集 6）

『バレーボール――流プレーヤーになろう』
松平康隆, 豊田博著　講談社　1971
196p（図共）　21cm〈書名は奥付等によ
る 標題紙の書名：VOLLEY BALL〉
680円

《中垣内 祐一》　なかがいち・ゆういち
㊛昭和42年（1967年）11月2日
◇バレーボール選手、バレーボール指導者。平
成2年新日鉄（現・堺ブレイザーズ）に入社。
4年バルセロナ五輪代表。12年、2年ぶりに
全日本代表に復帰し、シドニー五輪予選に
出場するが、本大会出場はならなかった

『ガイチ主義』　中垣内祐一著　日本文化
出版　1994.4　191p　22cm〈著者の肖
像あり　年譜：p188〜191〉　1500円
①4-89084-003-6

《中田 久美》　なかだ・くみ
㊛昭和40年（1965年）9月3日
◇バレーボール選手、バレーボール指導者。小
平四中3年の15歳で全日本代表に選ばれる。
中学卒業後、昭和56年日立入りし、16歳3
ケ月の日本リーグ（のちVリーグ、現・プレ
ミアリーグ）出場最年少記録（当時）を作っ
た。59年ロス五輪では銅メダルを獲得。63
年ソウル五輪4位。4年バルセロナ五輪5位。
五輪には3大会連続で出場し、バルセロナ五
輪では日本選手団の旗手も務めた。2016年
10月、バレーボール女子日本代表の監督に
選出された

『天才セッター中田久美の頭脳』　二宮清
純著　新潮社　2003.3　191p　20cm

オリンピック夏季競技　　バレーボール

1300円　①4-10-459001-0

内容 あの頃、日本には世界No.1の戦術があった…コート上で繰り広げられていた驚異の頭脳ゲーム—。全日本を13年間率いた司令塔が、その全貌を明らかに！誰が日本バレーを殺したのか？中田久美&二宮清純、スポーツ・ジョイント・ノンフィクション。

『N.93—中田久美写真集』　中田久美著、森川昇撮影　新潮社　1998.10　1冊（ページ付なし）　31cm　3200円　①4-10-426101-7

『バレーボール　下巻（実戦編）　チーム編成と攻撃のコンビネーション』　中田久美著・監修, てしろぎたかし漫画　集英社　1995.2　185p　23cm　（集英社版・学習漫画—スポーツ編 7）　1200円　①4-08-288034-8

内容 あの中田久美がコーチ。実戦プレー編。イラスト、写真、マンガがいっぱい。ビジュアルで、とってもわかりやすい。

『バレーボール　上巻（基礎編）　基礎技術とバレーのしくみ』　中田久美著・監修, てしろぎたかし漫画　集英社　1995.1　186p　23cm　（集英社版・学習漫画—スポーツ編 6）　1200円　①4-08-288033-X

『夢を信じて…』　中田久美著　日本文化出版　1993.3　207p　19cm　1500円　①4-931033-93-8

内容 天才セッター、中田久美が綴った初のエッセイ集。

《中西 千枝子》　なかにし・ちえこ
㊭昭和41（1966）年8月24日
◇バレーボール選手。昭和60年ユニチカ入社。平成4年、セッター中田久美の控えとしてバルセロナ五輪出場。8年のアトランタ五輪では全日本の首相を務めた。9年現役引退

『小さな選手の大きな夢—バレーボール中西千枝子物語 体験コミック』　中西千枝子原案, 大ぞの千恵子作・プロデュース, 小早川朋子画, 小島孝治, 徳丸順庶, 假屋隆子監修　イースト・プレス　1998.2　142p　21cm　1000円　①4-87257-130-4

《中野 真理子》　なかの・まりこ
㊭昭和26（1951）年12月28日
◇元・バレーボール選手。ミュンヘン五輪、モントリオール五輪の女子バレーボール日本代表として、銀メダル、金メダル獲得に貢献した

『人生の金メダリストになるために—どんな困難にも負けない！』　中野真理子著　中経出版　1994.6　239p　19cm　1400円　①4-8061-0754-9

内容 ひ弱でいじめられっ子、無口な少女に、新しい世界を開いた先生のひと言。過酷な特訓に耐え、ついに「世界」を制するバレーボール選手に。いま、自らの軌跡を振り返る著者が、金メダルへの道のりを語り、人生を変えた出会いの不思議さ、人の心の素晴らしさを説く。「本物の生き方」を問いかける一冊。

《猫田 勝敏》　ねこた・かつとし
㊭昭和19年（1944年）2月1日
㊦昭和58年（1983年）9月4日
◇バレーボール選手。昭和37年専売広島（現・JT）に入社。38年全日本代表入り。39年東京五輪銅メダル、43年メキシコ五輪銀メダル、47年のミュンヘン五輪金メダルは優勝の立役者だった。51年モントリオール五輪は4位、同大会では日本選手団旗手を務めた

『直伝・猫田勝敏の名人芸トス』　猫田勝敏著　日本文化出版　1983.10　118p　23cm　（Volleyball library）　1300円　①4-931033-35-0

《松平 康隆》　まつだいら・やすたか
㊭昭和5年（1930年）1月22日
㊦平成23年（2011年）12月31日
◇バレーボール指導者。昭和27年日本鋼管（現・JFEスチール）に入社。35年まで選手、選手兼監督としてプレーした。昭和40年に代表監督。長身選手の揃う世界の強豪国に対抗するため、フライングレシーブを全員に習得させて守備力を強化したり、時間差攻撃やAクイック、Bクイックなど、当時は奇策といわれた日本独自の速攻技のコンビバレーを次々と編み出し、43年のメキシコ五輪で銀メダルに導く。47年のミュンヘン五輪ではセッターの猫田勝敏やアタッカーの大古誠司、森田淳悟らを擁して日本の男子団

オリンピックの本3000冊　215

バレーボール　　オリンピック夏季競技

体競技では初の快挙となる金メダルをもたらした。この五輪の直前には初のメディアミックスとしてTBS「ミュンヘンへの道」を放送。企画からスポンサー探しまで行い、男子代表の知名度を上げた。日本オリンピック委員会（JOC）でも選手強化本部長、7年副会長兼理事を務め、バレーボールのみならず、スポーツ界の発展に尽力した。8年JOC副会長を退任した

『ぼくのウルトラかあさん』　　松平康隆著
ポプラ社　1989.12　166p　20cm　（のびのび人生論 33）　930円　①4-591-03369-4
内容　人間は、いろいろな場面で、そして、いろいろなときに、いろいろな人から、学んだり、おしえられたり、あるいは示唆をうけながら、生きているものです。…目の不自由な母が、ぼくに教えてくれたこと。全日本バレー元監督、松平康隆の少年時代。

『ザ・バレーボール―コートからの熱いメッセージ』　　松平康隆著　新潮社　1984.6　239p　15cm　（新潮文庫）〈付：参考文献〉　480円　①4-10-135701-3

『バレーボール』　　松平康隆、豊田博著　改訂新版　講談社　1978.5　158p　21cm　（講談社スポーツシリーズ）　1200円

『甘ったれるな』　　松平康隆著　柴田書店
1977.4　200p　19cm　880円

『わが愛と非情』　　松平康隆著　講談社
1972　222p　肖像　19cm　450円

『バレーボール―一流プレーヤーになろう』
松平康隆、豊田博著　講談社　1971　196p（図共）　21cm〈書名は奥付等による 標題紙の書名：VOLLEY BALL〉　680円

《三屋 裕子》　みつや・ゆうこ
④昭和33年（1958年）7月29日
◇スポーツプロデューサー、元・バレーボール選手。昭和56年大学卒業後、日立に入社。59年のロス五輪では銅メダルを獲得し、同年現役を引退した。平成19年日本バレーボール協会理事を務めた27年日本バスケットボール協会副会長を経て、28年会長

『あなたが打ちやすいボールを送りたい―思いやりの心がビジネスを育てる』　　三

屋裕子著　かんき出版　2006.7　191p　20cm　1500円　①4-7612-6348-2
内容　元全日本女子バレー選手の新社長は“大改革”で全社に元気を吹き込んだ。

『三屋裕子の元気エッセンス』　　三屋裕子著　ネスコ　1991.1　253p　19cm〈発売：文芸春秋 著者の肖像あり〉　1350円　①4-89036-813-2
目次　プロローグ　書道はスポーツだ、自分探し？（バレーと同じ、自分も光りたい、私はミミズか、カメレオンか）、ひとり暮しのマニュアル（朝のボーッがキーポイント、ワインは生活の快適空間、選手人間から普通人間への体調管理）、勝山―まっさらの町（雪国のうど屋・三屋家物語、AB型＋O型＝A型の変型児？、子どものためなら死ねる、素顔の私、この親の子でよかった、身長コンプレックス、バレー哲学を学ぶ、東京へのあこがれ、女の子がとれた話、炊きたてのごはん）、消しゴムで消したい高校時代（カルチャーショック、生きるために食べた、笑顔が消えた精神ノイローゼ、挫折からの開き直り）、ONとOFFの顔（母校・筑波大でビシバシと、キャンパスに咲いた花、私が選んだ私流の生き方、お嫁さんにするなら早摘みのバレー選手、なぜか宝塚の女友達、よか晩じゃクラブの3人、バレー仲間は戦友、由美さんとの限りない思い出）、オリンピック、それから（叱られ役のムードメーカー、食べられない、眠れない日々、ドラマック・オリンピック、26歳で180度の人生転換、人生のガッツポーズを求めて！）

『コンチワ！ 裕子先生』　　三屋裕子著　日本文化出版　1985.11　207p　18cm〈撮影：立木義浩 著者の肖像あり〉　1000円　①4-931033-60-1

《森田 淳悟》　もりた・じゅんご
④昭和22年（1947年）8月9日
◇元・バレーボール選手。昭和45年日本鋼管（現・JFE）に入る。43年メキシコ五輪は銀メダル。47年のミュンヘン五輪では、大古誠司、横田忠義とともに身長194センチの“ビッグスリー”の一角を担い、男子バレー初の金メダルを獲得。センタープレーヤーとして“一人時間差攻撃”を考案、ドライブサーブを駆使し、男子バレーの黄金時代を築いた。55年現役を引退

216

**オリンピック夏季競技　　バレーボール**

## 『ミスターバレーボール森田淳悟物語』
森田淳悟著　叢文社　2015.3　251p
19cm〈年譜あり〉　1500円　①978-4-
7947-0739-0
内容　一人時間差、ドライブサーブ誕生の瞬
間。ミュンヘンオリンピック直前、松平監
督、斉藤コーチのマル秘ノート公開。

## 《柳本 晶一》　やなぎもと・しょういち
生　昭和26年（1951年）6月5日
◇バレーボール指導者。現役時代はセッター
として活躍。昭和45年帝人三原に入団。46
年新日鉄に移籍し、2年で下位リーグから
の昇格に貢献。日本代表として、49年世界
選手権に出場、51年モントリオール五輪は
控え選手だった。平成15年2月全日本女子監
督に就任。同年6月対キューバ戦で監督初勝
利。16年2大会ぶりの出場となったアテネ五
輪では8強入り（5位）に導く。20年5月北京
五輪世界最終予選で、2大会連続の五輪出場
を決める。同予選大会中に、日本女子監督
として通算100勝を達成した。8月五輪本番
は、アテネ同様5位に終わった。同年女子代
表監督を退任

## 『人生、負け勝ち』　柳本晶一［著］　幻冬
舎　2008.6　200p　16cm　（幻冬舎文
庫）　533円　①978-4-344-41156-2
内容　人は勝っているとき、必ず「負けの芽」
を育んでいる。そして負けの中には次へつ
ながる「勝ちの芽」がある。勝ちは負けの
隣にある―。才能をいかに引き出すか、苦
境でいかに我慢させるか。低迷を続けた日
本女子バレーを復活させ、五輪へと導いた
名伯楽の指導哲学とは？この人についてい
こうと思わせる人間関係のバイブル、管理
職必読の書。

## 『力を引き出す―どん底から個人と組織を
甦らせる』　柳本晶一著　PHP研究所
2005.2　214p　20cm〈肖像あり〉　1300
円　①4-569-64095-8
内容　監督として二度の廃部、うつ病を乗り越
え、新人のメグ・カナ、「負け組」選手を抜擢
して、世界選手権13位からアテネ五輪5位入
賞を果たしたリーダー・指導者のバイブル。

## 『人生、負け勝ち』　柳本晶一著　幻冬舎
2005.1　221p　19cm〈執筆：松瀬学〉
1300円　①4-344-00729-8
内容　女の競争心に火をつける方法。才能をい

かに引き出すか、苦境でどう我慢させるか。
この人についていこうと思わせる人間関係
のバイブル。

## 《吉原 知子》　よしはら・ともこ
生　昭和45年（1970年）2月4日
◇バレーボール監督（JT）、元・バレーボール
選手。昭和63年日立に入社。平成4年バルセ
ロナ五輪代表（5位入賞）。8年アトランタ五
輪代表（予選リーグ敗退）。15年シドニー五
輪出場を逃し低迷していた日本代表に、柳
本晶一監督の下、7年ぶりに復帰。"柳本ジャ
パン"の精神的支柱としてチームを牽引し、
W杯では主将を務める。16年アテネ五輪世
界最終予選で出場権獲得に貢献し、本番で
は主将として5位入賞に導いた。20年東京五
輪招致委員会職員

## 『吉原知子が教えるバレーボールがうまく
なる99の秘訣』　吉原知子監修　リッ
トーミュージック　2009.1　79p　28cm
（リットーミュージック・ムック）
1800円　①978-4-8456-1638-1

## 《渡辺 啓太》　わたなべ・けいた
生　昭和58（1983）年9月30日
◇バレーボールアナリスト。高校時代にテレ
ビで世界選手権を見た際、外国チームスタ
ッフがパソコンを使っていたことからバ
レーボールとITの融合に関心を抱く。平成
18年から全日本女子専属アナリスト。日本
スポーツアナリスト協会代表理事、専修大
学ネットワーク情報学部客員教授を務める

## 『なぜ全日本女子バレーは世界と互角に戦
えるのか―勝利をつかむデータ分析術
バレーボール「観戦力」が高まる!!』
渡辺啓太著、大塚一樹構成　東邦出版
2012.5　198p　19cm　1429円　①978-
4-8094-1037-6
目次　Prologue データとバレーボール, 01 新
兵器『iPad』がもたらしたもの, 02 情報戦
略のプロ、アナリスト, 03 アナリストへの
道, 04 全日本女子チームのデータ活用, 05
オリンピックにつながるデータ, 06 世界一
のデータを目指して, 07 データの作り方と
伝え方

オリンピックの本3000冊　217

## 体操（体操競技）

◆体操競技、新体操、トランポリンの3つに分けられる。体操競技は技の難しさや、身のこなしの美しさを競う採点競技。女子は、ゆか、跳馬、平均台、段違い平行棒、個人総合、団体総合〈4人〉の4種目。男子はそれらに鉄棒、つり輪を加えた6種目を行う。女子のゆかでは音楽に合わせて演技が行われる

『体操ニッポン！―日本代表オフィシャル応援ブック 「2020東京への栄光の架橋」はここから始まる』　日本文化出版　2017.9　98p　30cm　（日本文化出版MOOK）　907円　①978-4-89084-257-5

『採点規則―体操競技女子　2017-2020』日本体操協会審判委員会体操競技女子審判本部編　日本体操協会　2017.3　1冊30cm

『採点規則　男子 2017年版』　日本体操協会審判委員会男子体操競技審判本部監修　日本体操協会　2017.3　222p　30cm

『体操五輪書―体操を追究する男が選んだ「天下無双」の生き方』　塚原直也著　日本文化出版　2017.2　190p　20cm　1481円　①978-4-89084-251-3
内容 体操を追究する男が選んだ「天下無双」の生き方。

『体操男子 内村・白井・加藤・山室・田中』本郷陽二編　汐文社　2016.12　161p　20cm　（チームでつかんだ栄光のメダル）〈文献あり〉　1500円　①978-4-8113-2343-5
目次 序章 体操男子団体金メダルへの挑戦（期待を力に変えて、金メダルを！、それぞれの熱い思い ほか）、第1章「体操ニッポン」の歩み（東京にオリンピックがやってきた、日本の選手が編み出した「ムーンサルト」ほか）、第2章 リオオリンピックの代表選手たち（元体操選手の両親の家に生まれた内村航平選手、体育館が遊び場だった ほか）、第3章 世界選手権を戦い抜いた（大震災を乗り越えて、東京で開かれた世界選手権、惜しくも金メダルを逃した東京大会 ほか）、第4

章 リオオリンピックでつかんだ栄光（運命の決戦あん馬からのスタート、田中選手の技が光った、つり輪 ほか）

『体操ニッポン！―体操王国の復活、そして2020東京へ リオデジャネイロオリンピック体操日本代表応援ブック』　日本文化出版　2016.7　98p　30cm　（日本文化出版MOOK）　907円　①978-4-89084-241-4

『鉄骨クラブの偉人―オリンピアン7人を育てた街の体操指導者・城間晃』　浅沢英著　KADOKAWA　2016.3　316p　20cm　1800円　①978-4-04-103982-3
内容 世界の体操界から置き去りにされていた日本男子体操にふたたび日が昇った―。「日本伝統の美しい体操」を築き直したのは、街の体操クラブで教える一人の中年コーチだった。体操ニッポン、知られざる物語。

『絵とDVDでわかるスポーツルールとテクニック　3　体操競技〈器械運動〉・体つくり運動』　中村和彦総合監修　学研教育出版　2015.2　63p　29cm〈発売：学研マーケティング〉　3300円　①978-4-05-501094-8
目次 スペシャルインタビュー 体操競技選手 白井健三、体操競技（体操競技の競技場、ゆか、平均台、あん馬、跳馬、平行棒、段ちがい平行棒、つり輪、鉄棒 ほか）、体つくり運動（概要と体ほぐしの運動、体ほぐしの運動、体力を高める運動）

『体操競技六ヶ国語用語辞典』　本多英男，遠藤幸一，山田まゆみ著　名古屋　三恵社　2012.9　475p　21×30cm　5048円　①978-4-86487-015-3

『基礎のチカラかなえ流トレーニング術―トップアスリートへの近道』　北原香苗著　日刊スポーツ出版社　2007.12　175p　21cm　1500円　①978-4-8172-0247-5
内容 残念なことに、プロやオリンピックなどを目指すトップクラスから、底辺にある子どもたちのクラブ活動に至るまで、現在の日本のスポーツ界というのは、どうも基礎を疎かにしがちな傾向があるようです。また、頭のなかでは基礎を重要視していたとしても、実際の練習を見ていると、基礎の概念を間違って捉えている指導者の方も多

いような気がします。本書では、メダリストやトップアスリートの実体験談や、著者自身が競技者として、また指導者として、見て、聞いて、体験して、感じたことを、さまざまな観点からストレートに書きました。

『男子体操競技—その成立と技術の展開』
市場俊之著　八王子　中央大学出版部　2005.9　327p　22cm　（中央大学学術図書 61）〈文献あり〉　3400円　①4-8057-6154-7
内容 本書は、Aの部およびBの部の2部構成になっている。Aの部では、オリンピック大会と世界選手権大会としての体操競技について、その種目数や競技方式などの全般的な発展、さらに各種目における運動や技の質的量的な発達が分析考察された。Bの部は、「規定演技一覧」である。

『体操競技（器械運動）—ルールと技術』
加藤澤男校閲・指導　学習研究社　2005.2　63p　29cm　（絵でわかるジュニアスポーツ　新版 7　関岡康雄監修）〈シリーズ責任表示：関岡康雄監修〉　3300円　①4-05-202191-6
目次 ルール（体操競技・新体操競技）（体操競技の競技場、ゆか・平均台、あん馬・跳馬、平行棒・段ちがい平行棒、つり輪・鉄棒、新体操競技（女子）の種目・手具）、技術（器械運動）（マット運動、鉄棒運動、とび箱運動、平均台運動）

『体操競技・新体操観戦ガイドブック 2004』　日本体操協会広報委員会　2004.5　65p　26cm　952円　①4-583-03812-7
目次 巻頭カラー　技と美に挑戦する若人たち、体操競技・新体操種目紹介、ルール紹介、2004ナショナルメンバー、2004アテネオリンピック日程とみどころ、日本体操小史1950〜2004、オリンピック栄光の軌跡、国際体操殿堂、2000シドニーオリンピック成績、2003世界選手権成績、2004〜2005大会予定

『体操競技・女子—図解コーチ』　竹本正男監修, 池田敬子［ほか］共著　成美堂出版　2000.4　261p　16cm　（スポーツシリーズ）　600円　①4-415-01423-2

『体操競技・男子—図解コーチ』　竹本正男監修, 阿部和雄［ほか］著　成美堂出版　1998.4　313p　15cm　600円　①4-415-

00600-0
目次 序章、ゆか、あん馬、つり輪、跳馬、平行棒、鉄棒

『魂まで奪われた少女たち—女子体操とフィギュアスケートの真実』　ジョーン・ライアン著, 川合あさ子訳　時事通信社　1997.12　303p　20cm　2200円　①4-7887-9748-8
内容 オリンピックの陰に隠された児童虐待。痩身信仰のすえ拒食症に陥り、親の過剰な期待に押し潰され、コーチたちに虐待される、年端もいかない少女たち。幼女化が進む女子体操・フィギュアスケートの世界の暗部を暴く、衝撃のノンフィクション。

『体操競技・女子—図解コーチ　〔1997〕』
池田敬子ほか著　成美堂出版　1997.4　261p　16cm〈監修：竹本正男〉　580円　①4-415-00502-0
目次 跳馬、段違い平行棒、平均台、ゆか

『体操競技・女子—図解コーチ　〔1994〕』
池田敬子ほか著　成美堂出版　1994.4　261p　16cm　580円　①4-415-00425-3
目次 跳馬、段違い平行棒、平均台、ゆか

『体操競技・男子—図解コーチ　〔1993〕』
阿部和雄ほか著　成美堂出版　1993.5　313p　16cm〈監修：竹本正男〉　520円　①4-415-00421-0
目次 序章（体操競技の理解、練習）、ゆか、あん馬、つり輪、跳馬、平行棒、鉄棒

『体操競技・女子—図解コーチ　〔1990〕』
池田敬子ほか著　成美堂出版　1990.4　221p　16cm〈監修：竹本正男〉　520円　①4-415-00259-5
目次 跳馬、段違い平行棒、平均台、ゆか

『体操競技・男子—図解コーチ』　阿部和雄ほか著　成美堂出版　1990.4　313p　16cm〈監修：竹本正男〉　520円　①4-415-00158-0
目次 ゆか、あん馬、つり輪、跳馬、平行棒、鉄棒

『体操水滸伝—メダルへの道程』　武田三省著　社会思想社　1990.2　197p　19cm〈監修：日本体操協会　主要参考文献：p196〜197〉　1600円　①4-390-60328-0
内容 テレビの前に日本中がクギヅケになったあの瞬間、体操王国ニッポンの復活はいか

体操（体操競技）　　オリンピック夏季競技

に？ ソウルの星＝池谷・西川がその夢と希
望を語る。

『不滅の一瞬―世界のメダリストたち』
　金沢昭雄編、アイリーン・ラングスレー，
　竹内里摩子，小林亨仁写真　地域保健出
　版社　1989.1　127p　30×25cm　5000
　円　⑭4-924819-02-6
　内容 本邦初の本格的体操（体操競技・新体操）
　写真集。国際体育連盟／（財）日本体操協会・
　公認図書。日本語2か国語表記。小野、チャ
　フラフスカから新星、池谷、西川まで、世
　界の歴代メダリスト、108人の不朽の演技を
　集大成。ハードカバー布装版。

『不滅の一瞬―世界のメダリストたち』
　地域保健出版社　1989.1　127p　26cm
　〈書名は奥付による　標題紙の書名：The
　everlasting moment 英文併記〉　2500円
　⑭4-924819-01-8
　内容 本邦初の本格的体操（体操競技・新体操）
　写真集。国際体操連盟／（財）日本体操協会・
　公認図書。英語、日本語2か国語表記。小野、
　チャスラフスカから新星、池谷、西川まで、
　世界の歴代メダリスト、108人の不朽の演技
　を集大成。

『体操競技・女子―図解コーチ』　　池田敬
　子ほか著　成美堂出版　1988.4　221p
　16cm　500円　⑭4-415-00259-5

『体操競技を見るための本』　　遠藤幸雄，小
　野清子著　同文書院　1982.6　288p
　19cm　（スポーツの見どころシリーズ）
　1400円

『体操辞典』　佐藤友久，森直幹編　道和書
　院　1978.3　329p　27cm　7000円

『器械運動』　　竹本正男，阿部和雄著，佐伯
　克介え　ポプラ社　1975　205p　23cm
　（スポーツ全集 3）

『女子・体操競技』　　竹本正男著　成美堂
　出版　1972　192p（おもに図）　21cm
　700円

『女子体操競技の基礎』　　関鈴子著　道和
　書院　1970　261p　22cm　（実技体育
　叢書 4）　880円

『スポーツ辞典　第12　体操競技』　　日本
　放送協会編　日本放送出版協会　1962

204p　図版　18cm

『器械体操』　　遠山喜一郎著　体育の科学
　社　1954　189p　図版　19cm　（体育シ
　リーズ　第13）

《五十嵐 久人》　いがらし・ひさと
㊅昭和26年（1951年）2月19日
◇元・体操選手。昭和51年モントリオール五
　輪団体で金メダル

『補欠選手はなぜ金メダルを取れたのか―
　いつでも「いい仕事」をするための思考
　法』　　五十嵐久人著　中央公論新社
　2016.2　201p　20cm 〈文献あり〉　1400
　円　⑪978-4-12-004818-0
　内容 二度の大怪我を乗り越え、五輪選考は
　七番目の補欠で滑り込み、思わぬ出番で金
　メダルを獲得。そんな著者が、威光を放つ
　脇役になるための驚くべき思考回路を公開
　する！

《池谷 幸雄》　いけたに・ゆきお
㊅昭和45年（1970年）9月26日
◇体操選手, 体操指導者。東京に生まれ、昭和
　62年インターハイ優勝、同年11月の全日本
　選手権で高校生として初めて3位に入賞し、
　西川大輔とともに体操界の新星として注目
　を集める。高校3年で出場した63年ソウル五
　輪では、エースとして西川らと団体銅メダ
　ルに貢献、種目別ゆかでも銅メダルを獲得
　し、脚光を浴びた。4年バルセロナ五輪では
　団体銅メダル、種目別ゆかで銀メダルを獲
　得。五輪後に現役を引退

『池谷幸雄の死』　　池谷幸雄著　毎日新聞
　社　1999.9　174p　19cm　1300円
　⑭4-620-31369-6
　内容 小学校から始めた体操。中学で出会った
　「ライバル」西川大輔。そして、トップを走
　り続け2度のオリンピックでメダルを獲得。
　一見華やかなように見えるが、現実は常に
　死と隣り合わせの18年間だった。池谷幸雄
　が自らの死を語る。

『息子が教えてくれたこと母が与えてあげ
　たこと』　　池谷幸子著　扶桑社　1995.6
　263p　20cm　1300円　⑭4-594-01744-
　4
　内容 元オリンピックメダリスト池谷幸雄を生
　んだ、浪花の母の戦略的子育て。

220

オリンピック夏季競技　　　　体操（体操競技）

『夢は果てしなく永遠に―五輪メダリスト
　が明かすオリンピック秘話と芸能界面白
　エピソード！』　池谷幸雄著　日本文芸
　社　1994.4　213p　18cm　（Rakuda
　books）〈著者の肖像あり〉　800円
　①4-537-02401-1
　目次「今だから話せるオリンピック秘話」,
　「清風高から日本大へ」,「体操王国の復活
　にかけて」,「芸能界、スポーツ界の素敵
　な先輩たち」,「インスピレーション・ゲー
　ム」,「第2のスタート芸能界でウルトラD」

『バルセロナへ吹く風―池谷幸雄, 西川大輔
　卒業記念アルバム』　大和国男撮影, 折
　山敏美文　白泉社　1989.3　95p　26cm
　（白泉社EX）　1500円

『池谷くんと西川くん―ぼくたちのソウル
　オリンピック』　フォート・キシモト写
　真　徳間書店　1988.11　93p　20cm
　〈文：池谷幸雄, 西川大輔〉　980円
　①4-19-463814-X
　内容ソウルを駆けぬけたふたつの青春！「ぼく
　はゆっくり咲いていきたい！」体操・フレッ
　シュ高校生コンビが綴る、等身大の18歳。

《池田 敬子》　いけだ・けいこ
　⊕昭和8年（1933年）11月11日
　◇元・体操選手。旧姓・田中。昭和31年メル
　ボルン五輪団体総合6位。35年ローマ五輪個
　人総合6位入賞、団体総合4位。五輪後出産
　を経て復帰。39年東京五輪団体銅メダル個
　人総合6位入賞した

『人生、逆立ち・宙返り』　池田敬子著
　小学館　2009.6　240p　19cm〈構成：
　神濤玉青　文献あり〉　1600円　①978-
　4-09-387819-7
　内容国際大会出場第一号、金メダリスト第一
　号、ママさん選手第一号、国際殿堂入り第
　一号。東京オリンピックをはじめ、3つの五
　輪・4つの世界選手権に出場し、8個のメダ
　ルを獲得した日本女子体操選手の草分けが
　語り明かす、人生を本気で面白がるための
　全9章。

《内村 航平》　うちむら・こうへい
　⊕昭和64年（1989年）1月3日
　◇体操選手。両親は元体操選手。平成20年北
　京五輪代表最終選考会を兼ねたNHK杯の個

人総合で2位となり、19歳で初の五輪代表に
決定。10代での五輪出場はアトランタ五輪
（8年）の塚原直也以来12年ぶり。8月の五輪
本番ではアテネ五輪経験者の冨田洋之、鹿
島丈博、五輪初出場の中瀬卓也、沖口誠、坂
本功貴とともに団体総合で銀メダルを獲得。
個人総合では、あん馬で2度落下して24位中
22位と出遅れたが、他の5種目をほぼ完璧に
演じて2つ目の銀メダルを獲得した。個人総
合でのメダル獲得は、指導を受ける具志堅
監督以来24年ぶり、10代では日本人初の快
挙だった。種目別ゆかは5位。24年ロンドン
五輪個人総合で金メダルを獲得し、体操男
子で日本人初の五輪と世界選手権の個人総
合2冠を達成。また種目別ゆかで銀メダル、
団体総合（内村, 加藤凌平, 田中和仁, 田中
佑典, 山室）で銀メダルと計3つのメダルを
獲得した。28年リオデジャネイロ五輪は個
人総合で44年ぶりとなる2連覇を達成。団体
総合（内村, 加藤, 田中佑典, 白井）でもアテ
ネ五輪以来3大会ぶりの金メダルに輝いた。
11月コナミを退社し、日本体操界初のプロ
に転向する

『栄光のその先へ―内村航平語録―8年無敗
　の軌跡』　内村航平著　ぴあ　2017.1
　175p　21cm〈文献あり〉　1200円
　①978-4-8356-3807-2
　内容2008年からの約8年間、無敗の王者とし
　て君臨し続け、体操会を牽引してきた内村
　航平。その一瞬、一瞬には、さまざまな彼
　の想いがある。その言葉には、自分らしさ
　の追及、自己との闘い、経験を糧にした成
　長や変化、そして未来へつなぐ感謝の気持
　ちがあふれている。メッセージと写真でひ
　も解く38連勝のヒストリー。

『内村航平 心が折れそうなとき自分を支え
　る言葉』　児玉光雄著　PHPエディター
　ズ・グループ　2013.2　190p　19cm
　〈文献あり　発売：PHP研究所〉　1300
　円　①978-4-569-80982-3
　内容苦境を乗り越え金メダルを獲得できたの
　には理由がある。気鋭のスポーツ心理学者
　が迫る、平常心を保ち勝利した秘密。

『内村航平』　本郷陽二編　汐文社　2012.
　12　150p　20cm　（オリンピックのア
　スリートたち）〈文献あり〉　1500円
　①978-4-8113-8966-0
　目次第1章 史上最強の体操選手, 第2章 体操
　が遊びだった少年時代, 第3章 美しい体操

オリンピックの本3000冊　221

へのこだわり，第4章 近づいたオリンピックへの夢，第5章 夢の北京オリンピック，第6章 そしてロンドンへ

『自分を生んでくれた人―内村航平の母として』 内村周子著 祥伝社 2012.11 239p 19cm 1300円 ⓘ978-4-396-61430-0

内容 ほめる，励ます，感謝する。子どもには「安心」を与えたい。自分を信じて，子どもを信じて。金メダリスト内村航平を育んだ"自分流"子育てとは。

《岡崎 聡子》 おかざき・さとこ
ⓑ昭和36（1961）年1月13日
◇体操選手。1976年の全日本体操競技選手権で優勝，モントリオール五輪代表に選ばれ，15歳で五輪出場。団体8位，個人総合は30位。"和製コマネチ"として親しまれた

『サトコの青春ウルトラC』 岡崎聡子著 講談社 1983.4 195p 19cm 880円 ⓘ4-06-200523-9

《小野 清子》 おの・きよこ
ⓑ昭和11年（1936年）2月4日
◇元・体操選手。昭和33年同郷同窓で日本体操界初の五輪金メダリスト・小野喬と結婚。35年夫婦でローマ五輪に出場，39年の東京五輪では2人の子どもの育児をしながら体操女子団体総合銅メダル獲得の原動力となった。引退後は夫と一緒にスポーツ普及クラブづくりに打ちこみ，57年には日本オリンピック委員会（JOC）初の女性委員にも選ばれる。平成11年JOC理事を経て，17年女性初の副会長に就任

『ゴンボちゃんのウルトラC―わたしのジョッパリ人生』 小野清子著 主婦と生活社 1986.6 230p 20cm 1000円 ⓘ4-391-10924-7

内容 明るく健康でさわやか!!元オリンピック選手は5人の子の母 ゴンボ（清子）ちゃんが辿った愛と涙の笑いの体操人生

『さあ！ ながら体操』 小野喬，小野清子著 自由国民社 1968 197p 18cm （エース・ブックス） 290円

《小野 喬》 おの・たかし
ⓑ昭和6年（1931年）7月26日

◇元・体操選手。昭和27年のヘルシンキ五輪以来，メルボルン五輪，ローマ五輪，東京五輪と4回の五輪に出場。メルボルンでは日本体操界初の金メダル（鉄棒）を獲得し，ローマの鉄棒で2大会連続金メダル。また，ローマと東京で団体総合金メダルを獲得した

『スポーツ―ロングインタビュー』 小野喬，樋口久子［述］ 読売新聞東京本社 2005.9 72p 21cm （読売ぶっくれっと no.49―時代の証言者 9）〈下位シリーズの責任表示：読売新聞解説部［編］〉 429円 ⓘ4-643-05022-5

内容 「時代の証言者」シリーズは2003年4月から，読売新聞朝刊の解説面で始まり，現在も続いている。政治，経済，文化，スポーツなどさまざまな分野で大きな足跡を刻んだ著名人にロングインタビューを重ねる長期連載。その人の軌跡を通して，今日につながるその時々の時代相も浮き彫りにしたいと考えたため，当時の状況や時代背景にも気を配っている。

『燃ゆる大車輪―小野喬と体操ニッポン』 小原敏彦著 エコー出版 2003.1 159p 20cm〈肖像あり〉 1300円 ⓘ4-901103-84-9

『さあ！ ながら体操』 小野喬，小野清子著 自由国民社 1968 197p 18cm （エース・ブックス） 290円

『負けじ魂！―鉄棒の鬼といわれて』 小野喬著 講談社 1965 189p 18cm （ハウ・ツウ・ブックス）

《コマネチ，ナディア》
ⓑ1961年11月12日
◇ルーマニアの元・体操選手。1976年7月のモントリオール五輪にルーマニア代表として出場，7回も10点満点を出し，大会史上最年少（14歳）で金メダル3個を獲得して世界を驚かせ，"白い妖精"といわれた。'80年のモスクワ五輪でも金メダル1個，銀メダル3個獲得。'84年以降は現役を引退して後輩の指導にあたっていたが，'89年12月米国へ亡命。'90年2月カナダに渡り，モントリオールに住む。'96年4月米国人でロス五輪体操金メダリストのバート・コナーと結婚した

『コマネチ若きアスリートへの手紙』 ナディア・コマネチ著，鈴木淑美訳 新装

版 青土社 2008.7 198p 20cm
1900円 ①978-4-7917-6419-8
内容 10点満点の鮮烈な演技で世界を釘づけに
した白い妖精コマネチ。10代にして世界の
頂点を極め、自由を求め祖国亡命を決行し
た彼女が、見たもの・得たものとは—。メ
ンタル・トレーニングそしてコーチング法
としても有益な、熱いメッセージ。

『コマネチ若きアスリートへの手紙』 ナ
ディア・コマネチ著, 鈴木淑美訳 青土
社 2004.9 197p 20cm 1900円
①4-7917-6133-2
内容 10点満点の鮮烈な演技で世界を釘づけに
した白い妖精コマネチ。10代にして世界の
頂点を極め、自由を求め祖国亡命を決行し
た彼女が、見たもの・得たものとは—。

『白き舞—ナディア・コマネチ/パーフェク
ト真説』 ナディア・コマネチ著, 佐瀬
稔訳 講談社 1982.7 229p 19cm
〈著者の肖像あり〉 1000円 ①4-06-
127773-1

『ナディア・コマネチ—白い妖精』 池田
晶子訳編 ベースボール・マガジン社
1978.10 133p 31cm〈ナディア・コマ
ネチの肖像あり〉 2900円

『コマネチ—その秘められた素顔』 イオ
ン・グルメツァ著, 小野清子監訳 パシ
フィカ 1977.5 125p 図 肖像 22cm
800円

『コマネチのすべて—写真集'76中日カップ
国際選抜体操競技大会から』 中日新聞
開発局編 名古屋 中日新聞社 1976
1冊 27cm 860円

《白井 健三》 しらい・けんぞう
㊞平成8年(1996年)8月24日
◇体操選手。両親が体操の指導者で、兄2人も
体操選手という体操一家。平成25年10月世
界選手権の種目別ゆかで、高難度技「後方
伸身宙返り4回ひねり」を主要国際大会で初
めて成功させ、史上最年少で金メダルを獲
得。国際体操連盟(FIG)は同技を「シライ」
と命名。跳馬でも「伸身ユルチェンコ3回ひ
ねり」を決め、キム・ヒフン選手(韓国)も
同じ日の予選で成功させたため連名で「シ
ライ/キムヒフン」と命名される。28年リオ

デジャネイロ五輪代表に決定、チーム最年
少の19歳で出場した初の五輪は、団体総合
で金メダルを獲得。種目別跳馬では「伸身
ユルチェンコ3回半ひねり」(大会後「シラ
イ2」と命名)を成功させ銅メダル、ゆかは
4位入賞

『まんがNHKアスリートの魂—進化する技
と心 レスリング吉田沙保里 ラグビー五
郎丸歩 体操白井健三』 山田幸雄スポー
ツ監修, 上地優歩, 海野そら太, 高岩ヨシ
ヒロまんが 学研プラス 2017.6 175p
21cm 1200円 ①978-4-05-204619-3

『ほめて伸ばす「白井流」で子どもの才能
を見出す』 白井徳美, 白井勝晃著 世
界文化社 2016.3 191p 19cm 1300
円 ①978-4-418-16406-6
内容 史上初! 17歳で世界体操金メダル! 次々
と「シライ」の名が新技に冠される白井健
三くん。進化し成長し続ける"ひねり王子"
快進撃の原点は、家訓をはじめご両親の教
えにあった。

『白井健三—体操ニッポンの新星』 本郷
陽二編 汐文社 2016.2 141p 20cm
(ニッポンのトップアスリート メダルへ
の道)〈文献あり〉 1500円 ①978-4-
8113-2261-2
目次 序章 37年ぶりの金メダル, 第1章 トラン
ポリンが育てた天才ちびっ子, 第2章 見るも
のすべてを吸収した少年時代, 第3章 ひねり
王子の誕生, 第4章 体操界の超新星シライ,
第5章 世界に羽ばたくシライ

『子どもに夢を叶えさせる方法—背中を押
し続ければ、子どもは必ず強くなる』
白井勝晃著 廣済堂出版 2015.10
221p 18cm (ファミリー新書 005)
800円 ①978-4-331-51970-7
内容 「こんな子どもが欲しい!」誰もが思う
白井健三選手(体操世界選手権・金メダリ
スト)のお父さんが行った子育て法、大公
開! 子どもを金メダリストに育てよう、と
いう本ではありません。子どもの幸せを願
う、すべての親に読んで欲しい本です。

《田中 和仁》 たなか・かずひと
㊞昭和60年(1985年)
◇体操選手。父は元体操選手の田中章二で、妹
の田中理恵、弟の田中佑典も体操選手。日

大に進学し、平成19年ユニバーシアード団体金メダル。同年ナショナルチーム入り。24年ロンドン五輪には妹の理恵、弟の佑典とともに体操で日本初の3きょうだい同時出場を果たし、団体総合で銀メダル（加藤凌平、田中和仁、田中佑典、内村、山室）を獲得。負傷した山室に代わって出場した個人総合では6位、種目別平行棒4位。28年7月現役を引退

『明日はもっと強く、美しく―体操・田中和仁』　田中和仁監修　あかね書房　2013.3　160p　21cm　（スポーツが教えてくれたこと 4）〈文献あり〉　1400円　①978-4-251-08284-8
内容 「技をおぼえるのって楽しい！」庭には鉄棒。家の中にはトランポリン。遊ぶように練習を続けた少年は、やがて "兄" として、"主将" として、日本の体操をひっぱっていく。田中和仁の "美しい体操" は世界へ羽ばたく。その歩んできた体操の世界を、家族やチームの話とあわせて紹介。

《田中 光》　たなか・ひかる
㊛昭和47年（1972年）7月19日
◇体操指導者。平成8年アトランタ五輪個人総合19位。得意種目の平行棒では、同五輪で見せたE難度のオリジナル技 "懸垂前振りから後方抱え込み2回宙返りひねり腕支持" が、国際体操連盟から "タナカ" と命名される

『これならできる！ 前転・後転・側転のコツ』　田中光著　学事出版　2008.1　62p　20cm　（学事ブックレット 体育セレクト7）　900円　①978-4-7619-1380-9
目次 1 マット運動に関連するボディコントロールトレーニング（上半身を意識した瞬発力を鍛えるトレーニング、支持力を鍛えるトレーニング ほか）, 2 前転（前転のしくみ、腰を上げる練習 ほか）, 3 後転（後転のしくみ、手と足のつき方の練習 ほか）, 4 側転（側転のしくみ、横回転の練習 ほか）

《田中 理恵》　たなか・りえ
㊛昭和62年（1987年）6月11日
◇元・体操選手。父は元体操選手の田中章二で、兄の田中和仁、弟の田中佑典も体操選手。平成20年ナショナルチーム入り。24年4月全日本選手権個人総合で初優勝。5月NHK杯

個人総合で優勝し、初の五輪代表に決定。兄の和仁、弟の佑典も五輪出場を決め、3きょうだい揃っての五輪出場は日本体操史上初の快挙となった。8月のロンドン五輪では団体総合（田中、美濃部ゆう、鶴見、新竹、寺本明日香）8位、個人総合16位

『田中理恵の体操教室』　田中理恵著, 瀬尾京子監修　ベースボール・マガジン社　2014.7　127p　21cm〈表紙のタイトル：田中理恵体操教室〉　1500円　①978-4-583-10685-4
内容 マット運動、とび箱、鉄棒、平均台の "基本のき" をわかりやすく解説！ 初心者や体操が苦手な子どもでも安心の「補助のやり方」付き！

『Smile』　田中理恵著　ベースボール・マガジン社　2013.4　127p　21cm〈本文は日本語　年譜あり〉　1500円　①978-4-583-10548-2
内容 美しいアスリート、理恵のすべてをあなたに―。撮り下ろしオフショット満載！ 知られざる体操ヒストリー＆プライベート告白。その素顔に迫る。

《チャスラフスカ, ベラ》
㊛1942年5月3日
㊱2016年8月30日
◇チェコの元・体操選手。1960年体操のチェコスロバキア代表として出場したローマ五輪で団体銀メダル、個人総合8位。64年東京五輪では個人総合、跳馬、平均台で金メダル、団体で銀メダルを獲得。68年メキシコ五輪では個人総合、跳馬、段違い平行棒、ゆかで4個の金メダル、団体では銀メダルに輝いた。大会直後、同五輪陸上男子1500メートル銀メダリストのヨゼフ・オドロジルと結婚式を挙げ話題をまいた（のち離婚）。デビュー以来、華麗な演技と美貌で観客を魅了、五輪で合計7個の金メダルを獲り、"五輪の名花" と称えられたが、68年の "プラハの春" の際、チェコ自由化運動称賛の "二千語宣言" に署名したため迫害を受け、以後5年間にわたり職につけなかった。その後体操コーチに復帰。95年～2001年国際オリンピック委員会（IOC）委員をつとめた

『桜色の魂―チャスラフスカはなぜ日本人を50年も愛したのか』　長田渚左著　集英社　2014.9　269p　20cm〈文献あり〉

1800円　①978-4-08-780739-4

内容 東京五輪(1964年)女子体操金メダリスト、ベラ・チャスラフスカ。当時、多くの日本人を魅了した彼女はその後、激動の人生を送ることになる。そしてその傍らには、いつも日本人の姿があった―。名花と呼ばれたアスリートと日本との深い絆を描いたノンフィクション。

**『後藤正治ノンフィクション集　第7巻　ベラ・チャスラフスカ　マラソンランナー』**　後藤正治著　大阪　ブレーンセンター　2011.1　669p　15cm〈文献あり〉　2400円　①978-4-8339-0257-1

内容 東京五輪、世界中を魅了した女子体操の金メダリスト、ベラ・チャスラフスカ。一躍ヒロインとなったが、その後、過酷な時代の渦に巻きこまれてゆく―。取材・執筆に約5年。訪れた地域は世界各地にまたがる。その果てに辿りついたものは…。著者がもっとも愛着があるという“この一作”(『ベラ・チャスラフスカ』)。時代を象徴するマラソンランナーをとりあげ、レースと共に彼らの思考や生き方を描いた『マラソンランナー』を併せて収録。本作は、マラソンランナーを通して見た明治から現代に至る日本人の精神史でもある。

**『ベラ・チャスラフスカ最も美しく』**　後藤正治著　文藝春秋　2006.9　431p　16cm　(文春文庫)　781円　①4-16-767993-0

内容 1964年、東京オリンピックで世界中を魅了し金メダルを獲得したベラ・チャスラフスカ。だが、東欧社会主義圏のチェコに生まれ育った体操の女神のその後の人生は、あまりにも過酷なものだった。時代の荒波に翻弄されながらも自身の生き方を貫き通そうとした女性の個人史を丹念な取材によって描いた渾身の力作。

**『ベラ・チャスラフスカ最も美しく』**　後藤正治著　文藝春秋　2004.7　381p　20cm〈文献あり〉　2000円　①4-16-366020-8

内容 美しき魂が胸に刺さる、渾身の力作！東京オリンピックから40年、女神が生きた歳月は、あまりに過酷だった。ソ連への屈従を拒み続ける彼女を待ち受けた運命は？なぜ、彼女はそのような生き方を選んだのか？ コマネチ、クチンスカヤ、ホルキナ…歴代体操女王のその後は？ 一九六八年「プラハの春」弾圧で粛清。一九八九年「ビロード革命」による復活。そして一九九九年春著者は彼女を追ってプラハへ―ベラは、精神病院で小鳥のようにふるえていた。

**『ベラ・チャスラフスカ―自伝 オリンピックへ血と汗の道』**　ベラ・チャスラフスカ著, 竹田裕子訳　サンケイ新聞社出版局　1971　233p 肖像　19cm　(サンケイドラマブックス)　530円

**『私は日本が忘れられない』**　ベラ・チャスラフスカ述, イルジー・ムク編著, 宮川毅訳　ベースボール・マガジン社　1965　159p 図版　18cm　(スポーツ新書)

## 《塚原 千恵子》　つかはら・ちえこ

㊐昭和22年(1947年)8月12日

◇体操指導者。昭和43年メキシコ五輪の女子団体で4位入賞、個人総合は19位。47年体操選手で五輪金メダリストの塚原光男と結婚。朝日生命体操教室コーチを務め、のち監督に。ソウル五輪では代表7人のうち6人までが同クラブの選手で占められるなど、数多くの優秀な選手を育成する。長男・直也も五輪に出場する体操選手。20年の北京五輪では女子監督を務め、自身が出場したメキシコ五輪団体4位以来、40年ぶりの好成績となる団体5位入賞に導いた

**『子どもの未来はしつけしだい』**　塚原千恵子著　日本文化出版　2012.10　221p　19cm〈タイトルは奥付・背による.標題紙のタイトル：躾子どもの未来はしつけしだい〉　1333円　①978-4-89084-207-0

内容 才能と努力だけでアスリートは大成しない。子どもの成功に不可欠なのは家庭の“しつけ”。オリンピック選手24人を育てた“ちえこ先生”流わが子を幸せにする「しつけ」の方法。

**『塚原家の金メダル―息子が父親を超える日』**　塚原千恵子著　新潮社　2005.4　189p　20cm　1300円　①4-10-475701-2

内容 父は、あの「月面宙返り」を編み出した三大会連続五輪金メダリストの塚原光男。母は、体操指導者として19人もの五輪選手を育成した塚原千恵子。親と同じ道を選び取った「二世」が背負う苦悩を、息子・塚

体操（体操競技）　　　　オリンピック夏季競技

原直也は、いかにして乗り越えたのか。前
人未到の快挙までの道程を母の目から描き
出した究極のインサイド・ストーリー。

『ウルトラE！ こころ―アトランタオリン
　ピックへ』　塚原千恵子著　朝文社
　1994.10　150p　19cm　1200円　①4-
　88695-118-X
　内容 体操ニッポン復活。二十数年体操コーチ
　に専心、多くのオリンピック選手を育てた
　著者が、これからの体操界、選手たち、コー
　チ論などを語りつくす。

『熱中夫婦ここにあり！―体育館は道場だ』
　塚原光男，塚原千恵子著　実業之日本社
　1989.7　221p　19cm〈著者の肖像あり〉
　1200円　①4-408-34010-3
　内容 数多くの女子体操選手を育て上げたコー
　チ夫婦の熱き闘い。

《塚原 直也》　つかはら・なおや
　㊶昭和52年（1977年）6月25日
　◇体操指導者、元・体操選手。父はメキシコ五
　輪以来3回の五輪に出場、合計5個の金メダ
　ルを獲得した塚原光男。母も元体操選手。
　平成8年アトランタ五輪個人総合12位。12
　年朝日生命に入社。シドニー五輪では団体
　4位、個人総合18位、鉄棒8位。11月全日本
　選手権個人総合5連覇。16年アテネ五輪団
　体で28年ぶりとなる金メダルを獲得。親子
　での金メダル獲得は史上初だった。20年5
　月北京五輪代表最終選考会を兼ねたNHK杯
　は総合7位で、4大会連続の五輪代表を逃す。
　21年からオーストラリアに留学、25年には
　オーストラリア国籍を取得してリオデジャ
　ネイロ五輪を目指したが、4度目の五輪出場
　は叶わず、28年3月現役を引退した

『塚原家の金メダル―息子が父親を超える
　日』　塚原千恵子著　新潮社　2005.4
　189p　20cm　1300円　①4-10-475701-
　2
　内容 父は、あの「月面宙返り」を編み出した
　三大会連続五輪金メダリストの塚原光男。
　母は、体操指導者として19人もの五輪選手
　を育成した塚原千恵子。親と同じ道を選び
　取った「二世」が背負う苦悩を、息子・塚
　原直也は、いかにして乗り越えたのか。前
　人未到の快挙までの道程を母の目から描き
　出した究極のインサイド・ストーリー。

《塚原 光男》　つかはら・みつお
　㊶昭和22年（1947年）12月22日
　◇体操指導者、元・体操選手。鉄棒のスペシャ
　リストで“月面宙返り（ムーンサルト）”、跳
　馬の“塚原跳び”などの技を編み出し、昭和
　43年メキシコ五輪、47年ミュンヘン五輪、
　51年モントリオール五輪と3大会連続して
　オリンピックに出場、団体は3連覇、種目別
　鉄棒はミュンヘンとモントリオールで優勝
　し、金メダル5個、銀メダル1個、銀メダル3
　個を獲得した。57年現役を引退後は、朝日
　生命クラブ校長として後進の指導にあたる。
　ソウル五輪では代表7人のうち6人までが同
　クラブの選手で占められた。日本体操協会
　では、日本代表女子コーチ、女子競技委員
　長、常任理事を経て、副会長。平成16年の
　アテネ五輪では体操チームの総監督を務め、
　長男の塚原直也と親子で五輪出場を果たし、
　団体で28年ぶりとなる金メダル獲得に導い
　た。21年紫綬褒章を受章。24年ロンドン五
　輪日本選手団総監督。妻はメキシコ五輪体
　操代表の塚原千恵子（旧姓・小田）

『塚原家の金メダル―息子が父親を超える
　日』　塚原千恵子著　新潮社　2005.4
　189p　20cm　1300円　①4-10-475701-
　2
　内容 父は、あの「月面宙返り」を編み出した
　三大会連続五輪金メダリストの塚原光男。
　母は、体操指導者として19人もの五輪選手
　を育成した塚原千恵子。親と同じ道を選び
　取った「二世」が背負う苦悩を、息子・塚
　原直也は、いかにして乗り越えたのか。前
　人未到の快挙までの道程を母の目から描き
　出した究極のインサイド・ストーリー。

『熱中夫婦ここにあり！―体育館は道場だ』
　塚原光男，塚原千恵子著　実業之日本社
　1989.7　221p　19cm〈著者の肖像あり〉
　1200円　①4-408-34010-3
　内容 数多くの女子体操選手を育て上げたコー
　チ夫婦の熱き闘い。

『果てしなき挑戦―“月面宙返り”に賭けた
　わが青春』　塚原光男著　講談社
　1981.7　234p　19cm〈著者の肖像あり〉
　880円

《西川 大輔》　にしかわ・だいすけ
　㊸昭和45年（1970年）6月2日
　◇元・体操選手。昭和63年清風高の同級生池

谷幸雄と共にソウル五輪に出場、団体で銅メダル、あん馬で6位に入賞し、アイドル旋風を巻き起こす。平成4年バルセロナ五輪出場。11年シドニー五輪第二次予選出場の資格を取れず引退

『バルセロナへ吹く風―池谷幸雄，西川大輔卒業記念アルバム』　大和国男撮影，折山敏美文　白泉社　1989.3　95p　26cm（白泉社EX）　1500円

『池谷くんと西川くん―ぼくたちのソウルオリンピック』　フォート・キシモト写真　徳間書店　1988.11　93p　20cm〈文：池谷幸雄，西川大輔〉　980円①4-19-463814-X
内容 ソウルを駆けぬけたふたつの青春！「ぼくはゆっくり咲いていきたい！」体操・フレッシュ高校生コンビが綴る、等身大の18歳。

《森末 慎二》　もりすえ・しんじ
⊕昭和32年（1957年）5月22日
◇タレント，元・体操選手。昭和51年日体大に入学。55年紀陽銀行に入行。難度Dの技"後方二回宙返り腕支持"（別名"スペースシャトル"）や、平行棒の上で2回宙返りをする"モリスエ"の持ち主で、59年のロス五輪では、鉄棒で団体の規定と自由でともに10点満点を出し、種目別決勝でも伸身後方2回宙返り下りで着地を完璧に決めて、3度目の10点満点を出して金メダルを獲得、"体操日本"のお家芸である鉄棒で、金メダルを死守した。種目別跳馬は銀メダル、団体は銅メダル。平成8年テレビアニメにもなった体操漫画「ガンバ！ Fly high」（菊田洋之作）の原作も手掛ける

『ガンバ！ で応援体操ニッポン観戦ガイド!!』　森末慎二著、畠田好章監修、菊田洋之漫画・イラスト　小学館　2016.8　105p　26cm　（C＆L MOOK―My First Knowledge）　907円　①978-4-09-101779-6

《山口 彦則》　やまぐち・ひこのり
⊕昭和20年（1945年）3月9日
◇高校教師，体操指導者。清風高校3年の時岡山国体平行棒規定で9.7を出し優勝。昭和42年から清風高体育教諭、体操部監督。ロス五輪の具志堅幸司ら7人の五輪代表を育て、63年のソウル五輪には、初の高校生代表、西

川大輔、池谷幸雄を送り出した

『青春の可能性にかけてみないか』　山口彦則著　二見書房　1989.4　259p　20cm　1200円　①4-576-89046-8
内容 0.3％の可能性にかけた、若者たちと監督との汗と涙と感動の6年間は、人生の何たるかを教えてくれる。

〈新体操〉

◆ロープ、フープ、クラブ、ボール、リボンを用い、音楽にのせて演技し、芸術性と技術力を競う採点競技。演技は13m四方のマットの上で行われる。「個人」ではフープ・ボール・クラブ・リボンの4種目を1人の選手が行う。団体戦では1チーム5人の選手によって2種目の演技をする。オリンピックでは女子種目のみ

『新体操採点規則　2017―2020年』　日本体操協会　[2017]　80, 5p　28cm〈標題紙のタイトル：採点規則新体操ルーズリーフ〉

『終わりなきヒロイン―新体操報道写真集1980–2010』　竹内里摩子著　文藝春秋企画出版部　2011.4　127p　30cm〈英文併記　発売：文藝春秋〉　3048円①978-4-16-008718-7

『風のように舞う―新体操の美に魅せられて』　藤島八重子著　はるか書房　2007.1　174p　21cm〈発売：星雲社〉　1500円　①4-434-08746-0
内容 川本ゆかり、山尾朱子などのオリンピック選手を生み出し、日本の新体操界を索引してきた、ふじしま新体操クラブ。その独自の指導法と、個性的で想像（創造）力あふれる演技の秘密を、いま説き明かす。子どもの成長を見守り応援するすべての人びとへ―。

『新体操』　加茂佳子ほか共著　大阪　保育社　1984.8　151p　15cm　（カラーブックス 651―スポーツのみかた 1）　500円　①4-586-50651-2

『女子の新体操』　遠山喜一郎他著　大修館書店　1978.9　186p　24cm〈背・表

紙の書名：Rhythmic sports gymnastics〉 2300円

## 《秋山 エリカ》 あきやま・えりか
㊝昭和39年（1964年）
◇新体操指導者，東京女子体育大学准教授。福岡・中村学園高で新体操を始め、昭和59年ロス五輪では13位に入り、59年11月全日本で初優勝、女王の座に輝いた。63年ソウル五輪は15位。平成2年11月現役を引退。3年10月から2年間ロシアでコーチの海外研修を受けた

『どうだっけ？』 秋山エリカ著 文芸社
2017.7 1冊（ページ付なし） 15×21cm
1100円 ①978-4-286-18310-7

## 《大塚 裕子》 おおつか・ひろこ
㊝昭和42年（1967年）3月8日
◇元・新体操選手。新体操の名門、松山東雲高校では猛練習で鍛えられ、昭和57年の高1のときインターハイ4位入賞。以後、58年、59年とインターハイ2連勝。東京女子体育大学在学中の63年ソウル五輪代表

『夢に舞ったリボン―大塚裕子』 渡辺研著 リクルート出版 1989.5 174p
19cm （Soul to Seoul）〈大塚裕子の肖像あり〉 1100円 ①4-88991-149-9
内容 オリンピックをめざしたスポーツ・ドキュメント。

## 《川本 ゆかり》 かわもと・ゆかり
㊝昭和47年（1972年）6月13日
◇スポーツコメンテーター，元・新体操選手。昭和63年藤村女子高に進学し、ソウル五輪代表選考会3位、全日本2位。3年東京女子体育大学に進み、秋山エリカの指導を受ける。4年バルセロナ五輪代表

『風のように舞う―新体操の美に魅せられて』 藤島八重子著 はるか書房
2007.1 174p 21cm〈発売：星雲社〉
1500円 ①4-434-08746-0
内容 川本ゆかり、山尾朱子などのオリンピック選手を生み出し、日本の新体操界を索引してきた、ふじしま新体操クラブ。その独自の指導法と、個性的で想像（創造）力あふれる演技の秘密を、いま説き明かす。子どもの成長を見守り応援するすべての人びとへ

―。

## 《山尾 朱子》 やまお・あかね
㊝昭和49年（1974年）9月30日
◇元・新体操選手。平成5年東京女子体育大学に進学。8年アトランタ五輪代表

『風のように舞う―新体操の美に魅せられて』 藤島八重子著 はるか書房
2007.1 174p 21cm〈発売：星雲社〉
1500円 ①4-434-08746-0
内容 川本ゆかり、山尾朱子などのオリンピック選手を生み出し、日本の新体操界を索引してきた、ふじしま新体操クラブ。その独自の指導法と、個性的で想像（創造）力あふれる演技の秘密を、いま説き明かす。子どもの成長を見守り応援するすべての人びとへ

―。

## 《山崎 浩子》 やまさき・ひろこ
㊝昭和35年（1960年）1月3日
◇新体操指導者。昭和54年、東京女子体育大2年の時に全日本選手権個人総合で初優勝。59年ロス五輪では個人総合で8位入賞。同年引退。62年山崎浩子新体操スクールをオープン。日本体操協会理事、日本新体操連盟理事も務め、平成17年日本体操協会新体操強化本部長に就任。20年北京五輪、24年ロンドン五輪でチームリーダー、28年リオデジャネイロ五輪で代表監督を務める

『山崎浩子の新ボディ革命―新体操エクササイズで体脂肪ダウン！』 山崎浩子監修 主婦の友社 2002.12 80p 26cm
（主婦の友生活シリーズ） 950円 ①4-07-234181-9

『山崎浩子・失敗という名のレッスン』
山崎浩子著 講談社 1994.2 254p
20cm〈著者の肖像あり〉 1400円 ①4-06-206757-9
内容 話題の人が初めて綴る知られざる半生と人生観。

『山崎浩子の楽しい新体操』 山崎浩子著
小峰書店 1990.9 127p 22cm （ジュニア・スポーツ・セレクション 9）
1080円 ①4-338-08509-6
内容 スポーツって楽しい。だから、楽しく学んで、楽しく上達したい。もちろん、苦しい練習もある。つらいトレーニングもある。

でも、心はいつも楽しく、明るく。名選手なら、きっとそのコツをやさしく教えてくれる。スポーツって、ほんとうに楽しい。

## 〈トランポリン〉

◆空中でのアクロバティックな演技で、技の難しさ、美しさに加え、跳躍時間の長さを競う。予備ジャンプの後、連続10回のジャンプの間に10種類の技を繰り出す

『採点規則―トランポリン 2017年版』日本体操協会 2017.4 82p 30cm

『トランポリン競技』 大林正憲著 道和書院 1998.3 283p 26cm 4400円 ①4-8105-1056-5
目次 第1章 トランポリン競技の歴史, 第2章 安全指導と補助法, 第3章 トランポリン競技種目と練習段階, 第4章 トランポリンと力学, 第5章 コーチの資質と指導のポイント, 第6章 トランポリン競技規則, 第7章 トランポリン専門用語

『トランポリン用語』 藤田一郎ほか著 文化書房博文社 1986.4 88p 19cm 700円

《中田 大輔》 なかた・だいすけ
⑭昭和49年(1974年)3月2日
◇トランポリン選手。日体大に進み、平成7年全日本選手権初優勝。12年トランポリンが五輪正式種目となり、シドニー五輪に出場(12位)。13年9月プロ宣言。16年世界ランキング1位に輝く

『ジャンプ!―宙で夢見る トランポリン中田大輔情熱のヒストリー』 中田大輔著 学習研究社 2008.4 184p 19cm 1300円 ①978-4-05-403756-4
内容 世界でもたった数人! 8メートル跳ぶ男が初めて語ったトランポリン競技の魅力。事故のこと、私生活のこと、オリンピックのこと、等身大中田大輔、初めてのエッセイ集。

## バスケットボール

◆相手側のゴールリングにボールを投げ入れ得点を競う。通常のショット(シュート)なら2点、3ポイントライン外側からのショットなら3点、相手のファウルで得たフリースローなら1点。10分×4ピリオドの試合時間内により多く得点したチームの勝ちとなる。選手は試合中、ベンチにいるメンバーと何度でも交代できる。男女ともに、1チーム5人で競技する。また、2020年東京大会では、新たに1チーム3人同士で得点を競う「3x3(スリー・バイ・スリー)」が正式種目に採用された

『Basketball―笠原成元のバスケットボール・技術と戦術』 笠原成元著 学習研究社 〔1994〕 103p 21cm (Sports fundamental skill book)〈付(1冊):基本ルール 付(1枚):新ルール資料〉 800円 ①4-05-151718-7

『バスケットボール学入門』 内山治樹, 小谷究編著 龍ケ崎 流通経済大学出版会 2017.11 239p 21cm〈索引あり〉 1500円 ①978-4-947553-76-8
目次 日本におけるバスケットボール研究の歴史―バスケットボールの受容からオリンピック東京大会まで(1894～1964), アダプテッド・スポーツ, 医科学, 運動学, 栄養学, 教育学, 経営学, 社会学, 心理学, 生理学〔ほか〕

『バスケットボール用語事典』 小野秀二, 小谷究監修 廣済堂出版 2017.7 223p 21cm〈文献あり〉 1500円 ①978-4-331-52105-2
内容 詳細な図とともに、約1400語を収録! 日本代表を含むトッププレイヤー、国際審判員、指導者、研究者によって編纂された、バスケットボール界初となる、待望の用語集です。

『バスケットボールのルールとスコアのつけ方―間違いやすいジャッジがひと目でわかる!』 平原勇次監修 第3版 マイナビ 2015.3 155p 18cm〈初版:毎日コミュニケーションズ 2010年刊 索引あり〉 980円 ①978-4-8399-5462-8

バスケットボール　　オリンピック夏季競技

内容 バイオレーションやパーソナルファウル、チームファウル、スコア記入の注意点など写真とイラストで詳細解説！ 新ルール対応版。ミスジャッジを防ぐポイントがわかりやすい！ 審判員の新ジェスチャーまで完全網羅!!

『出発―ひまわりたちの「それから」』　濱口典子, 大山妙子, 楠田香穂里著　グローバル教育出版　2007.6　222p　22cm　〈年表あり　発売：社会評論社〉　2000円　①978-4-7845-0622-4

内容 2004年夏、アテネの空は青く澄みわたっていた。スポーツマンなら誰もがあこがれるオリンピックの舞台に「これが最後」と挑んでいった娘たちがいた。「ひまわり娘」と呼ばれたバスケットプレーヤー、濱口（マック）、大山（エース）、楠田（サン）の三人だ。過酷ともいえるトレーニングからつかんだ栄光。その陰にはそれぞれの苦悩と葛藤があった。その三人が新たな出発を機に、いまだからいえる本音と思い出を吐露。

『出発―ひまわりたちの「それから」』　濱口典子, 大山妙子, 楠田香穂里著　グローバル教育出版　2006.4　222p　22cm　〈年表あり〉　2000円　①4-901524-81-X

『バスケットボール』　こどもくらぶ編　ほるぷ出版　2006.3　71p　29cm　（スポーツなんでも事典）　3200円　①4-593-58402-7

内容 バスケットボールの歴史や道具のことから、日本のバスケットボールリーグやアメリカのNBA、そして車椅子バスケットボールやストリートバスケットボールなどなど。バスケットボールにかかわるさまざまなことがらをテーマごとにまとめて解説した、ヴィジュアル版子ども向けバスケットボール事典です。バスケットボールについて、なにを、どのように調べたらよいかがわかります。

『残り3秒―ミュンヘンオリンピック・バスケットボール決勝の謎』　香中亮一著　日本文化出版　1992.7　139p　19cm　1800円　①4-931033-92-X

目次 1 米・ソ決勝の終幕, 2 1964年東京, 3 1968年メキシコ, 4 そしてミュンヘン1972年, 5 その後のこと, 付録 オリンピック大会バスケットボール全記録

『図説バスケットボール事典』　牧山圭秀, 吉井四郎, 畑竜雄著　講談社　1969　639p　図版　27cm　4800円

《大神 雄子》　おおが・ゆうこ
㊤昭和57年（1982年）
◇バスケットボール選手。平成13年ジャパンエナジー（JOMOサンフラワーズ）に入団。16年全日本総合選手権4連覇。アジア選手権では五輪出場権獲得に貢献し、チーム最年少の21歳でアテネ五輪に出場（10位）

『大神雄子進化論―全ては自分次第』　大神雄子著　ぱる出版　2015.9　158p　19cm　〈文献あり〉　1400円　①978-4-8272-0950-1

内容 人は気づくことで、いつでも成長ができるのです。この「気づき」が本書のキーワードです。

《ジョーダン, マイケル》
㊤1963年2月17日
◇米国の元・バスケットボール選手。1982年ノースカロライナ大学1年の時ジョージタウン大学とのNCAAチャンピオン決定戦で残り17秒から逆転シュートを決めて一躍その名を知られる。'84年ロス五輪に出場、金メダルを獲得。'92年"ドリーム・チーム"の一員としてバルセロナ五輪で金メダル獲得に貢献した

『ジョーダン』　デイヴィッド・ハルバースタム著, 鈴木主税訳　集英社　1999.6　623p　20cm　2200円　①4-08-773317-3

内容 神技の男、マイケル・ジョーダンの誕生から、運命のラスト・ダンスまで世界のジャーナリスト、D・ハルバースタムが精力的な取材で迫った全米ベストセラー、不滅のノンフィクション巨編。米全プロ・バスケットボールリーグNBAに君臨した偉大なアスリート、M・ジョーダン。97～98年シーズンを最後にコートから去った20世紀最後のアメリカン・ヒーローが、プロの世界で見せた神の技数々―そして、誰も書かなかった神の真実。

『ダンク！ダンク！ダンク！―NBAビジュアルコラム』　グローバル・スポーツ・ダイジェスト編　長崎出版　1998.12　191p　19cm　1800円　①4-

オリンピック夏季競技　　バスケットボール

930695-83-X

内容 神様マイケル・ジョーダンのこぼれ話からスーパースター同士の抗争劇果ては超個性的なヘッドコーチまでNBAフリークに贈る魂と涙と爆笑のコラム88編。

『ネクスト・ジョーダン―NBA新世紀のヒーローたち』　金子義仁著　長崎出版
1998.6　287p　19cm　1800円　①4-930695-81-3

内容 98年世界選手権のドリームチーム6のメンバーを初めとする、"神"マイケル・ジョーダンの後継者たち29人。ネクスト・ジョーダンはだれだ。

『挑戦せずにあきらめることはできない―マイケル・ジョーダンのメッセージ。』
マイケル・ジョーダン著, 楠木成文訳
ソニー・マガジンズ　1995.3　45p
18cm〈監訳：ラモス瑠偉　著者の肖像あり〉　1000円　①4-7897-0966-3

内容 世界最高のスポーツマン、マイケル・ジョーダンが、彼を成功に導いた人生の信条を自らの力強い言葉で初めて語る。彼を成功に導いたのは、幾つかのシンプルな原則だ。しかも、これらの原則はスポーツだけでなく、彼のすべての人生の基本でもある。これらの原則を説明しながら、彼はわれわれに目標のたて方と障害の克服方法、恐怖心や懐疑心と立ち向かう方法を、われわれに教えてくれる。さらに、チームワークの重要性、リーダーシップの本質、集中力と自己鍛練の重要性、心の乱れに打ち勝つ方法なども教えてくれる。本書は、マイケル・ジョーダンの個人的信条を書き表した一冊であると同時に、学校、家庭、職場、趣味の世界で目標を達成し、夢をかなえたいと望むすべての人に向けた力強いメッセージである。

《萩原 美樹子》　はぎわら・みきこ
㊗昭和45年（1970年）4月17日
◇バスケットボール指導者。平成元年共同石油（現・JX-ENEOS）に入社。7年のアジア選手権では、アトランタ五輪出場権獲得に貢献。8年アトランタ五輪7位、個人の得点ランキングでは2位に入った。15年代表初の女性コーチとなる、女子日本代表コーチに就任。16年アジア選手権では強豪・韓国を破り、アテネ五輪出場権を獲得。アテネ五輪女子代表コーチを請われ大学を休学した

が、17年に卒業。20年日本協会専任コーチに就任

『プライド―アメリカへの限りなき挑戦』
萩原美樹子著　日本文化出版　1999.5
255p　20cm　1500円　①4-89084-029-X

内容 萩原美樹子、コートネームは王様の"オー"。長年にわたり日本代表のエースとして活躍してきた萩原は、日本人第1号選手としてWNBAに挑戦した。そこは、生存競争の厳しいプロの世界であり、また、かけがえのない世界でもあった。単身渡米したWNBAでの戦いを綴った日記、引退に寄せて現役10年間の軌跡を振り返るなど、「萩原美樹子のバスケットボール人生」を凝縮。

『実践メンタル強化法―ゾーンへの招待』
白石豊著　大修館書店　1997.9　271p
19cm　1500円　①4-469-26378-8

内容 WNBA日本人第1号・萩原美樹子選手はいかに甦えったか。3ポイントシュート連発！ 強敵中国を下したアトランタ五輪女子バスケットチームのあの強さは何だったのか？ 精神的スランプから引退危機に瀕した萩原美樹子選手が選んだトレーニング法は？ 禅・ヨーガなど東洋思想を導入した、日本人のためのアジア的スポーツメンタル強化法。

《吉井 四郎》　よしい・しろう
㊗大正8年（1919年）3月25日
㊗平成4年（1992年）10月20日
◇バスケットボール指導者。昭和38年国際スポーツ大会監督、39年日米親善競技大会監督、同年東京五輪の男子バスケットボールチームの監督を務めた

『私の信じたバスケットボール』　吉井四郎著　大修館書店　1994.4　429p
22cm　3708円　①4-469-26279-X

内容 コーチ生活40年、一生をバスケットボールに捧げた著者が、若きケージャーに送る「勝つバスケットボール」の指導理論とその指導法の実際。「吉井式バスケットボール」の神髄がいまここに明らかにされる。

『バスケットボール』　吉井四郎著　不昧堂書店　1969　357p　表　22cm　（スポーツ作戦講座 1）　1800円

『バスケットボール』　吉井四郎著　不昧

オリンピックの本3000冊　231

レスリング　　　　オリンピック夏季競技

堂書店　1964　171p　22cm　（体育図
書館シリーズ）

## レスリング

◆古代オリンピックから行われている、格闘
技の原型とも言える競技。攻防に上半身
だけを用いる「グレコローマンスタイル」
と、全身を用いる「フリースタイル」に
別けられる。試合は直径9メートルの円形
マット上で行われ、試合時間は3分×2ピ
リオド。相手の両肩を1秒間マットにつけ
れば勝ち。勝敗がつかない時は技を決め
た時に与えられるポイントの合計で判定
する。打撃技、関節技、かみつきなどは禁
止。男子の種目はグレコローマン59kg級
〜130kg級（6段階）、フリースタイル57kg
級〜125kg級（6段階）。女子はフリーのみ
で48kg級〜75kg級（6段階）

『**女子レスリング 吉田・伊調・登坂・土
性・川井**』　　本郷陽二編　汐文社
2017.1　155p　20cm　（チームでつかん
だ栄光のメダル）〈文献あり〉　1500円
①978-4-8113-2345-9
目次 序章 リオオリンピックがスタート（6階
級で行われる女子レスリング競技, 最強の
日本女子レスリング陣 ほか）, 第1章 女子
レスリングで活躍する日本（5000年前から
行われていたレスリング, グレコローマン
とフリースタイル ほか）, 第2章 ロンドンオ
リンピックの女子レスリング（51キロ級の
最優秀レスラー, オリンピック出場を2度逃
す ほか）, 第3章 リオオリンピックに向け
た戦い（オリンピックからレスリングが消
える？ ほか）, 最後の最後にレスリングが復活 ほ
か）, 第4章 リオオリンピックでの活躍（減
量に成功して絶好調の登坂選手, 残り2秒で
逆転の金メダル ほか）

『**激動の日本女子レスリング物語—リオデ
ジャネイロ・オリンピック大会記**』　福
田富昭著　［福田富昭］　2016.12　103p
30cm

『**日本レスリングの物語**』　柳澤健著　岩
波書店　2012.5　372, 2p　20cm〈文献
あり〉　2600円　①978-4-00-024292-9
内容 女子の活躍にみるように、近年躍進めざ

ましい日本レスリング。その歴史は柔道や
プロレスとの交流、確執に始まった。豊富
な取材をもとに、日本レスリングの父・八田
一朗から、黄金期を支えたスーパースター
や天才たち、指導者たち、そして現在最前
線で戦う選手たちまで、無数のドラマと多
様な人物を描ききる力作。

『**格闘技がわかる絵事典—国が変われば
ルールも変わる！　古武道から総合格闘
技まで**』　近藤隆夫監修　PHP研究所
2007.4　79p　29cm　2800円　①978-4-
569-68675-2
内容 世界にはさまざまな格闘技があります。
この本では、それらを5つに分類し、それぞ
れの代表的な格闘技を大きく取りあげて解
説しています。また、それらの代表的な格
闘技と共通点のある格闘技、関連のある格
闘技を小項目として取りあげています。ま
た、第6章として、オリンピックで行なわれ
る格闘技、格闘技とかかわりの深い人物、柔
道や相撲の技を取りあげています。あわせ
て活用してください。

『**レスリング入門—オリンピック金メダリ
スト直伝！**』　佐藤満著　ベースボー
ル・マガジン社　2006.9　195p　26cm
2000円　①4-583-03912-3
内容 実戦で使える技術のみを厳選し、オリン
ピック選手4名が実演。練習法・栄養に関す
る理論、体力トレーニング法も、徹底解説。
総合格闘技家も、少年・女子の指導者も、五
輪レベルのレスラーも、必携の一冊。

『**アテネでつかむ金メダル—中京女子大レ
スリング部からアテネ五輪へ飛ぶ三人**』
横森綾著, 栄和人監修　近代映画社
2004.8　211p　19cm　1333円　①4-
7648-2019-6
内容 今回のアテネ五輪から初めて正式競技に
採用された女子レスリング。実施される4階
級のうち、3階級までを同じ大学の選手が占
めることになった！ その、中京女子大学の
3選手、48kg級の伊調千春、55kg級の吉田沙
保里、63kg級の伊調馨が、いかにして日本
代表にまでのぼりつめたのか。幼いころか
らのエピソードや周囲を取り巻く環境、そ
の中で成長した彼女たちがついに代表決定
を賭けた大会を勝ち抜くまでが、姉妹の支
えあい、親子の絆、監督やコーチとの信頼
関係などを織り込みながら語られます。

オリンピック夏季競技　　レスリング

『スポーツ辞典　第11　レスリング』　　日本放送協会編　日本放送出版協会　1961　243p　図版　18cm

《アニマル浜口》　あにまるはまぐち
㊐昭和22年（1947年）8月31日
◇元・プロレスラー。昭和43年ボディービルで準ミスター兵庫に選ばれ、44年国際プロレス入り。平成16年、アテネ五輪で銅メダルを獲得した娘の京子とともに注目を集め、"気合だー！"の掛け声が流行語大賞トップ10に選ばれた。20年京子が北京五輪で2大会連続銅メダルを獲得

『娘とだって闘え！　そして抱きしめろ！―世界最強親子、20年の軌跡』　アニマル浜口著，宮﨑俊哉構成　マガジンハウス　2013.3　221p　19cm　1300円　⑪978-4-8387-2524-3
内容　本音で語れ！叱れ！　絆はそうして生まれるんだ！「気合と笑いのコラボレーション」で世界一を目指した奇跡の家族の20年の物語。

『若者力の鍛え方』　アニマル浜口著　ベースボール・マガジン社　2009.9　171p　18cm　（ベースボール・マガジン社新書033）　840円　⑪978-4-583-10202-3
内容　「悲しいかな、社会全体のモラルが下がっている。つまりは、子どもたちに手本を示せる大人が少なくなっているということだ。たとえば、よく言うだろう、よその子ども間違ったことをしているのを見かけたら叱れる大人がいなくなった、とか。『今どきの若い者は…』なんて無責任に一括りにせず、一人ひとり、その子を見て、正面から向き合ってみろ」（第一章より）。名指導者にして名物親父でもある著者が明かす"世界を変える心の技"。

『京子！―いざ！　北京』　宮﨑俊哉著　阪急コミュニケーションズ　2008.7　198p　19cm　1400円　⑪978-4-484-08205-9
内容　涙のぶんだけ、強くなれる!!世界で闘いつづけた14年間。支えつづけた父の愛、母の愛、家族の愛。

『俺たちの教育論―こうして子どもを育ててきた』　アニマル浜口，横峯良郎著　致知出版社　2007.6　155p　19cm　1143円　⑪978-4-88474-778-7

目次　第1章　俺たちはこうして娘を育ててきた（膝付き合わせて話し合えば分かり合える、「おまえたち、将来、何になるんだ」ほか）、第2章　父と娘の二人三脚奮戦記（京子よ、まだ甘い、どうでもよかった、さくら　ほか）、第3章　俺たちの人生俺たちの生き方（浜口が貧困のなかで出合った二つの光、こころの底から燃えるものを求めて家出　ほか）、第4章　父親ってなんだろう親の役割ってなんだろう（親殺し多発、いまの子どもたちはどこかおかしい、子どもの顔を見ていると、何を考えているかわかる　ほか）

『気合ダァ！　200連発!!―アニマル浜口魂を揺さぶる熱きメッセージ集』　アニマル浜口,宮﨑俊哉著　ぴあ　2005.3　225p　19cm　1300円　⑪4-8356-1518-2
内容　本書において紹介した二百の言葉は、アニマル浜口氏が生み出し、自らをそして娘・京子、息子・剛史を、さらには道場生たちを叱咤激励し、育ててきた言葉の数々です。加えて、アニマル浜口の心に響き、鍛え、成長させた先人の教え、またそれら先人の教えをもとに、氏が加筆・修正をし、氏の言葉として改良したものを収録しました。

『娘にもらった金メダル』　アニマル浜口著　ゴマブックス　2004.9　247p　19cm　1400円　⑪4-7771-0063-4
内容　浜口親子の格闘、激闘、苦闘、力闘…レスリング子育てノンフィクション。

『アニマル浜口最後は勝つ！』　アニマル浜口著,イシサキ編　宝島社　2004.8　191p　19cm　1143円　⑪4-7966-4244-7
目次　第1章　京子がレスリングを始めたわけ（京子がレスリングを始めるきっかけ、父親のリーダーシップ　ほか）、第2章　復活（オリンピックに向けて（復活）、アテネを前にして（負けて学ぶ）ほか）、第3章　指導者として（指導者として、「陰」と「陽」ほか）、第4章　自分の親のことなど（自分のルーツ、小学校三～四年の頃（浜田で）ほか）

『一瞬の喜びのために、人間は泣くんだ。』　アニマル浜口著　かんき出版　2004.8　189p　19cm〈構成：宮崎俊哉〉　1300円　⑪4-7612-6197-8
内容　「苦しんで泣き悩んで泣きオレは何でこんなことをしているんだとまた泣き一瞬の

オリンピックの本3000冊　233

レスリング　　　オリンピック夏季競技

喜びのために人間は泣く」辛いこと、悲しいこと、うれしいこと、心を動かされたら、思いきり泣こう。心の底から泣こう。涙を流して泣こう。そして、子供たちが一生懸命がんばって何かをつかんだら、一緒になって泣いてやろう。

『京子！―アテネへの道』　宮崎俊哉著
ぴあ　2004.8　221p　19cm　1400円
①4-8356-0951-4
内容 アテネ・オリンピック・女子レスリング72kg級日本代表、浜口京子の13年間の軌跡を追ったノンフィクション。

『強い男になってみろ！―アニマル浜口に訊け！』　アニマル浜口著　宙出版
1998.4　191p　19cm　1200円　①4-87287-934-1
内容 逆境にあってこそ、男は強くなれる。企業倒産、リストラ…。厳しい時代に生きるサラリーマンたちに「喝」を入れて、元気にしてくれる本。

《アングル, カート》
誕1968年12月9日
◇米国のプロレスラー、元・レスリング選手（フリースタイル）。ロス五輪金メダリストのデービット・シュルツに指導を受ける。1995年世界選手権アトランタ大会フリースタイル100キロ級で金メダル。'96年アトランタ五輪でも金メダルを獲得した

『カート・アングル』　カート・アングル, ジョン・ハーパー著, 奥田祐士訳　白夜書房　2002.12　334p　24cm〈肖像あり〉　3800円　①4-89367-812-4
内容 本当のオリンピック金メダリストがエンターテイメントで成功するまで…その苦難の道程を自らが語ったリアルアメリカンヒーローの大叙事詩。激しさ・誠実さ・知性。全てを兼ね備えたアメプロ本の決定版。

《伊調 馨》　いちょう・かおり
誕昭和59年（1984年）6月13日
◇レスリング選手。3歳から4つ上の姉・千春と一緒に町道場でレスリングを始める。平成16年48キロ級代表の千春とともにアテネ五輪姉妹出場を果たし、63キロ級で金メダルを獲得、千春は銀メダル。20年4月全日本女子選手権63キロ級7連覇（他階級と合わせると通算8年連続8度目の優勝）。8月の五輪

本番では、連覇を達成した。千春は2大会連続銀メダル。24年のロンドン五輪は吉田とともに3連覇を達成。その後、五輪の実施階級が改編されるにあたり58キロ級に転向。28年リオデジャネイロ五輪で金メダルを獲得し、全競技を通じて女子個人種目初の五輪4連覇を達成、国民栄誉賞を受賞した。29年五輪の女子個人種目での最多連続優勝回数（4回）と五輪のレスリング女子の最多金メダル獲得数（4個）がギネス世界記録に認定される

『なぜ日本の女子レスリングは強くなったのか―吉田沙保里と伊調馨』　布施鋼治著　双葉社　2017.3　303p　19cm〈文献あり〉　1500円　①978-4-575-31233-1
内容 オリンピック4大会で金11、銀3、銅2のメダルを獲得。ふたりのメダリストから見えた、その躍進の真実。

『吉田沙保里と伊調馨を育てた至学館「前田食堂」のやり抜く力をつける食習慣』　前田寿美枝著　宝島社　2017.3　197p　19cm〈文献あり〉　1300円　①978-4-8002-6640-8
内容 世界を舞台に成績を残せる選手は、何をどのように食べているのか。食事はどのように選手の心と体を変えていけるのか。長年、選手の食事を作る寮母が、選手の「食」を秘話とともに明かす！

『一日一日、強くなる―伊調馨の「壁を乗り越える」言葉』　伊調馨［著］, 宮﨑俊哉構成　講談社　2016.8　174p　18cm（講談社+α新書 742-1C）〈文献あり〉800円　①978-4-06-272960-4
内容 オリンピック4連覇の偉業達成へ！志を抱くすべての人におくる、孤高の言葉。

《小原 日登美》　おばら・ひとみ
誕昭和56年（1981年）1月4日
◇元・レスリング選手。旧姓・坂本。16年55キロ級でアテネ五輪代表入りを狙うが、この階級の女王・吉田沙保里に敗れ、代表入りはならなかった。18年世界選手権51キロ級に連覇して大会MVPを獲得。20年4月全日本女子選手権51キロ級優勝。北京五輪前に再び階級を55キロ級に上げたが、吉田を破ることはできず、五輪出場はならなかった。世界選手権無敗のまま現役を引退する

234

がロンドン五輪を目指す妹・真喜子のコーチを務めるものの、22年1月結婚のため真喜子が引退したことで、48キロ級に階級を下げて現役復帰。23年12月全日本選手権で優勝し、ロンドン五輪代表に選ばれる。24年初の五輪となったロンドン五輪では金メダルを獲得。アンクルホールドが得意技

『絆があれば、どこからでもやり直せる』
小原日登美、小原康司著　カンゼン
2012.12　229p　20cm　1400円　①978–
4–86255–162–7
内容 ロンドン五輪レスリング女子48kg級金メダルに輝いた妻と彼女を支えた夫が歩んだ“愛の二人三脚”物語。

《笠原 茂》　かさはら・しげる
⊕昭和8年（1933年）6月11日
⊗平成2年（1990年）11月13日
◇レスリング選手。大学入学後、レスリングで頭角を現し、昭和29年から全日本選手権3連勝を飾るなど活躍。31年にはメルボルン五輪のレスリングフリースタイル・ライト級で銀メダルを獲得、ローマ五輪、東京五輪にもコーチとして参加した。日本アマチュアレスリング協会副会長、全日本学生レスリング連盟会長

『レスリング―図解コーチ』　笠原茂著　成美堂出版　1979.5　237p　16cm　400円

『レスリング―グレコ・ローマン・スタイル』　笠原茂著　不昧堂書店　1969　133p　図版　22cm　（体育図書館シリーズ）　500円

『レスリング―フリー・スタイル』　笠原茂著　不昧堂書店　1967　180p　図版　22cm　（体育図書館シリーズ）　500円

《栄 和人》　さかえ・かずひと
⊕昭和35年（1960年）6月19日
◇レスリング指導者。日体大進学後、昭和58年、60〜63年全日本優勝、58年アジア大会優勝、62年世界選手権3位、56〜60年国体優勝などの成績を残す。63年ソウル五輪62キロ級代表に選ばれるが4回選で敗退。現役引退後の平成8年中京女子大学（現・至学館大学）に招かれる。15年より大学特任職員として監督に専念、吉田沙保里、伊調千春・馨姉妹、小原日登美、登坂絵莉、川井梨紗

子、土性沙羅らを指導する。16年日本レスリング協会女子ヘッドコーチ。20年中京女子大学健康科学部教授。日本レスリング協会では女子の指導を中心に担ったが、27年男女ともに統括する強化本部長に就任。30年3月強化本部長を辞任、6月大学のレスリング部監督を解任される

『”最強”の結果を生み出す「負けない心」の作り方―これで「レスリング女子」を世界一に導いた』　栄和人著
KADOKAWA　2016.6　206p　19cm　1400円　①978–4–04–601506–8
内容 7つの金メダルが教えてくれた一流のメンタルタフネス。一流を超え「世界一」になる人たちは何を鍛え続けているのか！

『中京女子大学女子レスリング王国その強さの秘密』　栄和人著　ベースボール・マガジン社　2004.8　191p　21cm　1500円　①4–583–03811–9
内容 アテネ五輪代表3戦士を生み出した“金メダル生産工場”はいかにして作られたのか!?世界選手権で70連勝し「世界で敵なし」の吉田沙保里（55kg級）をはじめ、伊調千春・馨（48kg級/63kg級）の姉妹を、正式種目となって初の五輪に送り出す“チュウジョ”と栄和人監督。自らもソウル五輪に出場し、指導者として現在に至るまでを綴ったノンフィクション。

《笹原 正三》　ささはら・しょうぞう
⊕昭和4年（1929年）7月28日
◇元・レスリング選手。昭和29年世界選手権フリースタイルで初優勝。以後、“マタサキ”という決め技で一世を風靡。31年メルボルン五輪で金メダル。同年世界選手権優勝。国際アマチュアレスリング連盟の理事を務め、3冊の英文著書「レスリング専門書」は海外でも好評を博した。62年日本アマチュアレスリング協会（現・日本レスリング協会）理事長、平成元年会長、15年名誉会長。同年JOC理事、のち副会長。11年シドニー五輪選手団副団長

『レスリング』　笹原正三著　改訂新版　講談社　1978.5　177p　21×19cm　（講談社スポーツシリーズ）　1200円

『レスリング―マットの勇者になろう』
笹原正三著　講談社　1971　198p　図　21cm〈書名は奥付等による　標題紙およ

レスリング　　　　オリンピック夏季競技

び表紙の書名：WRESTLING〉　680円

**《ジャンボ鶴田》**　じゃんぼつるた
㊉昭和26年（1951年）3月25日
㊥平成12年（2000年）5月13日
◇プロレスラー。昭和47年フリー、グレコの両種目で全日本王者に。同年のミュンヘン五輪に参加した後、全日本プロレス旗上げと同時に入門

『リングより愛をこめて―ジャンボ鶴田のファッショナブル・トーク』　ジャンボ鶴田著　講談社　1981.12　205p　19cm　880円　Ⓘ4-06-127769-3

**《長州 力》**　ちょうしゅう・りき
㊉昭和26年（1951年）12月3日
◇プロレスラー。専修大時代に全日本チャンピオンとなり、昭和47年ミュンヘン五輪に出場

『真説・長州力―1951-2018』　田崎健太著　集英社　2018.7　547p　16cm　（集英社文庫　た89-1）〈集英社インターナショナル　2015年刊の加筆改稿　文献あり〉　1000円　Ⓘ978-4-08-745770-4
内容 不世出のプロレスラー、長州力の実像に迫る。在日差別にさらされた少年期、レスリングに出会いオリンピックにも出場した青年期、そしてプロレス入り後の栄枯盛衰。本人および関係者からの莫大な数の証言により、「嚙ませ犬事件」をはじめとするプロレス史上の重大事件の意外な真相や知られざる側面が明らかになる。徹底的な取材で語り手の息遣いまでをも感じさせる、濃密なノンフィクション。

『真説・長州力―1951-2015』　田崎健太著　集英社インターナショナル　2015.7　491p　20cm〈文献あり　発売：集英社〉　1900円　Ⓘ978-4-7976-7286-2
内容 本当のことを言っていいんだな？本名・郭光雄、通名・吉田光雄―"端っこ"の男は、時代の"ど真ん中"を駆け抜けた。今、解き明かされる"革命戦士"の虚と実。その全歴史！幼馴染から大物レスラーまで、多くの証言で迫る「人間・長州力」！

『力説―長州力という男』　長州力, 金沢克彦著　エンターブレイン　2007.9　300p　19cm　1800円　Ⓘ978-4-7577-3749-5

内容 あの怖い長州節が戻ってきた!!テメエらの前では絶対にくたばってやんねえからな!!長州力×GK金沢克彦 "最後の" 対談本。

**《富山 英明》**　とみやま・ひであき
㊉昭和32年（1957年）11月16日
◇元・レスリング選手。昭和57年アジア大会で優勝、全日本選手権7連覇。幻のモスクワ五輪代表。59年のロス五輪でも金メダルを獲得。平成8年アトランタ五輪にはコーチとして参加、NHKの解説者も務めた

『子どもを金メダリストにする本』　富山英明著　ベースボール・マガジン社　1996.10　222p　22cm　（BBM Science books）　2000円　Ⓘ4-583-03347-8
目次 1 やんちゃ坊主から金メダリストへ―チャンピオンの日記から、2「心・技・体」を強化する、3 スポーツ先進国のスポーツ教育、4 金メダル教育座談会（山下泰裕, 橋本聖子, 富山英明）、5 強い子供を作るレスリング体操―レスリング・ストレッチング、6 食事とスポーツ

**《八田 一朗》**　はった・いちろう
㊉明治39年（1906年）6月3日
㊥昭和58年（1983年）4月15日
◇レスリング選手。学生時代に柔道からレスリングに転向し、昭和7年のロサンゼルス五輪に日本代表として初出場。戦後25年から33年間日本アマチュアレスリング協会会長。27年のヘルシンキ五輪以来、計16個の五輪金メダルをもたらしたが、35年のローマ五輪で惨敗したときには、自ら丸坊主となって帰国した

『私の歩んできた道』　八田一朗著　立花書房　1979.7　248p　19cm〈著者の肖像あり〉　900円

『勝負根性』　八田一朗著　実業之日本社　1965　182p　図版　18cm　（実日新書）

『レスリング』　八田一朗著　旺文社　1953　214p　図版　19cm　（旺文社スポーツ・シリーズ）

『オリンピック・レスリング』　八田一朗著　八田一朗　1947.12　103p　15cm

オリンピック夏季競技　　レスリング

## 《花原 勉》　はなはら・つとむ

�生昭和15年（1940年）1月3日

◇元・レスリング選手。大学でレスリングに転向。中学・高校で打ち込んだ柔道を武器に、"無敵の投げ技"を誇り、日本大学2年時に全日本選手権優勝、昭和36年世界選手権6位、37年インドネシア・アジア大会では2位に入った。日体大助手時代の39年の東京五輪では、グレコローマン・フライ級で金メダルを獲得。メキシコ五輪直前にじん帯を傷め、現役を引退した。その後は日体大で指導にあたる他、全日本コーチ、監督、国際アマチュアレスリング連盟コーチ委員、日本アマチュアレスリング連盟評議員を務める。平成4年バルセロナ五輪グレコローマン57キロ級に、息子の花原大介が出場、日本レスリング界初の親子五輪選手となった

『金メダルレストラン―勝つための食事学』
花原勉著　ベースボール・マガジン社　1995.5　176, 118p　22cm〈著者の肖像あり　参考文献：p176〉　2500円　Ⓘ4-583-03214-5

内容 本書は単なる栄養学のノウハウではなく、レスリングを通して接した世界の食文化、過去・現在・未来…いつの時代にも通用するであろう八田イズムを競技に勝つための、あるいは人生で勝利者となるための指針としてまとめた。

## 《浜口 京子》　はまぐち・きょうこ

�生昭和53年（1978年）1月11日

◇レスリング選手。父は元プロレスラーのアニマル浜口。16年アテネ五輪は日本選手団の旗手に選ばれるなど金メダルを期待されていたが、銅メダルに終わる。20年3月アジア選手権で優勝し、北京五輪代表入り。五輪本番では、準決勝で王嬌（中国）に敗れたが、3位決定戦を制し、2大会連続銅メダルを獲得。24年8月のロンドン五輪は2回戦敗退

『娘とだって闘え！ そして抱きしめろ！―世界最強親子、20年の軌跡』　アニマル浜口著, 宮﨑俊哉構成　マガジンハウス　2013.3　221p　19cm　1300円　Ⓘ978-4-8387-2524-3

内容 本音で語れ！叱れ！ 絆はそうして生まれるんだ！「気合と笑いのコラボレーション」で世界一を目指した奇跡の家族の20年の物語。

『娘にもらった金メダル』　アニマル浜口著　ゴマブックス　2004.9　247p　19cm　1400円　Ⓘ4-7771-0063-4

内容 浜口親子の格闘、激闘、苦闘、力闘…レスリング子育てノンフィクション。

『アニマル浜口最後は勝つ！』　アニマル浜口著, イシサキ編　宝島社　2004.8　191p　19cm　1143円　Ⓘ4-7966-4244-7

目次 第1章 京子がレスリングを始めたわけ（京子がレスリングを始めるきっかけ、父親のリーダーシップ ほか）、第2章 復活（オリンピックに向けて（復活）、アテネを前にして（負けて学ぶ）ほか）、第3章 指導者として（指導者として、「陰」と「陽」ほか）、第4章 自分の親のことなど（自分のルーツ、小学校三〜四年の頃（浜田で）ほか）

## 《藤本 英男》　ふじもと・ひでお

�生昭和19年（1944年）6月24日

◇元・レスリング選手。昭和43年メキシコ五輪で銀メダルを獲得。47年ミュンヘン五輪4位入賞。63年ソウル五輪のレスリング監督も務めた

『レスリング―勝つためのトレーニング』
藤本英男, 柳川益美著　講談社　1990.9　189p　21cm　（講談社スポーツシリーズ）　1850円　Ⓘ4-06-141501-8

目次 1 チャンピオンはこうして生まれた, 2 自分の能力を知ろう, 3 トレーニング計画の立て方, 4 いよいよトレーニング開始, 5 失敗しないウエイトコントロール, 6 試合前のコンディション作り, 7 勝つためのワンポイントアドバイス

## 《茂木 優》　もてき・まさる

㊜昭和25（1950）年4月23日

◇レスリング選手（フリースタイル）。昭和51年モントリオール五輪82キロ級代表

『栄光のためだけでなく―レスリングに導かれ』　茂木優［著], 秋田魁新報社編　秋田　秋田魁新報社　2014.4　143p　18cm　（さきがけ新書―シリーズ時代を語る）〈年譜あり〉　800円　Ⓘ978-4-87020-350-1

オリンピックの本3000冊　237

レスリング　　　　オリンピック夏季競技

《山本 郁栄》 やまもと・いくえい

㊍昭和20年（1945年）2月17日

◇元・レスリング選手。昭和44年、45年レスリング・グレコローマンスタイル全日本選手権57キロ級優勝、47年ミュンヘン五輪7位。娘・美憂、聖子、長男・徳郁（のち格闘家・山本 "KID" 徳郁に）にレスリングを指導。平成18年NPO法人・日本スポーツネットワークを設立し、理事長に就任、スポーツの普及発展に力を注ぐ

『娘とわたし』　山本郁栄著　清水書院
　1996.7　197p　20cm〈山本美憂の肖像あり〉　1500円　①4-389-50020-1
　内容 マットに賭けた夢。無念のミュンヘンオリンピックから24年。美憂とわたしが「世界」というマットをめざした日々。

《山本 美憂》 やまもと・みゆう

㊍昭和49年（1974年）8月4日

◇格闘家、元・レスリング選手。元オリンピック選手の父・山本郁栄のもとで、小学2年生からレスリングを始める。平成3年世界選手権に初出場し、47キロ級で史上最年少チャンピオンとなる。16年ジャパンクイーンズ杯準決勝で敗れ、アテネ五輪代表を逃したのを機に現役引退。23年48キロ級でのロンドン五輪出場を目指し3度目の現役復帰。7年ぶりの復帰戦となった10月の全日本女子オープン選手権で優勝するが、12月の全日本選手権は2回戦敗退でロンドン五輪代表の座を逃す。現在は格闘家として活動。弟の山本 "KID" 徳郁はプロ格闘家、妹の山本聖子、長男の山本アーセンもレスリング選手

『娘とわたし』　山本郁栄著　清水書院
　1996.7　197p　20cm〈山本美憂の肖像あり〉　1500円　①4-389-50020-1
　内容 マットに賭けた夢。無念のミュンヘンオリンピックから24年。美憂とわたしが「世界」というマットをめざした日々。

『ミュウーマットに舞う可憐なファイター』
　四位実撮影　中教出版　1991.10　1冊（頁付なし）　31cm〈解説：山本郁栄〉2500円　①4-483-00147-7
　内容 17才。第3回女子レスリング世界選手権大会優勝。山本美憂写真集。

《吉田 沙保里》 よしだ・さおり

㊍昭和57年（1982年）10月25日

◇レスリング選手。父・吉田栄勝はレスリングの元全日本選手権チャンピオン。13年中京女子大（現・至学館大）に進学し、栄和人監督の下、才能が開花。16年五輪初出場のアテネ五輪で金メダル。20年8月北京五輪では、男子を含め日本レスリング界で40年ぶりの連覇を果たした。24年5月W杯国別対抗戦決勝でロシアのジョロボワに敗れ、公式戦連勝記録が58で止まった。吉田の敗北は連勝が119で止まった20年1月のW杯以来。8月のロンドン五輪では日本選手団の旗手を務め、五輪3連覇を達成。9月世界選手権を制し、五輪を含む世界大会で前人未到の13連覇を果たす。28年8月リオデジャネイロ五輪では女子選手として初めて日本選手団の主将を務め、4連覇も期待されたが、決勝でヘレン・マルーリス（米国）に敗れ、銀メダルに終わる。五輪後、選手を続けながら、レスリング女子日本代表のコーチを兼任

『まんがNHKアスリートの魂─進化する技と心 レスリング吉田沙保里 ラグビー五郎丸歩 体操白井健三』　山田幸雄スポーツ監修,上地優歩,海野そら太,高岩ヨシヒロまんが　学研プラス　2017.6　175p　21cm　1200円　①978-4-05-204619-3

『泣かないで、沙保里─負けても克つ子の育て方』　吉田幸代著　小学館　2017.4　191p　19cm　1300円　①978-4-09-388534-8
　内容 「霊長類最強女子」吉田沙保里を支えた母の知られざる激闘の記録。

『なぜ日本の女子レスリングは強くなったのか─吉田沙保里と伊調馨』　布施鋼治著　双葉社　2017.3　303p　19cm〈文献あり〉　1500円　①978-4-575-31233-1
　内容 オリンピック4大会で金11、銀3、銅2のメダルを獲得。ふたりのメダリストから見えた、その躍進の真実。

『吉田沙保里と伊調馨を育てた至学館「前田食堂」のやり抜く力をつける食習慣』
前田寿美枝著　宝島社　2017.3　197p　19cm〈文献あり〉　1300円　①978-4-8002-6640-8
　内容 世界を舞台に成績を残せる選手は、何をどのように食べているのか。食事はどのように選手の心と体を変えていけるのか。長

238

年、選手の食事を作る寮母が、選手の「食」
を秘話とともに明かす！

『強く、潔く。―夢を実現するために私が
続けていること』 吉田沙保里著
KADOKAWA 2016.8 190p 19cm
1300円 ①978-4-04-601629-4
内容 わたしも変わることができたのだから、
「変われる強さ」はきっと誰にでもある。最
愛の父の死を乗り越え、前人未到の記録を
打ち立て続ける「強さ」の源はどこにある
のか？「努力」「根性」では語りきれない思
い―。レスリング選手として、一人の女性
として、これが吉田沙保里の生き方。

『トップアスリートたちの視力矯正―吉田
沙保里選手の目のヒミツ 北京・ロンド
ン・リオそして東京2020』 三井石根
著 幻冬舎メディアコンサルティング
2016.8 230p 19cm〈発売：幻冬舎〉
1200円 ①978-4-344-99373-0
内容 今、現役のアスリート達の間で、ある視
力回復治療が流行っている。その名も『オ
サート』。寝ている間にコンタクトレンズを
入れるだけで視力の回復が見込めるこの治
療法は、今まで数多くのアスリート達の目
を支えてきた。そんなオサート治療の第一
人者である著者が、治療の方法を徹底的に
解説。さらに、過去のアスリート達の実例
も紹介する、視力回復の最先端の情報が満
載の一冊!!

『迷わない力―霊長類最強女子の考え方』
吉田沙保里著 プレジデント社 2016.8
141p 19cm〈表紙のタイトル：I don't
hesitate〉 1300円 ①978-4-8334-
2184-3
内容 勝ち続けるために何をすべきか？「国民
栄誉賞アスリート」に、“身近な悩み”を聞
いてみた！

『”最強”の結果を生み出す「負けない心」
の作り方―これで「レスリング女子」を
世界一に導いた』 栄和人著
KADOKAWA 2016.6 206p 19cm
1400円 ①978-4-04-601506-8
内容 7つの金メダルが教えてくれた一流のメ
ンタルタフネス。一流を超え「世界一」に
なる人たちは何を鍛え続けているのか！

『明日へのタックル！』 吉田沙保里著
集英社 2015.1 189p 19cm 1200円

①978-4-08-780748-6
内容 オリンピック3連覇！ 世界大会15連覇！
なぜこんなに強いのか？ どうして負けない
のか？ レスリングにかけた “勝負師” として
の生き方と、家族や仲間への熱い思いを初
めて明かす！ 読んだ人まで強くなる！「最
強女王が贈る人生を勝ち抜くメッセージ」

『吉田沙保里強さのキセキ』 長南武著
泰文堂 2013.3 252p 19cm
（AZUSA BOOKS）〈文献あり〉 1400
円 ①978-4-8030-0459-5
内容 最強女王を追った足掛け5年の取材がこ
こに。「情熱大陸」MBS、「グラジオラスの
轍」フジテレビなど、スポーツドキュメン
ト番組を作り続ける著者が女王の強さの秘
密に迫る。

『吉田沙保里119連勝の方程式』 布施鋼治
著 新潮社 2008.7 221p 20cm
1400円 ①978-4-10-308061-9
内容 たった一度の敗北から、“無敵女王”はい
かにして復活したのか？ 不世出の天才女子
レスラーの北京への軌跡を追う、感動のス
ポーツ・ノンフィクション。

《渡辺 長武》 わたなべ・おさむ
�生昭和15年（1940年）10月21日

◇元・レスリング選手（フリースタイル）。レ
スリング・フリースタイルのフェザー級の選
手として活躍。中大4年の昭和37年全米選手
権に特別参加して全6試合にフォール勝ち。
あまりの強さと技の正確さに、米メディア
に “ワイルド・アニマル”“スイス・ウォッ
チ” と形容された。39年の東京五輪では3回
戦まで連続フォール勝ち、以降は組んでこな
い相手を判定で退け、全6試合で1ポイント
も失わない完全優勝で金メダルを獲得、“ア
ニマル渡辺” の異名で世界を恐れさせた。
51年モントリオール五輪日本代表チームを臨
時コーチとして指導。ソウル五輪を目指し
てトレーニングを再開、62年の全日本社会
人選手権に出場したが、3回戦で無名選手に
敗れ、公式戦連勝記録が189で止まる。翌63
年189連勝がギネスブックに認定された

『挑戦とは勝つためだ―栄光・挫折・再挑
戦アニマル渡辺不屈のタックル人生』
渡辺長武著 池田書店 1988.7 222p
19cm〈年譜―渡辺長武今日までの足跡：
p214～222〉 1000円 ①4-262-14683-9

目次 序 敗れて悔いなし―ソウル五輪予選, 黎明 ケンカから格闘技へ, 飛翔 世界のアニマルへ大いなる前進, 前夜 オリンピックへ導いた二人の恩師, 栄光 金メダル。人生最良の日, 引退 ビジネスマンとしての旅立ち, 挫折 絶望の淵で, 再起 ソウルへ、膨らむ夢, 復活 再び勝利を信じて, 年譜 渡辺長武、今日までの足跡

## セーリング

◆ヨットに乗って、海面に設置されたブイを決まった順序と回数で回り、フィニッシュラインまでの着順を競う。レースは全員がいっせいにスタート。着順が早いほど低い点数となり、全レースの合計得点が低いほうから順位をつける。男子の種目は、RS：x級（ヨットではなく、ウインドサーフィンボードを使用）、470級〈2人〉、49er級〈2人〉、レーザー級、フィン級。女子は、RS：x級、470級〈2人〉、49erFX級〈2人〉、レーザーラジアル級。また、男女2人で行うナクラ17級もある

**『ケース・ブック―セーリング競技規則の解釈　2013–2016』**　国際セーリング連盟編纂, 日本セーリング連盟ルール委員会訳　舵社　2013.12　231p　21cm　2000円　①978-4-8072-1047-3

**『ヨット百科―セーリングと艤装のすべて』**　高槻和宏著　舵社　2013.3　184p　30cm　2200円　①978-4-8072-1046-6

内容 ヨット、モーターボートの専門誌『Kazi』の人気連載を単行本化。ヨットの力学、構造から、艤装、ロープワークまで、シーマンシップが詰まった、完全保存版『ヨット百科』。

**『国際セーリング連盟ケース・ブック 2005–2008』**　国際セーリング連盟編纂, 日本セーリング連盟ルール委員会訳・監修　舵社　2006.8　195p　21cm　2000円　①4-8072-1039-4

内容 このケース・ブック2005‐2008は、これまでに公表したすべてのケースを完全に見直し、さらに2001年以降のISAF評議会で採択された6つの新しいケースを含めている。

**『国際セーリング競技規則の解説―1997–2000年』**　デイヴ・ペリー著, 石井正行, 種田一郎共訳　成山堂出版　1998.9　247p　21cm　3400円　①4-425-95311-8

内容 1997年に改訂された国際セーリング競技規則。セーリング・ルールの最高権威デイヴ・ペリーがすべてのセーラーの規則理解のために鋭意執筆した「UNDERSTANDING THE RACING RULES OF SAILING THROUGH 2000」を日本のトップジャッジ2人が翻訳。現行ルールを最新の形で盛込むと同時に、多数の図面と会話形式でわかりやすく解説。セーリング関係者必読の一冊。

**『国際ヨット競技連盟判例集　1993–1996』**　IYRU編纂, 穂積八洲雄訳　舵社　1994.12　206p　21cm〈監修：日本ヨット協会ルール委員会 発売：舵エンタープライズ〉　2000円　①4-8072-1028-9

内容 国際ヨット競技連盟（IYRU）が発行している判例集の日本語版。第1部では1993～96年のIYRU規則ごとに判例の要約をまとめ、第2部ではそれぞれの判例をさらに詳しく解説してある。条文だけ読んでもなかなか頭に入らないルールも、具体的なケースに則して学べば理解度倍増。また事例別の索引もついているので、ルールの参考書のように使える。ヨットレースを有利に戦うために欠かせない一冊。

**『国際ヨット競技連盟判例集』**　IYRU編纂, 穂積八洲雄訳　舵社　1987.8　254p　21cm〈監修：日本ヨット協会 発売：天然社〉　1800円　①4-8072-1015-7

### 《小松 一憲》　こまつ・かずのり

㊐昭和23年（1948年）4月9日

◇元・ヨット選手（ソリング級）。昭和51年モントリオール五輪10位、52年世界選手権2位、53年モスクワ・プレ五輪優勝。62年～平成元年全日本選手権ソリング級3連覇。また、昭和63年ソウル五輪、平成4年バルセロナ五輪、8年アトランタ五輪にも出場。12年シドニー五輪、16年アテネ五輪では日本監督を務めた

**『挑戦そして帰還―Whitbread round the world race 1993–94 「海のパリ・**

ダカ」32,000マイル小松一憲、46歳の航跡』　豊崎謙文　マガジンハウス　1994.8　206p　22cm〈小松一憲の肖像あり〉　2000円　①4-8387-0595-6

内容　それは、日本人のセイラーがこれまで誰一人経験したことのないおそるべき疾風と怒涛の世界だった。南氷洋では、ヨットがジェットコースターのように滑り落ちた。赤道の無風帯では、サウナ風呂のなかで眠っているようだった。ただ海の男の名誉をかけて、くりひろげられる大自然との闘い。9か月間、地球を一回りする過酷なレースのなかで彼らは、何を見、何を体験したのか。話題の世界一周ヨットレースで〈YAMAHA〉号初挑戦優勝の航跡。

『小松一憲のヨット入門―図解ハンドブック　誰でも始めたくなる3段階上達メニュー』　小松一憲著　日本交通公社出版事業局　1986.5　110p　19cm　（Do-life guide―スポーツ・シリーズ）　790円　①4-533-00630-2

《斉藤 愛子》　さいとう・あいこ

㊝昭和33年（1958年）8月8日

◇ヨット選手（ヨーロッパ級）。平成元年470級でソウル五輪代表、8年ヨーロッパ級でアトランタ五輪代表。10年バンコク・アジア大会で銀メダルを獲得

『オリンピックをやめられない』　斉藤愛子著　〔エイ〕出版社　1998.4　247p　20cm　（Yachting book）　1800円　①4-87099-150-0

内容　37歳で出場したアトランタ。いまだ現役で4度目のシドニーを目指す女性セイラーが綴るヨットにかける情熱。

## ウエイトリフティング

◆バーベルを頭上に持ち上げ、両手両足を完全に伸ばした状態で静止させることができた重量を競う。あげ方は、ゆかから一気に頭上まであげる「スナッチ」と、いったん肩の高さまであげてから次の動作で頭上にあげる「クリーン＆ジャーク」のふたつ。競技者はそれぞれ試技を3回ずつ行い、それぞれのあげ方のベスト重量の合計で順位を競う。男子は56kg級〜105kg超級（8段階）、女子は48kg級〜75kg超級（7段階）

『パワーリフティング入門』　吉田進著　体育とスポーツ出版社　1998.7　87p　26cm　1456円　①4-88458-145-8

目次　第1章 ボディビルディングとパワーリフティング，第2章 パワーリフティングの基礎トレーニング，第3章 スクワットのテクニック，第4章 ベンチプレスのテクニック，第5章 デッドリフトのテクニック，第6章 パワー3種目のトレーニング，第7章 試合に向けて，第8章 パワーリフティング用品，第9章 栄養とサプルメント，第10章 トップリフターのトレーニング法

『スポーツ辞典　第15　ウエイトリフティング』　日本放送協会編　日本放送出版協会　1964　110p　18cm

《窪田 登》　くぼた・みのる

㊝昭和5年（1930年）4月29日

◇元・重量挙げ選手。昭和35年のローマ五輪では7位。日本体育協会の筋力トレーニング講習会講師としても活躍する傍ら、昭和41年より国立競技場トレーニングセンター主任指導員を兼務

『ウェイトトレーニング』　窪田登著　改訂新版　講談社　1979.5　219p　21cm　（講談社スポーツシリーズ）　1500円

《三宅 義信》　みやけ・よしのぶ

㊝昭和14年（1939年）11月24日

◇重量挙げ選手，指導者。宮城県立大河原高（現・大河原商）2年の時からウエイト・リフティングを始め、法大を経て、自衛隊体育学校で練習。昭和35年のローマ五輪のバンタム級で銀メダルを獲得したのを皮切りに、39年の東京五輪と43年のメキシコ五輪で、フェザー級の金メダルに輝く。47年ミュンヘン五輪（4位）の後、引退。59年ロス五輪で監督を務め、平成元年日本体協のスポーツ指導者在外研修で米国留学。自衛隊体育学校副校長を経て、5年校長。9年定年退官。昭和54年〜平成13年日本ウエイトリフティング協会理事、副会長を歴任。10年日本トライアスロン連合副会長、15年同連合アテネ五輪選手強化対策本部長兼任。16年アテネ五輪代表監督。17年福島県西郷村に入金

三宅道場を開設。25年東京国際大学特命客員教授となり、26年同大ウエイトリフティング部監督に就任。29年文化功労者に選ばれる

『オリンピックに賭けた人生―ゴールドメダリストへの夢』　三宅義信著　ジアース教育新社　2001.10　415p　22cm〈肖像あり〉　3334円　①4-921124-06-X

---

## ハンドボール

◆ボールを手で扱い、相手ゴールへと投げ入れ得点を競う。1チーム7人で、その内1人がゴールキーパー。残りの6人はボールを相手側コートへ運び、ゴールに入れると得点となる。より多く得点を獲得したチームが勝利する。ボールを持つのは膝から下で3秒までで、ボールを持って歩けるのは3歩まで、等の制限があり、パスやドリブルでボールをつなぐ。試合は前半後半各30分

『ハンドボール―図解コーチ』　高野亮著　成美堂出版　1998.3　173p　16cm　600円　①4-415-00506-3
　内容 わかりやすいイラストと写真を交えて、ハンドボールの上達に必要なエッセンスをビジュアルに解説。内容的にも、基礎技術、応用フォーメーション、効果的トレーニング、ルールの基本などを説明したハンドボール技術書の決定版です。

『ハンドボール競技規則　平成5年〜8年度版』　中沢重夫編　改訂　日本ハンドボール協会　1993.4　66p　19cm　1000円　①4-931333-01-X

《宮崎 大輔》　みやざき・だいすけ
㊤昭和56年（1981年）6月6日
◇ハンドボール選手（大崎電気）。平成12年日体大に進み、同年関東学生春季リーグ得点王。15年アテネ五輪アジア予選、17年世界選手権に出場。20年1月日本リーグ通算400得点達成。同月中東寄りの不可解な判定（中東の笛）により、やり直し開催となった北京五輪アジア予選で、韓国に惨敗。6月の世界最終予選でも敗れ、五輪出場はならなかった

『ハンドボールの革命児FLY HIGH！―宮崎大輔もっと高く』　久保弘毅, スポーツイベント特別取材班著　スポーツイベント, グローバル教育出版〔発売〕2008.2　221p　19cm〈第2刷（2006年第1刷）〉　1429円　①4-901524-76-3
　内容 「もっと高く跳びたい」―。ハンドボールと出会った時から、テレビでも活躍する"スタープレーヤー"となった現在まで、宮崎大輔は、飽きることなく跳び続けている。"やんちゃ"な子供時代、恩師との出会い、スペインでの2年間、日本代表のエースとして臨んだアテネ五輪予選などなど数多くのエピソードをふんだんに盛り込み、その挑戦の歴史を追った。ファン待望の一冊。

---

## 自転車

◆自転車競技はトラック、ロードレース、マウンテンバイク、BMXの4種目に別けられる。トラックは、すり鉢状につくられた競技場内側の斜面で行われる。1周250m。男女共通で、スプリント、チームスプリント（男3人、女4人）、チームパシュート（4人）、ケイリン、オムニアムの種目ある。ロードレースは、一般の道路で行われる。「ロードレース」では坂道が多いコースを走り、着順を競う。「ロード個人タイムトライアル」では平らな道のコースを走り、タイムを競う。マウンテンバイク（クロスカントリー）は、1周4〜6kmの舗装されていない周回路を使い着順を競う。BMX（レース）は、車輪の直径が小さい自転車BMXに乗り、カーブやアップダウン、ジャンプ台などが設けられたコースを走って着順を競う。また、2020年東京大会ではトラック種目でマディソンが、BMX種目でフリースタイルの追加が決定している

『栗村修の100倍楽しむ！　サイクルロードレース観戦術』　栗村修著　洋泉社　2013.6　191p　21cm　1600円　①978-4-8003-0122-2
　内容 基本ルール、紳士協定から注目選手紹介、レースの裏側まで。見ているだけではわからない、自転車レースをまるごと味わいつくす本！

オリンピック夏季競技　　　　　　　**自転車**

『**スポーツ・サイクリング―図解コーチ**』
田辺達介著　成美堂出版　1989.5　173p
16cm　520円　①4-415-00400-8
内容 本書は、最近の自転車状況を考慮して、
「自転車をより楽しく遊ぶために」を基本
にすえて、ハード面として自転車メカニズ
ム、ソフトとしてのさまざまなプレイ・メ
ニューを紹介してみました。

『**自転車トライアスロン―やさしいロード
レーサー**』　成美堂出版　1988.10
129p　29cm〈企画編集：オフィス・エ
ヌ〉　980円　①4-415-03476-4
内容 本書は、トライアスリートや自転車に
乗り始めた人たちのために、いまなにが必
要かを考えた。その議論の集約が、副題の
「やさしいロードレーサー」だった。ロード
レースとトライアスロン―このふたつにス
ポットを当てながら、もっとも重要な道具、
ロードレーサーを多方面から解説していく。

『**ロードレーサー入門―図解ハンドブック
基本テクニックからチューンナップま
で**』　日本交通公社出版事業局　1988.1
110p　19cm　（Do-life guide―スポー
ツ・シリーズ 320）〈監修：宮田工業株
式会社〉　790円　①4-533-00919-0
目次 ロードレーサーの魅力、各パーツの名称、
パーツアッセンブル、レース&テクニック、
トレーニング&ウエア、メンテナンス、規格
表、全国ショップリスト、自転車協会連絡先

《**アームストロング, ランス**》
㊝1971年9月18日
◇米国の元・自転車選手。1992年プロの自転
車選手に転向。'96年7月のアトランタ五輪
は12位。10月進行性の睾丸がんと診断され、
闘病生活に入る。2000年シドニー五輪個人
ロードタイムトライアルで銅メダルを獲
得。2004年アテネ五輪代表に選ばれるが、
出場を辞退。その後、ドーピング違反で国
際自転車連合（UCI）から永久資格停止処分
を受け、1998年8月以降の全成績を抹消され
る。2013年1月には国際オリンピック委員
会（IOC）がシドニー五輪個人ロードタイム
トライアルの銅メダルを剥奪措置を取った

『**偽りのサイクル―堕ちた英雄ランス・
アームストロング**』　ジュリエット・マ
カー著, 児島修訳　洋泉社　2014.6
487, 7p　19cm〈文献あり 索引あり〉

2400円　①978-4-8003-0204-5
内容 ツール・ド・フランス七連覇、不世出の
英雄の真実の姿が暴かれた！

『**毎秒が生きるチャンス！**』　ランス・
アームストロング, サリー・ジェンキン
ス著, 曽田和子訳　学習研究社　2004.10
311p　20cm　（Nourish books）　1800
円　①4-05-402496-3
内容 最も過酷なスポーツとも呼ばれる世界最
高峰の自転車レース、「ツール・ド・フラン
ス」で、2004年、前人未到の6連覇を成し遂
げた、ランス・アームストロング。本書は、
2000年から2003年まで、彼が癌と闘い抜き
挑戦し続けた4年間のレースと、彼をささえ
た家族と仲間との感動の記録である。

《**インデュライン, ミゲル**》
㊝1964年7月16日
◇スペインの元・自転車選手。18歳でスペイ
ン・アマ選手権を制し、1984年ロス五輪に
出場。'96年アトランタ五輪に出場し、ロー
ドタイムトライアルで金メダル。'97年1月
引退

『**ミゲル・インデュライン**』　クリスティ
アン・ラボルド著, 三田文英訳　未知谷
1996.6　307, 5p　20cm〈ミゲル・イン
デュラインの肖像あり　巻末：略年譜〉
2575円　①4-915841-43-X

《**三浦 恭資**》　みうら・きょうし
㊝昭和36年（1961年）1月9日
◇自転車選手（MTB）。中学の時、モントリ
オール五輪の自転車レースを見たのをきっ
かけに自転車競技の道へ。63年ソウル五輪
代表。平成8年アトランタ五輪クロスカント
リー26位

『**三浦恭資の必勝！　自転車ロードレース―
プロレーサー・ミウラが初めて語るレー
ス必勝法**』　三浦恭資著　アテネ書房
1993.4　179p　21cm〈著者の肖像あり〉
1545円　①4-87152-182-6
目次 現在のロードレース状況、世界との差、
強い選手になるには、三浦恭資プロ・ストー
リー、ロードレース実況中継、トップライ
ダーの実力を分析する、今後の課題を考える

オリンピックの本3000冊　243

## 卓球

◆中央にネットを張った卓球台をはさんで立ち、ラバー（ゴム）付きのラケットでボールを打ち合う競技。相手がレシーブやサーブのミスをすると1点となり、11点先取でゲームを獲得。7ゲーム行い、4ゲーム先取した選手が勝利する。男女ともにシングルス、ダブルス、団体〈3人〉が行われる。シングルスは4ゲーム先取、団体は3ゲーム先取したほうが勝ち。また、団体はシングルス2試合→ダブルス1試合→シングルス2試合の順で戦い3試合先取したチームが勝ち。団体戦のそれぞれの試合は5ゲーム戦で3ゲーム先取で勝利

『日本卓球は中国に打ち勝つ』　宮崎義仁著　祥伝社　2018.10　201p　18cm　（祥伝社新書）　820円　①978-4-396-11549-4
内容 近年、卓球日本代表選手の活躍が目ざましい。15年にわたって続けてきた幼・少年時からの育成プログラムが実を結びつつあるからだ。中国のように圧倒的な競技人口の中で生き残ってきた「技術の達人たち」に打ち勝つには、技術以外の力が必要だ。知力、集中力、自立心、総合的な人間力といったものこそ、幼少から鍛えなくてはならない。強化のキーマンがその対抗策をはじめて明かす。

『魅せられて、卓球―夢に向かいて半世紀』　近藤欽司著　卓球王国　2018.8　271p　20cm　1700円　①978-4-901638-52-4
内容 北京五輪・日本女子チーム監督、インターハイ団体8回優勝、名将・近藤欽司の集大成。戦型別の戦術練習、全国大会に導くチームマネジメント、選手を変える「魔法の言葉」まで、指導者人生のエッセンスを語り尽くした必読の一冊。

『卓球 福原・石川・伊藤・水谷・丹羽・吉村』　本郷陽二編　汐文社　2017.1　156p　20cm　（チームでつかんだ栄光のメダル）〈文献あり〉　1500円　①978-4-8113-2344-2
目次 第1章 女子団体戦で銅メダルをとった！（大きなプレッシャーを背負って、もっとも過酷な、頭脳とスピードの競技 ほか）、第2章 日本中の人気を集めた3人の女子代表（卓球の天才少女・福原愛選手、日本中が注目した女の子 ほか）、第3章 闘志を燃やす3人の男子代表（日本男子のエース・水谷隼選手、自分自身を信じて戦い抜く ほか）、第4章 メダルへの道・シングルスの戦い（いよいよ始まる熱戦、男子シングルスが始まる ほか）、第5章 男子は団体戦で銀メダル（男子団体戦の幕開け、調子を上げる男子日本チーム ほか）

『卓球まるごと用語事典―知っておきたい卓球ワード600』　藤井基男著　卓球王国　2007.10　223p　19cm　（卓球王国ブックス）　1300円　①978-4-901638-26-5

『図解コーチ卓球―ビジュアル版』　佐藤真二監修　成美堂出版　2005.7　191p　16cm　740円　①4-415-02975-2
内容 距離・コース別に打ち分ける！ フォアハンド、バックハンドのスイングをわかりやすく紹介。サービス・スマッシュ・ロビング・ツッツキ・ドライブ・フットワークなど、勝つためのテクニックを解説。サービスのタイミングを変える、レシーブの位置を変える、試合に変化をつける戦法も収録。

『基本がわかるスポーツルール卓球・バドミントン―イラスト版』　中村啓子著　汐文社　2005.3　63p　22cm　1500円　①4-8113-7905-5
目次 卓球（卓球の基本的なプレー、卓球のコートと用具、試合の勝敗、サービスのルール ほか）、バドミントン（バドミントンの基本的なプレー、バドミントンのコートと用具、試合の勝敗、サービス ほか）

『卓球―オリンピックのスーパープレーでうまくなる！』　前原正浩監修　ポプラ社　2005.2　159p　21cm　（めざせ！スーパースター 5）　1200円　①4-591-08523-6
内容 本書では、初めて卓球に挑戦するみなさんに向けて、アテネ大会で活躍したスーパースターを紹介しながら、彼らのような一流選手になるための第一歩としてどのように練習したらよいかを基礎からお伝えしています。「ここに注意！」では、とくに気をつけなければいけないことをくわしく解説しました。また、「オリンピックコラム」ではオリンピックでの卓球の歴史や歴代スターの物語を学ぶことができます。

『卓球ルール早わかり』　大野寿一監修
卓球王国　2002.11　129p　19cm　（卓球王国ブックス）　800円　①4-901638-04-1
内容 これから卓球を始める人、卓球を始めたがルールがイマイチわからない人、公認審判員を志す人、そして、すでに公認審判員の資格を持っている方も必携のルールブック。イラスト満載で見やすく、いろいろな試合のケースでの対処法をわかりやすく解説。また、卓球用語、ルールの変遷など、幅広い知識が身につくページも充実。これ一冊でアナタも卓球ルール通になれる。

『卓球世界の技』　高島規郎監修・解説
卓球王国　2002.8　175p　26cm　1700円　①4-901638-03-3
内容 卓球の世界では、近年、ボールが38mmボールから40mmボールに変わり、同時に用具がめざましく発展してきている。本書の連続写真を見て、感じ取ってほしいのは、従来の基本技術、戦術というものは日々進化しているということ。特に新しいボールに変わり、今まで以上に体力を必要としたテクニックと戦術が求められている。これらの世界のトップ選手のハイレベルなプレーに刺激を受けて、自分の卓球スタイルをどう変えていくべきかを感じてほしい。

『スポーツが世界をつなぐ―いま卓球が元気』　荻村伊智朗著　岩波書店　1993.7　199p　18cm　（岩波ジュニア新書）　600円　①4-00-500226-9
内容 オリンピック種目になった卓球。明るいイメージで、いま人気はうなぎのぼり。国際卓球連盟会長として世界をかけめぐる毎日。'91年世界選手権での統一コリアチーム結成、毎年の東アジア子ども大会の開催など、国家や政治、宗教の枠をこえた爽やかな交流はひろがる。スポーツはこんなに楽しく元気だ。

『卓球競技を見るための本』　荻村伊智朗著
同文書院　1982.10　239p　19cm　（スポーツの見どころシリーズ）　1200円

『スポーツ辞典　第4　テニス・卓球競技』
日本放送協会編　日本放送出版協会　1958　181p　18cm

## 《伊藤 美誠》　いとう・みま

㊓平成12年（2000年）10月21日

◇卓球選手。平成23年10歳の時に全日本選手権シングルスで白星を挙げ、福原愛の最年少勝利記録を更新。28年1月全日本選手権シングルス3位。3月世界選手権（クアラルンプール）団体で銀メダル獲得に貢献。4月大阪・昇陽高に進学。8月リオデジャネイロ五輪には団体メンバーとして出場し、銅メダル獲得に貢献。15歳300日の若さで五輪史上最年少のメダリストとなった

『平野美宇と伊藤美誠―がんばれ！ ピンポンガールズ』　城島充著　講談社
2018.1　188p　20cm　（世の中への扉）〈文献あり 年表あり〉　1200円　①978-4-06-287031-3
内容 めざせ！東京オリンピック。アジアチャンピオンの平野美宇、五輪メダリストの伊藤美誠。いまもっとも注目をあびるアスリートのすべてを1冊に。小学上級から。

## 《平野 早矢香》　ひらの・さやか

㊓昭和60年（1985年）3月24日

◇卓球選手。平成15年大阪のミキハウスに入社。16年1月、全日本選手権シングルスで3連覇を狙っていた梅村礼をフルセットの末破り、決勝では大学生の藤井寛子を退けて初優勝。史上3人目の10代の女王となったが、海外での実績がなく、アテネ五輪代表に選出されなかった。20年初の五輪となった北京五輪で女子代表の主将を務める。福岡春菜、福原愛と3人で臨んだ団体戦は、1次リーグで敗れるも、敗者復活トーナメントを2度勝ち上がり、3位決定戦に進出。最後は韓国に敗れ4位に終わった。個人戦は3回戦敗退。24年8月ロンドン五輪は石川、福原とともに臨んだ団体で日本卓球史上初の五輪メダルとなる銀メダルを獲得した。28年引退

『卓球メンタル強化メソッド―五輪メダリストが教える試合に勝つメンタルのつくり方』　平野早矢香著　実業之日本社
2018.6　191p　19cm　（パーフェクトレッスンブック）　1400円　①978-4-408-33737-1
内容 毎日の意識の積み重ねでメンタル力の差が出る！ どんな時も「自分を受け入れる」覚悟があれば不安が減り、メンタルを強くもてます！ 弱かった自分を強く変えた平野流メンタルコントロール術。

『卓球の鬼と呼ばれて。』　平野早矢香著

卓球　　　　　　　　　　　　　　オリンピック夏季競技

卓球王国　2017.9　229p　21cm〈年譜
あり〉　1700円　①978-4-901638-51-7

### 《平野 美宇》　ひらの・みう
㊝平成12年（2000年）4月14日
◇卓球選手。平成16年全日本選手権バンビの
部（小学2年以下）に4歳2ケ月で最年少出場
し、小学1年の19年に優勝。小学2年の21年、
同選手権ジュニアの部に出場、福原愛の最
年少勝利記録10歳を塗り替える8歳で、17歳
の高校生に勝利した。28年全日本選手権準
優勝。リオデジャネイロ五輪は補欠。同年
10月、16歳で出場した女子W杯で日本人選
手として初優勝を果たす。16歳での優勝は
史上最年少

『平野美宇と伊藤美誠—がんばれ！ ピンポ
ンガールズ』　城島充著　講談社
2018.1　188p　20cm　（世の中への扉）
〈文献あり 年表あり〉　1200円　①978-
4-06-287031-3
内容　めざせ！東京オリンピック。アジアチャ
ンピオンの平野美宇、五輪メダリストの伊藤
美誠。いまもっとも注目をあびるアスリー
トのすべてを1冊に。小学上級から。

『美宇は、みう。—夢を育て自立を促す子
育て日記』　平野真理子著　健康ジャー
ナル社　2017.6　202p　19cm〈年譜あ
り〉　1400円　①978-4-907838-86-7
内容　2017世界卓球選手権ドイツ大会女子シ
ングルス48年ぶりメダル獲得!!平野美宇は
こうして育った。花まる学習会代表・高濱
正伸氏×著者対談「これからの生きる力、家
族の形」収録!!

### 《福原 愛》　ふくはら・あい
㊝昭和63年（1988年）11月1日
◇卓球選手。平成5年全日本選手権バンビの
部（小学2年以下）でベスト16に進出したほ
か、宮城小学生選手権大会の同クラスで優
勝し、“天才卓球少女”として話題に。11年
3月、当時日本スポーツ界最年少の10歳4ケ
月19日で日本女子初のプロ選手として登録。
同年全日本選手権一般シングルスに初出場
し、史上最年少勝利を収めた。16年青森山
田高に進学。同年は全日本選手権ダブルス
で小西と組み、2連覇、シングルスジュニア
の部3連覇。8月日本卓球史上最年少の15歳
でアテネ五輪に出場し、シングルスベスト

16（4回戦敗退）。20年8月の北京五輪では、
日本選手団の旗手を務める。団体戦は、1次
リーグで敗れるも、敗者復活トーナメント
を2度勝ち上がり、3位決定戦に進出。最後
は韓国に敗れ4位に終わった。個人戦はただ
一人4回戦に進んだが、アテネ五輪金メダリ
ストで世界ランキング1位の張怡寧（中国）
に敗れ、ベスト8入りはならなかった。24年
8月のロンドン五輪はシングルス5位、石川、
平野と臨んだ団体で日本卓球史上初の五輪
メダルとなる銀メダルを獲得した。五輪後、
右肘を手術。28年8月リオデジャネイロ五輪
はシングルスで自己最高の4位に入賞。団体
では2大会連続のメダルとなる銅メダルを獲
得した。30年10月現役引退を発表

『愛は負けない—福原愛選手ストーリー』
生島淳文　学習研究社　2007.10　164p
22cm　（スポーツノンフィクション）
1200円　①978-4-05-202428-3
内容　3歳9カ月でラケットを握り、4歳で全国デ
ビュー。7歳で初の国際大会に出場して「天
才卓球少女、あらわる！」とマスコミの注
目を浴びた福原愛選手。“卓球の愛ちゃん”
は、本当に天才なのだろうか？卓球ととも
に歩んできたひとりの少女がオリンピック
出場の夢をつかむまでの日々を振り返る。

『福原愛物語』　　本郷陽二編　汐文社
2005.11　149p　22cm　（スポーツの
ニューヒロイン 2）　1500円　①4-8113-
8025-8
目次　第1章 誕生、そして卓球との出会い（福
原家に長女「愛」誕生、ひらがなの読み書き
を2歳でマスター ほか）、第2章 “天才少女”
現る（小学校へ入学、3年生対6年生 ほか）、
第3章 仙台から大阪、青森へ（国内初の女子
プロ卓球選手になる、「世界」という舞台に
デビュー ほか）、第4章 世界からも注目さ
れる選手（年齢の壁を越えた活躍、世界から
注目を浴びる ほか）、第5章 卓球王国、中国
での挑戦（気持ちを新たにして、中国のスー
パーリーグへ、記録塗り替えならず ほか）

『愛は天才じゃない—母が語る福原家の子
育てって？』　生島淳著　三起商行
2005.1　191p　20cm〈肖像あり 年譜
あり〉　1400円　①4-89588-812-6
内容　子育て奮闘中のお母さん、お父さんへ。
日本のお母さんらしい子育ての姿が見えて
くる！子どもと一緒に楽しむヒントがいっ
ぱい。

オリンピック夏季競技　　馬術

『愛ちゃんの、あ。』　福原千代著　リイド
社　1997.10　221p　21cm　1429円
①4-8458-1493-5
内容 娘が天才卓球少女と呼ばれるまで。愛
ちゃんの「あ」から始まり、1歳にしてひら
がなを覚え3歳で卓球のラケットを握った愛
ちゃん。母・千代さんの語る、スポーツ教
育の原点。

《水谷 隼》　みずたに・じゅん
㊉平成1年（1989年）6月9日
◇卓球選手。日本卓球協会、日本オリンピッ
ク委員会、所属学校の支援のもと、英才教
育プロジェクトで、平成15年14歳でドイツ
に派遣され、デュッセルドルフを拠点に日
本卓球協会ナショナルチーム強化スタッフ
のマリオ・アミジッチの指導を受ける。20
年4月明大に進学。8月初の五輪となった北
京五輪では、岸川、韓陽と3人で団体戦に
出場、準決勝進出の原動力となるも、ドイ
ツに惜敗し5位。個人戦は3回戦で敗退。24
年8月ロンドン五輪シングルスは4回戦敗退
（ベスト16）、団体5位。28年1月8月リオデ
ジャネイロ五輪はシングルスで男女通じて
日本人初のメダルとなる銅メダルを獲得。
団体では決勝で中国に敗れたものの銀メダル
を獲得し、同種目初のメダルに貢献した

『卓球王水谷隼の勝利の法則―試合で勝つ
ための99の約束事』　水谷隼著　卓球王
国　2015.2　203p　21cm〈年譜あり〉
1700円　①978-4-901638-47-0
内容 なぜこの男は勝者であり続けるのか。熾
烈な日本男子卓球界で勝ち抜き、世界の頂
点に近づくアスリートの勝負の哲学。技術
写真を含めた「勝利の法則」

## 馬術

◆動物を扱う唯一のオリンピック競技であ
り、男女混合で行われる。動きの美しさ
や正確さ、走ったり跳んだりする能力を
競う。馬場馬術、障害飛越、総合馬術の3
種目からなり、それぞれ個人・団体戦があ
る。「馬場馬術」はステップを踏む、図形
を描くなどの演技をする。「障害飛越（障
害馬術）」では、場内に設置されたさまざ
まな色や形の障害を飛び越えながら走る。

「総合馬術」は自然に近い起伏のあるコー
スを走る「クロスカントリー」を前記2種
目に加えた計3種目を3日間かけて行う

『イラストでわかるスタンダード馬場馬術
―運動の基本・問題とその解決・競技の
テクニック』　JANE WALLACE,
JUDY HARVEY,MICHAEL STEVENS
著, 北原広之, 宮田朋典監訳, 二宮千寿子
訳　緑書房　2017.11　72p　26cm
2800円　①978-4-89531-317-9
目次 第1章 運動の基本（ハンドリングと調教、
リラックスさせる、バランス ほか）、第2章
馬場馬術における問題とその解決（緊張し
ている、興奮しやすい、前進気勢に欠けてい
る、怠惰な馬 ほか）、第3章 馬場馬術競技の
テクニック（競技会のためのトレーニング、
課題、準備、競技の経路を覚える、歩法と歩
幅 ほか）

『イラストでわかる障害馬術の基本―障害
飛越のテクニックと問題行動への対処』
JANE WALLACE,PERRY WOOD著,
土屋毅明, 宮田朋典監訳, 田村明子訳　緑
書房　2016.4　72p　26cm　2800円
①978-4-89531-263-9
目次 第1章 障害馬術と飛越のテクニック（馬
具・服装、馬の飛越テクニック、ライダーの
姿勢 ほか）、第2章 障害馬術で起こる問題
とその解決（競技馬場に入らない、怯える/
驚く、第1障害での拒止 ほか）、第3章 問題
行動とその対処（騎乗（上馬）を嫌がる、後
肢を蹴り上げる（尻跳ねする）、立ち上がる
ほか）

『イラストでわかるホースコミュニケー
ション―ウィスパリングとハンドリング
と安全に騎乗するための秘訣』
PERRY WOOD著, 宮田朋典監訳, 田村
明子訳　緑書房　2014.12　72p　26cm
2800円　①978-4-89531-206-6
目次 第1章 実践ホースウィスパリング（ホー
スウィスパリングとは？、ホースウィスパ
リングの準備、ラウンドペン（丸馬場）とそ
の代替手段 ほか）、第2章 馬のハンドリン
グ（基本原則、曳き馬、放牧場で馬を捕まえ
る ほか）、第3章 安全な騎乗のために（馬の
性質を理解する、基本的な乗馬のスキル、曳
き馬 ほか）

『総合馬術競技―トレーニングおよび競技』

オリンピックの本3000冊　247

パトリック・ガルウ著, 後藤浩二朗監修, 吉川晶造訳　恒星社厚生閣　2011.9　241p　27cm〈文献あり 索引あり〉8000円　①978-4-7699-1257-6

内容「総合馬術競技」を読んで気づいていただきたいのは、選手はもちろんのこと、インストラクターやグルームに対しても、非常に細かい点ですが、いまだ十分には知られていない守るべきことを説明していることです。この著作は、選手になってまだ日の浅いライダーはもとより、上手な選手や馬術教師にとっても、乗馬のための準備、トレーニング、競技や馬の管理について、気になる疑問点を解決してくれるはずです。もちろん、クロスカントリーコースの構想についても説明しています。さらに、これからの総合馬術競技を考えるうえで、科学的なトレーニングがもたらすであろう新しい技術や馬術の展望についても触れられています。

『イラストガイド野外騎乗術』　クレア・ワイルド, ジェーン・ウォレス, ジェーン・ホルダネス・ロダン原著, キャロル・ヴィンサーイラスト, 楠瀬良訳　源草社　2004.10　72p　21cm　（馬のハンドブック 2）　2381円　①4-906668-41-0

内容本書は、イギリスの馬専門出版社ケニルウォース社から出版されているロングセラー『Threshold Picture Guides』シリーズのうち3冊をピックアップし翻訳した第2弾です。今回取り上げた3冊は、乗馬の基礎を身に付けた人なら誰もが思い描く、野外騎乗がテーマです。ここには、馬とより上手にコミュニケーションをとるための提案が満載されています。

『イラストガイドで馬に乗ろう！』　ジェーン・ウォレス, ジェーン・ホルダネス・ロダン原著, 楠瀬良監訳　源草社　2001.10　72p　21cm　（馬のハンドブック）　2381円　①4-906668-18-6

内容本書には、あらゆる乗馬ファンに役立つ情報が掲載されている。どんなスタイルの乗馬でも、その基本は同じ。ここには、馬とより上手にコミュニケーションをとるための提案が満載されている。

『乗馬―図解コーチ　〔1995〕』　成美堂出版　1995.4　175p　16cm〈監修：瀬理町芳雄〉　580円　①4-415-00471-7

目次1章 さあ、乗馬を始めよう！ 2章 乗馬の基本テクニック、3章 乗馬の中級テクニック

『国際馬事辞典―日―英―仏―独』　Z.バラノフスキー著, 荒木雄豪編訳　恒星社厚生閣　1995.2　51, 241p　22cm〈参考文献：p231〜232〉　4326円　①4-7699-0796-6

内容馬や乗馬に関する語を日・英・仏・独4カ国語で示した辞典。用語は馬の体・馬術・施設や用具の3分野に分類、体系的に排列。見開きに左から日・英・仏・独の順に用語を並べ、同義語が横一列に並ぶようになっている。目次・凡例も4カ国語で表示。4カ国語それぞれの索引を付す。

『バルセロナ・オリンピック大会馬術競技記録誌』　日本馬術連盟　1993.9　149p　30cm

『オリンピック東京大会馬術競技アルバム』　第一出版株式会社編集部編　第一出版　1966　146p（おもに図版）　31cm　3000円

《石黒 建吉》　いしぐろ・けんきち

⊕昭和21（1946）年

◇馬術選手。昭和45年、立教大学卒業。51年、モントリオール・オリンピック総合馬術出場。ソウルおよびバルセロナ五輪ではコーチを歴任

『ホースマン―八ケ岳南麓から世界へ』　石黒建吉著　甲府　山梨日日新聞社　2017.11　284p　19cm　1800円　①978-4-89710-628-1

内容オリンピックをはじめ数々の国際、国内大会で愛する馬とともに戦い、未来へといまなお続く軌跡を綴る。

《井上 喜久子》　いのうえ・きくこ

⊕大正13年（1924年）

◇馬術選手。昭和5年6歳から馬術に親しみ、11歳で全日本大会馬場馬術乙班で優勝、天才少女とうたわれる。昭和39年東京五輪、47年ミュンヘン五輪に出場。ソウル五輪出場への執念に燃える心意気に感動した竹宇治（旧姓・田中）聡子、吉永小百合らが音頭をとり、60年井上喜久子後援会が発足。63年ソウル五輪に出場

『井上喜久子―ラ・シレーヌ』　アート

ワーク,亀井一郎撮影　角川書店　1996.
4　1冊〔頁付なし〕　27cm〈書名は背に
よる　標題紙等の書名：Kikuko Inoué〉
2000円　①4-04-852641-3

内容 写真でもない、CGでもない、"アートワー
ク"の世界に遊ぶ美人声優グラフィック集。
おまけ・井上喜久子が演じた108人。

『馬と舞う―井上喜久子オリンピックへの
軌跡』　浜垣容二著　大修館書店
1988.7　262p　20cm〈井上喜久子の肖
像あり　付：参考文献〉　1200円　①4-
469-26151-3

内容 11歳で全日本馬場馬術乙種に優勝し、以
後全日本グランプリに優勝すること8回。東
京、ミュンヘンに出場を果たし、63歳の今
またソウル・オリンピックへ…。馬術に魅
入られた半生。人間井上喜久子を、幼少の
頃からいきいきと綴る、スポーツ・ヒュー
マン・ドキュメント。

『素敵なパートナー―井上喜久子のライ
ディングライフ』　井上喜久子述　オー
シャンライフ　1984.5　116p　25cm
〈企画・編集：日高ケンタッキーファー
ム　著者の肖像あり〉　1700円　①4-
900390-00-3

《沢井 孝夫》　さわい・たかお
⑭昭和15年〔1940年〕9月21日
◇馬術選手〔障害飛越〕。昭和63年障害馬術史
上最年長でソウル五輪代表に選ばれた

『とべ！"おちこぼれ馬"ミルキーウェイ―
五輪へ出場した沢井選手と馬の物語』
舟崎克彦文, 田中槇子絵　偕成社　1988.
10　93p　22cm　（わたしのノンフィク
ション）　880円　①4-03-634300-9

内容 名馬シンザンの孫なのにシルバータイセ
イは、競馬では1勝19敗の"おちこぼれ馬"。
しかし、馬術の沢井選手と出会い、名前も
ミルキーウェイとして生まれ変わるとめざ
ましい力を発揮して五輪へ出場。一出会い
の素晴らしさを語る馬と人間の真実の記録
です。

《西 竹一》　にし・たけいち
⑭明治35年〔1902年〕7月12日
⑫昭和20年〔1945年〕3月22日
◇馬術選手, 陸軍大佐。男爵の三男に生まれ、

学習院初等科から陸軍広島幼年学校に入り、
大正10年陸軍士官学校に入学。7年イタリア
で買った愛馬ウラヌスでとともに、ロス五
輪の馬術競技に出場し、大障害飛越個人で
金メダルを獲得、バロン・ニシの名を世界
にとどろかせた。11年のベルリン五輪は個
人では20位どまりだったが、大障害団体で6
位入賞に貢献。19年戦車第26連隊長として
硫黄島に出征し、20年3月、ロス五輪水泳自
由形の銀メダリスト・河石達吾とともに戦
死、大佐に進級。愛馬ウラヌスはその1週間
後に東京で病死している

『スポーツ感動物語　第2期 1　海を越えて
羽ばたく夢―錦織圭（テニス）/宮里藍
（ゴルフ）/白鵬（大相撲）長友佑都（サッ
カー）/香川真司（サッカー）/野茂秀雄
（野球）奥寺康彦（サッカー）/中野浩一
（自転車）ほか』　学研教育出版　2012.2
179p　22cm〈発売：学研マーケティン
グ〉　1400円　①978-4-05-500922-5

目次 錦織圭―アメリカからめざす、世界の
頂点、宮里藍―だから、ますます、長友佑都
―世界一のサイドバックをめざして、白鵬
―神に選ばれし運命、香川真司―ブンデス
リーガで花開く夢、中野浩一―キング・オ
ブ・ザ・スプリントの誕生、野茂英雄―力と
力の勝負をメジャーに求めて、奥寺康彦―
日本サッカー史上初の海外プレーヤー、西竹
一（バロン西）―不穏な時代の一筋の光、井
上光明―困難な闘志に変えて

『硫黄島とバロン西―20分でわかる 映画で
は語られなかった太平洋戦争最大の激
戦』　太平洋戦争研究会編著　ビジネス
社　2006.11　97p　26cm〈年譜あり〉
952円　①4-8284-1318-9

内容 硫黄島はなぜ「死闘の島」になったのか。
寄せ集めといわれた硫黄島の日本兵は、最
後までどう生き、どう戦ったのか？ 62年後
のいま、あの激闘が甦る。

『馬よもやま話』　竹田恒徳著　ベース
ボール・マガジン社　1989.7　176p
20cm〈著者の肖像あり〉　2500円　①4-
583-02765-6

内容 古来より、"馬"ほど人間と強いきずなで
結ばれた動物はない。本書は、幼い頃から馬
に親しみ、戦後は日本馬術界の発展に尽力
してきた元皇族の著者が、天皇家と馬にま
つわる珍しいエピソードや馬術の歴史をた

フェンシング　オリンピック夏季競技

どりながら、愛情あふれる筆致で馬をつづる随想集。

『オリンポスの使徒―「バロン西」伝説はなぜ生れたか』　大野芳著　文芸春秋　1984.7　261p　20cm〈西竹一の肖像あり　参考文献：p258〜261〉　1200円

『栄光の金メダリスト西竹一とオリンピック馬術』　根岸競馬記念公苑学芸部編〔横浜〕　根岸競馬記念公苑　1984.4　1冊（頁付なし）　26cm

『西とウラヌス―西竹一大佐伝』　吉橋戒三著　フジ印刷工芸社（印刷）　1969　88p　肖像　21cm

## フェンシング

◆2人の選手が片手に持った剣で互いの有効面を攻撃し合う競技。「エペ」では全身、「フルーレ」では腕と頭部以外の上半身が有効面となる。「サーブル」は上半身が有効面で、突くだけでなく斬ることもできる。種目ごとに異なる剣を使い、幅1.8m、長さ14mの細長いピスト（試合場）で戦う。2020年東京大会では、男女ともに3種目それぞれ個人、団体戦が実施される。個人戦は、3分×3セットで15点先取で勝利。団体戦は1チーム4名のうち3名による総当たり戦で、3分間・5点先取を9試合行い、45点先取、または9試合までの得点の多いほうが勝ち

『フェンシング入門―DVDでよくわかる！』　日本フェンシング協会編、齊田守監修　ベースボール・マガジン社　2016.10　111p　21cm　2500円　①978-4-583-11049-3
内容 フェンシングをはじめたい人も。フェンシングをやっている人も。誰もが待ち望んだ約40年ぶりの技術書。

『「奇跡」は準備されている―何が日本のフェンシングを変えたのか！』　オレグ・マツェイチュク著　講談社　2014.5　221p　19cm　1500円　①978-4-06-218680-3
内容 日本フェンシングを世界最高レベルにま

で到達させた驚きのコーチングに学べ！

《太田 雄貴》　おおた・ゆうき
㊉昭和60年（1985年）11月25日
◇元・フェンシング選手（フルーレ）。フルーレ専門。平成16年同志社大に進学。同年W杯福井大会で3位となり、同競技史上最年少でアテネ五輪代表に。7月W杯テヘラン大会で日本人としてW杯初優勝を果たす。8月の五輪本番では日本人最高位の9位に入った。20年3月大学卒業後は、フルーレ特別強化選手7人のうちの一人で、元ウクライナ代表のマツェイチュク・オレグの指導を受ける。同年8月の北京五輪では、準決勝でアテネ五輪銀メダリストのサンツォ（イタリア）に勝ってメダルを確定させ、決勝では前年の世界選手権3位のクライブリンク（ドイツ）に敗れたものの、歴史的な銀メダルを獲得。個人・団体を通じて日本勢に五輪初のメダルをもたらした。24年ロンドン五輪個人3回戦で世界ランク1位のアンドレア・カッサーラ（イタリア）に延長の末、14-15で惜敗し、14位。団体（太田、千田、淡路、三宅）ではフェンシング団体史上初のメダルとなる銀メダルを獲得した。25年 "日本の顔" として東京五輪招致に尽力。28年4大会連続の五輪出場となったリオデジャネイロ五輪は個人戦のみで出場し、まさかの初戦（2回戦）敗退を喫した。大会後、現役を引退

『「英語」で夢を追うアスリート　1　英語が苦手でもプレゼンターになったわけ』
〔横山匡〕〔総合監修〕　太田雄貴著　くもん出版　2017.3　47p　28cm〈文献あり〉　2800円　①978-4-7743-2572-9
目次 1 オリンピックを夢みる無敵の小学生（フェンシングとの出会い、負け知らずの小学生、フェンシングが自分と合っていた！、はじめての海外遠征、フェンシングのために英語を勉強）、2 夢のオリンピックへ！（伝えたいことがあれば英語は伝わる、英語の質問を準備して海外の選手から学ぶ、北京オリンピックで激闘、栄光の銀メダル獲得！、たいせつなのはメダリストとして世のなかに貢献すること、ロンドンオリンピック団体戦でつかんだ銀メダル）、3 オリンピックを東京に（オリンピックの招致活動に参加、原稿作成そしてコソ練で丸暗記、アスリートを代表して英語でスピーチ、東京オリンピックの開催が決定、オリンピック・パラリンピック招致の最終プレゼンテーション）、

4 日本の代表として世界へ（ピストに別れを
つげ、次の舞台へ，フェンシングをもりあ
げる！）

『**騎士の十戒―騎士道精神とは何か**』　太
田雄貴［著］　角川書店　2009.2　192p
18cm　（角川oneテーマ21 C–165）〈文
献あり　発売：角川グループパブリッシ
ング〉　705円　①978–4–04–710182–1
内容 著者は「武士道」の国に生まれて「騎士
道」を学んだ。ただ、意識して学んだので
なくいつのまにか自分自身の精神のひとつ
になっていた。それは「武士道」も「騎士
道」も同じような "共通項" が多いからだ。
ただ、中世から黙々と伝わる「騎士道」に
は日本人の知らない精神があった…。「武士
道」と「騎士道」の狭間にある精神とは何か。

『**北京五輪フェンシング銀メダリスト太田
雄貴「騎士道」**』　太田雄貴著　小学館
2008.12　234p　19cm　1238円　①978–
4–09–389712–9
内容 泣き虫フェンシング王子の五輪＆就活奮
闘記。

《**佐野 雅之**》　さの・まさゆき
㊤大正8年（1919年）10月28日
㊦平成12年（2000年）9月28日
◇フェンシング選手。昭和31年メルボルン五
輪に出場。のち日本フェンシング協会理事
長を経て、副会長（会長代行）、日本オリン
ピック委員会理事を歴任

『**フェンシング**』　佐野雅之著　旺文社
1973　255p　肖像　19cm　（旺文社ス
ポーツ教室）　350円

『**フェンシング**』　佐野雅之著　旺文社
1957　205p　図版　19cm　（旺文社ス
ポーツ・シリーズ）

《**森 寅雄**》　もり・とらお
㊤大正3年（1914年）6月11日
㊦昭和44年（1969年）1月8日
◇剣道家。大正11年7歳の時、おじの講談社
創立者・野間清治にひきとられる。昭和4年
野間から森姓となる。13年南カリフォルニ
ア大学でフェンシングを始めカリフォルニ
ア大会で優勝、全米選手権出場。同年帰国。
26年南カリフォルニア剣道有段者会を設立、
理事。同年ロサンゼルスのフェンシング大

会（米国西部大会）で全勝。"タイガー・モ
リ"と呼ばれた。35年ローマ五輪大会に米
国フェンシングチーム監督として出場。38
年ブラジルで剣道指導

『**剣に生きた森寅雄―フェンシングに賭け
た剣道家**』　［桐生］　野間清治顕彰会
2008.10　100p　22cm〈肖像あり　年譜
あり　文献あり〉　非売品

『**タイガー・モリと呼ばれた男―幻の剣士・
森寅雄の生涯**』　早瀬利之編著　スキー
ジャーナル　1991.12　290p　19cm〈森
寅雄の肖像あり　森寅雄を中心とした年
表：p282〜286〉　1300円　①4–7899–
2039–9
内容 匂い立つような姿と鋭い太刀さばきで
"昭和の武蔵" と謳われた天才剣士・森寅雄。
謎の天覧試験敗退から彼の人生は大きく変
わる。日本を捨てアメリカに渡った彼は、
フェンシングでも頂点を極め、証券会社を
興す。端正な顔立ち、明るく気品のある振
る舞い、流暢な英語を使い、車やバイクを
乗り回したスマートさ。戦前の日本人とし
ては破格のバイタイリティーと鋭い国際感
覚を持った男の波乱に満ちた生涯を追う異
色のノンフィクション。

---

## 柔道

◆10メートル四方の畳の上で、100種類ある
技を互いに繰り出す格闘技。試合時間は
男子5分、女子4分。技が決まれば「一本」
となり、その時点で勝敗が決まり、試合が
終了する。「一本」の要件未満の技は「技
あり」「有効」として採点される。試合時
間内に「一本」が出なかった場合はその
合計点で勝敗が決まる。男子は60kg級〜
100kg超級（7段階）、女子は48kg級〜78kg
超級（7段階）に別けられる。また、2020年
東京大会では、男女各3人、合計6人のチー
ム戦「混合団体」が追加される

『**観戦＆実戦で役に立つ！　柔道のルール審
判の基本**』　鈴木桂治,岸部俊一監修
実業之日本社　2018.6　207p　18cm
（パーフェクトレッスンブック）　1200
円　①978–4–408–33720–3
内容 オリンピックでも適用される「一本」と

「技あり」の基準、「指導」「反則」の例、新ルールでの試合形式などをわかりやすく解説！ 柔道の技86一挙掲載！

『JJM女子柔道部物語 04』 恵本裕子原作, 小林まこと 脚色 構成作画 講談社 2018.5 185p 19cm （イブニングKC） 590円 Ⓘ978-4-06-511394-3

『JJM女子柔道部物語 03』 恵本裕子原作, 小林まこと 脚色 構成作画 講談社 2017.11 181p 19cm （イブニングKC） 590円 Ⓘ978-4-06-510415-6

『JJM女子柔道部物語 02』 恵本裕子原作, 小林まこと 脚色 構成作画 講談社 2017.5 181p 19cm （イブニングKC 671） 590円 Ⓘ978-4-06-354671-2

『JJM女子柔道部物語 01』 恵本裕子原作, 小林まこと 脚色 構成作画 講談社 2016.12 184p 19cm （イブニングKC 653） 590円 Ⓘ978-4-06-354653-8

『柔道技の大百科―21世紀版 現代の技未来に残したい技 2 体落 小外刈 小内刈 支釣込足 袖釣込腰 巴投 横四方固 裟裟固 袖車絞 腕挫十字固ほか』 井上康生監修, 近代柔道編集部編集 ベースボール・マガジン社 2015.4 207p 26cm 2000円 Ⓘ978-4-583-10821-6

内容 金丸雄介、篠原信一、中村佳央、中村行成、上野順恵、杉本美香、田辺陽子、谷本歩実、塚田真希、福見友子…。オリンピック出場選手らが、それぞれの独自技術を公開！

『絵とDVDでわかるスポーツルールとテクニック 6 柔道・剣道・相撲・空手道・なぎなた』 中村和彦総合監修 学研教育出版 2015.2 63p 29cm〈発売：学研マーケティング〉 3300円 Ⓘ978-4-05-501097-9

目次 スペシャルインタビュー 柔道家 井上康生、柔道（柔道衣、礼法、試合場、チーム、試合の進め方、勝敗、反則と罰則、審判 ほか）、空手道、剣道（剣道具、しない、礼法、試合場、チーム、試合の進め方、有効打突と勝敗、反則と罰則、審判 ほか）、なぎなた、相撲（まわしのしめ方、礼法、土俵、試合の進め方、勝敗、反則、審判 ほか）

『柔道技の大百科―21世紀版 現代の技未来に残したい技 1 背負投 一本背負投 内股 払腰 大内刈 大外刈』 井上康生監修, 近代柔道編集部編集 ベースボール・マガジン社 2015.2 207p 26cm 2000円 Ⓘ978-4-583-10794-3

内容 金丸雄介、篠原信一、中村佳央、中村行成、上野順恵、杉本美香、田辺陽子、谷本歩実、塚田真希、福見友子…オリンピック出場選手らが、それぞれの独自技術を公開！

『日本柔道界の実態とその再興試案―近現代史から検証する 大坂夏の陣を迎える剣が峰の日本柔道』 西村光史著 府中（東京都） エスアイビー・アクセス 2014.8 242p 21cm〈文献あり 発売：星雲社〉 2000円 Ⓘ978-4-434-19516-7

内容 日本柔道は外堀が埋まった大坂夏の陣の状況にある！ 我国柔道界は国際的にガンジガラメで、崩壊の危機にある認識は誰にもない。国内問題と併せて国際問題を正面から取り組まなければならない。今こそ瀬戸際だ！

『日本柔道の論点』 山口香著 イースト・プレス 2013.6 239p 18cm （イースト新書 006） 860円 Ⓘ978-4-7816-5006-7

内容 ロンドン五輪では、史上初の男子金メダルゼロに終わった日本柔道。金メダル量産が期待された女子もたった一個という、明らかな強化の失敗は何を意味するのか？ 女子代表監督による暴言・パワーハラスメント問題をはじめ、次々と不祥事が明らかとなる全柔連という組織の問題点は何か。なぜ、全柔連と講道館のトップが同一人物で、権力が集中しているのか。世界に目を向けると、次々とルール改正を強行する国際連盟の実態はどうなっているのか。いま、日本と世界の柔道をめぐるさまざまな構造問題が明らかになる。

『女子柔道の歴史と課題』 山口香著 日本武道館 2012.3 410p 20cm〈年表あり 発売：ベースボール・マガジン社〉 2400円 Ⓘ978-4-583-10459-1

目次 第1章 女子柔道の夜明け、第2章 競技化への軌跡、第3章 世界のトップへ、第4章 柔道先進国と後進国それぞれの事情、第5章 女子選手特有の問題、第6章 引退後のキャリア、第7章 女子柔道の未来を探る、資料編

オリンピック夏季競技　柔道

**『いちばんわかりやすい！　柔道の教科書』**
木村昌彦, 斉藤仁, 篠原信一, 田中力, 鈴木
桂治, 内柴正人, 谷本歩実共著, 土屋書店
編集部編　土屋書店　2011.9　191p
21cm　1500円　①978-4-8069-1205-7
目次 1基本動作をマスターしよう！, 2ケガ
をしない受身術, 3"刈る系"の投技, 4"払
う系"の投技, 5"回転系"の投技, 6固技が
楽しくなる練習法, 7打込&乱取で技を自分
のものにする

**『柔道体型別技の大百科　第1巻　背負投/
体落』**　ベースボール・マガジン社
2010.11　183p　26cm　（Series of the
Legend Book）〈『柔道技の大百科』
(1999年刊)の新装版　索引あり〉　1800
円　①978-4-583-10318-1
内容 木村政彦、猪熊功、神永昭夫、岡野功、
上村春樹…伝説の柔道家たちが、自らの得
意技を実演解説する名著、ここに復刻。

**『柔道体型別技の大百科　第2巻　大外刈/
内股/払腰』**　ベースボール・マガジン
社　2010.11　183p　26cm　（Series of
the Legend Book）〈『柔道技の大百科』
(1999年刊)の新装版　索引あり〉　1800
円　①978-4-583-10319-8
内容 木村政彦、山下泰裕、岩釣兼生、松本安
市、醍醐敏郎…伝説の柔道家たちが、自ら
の得意技を実演解説する名著、ここに復刻。

**『柔道体型別技の大百科　第3巻　捨身技/
返技/大内刈/小内刈/組み手』**　ベース
ボール・マガジン社　2010.11　183p
26cm　（Series of the Legend Book）
〈『柔道技の大百科』(1999年刊)の新装版
索引あり〉　1800円　①978-4-583-
10320-4
内容 山下泰裕、細川伸二、佐藤宣践、上村春
樹、山口香…伝説の柔道家たちが、自らの
得意技を実演解説する名著、ここに復刻。

**『柔道』**　こどもくらぶ編　岩崎書店
2010.10　55p　29cm　（さあ、はじめよ
う！　日本の武道 1）　3200円　①978-4-
265-03381-2
目次 1柔道を知ろう（柔道ってなに？, どんな
ものを着るの？, どんなところでするの？,
勝敗の決まり方は？, 試合の仕方は？）, 2
柔道をやってみよう（基本動作とは？, 受
け身はたいせつ, 基本となる技「投げ技」と

は？,「固め技」とは？, 連絡技をやってみ
よう）, 3 もっとくわしくなろう（段と級っ
てなに？, 国内の大会を見てみよう, 世界
への広がりを知ろう, オリンピックの正式
種目, そのほかの国際大会を見てみよう, 柔
道に似た世界の格闘技）

**『少年柔道』**　いとうみき絵, 鮫島元成監修
アリス館　2009.2　63p　27cm　（シ
リーズ日本の武道 1）〈文献あり〉
2600円　①978-4-7520-0431-8
目次 少年・山下泰裕物語, こども武道憲章, 柔
道ってどんな武道なんだろう？, 柔道を始
めよう, 柔道衣を着よう, 帯の結びかたを
おぼえよう, 礼をすることから柔道は始ま
る！, 稽古のすすめかたをおぼえよう, 安
全に柔道をするためにじゅんび運動をきち
んとやろう！, かまえかたと相手との組み
かたをおぼえよう, 体の動かしかたを学ぼ
う！, 受け身のしかたをおぼえよう, 柔道
をやることで自信を持てるようになった富
夫くんのこと, 遊びながら体ほぐしをして
みよう, 柔道の技をおぼえよう！, もしも
ケガをしてしまったら…応急処置をおぼえ
ておこう, 固め技をおぼえよう！, 柔道のた
めだけではなく、強い体になるために、日
ごろからやっておきたいこと, 柔道のそこ
が知りたい

**『スポーツなんでも事典 柔道』**　こどもく
らぶ編　ほるぷ出版　2009.2　71p
29cm〈年表あり 索引あり〉　3200円
①978-4-593-58411-6
内容 柔道の歴史、試合場の大きさ、技の種類、
勝敗の決まり方やルールから、柔道の名選
手、そして稽古のようすや、引退後はどう
しているのかなどなど。この本は、柔道に
かかわるさまざまなことがらをテーマごと
にまとめて解説した、ヴィジュアル版子ど
も向け柔道事典です。柔道について、何を、
どのように調べたらよいかがわかります。

**『格闘技がわかる絵事典—国が変われば
ルールも変わる！　古武道から総合格闘
技まで』**　近藤隆夫監修　PHP研究所
2007.4　79p　29cm　2800円　①978-4-
569-68675-2
内容 世界にはさまざまな格闘技があります。
この本では、それらを5つに分類し、それぞ
れの代表的な格闘技を大きく取りあげて解
説しています。また、それらの代表的な格
闘技と共通点のある格闘技、関連のある格

闘技を小項目として取りあげています。また、第6章として、オリンピックで行なわれる格闘技、格闘技とかかわりの深い人物、柔道や相撲の技を取りあげています。あわせて活用してください。

『剣道・柔道—ルールと技術』　佐藤成明，竹内善徳校閲・指導　学習研究社　2005.2　63p　29cm　（絵でわかるジュニアスポーツ　新版 5　関岡康雄監修）〈シリーズ責任表示：関岡康雄監修〉3300円　①4-05-202189-4
　目次 剣道（ルール，技術），柔道

『柔道王—最強の柔道家11人の軌跡』　ネコ・パブリッシング　2003.11　235, 4p　19cm　1400円　①4-7770-5026-2
　内容 嘉納治五郎から井上康生まで最強の柔道家11人の壮絶な勝負魂に迫る。

『和英対照柔道用語小辞典』　講道館　2000.8　173p　19cm　1500円

『柔道技の大百科—体型別　第1巻　背負投・体落』　佐藤宣践監修　ベースボール・マガジン社　1999.12　183p　27cm　2500円　①4-583-03615-9
　内容 各技ごとに登場人物を体型別で編纂，自分の体型に合わせた技とその勘所を観察できる柔道の投げ技の本。

『柔道技の大百科—体型別　第2巻　大外刈・内股・払腰』　佐藤宣践監修　ベースボール・マガジン社　1999.12　183p　27cm　2500円　①4-583-03616-7
　内容 各技ごとに登場人物を体型別で編纂，自分の体型に合わせた技とその勘所を観察できる柔道の投げ技の本。

『柔道技の大百科—体型別　第3巻　捨身技・返技・大内刈・小内刈・組み手』　佐藤宣践監修　ベースボール・マガジン社　1999.12　183p　27cm　2500円　①4-583-03617-5
　内容 各技ごとに登場人物を体型別で編纂，自分の体型に合わせた技とその勘所を観察できる柔道の技の本。

『柔道大事典』　嘉納行光ほか監修，柔道大事典編集委員会編　アテネ書房　1999.11　669p　27cm　18000円　①4-87152-205-9

　内容 技、形、試合規則から医学、人物、流派、大会記録まで、2300項目を収録した柔道事典。配列は50音順。「人名」「技・形・練習法」「嘉納治五郎の言葉」「大会名」「流派」の5つの分類索引、柔道関連年表がある。

『女子柔道』　柳沢久、山口香著　大修館書店　1992.2　131p　24cm　（基本レッスン）　1500円　①4-469-16396-1
　内容 柔道を始めたい、あるいはもっとわざが上手になりたいと願っている女子小・中・高校生のための初のレッスン書。女子向きのわざを中心に、多くの連続写真で、わざの極意と練習法をわかりやすく解説。生理や減量など、女子ならではの問題にも言及。部活や授業の指導書としても格好の書。

『柔道界のデスマッチ—全柔連VS学柔連』　小野哲也話し手，高山俊之聞き手・構成　三一書房　1988.5　194p　19cm　1200円
　内容 実力低下の日本柔道をよそに、政財界人を巻き込んだ柔道界全面戦争。日本の柔道はどうなる？

『スポーツ辞典　第14　柔道』　日本放送協会編　日本放送出版協会　1964　154p（図版共）　18cm

《粟津 正蔵》　あわず・しょうぞう
　⊕大正12年（1923年）4月18日
　⊗平成28年（2016年）3月17日
　◇柔道家。昭和10年京都市立第一商で柔道を始める。立命館大を卒業後、25年柔道指導のため渡仏。以来パリで柔道の指導を続け、"フランス柔道の父"と呼ばれる。「背負い投げ」などの技名を「腰技1号」と記号化するなど、初心者にも理解しやすいユニークな指導が受け入れられ、フランスの強化コーチにも就任。31年に東京で開催された第1回世界選手権（男子無差別級のみ）にはフランス代表チームを率いて凱旋、39年東京五輪でもフランス代表コーチを務めた。パリ市内にあるフランス柔道連盟の道場には "Dojo Shozo AWAZU" の名が冠せられている

『雪に耐えて梅花潔し—フランス柔道の父・粟津正蔵と天理教二代真柱・中山正善』　永尾教昭著　天理　天理教道友社　2015.4　222p　20cm　1400円　①978-4-8073-0590-2

| 内容 | 柔道の世界化に尽力した2人の日本人の物語。世界一の柔道大国フランス。柔道家・粟津正蔵は、その発展の功労者として仏最高勲章レジオン・ドヌールを受章した人物だ。そして中山正善は、天理教教柱としての世界的な人脈を生かし、柔道のオリンピック正式種目採用に導いた陰の功労者である。立場を超え、柔道のJUDO化に力を尽くした2人の知られざるエピソードをつづる。

《石井 慧》 いしい・さとし
�生昭和61年(1986年)12月19日

◇格闘家、柔道家。高校3年の16年11月に講道館杯全日本柔道体重別選手権100キロ級で、高校生としては3人目となる優勝を果たす。20年の全日本選手権において、準決勝で五輪代表本命の棟田康幸を、決勝で再び鈴木を破って、2年ぶり2度目の優勝を果たし、最重量級では最年少の21歳で北京五輪100キロ超級代表に決定。8月の五輪では、100キロから転向してわずか1年、五輪初出場で金メダルを獲得した。100キロ超級転向後は23連勝。得意技は左隅落としで、寝技で一本をとる柔道より、勝利を優先した。11月プロ格闘家への転向を表明

『石井魂―「金メダルを捨てた男」が明かす"最強"への道』 石井慧著 講談社 2009.12 206p 19cm 1400円 ①978-4-06-215974-6
| 内容 | 総合格闘技デビュー記念、伝説を築き上げる侍の「素顔＆秘話」。

『石井訓―"侍"石井慧の型破り語録』 光文社 2008.11 183p 19cm 1000円 ①978-4-334-97552-4
| 内容 | 両親・恩師・先輩・友人が初めて明かす意外な「生まじめ律義な半生」＆爆笑語録。そして、決意の格闘家宣言を緊急出版！ 石井慧本人の告白手記＆ガチンコ語録解説付き。

《井上 康生》 いのうえ・こうせい
�生昭和53年(1978年)5月15日

◇柔道家。平成9年東海大に進学。12年フランス国際優勝、全日本選抜体重別選手権100キロ級優勝、全日本選手権準優勝。シドニー五輪ではオール1本勝ちで金メダルを獲得した。16年全日本選抜体重別選手権100キロ級優勝。アテネ五輪では日本選手団主将を務めるなど連覇が有力視されていたが、準々決勝で敗れ、敗者復活戦にも敗れて、メダ

ルを逃した。20年4月全日本選抜体重別選手権100キロ超級で4年ぶり4度目の優勝を飾るも、同月末の全日本選手権では準決勝で、高井洋平に右内またを透かされて敗退、北京五輪代表を逃した。同大会後、現役引退を発表。引退後の20年11月日本代表特別コーチ。21年1月から2年間英国へコーチ留学。23年男子日本代表コーチと東海大柔道部副監督に就任し、24年監督に昇格。25年国際柔道連盟(IJF)殿堂入り。28年リオデジャネイロ五輪では柔道日本男子が7階級全てでメダル(金2、銀1、銅4)を獲得した

『ピリオド』 井上康生著 幻冬舎 2008.10 238p 20cm 1400円 ①978-4-344-01570-8
| 内容 | 希代の柔道家が、知られざる苦悩の日々を初めて明かした自伝的エッセイ。

『井上康生が負けた日―北京へ向けた0からのスタート』 柳川悠二著 体育とスポーツ出版社 2004.11 199p 19cm 〈肖像あり〉 1200円 ①4-88458-251-9
| 内容 | 最強の柔道家はなぜ負けたのか？ 密着アテネオリンピックに懸けた父明の夢。敗北の責を自身に向けた師매の葛藤。

『眠らないウサギ―井上康生の柔道一直線！』 折山淑美著、全日本柔道連盟監修 創美社 2002.11 304p 20cm〈東京 集英社(発売)〉 1500円 ①4-420-31005-7
| 目次 | 第1章 シドニー五輪、第2章 柔道との出会い、第3章 小学生時代「静充館で育んだ柔道の心」、第4章 中学生時代「未来のための決断」、第5章 高校生時代「飛躍の基礎を作った時」、第6章 大学時代「世界へ飛び出した康生」、第7章 突然襲ってきた不調、第8章 再び、シドニー五輪、第9章 社会人時代「日本一への挑戦」、第10章 証言、井上康生とその柔道、第11章 新たなる挑戦、大阪世界選手権、アテネ五輪、そして…

『井上康生―初心でつかんだ金メダル』 瀬戸環著 旺文社 2001.8 143p 20cm (素顔の勇者たち)〈肖像あり 年譜あり〉 1000円 ①4-01-072498-6
| 目次 | 柔道をするために生まれてきた子、大きな相手を投げ飛ばせ、気はやさしくて力持ち、山下泰裕をめざして、母からの手紙、果てしない夢、井上康生データファイル

《猪熊 功》　いのくま・いさお

㊓昭和13年（1938年）2月4日

㊜平成13年（2001年）9月28日

◇柔道選手。昭和34年大学在学中に全日本柔道選手権に初出場で初優勝、当時21歳2ケ月の最年少記録をつくった。柔道が初めて五輪競技となった39年の東京五輪では3試合連続1本勝ちし、重量級で金メダルを獲得した。41年現役を引退し、東海大学助教授、教授を歴任。のち同大柔道部主席師範。ロス五輪金メダリストの山下泰裕らを指導した

『勝負あり―猪熊功の光と陰』　井上斌, 神山典士著　河出書房新社　2004.10　230p　20cm　1800円　①4-309-01673-1

内容 2001年9月28日猪熊功死す。なぜ、柔道五輪金メダリストは自決の道を選んだのか。

『柔道』　猪熊功著　改訂新版　講談社　1979.5　196p　21cm　（講談社スポーツシリーズ）　1500円

『柔道』　猪熊功著　講談社　1973　198p　図　21cm　（講談社スポーツシリーズ）〈書名は背および奥付による 標題紙の書名：Judo〉　880円

《上村 春樹》　うえむら・はるき

㊓昭和26年（1951年）2月14日

◇柔道家。昭和50年全日本選手権優勝、世界無差別級金メダル、51年モントリオール五輪無差別級金メダルと、五輪、世界選手権、全日本選手権の“柔道3冠”を獲得。日本初の五輪最重量級金メダリスト。ソウル五輪、バルセロナ五輪で日本男子監督を務め、その後は全日本柔道連盟男子強化部長、強化委員会副委員長、12年委員長を経て、18年専務理事。19年には国際柔道連盟の指名理事に就任。20年北京五輪では日本選手団総監督を務めた。21年嘉納治五郎が創始した柔道の総本山・講道館の5代目館長に、嘉納一族以外で初めて就く。同年全日本柔道連盟会長、日本オリンピック委員会（JOC）理事・選手強化本部長も務めた

『柔道教室』　上村春樹著　成美堂出版　1994.8　174p　19cm　（ジュニアスポーツシリーズ）　720円　①4-415-01295-7

目次 1 柔道の基礎知識, 2 基本動作, 3 練習のやり方, 4 投げ技, 5 れんらく技、返し技, 6 かため技、しめ技

『柔道教室―君も名選手になれる』　上村春樹著　成美堂出版　1988.2　176p　19cm　（Junior sports series）　650円　①4-415-01246-9

内容 柔道は基本動作が確実にできるようになれば、あとは努力しだいで世界チャンピオンになることも夢ではありません。この本には、小・中学生が柔道を習う上で必要な基礎的知識、動き、技などを中心に紹介してあります。

《小川 直也》　おがわ・なおや

㊓昭和43年（1968年）3月31日

◇プロレスラー, 格闘家, 柔道家。明治大学進学後、昭和61年の全日本学生選手権では、山下泰裕以来史上2人目の大学1年生王者となり注目を集めた。平成4年バルセロナ五輪95キロ級では金メダルを期待されるが銀メダル。8年7月アトランタ五輪95キロ超級は準決勝で敗れ5位となり、9月引退。9年2月JRAを退社し、プロ格闘家に転向した18年4月神奈川県茅ケ崎市に柔道家を育成する小川道場を開く

『ヒューマン・ドキュメント小川直也轍ロード・トゥ・ザ・ハッスル』　ノニータ写真　角川インタラクティブ・メディア　2005.3　1冊（ページ付なし）　30cm〈東京 角川書店（発売）〉　2857円　①4-04-894457-6

内容 柔の道にその力を見い出され、浪漫を求めてプロレスの道を選択した“異端”と呼ばれた男が、いまの世の中に投げかける「ハッスル」というメッセージ。

『裸の選択小川直也』　小川直也監修, 森モーリー鷹博写真　MCプレス　2004.11　111p　25cm〈肖像あり〉　1905円　①4-901972-23-5

内容 小川直也を追い続けたカメラマン。そして、限られた関係者たちと本人の肉声を中心に構成される至極のストーリー。いままで、決して明らかにされなかった時代の寵児・小川直也のすべて。

《金丸 雄介》　かなまる・ゆうすけ

㊓昭和54年（1979年）9月14日

◇柔道家。平成19年フランス国際優勝、全日本選抜体重別選手権優勝、世界選手権リオ

オリンピック夏季競技　　柔道

デジャネイロ大会で銅メダルを獲得。20年
4月全日本選抜体重別選手権で4度目の優勝
を決め、初の五輪となる北京五輪代表に決
定。8月の本番では1回戦で敗退した

『これで完ぺき！ 柔道』　金丸雄介著
ベースボール・マガジン社　2014.4
159p　21cm　（DVDブック）〈文献あ
り〉　1500円　①978-4-583-10624-3
内容 基礎から、世界を制する最新テクニック
まで。技への入り方・悪い例・類似技・練習
法…これまでにない解説を網羅！―なぜ、そ
うするのか？ すべての疑問に応える、まっ
たく新しい柔道の教科書。

《嘉納 治五郎》　かのう・じごろう
㊉万延1年（1860年）10月28日
㊇昭和13年（1938年）5月4日
◇柔道家、教育家。明治42年日本初の国際オ
リンピック委員会（IOC）委員に就任。44年
大日本体育協会を創立し会長となり、翌年
のストックホルム五輪に日本初参加を実現。
昭和13年東京五輪招致のためカイロ会議に
出席、その帰途船中で病死した

『嘉納治五郎―柔道とオリンピックで国際
平和を目指した』　真田久監修, 高田靖
彦まんが, 上野直彦シナリオ　小学館
2018.6　159p　23cm　（小学館版学習ま
んが人物館 日本―27）〈文献あり 年譜
あり〉　900円　①978-4-09-270128-1
内容 柔道の父・嘉納治五郎。「精力善用」「自
他共栄」の考え方にもとづき、柔道を世界
に広め、東京に初めてオリンピックを招致
した男の生涯！

『絆―嘉納治五郎と故郷熊本』　永田英二
著　東京図書出版　2018.3　185p
19cm〈年譜あり　発売：リフレ出版〉
1000円　①978-4-86641-110-1
内容 嘉納治五郎の生涯、思想、講道館設立へ
の思いそして講道館柔道との関わり。

『嘉納治五郎その生涯と精神』　イデア絵
本委員会, 島内勝子, 嶋中美由紀, 平林沙
織, 松室美穂,Lillian S.Androphy編集・
本文制作, 谷新絵, 講道館監修　イデア・
インスティテュート　2017.1　44p
28cm〈年譜あり　英語・フランス語・
スペイン語併記〉

『マンガ・武道の偉人たち』　田代しんた
ろう著　日本武道館　2015.7　295p
26cm〈年譜あり　発売：ベースボール・
マガジン社〉　1000円　①978-4-583-
10828-5
目次 第1章 嘉納治五郎（柔道）, 第2章 高野佐
三郎（剣道）, 第3章 阿波研造（弓道）, 第4章
双葉山定次（相撲）, 第5章 船越義珍（空手
道）, 第6章 植芝盛平（合気道）, 第7章 宗道
臣（少林寺拳法）, 第8章 なぎなたの二巨星
―園部秀雄・美田村千代, 第9章 鵜沢尚信と
日本の銃剣道

『嘉納治五郎と安部磯雄―近代スポーツと
教育の先駆者』　丸屋武士著　明石書店
2014.9　307p　20cm〈文献あり〉　2600
円　①978-4-7503-4070-8
目次 第1章 国民教育と国民の政治意識、ある
いは国民思想, 第2章 剛毅闊達な精神, 第3
章 日本発（初）グローバルスタンダードの
構築―嘉納治五郎によるイノベーションの
意義, 第4章 三育（徳育, 体育, 知育）絶妙
のバランス、「嘉納塾」, 第5章 日露戦争と
早大野球部米国遠征, 第6章 日本スポーツ
界の夜明け, 第7章 嘉納治五郎の英断―「体
協」結成とオリンピック初参加, 第8章「体
協」総務理事安部磯雄の見識

『現代スポーツは嘉納治五郎から何を学ぶ
のか―オリンピック・体育・柔道の新た
なビジョン』　日本体育協会監修, 菊幸
一編著　京都　ミネルヴァ書房　2014.9
336, 8p　21cm〈年表あり 索引あり〉
2800円　①978-4-623-07128-9

『柔道―その歴史と技法』　藤堂良明著
日本武道館　2014.3　312p　20cm〈発
売：ベースボール・マガジン社〉　2400
円　①978-4-583-10678-6
目次 第1章 組討ちの起こりと技法（体術の起
こりと技法, 組討ちの体系化と技法）, 第2章
柔術諸流派の歴史と技法（竹内流腰廻, 関口
新心流柔術 ほか）, 第3章 講道館柔道の歴
史と技法（講道館柔道の創設と技法, 嘉納治
五郎の乱取開発 ほか）, 第4章 第二次世界
大戦後の柔道復活と技法（第二次大戦中の
柔道界と技法, 第二次大戦後の柔道禁止と
復活 ほか）, 第5章 柔道技法の変遷と国際
化への課題（柔道技法の変遷と特徴, 柔道の
国際的普及と発展 ほか）

『武道は教育でありうるか』　松原隆一郎

柔道　　　　　　　　　オリンピック夏季競技

著　イースト・プレス　2013.6　270p
18cm　（イースト新書 007）　860円
①978-4-7816-5007-4
内容 本書の武道論は、柔道の創始者・嘉納治
五郎の思想を踏まえている。嘉納が画期的
だったのは、柔道に教育的価値を発見した
ところだった。しかし、柔道をはじめとす
る武道は礼儀作法や躾といった教育的効果
を期待される反面、常に体罰や暴力の温床
という暗部も抱えてきた。中学校の武道必
修化が始まり、女子代表監督の暴力や全柔
連の不祥事がメディアを賑わせる今こそ、
「武道は教育でありうるか」を考えなければ
ならない。自ら「生涯武道」を実践する著
者による、武道で「伝統とグローバル化」ま
でを考察する「武道教育論」。

『気概と行動の教育者嘉納治五郎』　生誕
150周年記念出版委員会編　つくば　筑
波大学出版会　2011.5　369p　22cm
〈文献あり 年譜あり 索引あり　発売：
丸善出版〉　2800円　①978-4-904074-
19-0
内容 今やグローバルスタンダードになった柔
道の創始者として知られる嘉納治五郎は、
明治～大正期の教育改革に貢献した偉大な
教育者でもあった。嘉納は高等師範学校・
東京高等師範学校の校長を三期二十三年余
務め、柔道のみならずスポーツの普及、留
学生の受け入れ、オリンピックの招致など
に尽力した。本書は気概と行動の教育者嘉
納治五郎の実像に迫り、そのレガシー継承
の指針を探る。

『心身一如の身体づくり―武道、そして和
する"合気"、その原理・歴史・教育』
原尻英樹著　勉誠出版　2008.10　219p
20cm　2200円　①978-4-585-05401-6
目次 第1章 嘉納治五郎と植芝盛平にとっての
武術と武道, 第2章 古式道研究会の展開, 第
3章 望月稔の武道修行, 第4章 養正館武道
の技法, 第5章 合気とは何か, 第6章 アジア
からみた日本武道, 終章 武道教育の義務教
育化

『柔道と日本的発想―治五郎の柔軟共栄志
向』　生源寺希三郎著　文芸社　2008.3
311p　20cm〈肖像あり〉　1500円
①978-4-286-04137-7
内容 トラブルに際し、それを解決することは
大事だが、トラブルが起きないようにする

ことの方がより大事だ。それが柔道の精神
であり、治五郎の手法である。講道館柔道
の創始者、嘉納治五郎の「相助相譲自他共
栄」の思想を究める。

『日本英学史叙説―英語の受容から教育へ』
庭野吉弘著　研究社　2008.3　512p
21cm　5600円　①978-4-327-37722-9
内容 幕末に日本を訪れた外国人たちは日本と
日本人をどう観察したか。内村鑑三や嘉納
治五郎などの明治人と英語との出会いはい
かなるものであったか。ハーンをはじめと
する個性的な英語教師たちの群像、そして、
もう一つの「英学史」を形づくる研究社の
歴史とは？ 英語の受容と教育の歴史の断面
を、さまざまな研究のスタイルを駆使して、
鮮やかに、そしてしなやかに語る。

『嘉納治五郎師範に学ぶ』　村田直樹著
日本武道館　2001.3　287p　20cm〈肖
像あり〉　2400円　①4-583-03635-3
内容 本書は、競技としての柔道が盛んになっ
てきた今日において、もう一度その原点を
見つめようと試みたものである。

『武の素描―気を中心にした体験的武道論』
大保木輝雄著　日本武道館　2000.3
217p　20cm〈〔東京〕 ベースボール・マ
ガジン社（発売）　文献あり〉　2000円
①4-583-03572-1
目次 第1章 武道と生きる力（「たたかいの意
味」, 武の復権をめざして, 非日常としての
武道）, 第2章 武道の「場」が意味するもの
（間・身・気について, 「身を捨てる」こと,
「プレッシャー」と「気」 ほか）, 第3章 二
十一世紀にむけて（二人の先人に学ぶ―嘉
納治五郎と山岡鉄舟, 大自然から学ぶ, 古流
の「型」から学ぶ ほか）

『嘉納治五郎―私の生涯と柔道』　嘉納治
五郎著　日本図書センター　1997.2
316p　20cm　（人間の記録 2）〈肖像あ
り　年譜あり　著作目録あり〉　1800円
①4-8205-4241-9
目次 柔道家としての私の生涯（講道館の創設,
嘉納塾について, 乱取の一紀元, 講道館の方
針, 富士見町時代 ほか）, 教育家としての私
の生涯（学習院時代, 洋行, 帰朝, 帰朝後, 高
等師範学校長時代 ほか）

『嘉納治五郎―近代日本五輪の父』　高野
正巳著　講談社　1996.6　285p　18cm

オリンピック夏季競技　　柔道

（講談社火の鳥伝記文庫 96）　690円
①4-06-147596-7
内容 "世界の柔道"をめざした講道館館長。や
わらの道をきわめ、スポーツとして広め、教
育に情熱を燃やす。国際オリンピックに一
身をささげ、東京大会決定に成功するが…。

『新装世界の伝記　9　嘉納治五郎』　きり
ぶち輝著　ぎょうせい　1995.2　281p
20cm　1600円　①4-324-04386-8
目次 第1章 芽立ち、第2章 新しい道、第3章 心
身自在、第4章 教育の父、第5章 自他共栄

『日本武道のこころ—伝統と新しい時代精
神』　トレバー・レゲット著, 板倉正明
訳　サイマル出版会　1993.12　264p
20cm〈英語書名：The spirit of budo 英
文併記　著者の肖像あり〉　2300円
①4-377-40990-5
目次 わが人生の柔道、1 武人とジェントルマ
ン、2 現代に生かす伝統の息吹き、3 武道の
修行と人生、4 嘉納治五郎と柔道

『命懸けの論理—新日本人論』　堀辺正史,
ターザン山本著　ベースボール・マガジ
ン社　1993.11　303p　22cm〈著者の肖
像あり〉　1600円　①4-583-03089-4
内容 喧嘩芸骨法創始者であり、格闘技界の論
客として有名な堀辺正史氏と『週刊プロ
レス』編集長としておなじみターザン山本
氏による対談。武士道とは何かにはじまり、
話は黒沢明監督『七人の侍』『姿三四郎』や
宮本武蔵『五輪書』にまで及び、柔道の父・
嘉納治五郎、総合格闘技へと展開。"日本人
とプロレス"のテーマは、いつしか新・日本
人論となった。

『嘉納治五郎著作集　第3巻（人生篇）』
五月書房　1992.10　408p　20cm〈新装
版 著者の肖像あり　内容：柔道家とし
ての私の生涯.教育家としての私の生涯.
回顧六十年. 年譜：p391〜406. 解説 松
本芳三著〉　6000円　①4-7727-0177-X
内容 柔道の創始者として、教育家として、さ
らに国際的体育家として、厳しい自己鍛錬
と不断の研鑽の足跡を集大成。

『嘉納治五郎著作集　第2巻（柔道篇）』
新装版　五月書房　1992.8　414p
20cm〈著者の肖像あり〉　6000円　①4-
7727-0176-1

内容 柔術から柔道へ開眼し、世界の柔道へと
飛躍させた開祖の理論と実技。

『国際交流につくした日本人　4　ヨーロッ
パ1（福沢諭吉・三浦環ほか）』　くもん
出版　1991.1　227p　23cm〈監修：長
沢和俊, 寺田登〉　2200円　①4-87576-
585-1
目次 自由と平等の社会をめざして 福沢諭吉,
東京オリンピック開催のために力をつくし
た 嘉納治五郎, 大英博物館の日本人学者 南
方熊楠, 世界のプリマドンナ 三浦環, ラグ
ザ玉 イタリアの日本画教授, 日本の洋画に
独自の画風をつくりあげた 梅原龍三郎, 林
忠正 浮世絵が世界の絵をかえた, 世界には
こるホンダのエンジン ホンダF1チーム

『柔道を創った男たち—嘉納治五郎と講道
館の青春』　飯塚一陽著　文芸春秋
1990.8　237p　20cm〈嘉納治五郎の肖
像あり　参考文献：p235〉　1500円
①4-16-344560-9
内容 愚直なるが故に異端の弟子ともいうべき
飯塚国三郎十段の眼を通して、講道館柔道
の生みの親であり偉大な教育者であった嘉
納治五郎の人間像と柔道に魅せられた男た
ちの生き方と時代精神を描く。

『柔道の歴史—嘉納治五郎の生涯　第3巻』
橋本一郎原作, 作麻正明画　本の友社
1988.10　174p　22cm〈監修：講道館〉
980円　①4-938429-14-4
内容 柔道の父—嘉納治五郎師範の情熱と波瀾
に満ちた生涯を壮大なスケールで描く（全6
巻）。明治19年、警視庁武術大会で、西郷四
郎の山嵐が一閃！ 柔術に圧勝した講道館柔
道は、ゆるぎないものになっていく。洋行
した嘉納治五郎は、32才の若さで熊本五高
の校長となる。

『柔道の歴史—嘉納治五郎の生涯　第4巻』
橋本一郎原作, 作麻正明画　本の友社
1988.10　174p　22cm〈監修：講道館〉
980円　①4-938429-15-2
内容 柔道の父—嘉納治五郎師範の情熱と波瀾
に満ちた生涯を壮大なスケールで描く（全
6巻）。広瀬中佐の猛稽古とかくれた悲恋。
明治26年、嘉納治五郎は、高等師範の校長
に就任。講道館には、ぞくぞくと俊英、豪
傑がつどい、明治末から海外への進出がは
じまる。

オリンピックの本3000冊　259

柔道　　　　　　　　　オリンピック夏季競技

『柔道の歴史─嘉納治五郎の生涯　第5巻』
橋本一郎原作, 作麻正明画　本の友社
1988.10　174p　22cm〈監修：講道館〉
980円　①4-938429-16-0
　内容 柔道の父─嘉納治五郎師範の情熱と波瀾
　に満ちた生涯を壮大なスケールで描く(全
　6巻)。歴史に残る熱戦の数々…。嘉納治五
　郎は、国際オリンピックの委員として、ま
　た旧制灘中の創立など、教育家としても活
　躍。昭和13年国際オリンピック委員会から
　の帰途、太平洋上で氷逝する。

『柔道の歴史─嘉納治五郎の生涯　第6巻』
橋本一郎原作, 作麻正明画　本の友社
1988.10　169p　22cm〈監修：講道館〉
980円　①4-938429-17-9
　内容 柔道の父─嘉納治五郎師範の情熱と波瀾
　に満ちた生涯を壮大なスケールで描く(全6
　巻)。戦後、全日本柔道選手権大会が復活。
　講道館はめざましい発展をとげる。隆盛を
　ほこる女子柔道。不世出の天才山下耕裕の
　英姿。そのあとにつづくものは、いま…?

『柔道の歴史─嘉納治五郎の生涯　第1巻』
橋本一郎原作, 作麻正明画　本の友社
1987.12　173p　22cm〈監修：講道館〉
980円　①4-938429-12-8

『柔道の歴史─嘉納治五郎の生涯　第2巻』
橋本一郎原作, 作麻正明画　本の友社
1987.12　174p　22cm〈監修：講道館〉
980円　①4-938429-13-6

『嘉納治五郎著作集　第3巻』　五月書房
1983.11　408p　20cm〈著者の肖像あり
内容：柔道家としての私の生涯.教育家
としての私の生涯.回顧六十年. 年譜：
p391〜406. 解説 松本芳三著〉　3200円
①4-7727-0023-4

『嘉納治五郎の論説─主唱雑誌の巻頭言や
講演・著書にみられる標題に関して』
棚田真輔編　〔神戸〕　神戸商科大学経
済研究所　1981.2　51p　26cm　(研究
資料 no.31)

『嘉納治五郎の教育と思想』　長谷川純三
編著　明治書院　1981.1　479p　22cm
〈嘉納治五郎の肖像あり　嘉納治五郎年
譜：p455〜479〉　8800円

『嘉納治五郎』　嘉納先生伝記編纂会編纂

講道館　1977.1 (再版)　752, 3, 15p 図
版24p　22cm

『恩師嘉納治五郎先生と私』　円子経雄著
〔八戸〕　協同印刷　1975　566p 図 肖像
22cm〈略年譜：p.553-566〉　非売品

『嘉納治五郎私の生涯と柔道』　大滝忠夫
編　新人物往来社　1972　310p 図 肖像
20cm〈年譜：p.289-300〉　980円

『嘉納治五郎』　西原康著　潮出版社
1971.11　93p　15cm　(ポケット偉人伝
11)〈年譜あり〉

『嘉納治五郎─世界体育史上に輝く』　加
藤仁平著　逍遥書院　1964　285p 図版
22cm　(新体育学講座 第35巻　竹内虎
士, 大石三四郎編)〈付：参考文献〉

『嘉納治五郎』　嘉納先生伝記編纂会編
講道館　1964　752p 図版24p　22cm

『嘉納治五郎』　古賀残星著, 内山孝絵　金
子書房　昭和31　221p 図版　22cm
(少年少女新伝記文庫 25)

《カノコギ, ラスティ》
㊉1935年
㊏2009年11月21日
◇米国の柔道家。1959年、ニューヨーク州で行
　われたYMCA州柔道選手権団体戦に男装し
　て出場、優勝メンバーでありながら女性であ
　ることを理由にメダルを剥奪された。これ
　をきっかけに、'62年日本に渡り講道館に入
　門。女性への門戸開放を求め、'80年ニュー
　ヨークで自力で第1回世界女子柔道選手権を
　開き、'92年バルセロナ五輪での女子柔道の
　正式種目採用を実現。'88年のソウル五輪で
　は公開競技の女子柔道で米国代表チームの
　監督を務めた。'94年国際女性スポーツ殿堂
　入り。2009年YMCAがメダル返還を決定し
　た。米国人女性で最高の7段を持ち、"女子
　柔道の母"と呼ばれる。1960年代半ばに米
　国に来ていた熊本県出身の柔道家・鹿子木
　量平と結婚

『柔の恩人─「女子柔道の母」ラスティ・
カノコギが夢見た世界』　小倉孝保著
小学館　2012.5　238p　20cm　1600円
①978-4-09-389741-9
　内容 幼少期は、差別と貧困のどん底にいた。

少女時代は、街でけんかに明け暮れた。全てを擲った最初の結婚も失敗…。そんな彼女を救ってくれたのは、「JUDO」という名のスポーツだった。やがて彼女は、柔道のために、自分の全人生と全財産を懸けた壮絶な闘いに挑んでいく—。女子柔道をオリンピック種目にするために、孤軍奮闘し続けたアメリカ人女性柔道家の人生記。第18回小学館ノンフィクション大賞受賞作。

**《神永 昭夫》** かみなが・あきお

㊓昭和11年(1936年)12月22日

㊕平成5年(1993年)3月21日

◇柔道家。昭和39年の東京五輪では無差別級に出場、オランダのヘーシンクに決勝で惜しくも敗れたが、銀メダルを獲得。47年ミュンヘン五輪などの監督を務めた

**『神永昭夫の軌跡—ガンバレ柔道ニッポン』** 阿南惟正ほか編纂　全日本実業柔道連盟　1995.7　228p　29cm〈神永昭夫の肖像あり　柔道略年表・主要競技記録：p209〜225〉　非売品

**《亀倉 雄策》** かめくら・ゆうさく

㊓大正4年(1915年)4月6日

㊕平成9年(1997年)5月11日

◇グラフィックデザイナー。昭和37年亀倉デザイン研究室を設立。同年、2年後に開催される東京五輪のポスター三部作をデザイン、特に早崎治がランナーのスタートダッシュを捉えた一枚は戦後広告写真の傑作といわれ、ADC賞金賞を受賞した

**『朱の記憶—亀倉雄策伝』** 馬場マコト著　日経BP社　2015.12　326p　19cm〈文献あり　発売：日経BPマーケティング〉　1800円　①978-4-8222-7294-4

内容 戦前のプロパガンダ、東京五輪、大阪万博、NTT民営化、リクルート事件…。重大局面において、常に日本を鼓舞し続けた稀代の表現者、亀倉雄策。その生涯と仕事から、昭和史の裏側をあぶり出す。

**『生誕100年亀倉雄策と『クリエイション』—図録』** 新潟県立近代美術館図録編集　［長岡］　新潟県立近代美術館　2015.12　134p　28cm〈会期・会場：2015年11月14日—2016年1月17日 新潟県立近代美術館　年譜あり〉

**『亀倉雄策—1915-1997』** 亀倉雄策著, 川畑直道編　DNPグラフィックデザイン・アーカイブ　2006.1　263p　19cm (ggg books別冊 4)〈年譜あり　発売：トランスアート〉　2300円　①4-88752-351-3

内容 日本グラフィックデザイン界の巨人・亀倉雄策の歩みを33篇の自伝的エッセイとデザイン論でたどる。

**『亀倉雄策—昭和のグラフックデザインをつくった男 1915-1997』** リクルート［ほか］編　メディアファクトリー　1998.5　120p　30cm　3000円　①4-88991-558-3

内容 昨年5月に急逝した亀倉雄策は、日本のグラフィックデザインの雄として、また世界のKAMEKURAとして、戦前戦後を通じて常にトップを走り続けてきました。本書は、その65年におよぶデザイナー人生を共に生き、今日のデザイン界を築きあげた43人による、追悼の意を込めた作品と、思い出のエッセイで構成されています。あわせて、亀倉雄策がその若き時代について書いた文章を、時代を追って再録しています。

**『亀倉雄策—作品集』** 亀倉雄策［画］　美術出版社　1971　199p(おもに図)　25×27cm〈年譜：p.194-196〉　4800円

**《古賀 稔彦》** こが・としひこ

㊓昭和42年(1967年)11月21日

◇柔道家。昭和62年世界選手権3位。同年から全日本体重別71キロ級6連覇。63年ソウル五輪は3回戦敗退。平成4年バルセロナ五輪は左膝を痛めながらも金メダルを獲得。8年アトランタ五輪78キロ級は逆転判定負けで銀メダル。15年一定条件内でCM出演などの商業活動が可能な、日本オリンピック協会(JOC)特別認定役員に認められる。16年アテネ五輪では、女子63キロ級代表・谷本歩実の担当コーチとして金メダルに導いた

**『古賀稔彦の一本で勝つ柔道—組み手、引き手、釣り手、足の位置…「古賀流投げ技」のすべて!!』** 古賀稔彦著　決定版　マイナビ　2015.5　79p　21cm〈新版：毎日コミュニケーションズ 2009年刊〉　1500円　①978-4-8399-5516-8

内容 「投げ技」技術書決定版。古賀流「投げ技」の技術、隠された理論を一挙公開!!

柔道　　　　　　　　　　　　　　　　　　オリンピック夏季競技

『古賀稔彦の一本で勝つ柔道─現役を引退
　した現在だから明かせる「投げ技の奥
　義」』　古賀稔彦著　新版　毎日コミュ
　ニケーションズ　2009.6　79p　21cm
　〈初版：エムシープレス2005年刊〉
　1500円　①978-4-8399-3265-7
　内容　バルセロナ五輪・金メダリストの古賀稔
　　彦が明かす「投げ技の奥義」。実戦ですぐに
　　使えるテクニックが満載。

『夢をかなえる勝負力！』　瀬川晶司著
　PHP研究所　2006.5　208p　20cm
　1400円　①4-569-64865-7
　内容　61年ぶりのプロ棋士編入試験を突破した
　　瀬川晶司氏。勝つための総合力＝人間力と
　　は何かを、柔道家の古賀稔彦ら5人との対談
　　で明らかにする。

『古賀稔彦の一本で勝つ柔道─現役を引退
　した現在だから明かせる「投げ技の奥
　義」』　古賀稔彦著　MCプレス　2005.
　11　79p　21cm〈付属資料：DVD-
　Video1枚（12cm）〉　1500円　①4-
　901972-35-9
　内容　実演映像DVD付き、「投げ技」技術書の
　　決定版。

『精神力』　古賀稔彦著　角川書店　2001.
　9　173p　18cm　（角川oneテーマ21）
　571円　①4-04-704052-5
　内容　原点に戻り考える、その逆境に勝つ、強
　　靱な精神力鍛錬法とは何か？　オリンピック
　　柔道金メダリストが伝授する「心の構え方」
　　のコツ。

『柔道』　古賀稔彦著　旺文社　2001.4
　127p　22cm　（Jスポーツシリーズ5）
　〈ハードカバー〉　1600円　①4-01-
　071825-0
　内容　この本は、柔道をやってみたい、強く
　　なりたいという小・中学生に向けて書かれ
　　たものです。技術編は、大きく、投げ技、
　　固め技に分けてあり、技の練習をする前に
　　知っておきたいこと、また基本的な身のこ
　　なしを勉強した後の、実際の技のかけ方が、
　　くわしく書かれています。技の連続写真の
　　ページでは、著者独自のチェックポイント
　　がちりばめられ、ページ下にはワンポイン
　　トレッスンも入っています。練習の流れや、
　　トレーニング方法、ルールについても紹介
　　しました。

『柔道』　古賀稔彦著　旺文社　2001.4
　127p　21cm　（Jスポーツシリーズ5）
　1100円　①4-01-071835-8
　内容　この本は、柔道をやってみたい、強くな
　　りたいという小・中学生のみなさんに向けて
　　書かれたものです。教えてくれるのは、古賀
　　稔彦さん。バルセロナオリンピック（1992
　　年）の金メダリストで、キレのいい一本背負
　　いで、世界にその名を知られた名選手です。

『古賀稔彦─世界を獲った男、その生き方』
　古賀稔彦著　東京学参　2001.1　205p
　19cm　1400円　①4-8080-1118-2
　内容　幼少年時代の家族の愛そして強い絆。講
　　道学舎での師との出会いが古賀稔彦を生ん
　　だ！　父の教え、そこに強制はなかった。そ
　　して、人との関わりを通して相手の痛みを
　　知った─。

『勝負魂』　古賀稔彦著　ベースボール・
　マガジン社　2000.12　211p　20cm
　1600円　①4-583-03600-0
　内容　小さな身体で大男を投げ飛ばし、「三四
　　郎」と呼ばれた古賀稔彦。90年、無差別級
　　で行われる全日本選手権で決勝進出。92年、
　　バルセロナ五輪では左膝靱帯損傷という絶
　　体絶命の崖っぷちから金メダル獲得。何度
　　も引退をささやかれながら、常に前向きな
　　思考で現役を継続。シドニー五輪前、「幸せ
　　な柔道人生でした」と引退を表明するまで、
　　常に前向きな姿勢を崩さなかった天才柔道
　　家が、優しく語りかける珠玉のコラム集。

『人は弱さを知り強くなる』　古賀稔彦著
　PHP研究所　2000.12　214p　20cm〈肖
　像あり〉　1400円　①4-569-61427-2
　内容　勝負してこそ、新しい自分が生まれる。
　　“絶望から生まれた一本背負い投げ”“小が大
　　を制する心”“怪我をチャンスに変えてつかん
　　だ金メダル”昭和、平成の三四郎と呼ばれ、
　　柔の道に命を賭けた熱き人生とその哲学。

『古賀稔彦が翔んだ日─バルセロナ、奇蹟
　への道』　古賀元博著　福岡　葦書房
　1994.2　163p　19cm〈古賀稔彦の肖像
　あり〉　1200円　①4-7512-0550-1
　内容　甦るあの夏の興奮。1992年・バルセロナ
　　オリンピック。試合直前の負傷。その逆境
　　を見事に乗りこえて世界の頂点に立った平
　　成の三四郎・古賀稔彦を身近に見守ってき
　　た兄が綴る感動の秘話。

オリンピック夏季競技　　柔道

**《小谷 澄之》**　こたに・すみゆき

⊕明治36年（1903年）

⊗平成3年（1991年）10月9日

◇柔道家，レスリング選手。昭和7年ロス五輪レスリングフリースタイルのミドル級に出場，3回戦で敗退。南満州鉄道（満鉄）に入社。また満州国文教府体育課長として体育行政にもあたり，のち東海大学武道科教授，講道館国際部参与などを務めた。柔道10段

『これが講道館柔道だ─名人小谷澄之十段の柔道一代』　杉崎寛著　習志野　あの人この人社　1988.6　207p　20cm〈小谷澄之の肖像あり〉　1600円

『柔道一路─海外普及につくした五十年』　小谷澄之著　ベースボール・マガジン社　1984.9　406p　22cm〈著者の肖像あり〉　3800円　Ⓘ4-583-02449-5

**《斉藤 仁》**　さいとう・ひとし

⊕昭和36年（1961年）1月2日

⊗平成27年（2015年）1月20日

◇柔道家。国士舘高校から国士舘大学へ進学後実力を伸ばし，昭和55年から全日本学生選手権3連覇，55年，57年世界学生選手権2連覇など無敵の強さを誇った。59年ロス五輪95キロ超級で金メダルを獲得。63年のソウル五輪では日本柔道陣で唯一の金メダルを獲得，日本の柔道選手として当時初の五輪連覇を成し遂げた。平成12〜20年全日本柔道連盟男子監督（男子日本代表監督）を務め，16年アテネ五輪，20年北京五輪を指揮し，2大会で5個の金メダルを獲得。北京では100キロ超級の石井慧をマンツーマンで指導し，金メダルに導いた。27年54歳で病死した

『強いやつが勝つ 斉藤仁』　渡辺研著　リクルート出版　1990.2　237p　19cm　1100円　Ⓘ4-88991-151-0

目次 序章 1988年10月1日 ソウル，第1章 挫折，第2章 山下泰裕という存在，第3章 自分にしかできないこと，第4章 とどまる勇気，第5章 斉藤仁を支えた人びと，第6章 無為自然，第7章 復活，第8章 オリンピックへ，終章 夢追い人

**《佐藤 宣践》**　さとう・のぶゆき

◇柔道家。4歳上の兄に憧れて中学時代に柔道を始める。昭和42年世界柔道選手権軽重量級優勝。44年東海大学に移る。48年世界柔道選手権軽重量級優勝，49年全日本選手権優勝。のち同大柔道部監督，体育学部長。52年全日本ヘッドコーチに就任。全日本柔道連盟国際委員長，国際柔道連盟理事，日本オリンピック委員会（JOC）理事，選手強化本部副本部長を経て，本部長。平成10年全日本柔道連盟総務委員長。バンコクアジア大会総監督，11年シドニー五輪選手団総監督。全日本学生柔道連盟会長。28年桐蔭横浜大学学長に就任。柔道7段。ロス五輪金メダリストの山下泰裕選手を高校3年から大学3年まで自宅に下宿させ，寝食をともにし指導した。他に，アトランタ五輪に出場した中村3兄弟，シドニー五輪金メダリストの井上康生らを育てた

『柔道』　佐藤宣践，橋本敏明共著　ベースボール・マガジン社　1985.4　182p　21cm　（ジュニア入門シリーズ）　850円

**《篠原 信一》**　しのはら・しんいち

⊕昭和48年（1973年）1月23日

◇柔道家。天理大学3年の平成4年に全日本学生選手権を初制覇し，翌5年連覇。12年金メダルを確実視されて臨んだシドニー五輪では，決勝でフランスの英雄で五輪連覇を狙うダビド・ドイエと対戦，内また透かしで一本勝ちを確信するも，不可解な判定により銀メダルに終わった。試合後のインタビューでは「弱いから負けた」とコメントしたが，国際柔道連盟（IJF）は "両者ともにポイントを与えるべきでなかった" と結論し，事実上の誤審を認めた。20年全日本柔道連盟男子監督（男子日本代表監督）に就任。24年ロンドン五輪で史上初の金メダルゼロに終わり，同年11月退任

『規格外』　篠原信一著　幻冬舎　2015.10　196p　19cm　1300円　Ⓘ978-4-344-02843-2

内容 はみ出したってええやん！ 考えすぎない，肩肘張らない，計算しない─篠原流，ご機嫌に生きるヒント。

**《鈴木 桂治》**　すずき・けいじ

⊕昭和55年（1980年）6月3日

◇柔道家。平成16年全日本選手権100キロ級決勝で井上康生を破り，初優勝。同年アテネ五輪は100キロ超級で金メダルを獲得。ア

テネ五輪後は故障に苦しみ、16年12月左肘
の軟骨手術を受ける。20年4月全日本選抜
体重別選手権100キロ級で優勝し、同階級の
北京五輪代表に。同月末の全日本選手権で
は決勝で石井に優勢負けし、五輪100キロ超
級代表は逃した。北京五輪の日本選手団主
将を務める。柔道人生の集大成と位置づけ、
五輪史上3人目となる2階級制覇を目指した
五輪本番では、1回戦でモンゴル人選手にも
ろ手刈りで一本負け、敗者復活1回戦でもド
イツ人選手に横落としで一本負けと惨敗
した。24年6月全日本柔道連盟の強化指定を
辞退、7月代表からの引退を表明し、国士舘
大監督に就任。11月日本代表監督となった
井上康生の下、代表コーチに就任した

『再起力。―人間「鈴木桂治」から何を学
　ぶのか』　鈴木桂治著　創英社　2010.8
　265p　21cm〈共同刊行：三省堂書店〉
　1500円　Ⓘ978-4-88142-195-6
　内容 混沌として、行方の分からない現代社会
　に向け、幾度となく、苦難、苦悩を経験し
　て来た「鈴木桂治」が読者に伝える再起す
　る力。心を動かす68の熱いメッセージ。

『絆―オレと柔道をつなぐもの』　鈴木桂
　治著　泰文堂　2010.2　236p　19cm
　（Azusa books）　1381円　Ⓘ978-4-
　8030-0186-0
　内容 頂点を極めた男が、どん底からふたたび
　世界を目指す―不屈の金メダリストが綴る
　「戦い続ける理由」。

《園田 義男》　そのだよしお
　�昭和20年（1945年）8月30日
　㊣平成30年（2018年）1月29日
　◇柔道家。弟の園田勇は昭和51年モントリ
　オール五輪柔道中量級の金メダリスト。41
　年東京ユニバーシアード大会、44年世界選
　手権メキシコシティ大会軽量級で優勝。51
　年母校・福岡工大附属高柔道部監督に就任、
　弟は総監督を務める。五輪や世界選手権で
　活躍した谷亮子（旧姓・田村）や日下部基栄
　らを育てた。平成21〜28年同校の校長も務
　めた

『克って勝つ―田村亮子を育てた男』　園
　田義男著　福岡　データ・マックス
　1996.9　220p　20cm〈発売：自由現代
　社（東京）　著者の肖像あり　巻末：略
　歴〉　1500円　Ⓘ4-88054-783-2

内容 柔道一筋に歩み続けてきた男が、勝つ
ために生まれてきた少女と出会い、つかみ
とった大きな感動を、いま語りはじめた。

《田辺 陽子》　たなべ・ようこ
　㊚昭和41年（1966年）1月28日
　◇柔道家。昭和60年福岡国際大会72キロ級で
　優勝。62年から全日本選手権6連覇。この
　間、63年公開競技だったソウル五輪72キロ
　級で銅メダル。4年バルセロナ五輪では、72
　キロ級で銀メダルを獲得。5年引退するが、
　6年現役に復帰し、11月の全日本強化選手選
　考会で優勝。8年フランス国際72キロ級、全
　日本女子体重別選手権優勝。同年アトラン
　タ五輪72キロ級で2大会連続銀メダルを獲得
　した。引退後は、日本大学柔道部女子コー
　チを経て、監督を務める。また、14年より
　日本アンチ・ドーピング機構（JADA）理事
　を務め、反ドーピングの啓発に尽力。17年
　世界反ドーピング機構（WADA）が新設した
　選手委員会メンバーに日本からただ一人選
　ばれる。日本オリンピック委員会（JOC）ア
　ンチドーピング委員会副委員長、アスリー
　ト専門委員会副委員長などを歴任

『太陽の食卓―おいしく・楽しく・たくま
　しく』　田辺陽子著　三起商行　1998.3
　262p　19cm　1500円　Ⓘ4-89588-801-
　0
　内容 普通の家庭に生まれたちょっと活発な女
　の子が、女子柔道の日本代表としてソウル、
　バルセロナ、アトランタの3度のオリンピッ
　クに連続出場し、3回連続のメダル獲得とい
　う快挙を成し遂げるまでを、幼少時のあた
　たかな家族愛のエピソードから、競技者と
　しての栄光、挫折、そして復帰という、1人
　の女性としての半生を、ありのままに綴っ
　たエッセイ。

《谷 亮子》　たに・りょうこ
　㊚昭和50年（1975年）9月6日
　◇柔道家、政治家。旧姓・田村。平成4年バル
　セロナ五輪は決勝で負けて銀メダル。8年ア
　トランタ五輪では決勝で北朝鮮のケー・ス
　ンヒに惜敗して2大会連続で銀メダルとな
　り、4年12月の福岡国際女子から続いていた
　連勝記録は84でストップした。しかし、悲
　劇のヒロインとして国民的な人気者となり、
　大きな注目を集める。12年「最高で金、最低
　でも金」と臨んだシドニー五輪で、日本女子
　初の3大会連続五輪出場を果たし、初の金メ

264

ダルを獲得。16年アテネ五輪で優勝し、五輪2連覇を達成。「田村で金、谷でも金」の公約を果たした。20年4月全日本女子選抜体重別選手権決勝で山岸絵美に敗れるも、これまでの実績から北京五輪代表に決定。子育てをしながら練習に励み、「ママでも金」と五輪3連覇を目指したが、本番では準決勝で敗れた。3位決定戦では一本勝ちし、5大会連続のメダルとなる銅メダルを獲得。五輪には5度出場して金メダル2個、銀メダル2個、銅メダル1個を獲得。右背負い投げを武器に、約20年間世界のトップを走り続け、日本女子柔道隆盛の基礎をつくった。また、女子柔道だけでなく、女子アスリートとしても次々と“史上初”を成し遂げ、日本中に感動を与え続けた。25年6月全日本柔道連盟理事。同年国際柔道連盟（IJF）殿堂入り。30年、23年ぶりに4段から5段を飛び越えて6段に昇段。女子の飛び昇段は極めて異例

**『谷亮子物語』**　本郷陽二編　汐文社　2008.2　170p　22cm　（夢かけるトップアスリート スポーツノンフィクション）　1500円　①978-4-8113-8450-4

目次 第1章 ひたすら柔道に打ち込んだ幼少時代（衝撃の世界デビュー, 女の子らしく育てたい ほか）, 第2章 高校進学そして夢の舞台へ（高校進学, 日本一の座 ほか）, 第3章 ついにつかんだ金メダル（背負っている重い荷物, 強い精神力 ほか）, 第4章 歓喜のオリンピック連覇（世界に一つだけの部屋, 夢は夫婦で金メダル ほか）, 第5章 北京へ向けた戦いは続く（最悪の体調を乗り越えて, 世界選手権を辞退する ほか）

**『朝日新聞報道写真集　2008』**　朝日新聞社編　朝日新聞社　2008.1　188p　26×21cm　2900円　①978-4-02-221608-3

目次 特集 自民、参院選で歴史的大敗, 特集 新潟・長野、能登半島に震度6強, 長井さん撃たれ死亡, 那覇空港で中華航空機炎上, 落雷の瞬間, 特集 日本人メジャーリーガーたち, 佐賀北、初V, 「2人の王子」斎藤佑樹と石川遼, 谷亮子7度目V、野口国内3大マラソン制覇, 愛子さまお遊戯、悠仁さま1歳〔ほか〕

**『初恋金メダル―田村亮子栄光への道』**　西日本新聞社編　福岡　西日本新聞社　2000.12　199p　21cm　1143円　①4-8167-0509-0

**『克って勝つ―田村亮子を育てた男』**　園田義男著　福岡　データ・マックス　1996.9　220p　20cm〈発売：自由現代社（東京）　著者の肖像あり　巻末：略歴〉　1500円　①4-88054-783-2

内容 柔道一筋に歩み続けてきた男が、勝つために生まれてきた少女と出会い、つかみとった大きな感動を、いま語りはじめた。

**『亮子、起きんしゃい―“Yawaraちゃん”と一緒に歩いてきた、母の思い、子への愛』**　田村和代著　日本文化出版　1994.11　183p　19cm〈田村亮子の肖像あり〉　1200円　①4-89084-007-9

内容 中学3年生で世界戦初優勝。“柔道ニッポン”の先鋒として世界に羽ばたく田村亮子選手を支えてきた母親・和代さんの“自然流”子育て奮戦記。

## 《野村 忠宏》　のむら・ただひろ

㊓昭和49年（1974年）12月10日

◇柔道家。祖父は柔道道場館長、父の野村基次は強豪天理高柔道部元監督、叔父はミュンヘン五輪金メダリストの野村豊和という柔道一家に生まれる。平成8年チェコ国際優勝。同年全日本選抜体重別選手権60キロ級で初優勝。同年天理大4年でアトランタ五輪に出場し、金メダルを獲得。12年9月シドニー五輪で史上2人目、軽量級では初の2大会連続で金メダルを獲得。16年のアテネ五輪では個人種目で日本人初、五輪柔道では世界初となる3大会連続の金メダルを獲得した。19年4月全日本選抜体重別選手権で3年ぶり6度目の優勝を飾るも、5月に右膝前十字靱帯を断裂。20年の同大会は準決勝で敗れ、北京五輪代表に落選、五輪4大会出場はならなかった。21年5月現役続行を決断しロンドン五輪を目指すが、22年11月講道館杯2回戦でジュニア世界王者の志々目徹に一本負けし、強化指定選手復帰はならなかった。27年8月全日本実業個人選手権を最後に引退

**『まんがNHKアスリートの魂―試練を乗りこえて サッカー香川真司 フィギュアスケート宮原知子 柔道野村忠宏』**　山田幸雄スポーツ監修, 岡本圭一郎, 朝吹まり, 岩元健一まんが　学研プラス　2017.7　175p　21cm　1200円　①978-4-05-204637-7

内容 誰よりも努力して…何度もくやしい思いをして…それでもけっしてあきらめない。

栄光に向かってひたむきに生きる、アスリート感動まんが。

『戦う理由』　野村忠宏著　学研パブリッシング　2015.10　237p　19cm　〈「折れない心」（2010年刊）の改題、加筆・修正　発売：学研マーケティング〉　1300円　①978-4-05-800555-2　内容 五輪3連覇から"自分との戦い"へ—戦い続けた男が辿りついた"戦うこと"の意味とは？とことんまで戦い抜いたという事実が、明日の自分の背中を押す力になる！

『折れない心』　野村忠宏著　学研パブリッシング　2010.2　225p　18cm　（学研新書 071）〈並列シリーズ名：Gakken shinsho　発売：学研マーケティング〉　740円　①978-4-05-404424-1　内容 五輪柔道史上、前人未到の3連覇を成し遂げた野村忠宏。奔放な発言と、ここぞという場面の勝負強さから「天才」「神技」と呼ばれる野村は、実は臆病で、だから自分自身を追い詰めてきた。右膝前十字靱帯断裂という柔道家生命の危機を越え、35歳の現在もなお世界の頂を目指す野村が明かす闘い続けられる理由と、折れない心の作り方。「天才」が「ひとりの正直な男」として努力と涙、生身の自分をさらけ出した初の著作。

『野村忠宏十番勝負—最強柔道家の人生をかけた闘い』　佐藤倫朗著，全日本柔道連盟監修　三起商行　2004.6　175p　19cm　（ミキハウス"夢"応援シリーズ）〈肖像あり〉　1300円　①4-89588-809-6　内容 人生の転機に、いつも名勝負があった。夢はひとつずつ。オリンピック柔道2大会連続金メダル獲得。前人未到の3連覇に挑戦する青春。

《福見 友子》　ふくみ・ともこ
⊕昭和60年（1985年）6月26日
◇柔道家。高校2年時の14年の全日本女子選抜体重別選手権48キロ級で、世界女王・田村亮子（現姓・谷）に優勢勝ち。12年間無敗だった田村から勝ち星を挙げ、アトランタ五輪決勝で敗れて以来続いていた田村の連勝記録を65でストップさせた。18年福岡国際女子でアテネ五輪銀メダルのジョシネ（フランス）を延長の末下し、2年ぶりに優勝。全日本学生体重別選手権48キロ級2連覇。24年1月マスターズで浅見八瑠奈を破り初優勝。5月全日本選抜体重別選手権48キロ級でも優勝し、浅見を制してロンドン五輪出場を決める。7月ロンドン五輪では金メダル候補と言われながら準決勝で敗れ、3位決定戦でも敗れて5位に終わる。25年4月現役を引退

『戦いをあきらめない—柔道・福見友子』　福見友子監修　あかね書房　2013.3　160p　21cm　（スポーツが教えてくれたこと 5）　1400円　①978-4-251-08285-5　内容 「柔道一直線」スポーツ万能だった少女は柔道と出会い、まっすぐに歩んできた。くじけそうになっても、ただひたすらに。やがて、成長した彼女の舞台は世界だった。一流のスポーツ選手がみんなの質問にこたえる。「スポーツが教えてくれたこと」シリーズ、一本。

《ヘーシンク，アントン》
⊕1934年4月6日
⊗2010年8月27日
◇オランダの柔道家。1949年15歳でオランダの柔道選手権優勝。'51年日本の天理大学に柔道留学。'60年にはレスリングのグレコローマンでローマ五輪代表候補に。柔道が初採用された'64年の東京五輪では無差別級に出場。決勝で神永をけさ固めで破って一本勝ちし、日本中に衝撃を与えた。日本は軽量、中量、重量の3階級を制したが、無差別級を落とし、お家芸の完全制覇を逃した。引退後は'73年から5年間、全日本プロレスに参戦した。'78年以降は柔道の指導に専念。'87年に国際オリンピック委員会（IOC）委員に就任し、自ら発案したカラー柔道着の導入を主導するなど、"柔道"を"JUDO"にする国際化に貢献した。'97年国際柔道連盟（IJF）から初の名誉十段を授与された他、IJFやIOCで柔道の普及に努めた功績が認められ、勲三等瑞宝章を与えられた

『ヘーシンクを育てた男—Michigami Haku』　眞神博著　文藝春秋　2002.12　238p　20cm　1762円　①4-16-359220-2　内容 日本柔道はなぜ勝てなくなったのか？国際化とともに体重制、審判規定など、ルールそのものが変更され、柔道は「ジュードー」へと変質して行く。それは古来の、武道としての柔道を信ずる者にとっては、耐えら

れない堕落であった。こうした変質にも何ら抵抗しようとしない日本柔道界に絶望した道上伯は、一人ヨーロッパに本格柔道を残そうと道場を開く。そこで出会ったのが、世界最強の男ヘーシンクである。

《松本 薫》　まつもと・かおり

㋑昭和62年（1987年）9月11日

◇柔道選手。平成24年1月ワールドマスターズ・アマルティ、2月グランプリ・デュッセルドルフ優勝。8月のロンドン五輪では日本選手団の金メダル第1号、不振の日本柔道で唯一の金メダルを獲得した。28年2月グランプリ・デュッセルドルフ優勝、8月リオデジャネイロ五輪は2大会連続のメダル獲得となる銅メダルに輝く

『夢をつなぐ』　松本薫著　アスペクト

　2012.12　187p　19cm〈年譜あり〉

　1400円　①978-4-7572-2110-9

内容 2012年7月30日、ひとりの柔道選手が世界の頂点をきわめた。松本薫、25歳。「獲物を狙うオオカミのような眼」で「狩人」のように攻め、「カタチではなく気持ち」で柔道を表現するアスリート─。胸に秘めた「約束」を果たした彼女がいま、全身全霊で取り組んできた柔道のこと、支えてくれた家族、恩師、仲間、これからの生き方、それらすべてをつないできた想いを語りつくす。

《溝口 紀子》　みぞぐち・のりこ

㋑昭和46年（1971年）

◇柔道家。"女三四郎"山口香に憧れて柔道を始める。埼玉大学在学中の平成4年、バルセロナ五輪52キロ級で銀メダルを獲得。8年全日本選抜女子体重別選手権56キロ級で2連覇。同年のアトランタ五輪は56キロ級に出場し、3回戦で敗退。14～16年フランスの女子ナショナルチームコーチを務めた。17年静岡文化芸術大学講師、21年准教授を経て、28年教授。26年静岡県教育委員長。29年静岡県知事選に立候補

『性と柔─女子柔道史から問う』　溝口紀子著　河出書房新社　2013.11　225p　19cm　（河出ブックス 064）〈文献あり〉　1400円　①978-4-309-62464-8

内容 バルセロナ五輪柔道銀メダリストにして気鋭のスポーツ社会学者が、女性史と柔道史をロジカルに掛け合わせる。代表選手への暴力行為、わいせつ事件、助成金不正受

給、不祥事が相次ぐ柔道界、その「柔」の根底に敷かれた、古びた「性」意識を解き明かす。

《道上 伯》　みちがみ・はく

㋑大正1年（1912年）10月

㋭平成14年（2002年）8月4日

◇柔道家。柔道家・前田光世の「世界喧嘩旅行記」を読んで柔道を志し、大日本武徳会が設立した日本唯一の武道専門学校である京都武専に学ぶ。昭和15年から上海の東亜同文書院大学で柔道を指導した。28年武専時代の恩師の依頼を受け、柔道指導者として渡仏。以来、50年間に渡ってボルドーを中心に30ケ国以上で柔道を教え、武士道精神を世界に広めた。55年オランダ柔道協会最高技術顧問。弟子に東京五輪で全て一本勝ちで無差別級を制したアントン・ヘーシンクなどがいる

『ヘーシンクを育てた男─Michigami Haku』　眞神博著　文藝春秋　2002.12　238p　20cm　1762円　①4-16-359220-2

内容 日本柔道はなぜ勝てなくなったのか？国際化とともに体重制、審判規定など、ルールそのものが変更され、柔道は「ジュードー」へと変質して行く。それは古来の、武道としての柔道を信ずる者にとっては、耐えられない堕落であった。こうした変質にも何ら抵抗しようとしない日本柔道界に絶望した道上伯は、一人ヨーロッパに本格柔道を残そうと道場を開く。そこで出会ったのが、世界最強の男ヘーシンクである。

《山下 泰裕》　やました・やすひろ

㋑昭和32年（1957年）6月1日

◇柔道家。昭和52年東海大2年の時、史上最年少（19歳）で全日本チャンピオンに。59年ロス五輪では無差別級で金メダルに輝き、"世界の山下"として柔道界に君臨した。52年の日ソ親善試合から、9連覇を達成した全日本柔道選手権決勝まで、203連勝の偉大な記録を残して無敗のまま、60年6月現役を引退した。63年より全日本柔道連盟（全柔連）強化コーチを務め、平成4年ヘッドコーチ（監督）。8年東海大学教授、史上最年少で全柔連理事となる。同年アトランタ五輪、12年シドニー五輪の柔道男子日本チーム監督を務め、12～16年男子強化部長。15年8段を取

得。同年国際柔道連盟（IJF）の教育コーチング理事に就任し、4年間国際人として柔道の発展に尽力するも、19年IJF理事選挙で落選、日本がIJFに加盟して以来初めて執行部に日本人が不在となった。29年日本オリンピック委員会（JOC）選手強化部長

『背負い続ける力』　山下泰裕著　新潮社　2012.4　221p　18cm　〈新潮新書 463〉　720円　①978-4-10-610463-3

内容 自分より大きなものを背負っている時にこそ、人は大きな力を出せる―。そう考える著者は、あえて中国・南京に柔道場を建て、ロシアのプーチン大統領と交流し、世界中で柔道指導を引き受ける。時に批判を浴びたとしても、現代に生きる一人として、この国をよくすることに責任を感じるからだ。若い頃から「自分ならざるもの」を背負い、結果を出し続けてきた"史上最強の柔道家"が示す「逃げない大人」の覚悟。

『指導者の器―自分を育てる、人を育てる』　山下泰裕著　日経BP社　2009.11　222p　20cm　〈発売：日経BP出版センター〉　1400円　①978-4-8222-6548-9

目次 第1章 すべての選択肢は自分の側にある、第2章 グンと伸びる時が必ず来る、第3章 気づくのに遅すぎることはない、第4章「当たり前のこと」を始める、第5章 本当の敵は誰なのか、第6章 勝つ選手、負ける選手、第7章 変えるべきではない本質、第8章 正論を心に届ける

『山下泰裕闘魂の柔道―必勝の技と心』　山下泰裕著　新装版　ベースボール・マガジン社　2007.6　207p　26cm　1800円　①978-4-583-10032-6

内容 全日本9連覇、世界選手権95kg超級3連覇、ロサンゼルス五輪無差別級優勝。輝かしい実績を支えた精進の日々。柔道山下の集中力、闘志、執念を学ぶ。

『人を育てる、人に育てられる―柔道を通して学んだこれからの生き方』　山下泰裕［述］　日本科学技術連盟　2006.9　36p　18cm　（クオリティのひろば no.45）

『武士道とともに生きる』　山下泰裕, 奥田碩著　角川書店　2005.4　187p　22cm　1400円　①4-04-883914-4

内容 『姿三四郎』を題材に、失われつつある武士道精神と、柔道に流れる独自の精神性、日本文化について幅広く語りあい、混迷の時代に生きる指針を示した、日本人必読の書。

『夢を駆けた男たち―栄光のためでなく』　八木荘司著　新潮社　1997.11　280p　20cm　1500円　①4-10-419801-3

内容 現役時代、負けることの恐怖に絶えず怯えていた柔道の山下泰裕。映画制作に行き詰まり、自殺まではかっていた巨匠・黒沢明。三十代に難病にかかったのがきっかけで、政界入りの幸運をつかんだ元首相・池田勇人。そして、親友の本田宗一郎にだけは本心を打ち明けていたソニーの創始者・井深大。栄光の人生に秘められた陰の部分の美しさを、ベテラン記者が丹念な取材で浮かび上がらせる。

『山下泰裕の楽しい柔道』　山下泰裕著　小峰書店　1990.7　111p　22cm　（ジュニア・スポーツ・セレクション 7）　1080円　①4-338-08507-X

内容 スポーツって楽しい。だから、楽しく学んで、楽しく上達したい。もちろん、苦しい練習もある。つらいトレーニングもある。でも、心はいつも楽しく、明るく。名選手なら、きっとそのコツをやさしく教えてくれる。スポーツって、ほんとうに楽しい。

『黒帯にかけた青春』　山下泰裕著　東海大学出版会　1986.10　254p　19cm〈著者の肖像あり〉　1200円　①4-486-00935-5

内容 一試合一試合に立ちはだかる障壁と苦境をいかにして乗りこえたか…。"人間ヤマシタ"のすべてを明らかにする初の書き下ろし。

『男の勝負に言い訳はない―山下泰裕勝ち続けた男からのメッセージ』　星野真里子, 小林千智著　日本実業出版社　1986.1　236p　19cm〈山下泰裕の肖像あり〉　1100円　①4-534-01091-5

『山下柔道物語―映画原作』　三藤芳生著　日貿出版社　1985.9　311p　図版24枚　19cm〈山下泰裕の肖像あり　山下泰裕「誕生から現在まで」：p290～297〉　1000円　①4-8170-6520-6

『山下泰裕勝つ心―栄光の二百三連勝から何を学ぶか』　飛鳥太郎著　日本経済通信社　1985.9　204p　19cm〈山下泰裕

の肖像あり　参考文献：p203～204〉 980円 Ⓘ4-8187-0079-7

**『なみだの金メダル―山下泰裕物語』** 手島悠介文, 小林与志絵　講談社　1985.1 147p　22cm　880円　Ⓘ4-06-201790-3

**『柔道の王者山下泰裕五段の足跡』** 三藤芳生著　日貿出版社　1982.3　346p 図版24枚　19cm〈奥付の書名：柔道チャンピオン山下泰裕五段の足跡 山下泰裕の肖像あり　山下泰裕五段の年譜：p341～346〉 1000円

### 《吉田 秀彦》　よしだ・ひでひこ

㊝昭和44年（1969年）9月3日

◇柔道家, 格闘家。平成4年バルセロナ五輪では78キロ級で1回戦から6試合すべて一本勝ちし金メダルを獲得。8年全日本選抜体重別選手権優勝。アトランタ五輪では金メダルを期待されたが、3位決定戦で敗退。12年全日本選抜体重別連覇。同年シドニー五輪代表となり、史上2人目の3大会連続五輪出場を果たすが、3回戦で右肘関節脱臼の重傷を負った。14年4月正式に柔道の現役選手を引退。6月東京・世田谷に吉田道場を設立

**『柔道と人間形成―武士道に学ぶ「知徳体」の心』** 吉田秀彦著　第三企画出版　2013.8　273p　19cm　（人物シリーズ）〈文献あり　発売：創英社三省堂書店〉 1600円　Ⓘ978-4-9906994-4-4

内容 頑張れば必ず道は拓ける！ 強く、優しく、清々しい、日本の未来を目指して。

**『終わりなき挑戦―柔道家・吉田秀彦の生き様』** 吉田秀彦著　小学館　2010.4 192p　19cm　1200円　Ⓘ978-4-09-388124-1

内容 総合格闘技界から引退。今だから語る、激しい闘いの真実。

**『職業・柔道家』** 吉田秀彦著, 李春成文・構成　ネコ・パブリッシング　2004.12 199p　19cm　1238円　Ⓘ4-7770-5082-3

内容 PRIDE, 柔道、戦う理由…。吉田秀彦がこれまでを、これからを語り尽くす。

**『道―吉田秀彦オフィシャルブック』**［吉田秀彦］［著］, 山岸伸撮影　双葉社 2003.8　189p　21cm　2000円　Ⓘ4-575-29594-9

目次 柔道人生の節目で思ったこと, 対ホイス・グレイシー戦, 対ドン・フライ戦, 対佐竹雅昭戦, 新たな闘いに向かって, アマチュア時代の栄光と挫折, オフの時間にしていること, 秀彦VOICE ON THE WEB, 闘いの記録, 吉田秀彦実測プロフィール, 柔道家としての今後

**『攻める。』** 吉田秀彦著　河出書房新社 2002.8　188p　19cm　1500円　Ⓘ4-309-26586-3

内容 本書には、柔道で名を馳せ、柔道を愛し続けた吉田秀彦のすべてが綴られている。

**『実録吉田秀彦物語―感動王列伝　下巻』** 根岸康雄取材・構成, 竹本章作画　小学館　1995.6　244p　19cm　（少年サンデーコミックススペシャル）　600円 Ⓘ4-09-123882-3

### 《米塚 義定》　よねずか・よしさだ

㊝昭和12年（1937年）5月19日

㊞平成26年（2014年）10月18日

◇柔道家。昭和35年日大を卒業すると同時に柔道の指導者として渡米。63年ソウル五輪、平成4年バルセロナ五輪では米国代表柔道選手団総監督兼男子選手団コーチを務めた

**『武士道アメリカを征く―全米柔道の父と呼ばれて40年』** 米塚義定著　恒文社21 2003.7　262p　20cm〈東京 恒文社（発売）〉 1800円　Ⓘ4-7704-1097-2

内容 風雪の津軽を後に私はアメリカへ渡った。柔道で“ニッポン”の心を伝えるために。全米柔道チームの監督・コーチとして過した半生、波瀾万丈の闘魂手記。

### 《リネール, テディ》

㊝1989年4月7日

◇フランスの柔道選手。2008年8月北京五輪は準決勝でウズベキスタンのアブドゥロ・タングリエフに敗れ、3位決定戦で銅メダルを獲得。2011年欧州選手権で4年ぶり2度目となる優勝を果たし、世界選手権パリ大会4連覇。2012年ロンドン五輪で金メダル。2013年24歳の若さで国際柔道連盟（IJF）アスリート委員会の2代目委員長に選出された

**『最強の柔道家リネール』** テディ・リネール著, 神奈川夏子訳　エクスナレッ

バドミントン　　オリンピック夏季競技

ジ　2016.7　191p　19cm　1600円
①978-4-7678-2154-2
内容 柔道100キロ超級の絶対王者が初めて語る、27年の人生とその強さの秘密。史上最年少の18歳で世界チャンピオンとなって以来、世界柔道選手権大会では8連覇を成し遂げ、ロンドン・オリンピックでも金メダルに輝いた、重量級史上最強の柔道家が余すところなく語った初の自伝。

# バドミントン

◆長方形コートのコートで中央に張ったネットをはさんで、シャトル（羽の突いた球）を相手側コートをめがけてラケットで打ち合う競技。相手側コートにシャトルを落とせば1点。3ゲーム制で2ゲームを先取したほうが勝者となる。各ゲームは21点先取で獲得となる。男女ともに、シングルス、ダブルスがあり、男女2人で行うミックスダブルスも実施される

『知ってる？　バドミントン─クイズでスポーツがうまくなる』　中口直人著
ベースボール・マガジン社　2017.3
143p　21cm〈索引あり〉　1500円
①978-4-583-10952-7
内容 ルールも技術も戦術もクイズ形式で楽しく学べる。プレーの上達につながるストレッチ＆体操もたくさん紹介！

『観戦＆プレーで役に立つ！　バドミントンのルール審判の基本─スコアシートのつけ方も完全収録！』　日本バドミントン協会監修　実業之日本社　2016.11
183p　18cm　（LEVEL UP BOOK）
1200円　①978-4-408-45609-6
内容 バドミントンの基本用語、競技方法、審判のジェスチャーのほか、基本テクニックもわかりやすく解説！

『バドミントンを知る本』　岸一弘著　前橋　上毛新聞社事業局出版部　2010.2
63p　21cm　（共愛学園前橋国際大学ブックレット　2）　762円　①978-4-86352-022-6
目次 本編（バドミントン小史、バドミントンの特性、各種ストローク・ショットを学ぶ、フットワークを学ぶ、試合の進め方を学ぶ、

競技規則を学ぶ）, 資料編（群馬のバドミントン）

『バドミントン世界top 20のワザとシカケ』　小島一夫著　講談社　2009.3
223p　21cm　（トップアスリートkamiwazaシリーズ　プロフェッショナル）　1600円　①978-4-06-295007-7
目次 第1章 男子シングルス（リン・ダン、リー・チョンウェイ、ピーター・ハーグ・ゲート、タウフィック・ヒダヤット、佐藤翔治）、第2章 女子シングルス（ルー・ラン、ワン・チェン、ティーネ・ラスムセン、マリア・クウェティン・ユリアンティ、廣瀬栄理子）、第3章 男子ダブルス（坂本修一＆池田信太郎、マルキス・キドー＆ヘンドラ・セティアワン、ラース・パースク＆ヨナス・ラスムセン）、第4章 女子ダブルス（末綱聡子＆前田美順、小椋久美子＆潮田玲子、ズー・ジン＆ユー・ヤン、ヴィタ・マリサ＆リリアナ・ナッチル）、第5章 ミックスダブルス（舛田圭太＆前田美順、ノバ・ウィディアント＆リリアナ・ナッチル、ユー・ヨンソン＆キム・ミンジュン）

『バドミントン』　こどもくらぶ編　ほるぷ出版　2007.12　71p　29cm　（スポーツなんでも事典）　3200円　①978-4-593-58408-6
内容 バドミントンの歴史やシャトルのつくられ方から、バドミントン大国のインドネシアや中国について、バドミントン選手の生活についてなどなど。バドミントンにかかわるさまざまなことがらをテーマごとにまとめて解説した、ヴィジュアル版子ども向けバドミントン事典です。バドミントンについて、なにを、どのように調べたらよいかがわかります。

『いちばんわかりやすいバドミントン入門─ワイド版』　陣内貴美子著　大泉書店　2006.7　143p　21cm　（012 sports）　1000円　①4-278-04692-8
内容 ストローク、ショット＆レシーブ、フットワーク、サービス＆サービスリターンのポイントを連続写真でビジュアル解説。試合に勝つためのシングルス＆ダブルスの戦術。

『基本がわかるスポーツルール卓球・バドミントン─イラスト版』　中村啓子著　汐文社　2005.3　63p　22cm　1500円
①4-8113-7905-5
目次 卓球（卓球の基本的なプレー、卓球のコー

270

トと用具, 試合の勝敗, サービスのルール ほか), バドミントン (バドミントンの基本的なプレー, バドミントンのコートと用具, 試合の勝敗, サービス ほか)

『バドミントン―攻め方・守り方がよくわかる』 関岡康雄監修, 栂野尾昌一著 学習研究社 1999.2 87p 27cm（ジュニアスポーツ 上級編 6） 2600円 Ⓘ4-05-500377-3

『バドミントン―これからバドミントンを志す人のために』 栂野尾昌一著 日本文芸社 1983.7 154p 21cm （ドゥスポーツシリーズ） 800円 Ⓘ4-537-00323-5

《小椋 久美子》 おぐら・くみこ
㋑昭和58年（1983年）7月5日
◇元・バドミントン選手。平成12年のアジアジュニア選手権で九州国際大附属高の潮田玲子と初めてペアを組む。高校卒業を前に進路を迷っていた潮田を誘い, 14年二人揃って三洋電機に入社。16年アテネ五輪を目指すため, 本格的に潮田とダブルスを組む。アテネは逃したが, 20年4月大阪国際チャレンジで国際大会3勝目。初の五輪となった北京五輪ダブルスは準々決勝敗退した。23年12月全日本総合選手権初優勝。24年ロンドン五輪は1次リーグ敗退

『バドミントン小椋久美子のレベルアップNAVI―楽しく学んで, うまくなる！』 小椋久美子[著] ベースボール・マガジン社 2015.6 105p 26cm （B.B. MOOK 1198） 1148円 Ⓘ978-4-583-62298-9

『オグシオ・デイズ』 バドミントン・マガジン編集部編著 ベースボール・マガジン社 2008.7 205p 19cm〈肖像あり〉 1600円 Ⓘ978-4-583-10108-8
内容 いまや日本のスポーツ界の顔となったオグシオこと小椋久美子と潮田玲子。その輝きの源と成長の過程を追い, マイナーといわれるバドミントンが奇跡的に変わる日々をレポートする。

『オグシオ！―小椋久美子＆潮田玲子パーフェクトブック』 ベースボール・マガジン社 2008.1 98p 29cm （B.B.

mook 522―スポーツシリーズ no.396） 952円 Ⓘ978-4-583-61511-0

『オグシオ公式写真集―road to Beijing』 渡辺達生撮影, 日本バドミントン協会監修 小学館 2007.9 1冊（ページ付なし） 30cm 2857円 Ⓘ978-4-09-682015-5
内容 バドミントン界のスーパーヒロイン！ 小椋久美子・潮田玲子初の写真集。

『小椋久美子＆潮田玲子のバドミントンダブルスバイブル レベルアップ編』 喜多努監修 ベースボール・マガジン社 2006.12 111p 21cm （BBM DVDブック） 1900円 Ⓘ4-583-03869-0
内容 大人気の"オグシオ"が勝つためのテクニックを大公開！ 全日本総合, 日本リーグなど, 実際の試合映像からも戦術を解説。

『小椋久美子＆潮田玲子のバドミントンダブルスバイブル 基礎編』 喜多努監修 ベースボール・マガジン社 2005.7 143p 21cm〈付属資料：DVD-Video1枚（12cm）〉 1900円 Ⓘ4-583-03854-2
内容 国内ダブルスチャンピオンの小椋＆潮田選手が, 自分たちのバドミントン技術と普段の練習方法を惜しみなく披露した60分！ さらに特典映像には, コート内では見られない"オグシオ"の素顔が50分収録の合計110分。本の中では, DVD未収録のインタビュー, 秘蔵写真を一挙掲載！ 見応え, 読み応えと大満足な一冊。

《潮田 玲子》 しおた・れいこ
㋑昭和58年（1983年）9月30日
◇バドミントン選手。九州国際大附属高2年の12年アジアジュニア選手権で大阪・四天王高の小椋久美子と初めてペアを組む。すでに三洋電機への入社が決まっていた小椋の説得で, 14年三洋電機に入社。同年から小椋と定期的にダブルスを組み, 全日本社会人ダブルス3位に入賞。16年アテネ五輪を目指すため, 小椋と本格的にダブルスを組む。アテネは逃したが, 20年4月大阪国際チャレンジで国際大会3勝目。初の五輪となった北京五輪ダブルスは準々決勝で敗退した。23年12月全日本総合選手権初優勝。24年ロンドン五輪は1次リーグ敗退。同年9月のヨネックスオープンを最後に現役を引退

バドミントン　　オリンピック夏季競技

『オグシオ・デイズ』　バドミントン・マ
ガジン編集部編著　ベースボール・マガ
ジン社　2008.7　205p　19cm〈肖像あ
り〉　1600円　①978-4-583-10108-8
　内容　いまや日本のスポーツ界の顔となったオ
グシオこと小椋久美子と潮田玲子。その輝
きの源と成長の過程を追い、マイナーとい
われるバドミントンが奇跡的に変わる日々
をレポートする。

『オグシオ！―小椋久美子＆潮田玲子パー
フェクトブック』　ベースボール・マガ
ジン社　2008.1　98p　29cm　（B.B.
mook 522―スポーツシリーズ no.396）
952円　①978-4-583-61511-0

『オグシオ公式写真集―road to Beijing』
渡辺達生撮影, 日本バドミントン協会監
修　小学館　2007.9　1冊（ページ付な
し）　30cm　2857円　①978-4-09-
682015-5
　内容　バドミントン界のスーパーヒロイン！
小椋久美子・潮田玲子初の写真集。

『小椋久美子＆潮田玲子のバドミントンダ
ブルスバイブル　レベルアップ編』　喜
多努監修　ベースボール・マガジン社
2006.12　111p　21cm　（BBM DVD
ブック）　1900円　①4-583-03869-0
　内容　大人気の"オグシオ"が勝つためのテク
ニックを大公開！全日本総合、日本リーグ
など、実際の試合映像からも戦術を解説。

『小椋久美子＆潮田玲子のバドミントンダ
ブルスバイブル　基礎編』　喜多努監修
ベースボール・マガジン社　2005.7
143p　21cm〈付属資料：DVD-Video1
枚（12cm）〉　1900円　①4-583-03854-2
　内容　国内ダブルスチャンピオンの小椋＆潮田
選手が、自分たちのバドミントン技術と普段
の練習方法を惜しみなく披露する60分！さ
らに特典映像には、コート内では見られない
"オグシオ"の素顔が50分収録の合計110分。
本の中では、DVD未収録のインタビュー、
秘蔵写真を一挙掲載！見応え、読み応えと
大満足な一冊。

《陣内 貴美子》　じんない・きみこ
㊉昭和39年（1964年）3月12日
◇スポーツキャスター、元・バドミントン選
手。昭和54年16歳の若さでナショナルチー

ムに参加。平成4年バルセロナ五輪代表。5
年引退し、ヨネックス広報部に勤務。6年
「スポーツWAVE」のキャスターに抜擢。7
年「プロ野球ニュース」のキャスター、12
年「シドニー五輪」キャスターも務める

『いちばんわかりやすいバドミントン入門
―ワイド版』　陣内貴美子著　大泉書店
2006.7　143p　21cm　（012 sports）
1000円　④4-278-04692-8
　内容　ストローク、ショット＆レシーブ、フッ
トワーク、サービス＆サービスリターンのポ
イントを連続写真でビジュアル解説。試合
に勝つためのシングルス＆ダブルスの戦術。

『陣内貴美子バドミントン入門』　陣内貴
美子著　大泉書店　2001.10　173p
21cm　（012 sports）　1000円　④4-
278-04659-6
　内容　日本を代表する選手として世界を舞台に
活躍し、バルセロナオリンピックに出場し
た陣内貴美子が、バドミントンのテクニック
と練習法についてわかりやすくコーチ。基
本のショットやフットワークから試合に勝
つための戦術まで、ステップアップのため
のポイントを豊富な写真を使って解説。初
心者はもちろん、よりハイレベルなプレー
をめざす人にも的確なアドバイスがもりだ
くさん。

《高橋 礼華》　たかはし・あやか
㊉平成2年（1990年）4月19日
◇バドミントン選手。中学から中高一貫教育
の宮城県・聖ウルスラ学院に進む。平成19
年新入生の松友とペアを組むことになった。
21年日本ユニシスに入社、1年後に松友も入
社し、再びペアを組む。28年全英オープン
で初優勝を飾り、アジア選手権も優勝。世
界ランキング1位で臨んだリオデジャネイ
ロ五輪で日本バドミントン史上初の金メダ
ルを獲得。"タカマツペア"は一躍時の人と
なった。松友が前衛、高橋が後衛で、松友
の空間把握能力と高橋のカバー力が武器。
165センチ、61キロ。利き腕は右

『二人でなら、世界一になれる！―金メダ
リスト・タカマツペア物語』　光丘真理
著　PHP研究所　2018.3　141p　22cm
（PHP心のノンフィクション）〈文献あ
り 年譜あり〉　1400円　①978-4-569-
78735-0

272

オリンピック夏季競技　バドミントン

内容 自分とたたかい、相手を思いやる―二人の武器は世界一の絆！ リオデジャネイロオリンピックのバドミントン女子ダブルス金メダリスト、高橋礼華選手・松友美佐紀選手。最強ペアの秘密にせまる！ 小学校中学年以上。

『タカマツ☆―バドミントン髙橋礼華＆松友美佐紀パーフェクトNAVI』　ベースボール・マガジン社　2017.7　97p　26cm　（B.B.MOOK 1378―Badminton MAGAZINE+α）　1111円　①978-4-583-62515-7

《栂野尾 昌一》　とがのお・しょういち
㊀昭和22年（1947年）8月19日
◇バドミントン監督（ヨネックス）。昭和46年全日本総合選手権のシングルスに優勝、49年にはダブルスで全英選手権に3位、カナダオープンに優勝。平成8年アトランタ五輪ではバドミントン監督をつとめた

『バドミントン　ストローク編』　栂野尾昌一解説　ベースボール・マガジン社　1998.12　81p　29cm　（B.B.mook 82―スポーツシリーズ テクニカル・ダイジェスト no.50）　952円　①4-583-61039-4

『バドミントン教室―技術と練習法』　栂野尾昌一著　成美堂出版　1997.5　175p　19cm　（Sports lesson series）　800円　①4-415-01314-7
目次 1 バドミントンは楽しいゲームだ，2 思い切りコートに飛び出そう，3 さあ、力強くスイングしよう，4 サービス・アンド・レシーブはゲームのカナメだ！，5 勝つための戦法をマスターしよう，6 効果的な練習こそ上達へのカギだ！

『攻撃バドミントン』　栂野尾昌一著　成美堂出版　1988.2　175p　19cm　（Sports lesson series）〈付（16p 15cm）：要約バドミントンのルール〉　680円　①4-415-01220-5
目次 1 バドミントンは楽しいゲームだ（バドミントンは誰でも楽しめる手軽なスポーツなのだ，シャトルの初速は時速250km。新幹線もかなわない），2 思い切りコートに飛び出そう（コートに入る前に準備運動をかならずしよう，まず、ラケットとシャトルに早く慣れることが大切），3 さあ、力強く

スイングしよう（からだ全体を上手に使って正しいスイングを身につけよう，シャトルの落下点に素早く動き、しっかりとバックスイングをとる），4 サービス・アンド・レシーブはゲームのカナメだ！（サービスは状況に応じてロングとショートを使い分ける，レシーバーを大いに惑わせるバックハンド・サービス），5 勝つための戦法をマスターしよう（足の運びは左足を軸にして右足を前に出すのが原則，コートの隅を丹念に攻めて相手のペースを狂わせる），6 効果的な練習こそ上達へのカギだ！（初歩の練習では、出してもらったシャトルを正確に返球すること，シングルスとダブルスに分けて実戦的な練習を積もう）

《長谷川 博幸》　はせがわ・ひろゆき
㊀昭和32年（1957年）1月19日
◇バドミントン監督（尚美学園短大）。大学卒業後、ヨネックスに入社。バルセロナ五輪では日本代表チームのコーチを務めた

『シャトルに訊け！―長谷川博幸の実戦バドミントン塾』　長谷川博幸著　ベースボール・マガジン社　1999.8　197p　21cm　1600円　①4-583-03603-5
内容 ゲームが、待ちどおしい。どこから読んでも、すぐに使えるバドミントン攻略本。全国の“週一プレーヤー”のみなさまに捧げます。

《舛田 圭太》　ますだ・けいた
㊀昭和54年（1979年）2月27日
◇バドミントン選手，指導者。全国中学校大会準決勝で対戦して以来の同学年のライバル・大束忠司（八代東高）と高校時代に初めてペアを組み、9年ドイツジュニアオープンダブルス優勝。同年日本大に進学、大束も同大へ入学し、本格的にパートナー関係を築く。平成12年シドニー五輪シングルス代表（2回戦敗退）。13年大束とともに、富山県のトナミ運輸に入社。16年アテネ五輪ダブルス代表（2回戦敗退）。21年指導者となり、トナミ運輸コーチを務める。JOC選任コーチ

『バドミントン日本代表コーチ舛田圭太のパーフェクトレッスン』　舛田圭太著，バドミントン・マガジン編　ベースボール・マガジン社　2015.3　175p　21cm〈奥付・背のタイトル：バドミントン舛

バドミントン　　　　オリンピック夏季競技

田圭太のパーフェクト・レッスン〉
1600円　①978-4-583-10785-1

[内容] スマッシュ、カット、ヘアピン、ドライブ…。バドミントンでとくに重要な技術を、効果的に学べる一冊。「見る」→「習得する」→「磨く」の3部構成で、ビギナーから上級者まで無理なくレベルアップ！専門誌『バドミントン・マガジン』で多くの読者に支持された連載を、ここに集約!!

《町田 文彦》　まちだ・ふみひこ
㊱昭和44（1969）年3月17日

◇バドミントン選手。五輪正式種目となった平成4年のバルセロナ五輪男子シングルス代表。また、平成8年アトランタ五輪男子シングルス代表。3回戦で韓国の朴星宇に敗れた

『バドミントン最強のレッスン——問一答で弱点を克服！』　町田文彦監修　メイツ出版　2013.5　128p　21cm　（コツがわかる本）〈索引あり〉　1300円
①978-4-7804-1241-3
[内容] 中途半端な高さの返球に対処する方法は？相手をコートの奥へ追い込むには？相手から逃げていくスマッシュの打ち方は？ネットプレーでのチャンスの活かし方は？精神的に追い込む決定打を返す方法は？試合前・インターバルの上手な使い方は？1人でも出来る効率的な練習法は？選手がぶつかる問題・悩み・疑問を、Q＆Aで徹底解決。「答え」を知ってレベルアップ。

『バドミントン初心者クリニック—元全日本王者がお悩み解決！』　町田文彦著　ベースボール・マガジン社　2010.6　105p　26cm　（Sports bible series）1200円　①978-4-583-10259-7
[内容] 基本ストローク＆フットワーク、レシーブを返すコツは？、相手を崩す決めパターンなど、ビギナーが知りたい上達のコツ満載。

『バドミントン初心者クリニック—元全日本王者がお悩み解決！』　町田文彦著　ベースボール・マガジン社　2009.1　97p　26cm　（B.B.mook 588—スポーツシリーズ no.461）　1143円　①978-4-583-61579-0

《松友 美佐紀》　まつとも・みさき
㊱平成4年（1992年）2月8日

◇バドミントン選手。平成19年宮城の聖ウルスラ学院英智高校に進み、秋から1学年上の高橋とペアを組むことになった。22年日本ユニシスに入社し、再び高橋とペアを組む。28年全英オープンで初優勝を飾り、アジア選手権も優勝。世界ランキング1位で臨んだリオデジャネイロ五輪で日本バドミントン史上初の金メダルを獲得。"タカマツペア"は一躍時の人となった。松友が前衛、高橋が後衛で、松友の空間把握能力と高橋のカバー力が武器

『二人でなら、世界一になれる！—金メダリスト・タカマツペア物語』　光丘真理著　PHP研究所　2018.3　141p　22cm　（PHP心のノンフィクション）〈文献あり 年譜あり〉　1400円　①978-4-569-78735-0
[内容] 自分とたたかい、相手を思いやる—二人の武器は世界一の絆！リオデジャネイロオリンピックのバドミントン女子ダブルス金メダリスト、高橋礼華選手・松友美佐紀選手。最強ペアの秘密にせまる！小学校中学年以上。

『タカマツ☆—バドミントン髙橋礼華＆松友美佐紀パーフェクトNAVI』　ベースボール・マガジン社　2017.7　97p　26cm　（B.B.MOOK 1378—Badminton MAGAZINE+α）　1111円　①978-4-583-62515-7

《米倉 加奈子》　よねくら・かなこ
㊱昭和51年（1976年）10月29日

◇バドミントン選手。つくば国際大に進学し、8年より全日本学生選手権3連覇。9年全日本総合3位。12年シドニー五輪シングルスでベスト16。16年にはアテネ五輪代表に選出。20年12月引退

『バドミントン米倉加奈子式攻め勝つドリル』　米倉加奈子著　ベースボール・マガジン社　2015.8　175p　21cm　（差がつく練習法）〈索引あり〉　1500円
①978-4-583-10837-7
[内容] 日本の女子シングルエースとして長年活躍し、日本代表のコーチも務めた著者が、攻めて勝つための練習メニューを大公開！効率よく動くための「動きの質」を高める方法、各ショットをうまく打つコツもくわしく解説。

## 射撃（ライフル・クレー）

◆銃器で標的を撃ち、精度の高さを競う。ライフル射撃では固定された的、クレー射撃では空中を飛ぶクレー（粘土を焼き固めた皿）を的として用いる。ライフル射撃の種目は、女子50mライフル3姿勢、10mエアライフル、10mエアピストル、25mピストル（女子のみ）。男子はこの他に25mラピッドファイアーピストルがある。クレー射撃の種目は、女子トラップ、スキート。男子はこの他にダブルトラップも行う。2020年東京大会では、10mエアライフル、10mエアピストル、クレー・トラップに男女混合種目が加わる

**『初めての射撃入門in Japan』**　堺達也著　三天書房　1999.9　214p　19cm　（戦書）　1500円　①4-88346-037-1

内容 小学生のときに買ってもらったおもちゃの鉄砲。それをきっかけに、射撃に魅せられた少年は、エアガン早撃ち大会で日本一となり、ついには、実銃の早撃ち世界記録を打ち立てた。事実をありのままにつづった、射撃入門の決定版。

**『ザキングオブスポーツ―ターゲットライフル射撃の理論と技術』**　中本盛也著　近代文芸社　1996.8　247p　20cm　2500円　①4-7733-5087-3

内容 ターゲットライフル射撃を生涯スポーツとして楽しむための手引書、豊富な図と写真で初級～上級迄全ての人に対応!!社会人と大学生の為の射撃教本。

**『ライフル射撃競技規則集―国内関係規程』**　日本ライフル射撃協会編　日本ライフル射撃協会　1970.6　223p　18cm〈ルーズリーフ〉　700円

**『スポーツ辞典　第16　射撃（ライフル・クレー）』**　日本放送協会編　日本放送出版協会　1964　194p 図版　18cm

**『オリンピックへ通ずる空気銃のハンドブック』**　日本ライフル射撃協会編　教育書林　1953　292p 図版　19cm

**《許斐 氏利》**　このみ・うじとし

㊓明治44年（1911年）12月16日

㊀昭和55年（1980年）3月5日

◇実業家, 射撃選手。昭和10年政治結社の大化会に入り、11年の二・二六事件では北一輝の護衛を務めた。クレー射撃でも活躍し、31年我が国が同種目に初めて選手を送ったメルボルン五輪に出場（36人中29位）。32年日本選手権や、33年アジア大会でも優勝。31～36年日本クレー射撃協会会長を務めた

**『特務機関長許斐氏利―風淅瀝として流水寒し』**　牧久著　ウェッジ　2010.10　420p　20cm〈文献あり 年表あり〉　1800円　①978-4-86310-075-6

内容 北一輝のボディガードを務め、戦時下の上海・ハノイで百名の特務機関員を率いて地下活動に携わる。戦後は、銀座で一大歓楽郷「東京温泉」を開業、クレー射撃でオリンピックにも出場した、昭和の“怪物”がいま歴史の闇から浮上する。

**《霜 礼次郎》**　しも・れいじろう

㊓昭和12年（1937年）12月9日

◇医師, 元・クレー射撃選手。学生時代、医科学生剣道東日本大会で個人優勝するが、アキレス腱を切り射撃に転向。58年アメリカ・テキサス州射撃学校留学。ロサンゼルス五輪、ソウル五輪のチームドクターを務めた

**『オリンピックへの道―勝つためのメンタルトレーニング』**　霜礼次郎著　近代文芸社　1994.10　198p　20cm　1500円　①4-7733-2812-6

## 近代五種

◆1人の選手がフェンシング、水泳、馬術、ランニング、射撃の5種目をこなす複合競技。フェンシングはエペで戦い、水泳は自由形で200m、馬術は抽選で決めた馬とともに競技場に設置された障害物を越えて走る。3種目の総合成績が高い順に、時間差でスタートし、射撃の課題とランニングを交互に4回こなす。最終的な着順が順位となる

**『近代五種競技入門』**　ヘゲデュス・フリジス著, 宮川毅訳　ベースボール・マガジン社　1975　253p 図16枚　22cm〈監

ラグビーフットボール　　　　オリンピック夏季競技

修：藤井舜次, 西山逸成〉　2000円

## ラグビーフットボール

◆7人制。楕円形のボールをパスし合い、相手陣地の一番奥のインゴール（ゴールラインより奥の地面）を目指す競技。2016年リオデジャネイロ大会から実施された。選手は、相手からボールを奪う「フォワード」3人と、走ってボールを運ぶ「バックス」4人に分かれる。試合時間は前半・後半各7分（決勝と3位決定戦は各10分）。ボールを相手側インゴールにつけると「トライ」成功で、5点が入る。トライ後、ゴールポストにキックでボールを通すとさらに2点、試合の流れでゴールポストにボールを蹴り入れると3点が入る

『準備する力―ラグビー日本代表GMのメソッド』　岩渕健輔著　KADOKAWA　2016.11　207p　19cm　1500円　①978-4-04-895591-1
内容 2015年ワールドカップでの南アフリカ戦勝利、2016年リオ五輪におけるニュージーランド撃破。ラグビー日本代表は2大会連続、しかも異なるカテゴリーで世界を驚愕させた。かくして注目されたのが「ジャパン・ウェイ」という言葉だ。一般的に「ジャパン・ウェイ」とは、ハードワーク、組織的プレー、そして戦術などを指すとされるが、実態は異なる。「ジャパン・ウェイ」の真髄は、日本が持つ最大の武器「準備する力」にこそあるからだ。日本ラグビー復活のキーマンが、本邦初公開となる資料も交えながら、2019年と2020年に向けた勝利のメソッド、そしてビジネス分野にも通底する「ジャパン・ウェイ」―世界に勝つための方法を解き明かす。

『サクラサク―女子7人制ラグビー日本代表サクラセブンズオリンピックへの挑戦』　吉井妙子著　小学館集英社プロダクション　2016.8　238p　19cm　（ShoPro Books）〈年譜あり〉　1400円　①978-4-7968-7631-5
内容 リオ五輪出場。いま注目の女子7人制ラグビー日本代表 "サクラセブンズ" 待望のルポルタージュ‼

『超入門ラグビーのみかた』　李淳馹著, 林雅人監修　成美堂出版　2016.8　263p　19cm〈索引あり〉　1000円　①978-4-415-32186-8
内容 「ルールの基本」から「試合のみかた」「プレーの意味」「チームスタイルの見抜き方」まで。15人制・7人制どちらのみかたもわかる！

『サクラセブンズ―女子7人制ラグビー日本代表、リオへの軌跡』　工藤晋原作, 村岡ユウ作画　双葉社　2016.7　168p　19cm　（ACTION COMICS）　600円　①978-4-575-84835-9

『自分、がんばれ！―女子ラグビー「サクラセブンズ」の勇気が出る言葉』　松瀬学著　扶桑社　2016.7　142p　19cm〈文献あり〉　1000円　①978-4-594-07534-7
内容 ひたむきさ、勇気、絆、仲間、友情、努力…美しき勇者たちの明日を切り開く言葉。

『しらべよう！　たのしもう！　かならずわかるラグビー入門　2　日本のラグビー新発見』　稲葉茂勝文・構成, こどもくらぶ編　ベースボール・マガジン社　2016.7　31p　29cm〈索引あり〉　2800円　①978-4-583-11012-7
目次 まんがで見る2015年・ラグビーワールドカップ日本対南アフリカ戦、日本のラグビーのはじまり、写真で見る日本のラグビーの歴史、ラグビーと日本人、フェアプレーと自己犠牲の精神、日本のラグビーの世界的地位、ラグビー日本代表、大学ラグビー、高校ラグビー、ジャパンラグビートップリーグ、日本の女子ラグビー、2016年オリンピック・リオデジャネイロ大会、ラグビー人気は定着するか？

『楕円球は努力をした者の方へ転がる―女子7人制ラグビー日本代表「サクラセブンズ」の絆』　講談社編　講談社　2016.7　195p　19cm　1400円　①978-4-06-220117-9
内容 年間約300日もの過酷な合宿にも耐え、見事リオ五輪出場を決めたサクラセブンズ。その練習量は、あの「エディー・ジャパン」を超えるとも⁉チームメイトへの信頼と絆を武器に、彼女たちは頂点を目指す！

『間違いやすいジャッジがひと目でわか

276

オリンピック夏季競技　　カヌー

る！ ラグビーのルールと楽しみ方』
日本ラグビーフットボール協会監修　マイナビ出版　2016.7　159p　18cm　1000円　①978-4-8399-5956-2
内容 ラグビーの基本的なルール、スクラム、ラインアウトなどの決まり、ペナルティとプレー再開方法が初心者でもしっかりわかる!!最新版ルールブック。競技者&観戦者のために戦術の基本まで解説！ 7人制ラグビーのルールも紹介。

『しらべよう！ たのしもう！ かならずわかるラグビー入門　1　世界のラグビーの魅力』　稲葉茂勝文・構成, こどもくらぶ編集　ベースボール・マガジン社　2016.6　31p　29cm〈索引あり〉　2800円　①978-4-583-11011-0
内容 ラグビーは、健康なからだづくりはもちろん、仲間とのチームワーク、味方や対戦相手を尊重するマナー、多くの困難を乗りこえていく勇気や強い意志など、スポーツ選手としてだけでなく、人として学ばなければならない多くのたいせつなことを教えてくれるといわれています。このシリーズでは、そうしたラグビーについて、大きな写真、さまざまな図版や資料をつかってわかりやすく解説していきます。

『7人制ラグビー観戦術―セブンズの面白さ徹底研究』　野澤武史著　ベースボール・マガジン社　2016.6　219p　21cm〈表紙のタイトル：A GUIDE TO SEVENS RUGBY〉　1600円　①978-4-583-11027-1
内容 セブンズはシステムでは動けない！ ラグビー解説者として知られる野澤武史がセブンズの魅力を徹底解説。これを読めば観戦術アップ間違いなし！

『ラグビー「観戦力」が高まる』　斉藤健仁著　東邦出版　2013.11　253p　19cm〈文献あり〉　1600円　①978-4-8094-1177-9
内容 日本代表、オールブラックス、W杯、スーパーラグビー、トップリーグ、7人制…数々の試合をもとにラグビーを大解剖。

《山口 真理恵》　やまぐち・まりえ
生 平成1年（1989年）10月22日
◇ラグビー選手。平成19年U-23女子日本代表に選ばれ、香港での7人制（セブンズ）大会

に出場。20年15人制代表にも選ばれた。28年7人制が正式種目として採用されたリオデジャネイロ五輪の代表 "サクラセブンズ" に選ばれる。結果は10位

『明日への疾走―7人制女子ラグビー山口真理恵自伝』　山口真理恵著, 大友信彦編　実業之日本社　2016.7　226p　19cm　1600円　①978-4-408-45601-0
内容 日本女子ラグビー界を牽引する山口真理恵の素顔に迫る。

## カヌー

◆1～4人乗りの小舟をパドルで漕ぎ着順を競う。「スプリント」「スラローム」の2種目がある。スプリントでは、湖などに設けた直線コースを一斉にスタートしゴールを目指す。一方、スラロームは流れのある川を1艇ずつ下り、タイムを競う。また、「カヤック」は左右に水かきのついたパドルで座って漕ぐが、「カナディアン」は片側だけ水かきのついたパドルで立て膝で漕ぐスタイル。スプリント種目は、カヤックはシングル（男女200m, 女子500m, 男子1000m）、ペア（女子500m, 男子1000m）、フォア〈4人〉（男女500m）。カナディアンははシングル（女子200, 男子1000m）、ペア（男子1000m, 女子500m）。スラローム種目は男女ともにカヤック・カナディアンシングルが行われる

『カヌースポーツ基礎―環境教育としてのカヌー』　日本レクリエーショナルカヌー協会編　海文堂出版　2013.10　156p　26cm〈文献あり〉　2500円　①978-4-303-46810-1
目次 第1章 カヌーとは何か（歴史の始まり, カヌーの種類 ほか）, 第2章 ジュニア指導員について（ジュニア指導員およびトレーニー指導員, ジュニア指導員が理解すべきカヌーほか）, 第3章 カヌー教育の指導要領と安全管理（アウトドア教育と野外教育の違い, 学びの循環（ラーニングサイクル）ほか）, 第4章 シニア指導員について（シニア指導員とは, シニア指導員の方向性 ほか）

『カヌー―図解コーチ』　浜中啓一監修　成美堂出版　1997.6　175p　16cm　560

オリンピックの本3000冊　277

円 ①4-415-00476-8

目次 プロローグ カヌー——その魅力あふれる
世界, 1 バラエティーに富んだカヌーの世
界, 2 カヌーを操る(入門編), 3 カヌーを操
る(実践編), 4 沈したときの対処法, 5 ツー
リング・テクニック(応用編), 6 資料編——
カヌー通になるために

『カヌー』 京都 同朋舎出版 1992.5
127p 26cm (Weekend enjoy series
6) 2000円 ①4-8104-1043-9

内容 ファルトボートで湖を漂う, シーカヤッ
クで海に出る, 荷物満載のカナディアンで
リバー・ツーリング。イラスト図解のまっ
たく新しいカヌー・ハンドブック。

『カヌー——入門とガイド』 細田充編著
山と渓谷社 1991.6 237p 21cm
(Yamakeiアドバンスド・ガイド) 2000
円 ①4-635-15010-0

目次 1 入門編 素晴らしいカヌーの世界(カ
ヌー, 水を相手に遊ぶ, この素晴らしい世
界, わが国のカヌー・フィールド, その現状
はどうか, よきパドラーになるためには, の
ぞいてみよう, 競技の世界, カヌーとその周
辺の用具について, カヌーの種類と楽しみ
方, 総合的なカヌー技術の習得に適するリ
バー・カヤック, 運動性能は劣るが, 収納が
楽なフォールディング・カヤック, スピー
ドを重視し, 航海専用に設計されたシーカ
ヤック, 用途によって使い分けたいオープン
デッキ・カナディアン, 注目されるC1, C2
の世界, 新しい波, ウェブスキー, カヌーの
乗りの手, パドルについて ほか), 2 ガイド
編 全国特選カヌーイング・エリア

『カヌー——高度な技術のすべて』 アンド
ラーシュ<アンディ>トロ著, 日本カ
ヌー連盟監訳 ベースボール・マガジン
社 1990.8 286p 22cm 3500円
①4-583-02859-8

内容 本書は, 古代カヌーから近代カヌーへの
変遷とその歴史, トロ氏が最も得意とする
造艇技術, カヌーの遊び方, カヌーの各種
基本漕法をはじめ今まで日本に紹介されて
いない高度でしかも細かい技術, そしてト
レーニング計画, 競技中の戦術・戦略にい
たるまで, 一つひとつ感銘を受けるカヌー
の指導者の教本です。

『初めてのカヌーイング——基本テクニック
と楽しみ方のすべて 目で見る技術カタ

ログ』 山口徹正著 大泉書店 1990.7
154p 21cm (012 sports) 1000円
①4-278-04632-4

内容 この本では, 人気のあるカヤックを中心
に, カナディアン, さらにはレーシングに
至るまで, その基本テクニックと楽しみ方
のすべてをわかりやすく紹介。安全に, 快
適にカヌーイングをするための目で見るガ
イドブックです。

# アーチェリー

◆的を狙って弓で矢を放ち点数を競う。オ
リンピックでは屋外の平坦な射場で行う
「ターゲットアーチェリー」が採用されて
いる。的は直径122cmの円形で, 中心が10
点で外側にいくにつれ点数が下がる。選
手は的から70m離れ, 対戦する相手と交
互に矢を射る。1セット3射で得点の高い
ほうの選手に2ポイント, 引き分けの場合
はそれぞれに1ポイントが付与される。6
ポイント先取で勝利となる。男女ともに,
個人, 団体〈3人〉が行われる

『異端のアーチャー——世界チャンピオンの
秘密と技術』 ヴィットリオ&ミケー
レ・フランジィーリ著, 石崎瑛子, 塩飽泰
啓, 長場菜々美, 牧野吉朗訳, 山口諒監修
市田印刷出版 2011.8 166p 22cm
〈文献あり〉 1600円 ①978-4-904205-
16-7

『アーチェリー——図解コーチ』 高柳憲昭
著 成美堂出版 2001.6 183p 16cm
600円 ①4-415-01779-7

目次 第1章 アーチェリーの特性, 第2章 アー
チェリーの競技とルール, 第3章 アーチェ
リーの安全ルールとマナー, 第4章 アーチェ
リーの技術, 第5章 アーチェリーの用具, 第
6章 トレーニング

『アーチェリー教室』 入江隆著 大修館
書店 1977.9 183p 21cm (スポーツ
ビクトリーコース) 1000円

『図解アーチェリー——基礎理論とトレーニ
ング法』 亀井俊雄著 改訂版 雄山閣
出版 1973 235p 図 22cm 1500円

『アーチェリー——トップアーチャーになろ

う』　高柳憲昭著　講談社　1972　205p
（図共）　21cm　（講談社スポーツシ
リーズ）〈書名は奥付による　標題紙等の
書名：Archery〉　880円

《高柳 憲昭》　たかやなぎ・のりあき
㊙昭和11年（1936年）12月6日
◇アーチェリー選手。関東学生アーチェリー
連盟初代委員長。第25〜27回世界アーチェ
リー選手権大会日本選手団監督。モントリ
オールオリンピック・アーチェリー日本選
手団監督。全日本アーチェリー連盟理事、
同指導委員長。神奈川県アーチェリー協会
会長、同理事長を務める。一級審判員およ
び、国際審判員

『みんなのアーチェリー』　高柳憲昭著
学習研究社　2007.2　189p　26cm
1600円　①978-4-05-403345-0
内容 これから始める初心者から、さらに上を
目指す上級者まで。オリンピック元監督に
して、アーチェリー指導の第一人者が、経
験に裏打ちされた、最強のテクニックを伝
授。驚異と納得の的中率。

《山本 博》　やまもと・ひろし
㊙昭和37年（1962年）10月31日
◇アーチェリー選手。中学3年の時、史上最
年少で全日本選手権に出場。横浜高でイン
ターハイ3連覇、日体大でインカレ4連覇。昭
和59年五輪初出場のロス五輪で銅メダル。
63年ソウル五輪個人総合8位、団体6位。4
年バルセロナ五輪は決勝ラウンド2回戦で
敗退。8年アトランタ五輪も決勝ラウンド2
回戦敗退。12年のシドニー五輪は選考会で
落選した。16年2大会ぶりに出場したアテネ
五輪では、初出場のロス五輪以来20年ぶり
のメダルとなる銀メダルを獲得。41歳での
メダル獲得は大きな話題になった。オリン
ピック5大会出場は日本人最多記録（当時）。
19年5月世界選手権選考会に14回目で初め
て落選。9月のアジア選手権も16位で北京
五輪アジア大陸選考会に進めず、北京五輪
出場がなくなった

『がんばれ！ 盲目の犬レディ―オリンピッ
クメダリスト・山本博のわんわん物語』
山本博著　岩崎書店　2015.11　111p
22cm　1200円　①978-4-265-84005-2
内容 ヒラヒラヒラヒラ…。音もなく下に落ち

る白いわたに、レディはまったく気がつき
ません。ぜんぜん、見ていません！ おい、
レディ、これが見えないのか!?生まれたと
きから目が見えないシルバーダックス（ミニ
チュアダックスフォント）のレディをあいする
山本ファミリーのこころあたたまる物語。

『山本博のアーチェリー上達バイブル―的
中率を上げる50のコツ』　山本博監修
メイツ出版　2014.7　128p　21cm　（コ
ツがわかる本）　1600円　①978-4-
7804-1467-7
内容 射型の流れからトレーニング法、コン
ディショニングまで、大会で上を目指す選
手必携の一冊です。

『山本博のゼロから始めるアーチェリー』
山本博著　実業之日本社　2010.12
175p　21cm　（Level up book）　1500
円　①978-4-408-45316-3
内容 五輪メダリストが実践で使えるテクニッ
ク＆上達のコツを伝授！ 初心者からもっと
うまくなりたい人まで、すべての人に対応
するポイントが満載。

『最後は願うもの―41歳の銀メダル』　山
本博著　ジャイブ　2005.5　192p
19cm　1400円　①4-86176-149-2
目次 第1章 私とアーチェリー―最初の出会
い。，第2章 思いこんだら一直線―自分で
環境を引き寄せる。，第3章 成功を招きよ
せる近道―失敗の法則を解明する。，第4章
さまざまなスタンダード―百聞は一見にし
かず。，第5章 バイトで学んだこと―大切
なのは気持ち。，第6章 ロサンゼルス、銅メ
ダル―大きな悔い。，第7章 マイナスをプラ
スへ―シドニー、落選。，第8章 プラスに導
くキーワード―人生の宝物。，第9章 もうひ
とつの目―年を重ねて熟成。，第10章 新し
いパンツと銀メダル―最後は、願うもの。

# トライアスロン

◆1人の選手が続けて「スイム」「バイク」「ラ
ン」の3種目を行い着順を競う。1.5km泳
いだあと、自転車で40km進み、10kmを
走ってゴールとなる。男女ともに実施さ
れており、2020年東京大会では新種目と

ゴルフ　　　　オリンピック夏季競技

して男女による混合リレーが行われる

『レースに勝つための最強トライアスロン
　トレーニング』　青山剛監修　日東書院
本社　2015.8　205p　21cm　1700円
①978-4-528-02038-2
内容 トライアスロンの体の基礎作りから、完
　走するための実践メニューを徹底紹介！

『トライアスロン完全BOOK―レベルアッ
　プのコツ55』　中島靖弘監修　メイツ出
版　2015.7　128p　26cm　（コツがわか
る本）　1600円　①978-4-7804-1587-2
内容 スイム・バイク・ラン、それぞれの「ト
　ライアスロンならではのコツ」を徹底紹介。
　日本代表コーチも務めた指導者がおくる、
　「タイムの縮め方」。

『この1冊で始められる！　トライアスロン
　完走BOOK』　篠崎友,竹内正昭監修
成美堂出版　2015.4　191p　22cm
1300円　①978-4-415-31986-5
内容 出場レースの運び方からレース当日、完
　走まで網羅、初レース完全ガイド。すぐ使
　えるトレーニングメニューつき即効トレー
　ニングメソッド。レースを有利に進めるた
　めのグッズ＆バイクの選び方。

『ゼロから始めるトライアスロン入門』
　白戸太朗監修　KADOKAWA　2014.11
175p　21cm〈索引あり〉　1300円
①978-4-04-067144-4
内容 6ヵ月で大会デビュー可能！トライアス
　ロン界の第一人者が、装備の揃え方から各
　種目の練習方法、レースデビューまで徹底
　解説。

『とことんトライアスロンがわかる本』
　〔エイ〕出版社　1999.9　143p　30cm
（エイムック 167）　1429円　①4-
87099-262-0

『ザ・トライアスロン―アイアンマン入門
　ハンドブック イラスト版』　日本文芸
社　1989.6　166p　21cm　（プレイス
ポーツ）〈監修：大城戸孝〉　1300円
①4-537-01411-3
目次 トライアスロンを始める前に、スイム
　フォーム＆トレーニング、バイクフォーム
　＆トレーニング、ランフォーム＆トレーニ
　ング、トライアスロントレーニング、レース
　マニュアル＆アドバイス

『トライアスロン―トリプル・フィットネ
　ス・スポーツ』　サリー・エドワーズ著
ベースボール・マガジン社　1989.2
269p　21cm〈監訳：徳留信寛ほか〉
2000円　①4-583-02729-X
内容 トライアスロンに関するトレーニング、
　食事、用具の選択、傷害の予防などから実
　際のレースまでわかりやすく解説。

『自転車トライアスロン―やさしいロード
　レーサー』　成美堂出版　1988.10
129p　29cm〈企画編集：オフィス・エ
ヌ〉　980円　①4-415-03476-4
内容 本書は、トライアスリートや自転車に
　乗り始めた人たちのために、いまなにが必
　要かを考えた。その議論の集約が、副題の
　「やさしいロードレーサー」だった。ロード
　レースとトライアスロン―このふたつにスポ
　ットを当てながら、もっとも重要な道具、
　ロードレーサーを多方面から解説していく。

## ゴルフ

◆池やバンカー（砂場）などが設けられた
コースで、クラブを使ってボールを打ち、
直径108mmのカップに入れるまでの打数
の少なさを競う。1904年セントルイス大
会のあと競技から外れていたが、2016年
リオデジャネイロ大会で復活した。カッ
プにボールが入るまでを「1ホール」とし、
全選手が18ホール×4日間で計72ホールを
回る。もっとも合計打数が少ない選手が
金メダルを獲得する

『すぐに役立つゴルフルール　2018年度
　版』　沼沢聖一,マイク青木監修　池田
書店　2017.12　246p　17cm〈2018年度
版最新ルールに準拠　文献あり〉　790
円　①978-4-262-17257-6
目次 ゴルフとは、ルール改訂、ティーイング
　グラウンド、スルーザグリーン、バンカー、
　ウォーターハザード、パッティンググリー
　ン、クラブ・アドバイス・他、用語の意味と
　方法・マナー、付録

『簡単！ひと目でわかるゴルフルール』
　安藤秀監修　学研プラス　2016.2　200p
16cm　（［GAKKEN ENJOY GOLF
SERIES］）　1000円　①978-4-05-

280

800586-6

内容 新改訂ルールに完全対応しています。ルールに精通した筑波大学博士プロが全編監修。オールカラー、イラストと写真でわかりやすい。巻頭ペナルティ早見表付です。

『ゴルフ規則裁定集 2016-2017』 R＆A,USGA［著］,［日本ゴルフ協会］［訳］ 日本ゴルフ協会 2016.2 655p 22cm 4000円

『ゴルフルール早わかり集 2016-2017』 日本ゴルフ協会著 ゴルフダイジェスト社 2016.2 204p 15cm〈文献あり〉 600円 ①978-4-7728-4165-8

『早わかりまんがゴルフルール―知りたいルール・罰打・処置が一目でわかる』 ナツメ社 1994.5 223p 19cm〈監修：日本ゴルフ協会〉 880円 ①4-8163-1678-7

目次 1 基礎編―プレーの前に知っておきたいゴルフの常識（ゴルフコースの全景を知ろう）,2 実践編―コース上でのルールあれこれ（ティグラウンドでのルール,スルー・ザ・グリーンでのルール,ハザードでのルール,グリーンでのルール）

『近代ゴルフルール事典』 牛丸成生著作・編集 規則改訂版 近代ゴルフ出版協会（製作） 1988.4 366p 17cm〈発売：産業労働調査所〉 1300円 ①4-87913-147-4

目次 エチケット,用語の定義,ゲームに関する規則,クラブと球,プレーヤーの責任,プレーの順序,ティ・グラウンド,球のプレーについて,ハザード,グリーン,動いた球と当たった球,救済と処置,競技の管理,改訂規則の要点,プレーの形式,付属規則,アマチュア規定

---

## テコンドー

◆選手はヘッドギアとボディープロテクターをつけ、多彩な足技やパンチで戦う格闘技。8メートルの八角形のマットで1ラウンド2分間×3ラウンド行う。けりは腰から上、パンチはボディーのみで、背中への攻撃は禁止。勝敗は得点・減点の集計で決まるほか、KO（ノックアウト）

が適用されている。男子は58kg級〜80kg超級（4段階）、女子は49kg級〜67kg超級（4段階）に別けられる

『テコンドーに関してはこの本が最高峰―世界王者が教えるスーパーキックのコツ 誰でも「華麗な」蹴りをマスターできる！』 黄秀一著,フル・コム編 新装版 東邦出版 2017.3 190p 21cm（BUDO-RA BOOKS） 1851円 ①978-4-8094-1469-5

目次 第1章 スーパーキックの基本,第2章 ステップワーク,第3章 スーパーキック習得法,第4章 マッソギに強くなる基礎,第5章 勝利のセオリー,第6章 試し割り,第7章 テコンドーストレッチ

『テコンドーに関してはこの本が最高峰』 黄秀一著,フル・コム編 東邦出版 2013.8 190p 21cm （BUDO-RA BOOKS） 1905円 ①978-4-8094-1141-0

目次 第1章 スーパーキックの基本,第2章 ステップワーク,第3章 スーパーキック習得法,第4章 マッソギに強くなる基礎,第5章 勝利のセオリー,第6章 試し割り,第7章 テコンドーストレッチ

『テコンドー』 黄進著 愛隆堂 2004.1 157p 26cm 1800円 ①4-7502-0266-5

内容 テコンドーの修練は、基本動作、マッソギ（組手）、身体の部分の鍛錬に区分される。本書ではその中でもっとも重要な基本動作について、分解写真を使って、可能な限り詳しく解説している。

《岡本 依子》 おかもと・よりこ

㊉昭和46年（1971年）9月6日

◇テコンドー指導者。平成5年テコンドー全日本選手権初優勝。6年アジア選手権で2位。9年より韓国体育大に留学（11年まで）。11年シドニー五輪アジア選考会ウエルター級2位。12年シドニー五輪から正式採用されたテコンドー67キロ以下級で銅メダルを獲得し、一躍有名に。16年テコンドー界の国内団体分裂によりアテネ五輪出場が危ぶまれていたが、JOCにより五輪憲章の特別規定が適用され個人資格による出場が決定。大会では7位に終わった。20年36歳で出場した北京五輪は1回戦敗退に終わり、21年2月

野球　　　　　　　　　　オリンピック夏季競技

現役を引退。日本のテコンドー界の象徴的
存在だった

『大泣きテコン銅メダル』　岡本依子著
幻冬舎　2001.3　243p　19cm〈年譜あ
り〉　1300円　①4-344-00059-5
内容　ひんしゅくを買っても、とにかく前へ！
驚くべき読書量、テコンドーをやり続けた
強固な意志、単身韓国へ留学する行動力…。

---

## 野球

◆1チームは9人で1試合に攻守のセットを9
回行いより多く得点しているチームが勝
利する。男子のみの種目。日本は2000年
のシドニー大会後はプロ選手だけのチー
ムで出場している。2020年東京大会で、
2008年北京大会以来3大会ぶりに正式競技
として復活する

『Q＆A(エー)式しらべる野球　4　世界
の野球事情』　　ベースボール・マガジン
社編　ベースボール・マガジン社
2010.3　31p　29cm〈索引あり〉　2200
円　①978-4-583-10199-6
内容　メジャーリーグの魅力や、WBC、オリン
ピックなど、世界の野球事情に関する25問。

『ベースボールアゲイン―国際大会の歴史
とオリンピック競技復活への道』　島尻
譲著　長崎出版　2009.3　215p　19cm
1500円　①978-4-86095-320-1
目次　第1章 日本野球界の組織変遷と野球日本
代表,第2章 オリンピック史最大の惨敗(北
京オリンピック),第3章 オリンピック公開
競技時代(ロサンゼルスオリンピック・ソウ
ルオリンピック),第4章 オリンピック正式
競技時代(バルセロナオリンピック・アトラ
ンタオリンピック),第5章 国際大会転換期
(シドニーオリンピック),第6章 オールプ
ロ編成のオリンピック(アテネオリンピッ
ク),第7章 今後の野球日本代表

『オリンピック野球日本代表物語』　横尾
弘一著　ダイヤモンド社　2008.7　340p
20cm　1600円　①978-4-478-00588-0
内容　1984ロサンゼルス・金メダル〜2004アテ
ネ・銅メダル、そして物語は―2008北京・星
野ジャパンへ。そのとき、ベンチで、フィー
ルドで、スタジアムで、彼ら"選ばれしメ
ンバー"に何があったのか？ メダルを懸け
た男たちのリアルドラマ。

『監督・長嶋茂雄の闘い―アテネ五輪野球
日本代表』　佐藤安弘著　日刊スポーツ
出版社　2004.7　240p　19cm　1500円
①4-8172-0227-0
内容　アテネ五輪を迎える5カ月前、長嶋さん
は突然倒れた。脳梗塞の発作だった。一時
は生命の危機さえささやかれたが、不死鳥・
長嶋は敢然と立ち直った。いま、再起に向
けて死力を尽くしリハビリに取り組んでい
る。がんばれ！ ミスター。そんな願いをこ
めて、友人でもある著者が渾身のエールを
送る。

『復刻版 野球小僧　No.3 - No.4』　　『野
球小僧』編　白夜書房　2002.11　224p
21cm　2400円　①4-89367-824-8
目次　No.3(特集 みんなの長嶋茂雄背番号3,特
集 2000年シドニー五輪・シークレットファ
イル,特集 1999年・2000年前半 ほか),No.
4(特集『みんなのプロ野球』2000年版,特
集 ドラフト・スカウティングレポート2000,
特集 Welcome Major League2000 ほか)

『翔べ、バルセロナへ―野球を五輪競技に
した男たち』　軍司貞則[著]　講談社
1992.6　374p　15cm　(講談社文庫)
560円　①4-06-185225-6
内容　白球国際社会を駆ける。1992年のバルセ
ロナ大会よりオリンピック正式競技種目と
なる野球。この夢を実現するために、四半
世紀にわたり情熱を燃やし続けた北米、中
米、ヨーロッパ、アジアのベースボール・
ピープルの熱いドラマ。大きな役割を果た
した日本人の軌跡も描く、感動のノンフィ
クション。

『もうひとつの野球―バルセロナ五輪序曲』
軍司貞則著　集英社　1991.3　278p
16cm　(集英社文庫)　450円　①4-08-
749686-4
内容　1992年バルセロナ五輪で正式種目とな
る野球。1989年ペレストロイカ後のソ連で
初の本格的な野球場が建設された。その陰
には野球を普及させようと尽力する男たち
の並々ならぬ情熱と執念があった。野球が
愛されているのはアメリカや日本だけでは
ない。本書はソビエトおよびヨーロッパ10
カ国で著者が出会ったベースボール愛好家
の姿と各国球界事情を紹介する。

オリンピック夏季競技　　野球

『翔べ、バルセロナへ』　軍司貞則著　集英社　1987.7　322p　20cm〈参考文献：p319〉　1400円　①4-08-772612-6
内容 これは、人種・宗教・社会慣習・イデオロギーの違いを越え、オリンピックという夢に、四半世紀にわたり情熱を燃やし続けた北米、中米、ヨーロッパ、アジアのベースボールピープルの物語であり、日本人が国際社会で、どのように生きていけばよいのかを追跡したノンフィクションである。オリンピック・バルセロナ大会（1992年）から正式競技種目になる、野球をめぐる熱いドラマ。

《阿部 慎之助》　あべ・しんのすけ
㊷昭和54年（1979年）3月20日
◇プロ野球選手（巨人・内野手）。日本代表としてアマ時代の12年にシドニー五輪4位。19年12月星野仙一監督率いる日本代表（星野ジャパン）で正捕手を務め、北京五輪アジア予選優勝に貢献、大会MVPに。20年北京五輪は4位

『阿部慎之助2000安打達成記念Photo Book』　報知新聞社写真部, 読売巨人軍写真　報知新聞社　2017.8　48p　12×12cm　926円　①978-4-8319-0149-1

《アボット, ジム》
㊷1967年9月19日
◇米国の元・大リーグ選手。高校時代の'85年にブルージェイスの38巡目指名されたが、奨学金の誘いを受けてミシガン大学に入り、時速150キロ近い速球を武器に大学通算26勝をマーク。'88年のソウル五輪では米国チームの主力投手として金メダル獲得に貢献した

『奇跡の隻腕―ジム・アボット物語』　ボブ・バーノータス著, 武田薫訳　ベースボール・マガジン社　1996.7　249p　19cm　1300円　①4-583-03324-9
内容 人間の勇気って何なのか。人並みはずれたチャレンジ精神が勇気の尊さを教えてくれる。右腕の障害を乗り越えてメジャーのエースへと駆け上がった男の感動の前半生。

《井口 資仁》　いぐち・ただひと
㊷昭和49年（1974年）12月4日
◇プロ野球監督（ロッテ）、元・大リーグ選手。平成8年青山学院大学の主将となる。アトラ

ンタ五輪では銀メダルを獲得に尽力した

『二塁手論―現代野球で最も複雑で難しいポジション』　井口資仁著　幻冬舎　2010.7　174p　18cm　（幻冬舎新書174）　720円　①978-4-344-98175-1
内容 飛躍の第一歩は、プロ4年目に守備の花形ショートへのこだわりを捨て、セカンドへ移ったことだった。セカンドの地味ながらも緻密な動きをマスターしたことで、翌年ゴールデングラブ賞を受賞。その結果、偏っていたボディバランスが改善し、低迷する打撃も急上昇、史上3人目の30本塁打・40盗塁を記録。さらに右方向への泥臭いヒットを狙って、打率は8分以上もアップした。そして最終的にワールドシリーズを制覇する名二塁手に成長。先入観をなくし、目標を具体化することが、一流の「スペシャリスト」を生む。目から鱗の成功バイブル。

『井口の法則―メジャーリーガーの野球技術』　井口資仁著　MCプレス　2008.8　223p　19cm〈年譜あり〉　1500円　①978-4-86295-047-5
内容 プレイヤー、野球愛好者必読！ここに、すべてを公開する…。現役メジャーリーガーが著す「野球の教科書」。

《石川 雅規》　いしかわ・まさのり
㊷昭和55年（1980年）1月22日
◇プロ野球選手（ヤクルト・投手）。秋田商3年の夏に甲子園に出場。青山学院大に進み、1年生春から登板。12年シドニー五輪は4位。14年自由競争枠でヤクルトに入団

『頭で投げる。』　石川雅規著　ベースボール・マガジン社　2011.5　207p　18cm（ベースボール・マガジン社新書 052）　857円　①978-4-583-10369-3
内容 身長167cmながらプロ通算100勝を達成、小さなエースが初めて明かした「勝つ投球技術」。ピッチングの奥義、全公開。

《伊藤 智仁》　いとう・ともひと
㊷昭和45年（1970年）10月30日
◇プロ野球監督（富山GRNサンダーバーズ）。花園高卒業後、三菱自動車京都に入り活躍。4年バルセロナ五輪代表として2試合完封勝ちするなど、銅メダル獲得に貢献した。5年ドラフト1位でヤクルトに入団

オリンピックの本3000冊　283

野球　　　　　　　　　　　オリンピック夏季競技

『幸運な男―伊藤智仁悲運のエースの幸福
　な人生』　長谷川晶一著　インプレス
2017.11　380p　19cm〈文献あり〉
1800円　①978-4-295-00242-0
内容 高速スライダーで球界を席巻。伝説の投
　手の知られざる物語。

《上原 浩治》　うえはら・こうじ
㊙昭和50年（1975年）4月3日
◇プロ野球選手（巨人・投手），元・大リーグ
　選手。平成11年巨人にドラフト1位で入団。
　16年長嶋茂雄監督率いるアテネ五輪で銅メ
　ダル

『我慢』　上原浩治著　ぴあ　2005.4
220p　19cm〈年譜あり〉　1400円
①4-8356-1516-6
内容 目標に到達するまでの努力，チャンスを
　生かすための集中力，"負けない人生"のた
　めに必要な，上原流理論とは…メジャーを
　目指す男・上原浩治，初の自叙伝！アテネ
　五輪中に毎日執筆していた「野球ノート」も
　直筆で公開。

《黒木 知宏》　くろき・ともひろ
㊙昭和48年（1973年）12月13日
◇プロ野球コーチ（日本ハム）。平成7年ドラ
　フト2位でロッテに入団。12年プロ選手から
　初めてシドニー五輪代表となり，4位

『54「もう、投げなくていい」からの出発』
黒木知宏著　ロングセラーズ　2008.10
238p　19cm　1300円　①978-4-8454-
2130-5
内容 これからの人生もジョニーは直球勝負で
　挑む。

《鈴木 義信》　すずき・よしのぶ
㊙昭和18年（1943年）11月2日
◇元・社会人野球監督。昭和41年東京芝浦電
　気（現・東芝）に入社。63年ソウル五輪では
　日本チームの監督を務め，銀メダルを獲得
　した

『強いチームの用兵と戦略―元オリンピッ
　ク野球日本代表監督が明かす『勝利の法
　則』』　鈴木義信著　中経出版　1999.12
205p　20cm　1500円　①4-8061-1313-
1
内容 9回裏ツーアウト。起死回生の奇策，細

心にして豪胆な戦略はいかにして生まれた
のか。タナぼた出場から金メダルに輝いた
ロス五輪，米国隻腕投手ジム・アボットに
死力を尽くして挑んだソウル五輪。常勝・
東芝野球を完成させ，全日本で広沢や野茂，
古田らを育みともに闘った名監督が，過去
の球譜をもとに説き起こす勝利の方程式の
数々。閉塞状況を打開する方法満載，野球
ファンのみならず，トップ経営者から部課
長までオールビジネスマン必読。

《ダルビッシュ 有》　だるびっしゅ・ゆう
㊙昭和61年（1986年）8月16日
◇大リーグ選手（カブス・投手）。イラン人の
　父と日本人の母の間に生まれる。平成17年
　ドラフト1巡目で日本ハムに入団，19年日本
　国籍を選択し，アジア選手権北京五輪アジ
　ア予選に出場。20年星野仙一監督のもと，
　北京五輪に出場し，4位

『ダルビッシュ有』　本郷陽二編　汐文社
2015.1　148p　20cm　（侍メジャーリー
ガー列伝）〈文献あり〉　1500円
①978-4-8113-2149-3
目次 第1章 大阪で生まれた野球少年（メジ
　ャーリーグのオールスター戦に初登板，将
　来のエースの誕生 ほか），第2章 スーパー
　中学生があらわれた（中学入学で本格的に
　野球に取り組む，反抗期と成長痛 ほか），第
　3章 春夏連続4度の甲子園（名門・東北高校
　に入学，一目で見抜いた素質 ほか），第4章
　日本を代表するピッチャー（プロの世界に
　飛び込んだ野球少年，消えた初登板で初完
　封の記録 ほか），第5章 海を渡って輝く（テ
　キサス・レンジャーズに入団，冷や汗の初
　勝利 ほか）

『ダルビッシュ有はどこから来たのか』
松下茂典著　潮出版社　2013.3　221p
20cm　1400円　①978-4-267-01930-2
内容 "世界No.1"をめざして。イラン人の父と
　日本人の母の間に生まれた「ダルビッシュ
　セファットファリード有」初の評伝。

『ダルビッシュの背負う十字架―越えるべ
　きメジャーの壁』　古内義明著　扶桑社
2012.6　337p　19cm〈文献あり〉　1200
円　①978-4-594-06643-7
内容 「1億ドル超の男」ダルビッシュ有。メ
　ジャー取材の第一人者が，日本球界「最後
　の砦」となるダルを徹底分析。

オリンピック夏季競技　　野球

## 《野茂 英雄》　のも・ひでお
㊲昭和43年（1968年）8月31日

◇元・大リーグ選手。成城工（現・成城高）卒業後、新日鉄堺に入社。昭和63年都市対抗で若獅子賞を受賞、ソウル五輪では日本代表のエースとして銀メダルに貢献した

### 『野茂英雄の挑戦—アメリカン・ドリーム』
アメリカンドリーム研究会編著　ビジネス社　1995.12　193p　19cm　1300円
①4-8284-0656-5
目次 赤ちゃん時代に大物の片鱗、父の特訓と少年野球チーム、野球部選抜で不合格、体力のかたまりのような選手、六回コールドの完全試合、地区代表決定戦で涙のむ、ソウル五輪で銀メダル獲得、八球団がドラフト第一位に指名、初年度から大活躍、タイトルを総ナメ、敵チームの元マスコットガールと結婚〔ほか〕

## 《古田 敦也》　ふるた・あつや
㊲昭和40年（1965年）8月6日

◇元・プロ野球選手。立命館大に進学。4年時のドラフトでは有力視されながら指名されずトヨタ自動車に入る。社会人野球時代には全日本に選ばれ、野茂英雄（元大リーガー）や与田剛（元中日）の球を受けた。ソウル五輪の銀メダリスト。平成2年ドラフト2位でヤクルトに入団

### 『古田の様』
金子達仁著　扶桑社　2008.8　225p　20cm　1500円　①978-4-594-05731-2
内容 古田敦也の半生記。プロ野球選手として驚異的な成績を残しつつ、球界再編にも大きな影響を与えた男はいかにしてつくられたのか？ スポーツノンフィクションの名手が、入念な取材でその半生に迫る。

### 『古田のブログ』
古田敦也著　アスキー　2005.12　249p　19cm　1300円　①4-7561-4693-7
内容 「監督になったらもう、ばかなことはできないからね」そう語りながら繰り出される限界トークとギリギリショット。最初はブログがなんなのかもよくわからなかった古田がブログにはまり、眞鍋かをりにならぶ超ヒットブロガーにまでなった秘密がここにある。監督問題に揺れ更新の途絶えた約1か月を語るシークレットブログ、古田によく似た関西人…？ 謎の「吉田淳也公式ブログ」も収録。

### 『古田式』
古田敦也,周防正行著　太田出版　2001.5　206p　19cm　1200円　①4-87233-581-3
内容 球界随一の頭脳・古田敦也と、映画界随一の野球狂・周防監督が繰り広げる、明晰で、グローバルスタンダード、巨人に「NO」といえる野球論。

### 『古田ののびのびID野球』
古田敦也著　学習研究社　1993.4　236p　19cm〈奥付の書名：ヤクルトスワローズ古田ののびのびID野球　著者の肖像あり〉　1000円　①4-05-400118-1
内容 痛快無比。スポーツ紙の記者も大仰天。古田がつづる「NO.1キャッチャーへの道」。腕白少年が首位打者をとるまでのドラマ。ヤクルト・ベンチの裏ネタも、続々登場。野村監督、広沢、池山、荒木、内藤、西村…。チーム・メートの素顔とは、いったい？

### 『古田敦也のすべて—プロ野球界一のモテ男』
古田敦也担当記者グループ編　世界文化社　1992.5　189p　19cm　（キラキラブックス）〈古田敦也の肖像あり〉　1000円　①4-418-92507-4
内容 『のび太』顔の若き名キャッチャー。ヤクルトスワローズの星、古田敦也のスゴさの秘密、ぜんぶ教えます。番記者だから聞き出せた、古田の生い立ちから私生活まで…。

## 《松坂 大輔》　まつざか・だいすけ
㊲昭和55年（1980年）9月13日

◇プロ野球選手（中日・投手）、元・大リーグ選手。横浜高校を卒業後、平成11年西武に入団。12年プロ選手から初めてシドニー五輪代表に選ばれ、予選リーグの米国戦、韓国戦、3位決定戦の韓国戦に登板するが、いずれも惜敗し、4位。16年アテネ五輪では予選リーグのキューバ戦、準々決勝のオーストラリア戦で好投し、日本の銅メダルに貢献した

### 『松坂大輔と中田英寿』
康奉雄著　廣済堂出版　2000.2　230p　16cm　（廣済堂文庫）　495円　①4-331-65278-5
内容 怪物・松坂とカリスマ・中田に備わった驚くべきスポーツIQの高さとは？ 自らの能力で新しい時代を切り開く新タイプのヒーローの秘密に迫る。

オリンピックの本3000冊　285

ソフトボール　　　オリンピック夏季競技

『松坂大輔─伝説への飛翔─輝ける黄金
　ルーキーの素顔と軌跡』　　三木重信編
日本文芸社　1999.10　221p　19cm〈肖
像あり〉　1000円　⑭4-537-02716-9
　内容 シドニー・オリンピック出場権獲得おめ
　でとう！　新聞・テレビではわからない素顔
　の松坂/大輔がここにいる。

《松永 怜一》　まつなが・れいいち
　⑭昭和6年（1931年）11月3日
　◇野球人。昭和59年ロス五輪野球（公開競技）
　では日本代表監督として金メダルを獲得。
　平成11年JOC理事に就任

『野球現場主義』　松永怜一著　ベース
　ボール・マガジン社　2007.11　221p
　19cm　1600円　①978-4-583-10061-6
　内容 「監督は現場から離れるな」を信念に、
　力の限りにノックバットを振ってきたひた
　むきな野球人、その確かな足跡。


# ソフトボール

◆女子のみの種目で、野球の用具やルール
　を性別や世代を超えて楽しめるよう変更
　した競技。ルールは野球とほぼ同じだが、
　1試合は7回。より大きなボールと小さな
　バッドを使い、グラウンドもひと回り小
　さい。また、投手の投げ方は下から投げ
　る「アンダースロー」のみとなっている

『金メダリストに学ぶソフトボール』　ソ
　フトボールマガジン編集部編　ベース
　ボール・マガジン社　2010.3　97p
　26cm　（Sports bible series）　1200円
　①978-4-583-10252-8
　内容 北京オリンピックの"あの一球"を再現。
　金メダリストのフォーム連続写真を一挙
　公開。

『ソフトボール日本代表が金メダルを獲っ
　た理由』　吉井妙子著　ぴあ　2009.4
　257p　19cm　1500円　①978-4-8356-
　1721-3
　内容 エース・上野由岐子の3試合413球の熱
　投で悲願の金メダルを獲得した北京オリン
　ピック日本代表はどうして、常勝軍団・ア
　メリカに勝てたのか？　満身創痍の上野はな
　ぜ、最後まで投げ抜くことができたのか？

世界一のチームができるまでを追ったノン
フィクション。日本代表17人が語る「勝利
の秘密」。

『いちばんわかりやすいソフトボール入門
　─ワイド版』　宇津木妙子著　大泉書店
　2006.8　159p　21cm　（012 sports）
　1000円　①4-278-04693-6
　内容 ピッチング、バッティング、フィール
　ディング、ベースランニングのポイントを
　連続写真でビジュアル解説。試合を有利に
　進めるオフェンス＆ディフェンス。

『日本女子ソフトボールシドニー2000オリ
　ンピック記念誌』　日本ソフトボール協
　会編　日本ソフトボール協会　2001.1
　64p　31cm〈奥付のタイトル：シドニー
　2000オリンピック記念誌〉

《上野 由岐子》　うえの・ゆきこ
　⑭昭和57年（1982年）7月22日
　◇ソフトボール選手（ビックカメラ高崎・投
　手）。平成13年日立高崎に入社。16年アテ
　ネ五輪はエースとしてチームを支え、予選
　リーグ対中国戦で五輪史上初、自身2度目の
　完全試合を達成するも、銅メダル。20年の
　北京五輪では、ページシステムによる決勝
　トーナメントで1日で2試合連投後、翌日の
　世界王者・米国との決勝のマウンドにも立
　ち、2日間3試合で413球を投げ抜いて、同競
　技最後の五輪で悲願の金メダルを獲得した。
　ソフトボールが北京五輪を最後に五輪競技
　種目から外された後も選手生活を続け、28
　年9月前人未到のリーグ通算200勝を達成、
　11月にはリーグ史上初の通算2000奪三振を
　挙げた。"オリエンタル・エクスプレス"の
　異名をとる世界最速の速球を操る

『上野由岐子─夢への扉を開け！』　ベー
　スボール・マガジン社編　ベースボー
　ル・マガジン社　2010.10　124p　22cm
　（スポーツスーパースター伝 3）〈文献あ
　り　年譜あり〉　1500円　①978-4-583-
　10295-5
　内容 男子だけのソフトボール部に入ったの
　は、小学3年生のとき。ピッチャーになりた
　くて、人よりうんと練習をした。22歳のと
　き、オリンピックに出場したけど、銅メダ
　ルだった。長いスランプを乗り越えて、4年
　間、努力を続け、北京オリンピックでは、つ
　いに金メダルをかくとした。「運も実力の

オリンピック夏季競技　　ソフトボール

うち」というけれど、運は、がんばって、自分でつくるもの。この思いを胸に、今日も、上野選手は剛速球を投げ続ける。

『情熱力。―アスリート「上野由岐子」からの熱いメッセージ』　上野由岐子著
創英社　2009.1　247p　21cm　1500円
①978-4-88142-187-1
[内容] 幼少からの情熱を支えた多くの仲間、師、家族。世界の頂点に立った熱いメッセージとは。日本中の感動が今ここによみがえる。

『サムライ・ハート上野由岐子』　松瀬学
著　集英社　2008.10　221p　18cm
838円　①978-4-08-780508-6
[内容] ひたむきな美しさに"上野萌え"の人々続出。密着取材を元に描く上野由岐子の真実。

《宇津木 妙子》　うつぎ・たえこ
㊵昭和28年(1953年)4月6日
◇ソフトボール指導者。星野女子高を経て、ユニチカで13年間三塁手として活躍し、12個の全日本級タイトルを獲得。61年日立高崎(現・ルネサス高崎)女子ソフトボール部監督。平成8年アトランタ五輪はコーチで参加(4位)。12年シドニー五輪は銀メダル。16年アテネ五輪は銅メダルに終わり、10月代表監督を退任した。日本のソフトボール界を牽引し、17年には指導者部門で日本人初の国際ソフトボール連盟(ISF)の殿堂入りを果たした。20年同競技最後の五輪となった北京五輪で、かつての教え子たちが世界王者の米国を破り、悲願の金メダルを獲得した

『ソフトボール眼(アイ)』　宇津木妙子著
講談社　2009.1　221p　19cm　1300円
①978-4-06-215166-5
[内容] 背番号32を脱ぎ、また新たな夢に向かう"監督"が書き尽くすソフトボールの真の魅力とは!?33年間の集大成！ 愛されて勝つ。

『宇津木魂―女子ソフトはなぜ金メダルが獲れたのか』　宇津木妙子著　文藝春秋
2008.10　205p　18cm　〈文春新書〉
740円　①978-4-16-660666-5
[内容] 北京五輪での金メダル獲得には深い理由がある。上野由岐子投手の所属チーム総監督であり、シドニーで銀メダル、アテネで銅メダルをもたらした前・日本代表監督が、「結果の出せる」指導哲学を全公開。

『いちばんわかりやすいソフトボール入門―ワイド版』　宇津木妙子著　大泉書店
2006.8　159p　21cm　（012 sports）
1000円　①4-278-04693-6
[内容] ピッチング、バッティング、フィールディング、ベースランニングのポイントを連続写真でビジュアル解説。試合を有利に進めるオフェンス＆ディフェンス。

『金メダルへの挑戦！―シドニーからアテネ、そして北京へ』　宇津木妙子著　学陽書房　2004.9　230p　20cm　1500円
①4-313-81605-4
[目次] プレイボール アテネから北京へ，イニング1 選手たちへ―ありがとう！，イニング2 アテネにて…壮絶なる金メダルへの戦い，イニング3 続投―揺れ動く思いの中で―2000年（シドニー・オリンピック），イニング4 決別―勝利の裏側の苦悩―2001年（第10回世界選手権アジア地区予選），イニング5 迷い―またしてもアメリカに屈す―2002年（第10回世界選手権），イニング6 思わぬ敵―猛威ふるうSARS―2003年（強化計画の大幅修正），イニング7 決戦の地へ―2004年（アテネ・オリンピック前夜），ゲームセット…なんかじゃない！―あとがきにかえて，シドニーからアテネそして北京へ

『宇津木妙子・麗華物語―日中に架けるソフトボールの夢』　松瀬学著　集英社
2004.8　207p　20cm〈肖像あり〉　1400円　①4-08-780396-1
[内容] 日本代表監督と主砲、国境を超えた出会いから26年間の奇跡。波瀾万丈の生き様と、壮絶なる努力の連続はすべて…。

『努力は裏切らない』　宇津木妙子［著］
幻冬舎　2004.7　256p　16cm　（幻冬舎文庫）　533円　①4-344-40534-X
[内容] エリートではなかったからこそ、選手の心の動きがわかる。他の誰よりも練習した自負心があるからこそ、「ここまでやれ！」と言い切れる。矢面に立って常に闘っているからこそ、人は愛想をつかさずについてくる。全日本女子ソフトボールチームを監督として率い、シドニーオリンピックで銀メダルを獲得した著者による、闘う集団に育てる指導術。

『負けたままでは終われない―ソフトボール宇津木ジャパン4年間の軌跡』　小川みどり著　岩波書店　2004.7　265p

スケートボード　　　　　オリンピック夏季競技

20cm　1600円　Ⓝ4-00-002160-5
内容「勝負に生きる者として、負けたままでは
終われない」。あと一歩のところでシドニー
五輪の金メダルを逃した敗戦の将が、再度
アテネ五輪に向けて指揮を執ることを決意
した。打倒アメリカ、日本の団体競技二八
年ぶりの金メダル獲得へ。宇津木監督がど
のようにチームを作り、その指揮者として
の魅力を選手たちにどのように感じてきた
のか。多くのエピソードを全日本チームの
軌跡とともに描く。

『宇津木妙子ソフトボール入門』　宇津木
妙子著　大泉書店　2001.12　173p
21cm　（012 sports）　1000円　Ⓝ4-
278-04660-X
内容日本代表の監督も務める宇津木妙子が、日
立高崎女子ソフトボール部の選手のプレー
をモデルに、基本技術、ポジション別のプ
レー、勝つための戦術などを写真を使って
わかりやすく解説、効果的な練習法も紹介。
また、すべてのプレーの土台となる精神面
の大切さについても、その理論と想いを随
所に盛り込んでいる。

『チームワーク―心を一つにして』　宇津
木妙子著　学陽書房　2001.6　206p
20cm　1400円　Ⓝ4-313-86013-4
目次プレイボール シドニーからアテネへ、1
頼もしい選手たち、2 チームワーク、3 チー
ム作り、4 チームの育成、5 選手として、監
督として、6 勝つための戦術、7 信頼の絆

『努力は裏切らない』　宇津木妙子著　幻
冬舎　2001.5　218p　20cm　1333円
Ⓝ4-344-00069-2
内容心をひとつにする。ミスは成長のチャ
ンス。わけへだてのない目線で。日本中が
感動したリーダーシップとマネジメントの
奇跡。


## スケートボード

◆車輪の付いた板に乗ってトリック（ジャ
ンプ、空中動作、回転などの技）を繰り出
し、技の難易度やスピード、構成のオリ
ジナリティなどを採点する競技。種目に
は男女共通で、大小様々なくぼみを組み
合わせたコースで滑る「パーク」と、街
中を再現したコースで滑る「ストリート」

がある。東京2020オリンピックより追加
される競技

『ゼロからはじめるスケートボード　初中
級編』　立本和樹, 内田"チヒロック"ち
ひろ, 藤沼到監修　実業之日本社　2014.
2　143p　21cm　（LEVEL UP BOOK）
〈「SKATEBOARD SPECIAL」（2011年
刊）の改題、再編集〉　1300円　Ⓝ978-
4-408-33110-2
内容プッシュからオーリー、グラインドまで
ベーシックテク完全解説!!

『01-10―skateboarding photo』
Nobuo Iseki［撮影］　Tokyo Hidden
Champion　2013.10　128p　22×29cm
〈日本語・英語併記〉　2800円　Ⓝ978-
4-9907395-0-8

『スケートボードを楽しくする本―how to
play skateboard～3 dimensions
ベーシック編』　吉田徹監修　マリン企
画　2007.4　128p　26cm　1600円
Ⓝ978-4-89512-483-6
内容基礎から中上級までの50のテクニックを
フロント、レギュラー、グーフィーの3方向
の連続写真で解説。

『スケートボードA to Z　v.2』　ワープ
編集部, トランスワールドスケートボー
ディング編集部監修　トランスワールド
ジャパン　2001.9　128p　26cm〈奥付
のタイトル：Skateboard A to Z〉　1200
円　Ⓝ4-925112-17-1
内容見やすい連続写真とわかりやすい解説で
メイクに導く、ネクスト・ステップを狙う
スケーター達のマスト・アイテム。

『スケートボード・クリニック―みんなで
きるよ！　基本編』　アレキサンダー・
リー・チャン, 月刊スノースタイル編集
部監修　マリン企画　2001.7　128p
21cm　1000円　Ⓝ4-89512-416-9
内容プロスケーターアレキサンダー・リー・
チャンが伝授！ いつでもどこでも遊べるス
ケートボード。そんなスケートボードの魅
力を、余すことなく集めてみた。基本的な
用語集から360キックフリップまで、解りや
すいイラストで詳しく解説。本書が、キミ
の人生を大きく変えるかもしれない。

『スケーターズバイブル　2001』　三栄書

房 2000.11 175p 29cm （サンエイ
ムック）〈「オーリー」スペシャルエディ
ション〉 838円 Ⓓ4-87904-371-0

『スケーターズバイブル 2』 三栄書房
1999.10 159p 29cm （サンエイムッ
ク）〈「オーリー」スペシャルエディショ
ン〉 838円 Ⓓ4-87904-301-X

『スケートボード』 木川田直敏著 小学
館 1999.5 97p 26cm （ワンダーラ
イフスペシャル—スポーツスタイルブッ
ク v.3） 952円 Ⓓ4-09-102693-1

『スケートボードA to Z』 ワープ編集部
監修 トランスワールドジャパン
1998.7 111p 26cm〈表紙のタイトル：
スケイトボウ道〉 1200円 Ⓓ4-
925112-11-2
内容 連続写真とわかりやすい解説でベーシ
ックからスーパートリックまでを完全マ
スター。

『スケートボードマスター—ストリートの
ヒーローになるための基本テクから超ハ
イテクまで!! ストリートテクニック
編』 永岡書店 1988.7 72p 21cm
（スポーツチャート 30）〈監修：秋山弘
宣〉 580円 Ⓓ4-522-01180-6

『スケートボードテクニック・バイブル』
高橋書店 1988.5 118p 21cm〈監修：
松島勝美〉 850円 Ⓓ4-471-14050-7

『入門スケートボード—イラストでみる 思
いっきりストリートヒーロー』 秋山勝
利著 新星出版社 1988.5 144p
19cm 780円 Ⓓ4-405-08078-X
目次 ベーシック・テクニック, ストリート・
テクニック, ストリート・ランプ・テクニッ
ク, ランプ・ジャンプ・テクニック, スケー
トボード・ギア

『スケートボード—君も名選手になれる 完
全写真でマスターしよう』 秋山弘宣著
成美堂出版 1988.4 126p 19cm
（Junior sports series）〈標題紙の書名：
ストリートスケートボーディング〉
600円 Ⓓ4-415-01250-7
内容 本書はスケーターがより早く, そして確
実に技術を身につけられるように, トリッ
クを覚えやすい順番に並べてあります。

『スケートボードテクニック—ストリート
ヒーローをめざせ！』 秋山勝利著 新
星出版社 1987.12 158p 19cm 880
円 Ⓓ4-405-08073-9
目次 第1章 BASIC TECHNIQUEを完璧にマ
スター（構造を知っておこう, 基本テクニッ
ク）, コラム「音楽、ファッションそして
ストリートスケート」, 第2章 LET'S GO
SKATING（ストリート・テクニック, スト
リート・ランプ・テクニック, ランプ・テク
ニック）, 第3章 自分にあった道具の選び方
（正しい道具の選び方）

## 空手

◆空手競技は、「形競技」「組手競技」の2
つに別けられる。形競技は仮想の敵に対
する攻防を組み合わせた演武であり、採
点で勝敗が決まる。選手は規定の98種類
から演武を選択し、1人ずつ実施する。ま
た、体重による区分はない。組み手競技
は8メートル四方の競技場で1対1で戦う。
柔道等とは異なり、技の完成度により付
与されるポイントで勝敗が決まる。階級
は、男子は-60kg、-67kg、-75kg、-84kg、
+84kg（5階級）、女子は-50kg、-55kg、-
61kg、-68kg、+68kg（5段階）。東京2020
オリンピックより追加される競技

『知ってる？ 空手道—クイズでスポーツが
うまくなる』 町田直和著 ベースボー
ル・マガジン社 2017.8 143p 21cm
〈索引あり〉 1500円 Ⓓ978-4-583-
11088-2
内容 空手道に必要な心構えから、形、組手の
基本技術やルールもわかる。クイズに答え
ながら読むだけで強く、うまくなる。

『空手道入門』 江上茂著 新装増補版
日貿出版社 2017.3 183p 27cm〈初
版：講談社 1977年刊 文献あり 索引あ
り〉 3000円 Ⓓ978-4-8170-6019-8
内容 初版より40年の時を経てなお輝く、空手
道家・江上茂の金字塔的入門書が、新装増
補版で蘇る。豊富な写真で松涛會空手道の
基本はもちろん、「なんの為に空手を学ぶの
か」という江上哲学が結実した一冊。武道
を志す、すべての人が読むべき言葉がここ

空手　　　　　　　　　　オリンピック夏季競技

にある。

『絵とDVDでわかるスポーツルールとテク
　ニック　6　柔道・剣道・相撲・空手道・
　なぎなた』　中村和彦総合監修　学研教
育出版　2015.2　63p　29cm〈発売：学
研マーケティング〉　3300円　①978-4-
05-501097-9
　目次　スペシャルインタビュー　柔道家　井上康
　生，柔道〔柔道衣，礼法，試合場，チーム，試
　合の進め方，勝敗，反則と罰則，審判　ほか〕，
　空手道，剣道〔剣道具，しない，礼法，試合
　場，チーム，試合の進め方，有効打突と勝
　敗，反則と罰則，審判　ほか〕，なぎなた，相
　撲〔まわしのしめ方，礼法，土俵，試合の進
　め方，勝敗，反則，審判　ほか〕

『空手道教範』　船越義珍著，宮城篤正解説
宜野湾　榕樹書林　2012.5　358p
21cm〈付属資料：8p：月報 no. 70　昭
和16年刊（修正増補）の復刻版〉　2800
円　①978-4-89805-161-0

『空手道―基本を身につけ、技を極める！』
日本空手協会監修　日本文芸社　2007.5
159p　21cm　（実用best books）　1500
円　①978-4-537-20560-2
　内容　日本が生んだかけがえのない武道、空手
　道。基本、型、組手の練習を繰り返し、鍛
　練を積むことで、技術を修得し、心身を高
　めることができる。本書は伝統ある空手道
　の正しい技を、豊富な写真とDVDで解説し
　ている。なにより大切な「基本」をしっか
　りと身につけ、空手道の真髄を体感してほ
　しい。

『格闘技がわかる絵事典―国が変われば
　ルールも変わる！　古武道から総合格闘
　技まで』　近藤隆夫監修　PHP研究所
2007.4　79p　29cm　2800円　①978-4-
569-68675-2
　内容　世界にはさまざまな格闘技があります。
　この本では、それらを5つに分類し、それぞ
　れの代表的な格闘技を大きく取りあげて解
　説しています。また、それらの代表的な格
　闘技と共通点のある格闘技、関連のある格
　闘技を小項目として取りあげています。ま
　た、第6章として、オリンピックで行なわれ
　る格闘技、格闘技とかかわりの深い人物、柔
　道や相撲の技を取りあげています。あわせ
　て活用してください。

『最強を極める空手入門―フルコンタクト
　空手最先端テクニック集』　緑健児著
ベースボール・マガジン社　2006.1
215p　26cm　2000円　①4-583-03877-
1
　内容　この本では、従来の基本を紹介するので
　はなく、フルコンタクト空手の最先端技術
　を徹底解説する。つまり、ここに載ってい
　るのは、そのまま実戦で使えるテクニックの
　みだ。空手界の頂点を極めた17人が、血と
　汗の結晶ともいえる“技の秘密”を初公開。

『空手道―図解コーチ』　前田利明監修
成美堂出版　2005.3　191p　15cm　740
円　①4-415-02768-7
　内容　突き・蹴り・受けの基本から組手試合で
　の応用技までを連続写真でわかりやすく解
　説。形競技上達のポイントも収録。

『空手道教範』　第2版　全日本空手道連盟
2002.10　276p　26cm〈年表あり〉

『図解コーチ空手道』　道原伸司著　成美
堂出版　2002.4　255p　16cm　（スポー
ツシリーズ）　600円　①4-415-02023-2
　目次　第1章 練習と用具，第2章 技術，第3章 練
　習法，第4章 形，第5章 組手，第6章 試合と
　審判

『空手教典　3巻』　大山茂監修, 大山泰彦
著　朝日出版社　2002.1　93p　26cm
1500円　①4-255-00097-2
　目次　受けの組手のヴァリエーション，振り打
　ち，下突き，鉄槌，カカト蹴り，横蹴り

『空手教典　4巻』　大山茂監修, 大山泰彦
著　朝日出版社　2002.1　119p　26cm
1700円　①4-255-00134-0
　目次　振り打ち・下突き，内回し，カカト落と
　し，外回し，カケ蹴り・後ろ回し蹴り，回し
　打ち，手刀，手刀受け後屈立，ヒジ打ち，崩
　す・受け技の応用

『空手教典　1巻』　大山茂, 三浦美幸監修,
大山泰彦著　朝日出版社　2000.10　87p
26cm〈肖像あり〉　1500円　①4-255-
00050-6
　目次　基本の基本, 正拳, 前屈立ち正拳, 下段突
　き・上段突き, 組手の立ち, 裏拳, 蹴り, 前
　蹴り, 回し蹴り, 実戦組手

『空手教典　2巻』　大山茂, 三浦美幸監修,

大山泰彦著　朝日出版社　2000.10　87p
26cm　1500円　①4-255-00051-4

目次 回し蹴りのヴァリエーション, 後ろ蹴り,
ストレートにくる攻めに対する下段払い・
外受け, 曲線の攻めに対する内受け, 足の運
び, 間合い・角度・足の運び, 下段回し蹴り
の受け, 突き・蹴りの受け返し

『空手道教範』　山口剛玄著, 山口剛史監修
東京書店　1998.2　287p　21cm〈肖像
あり〉　3000円　①4-88574-624-8

目次 序章 空手を始めるに当たって, 1章 空手
道の基本, 2章 空手道の基本技法, 3章 空手
道の形, 4章 空手道の組手

『空手道競技入門』　城石尚治著　ベース
ボール・マガジン社　1990.7　249p
21cm　（基本を学ぶために 2）〈参考文
献：p248〜249〉　1200円　①4-583-
02848-2

内容 入門者へ贈る決定版。基本の完全修得
こそ上達への近道。心技体の充実をめざす
人への指標。空手道競技に必要な基本のす
べて。一流空手人の実践録・名言集を紹介。
強くなれる空手道の基本マスター。

## スポーツクライミング

◆壁に取付けられた、大きさ・形が異なる
様々な突起（ホールド）を手足のみを使
ってよじ登る競技。2020年東京大会では
「リード」「ボルダリング」「スピード」の3種
目の結果を総合して順位をつける。リー
ドは、制限時間内にどの地点まで登れる
かを競う。ボルダリングは、高さ4メート
ルの壁を制限時間内に多く登った方が勝
利。スピードは、同じ条件の壁を2人の選
手が同時に登り速さを競う。東京2020オ
リンピックより追加される競技

『オブザベーションを極めて、上達する！
ボルダリング』　岡野寛監修　ナツメ社
2018.9　191p　21cm　1700円　①978-
4-8163-6520-1

内容 スキルアップを狙うすべての人へ、一番
丁寧な解説書！ シューズの選び方やフット
ワークなどの基礎知識から実践テクニック
まで充実の内容！

『スポーツクライミングボルダリング─考
える力を身につけながら楽しくレベル
アップ!!』　ベースボール・マガジン社
編集, 西谷善子監修　ベースボール・マ
ガジン社　2018.9　127p　21cm〈索引
あり〉　1600円　①978-4-583-11176-6

内容 大切なのは筋力ではなく考える力！ ボ
ルダリングに必要な手足の使い方や体の動
かし方、考えるポイントなどを実際のコー
スを使って解説。さあ、完登をめざそう！

『基礎から始めるスポーツクライミング』
東京都山岳連盟監修　日本文芸社
2018.6　127p　24cm　1500円　①978-
4-537-21577-9

内容 ボルダリング・リード・スピードを競技
別に徹底解説！ 初心者にもわかりやすい、
ルール＆クライミングメソッド。ホールド、
フットワーク、基本ムーブ、ロープワーク
などをビジュアル解説。この1冊でスポーツ
クライミングの基本がすべてわかる！

『スポーツクライミング教本─完全図解 ク
ライマー必須のクライミング技術を分
析』　東秀磯著　山と溪谷社　2017.6
159p　21cm〈索引あり〉　2000円
①978-4-635-16020-9

内容 クライミングテクニックの成り立ちとそ
のマスター方法を詳細に解説。スポーツク
ライミング技術書の決定版！

## サーフィン

◆サーフボードの上に立って自然の海で波
に乗り、技の難易度や創造性、革新性を
競う採点競技。2020年東京大会では、細
かいターンがしやすい「ショートボード」
を採用している。選手は競技時間内に10
本前後ライディングをし、そのうち高得
点だった2本の合計点で競う。東京2020オ
リンピックより追加される競技

『サーフィン─ビギナーからベテランまで
実戦に役立つ全テクニック』　小川直久
監修　改訂版　成美堂出版　1999.5
159p　22cm　（スポーツグラフィック）
1000円　①4-415-01316-3

内容 自然という大ステージで繰り広げるサー
フィンは、とても素敵なスポーツだ。その

サーフィン　　　　　　　　　オリンピック夏季競技

ぶん、危険も多いが、ルールをきちんと守れ
ば自然は大きなふところに僕らを迎え入れて
くれる。本書は、そんなサーフィンの魅力を
知ってもらうために、基本のテクニックから
ステップアップテクニックまでできるかぎり
の写真とイラストを使いやさしく解説してい
ます。

『サーフィン—ビギナーからベテランまで
実戦に役立つ全テクニック』　小川直久
監修　成美堂出版　1998.6　159p
22cm　（スポーツグラフィック）　1000
円　①4-415-01316-3

『サーフィン—図解コーチ』　川井幹雄監
修　成美堂出版　1998.6　175p　16cm
600円　①4-415-00503-9

『サーフィン—ビギナーからベテランまで
実戦に役立つ全テクニック』　小川直久
監修　成美堂出版　1997.8　159p
22cm　（スポーツグラフィック）　1000
円　①4-415-01316-3
内容 本書は、サーフィンの魅力を知ってもら
うために、基本のテクニックからステップ
アップテクニックまでできるかぎりの写真
とイラストを使いやさしく解説しています。

『サーフィン—図解コーチ』　川井幹雄監
修　成美堂出版　1997.7　175p　16cm
600円　①4-415-00503-9

『サーフィン—基礎テクニックと楽しみ方』
ドジ・井坂著　成美堂出版　1990.6
183p　26cm　1200円　①4-415-01266-
3
目次 1 波乗りの楽しみ、2 サーフィンの基礎
知識、3 ライディングの基礎実技、4 波に乗
る実技、5 豊かなサーフィン・ライフ

『サーフィン—図解コーチ』　成美堂出版
1989.6　175p　16cm〈監修：川井幹雄〉
520円　①4-415-00401-6
目次 第1章 スタート！サーフィン・ライフ（波
の仕組み、サーフボードの知識、サーフボー
ドの選び方、サーフボードの手入れ、ウェッ
トスーツの知識、その他のグッズ、サーフ
ショップ、波と気象条件）、第2章 マスター！
基本テクニック（ウォーミング・アップ、パ
ドリング、テイクオフの基礎、ゲッティング
アウト、方向転換 ほか）、第3章 チャレン
ジ！ハイ・テクニック（アップ・アンド・

ダウン、カットバック、レイドバック、ロー
ラーコースター、オフ・ザ・リップ ほか）、
第4章 トレーニングとストレッチング

『サーフィン—ザ・オフィシャル・ハンド
ブック』　海野洋司編　学習研究社
1986.10　321p　22cm〈監修：日本サー
フィン連盟〉　2900円　①4-05-102329-
X
内容 日本サーフィン連盟創立20周年記念出
版。マリン・ファン必携！サーフィンのす
べてがわかる。

## オリンピック冬季競技

『岳に抱かれ生涯極楽スキー——一途に一本道、一途に一事』　丸山庄司著　スキージャーナル　2016.1　415p　21cm〈文献あり〉　2300円　①978-4-7899-0078-2

目次　第1章 生い立ち, 第2章 競技スキー, 第3章 長野冬季オリンピック競技大会, 第4章 インタースキー（国際スキー教育会議）, 第5章 アジアでのスキー活動, 第6章 日本のスキーを振り返る

『絵とDVDでわかるスポーツルールとテクニック　8　スキー・スケート・スノーボード』　中村和彦総合監修　学研教育出版　2015.2　63p　29cm〈発売：学研マーケティング〉　3300円　①978-4-05-501099-3

目次　スペシャルインタビュー 女子スキージャンプ選手 高梨沙羅, スキー（ゲレンデ, 用具, 服装, スキーのはき方, 脱ぎ方, 転び方, 起き方 ほか）, スノーボード（用具, 服装, ブーツのはき方, ボードのはき方, スケーティング, 止まり方, リフトの乗り降り ほか）, スケート（スケートリンク, 用具, 服装, スケート靴のはき方, 脱ぎ方, 基本姿勢, 足ぶみ ほか）

『オリンピック1300年スキー5000年—スポーツ小読本』　本郷透徹著　金沢　北國新聞社　2014.2　100p　26cm〈文献あり　年表あり　年譜あり〉　1000円　①978-4-8330-1973-6

内容　オリンピックの古代（約1200年間）と近・現代（約100年間）の変遷小史。スキー発達史を古代～現代の主な出来事で綴るスポット史。

『しらべよう！ 知っているようで知らない冬季オリンピック　3　氷の競技・種目の技やみかた』　大熊廣明監修, 稲葉茂勝文　ベースボール・マガジン社　2013.12　31p　29cm〈索引あり〉　2500円　①978-4-583-10599-4

内容　アクセル, サルコウ, ループのちがいは？ ボブスレー, スケルトン, リュージュ, どれがどれ？ カーリングのルールって, どうなっているの？ 冬の競技に関する, 知っ

ているようで知らないことを, できるだけわかりやすく解説します。

『スポーツなんでも事典スキー・スケート』　こどもくらぶ編　ほるぷ出版　2009.11　71p　29cm〈文献あり 年表あり 索引あり〉　3200円　①978-4-593-58413-0

内容　歴史, ウェアや用具, 各種目の特徴, ルールなど, スキー・スケートについてさまざまなことがらをテーマごとにまとめて解説した, ビジュアル版子ども事典。選手の生活は？ けがをしたら？ 引退したら？ 選手についての情報も満載！ スキー・スケートについて, 何を, どのように調べたらよいかがわかります。

『雪と氷のスポーツ百科』　高橋幸一, 野々宮徹編　大修館書店　1997.7　210p　24cm〈索引あり〉　2400円　①4-469-26376-1

内容　人類史における氷雪スポーツ文化の多様な広がりと姿をできるかぎり明らかにし, 各種競技の楽しみ方, 見どころなどを呈示することを目的に刊行。『最新スポーツ大事典』（大修館書店）より, 同一項目については転載し, 同一執筆者によって加筆修正されたもの, および新たに項目を加え執筆されたものによって構成。巻末に, 五十音順の索引を付す。

『一瞬の中の永遠—スキーのこころ』　横山宏著　山と渓谷社　1993.1　1冊　19×25cm　3000円　①4-635-54002-2

内容　ピステに結晶したドラマ。オリンピック, ワールドカップ, プロレース, 山岳スキーの世界。

『志賀高原・岩菅山の2000日—冬季オリンピックと自然保護 ドキュメント』　町田和信著　新日本出版社　1991.10　254p　19cm〈参考（引用）文献：p253～254〉　1500円　①4-406-02015-2

内容　「自然保護か開発か」。息詰まる迫真のレポート。

『志賀高原と冬季オリンピック—Q and A』　長野県自然保護連盟編　長野　長野県自然保護連盟　1989.11　56p　21cm

『日本スキー意外史—わが師わが友』　伊黒正次著　スキージャーナル　1977.1

305p 図　20cm　1400円

『現代スキー全集　第4巻　冬季オリンピックと競技スキー』　責任編集：天野誠一［等］　実業之日本社　1971　374p 図　22cm　1200円

『近代スキー—基礎と応用』　猪谷千春著　日本経済新聞社　1959　55p（図版解説共）　22cm

『近代スキー—初歩からアルペンまで』　猪谷千春著　日本経済新聞社　1959　87p（図版解説共）　22cm

『日本スキー発達史』　小川勝次著　朋文堂　1956　514p 図版15枚　22cm

## アルペンスキー

◆かかとが固定されたスキー板をはいて、雪山の斜面の旗門（ポール）をターンしながらタイムを競う。オリンピックでは、旗門の間隔が広くスピードを競う「滑降」と「スーパーG」、旗門の間隔が狭く技術が求められる「回転」「大回転」、滑降と回転を合わせた「複合」の5種目がある。また、2018年平昌大会から男女混合の団体が追加された

『アルペン・カービングテクニック—カービング新時代のアルペン最速テクニック』　見谷昌禧著　スキージャーナル　2000.12　113p 26cm　1800円　①4-7899-1149-7
内容 ショート・カービングスキーの登場は、トップレーサーの滑りをどのように変えたのか？ワールドカップレーサーをデジタル合成画像によって精密分析。

《猪谷 六合雄》　いがや・くにお
⑭明治23年（1890年）5月5日
㉘昭和61年（1986年）1月10日
◇スキー指導者。大正3年よりスキーを始め、その魅力にとりつかれる。昭和24年より志賀高原に定住、のち丸池スキー場マネージャーを務めた。また息子の千春と共に独自の回転術を編み出し、千春を冬季オリンピック日本初のメダリスト（銀メダル）に育てあ

げたほか、スキー学校教師として多くの優秀選手を育成するなど、日本スキー界の発展に貢献した

『猪谷六合雄—人間の原型・合理主義自然人』　高田宏著　平凡社　2001.11　225p　16cm　（平凡社ライブラリー）〈年譜あり〉　1000円　①4-582-76414-2
内容 貧乏を恐れず、自ら何でもつくり出す。スケールの大きな行動で、いつも朗らかに。雪とともに生き、七十歳を過ぎて運転を始め、車を駆として日本中を放浪した猪谷六合雄。現代人が失った人間の原型を描いた傑作評伝。

『猪谷六合雄スタイル—生きる力、つくる力』　猪谷六合雄著、INAXギャラリー企画委員会企画　INAX出版　2001.6　71p　21×21cm　（INAX booklet）〈年譜あり〉　1500円　①4-87275-816-1
内容 この小冊子はINAXギャラリーにおける「猪谷六合雄スタイル—生きる力、つくる力」展と併せて刊行されたものである。用いた白黒写真は、すべて猪谷六合雄の撮影になる。掲載した文章は、ベースボール・マガジン社編『猪谷六合雄選集』から抜粋した。

『スキーに生きる—猪谷六合雄と千春の長い旅』　和田登作, こさかしげる絵　ほるぷ出版　1992.11　189p　21cm　（ほるぷ創作文庫）　1300円　①4-593-54033-X
内容 大正3年のこと、青年猪谷六合雄は、雪のうえに不思議な2本の線を発見した。それは、六合雄が生まれてはじめてみた、スキーのすべったあとだった。その時いらい、スキーの魅力にとりつかれた六合雄は、雪とスキーにてきした土地をもとめて、全国各地をあるきまわる。それはまさに、スキーにかけた夢をおいつづける一生だった。その父から、ユニークな指導と教育をうけた千春は、スキーへの夢をうけつぎ、やがて日本人初めての、冬季オリンピック銀メダル受賞という輝かしい舞台に立つことになる。

『猪谷六合雄—人間の原型・合理主義自然人』　高田宏著　リブロポート　1990.11　213, 3p　19cm　（シリーズ民間日本学者 30）〈略年譜：p205〜213〉　1545円　①4-8457-0580-X
目次 序章 コラージュ「私の猪谷六合雄」, 第1章 赤城山, 第2章 スキーに会う, 第3章 放

浪者，第4章 巣をつくる，第5章 雪に生きた，あとがきにかえて 季節の重心，略年譜

『雪に生きる』 猪谷六合雄著 ベースボール・マガジン社 1986.9 2冊 18cm （スポーツ・ノンフィクション・シリーズ 6, 7）〈著者の肖像あり〉 各 740円 ①4-583-02594-7

『雪に生きる 上』 猪谷六合雄著 ベースボール・マガジン社 1986.9 273p 18cm （スポーツ・ノンフィクション・シリーズ 6） 740円 ①4-583-02594-7
内容 明治44年，オーストリアの軍人レルヒ中佐により日本に持ちこまれたスキー。それから間もなく，生まれ故郷の赤城山でスキーを知った著者は，この新しいスポーツのとりことなり，雪を求め赤城山より北海道，そして千島へと渡り，小屋を建て，畑を作り，この北端の島でスキー一筋の生活を始めた。

『猪谷六合雄写真集』 猪谷六合雄著 ［出版地不明］ 猪谷千春 ［1986］ 236p 21cm 非売品

『猪谷六合雄選集』 ベースボール・マガジン社 1985.4 5冊 22cm〈外箱入 帙入 限定版〉 全60000円 ①4-583-02502-5

『雪に生きる』 猪谷六合雄作 岩波書店 1980.10 228p 18cm （岩波少年文庫） 500円

『雪に生きた八十年』 猪谷六合雄著 実業之日本社 1972 637p（図・肖像共） 20cm〈年譜：p.632-637〉 1800円

『雪に生きる―定本』 猪谷六合雄著 実業之日本社 1971 520p（図，肖像共） 20cm〈年譜：p.515-520〉 1300円

『スキーはパラレルから』 猪谷六合雄著 朋文堂 1958 209p（図版 解説共） 22cm

『雪に生きる 下巻』 猪谷六合雄著 新潮社 1956 209p 16cm （新潮文庫）

『雪に生きる 上』 猪谷六合雄著 山と渓谷社 1955 158p 18cm （山渓山岳新書）

『雪に生きる 上巻』 猪谷六合雄著 角

川書店 1955 212p 15cm （角川文庫）

『雪に生きる 上巻』 猪谷六合雄著 新潮社 1955 214p 図版 16cm （新潮文庫）

『雪に生きる 中, 下』 猪谷六合雄著 山と渓谷社 1955 2冊 18cm （山渓山岳新書）

『雪に生きる 下巻』 猪谷六合雄著 角川書店 1955 210p 15cm （角川文庫）

『雪に生きる 上』 猪谷六合雄著 創元社 1952 212p 図版 15cm （創元文庫 A 第70）

『雪に生きる 下』 猪谷六合雄著 創元社 1952 208p 図版 15cm （創元文庫 A 第71）

『スキーとともに』 猪谷六合雄著 筑摩書房 昭和26 186p 図版 19cm （中学生全集 67）

『雪に生きる』 猪谷六合雄著 4版 羽田書店 1949 495p 図版 19cm

《猪谷 千春》 いがや・ちはる
⑭昭和6年（1931年）5月20日

◇元・スキー選手。昭和27年オスロ五輪では回転11位，大回転20位，滑降24位。31年コルチナ・ダンペッツォ五輪の男子回転で銀メダルを獲得，日本史上初の五輪メダリストとなった。大回転は11位，滑降は転倒棄権。35年スコーバレー五輪（回転12位，大回転23位，滑降34位）を最後に現役を引退。57年国際オリンピック委員会（IOC）委員，62年から4年間理事，平成8年から再び理事を務める

『IOC―オリンピックを動かす巨大組織』 猪谷千春著 新潮社 2013.2 221p 20cm〈文献あり〉 1400円 ①978-4-10-333491-0
内容 東京五輪は実現するか？ 開催地はいかに決まるのか？ 多くのナゾと誤解に満ちたIOCの全貌を，30年にわたり委員として活躍した著者が明かす。

『わが人生のシュプール』 猪谷千春著

ベースボール・マガジン社　1994.2
283p　22cm〈著者の肖像あり〉　2800
円　①4-583-03109-2
内容 一九五六年イタリアのコルチナ・ダンペッツォ冬季オリンピック、スキー回転競技で、わが国初のメダリストとなって日本中を沸かせた猪谷千春が、スキー歴六十年、IOC委員就任十年を機に、厳しい修行時代、メダルへの挑戦、父母のこと、ビジネスに打ち込んだ現役引退後のことなど、幼年期から世界を飛び回る現在まで、スポーツ一筋に生きてきた軌跡を振り返った初の自伝。

《岡部 哲也》　おかべ・てつや

㊲昭和40年（1965年）5月15日

◇スポーツコメンテーター, 元・スキー選手（アルペン）。昭和59年デサント入社。63年カルガリー五輪大回転28位。平成4年アルベールビル五輪回転18位。6年リレハンメル五輪代表。7年現役を引退

『夢をあきらめない』　岡部哲也著　泰文堂　2009.7　222p　19cm　（Ism books）　1500円　①978-4-8030-0174-7
内容 トップアスリートを生み出す仕組みと現役アスリートを守るためのシステム。元オリンピック選手が指摘する日本スポーツ界の抱える問題点と解決策。

『Samurai boy!!　五輪への道・旅立ち編』　岡部哲也原作, 高橋功一郎作画, 舞阪洸シナリオ　角川書店　2005.1　180p　18cm　（単行本コミックス）　580円　①4-04-853812-8

『終わらない冬・岡部哲也』　田草川嘉雄編　スキージャーナル　1998.2　175p　21cm　1500円　①4-7899-0047-9
内容 アルペン・レーサー、岡部哲也。ワールドカップ15年の戦い。はじめてのアルペンスキー・ノンフィクション。

《海和 俊宏》　かいわ・としひろ

㊲昭和30年（1955年）4月24日

◇スキー選手（アルペン）, プロスキーヤー。昭和49年日本のナショナルチームに参加。50年高校卒業と同時に同社に入社。シーズン中は海外レースを転戦する生活に入る。53年W杯回転で5位に入賞し同ランキングで第1シードの13位。59年サラエボ五輪を最後に引退

『スキーを極める』　海和俊宏, 渡辺一樹著　コスモの本　1992.11　174p　19cm　（Cosmo books）　1350円　①4-906380-38-7
内容 中級〜上級者へ。夢の二人がトップスキーヤーのテクニック見せます。伝えます。

『そんなスキーで満足するな』　海和俊宏著　コスモの本　1991.9　208p　19cm　（Cosmo books）　1350円　①4-906380-19-0
内容 海和俊宏のスキーのすべてが一冊に。自分に合った用具選びのアドバイス、お勧めスキー場ガイド、上達が早まる基礎練習、悪いクセ・欠点を直す方法、初心者でも3日でウェーデルン、ナイタースキーの楽しみ方、ポールテクニック、シーズンオフのイメージトレーニング、板、ブーツのアフターケアほか。

《ザイラー, トニー》

㊲1935年11月17日

㊵2009年8月24日

◇オーストリアのスキー選手（アルペン）, 俳優。1956年コルティナ・ダンペッツォ五輪で男子回転、大回転、滑降の3種目で金メダルを獲得、史上初のアルペン3冠王となる。'59年に引退するまで、五輪や世界選手権を含む約170のメジャー大会で優勝し、史上最高のスキーヤーと呼ばれた。'72年から2年間はナショナルコーチとして後進の指導にあたった。国際スキー連盟のアルペン部長なども務め、'85年に国際オリンピック委員会から五輪オーダー（功労章）が授与された

『ザイラーのスキー』　トニー・ザイラー著, 奥幸雄訳　講談社　1965　174p（おもに図版）　19cm

『雪に憑かれた男—ザイラー自伝』　トニー・ザイラー著, 横川文雄訳　朋文堂　1959　185p（図版共）　19cm

『オリンピック金メダルへの道』　トニー・ザイラー著, 横川文雄訳　朋文堂　1956　166p（図版32枚共）図版　19cm

《佐々木 明》　ささき・あきら

㊲昭和56年（1981年）9月26日

◇スキー選手（アルペン）。平成14年ソルトレークシティ五輪大回転34位、回転は途

中棄権。18年1月W杯第7戦（オーストリア）回転で2度目の2位に入賞。同年トリノ五輪は大回転、回転ともに途中棄権した。22年2月アルペン回転で3大会連続出場したバンクーバー五輪は自己最高の18位。その後、原因不明の右半身麻痺に襲われ、全日本スキー連盟の強化指定から外されるが、個人参戦の立場で競技を続け、W杯の格下にあたる欧州杯で好成績を残し、W杯に参戦。25年1月には24位、16位と順位を上げ、世界選手権代表にも選ばれる。25～26年シーズン、五輪4大会連続出場となったソチ五輪は、回転のみの出場で途中棄権に終わった。シーズン終了後、アルペンから引退し、山岳スキーへの転向を表明。W杯回転で日本人選手最高の2位に3度入るなど、2000年代に日本のエースとして世界のトップと互角に戦った。攻撃的な滑りで、日本より欧州で高い人気を誇った

『鬼攻め―魂削って』　佐々木明著　横浜アートオフィスプリズム　2014.10　193p　19cm〈発売：報知新聞東京本社出版部〉　1296円　①978-4-8319-0145-3

内容　小学校三年生で決めた目標「世界でNo.1のアルペンスキーヤーになる！」俺は世界中のコースをブレずに俺のスタイルで攻めて攻めて攻め続けた。しかし世界一にはなれなかった。そして見つけたんだ「成功」という言葉の意味を…。

《杉山 進》　すぎやま・すすむ
㊉昭和7年（1932年）4月10日
◇元・スキー選手。昭和31年コルチナ・ダンペッツォ冬季五輪にアルペン選手として出場した

『遥かなスキー』　杉山進著　実業之日本社　2014.12　239p　20cm〈年譜あり〉　2300円　①978-4-408-02607-7

内容　まづ愉しく、そして美しく、最後に力強く。スキーは自然との対話である。82歳現役スキー教師の半生記と全スキーヤーに捧ぐメッセージ。

《ステンマルク, インゲマル》
㊉1956年3月18日
◇スウェーデンの元・スキー選手（アルペン）。1980年レークプラシッド五輪に大回転、回転で金メダルを獲得

『神のシュプール―This is theインゲマル・ステンマルク』　時見宗和, 月刊スキージャーナル編集部共著　スキージャーナル　1997.10　327p　22cm〈肖像あり〉　1714円　①4-7899-1127-6

目次　第1章 孤高の放物線、第2章 神話への旅（1990―寡黙にあらず、孤高にあらず, 1991―強く、やさしく、美しく, 1992―遠く近く、近く遠く, 1993―四年目の真実, 1994―あまりに繊細な, 1995―禁断の事実, 1996―そのなかの少年）

『ステンマルクのイラスト・スキー教室―チャンピオンのテクニックを盗め!!』　インゲマル・ステンマルク著, 山口肇, 村里敏彰訳・構成　講談社　1980.11　181p　18cm〈著者の肖像あり〉　780円

《野戸 恒男》　のと・つねお
㊉昭和19年（1944年）
◇元・プロスキーヤー。昭和39年インスブルック（オーストリア）五輪、43年グルノーブル（フランス）五輪に出場。日本楽器を経て、日本初のプロスキーレーサーに転向

『スキー人生二人四脚―オリンピック、プロスキー…そして富良野へ』　野戸恒男著　勁文社　1995.1　247p　20cm　1300円　①4-7669-2130-5

内容　二度にわたるオリンピック出場。プロ転向後世界選手権回転で優勝。世界の頂点を極めたスキーヤー・野戸恒男が、人生の折り返し点を迎えた今、スキーに捧げた半生を振り返る。忘れられない練習、試合そして友人たち…。その記憶の傍らには、いつも"スキー"があった。まさに、"二人四脚"の人生を語る一冊。

『うまくなるスキーイング極意125章』　野戸恒男著　日之出出版　1980.12　232p　18cm　790円

《プロディンガー, ペーター》
㊉1941年
◇オーストリアのスキーコーチ。1972年オーストリア女子コーチ、'78年男子チーフコーチを務め、数々の選手を育てる。のちナショナルチームのヘッドコーチとして、オリンピック、世界選手権、ワールドカップを経験、'89年より日本ナショナルチームのコー

クロスカントリースキー　　オリンピック冬季競技

チとして活躍

『P.プロディンガー最速への道―岡部哲也
を育てたトップ・アルペンコーチの上級
レーサー指導法』　ペーター・プロディ
ンガー, 山口肇共著　スキージャーナル
1991.10　151p　21cm　1300円　Ⓝ4–
7899–1104–7
内容 岡部哲也を育てたトップ・アルペンコー
チの上級レーサー指導法。

《見谷 昌禧》　みたに・まさよし
㊉昭和13年(1938年)1月5日
◇元・スキー選手。昭和35年スコーバレー五
輪代表。47年札幌五輪アルペン日本ナショ
ナルチームコーチ

『攻撃スキー―技術と練習法』　見谷昌禧
著　成美堂出版　1995.11　206p　19cm
（スポーツレッスンシリーズ）　720円
Ⓝ4–415–01255–8
内容 本書は年々近代化されてきているスキー
環境のもとで、スキーヤー自身がどのよう
な斜面を選んで、どのようなスキー技術を
練習したら効果的であるかを、著者の経験
から整理した。

『スキー』　見谷昌禧著　ベースボール・
マガジン社　1991.6　142p　27cm　（シ
リーズ絵で見るスポーツ 18）〈特装版〉
2800円　Ⓝ4–583–02921–7

『究極のアルペンスキーテクニック』　見
谷昌禧文, 木村之与写真　報知新聞社
1979.12　159p　26cm　1500円

『みんなのスキー―初歩からポールテク
ニックまで』　見谷昌禧著　成美堂出版
1978.1　176p　26cm　1200円

『スキーの技術』　見谷昌禧著　日東書院
1974　174p（おもに図）　21cm　880円

『パワースキー』　見谷昌禧著　講談社
1973　367p 図　27cm　3900円

『アルペン競技スキー』　見谷昌禧著　実
業之日本社　1968　169p 図版　19×
27cm　1600円

## クロスカントリースキー

◆雪原のコースをスキーをはいて走り、着
順を競う。左右のスキー板を並行なまま
動かす「クラシカル走法」と、スキーの先
端を広げて進む「フリー走法」を駆使して
走る。種目は男女共通で、クラシカル（男
子15km, 女子10km）、フリー（男子50km,
女子30km）、スキーアスロン（男子30km,
女子15km）、リレー（男子4人×10km, 女
子4人×5km）、スプリント、チームスプ
リント〈2人〉が実施される

『初心者から競技者のための、クロスカン
トリースキー・テクニック教本』　井上
國男著　スキージャーナル　1998.10
143p　21cm　1400円　Ⓝ4–7899–1133–
0
内容 本書は、著者が選手生活13年、指導活動
32年間の経験を踏まえ、クロスカントリー
スキーの基本テクニックを、初級・中級者
と上級・競技者に分けて解説したもの。そ
れぞれのテクニックの概要をわかりやすく
解説し、テクニックのポイントを明記した。
解説にあたっては、読者が理解しやすいよ
うに、写真ではなく、連続イラスト・部分
イラストにしている。

『クロスカントリースキー・ハイキング』
桐澤雅典著　山と渓谷社　1998.1　101p
21cm　（How to enjoy mountaineering
series）　1200円　Ⓝ4–635–04284–7
内容 本書は、これからクロスカントリース
キーを雪の遊びのひとつとして始めてみよ
うという方を主な対象として構成されてい
ます。技術についても初歩から段階的に説
明してありますが、レースのための専門書
ではありません。

『新クロスカントリースキー』　北村辰夫
著　スキージャーナル　1990.1　119p
21cm　1300円　Ⓝ4–7899–1097–0
内容 誰にでも手軽に始められ、いつまでも楽
しめるクロスカントリースキー。ゲレンデ
から少し離れたスキーウォーキングから、
ツアー、市民大会、本格的クロカンレース
のテクニックまで網羅した最新クロカンガ
イドです。

『クロスカントリースキーダウンヒルテク

オリンピック冬季競技　　スキー・ジャンプ

ニック—最も新しいテレマークターンの
すべて』　　スティーブ・バーネット著,
平靖夫翻訳・制作, スポーツカタログ・
クロスカントリースキー編集部編　改訂
新版　自由国民社　1985.9　110p
22cm〈監修：杉山進　付：参考書紹介〉
1800円　①4-426-00009-2

『クロスカントリースキー入門』　　ロナル
ド・クロフォード＝カリー著, 寺島憲治
訳　ベースボール・マガジン社　1984.
11　154p　27cm〈監修：猪谷千春〉
4800円　①4-583-02451-7

《竹節 作太》　たけふし・さくた
㊣明治39年（1906年）4月17日
㊣昭和63年（1988年）8月12日
◇登山家, ジャーナリスト, スキー選手。昭和
6年東京日日新聞（現・毎日新聞）入社。運
動部長を経て, 34年東京急行電鉄嘱託, 35
年白馬観光開発取締役, 39年常務, のち相
談役を歴任。この間, 14年のサンモリッツ
五輪のスキー選手であり, 24年から29年ま
で全日本スキー連盟理事長を務めた

『スキー』　　竹節作太, 野崎彊共著　旺文社
1953　214p 図版　19cm　（旺文社ス
ポーツ・シリーズ）

『雪の千一夜』　　竹節作太著　体育日本社
1949　251p　18cm

## スキー・ジャンプ

◆スキー板をはいたままジャンプ台の上か
ら滑り, その勢いを利用して飛ぶ競技。飛
距離を得点にした「飛距離点」と, 滑空
から着地までの姿勢の美しさを採点した
「飛型点」の合計で競う。「ノーマルヒル」
と「ラージヒル」という大きさが違う2種
類のジャンプ台を使う。ラージヒルは男
子のみで, 個人と団体〈4人〉が実施される

『日本ジャンプ陣栄光への挑戦（チャレン
ジ）！』　　折山淑美著　世界文化社
2013.11　207p　21cm　1300円　①978-
4-418-13248-5
内容 この冬, 大注目のスキージャンプ。男女
ともに日本人選手の活躍が期待される, ノ

ルディックスキーの華と呼ばれる競技を楽
しむための選手紹介＆ガイドブック。

『フライングガールズ—髙梨沙羅と女子
ジャンプの挑戦』　　松原孝臣著　文藝春
秋　2013.11　221p　19cm　1400円
①978-4-16-376830-4
内容 「女子にジャンプは無理」,「ショーじゃ
ないんだ」と, 参加を頭から否定されてき
た時代から20年余。日本の女子ジャンプは,
ひとつ, またひとつと困難を乗り越え, つ
いに, 世界に頂点にたどり着いた。先駆者
の山田いずみから, 17歳の世界王者, 高梨
沙羅まで, 日本女子の成長の物語。

『白い森、風の丘—ノルディック複合・ス
キージャンプ日本チームの軌跡』　　竹内
浩著　共同通信社　1998.2　270p
20cm　1700円　①4-7641-0399-0
内容 日本のノルディックスキー複合はなぜ強
くなったのか？　長い低迷から抜け出した日
本スキージャンプ陣はどうして世界のひの
き舞台に立ったか？　荻原健司, 荻原次晴,
原田雅彦, 船木和喜, 葛西紀明…日本選手
と世界のチャンピオンたちの闘いを追った
人間ドキュメント。

《小野 学》　おの・まなぶ
㊣昭和25年（1950年）
㊣平成22年（2010年）7月3日
◇スキー指導者（ジャンプ）。小学3年頃から
スキー・ジャンプを始める。長野高から慶
大に進み, 卒業後は河合楽器や北野建設で
競技を続ける。昭和55年現役を引退すると
指導者に。平成4年全日本スキー連盟のヘッ
ドコーチに就任すると, 1990年代前半に世
界の主流になりつつあったV字ジャンプの
導入を提唱。6年リレハンメル五輪で団体銀
メダルに貢献, 10年長野五輪では団体金メ
ダル, ラージヒルでの舟木和喜の金メダル
など, 日本を金2, 銀1, 銅1の成績に導いた。
8年より北野建設スキー部監督を務め, ノル
ディック複合の荻原健司, モーグルの上村
愛子の育成にも関わった

『ジャパンマジック—金メダルへのフライ
ト』　　小野学著　日本放送出版協会
1998.12　241p　20cm　1500円　①4-
14-080384-3
内容 カルガリー五輪の惨敗から10年。ナショ
ナルチーム作りに邁進してきた著者が説く

オリンピックの本3000冊　299

戦術と戦略は、新しいシステムの立ち上げ、人材の活かし方、人間関係の築き方など、ビジネスプロジェクトにもアナロジーできる。

## 《葛西 紀明》　かさい・のりあき

㊙昭和47年（1972年）6月6日

◇スキー選手（ジャンプ）。中学3年の時宮様大会でテストジャンパーにもかかわらず優勝者の記録を上回り話題に。平成4年アルベールビル五輪ノーマルヒル31位、ラージヒル26位、団体4位（上原子次郎、原田雅彦、須田健仁）。6年のリレハンメル五輪はノーマルヒル5位、ラージヒル14位、団体（西方仁也、岡部孝信、原田、葛西）で銀メダルを獲得。10年長野五輪ノーマルヒル7位。ラージヒル団体は直前のW杯で怪我をした影響もありメンバーから外れる。この時、原田、岡部、斎藤浩哉、船木和喜で日本は金メダルを獲得した。14年ソルトレークシティ五輪は不調でノーマルヒル49位、ラージヒルは41位で2回目に進めなかった。5大会連続五輪出場となった18年のトリノ五輪は、ノーマルヒル20位、ラージヒル12位、団体6位（伊東大貴、一戸剛、葛西、岡部）。26年7大会連続出場の五輪に日本選手団主将として臨んだ2月のソチ五輪では、ラージヒルで個人初のメダルとなる銀メダルを獲得。41歳のメダリストは冬季五輪では日本史上最年長。20歳の清水礼留飛、26歳の竹内、28歳の伊東とともに挑んだ団体では、長野以来4大会ぶりのメダルとなる銅メダルを獲得。ノーマルヒルは8位。W杯は個人総合で10シーズンぶりの一桁順位となる5位入賞を果たした。30年冬季五輪史上単独最多となる8度目の出場を果たした平昌五輪では日本選手団旗手を務めたが、結果はノーマルヒル21位、ラージヒル33位、団体（竹内、伊東、葛西、小林陵侑）6位に終わる。世界のアスリートからは"レジェンド（伝説）"と讃えられている。13年土屋ホーム入りし、21年4月より監督を兼務

『葛西紀明不屈のレジェンド』　師岡亮子編　汐文社　2018.5　154p　20cm　（冬のアスリートたち）〈文献あり〉　1600円　①978-4-8113-2486-9
内容 オーストリアでおこなわれたW杯。葛西選手がスタート。「ツィー！」会場を埋めた観客が一斉に大声で叫びます。「伸びろ」という応援です。ふだんは、自国の選手にしか叫びませんが、今日は特別です。197メー

トル！テレマークも完ぺき！文句なしの完全優勝。オーストリアの英雄シュリーレンツァウアー選手が真っ先にかけよります。各国の選手たちも握手を求めに来ました。選手たちが他人の勝利をこんなにも祝福するのは歴史的なことでした。

『みんな葛西が大好きだ！―レジェンドの素顔に迫る』　岡﨑敏著　札幌　北海道新聞社　2018.2　286p　図版16p　19cm　1500円　①978-4-89453-894-8
目次 第1章 50歳まで"飛べる"（ブームの原点、だから50歳までできる、夢を共有して飛ぶ）、第2章 世界の笑顔を集めて飛ぶ（五輪を楽しんで戦う、日の丸飛行隊の復活、知られざる戦い）、第3章 会社員アスリートだから飛べる（レジェンドブーム波及効果、チーム土屋のイノベーション、海外から学ぶ、海外で生きる）、第4章 飛んで作った人間力（諦めないDNA、ジャンプを究める、美意識と向上心）、第5章 記録をモチベーションに飛び続ける

『向かい風がいちばんいい』　葛西紀明著　河出書房新社　2017.12　189p　19cm　〈文献あり〉　1300円　①978-4-309-27906-0
内容 逆境を力に変え、平昌へ！進化し続ける不屈の45歳、レジェンド哲学。どこまでも上を目指して鍛え、挑み続ける男の最新メッセージ＆語録。

『40歳を過ぎて最高の成果を出せる「疲れない体」と「折れない心」のつくり方』　葛西紀明著　東洋経済新報社　2017.12　228p　19cm　1300円　①978-4-492-04621-0
内容 たった30のコツで40歳以降の人生は劇的に変わる。35年間、「企業秘密」だった究極のメソッドを初公開。

『葛西紀明のレジェンド・ストレッチ―下半身を柔らかくすれば10歳若返る』　葛西紀明著　小学館　2017.4　77p　21cm　（小学館SJムック）　1200円　①978-4-09-104219-4

『葛西紀明40歳を過ぎても衰えない人の秘密』　佐々木敏著　詩想社　2015.3　189p　18cm　（詩想社新書 5）〈発売：星雲社〉　880円　①978-4-434-20254-4
内容 葛西選手を長年みてきた元全日本・ジャ

ンプトレーニングドクターが明かす心と身体の「現役力」を保つ方法。

『夢は、努力でかなえる。』　葛西紀明著
実業之日本社　2014.10　223p　19cm
〈文献あり〉　1400円　①978-4-408-
21529-7
　内容　やめたいと思ったことは、一度もない。だから、いつも前向きに生きる！レジェンドが初めて明かす、メダルを獲れなかった16年間の想い。

『レジェンド！―葛西紀明選手と下川ジャンプ少年団ものがたり』　城島充著　講談社　2014.10　191p　20cm　（世の中への扉）〈文献あり　年譜あり〉　1200円
①978-4-06-287009-2
　内容　下川ジャンプ少年団からは、なぜ多くの名選手が育っていくのでしょうか。ソチ五輪で「レジェンド＝伝説」となった葛西選手と、北海道下川町の子どもたちのがんばりを描いた感動作です。小学上級から。

『家族で獲った銀メダル』　葛西紀明著
光文社　2014.7　193p　19cm〈文献あり　年譜あり〉　1300円　①978-4-334-
97786-3
　内容　貧困、最愛の母の死、屈辱の長野五輪…いかにして逆境を乗り越え、W杯日本人最年少優勝（当時）、W杯通算16勝、冬季五輪7回連続出場の金字塔を打ちたてたのか。不屈のレジェンドが、凄絶なジャンプ人生を初めて語り尽くす！

『不屈の翼―カミカゼ葛西紀明のジャンプ人生』　岡﨑敏著　日刊スポーツ出版社
2014.3　415p　19cm〈文献あり〉　1600
円　①978-4-8172-0317-5
　内容　不惑を超えても飛び続けるヒーロー。何度もどん底に落とされながらも這い上がってきた男が、伝説になった―

《髙梨 沙羅》　たかなし・さら
�生平成8年（1996年）10月8日
◇スキー選手（ジャンプ）。父はスキー・ジャンプの元選手。4歳年上の兄の影響で北海道・上川小2年で競技を始める。クラレ所属。26年2月のソチ五輪直前までW杯13戦10勝という好調ぶりを見せ、金メダルの最有力候補だったが、五輪本番では4位に沈み、惜しくも表彰台を逃した。30年2月平昌

五輪は銅メダルを獲得

『髙梨沙羅さらなる飛躍』　師岡亮子編
汐文社　2018.8　155p　20cm　（冬のアスリートたち）〈文献あり〉　1600円
①978-4-8113-2487-6
　内容　2018年2月12日、もうすぐ日付がかわろうとしている午後11時40分。平昌オリンピックのスキージャンプ女子競技。髙梨沙羅選手のメダルが確定しました。涙ぐみながらも充実した表情で、喜びとくやしさを素直にカメラの前であらわす、すてきな女性アスリートの姿がそこにありました。

『まんがNHKアスリートの魂―自分らしく前へ スキージャンプ髙梨沙羅 競泳瀬戸大也 サッカー三浦知良』　山田幸雄スポーツ監修, 吉田博哉, 神宮寺一, 海野そら太まんが　学研プラス　2017.6　175p
21cm　1200円　①978-4-05-204636-0

《原田 雅彦》　はらだ・まさひこ
�生昭和43年（1968年）5月9日
◇元・スキー選手（ジャンプ）。昭和62年雪印乳業に入社。4年からV字飛型に転向し世界トップレベルに。アルベールビル五輪ノーマルヒル14位、ラージヒル4位、団体4位（上原子次郎、葛西紀明、須田健仁）。6年リレハンメル五輪ノーマルヒル55位、ラージヒル13位。団体では西方仁也、岡部孝信、葛西紀明が跳び金メダルが確実と思われたなか、最後にK点にはるかに及ばない大失敗ジャンプを跳び、日本は銀メダルに終わる。10年の長野五輪はノーマルヒル5位、ラージヒル2本目136メートルの大ジャンプで銅メダルを獲得。岡部孝信、斎藤浩哉、船木和喜と出場した団体では1本目79.5メートルと失敗したが、2本目に137メートルの大ジャンプを見せ日本の金メダル獲得に貢献、リレハンメルの雪辱を晴らした。14年ソルトレークシティ五輪では日本選手団主将を務めるが、スキー板の長さに関するルール変更もあり、ノーマルヒル20位、ラージヒル20位、団体5位（山田大起, 宮平秀治, 船木和喜）に終わる。冬季大会で日本選手として初の5大会連続出場となった18年のトリノ五輪では、ノーマルヒルでスキー板制限のため予選失格となり、ラージヒル、団体は出場しなかった。同年3月現役を引退。同年4月雪印のコーチに就任し、後進を指導

『ハラダさんのハラハラ記念日―Nagano

ノルディック複合　　オリンピック冬季競技

ゆきんこ応援歌』　むらかみゆきこ作・
絵　ポプラ社　1999.6　35p　27cm
1400円　①4-591-06120-5
内容 1998年、長野オリンピックで、原田雅彦
選手に見せてもらった、一番人間味あるド
ラマ。大島町絵本館第5回全国手づくり絵本
コンクール最優秀受賞作品。

『誰よりも遠くへ—原田雅彦と男達の熱き
　闘い』　折山淑美著　集英社　1998.9
251p　20cm　1500円　①4-08-609065-
1
内容 リレハンメルでの"失速"から4年、長野
オリンピックで雪辱を果たすまでの苦悩と
葛藤の日々。日本中を笑わせ、泣かせた男
の軌跡を綴るドキュメント。

『パパ、やったよ—原田雅彦・恵子夫妻ふ
　たりの自叙伝』　根岸康雄著　講談社
1998.4　270p　20cm　1500円　①4-06-
209214-X
内容 笑顔の陰に閉じこめた男の本音とは！ス
ポーツを通じ、結婚生活を通じて人は何に
感動し、何を学ぶのだろうか？ 長野冬季五
輪の感動を永遠に！ 原田夫妻が初めて明か
すリレハンメル五輪の挫折からの1454日。

《船木 和喜》　ふなき・かずよし
㊝昭和50年（1975年）4月27日
◇スキー選手（ジャンプ）。平成6年春、五輪
銀メダルの八木弘和監督率いるデサントに
入社。10年長野五輪ラージヒルで金メダル、
ノーマルヒルで銀メダル、岡部孝信、斎藤
浩哉、原田雅彦と組んだ団体でも金メダル
と冬季五輪日本人最多のメダル3個を獲得。
14年ソルトレークシティ五輪ではアジア代
表として五輪旗手を務めたものの、ノー
マルヒル9位、ラージヒル7位、団体5位に終
わる。17年2月W杯札幌大会で6季ぶりに優
勝するも、浮力を得にくいウエアの着用な
ど、規則の変更についていけず、トリノ五
輪や17年・19年の世界選手権代表を逃した。
19〜20年シーズン以降強化指定選手から外
れるなど低迷していたが、21年1月コンチネ
ンタル杯で2位に入り、4季ぶりに表彰台に
上がった。7月の宮の森サマージャンプでは
9年ぶりに優勝した

『船木和喜をK点まで運んだ3つの風』　船
木和喜,折山淑美共著　学習研究社
2001.11　276p　19cm　1400円　①4-

05-401507-7
内容 長野五輪ラージヒルの金メダリスト・船
木和喜は、頑固なまでに試行錯誤・取捨選
択を繰り返しながら、自分のジャンプを作
り上げてきた。そんな船木が競技者＝人生
の栄光と挫折といった転機に、3人の人物に
出逢う。人と「出逢う」ことでスランプから
立ち直り、人間的にも厚味を加えた。進化
しつづける世界のトップアスリート・船木
和喜を通して、「人は人によって成長する」
ことを改めて考えさせる1冊。

# ノルディック複合

◆スキージャンプとクロスカントリース
キーを組み合わせた競技。ジャンプの成
績をタイムに換算し、その分だけ時間差
をつけて、上位の選手から順にクロスカ
ントリーをスタートする。クロスカント
リーでは10kmを走り、一番早くゴールに
着いた選手が優勝となる。男子部門のみ
で、種目はノーマルヒルとラージヒル（個
人、団体〈4人×5km〉）がある

『白い森、風の丘—ノルディック複合・ス
キージャンプ日本チームの軌跡』　竹内
浩著　共同通信社　1998.2　270p
20cm　1700円　①4-7641-0399-0
内容 日本のノルディックスキー複合はなぜ強
くなったのか？ 長い低迷から抜け出した日
本スキージャンプ陣はどうして世界のひの
き舞台に立ったか？ 荻原健司、荻原次晴、
原田雅彦、船木和喜、葛西紀明…日本選手
と世界のチャンピオンたちの闘いを追った
人間ドキュメント。

《阿部 雅司》　あべ・まさし
㊝昭和40年（1965年）8月13日
◇スキー選手（複合）、指導者。ノルディック
スキー複合の選手で、ジャンプを得意とし、
昭和63年五輪初出場のカルガリー五輪はノ
ルディック複合個人31位、同団体（阿部、児
玉和興、宮崎秀基）9位だった。平成4年ア
ルベールビル五輪ノルディック複合個人30
位、団体は補欠。6年リレハンメル五輪ノル
ディック複合個人10位、団体（阿部、荻原健
司、河野孝典）では金メダルを獲得した

『やめねぇで、いがった—ノルディック複

合に賭けた不屈のチャレンジャー』　阿
部雅司著　日本文化出版　1995.1　182p
19cm〈著者の肖像あり〉　1200円　①4-
89084-008-7

《荻原 健司》　おぎわら・けんじ
㊗昭和44年（1969年）12月20日
◇元・スキー選手（複合）。小学1年から双子
　の弟・次晴とともに器械体操を習う。やが
　てスキーのジャンプに興味を持ち、兄弟で
　競い合う。平成4年アルベールビル五輪個人
　7位、団体で金メダル。6年リレハンメル五
　輪は個人4位、団体は2大会連続で金メダル。
　9〜10年シーズン、長野五輪個人4位、団体5
　位。開会式では日本選手団の主将として選
　手宣誓を行った。五輪後、弟の次晴は現役
　を引退。14年五輪4大会連続出場となった
　ソルトレークシティ五輪は、個人11位、団
　体8位、スプリント33位に終り、5月に現役
　を引退した。日本複合のエースとして、ア
　ルベールビル、リレハンメルの五輪2大会連
　続で団体金メダル獲得に貢献。"キング・オ
　ブ・スキー"の異名をとった

『ただ、自分のために―荻原健司孤高の軌
　跡』　時見宗和著　スキージャーナル
　2003.4　255p　20cm〈肖像あり〉　1500
　円　①4-7899-0053-3
　内容 たったひとりで世界の伝統国を追いつ
　め、ついには競技のルールを変えさせた希
　代のアスリート。その旅立ち、単独行、回帰。

『荻原健司―栄光と苦悩』　荻原次晴著
　文春ネスコ　2002.7　167p　19cm〈東
　京 文藝春秋（発売）〉　1300円　①4-
89036-161-8
　内容 日本のノルディック複合を引っ張ってき
　た男、荻原健司引退までのすべてを弟・次
　晴が綴る。

『荻原健司―白銀の世界チャンピオン』
　岩瀬孝文著　旺文社　2000.12　135p
　20cm　（素顔の勇者たち）〈肖像あり
　年譜あり〉　1000円　①4-01-072496-X
　内容 飛べ走れいつもトップを！ 不屈のアス
　リート健司のあくなき挑戦の物語。

『荻原健司―世界チャンピオンの軌跡』
　相川光康著　長野　ほおずき書籍
　1995.4　208p　20cm〈発売：星雲社（東
　京）荻原健司の肖像あり〉　1500円

①4-7952-1992-3
内容 日本人初のワールド・カップ・チャンピ
オン、そして五輪、世界選手権で快進撃を
続ける荻原健司の強さと秘めた素顔に迫る
ドキュメンタリー。

『スキーはぼくの夢ランド―荻原健司物語』
　田中館哲彦作　汐文社　1994.2　130p
　22cm　1300円　①4-8113-0078-5
　内容 ジャンプとクロスカントリー、まった
　く性格のちがう二つの種目を合わせて行な
　う複合競技のチャンピオンを、ヨーロッパ
　の人々はスキーの王様、「キング・オブ・ス
　キー」と呼んでいます。荻原健司選手は、
　今、この名誉ある種目で世界のトップにい
　ます。本書は、双子の弟をはじめまわりの
　人々とのふれあいの中で、のびのびと育っ
　た健司選手の少年時代の物語です。

『キング・オブ・スキー――荻原健司と全日
本コンバインドチーム』　　永井雄一著
　データハウス　1993.11　269p　20cm
　1300円　①4-88718-187-6
　目次 金メダリストの誕生, ジャンプ競技との
　出会い, 高校ナンバーワンへの道, 全日本
　チームの指導, ワールド・カップでの転戦,
　航空力学の教え, 2度目の冬季五輪へ, 荻原
　健司の記録

《荻原 次晴》　おぎわら・つぎはる
㊗昭和44年（1969年）12月20日
◇スポーツキャスター, 元・スキー選手（複
　合）。小学1年から双子の兄・健司とともに
　器械体操を習う。やがてスキーのジャンプ
　に興味を持ち、兄弟で競い合う。平成10年
　長野五輪個人6位、団体5位。同年現役を引
　退。引退後はスポーツキャスターとして活
　躍する他、スキー及びウインタースポーツ
　普及のための活動を行う。18年日本テレビ
　系トリノ五輪放送のメーンキャスターを務
　めた

『次に晴れればそれでいい』　　荻原次晴著
　TOKYO FM出版　1998.12　223p
　19cm　（地球スポーツライブラリー）
　1500円　①4-88745-031-1
　内容 ノルディック複合で日本中に感動を与え
　た荻原兄弟。その弟が初めて綴る双子ゆえ
　の絆と葛藤…。

フリースタイルスキー　　オリンピック冬季競技

## 《久保田 三知男》　くぼた・みちお

㊽昭和24（1949）年

◇元・スキー選手（複合）。大学4年の時、スキー部主将を務める。インスブルック、レークプラシッド五輪に複合選手として出場、レークプラシッド大会では日本選手団の主将に選ばれる

『我がスキー人生の記録―さあ世界の壁に挑戦だ』　久保田三知男著　［出版地不明］　［久保田三知男］　2012.4　86p　30cm　非売品

## 《河野 孝典》　こうの・たかのり

㊽昭和44（1969年）3月7日

◇元・スキー選手（複合）。平成4年アルベールビル五輪では団体（荻原健司, 河野, 三ケ田礼一）で金メダルを獲得。6年リレハンメル五輪では個人で銀メダル、団体（阿部雅司, 荻原, 河野）で金メダルを獲得。10年8月複合全日本ジュニアコーチと日本代表Bチーム担当を経て、16年シーズンから日本代表ヘッドコーチに就任した

『河野孝典―勝者の選択』　上島義弘著　長野　ほおずき書籍　1996.1　189p　20cm〈発売：星雲社（東京）河野孝典の肖像あり〉　1500円　①4-7952-2037-9

内容 五輪銀メダリスト誕生までの軌跡。

---

## フリースタイルスキー

◆スキーをはいて雪山を滑り降りながら、ターンやエアなどの技を繰り出し、スピードや技術などを競う。種目は男女共通。オリンピックでは、モーグル、エアリアル、ハーフパイプ、スキークロス、スロープスタイル男子、女子の計10個の細部種目競技が行われる。「モーグル」は人工的に設けられたコブ地形の急斜面をターンを駆使して下り、タイムと技術点の総合で順位を決める。「エアリアル」ではジャンプ台を使って高く飛び、ひねりや宙返りなどの空中演技を行う。「スキーハーフパイプ」では半楕円形の斜面を使って左右交互に飛び上がり、エアを行う。「スキークロス」では起伏やカーブに富んだコースを4人1組で滑り、タイムを競う。「スロー

プスタイル」では障害物やジャンプ台が設けられたコースを滑空しながら、より自由な構成のエアを行う

## 《上村 愛子》　うえむら・あいこ

㊽昭和54年（1979年）12月9日

◇元・スキー選手（フリースタイル）。白馬高3年の10年、長野五輪に初出場し、モーグルで7位に入賞して注目される。同年5月北野建設に入社。14年ソルトレークシティ五輪モーグル6位入賞。18年2月のトリノ五輪モーグルでは回転系の大技・コークスクリュー720（斜め2回転）を決めながら5位入賞。全日本選手権モーグルで3年連続5度目の優勝。3月W杯猪苗代大会モーグル銅メダル。22年2月のバンクーバー五輪は夫でスキー選手の皆川賢太郎と夫婦で代表入りし、ともに五輪4大会連続出場。メダル獲得が期待されたが、雨の中行われた本番では4位に終わった。女子最多の5大会連続出場となった26年2月のソチ五輪では悲願のメダル獲得を狙ったが、2大会連続で4位に終わった。3月全日本選手権モーグルで2年ぶり8度目の優勝を最後に引退。女子モーグル界を20年もの長きにわたって牽引し、日本を代表するモーグルスキーヤーとして活躍した。世界中の有力選手が研究するほど、その滑りは女子モーグル界の最先端にあった

『がんばれ上村愛子・里谷多英―ソルトレーク五輪モーグル応援book』　双葉社　〔2002〕　59p　30cm（Futabasha super mook）　571円　①4-575-47435-5

『やさしく、強く、そして正直に―弱い心との向き合い方』　上村愛子著　実業之日本社　2010.2　173p　18cm　（じっぴコンパクト新書 057）〈並列シリーズ名：Jippi compact　年譜あり〉　762円　①978-4-408-45274-6

内容 世界の頂点を極めたモーグルスキーヤー上村愛子が語る、紆余曲折の人生。小学生のときに受けたイジメ、カナダで出合ったモーグルスキー、3度のオリンピック出場、挫折、選手活動の停止、ワールドカップ総合優勝、世界選手権2冠。そしてアルペンスキーヤー皆川賢太郎との結婚。タイトルの「やさしく、強く、そして正直に」は、自身が母を評した言葉。そんな素敵な女性になりたいと語る。上村愛子の真実とは。

オリンピック冬季競技　　フリースタイルスキー

『上村愛子smile！―笑顔が教えてくれたこ
と』　山石やすこ著　実業之日本社
2006.1　189p　20cm〈肖像あり　年譜
あり〉　1400円　①4-408-61134-4
内容 トリノオリンピック女子モーグルスキー
代表・上村愛子の挑戦。選手としての栄光
と挫折と成長。母との忘れ得ぬたくさんの
思い出…。そして今、愛子は夢の舞台に挑
む。独占写真＆未公開プライベートショッ
ト掲載。

『夢が、かなう日―モーグルスキーヤー上
村愛子物語』　山石やすこ文　学習研究
社　2006.1　142p　22cm　（スポーツノ
ンフィクション）　1200円　①4-05-
202521-0
内容 モーグルスキーという競技を知っていま
すか？　真っ白なゲレンデいっぱいのコブ
をすべり、途中二カ所に設置されているジャ
ンプ台でエアと呼ばれる技を入れる。それが
モーグルスキーです。そんなコースを、楽
しそうに、そしてカッコよくすべる女の子
がいました。その女の子とは、「愛ちゃん」
こと、上村愛子選手です。この本には、夢
をあきらめない愛ちゃんからのメッセージ
が、いっぱいつまっています。

『上村愛子笑顔のゆくえ』　上村愛子, 山石
やすこ文, 水谷たかひと写真　実業之日
本社　2002.4　77p　22cm　（Keep
smiling！　#2）　1500円　①4-408-
61099-2
内容 ソルトレイクでの涙。その真実がここに
ある。独占写真＆単独インタビュー。永久
保存版上村愛子写文集。

『だから、いつも笑顔で』　上村愛子著
実業之日本社　2001.11　211p　20cm
〈肖像あり〉　1400円　①4-408-61098-4
内容 つらいこともあったけど、いつもニコニ
コで強く歩んできた！　21年間のアイコ物語。

《里谷 多英》　さとや・たえ
㊙昭和51年（1976年）6月12日
◇元・スキー選手（フリースタイル）。17歳で
6年のリレハンメル五輪に出場し、当時日
本女子スキー五輪史上最高の11位。10年長
野五輪モーグルで冬季五輪日本女子初の金
メダルを獲得。11年4月フジテレビに入社。
14年ソルトレークシティ五輪モーグルで銅
メダルを獲得。2大会連続個人種目メダル獲

得は、日本冬季五輪史上初。4度目の五輪と
なった18年のトリノ五輪は15位。22年2月、
5大会連続で出場したバンクーバー五輪は、
転倒し19位に終わる。24～25年シーズン限
りで引退。五輪にはリレハンメルからバン
クーバーまで、スピードスケートの岡崎朋
美と並ぶ日本女子最多の5大会連続出場を
果たし、長野大会では日本女子初の金メダ
リストとなって、モーグルの人気を引き上
げた

『がんばれ上村愛子・里谷多英―ソルト
レーク五輪モーグル応援book』　双葉
社　〔2002〕　59p　30cm
（Futabasha super mook）　571円　①4-
575-47435-5

『里谷多英―金メダルへのカウントダウン』
双葉社　〔1998〕　48p　30cm
（Futabasha super mook）〈ブラボース
キー「ザ・モーグル’98」特別編集〉
476円　①4-575-47087-2

《三浦 豪太》　みうら・ごうた
㊙昭和44年（1969年）8月10日
◇スノーボードコーチ, プロスキーヤー。世
界的な冒険スキーヤー三浦雄一郎の二男。
平成6年リレハンメル五輪にフリースタイル
スキー競技男子モーグルの代表として出場。
10年長野五輪13位。11年競技から引退。17
年トリノ五輪スノーボード・ハーフパイプ
代表の成田童夢選手のトレーナーを務めた

『父の大きな背中―三浦雄一郎と僕の冒険
物語』　三浦豪太著　実業之日本社
2003.3　217p　20cm〈年譜あり〉　1400
円　①4-408-61108-5
内容 オリンピックからエベレストへ。三浦雄
一郎の息子・豪太“魂の成長記”。

《森 徹》　もり・とおる
㊙昭和48年（1973年）6月29日
㊙平成10年（1998年）7月4日
◇スキー選手（フリースタイル）。カナダに語
学留学し、スキートレーニングを積み、アル
ペンからモーグルに転向。エアの“ヘリコ
プター”が得意で、10年の長野五輪モーグル
代表候補選手に選ばれたが、9年ニュージー
ランド遠征からの帰国直後、スキルス性胃
がんと診断され、五輪代表を辞退。10年2月
の長野五輪は会場から観戦。3月全日本選手

オリンピックの本3000冊　305

権に出場して奇跡的に完走し、10月に亡く
なった。没後、闘病中に書かれた手記が兄
によりホームページで公開され、反響を呼
んだ

『トオル、君を忘れない―森徹のオリン
　ピック』　清水浩一著　長野　ボロン
　テ。　2002.2　257p　20cm　1600円
　①4-939127-05-2
　|内容|すい星のように現れ、またたくまに長野
　オリンピック代表候補にまで駆け上がった
　天才モーグル・スキーヤー森徹。最高の舞
　台を目前にして、彼に突きつけられたのは
　絶望的な「がんの宣告」だった。兄・敏（ノ
　ルディック複合）とともにソルトレーク・オ
　リンピックをめざし、病魔に立ち向かった
　トオルの魂は、家族と恋人に支えられ、最
　後の輝きを放つ。

## スノーボード

◆1枚のボードに横向きに乗って滑る。男女
ともに、「パラレル大回転」「ハーフパイ
プ」「スノーボードクロス」「ビッグエア」
「スロープスタイル」といった10種目が行
われる。パラレル大回転は、平行に設置さ
れた2つの旗門コースを対戦相手と同時に
スタートし速さを競う。ハーフパイプは
半円筒形のスロープを下りながら、ジャン
プや回転などのエアを繰り出す。スノー
ボードクロス、4～6名が1組で起伏に富み
様々な障害物で構成されたコースを下り、
着順を競う競技。ビッグエアは、大きな
ジャンプ台を飛びフリップ、回転などの空
中演技を行う。スロープスタイルは、様々
な障害物とジャンプ台で構成されたコー
スで行われ、選手は滑走する障害物を自
由に選択しながらエアを繰り出す

『スノーボード―はじめてでも絶対うまく
　なる！』　出口超監修　主婦の友社
　2016.12　158p　21cm〈「絶対うまくな
　る！　スノーボード」（2009年刊）の改題、
　再編集〉　1700円　①978-4-07-418484-
　2
　|内容|ダイナミックな大技や、息をのむスピー
　ドで滑り降りる滑降や回転系。基本的なテ
　クニックをマスターしなければスノーボー

ドはできません。本書では、従来のスノー
ボード教則本で見過ごされていた初歩的な
テクニックを、丁寧に解説しています。

『SAJスノーボード教程―Sanuk』　全日
　本スキー連盟・教育本部著　スキー
　ジャーナル　2009.11　159p　26cm〈奥
　付のタイトル（誤植）：日本スノーボード
　教程〉　2800円　①978-4-7899-1199-3
　|内容|初心者から検定受検者、指導者まですべ
　てのスノーボード愛好家に贈る一冊。

『JSBAスノーボード教程』　日本スノー
　ボード協会著作・編集　山と渓谷社
　2008.9　191, 16p　26cm　2400円
　①978-4-635-46017-0
　|目次|プロローグ（スノーボードはバランスの
　スポーツ, ターンのメカニズム ほか）, 1 導
　入技術, 2 基礎技術, 3 発展技術（スライド
　系の3つのターン, ズレとキレの違い ほか）,
　4 応用・さまざまな技術（インストラクター
　として, 指導のプロセス ほか）

『No track―スノーボードフォト・スペ
　シャル』　実業之日本社編著　実業之日
　本社　2007.12　129p　30cm　（ブルー
　ガイド・グラフィック―Snowboarder特
　別編集）　1143円　①978-4-408-02985-
　6

『スノーボード楽々入門―渡辺伸一が教え
　る』　渡辺伸一［著］, 実業之日本社編著
　実業之日本社　2004.12　143p　21cm
　（Level up book）　1200円　①4-408-
　61128-X
　|内容|道具選びからカービング、ジャンプ、ジ
　ビングまでベーシックの全てがわかる！ す
　べての基本はこれで完璧。

『SAJ日本スノーボード教程』　全日本ス
　キー連盟編著　スキージャーナル
　2002.11　159p　26cm〈付属資料：7p〉
　2000円　①4-7899-1164-0
　|内容|本書は、現場の指導者たちが積み上げて
　きたノウハウの集大成であり、財団法人全
　日本スキー連盟にとって最初の独自編集に
　よる指導書である。

『スノーボード・レッスン　初・中級編』
　吉楽克己著, Snowboard Nippon編集部
　編　スキージャーナル　2001.12　159p
　21cm　1200円　①4-7899-1158-6

オリンピック冬季競技　　スノーボード

内容 まったく初めてのスノーボードから、カービングターンやトリック＆エアーまで、正しい上達法でレベルアップ。読んで、ゲレンデに出れば、あっという間に連続ターンやエアーができる。

『スノーボード―基本テクニック＆トリック全解説』　茶原忠督監修　成美堂出版　1999.11　159p　22cm　（スポーツグラフィック）　980円　⑪4-415-08479-6
内容 遊び方いろいろ。ライディングとフリースタイルの基本テクニック＆トリック全解説。

『スノーボード』　西田崇監修　小学館　1999.1　97p　26cm　（ワンダーライフスペシャル―スポーツスタイルブック v.2）　952円　⑪4-09-102665-6

『スノーボード―図解コーチ』　平井浩一著　成美堂出版　1998.11　175p　16cm　（Seibido sports series）　560円　⑪4-415-00490-3
内容 本書は初めてスノーボードに乗ろうという人、そしてもっと上達したいという人にとって欠かせないテクニック＆ポイントをわかりやすく説明したものです。

『スノーボード―基本テクニック＆トリック全解説』　茶原忠督監修　成美堂出版　1998.11　159p　22cm　（スポーツグラフィック）　980円　⑪4-415-08479-6
内容 遊び方いろいろ。ライディングとフリースタイルの基本テクニック＆トリック全解説。

『スノーボード』　茶原忠督監修　成美堂出版　1997.11　159p　22cm　（スポーツグラフィック）　980円　⑪4-415-08479-6

『スノーボード』　成美堂出版　1997.1　159p　22cm　（スポーツグラフィック）　〈監修：茶原忠督〉　1000円　⑪4-415-08479-6
内容 遊び方いろいろ。ライディングとフリースタイルの基本テクニック＆トリック全解説。

『スノーボード―用具選びから基本・ハイテクニックまで』　吉楽克己著　ナツメ社　1995.11　175p　21cm　1000円　⑪4-8163-1916-6

内容 本書はプロスノーボーダーの目から見た、正しいスノーボードの基本と、テクニックをマスターしてもらうためのもの。マナーや安全面についてのアドバイスも、日本スノーボード協会とプロとしての立場から、より多く情報として掲載。そして、今までスノーボードをまったく経験したことのない初心者にもわかりやすいようにボード選びから、基本姿勢などを解説し、実戦に入ってゲレンデを滑走することが可能になるまでを懇切丁寧に解説。

『スノーボードハンドブック　中・上級者編』　松島勝美著　風書房，芸術新聞社〔発売〕　1992.1　149p　21cm　1500円　⑪4-87586-061-7
目次 エキスパートの心得（エキスパートの道具選択術）、システム解説、システムトレーニング、自宅でできるチューンナップ＆メンテナンス、全国スノーボード滑走可能ゲレンデ一覧、SHOPGUIDE, JSBAガイド（競技者登録制度について、1992年度JSBAプロサーキット登録選手名簿、JSBA公式用品委員会名簿1992, JSBA教育本部規定、日本スノーボード協会会員募集要項）

『スノーボードハンドブック　入門編』　風書房　1990.12　142p　21cm　〈監修：日本スノーボード協会教育本部　発売：芸術新聞社〉　1300円　⑪4-87586-055-2
目次 '90/'91日本スノーボード協会認定公式用品ボードデータ、第1章 スノーボードとは（スノーボードの歴史とその歩み、スノーボードの種類と構造、ウェア＆グッズ、ルールとナマー）、第2章 SNOWBOARDデクニカル講座（基礎知識編、基礎編、応用編、松島プロのスノーボードクリニック、松島プロのスノーボード必勝法）、第3章 ゲレンデガイド、第4章 ショップガイド

《今井 メロ》　いまい・めろ
㊸昭和62年（1987年）10月26日
◇元・スノーボード選手（ハーフパイプ）。6歳から兄・成田童夢と一緒にウエークボードを始める。監督兼コーチをしている父親の指導で、海外を転戦。18年トリノ五輪は予選2回のエアに高難度のオリジナル技メロウ・フリップ（後方1回宙返り半ひねり）を持ってきたが、いずれも着地で失敗し予選落ち。19年3月の全日本選手権を最後に競技から遠ざかり、6月には成績不振で全日本ス

オリンピックの本3000冊　307

スノーボード　　オリンピック冬季競技

キー連盟の強化指定選手からも外れるなど低迷していたが、20年から競技を再開した

『MELODIOUS—IMAI MERO PHOTOBOOK』　NOGAWAISAMU［撮影］　彩文館出版　2016.1　1冊（ページ付なし）　31cm　3700円　①978-4-7756-0572-1

『Be Mellow—今井メロ写真集』　野川イサム撮影　竹書房　2014.5　1冊（ページ付なし）　31cm　3500円　①978-4-8124-8921-5
　内容　アスリートから女へ、変貌する魅惑の身体。情熱の地ドバイで魅せる音信のオールヌード。

『Mellow Style—今井メロ写真集』　西田幸樹撮影　講談社　2013.4　1冊（ページ付なし）　31cm　3143円　①978-4-06-352838-1
　内容　トリノから7年、現在25歳。女優に転身するため、アイドルアスリートが初めて魅せた衝撃のヘアヌード。

『泣いて、病んで、でも笑って』　今井メロ著　双葉社　2012.9　207p　19cm　1200円　①978-4-575-30456-5
　内容　レイプ、リストカット、風俗疑惑、整形、二度の離婚…元五輪代表選手の壮絶告白。

《竹内 智香》　たけうち・ともか
㊐昭和58年（1983年）12月21日
◇スノーボード選手（アルペン）。高校3年時の14年に18歳で出場したソルトレークシティ五輪は22位。18年のトリノ五輪は決勝進出も9位と入賞を逃したことから、欧州での修行を決心。スイス代表チームとの同行を認めてもらい練習に参加。チームにはトリノ五輪で金・銀メダルを獲得したショッホ兄弟らがいた。21〜22年シーズン、満を持して迎えたバンクーバー五輪は決勝トーナメントに進むも1回戦でコースアウトし、13位に終わる。24年春帰国を決意して活動拠点を日本に戻す。25〜26年シーズン、4度目の五輪となるソチ五輪では予選を1位で通過。スイス時代の練習仲間でW杯ランク1位のパトリツィア・クンマーとの決勝では、1本目は勝利するも2本目の終盤で転倒して惜しくも敗れたが、日本女子スノーボード界初の五輪表彰台となる銀メダルを獲得した。パラレル回転は決勝トーナメント1回戦敗退

（14位）。29〜30年シーズン、5度目の五輪となった平昌五輪はパラレル大回転5位に終わる

『私、勝ちにいきます—自分で動くから、人も動く』　竹内智香著　小学館　2014.7　213p　19cm　1300円　①978-4-09-388374-0
　内容　「このまま日本にいては勝てない」と、単身世界最強スイスチームに飛び込み、一番人気のコーチと契約。スノーボードアルペンをメジャーにするために、広島でイベントを企画・開催してひろしま観光大使に。世界で勝つためのボードも開発。そして、4度目の挑戦にしての世界2位。直談判を次々成功させて道を切り開く行動力はどこから生まれるのか？　女子スノーボードアルペン界のパイオニア、初の著書。撮り下ろしPhoto、プライベートに迫る「竹内智香への21の質問」、パラパラマンガも入ってます！

《鶴岡 剣太郎》　つるおか・けんたろう
㊐昭和49年（1974年）8月26日
◇スノーボード選手（パラレル大回転）。平成8年からスノーボードをはじめ、翌9年全日本選手権14位。10年アルペン競技からスノーボードに本格的に転向。14年ソルトレークシティ五輪代表は逃す。同年プロ登録。18年日本人として初めて五輪スノーボードのパラレル大回転代表となりトリノ五輪に出場、28位。23年アテネ五輪と北京五輪の柔道女子63キロ級で金メダルを獲得した谷本歩実と結婚

『それでも、あきらめない。—ボクがオリンピックに出場できた理由』　鶴岡剣太郎著　カナリア書房　2011.6　231p　19cm　1400円　①978-4-7782-0186-9
　目次　第1章 スキーと私—原点は、ここに, 第2章 学生時代に培ったもの—夢と共に憧れの地へ, 第3章 スノーボードとの出会い, 第4章 厳しくも魅力的なプロの世界, 第5章 夢、破れる, 第6章 トリノオリンピックを目指して, 第7章 Going on the edge 人生もカーヴィングしているように

《成田 童夢》　なりた・どうむ
㊐昭和60年（1985年）9月22日
◇スノーボード選手（ハーフパイプ）。父がつくったスノーボードチーム・夢クラブで幼い頃からスノーボードに親しむ。平成14年

308

オリンピック冬季競技　　スピードスケート

3月の札幌・真駒内大会でW杯に初出場し5位、全日本選手権で優勝。18年トリノ五輪は35位で予選敗退。妹の夢露（現・今井メロ、トリノ五輪代表）、弟の緑夢もスノーボード選手で "浪速の成田3きょうだい" として知られた

『成田童夢の「スノボしようよ！」』　成田童夢［著］，実業之日本社編著　実業之日本社　2006.1　129p　30cm　（ブルーガイドグラフィック）〈付属資料：DVD-Video1枚（12cm）〉　1524円　①4-408-02938-6

『成田童夢の「スノーボード楽々ターン＆トリック」―for freestyler』　実業之日本社編著　実業之日本社　2004.12　128p　30cm　（ブルーガイド・グラフィック）　838円　①4-408-02905-X

《橋本 通代》　はしもと・みちよ
㊇昭和47年（1972年）7月6日
◇スノーボード選手（ハーフパイプ）。平成14年ソルトレークシティ五輪ハーフパイプ（HP）12位。その後、子どもたちにスノーボードを教える活動に取り組み、ソルトレークシティ五輪代表の吉川由里と共にスノーボードキャンプを主宰

『はじめよう！ スノーボード―ソルトレーク五輪代表、橋本通代が教える初中級レッスン』　Snowboard Nippon編集部編　スキージャーナル　2004.12　150p　26cm　（SJテクニックシリーズ 38）　800円　①4-7899-6137-0

《吉川 由里》　よしかわ・ゆり
㊇昭和46年（1971年）8月6日
◇スノーボード選手（ハーフパイプ）。20歳からスノーボードを始め、平成9年W杯イタリア大会6戦で日本人初の金メダル。10年長野五輪ハーフパイプ（HP）に出場。14年ソルトレークシティ五輪HPに出場。その後出産などでW杯他の第一線の競技会から退いていたが、共に世界を転戦した橋本通代に誘われ、子どもたちにスノーボードを教えるスノーボードキャンプに参加

『はじめよう！ スノーボード―ハーフパイプに挑戦』　吉川由里監修・解説　スキージャーナル　2007.11　95p　21cm

（よくわかるDVD+book）　2000円　①978-4-7899-7008-2
内容 基本テクニックからグラウンドトリック、ワンメイク、ハーフパイプまで、フリースタイルトリックにチャレンジ。

《渡辺 伸一》　わたなべ・しんいち
㊇昭和52（1977）年3月17日
◇スノーボード選手（ハーフパイプ）。平成8年FISワールドカップ3位となり、ナショナルチーム選出。10年長野五輪HP出場

『パーフェクト上達ブック―渡辺伸一のスノーボード』　渡辺伸一著，Snowboard Nippon編集部編　スキージャーナル　2004.11　143p　21cm　1300円　①4-7899-1179-9
内容 ハーフパイプで長野オリンピック出場、テクニカル選優勝でデモ認定など、幅広くフリースタイルシーンで活躍する渡辺伸一。その豊富な経験と技術を一冊に凝縮！ フリーライディングからグラトリ、エアー、パイプ、レールまで上達のコツをすべて掲載。

# スピードスケート

◆2人の選手が、1周400mのトラックをインとアウトのレーンを入れかわりながら滑る。種目は男女共に、個人（500, 1500, 5000m, 女子3000m, 男子10000m、「チームパシュート」、「マススタート」が行われる。チームパシュートは3人構成の2チームで対戦する。6人が同時にスタートし、両チームの最後にゴールした選手のタイムで競う。マススタートは12～18人の選手が一斉にスタートし順位を決める

『オリンピックへの道―スピードスケート―世界への挑戦』　星野仁著　三一書房　1992.1　235, 7p　19cm　1500円　①4-380-92206-5

『友情とライバル―スポーツマンシップとはなにか？』　田中舘哲彦著，多田治良絵　汐文社　1988.3　156p　22cm　（シリーズきみにおくるすばらしいスポーツ）　1200円　①4-8113-7068-6
目次 第1章 氷上に贈る熱いメッセージ―黒岩彰・人生の金メダル，第2章 渡せなかったタ

オリンピックの本3000冊　309

スキー─埼玉栄高校・"京"への長い道、第3章 2人の絆─永遠のライバル・宗兄弟

## 《今村 俊明》 いまむら・としあき

⊕昭和37年（1962年）

◇スピードスケート選手、指導者。昭和59年サラエボ五輪スピードスケート男子5000メートルと1万メートルに出場。63年引退し、母校日大のコーチ、監督などを歴任。平成5年31歳で勤めていたスケート用品会社を辞め、黒岩敏幸が所属するミサワホームに入社し、コーチに転身。6年2度目の五輪代表となった黒岩の支援コーチとしてリレハンメルに赴く。10年三協精機（現・日本電産サンキョー）スピードスケート部監督に就任。14年ソルトレークシティ五輪、18年トリノ五輪、22年バンクーバー五輪、26年ソチ五輪日本代表コーチ。長野五輪金メダリスト清水宏保、清水の世界記録を更新したバンクーバー五輪銅メダリスト加藤条治、バンクーバー五輪銀メダリスト長島圭一郎、女子500メートル日本記録保持者・大菅小百合らを育てた

『「崖っぷち監督」がメダリストを二人生むまで』 今村俊明,宮部保範,門脇正法著 ベストセラーズ 2010.5 205p 19cm 〈文献あり〉 1429円 ①978-4-584-13242-5

内容 トリノオリンピックでの不振から、日本電産サンキョースケート部監督の今村俊明は再建計画を強いられた。崖っぷちで摑んだ人材育成術。まずは己が変わること。選手の立場に立って考えること。そして、今村を叱責し、鼓舞し続けた永守重信会長。やまぬ情熱が、彼らの運命を動かした。長島圭一郎・加藤条治、バンクーバーオリンピック銀・銅への軌跡。廃部危機、成績不振、退部勧告…苦難を乗り越えた、世紀の大リベンジ物語。

## 《岡崎 朋美》 おかざき・ともみ

⊕昭和46年（1971年）9月7日

◇元・スピードスケート選手。平成2年富士急に入社。6年リレハンメル五輪で五輪に初出場し、500メートル14位。10年長野五輪500メートルは銅メダルで女子短距離初のメダルを獲得、1000メートルは7位入賞。14年ソルトレークシティ五輪500メートルで6位入賞（日本女子最高）。18年4度目の五輪となったトリノ五輪は500メートルはわずか

100分の5秒差の4位（日本女子最高）、1000メートルは16位。日本選手団主将も務めた。21年12月バンクーバー五輪代表選考競技会500メートルで2位となり、38歳、日本女子史上最多の5大会連続で五輪代表に選出、日本選手団開会式旗手も務めた。本番では500メートル16位、1000メートル34位。25年12月五輪代表選考会500メートルは6位で、6度目の五輪出場は絶望的となり、現役を引退

『挑戦力。─一人間「岡崎朋美」から何を学ぶのか』 岡崎朋美著 創英社 2010.10 261p 21cm 〈共同刊行：三省堂書店〉 1500円 ①978-4-88142-196-3

内容 結果が全てではない、そのプロセスが大事だ。あくまでも自然体で活躍して来た「岡崎朋美」が挑戦途上にある全ての読者に伝える54の感動のメッセージ。

## 《黒岩 彰》 くろいわ・あきら

⊕昭和36年（1961年）9月6日

◇スピードスケート指導者。昭和59年のサラエボ五輪では金メダルを期待されながら、500メートル10位、1000メートル9位と惨敗。専修大卒業後、国土計画（のちコクド、現・プリンスホテル）に入社。63年のカルガリー五輪では500メートルで銅メダルを獲得。1000メートルは20位。五輪後現役を引退、母校・専修大スケート部監督となり、堀井学、白幡圭史らを世界大会のメダリストに育てた他、全日本スケート連盟強化コーチとして長野五輪など3度の五輪で代表コーチを務めた

『36秒77─失敗だらけの青春・カルガリーへの四年間』 黒岩彰著 ネスコ 1988.7 222p 20cm 〈発売：文芸春秋 著者の肖像あり〉 1200円 ①4-89036-741-1

内容 「敗北」がぼくを強くしてくれた。惨敗がたんに失敗だと気づいたとき、自分をしてライバルを、すこしずつ冷静にみつめることができるようになった。サラエボ五輪からカルガリー五輪への長く苦い4年間の記録。

## 《小平 奈緒》 こだいら・なお

⊕昭和61年（1986年）5月26日

◇スピードスケート選手。平成17年名門富士急の誘いを断り信州大に進学。21年3月信州大を卒業し、4月より松本市の相沢病院に所属。22年バンクーバー五輪で初の五輪代表入り。本番では500メートルは12位だった

オリンピック冬季競技　　スピードスケート

ものの、1000メートルと1500メートルの両種目で5位入賞を果たした。穂積雅子、田畑とともに出場した団体追い抜きは、ドイツとの決勝でラスト半周で逆転され、0秒02差、僅か25センチの差で敗れたものの、スピードスケートの日本女子最高成績となる銀メダルを獲得した。26年ソチ五輪は500メートル5位、1000メートル13位に終わる。4月よりオランダを拠点に活動。28～29年シーズンから拠点を日本に戻す。30年、平昌五輪では日本選手団主将を務め、500メートルは36秒94の五輪新で金メダルを獲得。日本のスピードスケート界では10年長野五輪男子500メートルの清水宏保以来、女子では初の金メダル獲得となった。1000メートルでは銀メダルを獲得し、銅メダルの高木美帆とともに表彰台に上がった。スピードスケート日本女子選手のダブル表彰台は史上初

『小平奈緒―栄光と友情』　甲斐毅彦編
汐文社　2018.6　155p　20cm　（冬のアスリートたち）〈文献あり〉　1600円
①978-4-8113-2488-3
内容　平昌冬季オリンピックが開幕して10日目、女子500メートル。世界最速スプリンター、氷上の女王を決める試合がおこなわれようとしています。集中力を最大限に高めて、スタートラインに立った小平選手の頭の中には、最大のライバル韓国の李相花選手のことも、一緒に滑るエルバノバ選手のこともありませんでした。「自分の滑りをするだけ」と自分にいい聞かせていました。

『快挙！　平昌冬季オリンピック金メダル小平奈緒報道写真集』　信濃毎日新聞社編
長野　信濃毎日新聞社　2018.3　64p　30cm　926円　①978-4-7840-7328-3
目次　平昌2018（500m"金"、1000m"銀"、1500m"6位"、結団式壮行会、開幕直前、閉幕）、2017五輪間近（W杯世界新、五輪日本代表選考会、信毎賞・進化へ）、五輪の経験（バンクーバー2010、ソチ2014）、主な競技成績、金メダルへの軌跡

《清水 宏保》　しみず・ひろやす
㉞昭和49年（1974年）2月27日
◇元・スピードスケート選手。平成6年リレハンメル五輪500メートル5位、1000メートル19位。8年日大を卒業して三協精機に入社。10年長野五輪500メートルで日本スケート史上初の金メダル、1000メートルで銅メダルを

獲得。長野五輪後、三協精機を退社、10年8月日大OB会の桜門会所属となり、10月NECと契約して複数スポンサーの支援を受けるプロとなった。14年ソルトレークシティ五輪500メートルで銀メダルを獲得。日本人男子としては、冬季五輪史上初の個人種目2大会連続のメダル獲得となった。18年トリノ五輪は500メートル18位と惨敗。20年4月NECから家電量販店のコジマ（宇都宮市）に移籍。21年12月バンクーバー五輪代表を逃して現役引退を決意し、22年3月引退会見を行った。身長162センチと小柄ながら、"ロケットスタート"を武器に日本男子スケート界に一時代を築き、長野五輪500メートル金、1000メートル銅、ソルトレークシティ五輪500メートル銀と、五輪4度出場で3つのメダルを獲得。500メートルの世界記録を4度樹立した他、W杯500メートルで世界歴代3位の34勝を挙げた

『人生の金メダリストになる「準備力」―成功するルーティーンには2つのタイプがある』　清水宏保［著］　講談社　2016.6　190p　18cm　（講談社＋α新書 731-1C）　840円　①978-4-06-272942-0
内容　プレッシャーと緊張を、人生の伴走者に!!仕事、勉強、恋愛etc.で貴方の潜在能力を100%発揮するためのルーティーン!!

『金メダリストが考えた世界一の腰痛メソッド』　清水宏保著　マガジンハウス　2012.7　111p　21cm　1200円　①978-4-8387-2459-8

『プレッシャーを味方にする心の持ち方』　清水宏保著　扶桑社　2011.12　181p　18cm　（扶桑社新書 108）　800円　①978-4-594-06519-5
内容　「君にはどうせ無理だよ」と言われている人へ―ぜんそく、162センチの低い身長、本番に弱い…ハンデを乗り越えて"世界一"になった経験から得た「あきらめない技術」。

『ぜんそく力―ぜんそくに勝つ100の新常識』　清水宏保著，東田有智監修　ぴあ　2011.8　191p　19cm　1400円　①978-4-8356-1789-3
内容　3歳でぜんそくを患い、その後も重度のぜんそくとつきあいながら、長野オリンピックで金メダルを獲得した清水宏保。彼はどのようにぜんそくと向き合い、コントロールし、克服していったのか？　実体験をもと

オリンピックの本3000冊　311

スピードスケート　　　　　オリンピック冬季競技

に、清水宏保がぜんそくに勝つ100の新常識
をここに紹介する。

『神の肉体清水宏保』　　吉井妙子著　新潮
社　2002.4　185p　20cm　1300円
①4-10-453001-8
内容 2002年ソルトレイクシティ五輪開幕直
前、清水宏保は、自分の限界と闘っていた。
162cmの小柄な肉体と喘息、そして腰に抱
えた爆弾…。マイナス要素しか持たない男
が苦闘の果てに摑み取ったのは、鈍く輝く
銀メダルだった―。未知なる領域に到達す
るため、前人未踏のトレーニングに挑み続
ける清水哲学のすべてを描く。

《鈴木 惠一》　すずき・けいいち
㊢昭和17（1942年）11月10日
◇スピードスケート選手、指導者。樺太出身。
昭和41年明治大学政治経済学部卒業後、国
土計画に所属。　昭和39年のインスブルッ
ク五輪で500m5位入賞（同着2位3人と0秒1
差）、1500m31位。43年グルノーブル五輪
は500m8位（40秒8）、1500m 31位。47年札
幌オリンピックは500m19位（41秒08）。合
計3回出場したオリンピックではいずれも
メダルに届かなかった。特にグルノーブル
五輪では世界記録保持者として出場したが、
アクシデントのため8位に終わった。札幌五
輪では選手団主将を任命され、選手宣誓も行
う。平成18年のトリノ五輪ではスピードス
ケート日本代表監督を務め、平成22年バン
クーバー五輪では日本選手団全体の総監督

『スピードスケート』　　鈴木惠一著　講談
社　1974　205p　図　21cm〈書名は背お
よび奥付による 標題紙等の書名：Speed
skating〉　1200円

《高木 菜那》　たかぎ・なな
㊢平成4年（1992年）7月2日
◇スピードスケート選手。平成22年妹の美帆
がバンクーバー五輪に“史上最年少の15歳”
として出場し注目を浴びたが、自身は出場
を果たせなかった。ソチ五輪代表選考会で
は1500メートルで4位に入り、五輪代表に選
ばれる。美帆は代表から漏れたため、姉妹
での五輪出場は果たせなかった。26年2月
ソチ五輪は1500メートル32位、団体追い抜
き（田畑、菊池、押切美沙紀、高木菜那）4位
入賞。30年美帆と姉妹出場を果たした平昌
五輪では、新種目のマススタートで初代女

王に輝き、金メダル候補として出場した団
体追い抜き（高木美帆、菊池、佐藤、高木菜
那）も制して2冠を達成した。5000メートル
は12位

『髙木菜那・美帆―ともに頂点へ』　林直
史著　汐文社　2018.7　155p　20cm
（冬のアスリートたち）　1600円
①978-4-8113-2495-1
内容 平昌オリンピックチームパシュート決
勝。レース序盤、日本が先に飛び出します
が、オランダに逆転されます。中盤残り1000
メートルまでオランダがリード。しかし、そ
こから日本の追い上げがはじまります。1番
手の美帆選手から佐藤選手、菜那選手、そ
して最後は美帆選手へ。この大会に向けて
何度も練習してきた、流れるような先頭交
代でスピードを落とさず、残り600メートル
でほぼ並びます。最後の1周、残り400メー
トル…。

《高木 美帆》　たかぎ・みほ
㊢平成6年（1994年）5月22日
◇スピードスケート選手。平成21年12月バン
クーバー五輪代表選考競技会では3000メー
トル、1000メートルで3位となり、1500メー
トルでは国内最高記録に0秒17差の1分59秒
47をマーク。W杯代表の田畑真紀や小平奈
緒を押しのけて初優勝を果たし、国内スピー
ドスケートでは最年少の15歳で五輪の1000
メートル、1500メートル、団体追い抜きの
代表に選出された。22年2月バンクーバー五
輪では1000メートル35位（最下位）、得意の
1500メートルは23位。25～26年シーズン、2
大会連続出場を狙ったソチ五輪代表選考会
では1000メートル5位に終わり、五輪出場を
果たせなかったが、姉の菜那が1500メート
ルと団体追い抜きで出場した。30年、平昌五
輪は菜那と姉妹出場を果たし、1000メート
ルで銅メダル、1500メートルで銀メダル、団
体追い抜き（高木美帆、菊池、佐藤、高木菜
那）で金メダルを獲得。冬季では日本人最
多タイ記録の3メダル獲得となった。3000
メートルは5位。世界選手権は男女を通じ
て日本勢初の総合優勝、W杯は1500メート
ル種目別優勝、アジア人初の全種目での総
合優勝を果たす

『髙木菜那・美帆―ともに頂点へ』　林直
史著　汐文社　2018.7　155p　20cm
（冬のアスリートたち）　1600円

312

①978-4-8113-2495-1

内容 平昌オリンピックチームパシュート決勝。レース序盤、日本が先に飛び出しますが、オランダに逆転されます。中盤残り1000メートルまでオランダがリード。しかし、そこから日本の追い上げがはじまります。1番手の美帆選手から佐藤選手、菜那選手、そして最後は美帆選手へ。この大会に向けて何度も練習してきた、流れるような先頭交代でスピードを落とさず、残り600メートルでほぼ並びます。最後の1周、残り400メートル…。

### 《橋本 聖子》 はしもと・せいこ

㊓昭和39年(1964年)10月5日

◇スピードスケート選手, 自転車選手(ロード), 政治家。生家は名馬として名高いマルゼンスキーを産んだ、北海道のマルゼン橋本牧場。東京五輪の5日前に生まれ、聖火にちなんで“聖子”と名付けられた。昭和58年富士急ハイランドに入社。59年五輪初出場となったサラエボ五輪では500メートル11位、1000メートル12位、1500メートル15位、3000メートル19位。4年アルベールビル五輪1500メートルで日本女子冬季初の銅メダルに輝く。500メートル12位、1000メートル5位、3000メートル12位、5000メートル9位。6年リレハンメル五輪1000メートル21位、1500メートル9位、3000メートルは日本記録で6位、5000メートル8位。一方、自転車にも挑戦し、昭和63年ソウル五輪代表として女子スプリントに出場。平成4年のバルセロナ五輪では3キロ個人追抜で3分51秒674の日本記録を出すが11位。6年4月富士急を退社、フリーとなる。8年アトランタ五輪3キロ個人追抜12位、24キロポイントレース9位。夏、冬合わせて7度の五輪出場は世界最多タイ。この間、7年参院議員に自民党から当選。4期目。20年麻生内閣の外務副大臣。28年参院党議員会長。18年日本スケート連盟会長に就任。22年バンクーバー五輪、26年ソチ五輪、28年リオデジャネイロ五輪(夏季大会で女性初)の日本選手団団長を務める。また、日本オリンピック委員会(JOC)常務理事・選手強化部長を経て、29年副会長

**『オリンピック魂―人間力を高める』** 橋本聖子著 共同通信社 2013.2 175p 19cm〈年譜あり〉 1000円 ①978-4-7641-0654-3

内容 オリンピック7回出場は女性として世界最多。東京大会の年に生を受けた宿命のアスリートが、いまも追い続ける真のオリンピアンへの道とは。

**『聖火に恋して』** 橋本聖子著 日刊スポーツ出版社 1995.2 238p 20cm〈著者の肖像あり〉 1600円 ①4-8172-0138-X

**『聖火に恋して』** 橋本聖子著 日刊スポーツ出版社 1994.12 235p 19cm 1600円 ①4-8172-0138-X

目次 第1章 自転車競技で描きたいもの, 第2章 大きな夢を背負って, 第3章 果てしなく続くいばらの道, 第4章 苦難の中で摑んだ世界の銀, 第5章 聖火はオレンジ色に燃えていた, 第6章 初挑戦。ソウルの夏が残したものは…, 第7章 遠く苦しかった銅メダルへの道, 第8章 6度目の聖火にも見果てぬ夢, 第9章 2年後のオリンピック。夢のラストラン, 第10章 スポーツを愛した女のひとりごと

**『橋本聖子のすべて―五輪への挑戦』** 宮嶋泰子著 全国朝日放送 1988.9 103p 26cm 1200円 ①4-88131-110-7

内容 テレビ朝日キャスター宮嶋泰子の見た、聞いた、語りあった、橋本聖子のすべて。

**『Both way athlete橋本聖子』** 木村幸治著 文芸春秋 1988.9 213p 20cm〈橋本聖子の肖像あり〉 950円 ①4-16-342590-X

内容 橋本聖子の果敢なチャレンジ精神はどのようにして育まれたのか? 父との関係を中心に彼女の挑戦の軌跡をたどる。風を切る青春を描く書下ろしノンフィクション。

### 《堀井 学》 ほりい・まなぶ

㊓昭和47年(1972年)2月19日

◇元・スピードスケート選手, 政治家。平成6年リレハンメル五輪500で銅メダルを獲得、W杯総合2位。同年4月新王子製紙(現・王子製紙)入り。10年長野五輪は500で13位、1000で17位。14年ソルトレークシティ五輪は500で14位、1000で22位。W杯通算22勝。同年4月現役を引退した。19年自民党から北海道議に当選、2期。24年衆院議員に当選。3期目

**『終わりなき挑戦―100分の2秒が人生を変**

フィギュアスケート　オリンピック冬季競技

えた』　堀井学著　元就出版社　2003.7
175p　19cm　1500円　①4-906631-97-
5
　内容　世界の頂点を極めた男が味わった、人生
　最大の絶望からの生還。たびかさなる失意
　とピンチの日々を持ち前の「ネバーネバー
　ギブアップ」精神で乗り越えた魂の詩がこ
　こにある。小学4年生でスピードスケートを
　始め、30歳でソルトレークオリンピック出
　場後引退。その20年間のスケート人生で見
　た天国と地獄を一挙独白。

《宮部 保範》　みやべ・やすのり
　④昭和41年（1966年）11月5日
　◇元・スピードスケート選手。浦和高から慶大
　に進学。4年弟と共にアルベールビル五輪代
　表となり、500メートルで5位入賞、弟は1000
　メートルで銅メダルに輝き、兄弟揃っての健
　闘が注目された。6年リレハンメル五輪500
　メートル9位。9年12月長野五輪代表の選考
　会を兼ねた全日本スプリント500メートルで
　左肩関節を脱臼。11年3月王子製紙を退社。
　4月北海道苫小牧市にスケート靴を開発する
　ミヤベスケートプロモーションを設立した

『「崖っぷち監督」がメダリストを二人生む
　まで』　今村俊明,宮部保範,門脇正法著
　ベストセラーズ　2010.5　205p　19cm
　〈文献あり〉　1429円　①978-4-584-
　13242-5
　内容　トリノオリンピックでの不振から、日本
　電産サンキョースケート部監督の今村俊明
　は再建計画を強いられた。崖っぷちで掴ん
　だ人材育成術。まずは己が変わること。選
　手の立場に立って考えること。そして、今
　村を叱責し、鼓舞し続けた永守重信会長。
　やまぬ情熱が、彼らの運命を動かした。長
　島圭一郎・加藤条治、バンクーバーオリン
　ピック銀・銅への軌跡。廃部危機、成績不
　振、退部勧告…苦難を乗り越えた、世紀の
　大リベンジ物語。

## フィギュアスケート

◆スケート靴をはき、氷の上で音楽に合わ
　せて滑走し、ジャンプやステップ、スピ
　ンなどの様々な要素の技術や演技の芸術
　性を採点する競技。種目は「男女シング
　ル」の他に、男女2人で出場する「ペア」と

「アイスダンス」が行われる。また、男女
シングル、ペア、アイスダンスをすべて
行い、それらの総合点で順位を決める「団
体」も実施される。各種目には、「ショー
ト」と「フリー」があり、それぞれ技術
点演技点を総合して採点する

『フィギュアスケートファン—平昌五輪メ
　モリアル』　コスミック出版　2018.4
　77p　30cm　（ナンクロプラザ増刊）
　815円

『フィギュアスケートMemorial平昌オリ
　ンピック2018エキシビションSpecial—
　羽生結弦王者の白鳥の舞いを完全収録』
　ライブ編著　カンゼン　2018.4　159p
　26cm　1500円　①978-4-86255-466-6

『NIPPONフィギュアスケート速報！ 平
　昌五輪フォトブック—平昌超速報！ 羽
　生結弦・奇跡の復活!!活躍！ 日本フィ
　ギュア』　ロングランドジェイ　2018.3
　82p　30cm　（G-MOOK 139）〈発売：
　ジーウォーク〉　880円　①978-4-
　86297-747-2

『フィギュアスケート平昌オリンピック総
　特集』　ワールド・フィギュアスケート
　編　新書館　2018.3　92p　30cm〈表紙
　のタイトル：平昌オリンピックフィギュ
　アスケート　『ワールド・フィギュアス
　ケート』別冊〉　1800円　①978-4-403-
　31121-5
　目次　巻頭スペシャル 大舞台で輝いた最強のメ
　ダリストたち, チームジャパンの激闘, スペ
　シャル・インタビュー 荒川静香—平昌オリ
　ンピックを振り返って, 大会ダイジェスト,
　個人戦メダリスト会見ハイライト, アリー
　ナ・ザギトワとエフゲーニヤ・メドヴェー
　ジェワ—金銀メダリストとコーチが語る最
　強チームの"フィギュアスケート愛", マリ＝
　フランス・デュブリュイユ＆パトリス・ロー
　ゾン—2つの偉大なチームのオリンピアンたち, PHOTOS 平昌

『Trace on Ice—星を摑む舞台、平昌 宇
　野昌磨＆男子フィギュアスケート完全特
　集』　双葉社　2018.2　95p　30cm
　（FUTABASHA SUPER MOOK）
　1200円　①978-4-575-45734-6

『FIGURE SKATER'S DREAM

『2018 2018平昌五輪フィギュアスケート日本代表報道号』 日本文化出版 2018.2 81p 30cm （日本文化出版MOOK） 907円 ①978-4-89084-259-9

『フィギュアスケート・マガジン2017-2018平昌五輪男子特集号——AMAZING VICTORY世界よ、見たか。これが羽生結弦だ。』 ベースボール・マガジン社 2018.2 97p 29cm （B.B.MOOK 1405） 1194円 ①978-4-583-62544-7

『KISS & CRY——氷上の美しき勇者＆女神たち 日本男女フィギュアスケート平昌冬季オリンピックをTVで全力応援！ BOOK ［2018］ 2018平昌冬季オリンピック観戦ガイド』 東京ニュース通信社 2018.1 70p 30cm （TOKYO NEWS MOOK 通巻678号）〈TVガイド特別編集〉 907円 ①978-4-86336-720-3

『日本フィギュアスケート金メダルへの挑戦』 城田憲子著 新潮社 2018.1 186p 20cm 1500円 ①978-4-10-351421-3
[内容]伊藤みどり、荒川静香、羽生結弦—元・日本スケート連盟強化部長が綴る、進化と勝利の舞台裏。

『KISS & CRY——氷上の美しき勇者たち 日本男子フィギュアスケートTVで応援！ BOOK ［2017-5］ 特集：全力応援！ 羽生結弦選手 2017全日本選手権大特集号～Road to Gold!!!』 東京ニュース通信社 2017.12 70p 30cm （TOKYO NEWS MOOK 通巻668号）〈TVガイド特別編集〉 907円 ①978-4-86336-709-8

『フィギュアスケート日本男子応援ブック GPシリーズ開幕号 速報GPシリーズ開幕ロシア大会2017羽生結弦『いざ連覇へ』170カット』 ダイアプレス 2017.12 109p 30cm （DIA Collection） 1000円 ①978-4-8023-0365-1

『KISS & CRY——氷上の美しき勇者たち 日本男子フィギュアスケートTVで応

援！ BOOK ［2017-4］ 特集：宇野昌磨選手／初めてのオリンピックシーズン!!熱き闘志の挑戦者～Road to GOLD!!!』 東京ニュース通信社 2017.11 69p 30cm （TOKYO NEWS MOOK 通巻660号）〈TVガイド特別編集〉 1111円 ①978-4-86336-700-5

『チャーム・オブ・アイス——フィギュアスケートの魅力』 レーナ・レヘトライネン,エリナ・パーソネン,カイサ・ヴィータネン著・写真,堀内都喜子訳 サンマーク出版 2017.10 207p 26cm〈索引あり〉 2300円 ①978-4-7631-3625-1
[内容]フィンランドの人気作家、カメラマンたちが目の当たりにした、フィギュアスケートの神髄。世界各国100名以上の選手、コーチ、振付師、審判が描く氷上の奇跡のすべて。

『フィギュアスケート・マガジン2017-2018シーズンスタート——KEEP ON GOING挑み続ける。それが羽生結弦。』 ベースボール・マガジン社 2017.10 97p 29cm （B.B.MOOK 1391） 1194円 ①978-4-583-62529-4

『トップスケーターのすごさがわかるフィギュアスケート』 中野友加里著 ポプラ社 2017.9 254p 18cm （ポプラ新書 132） 800円 ①978-4-591-15583-7
[内容]点数のつけ方、スケーターの裏側など、元トップスケーターが書く、フィギュアスケート観戦の決定版。

『フィギュアスケートLife——Figure Skating Magazine Vol.11 羽生結弦トロント独占インタビュー／宇野昌磨・田中刑事・宮原知子・三原舞依』 扶桑社 2017.9 143p 30cm （扶桑社MOOK） 1800円 ①978-4-594-61207-8

『KISS & CRY——氷上の美しき女神たち 日本女子フィギュアスケートTVで応援！ BOOK ［2017-2］ 2007-2017浅田真央大特集号～Smile for the Future』 東京ニュース通信社 2017.8 70p 30cm （TOKYO NEWS MOOK 通巻635号）〈TVガイド特別編

フィギュアスケート　　　　オリンピック冬季競技

集〉　907円　①978-4-86336-667-1

『KISS & CRY—氷上の美しき勇者たち
日本男子フィギュアスケートTVで応
援！BOOK ［2017-3］ 2017-
2018シーズン直前羽生結弦選手・トロ
ント直送便〜Road to GOLD!!!』　東
京ニュース通信社　2017.8　70p　30cm
（TOKYO NEWS MOOK 通巻639号）
〈TVガイド特別編集〉　907円　①978-
4-86336-672-5

『フィギュアスケート・マガジン2017-
2018プレシーズン—START NOW羽
生結弦 特別なシーズンへの旅』　ベー
スボール・マガジン社　2017.8　97p
29cm　（B.B.MOOK 1383）　1194円
①978-4-583-62521-8

『フィギュアスケート男子—夢をつかむ者』
二見書房　2017.5　95p　30cm〈文献あ
り〉　1600円　①978-4-576-17083-1

『フィギュアスケート16-17シーズン決算
号—世界選手権速報 羽生結弦・宇野昌
磨・田中刑事・三原舞依・樋口新葉・本
田真凜』　日刊スポーツ出版社　2017.4
82p　30cm　（日刊スポーツグラフ）
〈タイトルは背による.表紙のタイトル：
フィギュアスケート16-17Season決算
号〉　1204円　①978-4-8172-5611-9

『日本フィギュアスケートの軌跡—伊藤み
どりから羽生結弦まで』　宇都宮直子著
中央公論新社　2017.2　197p　19cm
1400円　①978-4-12-004940-8
内容1992年アルベールビルから2018年平昌
（ピョンチャン）へと続く道。"絶対王者"オ
リンピック2連覇へ！ そこには青春を懸け
た闘いがあった一。日本がフィギュア大国
となるまでの歩みを、選手たちの証言で振
り返る。

『フィギュアスケート16-17シーズン新年
号—全日本選手権＆GPファイナル詳報
羽生結弦・宇野昌磨・浅田真央・宮原知
子・田中刑事・無良崇人・樋口新葉・三
原舞依』　日刊スポーツ出版社　2017.1
81p　30cm　（日刊スポーツグラフ）
〈表紙のタイトル：フィギュアスケート
16-17Season新年号〉　1204円　①978-

4-8172-5605-8

『フィギュアスケート日本男子応援ブック
15　羽生結弦全てを伝えたい!!羽生結弦
完全レポート48P』　ダイアプレス
2017.1　81p　30cm　（DIA Collection）
907円　①978-4-8023-0255-5

『フィギュアスケート16-17シーズン中盤
号—NHK杯国際フィギュアスケート大
会詳報 羽生結弦・宇野昌磨・浅田真央・
宮原知子・樋口新葉・田中刑事』　日刊
スポーツ出版社　2016.12　81p　30cm
（日刊スポーツグラフ）〈タイトルは背
による.表紙のタイトル：フィギュアス
ケート16-17Season中盤号〉　1204円
①978-4-8172-5603-4

『素顔のフィギュアスケーター—永久保存
版 フィギュアスケーターのオアシス♪
KENJIの部屋』　宮本賢二著　小学館
2016.10　318p　19cm　1600円　①978-
4-09-388517-1
内容人気スケーター男女10人が勢ぞろい!!こ
こでしか読めない話やエピソード、裏話が
いっぱいです！

『フィギュアスケート16-17シーズン始動
号—フィギュアスケートシーズン開幕！
羽生結弦・浅田真央・宇野昌磨・無良崇
人・宮原知子・本郷理華・村上佳菜子・
樋口新葉・本田真凜』　日刊スポーツ出
版社　2016.10　79p　30cm　（日刊ス
ポーツグラフ）〈タイトルは背による.表
紙のタイトル：フィギュアスケート16-
17Season始動号〉　1204円　①978-4-
8172-5601-0

『フィギュアスケートLife—Figure
Skating Magazine Vol.7　宇野昌磨
/浅田真央/宮原知子/無良崇人etc.強化
選手16人インタビュー』　扶桑社
2016.9　143p　30cm　（扶桑社MOOK）
1700円　①978-4-594-61113-2

『フィギュアスケート日本男子応援ブック
14　羽生結弦熱闘世界選手権完全レポー
ト55P』　ダイアプレス　2016.5　81p
30cm　（DIA Collection）　778円
①978-4-8023-0157-2

『フィギュアスケート応援団　vol.2　絶対

オリンピック冬季競技　　フィギュアスケート

『王者・羽生結弦とライバルたち2007–2016』　英和出版社　2016.4　1冊（ページ付なし）　37cm　（EIWA MOOK）　1200円　①978–4–86545–290–7

『フィギュアスケート15–16シーズン決算号―世界選手権詳報　羽生結弦　浅田真央　宇野昌磨　宮原知子』　日刊スポーツ出版社　2016.4　80p　30cm　（日刊スポーツグラフ）〈タイトルは背による.表紙のタイトル：フィギュアスケート15–16Season決算号〉　1204円　①978–4–8172–5597–6

『フィギュア男子ビジュアルブック』　二見書房　2016.4　95p　30cm〈文献あり　年譜あり〉　1600円　①978–4–576–16055–9
目次 2015/12/25―全日本選手権・札幌, 2015/12/9―GPファイナル・バルセロナ, 2015/11/27―NHK杯・長野, 2015/10/29―スケートカナダ, 2015/10/13―スケートカナダ・オータムクラシック, 2016年世界選手権の展望, フィギュア男子名鑑, 羽生結弦ミクロコスモス, フィギュア日本男子100年の歩み, 次世代注目男子, 全日本選手権撮影日記, 羽生結弦バイオグラフィー2011・2015

『フィギュアスケート～プログラムに秘められた物語―羽生結弦・浅田真央ほか選手たちの演技を読み解く』　いとうやまね著　コスミック出版　2016.3　94p　30cm　（COSMIC MOOK）　1500円　①978–4–7747–8160–0

『フィギュアスケート15–16シーズン新年号―全日本フィギュアスケート選手権＆NHK杯フィギュアスペシャルエキシビション詳報　羽生結弦　浅田真央　宇野昌磨』　日刊スポーツ出版社　2016.1　80p　30cm　（日刊スポーツグラフ）〈表紙のタイトル：フィギュアスケート15–16Season新年号〉　1204円　①978–4–8172–5586–0

『フィギュアスケート日本男子応援ブック12　羽生結弦「やってやる」歴代最高の322・40で完全制覇』　ダイアプレス　2016.1　81p　30cm　（DIA Collection）　778円　①978–4–8023–0106–0

『百獣繚乱―フィギュアスケート日本男子――ソチからピョンチャンへ』　青嶋ひろの著　ブックウォーカー　2015.12　286p　19cm〈発売：KADOKAWA〉　1600円　①978–4–04–812005–0
内容 真の王者になるために。獅子たちの苦悩、情熱、激闘のすべて。各選手の戦績データも収録。12人のフィギュアスケート男子の熱き軌跡。

『フィギュアスケート15–16シーズン中盤号―NHK杯国際フィギュアスケート大会詳報　羽生結弦　浅田真央　村上大介　宮原知子　宇野昌磨』　日刊スポーツ出版社　2015.12　81p　30cm　（日刊スポーツグラフ）　1204円　①978–4–8172–5585–3

『フィギュアスケート日本男子応援ブック　シーズン開幕号　羽生結弦シーズンの幕が開く』　ダイアプレス　2015.12　80p　30cm　（DIA Collection）　778円　①978–4–8023–0092–6

『フィギュアスケート日本男子応援ブック11　羽生結弦再び頂点を目指して』　ダイアプレス　2015.12　81p　30cm　（DIA Collection）　778円　①978–4–8023–0091–9

『フィギュアスケート15–16シーズン展望号―フィギュアスケートシーズン開幕！羽生結弦　浅田真央　村上大介　宮原知子　宇野昌磨　樋口新葉　山本草太』　日刊スポーツ出版社　2015.10　81p　30cm　（日刊スポーツグラフ）　1204円　①978–4–8172–5583–9

『フィギュアスケートLife―Figure Skating Magazine　Vol.3　羽生結弦/浅田真央/宮原知子/小塚崇彦etc.特別強化選手13人インタビュー』　扶桑社　2015.9　143p　30cm　（扶桑社MOOK）　1600円　①978–4–594–61016–6

『フィギュアスケートサミット―2015–2016日本男子の展望』　レッカ社編著　カンゼン　2015.7　175p　21cm　1300円　①978–4–86255–303–4

『WE LOVEフィギュアスケート―I LOOK BACK TO 2015 OF

フィギュアスケート　オリンピック冬季競技

『FIGURE PLAYERS.AN IMPRESSION DELIGHT SAD RECOVERY.羽生結弦スペシャル』
英和出版社　2015.6　90p　26cm
（EIWA MOOK）　1000円　⑪978-4-86545-166-5

『フィギュアスケート日本男子応援ブック
9　羽生結弦最後の闘い世界選手権100
カット超』　ダイアプレス　2015.5
81p　30cm　（DIA Collection）　778円
⑪978-4-8023-0003-2

『フィギュアスケート・マガジン2014-
2015シーズンファイナル―羽生結弦 髙
橋大輔 宇野昌磨 小塚崇彦ほか』　ベー
スボール・マガジン社　2015.5　97p
30cm　（B.B.MOOK 1191）　1111円
⑪978-4-583-62284-2

『フィギュアスケート14-15シーズン決算
号―世界国別対抗戦2015詳報 羽生結弦
無良崇人 小塚崇彦 村上佳菜子 宮原知子
宇野昌磨 樋口新葉 町田樹』　日刊ス
ポーツ出版社　2015.4　81p　30cm
（日刊スポーツグラフ）　1204円
⑪978-4-8172-5573-0

『フィギュアスケート・マガジン　2015
日本選手の魅力をこの1冊に 羽生結弦
髙橋大輔 宇野昌磨 小塚崇彦ほか』
ベースボール・マガジン社　2015.3
106p　30cm　（B.B.MOOK 1167）
926円　⑪978-4-583-62258-3

『フィギュアスケート14-15シーズン中盤
号―全日本選手権詳報!! 羽生結弦 町田
樹 無良崇人 小塚崇彦 村上佳菜子 宮原
知子』　日刊スポーツ出版社　2015.1
81p　30cm　（日刊スポーツグラフ）
1204円　⑪978-4-8172-5567-9

『フィギュアスケート日本男子応援ブック
5　羽生結弦不屈の舞』　ダイアプレス
2015.1　81p　30cm　（DIA Collection）
778円　⑪978-4-86214-945-9

『フィギュアスケート14-15シーズン序盤
号―羽生結弦 町田樹 無良崇人 小塚崇彦
村上佳菜子 宮原知子 髙橋大輔』　日刊
スポーツ出版社　2014.11　66p　30cm

（日刊スポーツグラフ）　1204円
⑪978-4-8172-5559-4

『ギフト―フィギュアスケーターが教えて
くれたもの』　野口美惠著　主婦の友社
2014.5　207p　19cm　1400円　⑪978-
4-07-296207-7
内容　2005年、日本フィギュアスケート黄金
期が幕を開けた。それから10年、2014年ソ
チへと夢はつながった。4年に1度の決戦を
終えた選手たちは、ある同じ言葉を口にす
る―。それは彼らの生き方そのものだった。
彼らのスケート人生を追い続けた著者が、心
の成長と生き方を描く渾身のレポート。夢
の舞台で戦った浅田真央、高橋大輔、鈴木
明子らの軌跡と成長を振り返る。

『フィギュアスケートLOVE！―羽生結
弦・浅田真央 高橋大輔・町田樹・鈴木明
子・村上佳菜子ファンブック』　アスペ
クト　2014.5　1冊　21cm　（アスペクト
トムック）〈年譜あり〉　1200円
⑪978-4-7572-2328-8

『FIGURE SKATING TRACE OF
STARS SOCHI 2014―黄金の瞬間。
日本フィギュアソチ冬季五輪完全保存
版』　文藝春秋　2014.4　81p　30cm
（Sports Graphic Number PLUS）
1500円　⑪978-4-16-008192-5

『フィギュアスケートソチ・オリンピック
総特集―感動をありがとう！ 羽生結弦、
日本男子初金メダル/浅田真央』　新書
館　2014.4　93p　30cm〈『ワールド・
フィギュアスケート』別冊〉　1800円
⑪978-4-403-31086-7

『フィギュアスケート銀盤の疑惑』　猫宮
黒埜著　泰文堂　2014.3　253p　15cm
（リンダブックス）　700円　⑪978-4-
8030-0543-1
内容　氷上の華と言われるフィギュアスケー
ター達。その美しさに魅せられ、銀盤に足
を踏み入れたファン達は、フィギュアスケー
ター達を取り巻く深い闇があることに気付
いてしまう。不可解な採点結果。偏った報
道の数々。選手たちの戸惑いの表情…。自
費出版ながら発売後、たちまちフィギュア
スケートファンの間で大反響を得た「フィ
ギュアスケート疑惑の高得点」。ソチオリン
ピック開催にあわせ、同書で考察したフィ

ギュアスケートの深淵をさらに探るべく書き下ろされたのが本書である。

『フィギュアスケート日本男子応援ブック —輝け! 銀盤の勇者たち 総力特集★羽生結弦』 ダイアプレス 2014.3 81p 30cm （DIA Collection） 743円 ①978-4-86214-866-7

『アイスモデリスト』 八木沼純子著 文藝春秋 2014.2 269p 16cm （文春文庫 や56-1）〈「氷上のアーティストたち」（日本経済新聞社 2005年刊）の改題、一部抜粋・加筆〉 570円 ①978-4-16-790040-3
[内容] 天才・浅田真央が円熟の時を迎え、ベテラン・鈴木明子が熱視線で観客を魅了すれば、羽生結弦、町田樹らの新星が、王者・高橋大輔に肉薄する。母としてリンクに立つ安藤美姫の存在も見逃せない。ソチ五輪を巡る熱き戦いを、プロスケーターならではの視点で捉えた貴重なレポート。

『KISS & CRY—日本男子フィギュアスケートソチ冬季オリンピックをTVで応援! BOOK 氷上の美しき勇者たち 2014Winter』 東京ニュース通信社 2014.2 64p 30cm （TOKYO NEWS MOOK 通巻403号）〈TVガイドスカパー! TVガイドプレミアム特別編集〉 933円 ①978-4-86336-368-7

『FIGURE SKATER'S DREAM 2014 2014ソチ五輪フィギュアスケート日本代表応援ブック』 日本文化出版 2014.2 96p 30cm （日本文化出版MOOK） 1500円 ①978-4-89084-220-9

『フィギュアスケートソチ・オリンピック観戦ガイド—いよいよ開幕! トップ・スケーターが集結する4年に1度の大舞台ソチで輝け! 史上最強チームジャパン』 新書館 2014.2 86p 30cm〈『ワールド・フィギュアスケート』別冊〉 1800円 ①978-4-403-31085-0

『フィギュアスケート・ミュージック・コレクション—ノクターン』 林弘子監修, 金益研二, 広田圭美, 山田香編曲 ヤマハミュージックメディア（発売） 2014.2

119p 31cm （フルート） 2600円 ①978-4-636-90307-2

『銀盤の軌跡—フィギュアスケート日本ソチ五輪への道』 田村明子著 新潮社 2014.1 206p 20cm 1400円 ①978-4-10-304033-0
[内容] 復活、苦闘、躍進…彼らの知られざるドラマとは? フィギュア取材20年第一人者のジャーナリストが描く秘話満載ノンフィクション。

『フィギュアスケートソチ五輪完全ガイド—ペア｜男子シングル｜アイスダンス｜女子シングル｜団体戦』 晋遊舎 2014.1 95p 29cm （SHINYUSHA MOOK） 1314円 ①978-4-86391-887-0

『知って感じるフィギュアスケート観戦術 —誰も語らなかった』 荒川静香著 朝日新聞出版 2013.12 211p 18cm （朝日新書 437） 760円 ①978-4-02-273537-9
[内容] 五輪金メダリスト・荒川静香が、フィギュアスケートをもっと楽しく観るための知識やコツを、自身の体験を基に伝授します。これを知ったら、あなたもフィギュア「通」

『トップスケーターの流儀—中野友加里が聞く9人のリアルストーリー』 中野友加里著 双葉社 2013.12 239p 19cm 1500円 ①978-4-575-30593-7
[目次] 1 村上佳菜子VS中野友加里—憧れのお姉ちゃんと本音トーク, 2 織田信成VS中野友加里—二児の父、旧友に「結婚のススメ」, 3 鈴木明子VS中野友加里—「17年間のライバル」大いに語り合う, 4 無良崇人VS中野友加里—イクメン新米パパさらなる開花へ, 5 羽生結弦VS中野友加里—新時代のエースとジャンプ談義, 6 小塚崇彦VS中野友加里—同門ふたり五輪への道を語る, 7 浅田真央VS中野友加里—大人のトーク 恋愛から将来の夢まで, 8 安藤美姫VS中野友加里—帰ってきた世界女王知られざる葛藤, 9 高橋大輔VS中野友加里—最年長エース生涯現役宣言?

『ロシア・フィギュアスケートのたのしみ』 長谷川仁美文 東洋書店 2013.12 63p 21cm （ユーラシア・ブックレット no.

フィギュアスケート　　オリンピック冬季競技

189　ユーラシア研究所・ブックレット編集委員会企画・編集）　800円　①978-4-86459-160-7

内容 トリノ五輪以降、低迷著しかったロシアのフィギュアスケート。新たな人材は育っているのか。ソチ五輪に向けての意気込みは。ロシア・フィギュアならではの見どころを紹介し、五輪観戦にもぴったりの一冊。

『フィギュアスケートDays　vol.17（2013）』　ダイエックス出版　2013.10　93p　30cm　1800円　①978-4-8125-3570-7

目次 インタビュー（高橋大輔, 鈴木明子）, 賢二としゃべろうよ！ 第15回ゲスト 鈴木明子, インタビュー（村上佳菜子, 中村健人, 本郷理華）, 対談（羽生結弦×ハヴィエル・フェルナンデス×ナム・グエン, フィリップ・キャンデロロ×町田樹×佐々木彰生）, レポート ファンタジー・オン・アイス2013in福岡, 対談 ステファン・ランビエル×真壁喜久夫, レポート プリンス・アイス・ワールド2013東京公演, インタビュー 八木沼純子, レポート フレンズ・オン・アイス2013, インタビュー（ピーター・リバース, アレクサンデル・マヨロフ）, インタビュー 中野友加里, インタビュー 全日本合宿レポート, フィギュアスケート温故知新 第8回 パティネルジャー, 木戸章之のアイスダンスまるわかり講座 第16回, 岡崎真のゼロからおぼえる新採点講座 第16回, 大会スケジュール

『フィギュアスケートDays　vol.16』　ダイエックス出版　2013.6　95p　30cm　1800円　①978-4-8125-3523-3

目次 2012・2013シーズンの軌跡 浅田真央/羽生結弦/村上佳菜子/無良崇人, 日本代表インタビュー（高橋大輔, 鈴木明子）, 海外選手インタビュー（デニス・テン/ケビン・レイノルズ, ブライアン・ジュベール, ミーシャ・ジー, 川口悠子＆スミルノフ, ウィーバー＆ポジェ）, 賢二としゃべろうよ！ 第14回ゲスト・織田信成, 世界ジュニア選手権インタビュー（宮原知子/日野龍樹×宇野昌磨, 大森勝太朗）, 四大陸選手権インタビュー, 卒業スケーターインタビュー, 引退後インタビュー ケビン・ヴァン・デル・ペレン, フィギュアスケート温故知新 第7回 オオタスケート物語, 岡部由紀子さんと振り返る, 2012・2013シーズンの戦い, 木戸章之のアイスダンスまるわかり講座 第15回, 岡崎真のゼロからおぼえる新採点講座 第15回

『フィギュアスケート疑惑の高得点』　猫宮黒埜著　東京図書出版　2013.4　204p　20cm〈発売：リフレ出版〉　1000円　①978-4-86223-652-4

内容 フィギュアスケートはいつからこんなアンフェアな競技になったのか？ 華やかな銀盤の陰でいったい何が起こっていたのか？ 採点にまつわるフィギュアスケートの闇を暴く。

『スケオタあるある』　スケオタあるある委員会編, 緒方貴子漫画　扶桑社　2013.3　159p　18cm　1000円　①978-4-594-06793-9

目次 第1章 生態図鑑 スケオタあるあるベスト30（夏でもダウンやカイロは必須, 同じアイスショーを何公演でも観る ほか）, 第2章 座談会 スケオタ人生悲喜こもごも（国内観戦編—「大ちゃん現役続行でスケオタ人生も狂いました（泣・笑）」, 海外遠征編—国内、海外関係ナシ!?好きな選手のためならどこまでも）, 第3章 イラスト付き選手別ファンあるある（浅田真央ファンあるある, 高橋大輔ファンあるある ほか）, 第4章 シーン別あるあるアンケート傑作選（現地観戦編, 自宅観戦編 ほか）

『フィギュアスケートDays Plus　2012Winter男子シングル読本』　ダイエックス出版　2012.12　95p　30cm　1800円　①978-4-8125-3464-9

目次 高橋大輔, 羽生結弦, 小塚崇彦, 織田信成, 町田樹, 無良崇人, 田中刑事, 注目の日本人スケーターたち, スペシャル対談 ランビエル×ウィアー×ジュベール, パトリック・チャン〔ほか〕

『フィギュアスケート—シーズンガイド　2012—2013』　新書館　2012.10　86p　30cm〈『ワールド・フィギュアスケート』別冊〉　1800円　①978-4-403-31074-4

内容 ソチ五輪まであと一年。白熱の新シーズンの行方は？ 最新情報満載。

『フィギュアスケートDays　vol.14』　ダイエックス出版　2012.6　95p　30cm　1800円　①978-4-8125-3337-6

目次 インタビュー（高橋大輔, 羽生結弦）, メイクのちから—鈴木明子×石井勲, 賢二としゃべろうよ！・第12回ゲスト・庄司理紗, インタビュー（ジョニー・ウィアー, 武田奈也）, 2012世界国別対抗戦, 対談 ブライア

320

ン・ジュベール×フローラン・アモディオ, インタビュー カロリーナ・コストナー, 2012 世界選手権, インタビュー 高橋成美&マーヴィン・トラン, ミーシャ・ジー〔ほか〕

### 『氷上の舞―煌めくアイスダンサーたち』
田村明子著　新書館　2012.5　197p 20cm〈文献あり〉　1600円　①978-4-403-23122-3

内容 「ボレロ」のトーヴィル&ディーン、五輪2連覇のグリシューク&プラトフ、バンクーバー五輪チャンピオンのヴァーチュー&モイア…華やかなフィギュアスケートの世界を彩る、強く美しいアイスダンサーたち。第一線で取材を続けるジャーナリストによる渾身のノンフィクション。

### 『ステップバイステップ―History & Photos 1989–2011』　小塚崇彦著
文藝春秋　2012.1　221p　20cm　1300円　①978-4-16-374850-4

内容 フィギュアスケート界の貴公子が初めて明かした胸の内。秘蔵写真と本人の語りで振り返る、スケートの記憶。

### 『フィギュアスケートDays Plus　2011–2012 女子シングル読本』　ダイエックス出版　2011.12　95p　30cm　1800円　①978-4-8125-3339-0

目次 浅田真央、安藤美姫、キムヨナ、カロリーナ・コストナー、アリッサ・シズニー、村上佳菜子、鈴木明子、レイチェル・フラット、長洲未来、アデリーナ・ソトニコワ〔ほか〕

### 『フィギュアスケートDays Plus　2011–2012 男子シングル読本』　ダイエックス出版　2011.12　95p　30cm　1800円　①978-4-8125-3338-3

目次 高橋大輔、小塚崇彦、パトリック・チャン、アルトゥール・ガチンスキー、織田信成、羽生結弦、エヴァン・ライサチェク、エフゲニー・プルシェンコ、トマーシュ・ヴェルネル、ブライアン・ジュベール〔ほか〕

### 『フィギュアスケート美のテクニック』
野口美惠企画・執筆、樋口豊監修　新書館　2011.5　126p　21cm　1800円　①978-4-403-32034-7

内容 フィギュアスケートには独特の美学がある。感動を呼ぶパフォーマンスを生み出す「美のテクニック」とは？2度のオリンピック出場経験があり、TV解説でもおなじみの

名コーチ・樋口豊が全面監修。プロスケーター・太田由希奈がモデルとなり、基礎からトップレベルの美技まで、撮り下ろし写真で詳しく解説します。

### 『よくわかるフィギュアスケート』　ワールド・フィギュアスケート編　新書館　2011.2　111p　21cm　1600円　①978-4-403-32029-3

内容 フィギュアスケートのこと、もっと知りたい。情報満載、最新ガイド。

### 『氷上の光と影―知られざるフィギュアスケート』　田村明子著　新潮社　2011.1　275p　16cm　（新潮文庫 たー92–1）〈平成19年刊の補足加筆　文献あり〉　438円　①978-4-10-134731-8

内容 氷上の華麗な舞は、観る者を魅了する。だが、その水面下では壮絶なドラマが繰り広げられている。より高い「技術」と、より美しい「芸術」との狭間で、日々闘い続ける選手たち。そして、彼らを支えるコーチや振付師の役割とは何なのか。また、複雑な採点方法、4回転ジャンプ、トリプルアクセル等々、進化する専門用語も解説。フィギュアスケートの深淵を描く本格ノンフィクション。

### 『フィギュアスケート日本女子ファンブック 2011』　扶桑社　2010.12　100p　30cm　1667円　①978-4-594-06311-5

目次 浅田真央―変化していく私、安藤美姫―優雅に、さらなる高みへ、鈴木明子―目覚めた表現欲求、村上佳菜子―鮮烈なシニアデビュー、今井遥―のびやかな大輪、村主章枝―凛々しくひたむきに、武田奈也―ふたたび咲く日のために、澤田亜紀―笑顔の記憶、藤澤亮子―春を待つ蕾、西野友毬―強さと、はかなさと〔ほか〕

### 『フィギュアスケートDays Plus　2010–2011 女子シングル読本』　ダイエックス出版　2010.11　95p　30cm　1800円　①978-4-8125-3259-1

目次 日本（浅田真央、安藤美姫、鈴木明子 ほか）、海外（キム・ヨナ、ジョアニー・ロシェット、ラウラ・レピスト ほか）、「フィギュア大国ロシア」復活なるか？ 2014年ロシア・ソチ五輪への展望、パスカーレ・カメレンゴインタビュー、アイスショーで輝くプロスケーターたち、煌めくアイスショーの世界プリンスアイスワールド2010〔ほか〕

フィギュアスケート　　　オリンピック冬季競技

『フィギュアスケートDays Plus　2010–2011 男子シングル読本』　ダイエックス出版　2010.11　95p　30cm　1800円　①978-4-8125-3258-4
目次 日本（高橋大輔, 小塚崇彦, 織田信成 ほか）, 海外（エヴァン・ライサチェク, エフゲニー・プルシェンコ, ブライアン・ジュベール ほか）, ファンタジー・オン・アイス2010in福井, スペシャル対談（プルシェンコ×ヴェルネル×マートン×真壁喜久夫, ランビエル×ナハーロ×真壁喜久夫, ポーリシュク＆ベセディン×真壁喜久夫 ほか）

『パーフェクトプログラム―日本フィギュアスケート史上最大の挑戦』　田村明子著　新潮社　2010.3　223p　20cm　1400円　①978-4-10-304032-3
内容 浅田真央, 高橋大輔, 安藤美姫, 織田信成…史上最強の彼らが戦った語り継がれるバンクーバー決戦！ 大輔が見せた本物のアスリート魂とは？ 真央vsヨナ, 何が勝負を分けたのか？ 4回転論争と疑惑のメール騒動, ほか秘話満載, 渾身のドキュメント。

『バンクーバー五輪フィギュアスケート』　ワールド・フィギュアスケート編　新書館　2010.3　91p　30cm　1800円　①978-4-403-31059-1
内容 永久保存版オリンピック総特集。出場全選手の写真を掲載。

『日本フィギュアスケートキャラクターブック―バンクーバーで, トリノで, 舞う, 跳ぶ, 競う。　2010』　マガジンハウス　2010.2　96p　30cm　1700円　①978-4-8387-2063-7
目次 バンクーバーで輝く日本代表8人, 8人のプロフィール, 全日本選手権ドキュメント―真央復活, 新旧交代の波, 明暗分けた明子VS友加里, QRコードですぐ聴ける名曲写真館 名曲の調べで甦る, プログラム案内, メダルの行方は？ 世界のライバルたち―速報ヨーロッパ選手権＆全米選手権いずれも男子3強揺るがず, ファンだけが知る, ファンだから分かる愛しの選手たち―トマーシュ・ヴェルネル/エフゲニー・プルシェンコ/ジョニー・ウィアー/ステファン・ランビエール, 強国アメリカのホープ対談（キャロライン・ジャン×長洲未来）, 漫画家・小川彌生のがんばれニッポン！, 早くも台頭, ソチ五輪の星

―村上佳菜子/羽生結弦/中村健人, 誌上再現 浅田真央ドリームラボ〔ほか〕

『最強男子。―高橋大輔・織田信成・小塚崇彦 バンクーバー五輪フィギュアスケート男子日本代表リポート』　青嶋ひろの著　朝日新聞出版　2010.1　143p　21cm　1800円　①978-4-02-250678-8
内容 日本フィギュアスケート最強男子チームのすべて！ バンクーバーに, 彼らの想いは結実する。

『バンクーバーオリンピックフィギュアスケート完全ガイド』　毎日新聞社　2010.1　96p　30cm　（毎日ムック）　1143円　①978-4-620-79346-7

『フィギュアスケートに懸ける人々―なぜ, いつから, 日本は強くなったのか』　宇都宮直子著　小学館　2010.1　187p　18cm　（小学館101新書 068）〈文献あり〉　700円　①978-4-09-825068-4
内容 フィギュアスケートの世界を変えた天才スケート選手・伊藤みどりと名伯楽・山田満知子コーチの出会い。愛知県をスケート王国にした人々と, それを支えた学校や企業。有望選手を次々と生みだした長期的な強化戦略…。欧米に引き離されていた日本が, 世界有数のフィギュアの強国に変化していくまでの歩みを, 貴重な証言をもとにつづる。

『フィギュアスケートバンクーバー五輪完全ガイド―女子シングル/男子シングル/ペア/アイスダンス』　晋遊舎　2010.1　95p　29cm　（Shinyusha mook）　1143円　①978-4-86391-034-8

『氷上の美しき戦士たち』　田村明子著　新書館　2009.12　217p　20cm　1600円　①978-4-403-23120-9
内容 フィギュアスケート最前線。プルシェンコ, ランビエル, ジュベール, 高橋大輔, 織田信成, 小塚崇彦, ライサチェク, ウィアー…オリンピックを目指して熱い戦いを繰り広げる男子トップ・スケーターたちの姿を描いたノンフィクション。

『フィギュアスケートを100倍楽しく見る方法』　荒川静香著　講談社　2009.11　183p　19cm　1300円　①978-4-06-215716-2

オリンピック冬季競技　　フィギュアスケート

内容 「オリンピックで金メダルを取るのは誰？」「ジャンプの回転不足は、なんで大きな減点になるの？」「コーチって、どんな人？」フィギュアスケートの不思議や疑問を、荒川静香がすべて解決します。

『フィギュアスケート日本女子ファンブック　2010』　扶桑社　2009.11　104p　30cm　1667円　①978-4-594-06092-3
目次 LONG INTERVIEWS & PHOTOS（浅田真央―スケートに恋した彼女、安藤美姫―アーティストへの羽化、中野友加里―美しき道程 ほか）、2009・2010 SEASON FEATURE（宮本賢二の目―振付師の見る日本代表選手たち、八木沼純子の目―オリンピックシーズンを迎える後輩たちへ、男子シングル日本代表選手からのメッセージ ほか）、SPECIAL TOPICS（さらに注目！ チームジャパンの華たち、あなたはどっち？ 12選手アンケート、今シーズンの抱負を一言！）

『Passion―フィギュアスケート男子シングルフォトブック　2009』　Passion編集部編　双葉社　2009.2　127p　26cm　2200円　①978-4-575-30104-5
内容 リンクを駆け抜ける氷上の貴公子たちの熱いパッション。高橋大輔、織田信成、小塚崇彦、無良崇人、ジョニー・ウィアー、ブライアン・ジュベール…etc。世界の男子トップスケーターの撮りおろしフォト＆独占インタビュー満載。

『フィギュアスケート日本女子ファンブック　2009』　扶桑社　2008.12　96p　30cm　1600円　①978-4-594-05847-0
目次 LONG INTERVIEWS & PHOTOS（浅田真央―彼女が氷に立つ理由、安藤美姫―物語を生む力、中野友加里―ひたむきな大輪、村主章枝―初々しきスタート ほか）、伊藤みどりの目―世界と日本女子シングルの現在、若松詩子さんからのメッセージ―強いニッポン、キーワードは「根性」？、全日本ジュニア選手権レポート、女子シングルTEAM JAPANクロニクル1998・2008、最新レポート 08・09SEASON 11選手全プログラム解説＆コーチからのエール、TEAM JAPAN 11人のスケーターに聞く5つの質問と2つの連想ゲーム

『フィギュアスケートdays plus―男子シングル読本　2008-2009』　ダイエックス出版　2008.9　95p　30cm　1800円

①978-4-8125-3059-7
目次 Skaters in Japan日本選手（高橋大輔, 小塚崇彦, 南里康晴, 織田信成 ほか）、Skaters in the World海外選手（ジェフリー・バトル, ブライアン・ジュベール, ジョニー・ウィアー, ステファン・ランビエール ほか）

『フィギュアスケートdays plus―女子シングル読本　2008-2009』　ダイエックス出版　2008.9　95p　30cm　1800円　①978-4-8125-3060-3
目次 Skaters in Japan日本選手（浅田真央, 安藤美姫, 中野友加里, 村主章枝 ほか）、Skaters in the World海外選手（ヨナ・キム, カロリーナ・コストナー, サラ・マイヤー, キミー・マイズナー ほか）

『フィギュアスケートDays　vol.6』　DAI・X出版　2008.5　91p　30cm　1600円　①978-4-8125-2978-2
目次 2008世界選手権レポート（優勝会見レポート・浅田真央, インタビュー・ヨナ・キム/中野友加里/ステファン・ランビエール/川口悠子/井上怜奈＆ジョン・ボルドウィン）、フィギュアスケート世界情勢, 宮本賢二レポーター企画・賢二としゃべろう！（第4回）中庭健介, インタビュー・武田奈也, インタビュー・佐々木彰生, 2008四大陸選手権レポート, Color of Costume, スタンダードナンバー大比較 トゥーランドット編〔ほか〕

『ワールド・フィギュアスケート　no.32』　新書館　2008.4　95p　30cm　1800円　①978-4-403-31046-1
目次 四大陸選手権 浅田真央＆高橋大輔, 初優勝！, ヨーロッパ選手権 高まる胎動, 全日本選手権 ヨーテボリ世界選手権代表が決定！, メダリスト・オン・アイス, ジョニー・ウィアー, REPORT, INTERVIEW 採点ルール改正について 天野真

『フィギュアスケートDays　vol.5』　DAI・X出版　2008.2　94p　1600円　①978-4-8125-2977-5
目次 ロングインタビュー 高橋大輔「3連覇という強さ」, 2007全日本選手権レポート, 宮本賢二レポーター企画 賢二としゃべろうよ！ 第3回 中野友加里, スケーター対談 中庭健介×鈴木明子, 2007NHK杯レポート, クリスマス・オン・アイス2007レポート, フィギュアスケートスタンダードナンバー大比

オリンピックの本3000冊　323

フィギュアスケート　　　オリンピック冬季競技

較 白鳥の湖編, もっと知りたいNew Face
第4回 村元小月, 2007全日本ジュニア選手
権レポート, 注目の次世代スケーターたち
〔ほか〕

『もっと深く「知りたい！」フィギュアス
　ケート』　阿部奈々美著　東邦出版
　2007.12　127p　23cm　1429円　①978-
　4-8094-0660-7
　内容 荒川静香選手ほか多くの選手のプログ
　ラムを手がける一流振付師&コーチによる
　フィギュア・ガイドブック。図解・イラスト
　満載で「理解力」も満点！ 特別Q & A"「金
　メダリスト」への10の質問"も収録。

『フィギュアスケートDays　vol.4』
　DAI‐X出版　2007.10　94p　30cm
　1600円　①978-4-8125-2970-6
　目次 ロングインタビュー 中野友加里一「決
　意は胸に秘めて」, 宮本賢二レポーター企
　画 賢二としゃべろうよ！ 第2回 安藤美姫,
　フレンズ・オン・アイス2007レポート―イ
　ンタビュー&1日密着 荒川静香, 姉妹対談
　村主章枝×村主千香,「アイスダンス」へ
　の招待―宮本賢二が語るアイスダンスの魅
　力 注目のアイスダンサーたち, IceGirls2007
　レポート―もっと知りたい！ シンクロナ
　イズド・スケーティング, 日本スケートリ
　ンク事情第3回 中京大学オーロラリンク完
　成, インタビュー 曾根美樹, 真夏の氷上祭典
　THE ICEレポート, スタンダードナンバー
　比較 "ロミオとジュリエット編", 世界のフィ
　ギュアスケーターたち アミ・パレック（イ
　ンド）, Back Number, 07‐08シーズンガイ
　ド, 木戸章之のアイスダンスまるわかり講
　座［第4回］, フィギュアスケート中継, なん
　でそうなるの!?, 岡崎真のゼロからおぼえる
　新採点講座［第4回］, 振付師に聞く［第5回］
　マリーナ・ズウェア, from the backstage―
　フィギュアスケートを支える力［第5回］新
　村香, BOOK, Present & Information

『フィギュアスケートDays　vol.3』
　DAI‐X出版　2007.5　94p　30cm
　1600円　①978-4-8125-2893-8
　目次 巻頭特集 2007東京世界選手権, 06‐07
　シーズン スケーターあれこれ人気ランキン
　グ, 宮本賢二レポーター企画 賢二としゃべ
　ろうよ！ 第1回 高橋大輔, 2007四大陸選手
　権レポート, もっと知りたいNew Face 第3
　回 水津瑠美, 突撃！ クラブ訪問 第2回 勝
　山スケーティングクラブ, 振付師に聞く 第

4回 阿部奈々美, フィギュアスケート体験マ
ンガ じゃあ, 滑ってみるか, Skater's Mom
スケーター親子に密着 第2回, 目指せ雑学
王！ スケート・トリビア, 木戸章之のアイ
スダンスまるわかり講座 第3回, 岡崎真のゼ
ロからおぼえる新採点講座 第3回, あの選手
に訊きたい！ 第3回 太田由希奈, 伝説のス
ケーター 第2回 フィリップ・キャンデロロ,
from the backstage―フィギュアスケート
を支える力

『素直な心が才能を伸ばす！―だれでも結
　果は出せる』　山田満知子著　青春出版
　社　2007.4　207p　20cm　1400円
　①978-4-413-03637-5
　内容 浅田舞, 中野友加里, 恩田美栄, 小岩井
　久美子…なぜ, 名古屋の「山田ファミリー」
　から続々名選手が生まれていくのか。浅田
　真央と伊藤みどり。まったく異なる個性を
　育てたその秘密。

『COLORS2007―フィギュアスケート男
　子シングル読本』　あおば出版　2007.3
　127p　26cm　1900円　①978-4-87317-
　799-1
　内容 選手インタビューから競技の見どころ
　まで, 男子シングルのすべてがわかる。国
　内外のトップ選手+プロスケーター62名を
　紹介。

『World figure skaters』　菅原正治著
　新書館　2007.3　183p　32cm〈おもに
　図〉　5800円　①978-4-403-31041-6
　内容 スポーツフォトグラファー菅原正治が
　20年余にわたり撮り続けてきたフィギュア
　スケートの報道写真が1冊の記録写真集に！
　銀盤で繰り広げられる喜怒哀楽を捉えた美
　しい写真を多数収録。ヴィット, 伊藤みど
　りからクワン, ヤグディン, プルシェンコ,
　荒川静香, 浅田真央まで, ページをめくるた
　びにトップスケーターの歴史的瞬間の数々
　が蘇る, 待望の永久保存版写真集。

『フィギュアスケートDays　vol.2』
　DAI‐X出版　2007.3　102p　30×21cm
　1600円　①978-4-8125-2892-1
　目次 きょうだいスケーター大特集, 2006東京
　世界選手権応援ガイド, 06‐07シーズン振
　付師相関図, 2006全日本フィギュアスケー
　ト選手権レポート,「ペア」への招待, フィ
　ギュアスケートスタンダードナンバー大比
　較 カルメン編, もっと知りたいNew Face

（第2回）町田樹, 2006全日本フィギュアスケートジュニア選手権レポート, from the backstage—フィギュアスケートを支える力（第3回）衣装製作・多田淳子, Back Number〔ほか〕

『氷上の光と影—知られざるフィギュアスケート』　田村明子著　新潮社　2007.2　207p　20cm　1400円　①978-4-10-304031-6
内容　どこまでが芸術で、どこまでがスポーツなのか？ 美しき氷上の舞—その裏側にある闘いの深淵を描く。本邦初のフィギュアスケート・ノンフィクション。

『Cutting edge—日本男子フィギュアスケートオフィシャルファンブック2007』　DAI-X出版　2007.1　91p　30cm　1800円　①978-4-8125-2890-7
目次　高橋大輔, 織田信成, 中庭健介, 小塚崇彦, 南里康晴, 無良崇人, 神崎範之, 柴田嶺, 小林宏一, 岸本一美, 荒川静香の目　日本男子スケーターのここをチェック！, 応援メッセージFROM恩田美栄 FROM本田武史, ちょっとブレイク—KTVダイヤモンドアイス2006 衣装換え事件

『フィギュアスケートDAYS　vol.0』　DAI・X出版　2006.5　85p　30cm　1600円　①4-8125-2838-0
目次　もう一度、彼らは集う。誰かのために、自分のために。世界選手権レポート, 独占インタビュー（中野友加里, 恩田美栄, 織田信成, 井上怜奈）, メダリストだけが主役じゃない！ 勝手にNo.1 in World figure skathingChampionship, 原石たちの放つ、いまだけの輝き 世界ジュニア選手権レポート, ライバル2人の強さのヒミツを徹底解剖!! 浅田真央vsユナ・キム, Special1 ジュニア3人娘「みんながんばりました」座談会（浅田真央, 武田奈也, 澤田亜紀）, Special2 ジュニア3人男「次も狙っちゃえ！」座談会（小塚崇彦, 無良崇人, 柴田嶺）, 4年後の五輪、輝くのは誰？ バンクーバーの星たち, Who are you？ ダイスケ・ムラカミ＆チェファ・キム, from the backstage—フィギュアスケートを支える力, 独占インタビュー・振付師デイビッド・ウィルソン, 思いを解き放った神聖な舞台 トリノ五輪レポート

『Colors—フィギュアスケート男子シングルフォトブック』　あおば出版　2006.2

110p　26cm　1900円　①4-87317-741-3
内容　トリノ五輪メダル候補から、通好みの個性派選手まで。世界と日本のトップスケーター50名を網羅。

『日本フィギュアスケートトリノ五輪＆世界選手権応援ブック』　実業之日本社編著　実業之日本社　2006.2　95p　30cm（ブルーガイド・グラフィック）　952円　①4-408-02941-6

『フィギュアスケート王国ロシア』　村田隆和［著］　東洋書店　2006.2　63p　21cm（ユーラシア・ブックレット no.86　ユーラシア研究所・ブックレット編集委員会企画・編集）　600円　①4-88595-613-7
内容　フィギュアスケートの五輪史をひもといてみると、旧ソ連・ロシア勢の活躍には目を見張るものがある。その強さはどこから来るのか、近年の活躍を振り返り、トリノ冬季五輪に出場する選手達も紹介しながら、その秘密に迫る。

『フィギュアスケートトリノ五輪完全ガイド』　晋遊舎　2006.1　96p　29cm（Shinyusha mook）　1143円　①4-88380-498-4

『Cutting edge—日本男子フィギュアスケートオフィシャルファンブック』　DAI-X出版　2005.12　95p　26cm　1800円　①4-8125-2755-4
内容　トリノに行くのはこの俺だ—たったひとつのトリノ五輪出場枠をめぐり、誇り高き戦いがはじまる。雌伏の日本男子シングル、ここに華開く。遙かなる頂点へ—フィギュアスケートにすべてを賭けた男たち。初のフォト＆インタビュー・ブック。

『氷上のアーティストたち—日本フィギュアスケート』　八木沼純子著　日本経済新聞社　2005.11　236p　20cm　1500円　①4-532-16544-X
内容　安藤美姫、荒川静香、村主章枝、本田武史、織田信成…。選手の知られざる姿にプロフィギュアスケーター、八木沼純子が迫る。

『Fata—女子フィギュアオフィシャル写真集』　ワニブックス　2005.7　1冊（ページ付なし）　27cm　1905円　①4-8470-

2866-X

内容 トリノ五輪を目指す5人の氷上の妖精（ファータ）たちに迫ったドキュメントブック。安藤美姫・荒川静香初の撮りおろし写真＆最新ロングインタビュー満載。

『フィギュアスケートの魔力』　梅田香子, 今川知子著　文藝春秋　2004.11　260p　18cm　（文春新書）　750円　①4-16-660413-9

内容 いま「世界で通用する」日本人選手が最も多いスポーツ、それがフィギュアスケートの女子シングルだ。荒川静香や村主章枝らに加え、四回転ジャンプの安藤美姫をはじめとする下の世代の成長も著しく、二〇〇六年のトリノ五輪では表彰台の独占も夢ではない。「スポーツの女王」とも言われる、この華麗な競技の「魔力」に、歴史、選手をとりまく環境、伊藤みどりら名選手の肖像など様々な面から迫る。観戦ガイドとしても役立つ一冊。

『Little wings―新世代の女子フィギュアスケーター8人の素顔』　Little wings編集部編著　双葉社　2003.12　135p　20cm　2000円　①4-575-29638-4

目次 村主章枝―メダリストのプライド、荒川静香―氷の姫君、再び、恩田美栄―上へ！どこまでも上へ！, 中野友加里―私のトリプルアクセル, 太田由希奈―氷上に紡ぐ物語, 安藤美姫―ライバルは、私, 浅田舞―スケート靴のシンデレラ, 浅田真央―チャンピオンは泣かない

『Stay gold―松岡修造のがんばれニッポン！　フィギュアスケート編』　松岡修造著　ナナ・コーポレート・コミュニケーション　2003.4　267p　20cm　1500円　①4-901491-13-X

内容 いま世界が最も注目するフィギュアスケート女子シングルの7選手、村主章枝・荒川静香・恩田美栄・中野友加里・太田由希奈・安藤美姫・浅田真央。彼女たちの素顔の魅力に松岡修造が迫る待望の対談集。

『ワールド・フィギュアスケート　4』　ダンスマガジン編　新書館　2001.2　87p　28cm　2000円　①4-403-31016-8

目次 世界プロ選手権, NHK杯フィギュア, 国際オープン ヤグディン王者の迫力, ヨーロッパ選手権 大熱戦の予感, 全日本選手権 本田武史/村主章枝, 全米選手権 女王クワン4連覇, ロシア選手権 噴き上げる若さ！, イブニング・ウィズ・チャンピオンズ

『フィギュアスケートへの招待』　ダンスマガジン編　新版　新書館　2000.12　119p　23cm　（エトワールブックス）　1600円　①4-403-32017-1

内容 オリンピック2連覇を果たしたカタリナ・ヴィット、初めて4回転ジャンプを成功させたカート・ブラウニング、女子で初めてトリプル・アクセルを跳んだ日本人初の世界チャンピオン、伊藤みどり…オリンピックや世界選手権で数々の伝説を作ってきた栄光のスケーターたち。「氷上のバレエ」とも言われる、華やかで美しい芸術スポーツ、フィギュアスケートの魅力を紹介します。

『ワールド・フィギュアスケート』　ダンスマガジン編　新書館　1999.12　87p　28cm　1800円　①4-403-31013-3

目次 スケート・アメリカ―エンジェルの微笑み, スケート・カナダ―チャンピオンの誇り, INTERVIEW 本田武史―ライバルは自分自身です, PEOPLE, SPECIAL INTERVIEW 伊藤みどり―いま、プロスケーターとして, FEATURE メダリストたちはいま、日本のフィギュアを考える, 表現力とは何か, COLUMN アイスダンスのジャッジをめぐって

『フィギュアスケートへの招待』　ダンスマガジン編　新書館　1998.1　119p　23cm　（エトワールブックス）　1600円　①4-403-32004-X

内容 オリンピック2連覇を果たしたカタリナ・ヴィット、初めて4回転ジャンプを成功させたカート・ブラウニング、女子で初めてトリプル・アクセルを跳んだ日本人初の世界チャンピオン、伊藤みどり…オリンピックや世界選手権で数々の伝説を作ってきた栄光のスケーターたち。「氷上のバレエ」とも言われる、華やかで美しい芸術スポーツ、フィギュアスケートの魅力を紹介します。

『魂まで奪われた少女たち―女子体操とフィギュアスケートの真実』　ジョーン・ライアン著, 川合あさ子訳　時事通信社　1997.12　303p　20cm　2200円　①4-7887-9748-8

内容 オリンピックの陰に隠された児童虐待。痩身信仰のすえ拒食症に陥り、親の過剰な期待に押し潰され、コーチたちに虐待され

オリンピック冬季競技　　フィギュアスケート

る、年端もいかない少女たち。幼女化が進む女子体操・フィギュアスケートの世界の暗部を暴く、衝撃のノンフィクション。

《浅田 真央》　あさだ・まお
㊐平成2年（1990年）9月25日
◇フィギュアスケート選手。2歳年上の姉・浅田舞とともに5歳からフィギュアスケートを始める。愛くるしい笑顔と天真爛漫な性格で日本中の人気を集め、18年トリノ五輪への出場が期待されたが、年齢規定のため出場できなかった。22年、日本中から金メダルを期待された2月のバンクーバー五輪では、トリプルアクセルをSPで1度、フリーでは五輪女子史上初の2度の計3度成功させ、総合得点も205.50点と自己最高を更新したものの、世界歴代最高得点をマークしたキム・ヨナに大差をつけられ銀メダルに終わる。閉会式では日本選手団旗手を務めた。26年おソチ五輪では新種目の団体戦女子シングルSP3位（日本は国別で5位）。女子シングルではSPで全ジャンプに失敗して16位に沈むが、フリーではトリプルアクセルを含め6種8回のジャンプを跳び自己最高を塗り替える142.71をマーク、驚異的な追い上げで6位入賞を果たした。29年4月現役を引退。世界選手権通算3勝は欧米人以外では最多。GPシリーズ通算10勝は日本人選手最多

『浅田真央また、この場所で—オフィシャルフォトエッセイ』　浅田真央［著］, 川島小鳥撮影　集英社　2018.5　1冊（ページ付なし）　18cm　1200円　①978-4-08-780841-4
内容「もう一度、大好きなスケートと向き合う覚悟ができました」迷い悩んだ時期を乗り越えて、再び歩き始めた浅田真央。スケートへの想い、表現者としての覚悟、理想の女性像、子供に伝えたいこと、食へのこだわり、人生観など、心を込めて書き綴った19のメッセージ。

『浅田真央—私のスケート人生』　浅田真央, ワールド・フィギュアスケート編集部著　新書館　2017.12　158p　19cm　1200円　①978-4-403-23126-1
内容2017年4月に現役引退を発表、アスリート生活に区切りをつけた浅田真央。いま再び前に進みはじめた不世出のスケーターが、輝かしいスケート人生を自ら語ります！浅田真央が語るトリプルアクセル、ルーツ、二

度のオリンピック…秘話満載！

『フィギュアスケートLife Extra—Life on Ice浅田真央 Figure Skating Magazine 永久保存版20年間の写真で振り返る浅田真央』　扶桑社　2017.11　87p　30cm　（扶桑社MOOK）　1100円　①978-4-594-61231-3

『浅田真央希望（ホープ）の軌跡』　ジャパンスポーツ写真, ワールド・フィギュアスケート編集部編集　新書館　2017.8　95p　30cm〈年譜あり〉　1900円　①978-4-403-31115-4
内容2017年4月、競技からの引退を発表した浅田真央。世紀のアスリートが歩んできたこれまでのスケート人生を本人が厳選した150点を越える写真で振り返る！

『浅田真央夢（ドリーム）の軌跡』　ジャパンスポーツ写真, ワールド・フィギュアスケート編集部編集　新書館　2014.1　103p　30cm　1900円　①978-4-403-31083-6
内容オフィシャルフォトブック。浅田真央のスケーティングのすべてがここに！集大成のソチ・オリンピックへ！

『浅田真央age18〜20』　宇都宮直子著　文藝春秋　2013.12　220p　16cm　（文春文庫　う24-2）　600円　①978-4-16-783895-9
内容トップレベルのフィギュアスケート選手として、世界を魅了し続ける浅田真央。新たなコーチとしてタチアナ・タラソワを迎えた18歳から、バンクーバー五輪で銀メダルに輝いた19歳、ジャンプ矯正に苦しみつつ新たな一歩を踏み出した20歳まで。いち早く彼女に着目し、最も近くで取材し続けてきた筆者が、その葛藤と克服を綴る。

『浅田真央そして、その瞬間へ』　吉田順著　学研教育出版　2013.10　328p　20cm〈発売：学研マーケティング〉　1400円　①978-4-05-203728-3
内容真央、20歳から23歳までの全軌跡。真央が感じた喜びと悲しみ、挫折感と達成感。そして、たどりつく希望。

『浅田真央美しく舞う言葉』　児玉光雄著　イースト・プレス　2012.11　197p　19cm〈文献あり〉　1300円　①978-4-

フィギュアスケート　　　オリンピック冬季競技

7816-0872-3

内容 決してくじけない強い意志。前向きにチャレンジできる思考。そして、応援してくれるファンやまわりの人に注ぐ感謝―。浅田真央の10年間を彼女の言葉で振り返る、「愛と夢」の軌跡。

『浅田真央はメイクを変え、キム・ヨナは電卓をたたく―フィギュアスケートの裏側』　生島淳著　朝日新聞出版　2011.12　230p　18cm　（朝日新書 329）760円　①978-4-02-273429-7

内容 前人未到のトリプルアクセルを跳んだ浅田真央は、なぜバンクーバーで敗れたのか―。華麗な舞が見るものを魅了する一方で、その舞台裏で行われていることとは？選手の実力だけでは勝つことができない、世界一複雑なスポーツの裏側に迫る。「採点」「流行」「駆け引き」…を制したものに勝利の女神は微笑む。試合の前から勝者はすでに決まっている。

『浅田真央、20歳（はたち）への階段（ステップ）』　宇都宮直子著　文藝春秋2011.3　186p　20cm〈タイトル：浅田真央、20歳への階段〉　1400円　①978-4-16-373800-0

内容 オリンピックの涙の理由、ジャンプ矯正に挑む真意。2009‐2011まで、二十歳を迎えた真央の軌跡を追ったシリーズ最終巻。長時間インタビュー＆秘蔵フォト。

『浅田真央さらなる高みへ』　吉田順著学研教育出版　2011.2　287p　20cm〈発売：学研マーケティング〉　1300円①978-4-05-203292-9

内容 真央、20年間の全軌跡。誕生から20歳の全日本選手権まで。浅田真央が感じた、すべての喜び、苦しみ、悔しさ、そして、感謝の思い。

『浅田真央POWER ＆ BEAUTY―ミラクルボディの秘密がわかる！』　ウイダー浅田真央栄養＆トレーニングサポート・プロジェクトチーム著　小学館2010.4　158p　19cm〈背のタイトル：浅田真央パワーアンドビューティ〉1200円　①978-4-09-388121-0

内容 牧野講平トレーニングコーチが、力強く美しい演技を可能にしたトレーニングのポイントを解説！河南こころ管理栄養士が毎月発行していた浅田真央のための「えいよ

う新聞」初公開！今日からすぐに実行できる！強くて美しい体を作るコツ。

『浅田真央物語―Princess Mao』　青嶋ひろの著　角川書店　2010.3　182p18cm　（角川つばさ文庫 Dあ1-1）〈並列シリーズ名：Kadokawa tsubasabunko　発売：角川グループパブリッシング〉　620円　①978-4-04-631089-7

内容 5歳の時、姉といっしょにフィギュアスケートを始めた。12歳の時、全日本選手権でトリプルアクセルを跳んだ。15歳の時、グランプリファイナルで優勝。年齢規定でトリノは行かず、バンクーバーを目指す。19歳の時、銀メダルを手に悔し涙を流す。でも、世界中の人がオリンピック史上女子で初めてトリプルアクセル3回を成功させた真央ちゃんを目撃した。これからも続く、浅田真央のチャレンジと勇気と感動の物語。小学中級から。

『浅田真央奇跡（ミラクル）の軌跡』　ジャパンスポーツ写真、ワールド・フィギュアスケート編集部編　新書館　2010.295p　30cm　1800円　①978-4-403-31057-7

内容 ジュニア時代から、世界チャンピオンそして、夢の舞台へ。直筆メッセージつき。浅田真央ミラクルのすべて。永久保存版ファースト写真集。

『Mao―The moment of brightness 浅田真央公式写真集』　浅田真央著, 高須力, 村尾昌美撮影　徳間書店　2010.1　1冊（ページ付なし）　30cm　1900円①978-4-19-862893-2

内容 数々の競技写真を中心に、貴重なオフショットまでちりばめた公式写真集。競技写真は、2009～2010年シーズンの試合を中心に近年のベストショットを厳選掲載。オフショットでは、浅田選手の19歳の眩しい笑顔を引き出し"素顔の浅田真央"の魅力を余すところなく捉えています。

『浅田真央、18歳』　宇都宮直子著　文藝春秋　2009.12　156p　20cm〈写真：杉山拓也, 橋本篤〉　1400円　①978-4-16-372030-2

内容 バンクーバー五輪を前にした浅田真央の闘い。新しいコーチ、そしてライバルとの勝負。世界女王は、悩みながらもまた大きく成長した。輝き続けた18歳の胸のうち。

オリンピック冬季競技　　フィギュアスケート

写真とインタビューで振り返る2008・2009シーズン。

## 『浅田真央age 15–17』　宇都宮直子著
文藝春秋　2009.10　318p　16cm　（文春文庫　う24–1）　714円　Ⓘ978–4–16–777312–0

内容　超一流の技術と可憐にして繊細な表現力。天才と呼ばれた少女は世界のトップアスリートへと成長し、その可能性は未だとどまるところをしらない。いち早く浅田真央の才能と魅力に着目していた著者は、長きにわたる取材を試み、温かな視線で真央を見つめつづける。精緻な文章と貴重な写真で、青春の日々を綴った傑作ノンフィクション。

## 『真央らしく』　坂上武司著　朝日新聞出版　2009.3　143p　20cm　1300円
Ⓘ978–4–02–250508–8

内容　"真央らしく、自分らしく、そして、力強く"「たくさんの人が自分を応援してくれてる。だから、自分はがんばらないと」浅田真央の素顔。

## 『浅田真央、17歳』　宇都宮直子著　文藝春秋　2008.12　156p　20cm〈写真：杉山拓也ほか　肖像あり〉　1333円
Ⓘ978–4–16–370920–8

内容　念願の世界選手権制覇、女子フィギュア界の頂点へ！進化しつづけるミラクルなセブンティーン。ついに世界の女王にのぼりつめた浅田真央の2007・2008の一年間。

## 『浅田真央、16歳』　宇都宮直子著　文藝春秋　2007.9　188p　20cm〈写真：杉山拓也　肖像あり〉　1333円　Ⓘ978–4–16–369640–9

内容　ちょっぴりビターなこともあったけど、やっぱりスウィートなシックスティーン。アスリートとして進化をつづける浅田真央の2006・07の一年間。

## 『浅田真央、15歳』　宇都宮直子著　文藝春秋　2006.4　123p　20cm〈肖像あり　年譜あり〉　1333円　Ⓘ4–16–368230–9

内容　天才少女と讃えられる世界トップクラスの技術。氷上の妖精とも評される可憐かつ繊細な表現力。誰も知らなかったエピソード＆秘蔵フォト満載、彼女の「いまの輝き」を凝縮させた愛蔵の一冊。

## 《荒川 静香》　あらかわ・しずか
㊝昭和56年（1981年）12月29日

◇プロフィギュアスケーター。平成10年東北高1年で長野五輪に出場して13位。高校卒業後は早大教育学部に進学。14年ソルトレークシティ五輪は落選。18年2月トリノ五輪では、ショートプログラム3位から、フリーでサーシャ・コーエン（米国）、イリーナ・スルツカヤ（ロシア）を逆転し、自己ベストで金メダルを獲得。アジアの選手が五輪のフィギュアスケートで金メダルを獲得するのは史上初めてのことで、日本のトリノ五輪選手団唯一のメダルだった。フリーで見せた"イナバウアー"は荒川独自の技で、その後荒川の代名詞となり、その年の流行語にも選ばれた。5月アマチュア生活を引退し、プロスケーターに転向。24年11月、史上最年少の30歳で日本スケート連盟理事に就任。のち副会長。28年フィギュア3大陸選手権（北米、欧州、アジア）対抗戦、チームチャレンジカップのアジア・チームキャプテンを務める

## 『乗り越える力』　荒川静香著　講談社
2011.5　93p　20cm　（15歳の寺子屋）1000円　Ⓘ978–4–06–216910–3

目次　はじめに　「ひらひら」の衝撃からはじまった、第1章　目の前の「憧れ」を追いかけて、第2章　素直になれない心、第3章　スケート以外の人生も大切、第4章　あきらめたらもったいない、第5章　金メダルは自分に負けなかった証、おわりに　また次の目標にむかって

## 『キス・アンド・クライ』　ニコライ・モロゾフ著、大野和基訳　講談社　2010.2　239p　19cm　1500円　Ⓘ978–4–06–282074–5

内容　安藤＝世界女王、高橋＝歴代最高得点、そして荒川静香＝トリノ五輪金メダリスト。どん底から銀盤に舞い戻った3選手は、名コーチからどんな試練を与えられ、それを乗り越えて頂点に立ったか？著者にしか語れない涙と感動のエピソードがいっぱい。

## 『Tira mi su─だから私はがんばれる！』
荒川静香著　角川書店　2006.9　163p　19cm〈肖像あり〉　1333円　Ⓘ4–04–883963–2

内容　トリノ五輪で女子フィギュアスケート日本初の金メダルを獲得した荒川静香が、公

式WEBサイト「shizuka‐arakawa.com」で
この1年間綴ってきた日記と、今だから語れ
る金メダルまでのマル秘エピソードをたっ
ぷり紹介。

『金メダルへの道』　荒川静香,NHK取材班
著　日本放送出版協会　2006.9　154p
19cm〈肖像あり〉　1200円　①4‐14‐
081126‐9
内容 自分らしく滑りたい！ トリノの女神が
キスをした荒川静香。メダルへの軌跡とこ
れからを語る。

《安藤 美姫》　あんどう・みき
㊉昭和62年（1987年）12月18日
◇元・フィギュアスケート選手。平成14年ジュ
ニアGPファイナルで、世界の男子選手でも
数人しか成功していない、一方のエッジだけ
で踏み切る難易度の高いサルコーでの4回転
ジャンプを、女子として初めて成功させ注目
を集める。18年2月のトリノ五輪では4回転
ジャンプに挑戦したものの、調整不良で15
位と惨敗。4月中京大体育学部に進学し、同
時にトヨタ自動車に入社。22年2月2大会連
続の五輪となったバンクーバー五輪はSP4
位、フリー6位で総合5位。25年1月1日付で
トヨタ自動車を退社。4月長女を出産し、1
カ月後にはソチ五輪を目指して競技に復帰。
12月全日本選手権で7位に終わり、引退

『My Way─安藤美姫写真集』　安藤美姫
著, 能登直撮影　集英社　2014.10　1冊
（ページ付なし）　31cm　3000円
①978‐4‐08‐780735‐6

『空に向かって』　安藤美姫著　増補版
扶桑社　2011.6　279p　16cm　〈扶桑社
文庫 あ14‐1〉　762円　①978‐4‐594‐
06441‐9
内容 2度目の世界選手権優勝を果たしたフィ
ギュアスケーター安藤美姫。世界初の女子
4回転ジャンパーが、栄光と苦難のスケー
ト人生を初めて振り返る。トリノ五輪後の
バッシング、相次ぐケガに泣かされ、不本
意な棄権に一度は引退を考えながらも、新
しいコーチの下でスケートの芸術性に目覚
めた安藤選手。アスリート、そして表現者
として変貌を遂げた彼女の、世界女王へと
至る復活までの軌跡。

『キス・アンド・クライ』　ニコライ・モロ
ゾフ著, 大野和基訳　講談社　2010.2

239p　19cm　1500円　①978‐4‐06‐
282074‐5
内容 安藤＝世界女王、高橋＝歴代最高得点、
そして荒川静香＝トリノ五輪金メダリスト。
どん底から銀盤に舞い戻った3選手は、名
コーチからどんな試練を与えられ、それを
乗り越えて頂点に立ったか？ 著者にしか語
れない涙と感動のエピソードがいっぱい。

『空に向かって』　安藤美姫著　扶桑社
2010.2　231p　20cm　1400円　①978‐
4‐594‐06130‐2
内容 日本代表フィギュアスケーター、初の自
伝！ 世界初の女子4回転ジャンパーが辿っ
た栄光と苦難の道のり。トリノでの挫折、
ケガとの闘い、コーチの教え…復活を遂げ
た世界女王が、スケートと自身について初
めて綴る幼少時から今シーズンまで、貴重
な写真が満載。

『安藤美姫物語─I believe』　折原みと著
講談社　2009.12　178p　18cm　（講談
社コミックスデザート 586巻）　419円
①978‐4‐06‐365586‐5

『愛するスケートに何が起こったのか？─
女子フィギュア・トリノ選考の真実』
渡部絵美著　デジほん　2006.2　199p
19cm〈東京 サンクチュアリ・パブリッ
シング（発売）〉　1300円　①4‐86113‐
301‐7
目次 第1章 空前のフィギュアブームとトリノ
選考の「反響」（最高視聴率42.9％。強豪国
ニッポン、ミキティブームと今年の失速 ほ
か）、第2章 フィギュアの代表選考と採点方
式の歴史（代表選考にまつわる歴史的エピ
ソード、採点競技の歴史と、消えない不透
明さ）、第3章 トリノオリンピック代表選考
の「真実」（シンボルアスリートの3人、メダ
ルに一番近い選手とは ほか）、第4章 フィ
ギュアの未来への「提言」（スケート界全体
をよくするために、選手がもっと生き生き
とあるために）

《五十嵐 文男》　いがらし・ふみお
◇フィギュアスケート選手（男子シングル）、
解説者。慶應義塾大学商学部卒業。数々の
主要国際大会でチャールズ・ティックナー
やヤン・ホフマン等の世界チャンピオンを
含む数々の強豪を抑え優勝した実績がある。
しかし、メダルが期待された昭和55年レー

クプラシッド五輪では9位に終わった。大学卒業後はフィギュアスケートの解説者としても活躍

## 『五十嵐文男の華麗なるフィギュアスケート』 白石和己著, 五十嵐文男述 新書館 1998.11 142p 23cm （エトワールブックス） 1600円 ①4-403-32009-0

内容 NHK杯や冬季五輪の解説でおなじみの五十嵐文男が語るとっておきのエピソード。

## 《伊藤 みどり》 いとう・みどり

㊙昭和44年（1969年）8月13日

◇プロフィギュアスケーター。5歳でスケートを始め、山田満知子コーチの指導を受け、ジャンプの天才と評される。昭和63年カルガリー五輪ではフリーで5種類のトリプルジャンプをすべて成功させ、5位に入賞。五輪後にトリプルアクセルを習得。平成4年アルベールビル五輪では前半のオリジナルプログラムで転倒、後半のフリーでもトリプルアクセルに失敗したが、フリー演技開始後3分以上が経過してから再びトリプルアクセルに挑戦して成功させ、日本フィギュア史上初の銀メダルを獲得した。五輪後プロに転向。長野五輪を目指して、4月アマへ復帰。8年1月全日本選手権で4年ぶり9度目の優勝。11月体調不良のためアマから再引退した。10年長野五輪開会式聖火点火者の大役を務める。同年7月日本スケート連盟強化コーチに就任。16年アジア人唯一の世界殿堂入りを果たしたた

## 『伊藤みどりトリプルアクセルの先へ』 野口美惠著 主婦の友社 2012.1 191p 19cm 1600円 ①978-4-07-280347-9

内容 「やっぱり私、スケートが好き」―フィギュアスケートの歴史を変えた伝説のスケーター・伊藤みどりの栄光と苦闘、そして再び氷上に立つまで…感動のドキュメント。フロンティアとして走り続けた現役時代、引退後の葛藤、そしてフィギュアスケートを「観る」から「する」へと変える伝道師へ。伊藤みどりの挑戦は、まだまだ続く。

## 『氷上の宝石―伊藤みどり写真集』 菅原正治ほか写真 あすか書房 1993.9 1冊（頁付なし） 27cm〈監修：伊藤みどりほか 発売：教育書籍〉 2800円 ①4-317-80036-5

内容 1985年15才のプライベートシーン〜1993年アイスショーの模様まで。国内外の試合、練習、インタビューを熱撮。世界の伊藤みどりを満載。

## 『タイム・パッセージ―時間旅行』 伊藤みどり著 紀伊國屋書店 1993.2 213p 18cm〈著者の肖像あり〉 1500円 ①4-314-10081-8

目次 1 あの日、スケート靴をはいて、2 山田家の人々、3 美しいスポーツ―フィギュアスケート、4 少女の時間、5 津波ガールから氷上の宝石(!?)まで、6 出発、主な競技記録、あの時 写真にみるこれまでの歩み

## 『銀盤のエンジェル―伊藤みどり物語』 藤崎康夫著 名古屋 エフエー出版 1993.1 218p 20cm〈伊藤みどりの肖像あり〉 1300円 ①4-87208-036-X

## 《ウィア, ジョニー》

㊙1984年7月2日

◇米国の元・フィギュアスケート選手、プロスケーター。2006年は全米選手権3連覇、トリノ五輪5位。2010年バンクーバー五輪ではショートプログラム（SP）でセクシーな演技を披露、フリーの「堕ちた天使」の演技で観客の心をつかんだが、総合6位に終わる。2013年競技生活から退いた。引退後はプロスケーターとして活躍する他、テレビ解説では歯に衣着せぬコメントと派手な衣装で注目を集める。流れるような滑らかなスケーティングや、独自の世界観を持った中世的で芸術性の高い演技に定評があり、日本でも多くのファンを獲得している

## 『ジョニー・ウィア自伝』 ジョニー・ウィアー著, 田村明子訳 新書館 2011.4 285p 20cm 1800円 ①978-4-403-23121-6

内容 3度の全米チャンピオンに輝き、米国代表として出場したバンクーバー五輪で世界を虜にしたジョニー・ウィアー、フィギュアスケート界のカリスマ。その波瀾万丈のアスリート人生がいま明かされる。

## 『ジョニー・ウィア―総特集』 ワールド・フィギュアスケート編 新書館 2010.7 88p 30cm〈『ワールド・フィギュアスケート』別冊〉 1800円 ①978-4-403-31061-4

フィギュアスケート　　オリンピック冬季競技

内容 バンクーバー五輪で世界中が大注目したフィギュアスケータージョニー・ウィアー。美しいスケーティングとアスリート魂、ユニークなキャラクターで人気沸騰。世界初公開、スペシャルフォト満載。

## 《宇野 昌磨》　うの・しょうま

㊝平成9年（1997年）12月17日

◇フィギュアスケート選手（男子シングル）。平成21年 "飛び級" で出場した全日本ジュニア選手権で3位に入るなど、幼い頃から全国に名を轟かせる存在となる。27～28年シーズンから本格的にシニアに参戦。GPファイナルにも初進出し、シニア1年目で銅メダルを獲得。29年6月トヨタ自動車に嘱託社員として入社。30年、初の五輪となった平昌五輪は羽生の金メダルに次ぐ銀メダルを獲得。日本人2人の表彰台は史上初となった。団体は5位（宇野、田中刑事、宮原知子、坂本花織、木原龍一、須崎海羽、クリス・リード、村元哉中）

『宇野昌磨―ニューヒーロー銀メダルへの軌跡』　講談社　2018.3　1冊（ページ付なし）　23cm　（講談社MOOK）〈FRYDAY特別増刊〉　1200円　①978-4-06-511652-4

『Trace on Ice―星を摑む舞台、平昌 宇野昌磨＆男子フィギュアスケート完全特集』　双葉社　2018.2　95p　30cm　（FUTABASHA SUPER MOOK）1200円　①978-4-575-45734-6

## 《オーサー，ブライアン》

㊝1961年12月18日

◇カナダのフィギュアスケート選手（男子シングル）、フィギュアスケート指導者。1979年にカナダのジュニア・チャンピオンに。'84年サラエボ五輪では五輪史上初めてトリプルアクセルを成功させ、銀メダルを獲得。'88年カルガリー五輪でも銀メダル。'70年代後半に男子で初めてトリプルアクセルを跳んだ一人で、"ミスター・トリプルアクセル" の異名を持つ。引退後は指導者となり、2006年より韓国女子選手のキム・ヨナを指導、2010年のバンクーバー五輪で金メダルに導いた。同年8月キムのコーチを退任。2011～2012年シーズンよりハビエル・フェルナンデス（スペイン）、2012～2013年シーズンより羽生結弦を指導。2009年世界フィギュアスケート殿堂入り

『チーム・ブライアン300点伝説』　ブライアン・オーサー著, 樋口豊監修, 野口美惠構成・翻訳　講談社　2017.1　285p　19cm　1400円　①978-4-06-220118-6

内容 あの笑顔の理由、あの雄叫びの真相、あの激闘の舞台裏。さらに異次元の未来へ！名コーチが語る、羽生結弦、ハビエル・フェルナンデスの物語。

『チーム・ブライアン』　ブライアン・オーサー著, 樋口豊監修, 野口美惠構成・翻訳　講談社　2014.11　254p　19cm　1400円　①978-4-06-219173-9

内容 羽生結弦を頂点に導いた男。フィギュアスケート世界最強コーチが明かす、綿密な戦略と熱い戦いのストーリー。オーサー＆ユヅル対談収録！

## 《織田 信成》　おだ・のぶなり

㊝昭和62年（1987年）3月25日

◇プロフィギュアスケーター。戦国の武将・織田信長の17代目子孫。18年、五輪代表選考会を兼ねた全日本選手権は当初1位と発表されたが、採点ミスにより高橋の逆転優勝となり2位、トリノ五輪代表を逃した。22年2月バンクーバー五輪ではフリーの演技中に靴紐が切れるアクシデントに見舞われ、7位に終わった。大学4年の20年夏からバンクーバー五輪終了まで関西大を休学していたが、22年春に復学。25年の全日本選手権は4位に終わり、ソチ五輪代表を逃した。25年12月現役引退を表明。引退後は、プロスケーターや解説者、明るい人柄を生かしてタレントとして活動。29年母校の関西大学アイススケート部監督に就任

『フィギュアほど泣けるスポーツはない！―オリンピックをきっかけに僕が皆さんに伝えたいこと』　織田信成著　KADOKAWA　2018.1　191p　19cm　1400円　①978-4-04-895683-3

内容 "氷上のお殿様" がフィギュア愛注入！

## 《キム ヨナ》

㊝1990年9月5日

◇韓国の元・フィギュアスケート選手。2010年バンクーバー五輪では、自らの世界歴代最高得点を大幅に更新する228.56点で2位の浅田に大差をつけて金メダルに輝いた。五

輪後は引退か、現役続行か悩み続け、2010〜2011年シーズンは世界選手権のみ出場。2012〜2013年シーズン、競技に復帰。2年ぶりに出場した世界選手権はほぼノーミスでカロリナ・コストナー（イタリア）、浅田を抑え、復活優勝した。2014年ソチ五輪ではSPで1位になるも、フリーでアデリナ・ソトニコワ（ロシア）に逆転されて銀メダルに終わった。大会後、引退。"ミス・パーフェクト"と称され、韓国では"国民の妹"として親しまれる

『東アジアのスポーツ・ナショナリズム─国家戦略と国際協調のはざまで』　土佐昌樹編著　京都　ミネルヴァ書房2015.12　272, 5p　20cm〈索引あり〉3500円　①978-4-623-07478-5

目次 スポーツ・ナショナリズムと東アジアの発展, 第1部 社会から見る（韓国の神話的アイコン「キムヨナ」─「企業ナショナリズム」の誕生, 日本人トップアスリートの「手記」─揺らぐアイデンティティとナショナリズムの変容, 日本の武道─ナショナリズムの軌跡, 中国カンフー映画─武術に投影されたナショナリズム）, 第2部 政策から見る（韓国のスポーツ政策─スポーツビジョン二〇一八に向けて, 中国のスポーツ政策─スポーツ大国からスポーツ強国へ, 日本のスポーツ政策と国際競技大会─競技スポーツ政策と多角的なスポーツ交流, 東アジアを貫く時間軸とスポーツ政策）

## 《グリンコフ, セルゲイ》

㉒1995年11月20日
◇ロシアのフィギュアスケート選手。1982年15歳の時, 11歳のエカテリーナ・ゴルデーワと初めてペアを組み, '86年の世界選手権で優勝。'88年カルガリー五輪で金メダルを獲得。2年半のプロ生活を経て, アマチュア復帰する形で五輪出場を目指し, '94年2月リレハンメル五輪ではゴルデーワとのペアで再び金メダル獲得。クラシックバレエの動きをフィギュアに取り入れ, 華麗な演技でフィギュア・ペアに革命をもたらしたと評された。'91年ゴルデーワと結婚。'95年練習中に突然倒れ死亡

『愛しのセルゲイ』　エカテリーナ・ゴルデーワ著, 石井苗子訳　ベースボール・マガジン社　1997.11　309p　20cm1800円　①4-583-03438-5

内容 氷上のパートナーから人生のパートナーへ。ロシアのスポーツ・エリートの二人は, 思春期に芽生えた愛を育み2度目のオリンピックでも金メダルに輝く─。幸せすぎたペアを待ち受けていた運命とは。

## 《ケリガン, ナンシー》

◇米国のフィギュアスケート選手。1992年アルベールビル冬季五輪の女子シングルで銅メダルを獲得。'93年全米チャンピオンになり, プレ五輪のピルエテン国際大会で優勝, '94年リレハンメル五輪の有力メダル候補となる。同年1月リレハンメル五輪代表選考会を兼ねる全米選手権の前日, 暴漢に襲われ負傷, 全米選手権には出場できなかったが, 米国フィギュアスケート協会の計らいで五輪代表に選ばれ, 銀メダルを獲得した

『私は敗けない─ナンシー・ケリガン』ランディ・ライスフェルド著, 広岡結子, 飛田妙子訳　近代文芸社　1994.4　193p20cm〈ナンシー・ケリガンの肖像あり〉1800円　①4-7733-3221-2

目次 第1章 フィギュアを始める─「ただスケートが楽しくて…」, 第2章 バランスを取る─スケートと学業の両立, 第3章 氷上の少女時代─その全貌, 第4章 スケートでの成功の予感─勝利, そして心の傷, 第5章 氷の化身─「何てすてきなの！ みんなわたしを好きなんだわ！」, 第6章 オリンピック─すばらしい滑り「ここにいるなんて, 信じられない！」, 第7章 スケート靴をはいた美女─「飛び方を知っている人」, 第8章 薄氷の上で─「もう死んでしまいたい」, 第9章 帰って来た娘─「誠意をなくした人もいるけど平気。わたしはそうではなかったから」, 第10章 デトロイトでの災難─「なぜ私が？」, 第11章 ナンシーの将来への願い─「ただ健康でしあわせに」, 第12章 ケリガン・メモ─知っておきたい事柄

## 《小塚 崇彦》　こづか・たかひこ

㊊平成1年（1989年）2月27日
◇元・フィギュアスケート選手。父は昭和43年グルノーブル五輪フィギュアスケート代表の小塚嗣彦。祖父は旧満州のフィギュアスケート王者で, 愛知スケート界の基礎を作った小塚光彦。平成22年2月バンクーバー五輪のフリーで日本人で初めて五輪での4回転ジャンプを成功させ, 8位入賞。26ソチ五

フィギュアスケート　　オリンピック冬季競技

輪は代表入りを逃す。28年現役引退

## 『TAKAHIKO─小塚崇彦写真集』　緒方秀美写真　学研パブリッシング　2011.12　1冊（ページ付なし）　26cm〈発売：学研マーケティング〉　1905円　①978-4-05-405149-2

内容 2011年世界選手権で初の表彰台を経験。銀メダリストとしてスタートした小塚崇彦の、新シーズンに向かう姿を密着撮。氷上で、オフアイスで、そしてスタジオに。22歳のフィギュアスケーターの"リアルフェイス"に迫った初の写真集。

## 《ゴルデーワ, エカテリーナ》

㊉1971年

◇ロシアのフィギュアスケート選手。1982年11歳の時、15歳のセルゲイ・グリンコフと初めてペアを組み、'86年の世界選手権で優勝。'88年カルガリー五輪で金メダルを獲得。2年半のプロ生活を経て、アマチュアに復帰する形で五輪出場を目指し、'94年2月リレハンメル五輪でグリンコフとのペアで再び金メダル獲得。クラシックバレエの動きをフィギュアに取り入れ、華麗な演技でフィギュア・ペアに革命をもたらしたと評された。'91年グリンコフと結婚するが、'95年夫は練習中に急死。'96年米国コネティカット州で開かれたグリンコフ追悼のアイスショーに参加。同年9月プロ競技会にはシングルで初出場した

## 『愛しのセルゲイ』　エカテリーナ・ゴルデーワ著, 石井苗子訳　ベースボール・マガジン社　1997.11　309p　20cm　1800円　①4-583-03438-5

内容 氷上のパートナーから人生のパートナーへ。ロシアのスポーツ・エリートの二人は、思春期に芽生えた愛を育み2度目のオリンピックでも金メダルに輝く─。幸せすぎたペアを待ち受けていた運命とは。

## 《佐藤 久美子》　さとう・くみこ

㊉昭和22年（1947年）

◇フィギュアスケートコーチ。旧姓・大川。7歳からスケートを始め、昭和39年インスブルック五輪、43年グルノーブル五輪に出場した。44年コーチに転じた後、48年に一度引退するが、59年コーチに復帰。平成18年トリノ五輪で日本人初の五輪金メダルを獲得した荒川静香選手らを指導した。夫の佐

藤信夫も五輪選手からフィギュアスケートの指導者となり、村主章枝、中野友加里、小塚嗣彦・崇彦らを指導。長女は日本女子2人目の世界女王となった佐藤有香。平成22年夫と二人で指導する小塚崇彦、指導者となった有香が指導する米国代表のジェレミー・アボットがともにバンクーバー五輪に出場、コーチ同士の親子対決となり、小塚が8位、アボットは9位だった

## 『君なら翔べる！─世界を魅了するトップスケーターたちの素顔』　佐藤信夫, 佐藤久美子著　双葉社　2005.12　254p　19cm　1600円　①4-575-29864-6

内容 日本フィギュアスケート黎明期にそろって五輪に出場し、引退後はコーチとして佐藤有香、村主章枝、荒川静香といった名選手を数多く育て上げている佐藤信夫・佐藤久美子コーチ夫妻が、二人三脚で歩んだスケート人生を振り返る。

## 《佐藤 信夫》　さとう・のぶお

㊉昭和17年（1942年）1月3日

◇フィギュアスケートコーチ。昭和35年スコーバレー五輪14位、39年インスブルック五輪8位。41年プロに転向。43年コーチに転身し、同年グルノーブル五輪8位の大川久美子（現コーチ）と結婚。長女で日本女子2人目の世界女王となった佐藤有香の他、鈴木誠一、村主章枝、荒川静香、中野友加里、安藤美姫、小塚嗣彦・崇彦親子らを育てる。平成22年妻と二人で指導する小塚崇彦、娘の有香が指導する米国代表のジェレミー・アボットがともにバンクーバー五輪に出場、コーチ同士の親子対決となり、小塚が8位、アボットは9位だった。同年日本人ではアルベールビル五輪銀メダリストの伊藤みどりに続いて2人目となる世界殿堂入りを果たす。同年9月バンクーバー五輪銀メダリスト浅田真央のメーンコーチに就任した

## 『諦めない力─フィギュアスケートから教えられたこと』　佐藤信夫著　扶桑社　2018.3　189p　19cm　1500円　①978-4-594-07924-6

内容 浅田真央、小塚崇彦、安藤美姫、村主章枝、佐藤有香…etc.を育てた名伯楽が語る、スケートとコーチングの極意。秘蔵エピソードが満載！

## 『君なら翔べる！─世界を魅了するトップスケーターたちの素顔』　佐藤信夫, 佐

藤久美子著　双葉社　2005.12　254p
19cm　1600円　①4-575-29864-6
内容 日本フィギュアスケート黎明期にそろっ
て五輪に出場し、引退後はコーチとして佐
藤有香、村主章枝、荒川静香といった名選
手を数多く育て上げている佐藤信夫・佐藤
久美子コーチ夫妻が、二人三脚で歩んだス
ケート人生を振り返る。

『フィギュアスケート入門』　佐藤信夫著
改訂新版　講談社　1985.12　158p
21cm　（講談社スポーツシリーズ）
1600円　①4-06-141487-9

『フィギュアスケート入門』　佐藤信夫著
講談社　1974　157p（図共）　21cm〈書
名は背による　標題紙等の書名：Figure
skating〉　1200円

《佐野 稔》　さの・みのる
◇プロフィギュアスケーター。小学2年から
フィギュアスケートをはじめ、全日本選手
権に5年連続優勝。昭和51年冬季オリンピッ
クのインスブルック五輪に出場、翌年の世
界フィギュア選手権大会ではフリーで優勝
（総合3位）

『氷上より愛をこめて―愛・夢・スケー
ター』　佐野稔著　講談社　1982.4
206p　18cm〈著者の肖像あり〉　790円
①4-06-129283-8

《村主 章枝》　すぐり・ふみえ
㊵昭和55年（1980年）12月31日
◇プロフィギュアスケーター。清泉女学院中・
高を経て、早大に進学。10〜11年シーズン、
NHK杯5位。10年長野五輪代表を逃す。14
年ソルトレークシティ五輪5位入賞。18年
のトリノ五輪は4位。22年3月現役続行を表
明。4月にはスポーツ選手のマネジメントや
PRを行うサニーサイドアップに入社、社員
アスリートとなり、陽進堂と所属契約を結
ぶ。26年11月引退。以後、プロフィギュア
スケーター、振付師として活動

『月光―村主章枝写真集』　アンディ チャ
オ撮影　講談社　2017.2　1冊（ページ付
なし）　31cm　3500円　①978-4-06-
220501-6
内容 世界を魅了したトップアスリートの奇跡
の一瞬。村主章枝、月に舞う。

『村主章枝のフィギュアスケートここがわ
かればもっとオモシロイ！』　村主章枝
著　PHP研究所　2010.11　188p　19cm
1200円　①978-4-569-79240-8
内容 トリプル・アクセルは、なぜ超難しい？
意外と知らないフィギュアスケートの基礎
知識から、試合を見ているだけではわから
ない舞台裏まで。一流現役選手だからこそ
語れる、フィギュアスケートの"通"な楽し
み方。

《鈴木 明子》　すずき・あきこ
㊵昭和60年（1985年）3月28日
◇プロフィギュアスケーター。平成15年東北
福祉大入学。14〜15年シーズン後に摂食障
害に陥り一時競技を離れた。初の五輪とな
った22年のバンクーバー五輪はSP11位から
フリーで7位となり、総合8位。2度目の五輪
となった26年ソチ五輪はSP、フリーともに
8位で、2大会連続の8位入賞。世界選手権6
位を最後に29歳で引退。6種類全てのジャン
プを跳ぶ器用さと、情熱的な表現力が特徴
だった

『プロのフィギュア観戦術―選手たちの心
理戦から演技の舞台裏まで』　鈴木明子
著　PHP研究所　2016.1　220p　18cm
（PHP新書 1020）　820円　①978-4-
569-82736-0
内容 浅田真央、羽生結弦らスター選手たちの
活躍により、ますます加熱するフィギュア
スケート人気。本書では、2度の五輪出場を
経験し、自身も2014年まで人気フィギュア
スケート選手として活躍した著者が、現在
の解説者＆振付師としての視点も交えなが
ら、フィギュアスケートの魅力を語り尽く
す。14年ソチ五輪の舞台裏や、現役選手た
ちの強み・弱みに対するプロならではの分
析、また、約4分間のプログラムがどうやっ
てつくり上げられ、どこが審査されるのか
など、普通は知り得ないポイントを独特の
優しい語り口で解説。平昌オリンピックに
向けたフィギュア観戦術の決定版。

『「等身大」で生きる―スケートで学んだ
チャンスのつかみ方』　鈴木明子著
NHK出版　2015.12　215p　18cm
（NHK出版新書 475）　740円　①978-
4-14-088475-1
内容 病気を乗り越えて、24歳と28歳で2大会
連続の冬季オリンピック出場。フィギュア

スケーターとしては遅咲きながら輝かしい実績を残した鈴木明子が初めて明かす“チャンスをつかむ”ための秘訣。決意の引退の真相とは？ 振付師としても活躍する現在の心境とは？ スケートで学び社会に出ても役立ったこととは？ すべてをありのままに語る！

**『笑顔が未来をつくる―私のスケート人生』** 鈴木明子著　岩波書店　2015.9　166p　19cm　1500円　Ⓘ978-4-00-022297-6

**『壁はきっと越えられる―夢をかなえる晩成力 Dreams come true』** 鈴木明子著　プレジデント社　2014.9　157p　19cm　1300円　Ⓘ978-4-8334-2099-0

内容 才能がなくても、遅咲きでも、勝てる方法はあります！

**『ひとつひとつ。少しずつ。』** 鈴木明子著　KADOKAWA　2014.4　157p　19cm　1200円　Ⓘ978-4-04-600297-6

## 《高橋 大輔》　たかはし・だいすけ

㊓昭和61年（1986年）3月16日

◇フィギュアスケート選手。18年のトリノ五輪ではショートプログラム（SP）5位からフリーで後退し8位。21年全日本選手権では織田を抑えて2季ぶり4度目の復活優勝を果たし、2大会連続で五輪代表に。22年2月のバンクーバー五輪ではフリーで4回転ジャンプに失敗したものの、その後のトリプルアクセル（3回転半ジャンプ）からの連続ジャンプを決め、「道」の道化師を見事に演じきって（フリーの芸術点は1位）、銅メダルを獲得。同種目では欧米以外の選手として初めて表彰台に立った。26年のソチ五輪はSPで4位につけたが、フリーで順位を落として6位に終わった。シーズン終了後、1年間の休養を発表。26年10月現役引退を発表。華麗なステップワークは世界一と評されたが、故障と闘い続けた競技人生だった。引退後はプロスケーターとしてアイスショーなどに出演していたが、2018年に4年ぶりの競技会（現役）復帰を表明した

**『2000days―過ごした日々が僕を進ませる』** 高橋大輔著　祥伝社　2015.1　1冊（ページ付なし）　26cm　2500円　Ⓘ978-4-396-45003-8

内容 高橋大輔オフィシャルBOOK。特典メイキングDVD付。自らふり返る競技人生20年と、今後の人生。今こそ明かせる本音の数々があふれ出る。密着6年間のオン・オフリンク写真が700点以上！

**『be SOUL　2　それでも前を向くために』** 高橋大輔著　祥伝社　2013.11　239p　21cm〈本文は日本語〉　1800円　Ⓘ978-4-396-43060-3

内容 男子フィギュアスケート界の牽引者が語った、本当の自分。ありのままの自分と向き合う。

**『身体を引き締める食べ方1：1：2―フィギュアスケーター高橋大輔を支えてきた食事パターン』** 石川三知著　マガジンハウス　2013.10　175p　19cm　1300円　Ⓘ978-4-8387-2618-9

内容 炭水化物1：タンパク質1：野菜・海藻2で、体調は簡単に整えられる。主食、主菜、副菜類を1：1：2の比重バランスで食べる。たったこれだけのことで、減量に苦労していた選手は理想的な体重になり、日々の体調が驚くほど改善されていく。

**『Soul up』** 高橋大輔著　祥伝社　2011.7　156p　23cm〈本文は日本語〉　1700円　Ⓘ978-4-396-43043-6

内容 『SOUL Up Exhibition』と同時刊行。フィギュアスケートへの想いと葛藤、決意―今初めて明かす、五輪後からモスクワ世界選手権までシーズンの全てがここに。他では語られていない本音とエピソードの数々から、人生のヒントが見えてくる。

**『SOUL Up Exhibition』** 高橋大輔著　祥伝社　2011.7　116p　23cm〈奥付のタイトル：高橋大輔SOUL Up Exhibition〉　1700円　Ⓘ978-4-396-43044-3

内容 『SOUL Up』と同時刊行。人間・高橋大輔の素顔の魅力があふれる2010‐2011シーズンのスピンオフ編。お弁当づくりやプライベートの過ごし方など舞台裏にとことん密着。

**『STEP！ STEP！ STEP！ 高橋大輔―フィギュアスケートを行く』** 原真子著　日本経済新聞出版社　2011.2　317p　15cm　（日経ビジネス人文庫 578）　762円　Ⓘ978-4-532-19578-6

**『200days―バンクーバーまでの闘い 高橋**

大輔OFFICIAL BOOK』　高橋大輔著　祥伝社　2010.5　110p　26cm　1800円　①978-4-396-43035-1

内容 フィギュアスケート日本男子初の世界王者が語る、闘いの真実。今だから明かす秘話と本音、秘蔵フォト満載のメモリアルBOOK。

『Be soul』　高橋大輔著　祥伝社　2010.2　151p　21cm〈本文は日本語〉　1600円　①978-4-396-43030-6

『キス・アンド・クライ』　ニコライ・モロゾフ著, 大野和基訳　講談社　2010.2　239p　19cm　1500円　①978-4-06-282074-5

内容 安藤＝世界女王、高橋＝歴代最高得点、そして荒川静香＝トリノ五輪金メダリスト。どん底から銀盤に舞い戻った3選手は、名コーチからどんな試練を与えられ、それを乗り越えて頂点に立ったか？ 著者にしか語れない涙と感動のエピソードがいっぱい。

### 《田村 岳斗》　たむら・やまと

㊓昭和54年（1979年）5月28日

◇フィギュアスケート選手。東北高を経て、東北学院大学に進学。平成10年長野五輪17位。引退後はアイスショーに出演の他、指導者としても活躍

『氷上の貴公子―本田武史・田村岳斗長野オリンピックグラフィティ』　マガジン・マガジン　1998.3　114p　26cm（Sun magazine mook）　1905円　①4-906011-36-5

### 《ドゥボワ, ナタリア》

㊓1948年3月31日

◇ロシアのアイスダンスコーチ。1969～70年モスクワの若きピオネール達のスタジアムにてアイスダンスコーチ業に着任。'70～93年ソコルニキスポーツ宮殿内に位置するスポーツクラブ、スパルタックのコーチ及び主任コーチ。'93年から米国レイクプラシッドのオリンピックセンターの国際アイスダンス学校のコーチおよびロシア選抜選手団コーチ。'76年からソ連選抜選手団、ロシア選抜選手団に所属。'92年アルベール五輪金メダリストのマリーナ・クリモア、セルゲイ・ポノマレンコなど多くの選手を育てた

『氷の扉―祖国を失くしたメダリスト達』　ナタリア・ドゥボワ著, 鈴木玲子訳　Wave出版　1993.6　221p　20cm　1900円　①4-900528-22-6

内容 ソ連崩壊後、スケートリンクは続々閉鎖され、旧ソ連が誇った氷上のエリート選手たちは失意を胸に母国を離れた。現アイスダンス金メダリスト達を育て、米国で活躍中の著者が語る勝利への苦難の日々とロシアスポーツ界の内幕。

### 《ハーディング, トーニャ》

㊓1970年11月20日

◇米国のスケート選手。1991年の全米選手権でトリプルアクセルを成功させ、伊藤みどりに次ぐ史上2人目の3回転半スケーターになる。'92年アルベールビル五輪4位、'94年2月リレハンメル五輪では8位。同年1月五輪出場のフィギュアスケート選手ケリガンが暴漢に襲われるという“ケリガン襲撃事件”が発生、同事件への関与で疑われたが、3月捜査妨害での有罪を認め、司法取引を行うとともに、米国フィギュアスケート協会（USFSA）から脱会した。同年6月同協会は'94年の全米女子選手権優勝のタイトルを剝奪し、同協会から永久追放する処分を決めた。'97年2月アイスショーでプロデビュー。'99年10月USFSA非公認のプロスケート選手権に出場、総合2位となった

『氷の炎―トーニャ・ハーディング』　アビー・ヘイトほか著, 早川麻百合訳　近代文芸社　1994.4　217p　20cm〈トーニャ・ハーディングの肖像あり〉　2000円　①4-7733-3220-4

目次 1 天賦の才能, 2 愛と幸福, 3 炎と氷, 4 転落の軌跡, 5 不安〈フアン〉クラブ, 6 ラフ・スケーティング, 7 仕組まれた罠, 8 勝利なき栄光, 9 暴かれた陰謀, 10 転倒

### 《羽生 結弦》　はにゅう・ゆずる

㊓平成6年（1994年）12月7日

◇フィギュアスケート選手。4歳から宮城クラブでフィギュアスケートを始める。平成21～22年シーズン、14歳の史上最年少でジュニアGPファイナルを制覇。仙台市立七北田中学から、22年東北高校に進学。24年5月よりブライアン・オーサー（カナダ）コーチに師事するため故郷・仙台を離れ、カナダ・トロントでスケート技術を基礎から見直す。

フィギュアスケート　　　オリンピック冬季競技

26年、19歳で臨んだソチ五輪では、SPでほぼ完璧な演技を披露して世界初の100点越えとなる101.45点をマーク、フリーではジャンプにミスが出たもののライバル、パトリック・チャン（カナダ）を抑えてともに1位の合計280.09点で完全優勝。日本人男子初、欧米人以外で初の金メダリストとなった。新種目の団体戦は男子シングルSP1位（日本は国別で5位）。世界選手権でも初優勝し、13〜14年シーズンのアレクセイ・ヤグディン（ロシア）以来の3冠（GPファイナル、五輪、世界選手権）を達成した。30年2月平昌五輪は個人戦2連覇に向けて団体戦を回避。本番では負傷のハンデを感じさせない演技を披露し、フィギュア男子としては66年ぶりとなる五輪連覇を達成。2位には宇野昌磨が入り、史上初めて日本人2人で表彰台に上がった。大会後、個人では最年少、フィギュア選手で初となる国民栄誉賞を受賞

『羽生結弦 魂のプログラム』　羽生結弦著
新書館　2018.10　127p　30cm　2500円
①978-4-403-31126-0
内容 「SEIMEI」「バラード第1番」…傑作プログラムの数々を収める写真集！

『YUZURU 2 羽生結弦写真集』　羽生結弦著、能登直撮影　集英社　2018.10　144p　30cm〈付属資料：ポスター1〉2300円　①978-4-08-780854-4
内容 激闘、歓喜、涙、笑顔─羽生結弦の歩み。2014年にソチで五輪王者となった後、スケーターとして、アスリートとしてさらに進化を続け、ケガやアクシデントを乗り越えながら、新たな目標に向かって前進していった4年間。2018年平昌五輪で連覇を果たし、自らの大きな夢を達成するまでの各大会での競技写真はもちろん、最新のポートレートやオフショットなど、さまざまな表情を収録したセカンド写真集。

『羽生結弦SEASON PHOTOBOOK 2017・2018』　田中宣明撮影　舵社　2018.7　111p　30cm　2500円　①978-4-8072-1147-0
目次 氷上のファンタジー、始まりは再びトロントから、頂点への序章、2連覇の瞬間、杜の都のアプローズ、そして未来へ、2017・2018羽生結弦全成績

『羽生結弦異次元の強さをつくる言葉』
岡田剛編著、児玉光雄監修　光文社

2018.6　205p　18cm〈「羽生結弦誇り高き日本人の心を育てる言葉」（楓書店2014年刊）の改題、加筆・修正　文献あり〉1000円　①978-4-334-95032-3
内容 発言にちりばめられた強さの本質とは？珠玉の発言集2010‐2018。

『羽生結弦王者の凱旋─日本フィギュアスケート2017-2018シーズン終盤《総集編》』　集英社　2018.5　82p　30cm（集英社ムック─スポルティーバ）1593円　①978-4-08-102262-5

『フィギュアスケートLife─Figure Skating Magazine Vol.14 羽生結弦祝賀パレード＆凱旋公演 2018世界選手権特集』　扶桑社　2018.5　127p　30cm（扶桑社MOOK）1800円①978-4-594-61288-7

『応援ありがとうございます！ 羽生結弦展』　読売新聞東京本社編　読売新聞東京本社　2018.4　95p　31cm〈会期・会場：2018年4月11日─23日 日本橋髙島屋ほか〉2500円

『羽生結弦あくなき挑戦の軌跡』　満薗文博著　汐文社　2018.4　154p　20cm（冬のアスリートたち）〈文献あり〉1600円　①978-4-8113-2477-7
目次 1 66年ぶりに連覇, 2 羽生結弦誕生, 3 ジュニアからシニアへ, 4 カナダ・トロント, 5 さあ, ソチオリンピックへ, 6 アクシデント, 7 平昌への旅路

『羽生結弦連覇の原動力─完全版』
AERA編集部編　朝日新聞出版　2018.4　128p　31cm〈AERA特別編集〉2000円　①978-4-02-331711-6

『フィギュアスケートLife Extra平昌オリンピック2018完全保存版─Figure Skating Magazine 羽生結弦五輪連覇』扶桑社　2018.3　127p　30cm（扶桑社MOOK）1500円　①978-4-594-61272-6

『夢を生きる』　羽生結弦著　中央公論新社　2018.3　230p　21cm〈年譜あり〉1500円　①978-4-12-005049-7
内容 世界の頂点に立ち、史上最高の演技を究め続けた2015・18年。その成長の軌跡を本

オリンピック冬季競技　　フィギュアスケート

人が語り尽くす、唯一無二のインタビュー集。真剣勝負からリラックスした表情まで、カラー写真も豊富に収録。カナダ・トロント公開練習2017、2010・18年コスチュームーなども収録。

『完全保存版羽生結弦平昌オリンピック金メダルの全記録』　講談社　2018.2　1冊（ページ付なし）　30cm〈『フライデー』特別増刊〉　1600円　①978-4-06-511554-1

『羽生結弦が生まれるまで—日本男子フィギュアスケート挑戦の歴史』　宇都宮直子著　集英社　2018.2　239p　19cm〈文献あり〉　1600円　①978-4-08-780834-6

内容　人気も関心もゼロに近い状態から、この空前絶後の日本男子フィギュアの隆盛はいかにして築かれたのか？　時代を創ってきた選手、指導者への丹念な取材により、語られなかった事実や隠されたドラマが今、明らかになる。

『羽生連覇—平昌オリンピック総集編 サンケイスポーツ特別版』　産業経済新聞社　2018.2　82p　30cm　（Gallop臨時増刊）　926円

『英語で読む羽生結弦』　土屋晴仁著, 佐藤和枝訳　IBCパブリッシング　2018.1　213p　19cm　（IBC対訳ライブラリー）　1800円　①978-4-7946-0519-1

目次　1 A genius boy in Sendai！ 天才少年が仙台にいる！, 2 Affected by the Great East Japan Earthquake 3.11東日本大震災で被災, 3 Training in Canada カナダでトレーニング, 4 The Sochi Olympics：First Japanese male to win the gold medal ソチ五輪で日本男子初の金メダル, 5 Fighting injuries and sickness ケガ、病気とも闘いながら, 6 Beating his own world record 自己の世界新記録を更新, 7 The PyeongChang Olympics and beyond 平昌五輪へ、そして未来へ

『羽生結弦五輪V2への挑戦—フィギュアスケート特集 2018平昌五輪展望号』　集英社　2018.1　98p　30cm　（集英社ムック—スポルティーバ）　1593円　①978-4-08-102252-6

『羽生結弦は助走をしない—誰も書かな

かったフィギュアの世界』　高山真著　集英社　2018.1　253p　18cm　（集英社新書 0917）　760円　①978-4-08-721017-0

内容　フィギュアスケート界で人気実力ともにナンバーワンを誇る羽生結弦。しかし羽生のスケーティングを語るとき、たいていの人は「美しい」「観客を引き込む」という曖昧な表現に終始するか、「何回ジャンプを跳べたか」という点をクローズアップするばかりだ。著者は、三八年間この競技を見続けてきた生粋のスケートファン。マニアックな視点で、「羽生の演技の何がどう素晴らしいか」を、表現、技術の両面から徹底的に分析する。羽生以外の現役男子・女子スケーターはもちろん、歴代スケーターたちの名プログラムもフィギュア愛炸裂で語りつくす！

『羽生結弦王者のメソッド』　野口美惠著　文藝春秋　2017.12　329p　16cm　（文春文庫の22-1）〈「羽生結弦王者のメソッド2008-2016」（2016年刊）の改題、写真を再構成〉　780円　①978-4-16-790990-1

内容　14歳のとき「僕はレジェンドになりたい！」と宣言した少年は、19歳で日本男子シングル初の五輪金メダルを獲得した。そして「止まらずに進化し続ける」という言葉通り、歴代最高点の更新、前人未到の演技構成など新しい扉を次々と開け、2度目の五輪を迎えようとしている。人間・羽生結弦の葛藤、挑戦、成長をつぶさに描く。

『アイスジュエルズ—フィギュアスケート・氷上の宝石　Vol.07　羽生結弦スペシャルインタビュー』　舵社　2017.11　112p　30cm　（KAZI MOOK）　1700円　①978-4-8072-9595-1

『フィギュアスケートフォトブック2017-2018　羽生結弦「伝説のプロローグ」』　玄光社　2017.11　95p　30cm　（玄光社MOOK）　1500円　①978-4-7683-0899-8

『羽生結弦いざ、決戦のシーズン—フィギュアスケート特集』　集英社　2017.10　97p　30cm　（集英社ムック—スポルティーバ）　1593円　①978-4-08-102247-2

オリンピックの本3000冊　339

フィギュアスケート　　オリンピック冬季競技

『羽生結弦SEASON PHOTOBOOK—
Ice Jewels 2016–2017』　田中宣明
撮影　舵社　2017.7　95p　30cm　2300
円　①978–4–8072–1144–9
［目次］とっておきの羽生結弦。, Short Pro-
gram プリンスの輝き。, Free Skating 新
時代への跳躍。, Toronto Cricket Skating
and Curling Club 羽生結弦がトロントに還
るわけ。, Exhibition & Ice show 表現者と
しての挑戦。, 2016 - 2017羽生結弦全成績

『フィギュアスケートLife—Figure
Skating Magazine　Vol.10　羽生結
弦五輪プログラム公開 世界選手権 国別
対抗戦 髙橋大輔×宮本賢二』　扶桑社
2017.6　143p　30cm　（扶桑社MOOK）
1700円　①978–4–594–61181–1

『アイスジュエルズ—フィギュアスケート・
氷上の宝石　Vol.06　羽生結弦スペ
シャルインタビュー』　舵社　2017.5
96p　30cm　（KAZI MOOK）　1400円
①978–4–8072–9582–1

『フィギュアスケートプレミアム羽生結弦
—絶対王者の物語』　マイウェイ出版
2017.5　159p　18cm　（マイウェイムッ
ク）〈背のタイトル：FIGURE
SKATING PREMIUM羽生結弦　年表
あり〉　1111円　①978–4–86511–683–0

『羽生結弦平昌への道Road to
PyeongChang—日本フィギュアスケー
ト2016–2017シーズン《総集編》』　集
英社　2017.4　97p　30cm　（集英社
ムック—スポルティーバ）　1472円
①978–4–08–102236–6

『フィギュアスケートADDICT—羽生結
弦総力特集！ フィギュアスケート応援
ブック』　宝島社　2017.3　95p　30cm
（e–MOOK）　1300円　①978–4–8002–
6772–6

『アイスジュエルズ—フィギュアスケート・
氷上の宝石　Vol.05　羽生結弦スペ
シャルインタビュー』　舵社　2017.2
96p　30cm　（KAZI MOOK）　1400円
①978–4–8072–9574–6

『羽生結弦会見全文』　アスリート研究会
編　ゴマブックス　2017.1　167p

19cm　1380円　①978–4–7771–1874–8
［内容］絶対王者が歩むオリンピック連覇への道。

『羽生結弦未来を創る人—フィギュアス
ケート特集』　集英社　2016.11　82p
30cm　（集英社ムック—スポルティー
バ）　1389円　①978–4–08–102226–7

『アイスジュエルズ—フィギュアスケート・
氷上の宝石　Vol.04　羽生結弦進化の
予兆』　舵社　2016.10　96p　30cm
（KAZI MOOK）　1400円　①978–4–
8072–9567–8

『Shining Moments—フィギュアスケー
ト日本男子7年間の軌跡 羽生結弦2555
日の喜びと闘い』　ダイアプレス　2016.
10　97p　30cm　（DIA Collection）
1000円　①978–4–8023–0215–9

『蒼い炎 2　飛翔編』　羽生結弦著　扶桑
社　2016.7　282p　21cm　1500円
①978–4–594–07513–2
［内容］2012 - 2016。仙台からトロントへ—五
輪金メダリストまでの栄光の道のりと、苦
難を糧に飛躍する一人の青年の姿。待望の
自叙伝・第二章。

『羽生結弦SEASON PHOTOBOOK—
Ice Jewels 2015–2016』　田中宣明
撮影　舵社　2016.7　95p　30cm　2100
円　①978–4–8072–1142–5

『アイスジュエルズ—フィギュアスケート・
氷上の宝石　Vol.03　羽生結弦スペ
シャルインタビュー』　舵社　2016.5
96p　30cm　（KAZI MOOK）　1400円
①978–4–8072–9555–5

『羽生結弦異次元のシーズンTo the Next
—日本フィギュアスケート2015–2016
シーズン後半《総集編》』　集英社
2016.4　98p　30cm　（集英社ムック—
スポルティーバ）　1389円　①978–4–
08–102214–4

『羽生結弦王者のメソッド2008–2016』
野口美惠著　文藝春秋　2016.3　318p
19cm　（Sports Graphic Number
Books）　1550円　①978–4–16–390397–
2
［内容］14歳の少年が、21歳の "絶対王者" にな

340

るまでの試行錯誤の道のり。Number未公開秘蔵写真収録。

『フィギュアスケート男子ファンマガジン vol.3　全日本4連覇・羽生結弦「絶対王者」の感動スケーティングをプレイバック！』　マイウェイ出版（発売）　2016.3　64p　30cm　（MYWAY MOOK）　778円　①978-4-86511-475-1

『フィギュアスケートbook 2016　2016世界選手権直前大特集！　羽生結弦"総力取材"』　廣済堂出版　2016.3　95p　30cm　（廣済堂ベストムック 325）　1200円　①978-4-331-80330-1

『アイスジュエルズ―フィギュアスケート・氷上の宝石　Vol.02　羽生結弦「330.43の真実」』　舵社　2016.2　96p　30cm　（KAZI MOOK）　1400円　①978-4-8072-9549-4

『フィギュアスケート銀盤のプリンス―羽生結弦The Secret HISTORY』　ロングランド・ジェイ　2016.1　80p　30cm　（G-MOOK 107）〈発売：ジーウォーク〉　898円　①978-4-86297-543-0

『羽生結弦Over the Topその先へ―2015フィギュアスケートグランプリシリーズ総集編』　集英社　2015.12　98p　30cm　（集英社ムック―スポルティーバ）　1389円　①978-4-08-102209-0

『フィギュアスケート応援団―新シーズン開幕！　結弦が魅せる新世界 羽生結弦ビジュアルブック』　英和出版社　2015.12　1冊（ページ付なし）　30cm　（EIWA MOOK）　907円　①978-4-86545-228-0

『フィギュアスケート男子ファンマガジン vol.2　王者として、挑戦者として羽生結弦 新FS『SEIMEI』でさらなる高みへ』　マイウェイ出版（発売）　2015.12　64p　30cm　（MYWAY MOOK）　778円　①978-4-86511-427-0

『もっと知りたい！　日本男子フィギュア銀盤ヒーローズ―羽生結弦・夢の途中。その、大いなる挑戦！』　ロングランド・

ジェイ　2015.12　64p　30cm　（G-MOOK 105）〈発売：ジーウォーク〉　926円　①978-4-86297-541-6

『アイスジュエルズ―フィギュアスケート・氷上の宝石　Vol.01　とっておきの羽生結弦』　舵社　2015.10　95p　30cm　（KAZI MOOK）　1400円　①978-4-8072-9542-5

『羽生結弦新たなる飛翔』　集英社　2015.10　98p　30cm　（集英社ムック―スポルティーバMOOK）　1389円　①978-4-08-102207-6

『羽生結弦語録』　羽生結弦著　ぴあ　2015.10　167p　20cm〈文献あり〉　1200円　①978-4-8356-2848-6
内容 羽生結弦、フォト＆メッセージ集。

『フィギュアスケート男子ファンマガジン―羽生結弦全ての結果を受け止め、未来へ』　マイウェイ出版（発売）　2015.5　63p　30cm　（MYWAY MOOK）　778円　①978-4-86511-345-7

『羽生結弦から始まる時代』　集英社　2015.4　98p　30cm　（集英社ムック―［Sportivaムック］）　1389円　①978-4-08-102196-3

『羽生結弦物語』　青嶋ひろの文　KADOKAWA　2015.2　198p　18cm　（角川つばさ文庫 Dあ1-2）　680円　①978-4-04-631433-8
内容 のびやかなすべり、見る人をとりこにする演技、迫力あるジャンプ―。オリンピックという大舞台で、羽生結弦ははなやかに、そして力強く舞い、頂点に立った。日本人男子のフィギュアスケートで初めての金メダルだ。お姉ちゃんについてスケートをはじめたのは4才。「やめたいの壁」やリンクの閉鎖、震災もあったけれど、一歩一歩進みつづけた。「練習はきらい、試合は大好き！」だった男の子が世界でかがやくまでの物語。小学中級から。

『YUZURU―羽生結弦写真集』　羽生結弦,能登直著,能登直撮影　集英社　2014.10　127p　30cm　1800円　①978-4-08-780743-1
内容 ソチ五輪金メダリスト・羽生結弦の素顔

オリンピックの本3000冊　341

フィギュアスケート　　オリンピック冬季競技

がここに。2007年、12歳だったノービス時代から、2011年の東日本大震災を乗り越えて、2014年ソチ五輪で金メダルを獲得するまでの各大会の写真はもちろん、カナダ・トロントでの練習風景や貴重なオフショットも収録。少年時代から交流のある同郷のフォトグラファーに見せる素顔と、迫力ある競技写真で構成した記念すべきファースト写真集─。

『羽生結弦誇り高き日本人の心を育てる言葉』　楓書店編集部編, 児玉光雄監修　楓書店　2014.8　189p　20cm〈文献あり〉　発売：サンクチュアリ・パブリッシング〉　1380円　①978-4-86113-823-2

内容　弱冠19歳で金メダリストとなった羽生結弦選手。彼はなぜこの若さで並み居る強豪に打ち勝つことができたのか。それはアスリートとしての才能だけでなく、逆境をバネにする強さ、クレバーな思考法、そしてフィギュアスケートに懸ける信念を併せて持っていたため。彼の語る言葉には真実のきらめきがある。そんな羽生選手の数々の名言の中でも特に胸をうち、また私たちの人生にとっても指針になるような言葉を厳選し、スポーツ心理学によって真意を説き明かした。

『SOCHI2014ソチ五輪熱戦速報号おめでとう羽生結弦金メダル─永久保存版』　日刊スポーツ出版社　2014.2　65p　30cm　（日刊スポーツグラフ）　1238円　①978-4-8172-5545-7

『蒼い炎』　羽生結弦著　扶桑社　2012.4　167p　21cm　1400円　①978-4-594-06598-0

内容　東日本大震災で被災しながら、逆境をバネに大躍進を遂げたフィギュアスケート界の新星。初のチャリティブック。

《平松 純子》　ひらまつ・じゅんこ
㊤昭和17年（1942年）

◇元・フィギュアスケート選手。旧姓・上野。昭和35年スコーバレー五輪では夏冬を通じて日本選手団初の女性旗手となる。39年インスブルック五輪にも出場。平成5年日本スケート連盟フィギュア部強化部長。10年長野五輪では副審判長を務め、開会式で審判員宣誓を行う。15年日本オリンピック委員会（JOC）理事。長年、国際スケート連盟

（ISU）のフィギュア技術委員を務め、22年理事に初当選

『フィギュアスケート─図解コーチ』　上野衣子, 平松純子著　成美堂出版　1994.11　182p　16cm　580円　①4-415-00438-5

内容　この本では、フィギュアの専門指導者や、プロコーチのいない地方の方々が、あるいは学校体育の一環としてフィギュア・スケートを取り入れようとされている北の地方の方々が、この本をガイドとして、まず"滑る"ということから、フィギュア・スケーティングの初歩的な数々の動きをマスターされるまでを特に重点を置いて書いてみました。

『フィギュアスケート』　上野衣子, 平松純子著　成美堂出版　1984.1　174p　16cm　550円　①4-415-00371-0

《本田 武史》　ほんだ・たけし
㊤昭和56年（1981年）3月23日

◇プロフィギュアスケーター, フィギュアスケート指導者。7歳でスケートのショートトラックを始め、8歳でフィギュアに転向。福島から仙台にスケート留学、世界を目ざし、インストラクターの長久保裕（元札幌五輪ペア代表）の指導を受けた。平成8年1月全日本選手権で史上初の中学生チャンピオンとなる。10年長野五輪15位。11年東北高校から法政大学に進学。14年ソルトレークシティ五輪で、日本男子フィギュア史上最高の4位に入賞。ジャンプの名手で長く日本の第一人者として君臨したが、17～18年シーズン限りでアマチュアを引退し、プロスケーターに転身。解説者や指導者としても活動。21年より高橋大輔のジャンプコーチを務めた

『氷上の貴公子─本田武史・田村岳斗長野オリンピックグラフィティ』　マガジン・マガジン　1998.3　114p　26cm　（Sun magazine mook）　1905円　①4-906011-36-5

《宮原 知子》　みやはら・さとこ
㊤平成10年（1998年）3月26日

◇フィギュアスケート選手。4歳の時に住んでいた米国でフィギュアスケートを始める。29～30年シーズン、GPシリーズ最終戦アメリカ大会で優勝。世界女王エフゲニア・メ

ドベジェワ（ロシア）の欠場によりGPファイナルに出場し5位。平昌五輪代表の最終選考会を兼ねた全日本選手権では浅田真央以来の4連覇を達成。30年初の五輪となった平昌五輪は日本勢最高の4位入賞を果たす。団体は5位（宇野昌磨、田中刑事、宮原、坂本花織、木原龍一、須崎海羽、クリス・リード、村元哉中）

『まんがNHKアスリートの魂―試練を乗りこえて サッカー香川真司 フィギュアスケート宮原知子 柔道野村忠宏』 山田幸雄スポーツ監修, 岡本圭一郎, 朝吹まり, 岩元健一まんが 学研プラス 2017. 7 175p 21cm 1200円 ⓘ978-4-05-204637-7
内容 誰よりも努力して…何度もくやしい思いをして…それでもけっしてあきらめない。栄光に向かってひたむきに生きる、アスリート感動まんが。

《モロゾフ, ニコライ》
㊀1975年12月17日
◇ロシアのフィギュアスケート選手, 指導者。17歳の時にアイスダンスに転向。アゼルバイジャンやベラルーシの代表として、1994年世界選手権、'98年長野五輪に出場した。長野五輪16位を最後に現役を引退し、翌'99年からフィギュアスケートの名コーチとして名高いタチアナ・タラソワ（ロシア）のアシスタントとなり、指導者・振付師の道に進む。ソルトレーク五輪金メダリストのアレクセイ・ヤグディン（ロシア）の歴史に残るプログラムを構成したことで評価を確立し、2004年独立。トリノ五輪直前の2005年12月荒川静香のコーチとなり、2006年2月のトリノ五輪で荒川に日本人初の金メダルをもたらして一躍世界の注目を集めた。2006〜2007年シーズンより安藤美姫の振付師兼コーチとなり、米国で指導。2007年3月安藤は世界選手権で初の金メダルを獲った。他に2008年世界選手権で日本男子初の銀メダルを獲得した高橋大輔、キミー・マイズナー（米国）らの振り付けを担当。同年5月高橋との契約を解除し、高橋のライバル・織田信成と契約。2011年安藤が2度目の世界女王に。実際にリンクの上で滑って指導する

『キス・アンド・クライ』 ニコライ・モロゾフ著, 大野和基訳 講談社 2010.2 239p 19cm 1500円 ⓘ978-4-06-

282074-5
内容 安藤＝世界女王、高橋＝歴代最高得点、そして荒川静香＝トリノ五輪金メダリスト。どん底から銀盤に舞い戻った3選手は、名コーチからどんな試練を与えられ、それを乗り越えて頂点に立ったか？ 著者にしか語れない涙と感動のエピソードがいっぱい。

《八木沼 純子》 やぎぬま・じゅんこ
㊀昭和48年（1973年）4月1日
◇プロフィギュアスケーター, スポーツコメンテーター・解説者。昭和63年全日本選手権2位、カルガリー五輪14位。平成7年早大を卒業し、プリンスホテルに入社、プリンスアイスワールドに所属してプロ活動を始める。日本オリンピック委員会（JOC）スポーツ環境委員会環境アンバサダー

『女子フィギュアスケート―氷上に描く物語』 八木沼純子［著］ 角川書店 2006.1 183p 図版8p 18cm （角川oneテーマ21 C-104） 724円 ⓘ4-04-710027-7
内容 トリノ冬季五輪、華麗なる闘い。美しいジャンプを支える身体能力、身体能力を高めるトレーニング、トレーニングを続ける選手の気迫、気迫を導きだす指導者たちの姿。その全てに迫る。

《ヤグディン, アレクセイ》
㊀1980年3月18日
◇ロシアの元・フィギュアスケート選手。1998年長野五輪で5位。2002年ソルトレークシティ五輪では演技点で4つの満点を引き出し、ライバルのプルシェンコ（ロシア）らを抑えて金メダルを獲得。2003年引退。正確なジャンプを武器とした

『Overcome―フィギュアスケートオリンピックチャンピオンストーリー』 アレクセイ・ヤグディン, リンダ・プラウズ著, 加藤まゆみランソム訳, 田村明子監修 周地社 2005.1 268p 21cm 1800円 ⓘ4-9900514-8-3
内容 ソルトレーク冬季オリンピック。史上初の高得点で勝利した金メダリストが綴る―これまで誰にも語れなかった真実・エピソード。

ショートトラック　　　オリンピック冬季競技

## 《ランビエール, ステファン》

㊵1985年4月2日

◇ロシアの元・フィギュアスケート選手。2000～2001年シーズンにスイス選手権で初優勝（以後9連覇を達成）。2002年ソルトレークシティ五輪15位。2006年トリノ五輪で銀メダルを獲得。2010年バンクーバー五輪は4位に終わり、シーズン終了後、引退。「ドリーム・オン・アイス」「チャンピオンズ・オン・アイス」などアイスショーでの来日も多い

『ステファン・ランビエル』　ステファン・ランビエル著　新書館　2011.7　127p　23cm　2400円　①978-4-403-32035-4

内容 最高のパフォーマンスで世界中を魅了する "氷上のアーティスト" ステファン・ランビエル。フィギュアスケート界のスーパースターが語るスケートへの愛、そして未来。

## 《リン, ジャネット》

㊵1953年4月6日

◇米国の元・フィギュアスケート選手。1972年の札幌五輪で女子フィギュアスケートのシングルで銅メダルを獲得。可憐な容姿とこぼれる笑顔で日本のファンを魅了し、"札幌の恋人""銀盤の妖精"と呼ばれた。銅メダルにとどまったのは規定演技の成績が悪かったためで、自由演技では2回転半ジャンプのダブルアクセルはじめ、5つの連続ジャンプを成功させてトップだった。選手村に残した "ピース・アンド・ラブ" の落書きは有名。その後、'73年に145万5千ドルという当時としては破格の契約金でプロに転向した。長野五輪親善大使をつとめた

『ジャネット・リン―氷上の妖精』　講談社編　講談社　1972　1冊（頁付なし）　29cm　980円

## 《渡部 絵美》　わたなべ・えみ

㊵昭和34年（1959）8月27日

◇タレント, 元・フィギュアスケート選手。昭和47年から全日本フィギュアスケート選手権に8年連続優勝。51年インスブルック五輪出場。55年レークプラシッド五輪では6位入賞。のちプロに転向し、タレントとしても活躍

『銀盤の妖精・渡部絵美―写真集』　スポーツ・マガジン編　ベースボール・マガジン社　1980.7　135p　30cm　1500円

# ショートトラック

◆急カーブがある1周111.12mのトラックを滑り、着順を競う競技。個人500m、1000mでは4人、1500mでは6～8人が同時にスタートする。レーンを設けないため、選手同士がぶつかり合うこともあり、ヘルメットなどの安全具を着用が義務づけられている。4人制のリレー（男子5000m, 女子3000m）も実施される

『ルールと見どころ！ オリンピック・パラリンピック全競技 5 スキー スケート カーリングほか―冬季競技』　日本オリンピック・アカデミー監修　ポプラ社　2018.4　63p　29cm〈索引あり〉　3000円　①978-4-591-15739-8

目次 アルペンスキー、クロスカントリースキー、スキージャンプ、ノルディック複合、フリースタイルスキー、スノーボード、スピードスケート、ショートトラック・スピードスケート、フィギュアスケート、バイアスロン、ボブスレー、スケルトン、リュージュ、カーリング、アイスホッケー

# アイスホッケー

◆スケートリンクで円盤形のパックをスティックで運び、相手のゴールに入れ得点を競う。試合時間は20分×3ピリオドで、ピリオド間の休憩は1回15分。各チーム6人が氷上でプレーする。一般的に3人のフォワード、2人のディフェンス、1人のゴールキーパーで構成され、何度でも選手を交代できる

『One-time―アイスホッケー報道写真集 2007-2017』　永山礼二［撮影］　苫小牧　永山礼二　2017.9　1冊（ページ付なし）　21×30cm　2000円　①978-4-9909774-1-2

『氷上の闘う女神たち―アイスホッケー女子日本代表の軌跡』　神津伸子著　双葉社　2014.1　255p　19cm　1400円

①978-4-575-30616-3

内容 アイスホッケー女子日本代表、悲願だった夢の舞台へ──これまでプレーをしてきたすべての選手、支えてくれた家族、仲間たちの夢をかなえるために、世界の強豪に挑む!!感動のスポーツノンフィクション。

『アイスホッケー──図解コーチ』　大室広一著　成美堂出版　1999.11　223p　16cm　600円　①4-415-00745-7

内容 本書は、国内に最も多く普及されているカナダやアメリカの技術を取り上げた、アイスホッケーの競技者を志す人達の技能をより向上させるための指導書である。

『アイスホッケー　[1996]』　大室広一著　成美堂出版　1996.11　223p　15cm　580円　①4-415-00439-3

内容 本書は、国内に最も多く普及されているカナダやアメリカの技術を取り上げ、アイスホッケーの競技者を志そうとする人達の技能をより向上させるための指導書。

『氷上の闘い──内ケ崎誠之助アイスホッケー写真集 世界最高峰NHLへの招待』　内ケ崎誠之助著　ベースボール・マガジン社　1996.9　111p　31cm　4000円　①4-583-03333-8

内容 本書にはアイスホッケーをプレーするときに必要とされている激しさ、技術、勇気が表現されています。「オリンピック」、「NHL」、「カナダカップ」と長年にわたって撮影してきた作品には、試合の熱気の中に見え隠れする、選手のスキルや積極性を見て取ることができます。

『アイスホッケー』　ベースボール・マガジン社編　ベースボール・マガジン社　1990.11　158p　27cm　（シリーズ絵で見るスポーツ 6）〈監修：宮崎宜広　特装版〉　2800円　①4-583-02868-7

『アイスホッケー──ルールまるわかり』　高橋書店　1989.12　134p　21cm　（スポーツ観戦シリーズ）〈監修：柴山実〉　980円　①4-471-14367-0

目次 1 アイスホッケーって何だ？，2 スピーディーでエキサイティングな試合，3 アイスホッケーの見どころ，4 試合の展開を見つめよう，5 世界のアイスホッケー

『アイスホッケー──技術と戦法』　引木孝夫著　講談社　1985.12　178p　21cm（講談社スポーツシリーズ）　1800円　①4-06-141474-7

『最新アイスホッケー戦法』　ウラジミール・コストカ著，大竹国弘訳　ベースボール・マガジン社　1975　339p　22cm〈監修：田名部匡省〉　2500円

『アイスホッケー入門』　A.タラソフ著，山名政宏訳　ベースボール・マガジン社　1974　166p　22cm〈監修：山添義雄〉　1500円

『アイスホッケー入門──氷上の男たちの闘い』　田名部匡省著　講談社　1973　158p 図　21cm〈標題紙等の書名：Ice hockey〉　980円

# バイアスロン

◆クロスカントリースキーとライフル射撃を組み合わせた複合競技。選手はライフルを背負ってクロスカントリーを行い、コースの途中に設けられた射撃所で、一端止まって50m先の的を撃つ。種目は、スプリント（男子10km, 女子7.5km）、マススタート（男子15km, 女子12.5km）、インディビジュアル（男子20km, 女子15km）、パシュート（男子12.5km, 女子10km）、リレー（男子4人×7.5km, 女子10km）、ミックスリレー（女子2人×6km+男子2人×7.5km）が行われる

『オリンピック・パラリンピック大百科　7　オリンピック競技完全ガイド』　日本オリンピック・アカデミー監修　小峰書店　2016.4　43p　29cm〈索引あり〉　3000円　①978-4-338-30007-0

目次 1 オリンピックの競技と種目（競技、種目って何？，2020年東京オリンピックでは、どんな競技が増える？，2020年東京パラリンピックの新しい競技は？），2 夏季オリンピック競技の見どころ（ゴルフ，7人制ラグビー，陸上競技 ほか），3 冬季オリンピック競技の見どころ（雪と氷のスポーツ7競技（スキー、バイアスロン、スケート ほか））

ボブスレー　　　オリンピック冬季競技

## ボブスレー

◆氷でつくられたコースをソリで滑り降り、速度を競う。トラックの長さはは1200〜1300m。チームごとに2日間で4回滑り、合計タイムで順位を競う。2人乗りでは、前でハンドル操作をするパイロットと、後ろでゴール時にブレーキをかけるブレーカーが組んでソリを操作する。4人乗りでは、さらに2人の選手がプッシュマンとして出発時ソリを押し、加速をつける。女子は2人乗り種目のみ

『下町ボブスレーの挑戦―ジャマイカ代表とかなえる夢』　細貝淳一, 奥田耕士著　朝日新聞出版　2017.12　286p　19cm　1500円　①978-4-02-331643-0
内容　ソチからピョンチャンへ、大田区・町工場の物語。プロジェクト責任者と事務方が描く真実。

『伝説のアイスレーサー―初期冬季五輪ボブスレー野郎、それぞれの金メダル』アンディ・ブル著, 高瀬明彦訳　パーソナルケア出版部　2016.9　350p　19cm　1800円　①978-4-89493-054-4
内容　北米初の冬季オリンピック大会の目玉はボブスレー競技。コースは危険極まりなかった。自信満々のドイツ代表とたたかう米国代表は銀行家の御曹司、ソングライター、元ボクサー、ダンディーな博徒の四人組。「サンモリッツがなしえたことはレークプラシッドにもできる」と五輪招致の立役者は意気込むが?!2015英国ウィリアムヒル・スポーツブック・オブ・ザ・イヤー最終候補作。"クール・ランニング"と"華麗なるギャツビー"を掛け合わせたような異色のノンフィクション・ノベル！

『町工場の底力　8　下町ボブスレーの挑戦』　京都　かもがわ出版　2015.2　31p　27cm　〈索引あり〉　2500円　①978-4-7803-0733-7
目次　大田区から世界へ！町工場の技術を五輪でアピール　下町ボブスレーネットワークプロジェクト―マテリアル・昭和製作所・エース・ナイトペイジャー・上島熱処理工業所・ほか大田区の町工場（東京都大田区）, machikobaトピックス　町工場のチャレンジをささえるさまざまな人たちのパワー

『下町ボブスレー―世界へ、終わりなき挑戦』　伴田薫著　NHK出版　2014.1　270p　19cm　1500円　①978-4-14-081625-7
内容　「オールジャパン体制」で"氷上のF1"を目指す!!「不思議な縁」「小さな奇跡」そして「さまざまな人情」。プロジェクトに関わった80余人の証言をもとに描く「リアル・ストーリー」

『下町ボブスレー―東京・大田区、町工場の挑戦』　細貝淳一著　朝日新聞出版　2013.12　268p　19cm　1500円　①978-4-02-331253-1
内容　初の国産ボブスレーが滑走した！小さな町工場が世界最高峰の「BMW」「フェラーリ」に挑む！国産初ボブスレー製作プロジェクトの委員長が「舞台裏」を明かす。

『下町ボブスレー―僕らのソリが五輪に挑む　大田区の町工場が夢中になった800日の記録』　奥山睦著　日刊工業新聞社　2013.12　278p　19cm　（B＆Tブックス）〈文献あり　年表あり〉　1400円　①978-4-526-07180-5
内容　小さな町工場の「志」が世界を揺るがす。見たことも触ったこともないボブスレーと出会い、ソリの設計製作に手をつけた一部始終を収録。限りない挑戦の姿をたどる。

『クール・ランニング物語―ジャマイカ・ボブスレーチームの軌跡』　ネルソン・クリスチャン・ストークス著, 有沢善樹訳　日本放送出版協会　2005.12　286p　19cm〈年表あり〉　1900円　①4-14-081082-3
内容　カリブ海の楽園からやってきた抜群の運動能力をもつ男たち。雪を見るのも初めてだった彼らがカルガリーオリンピックで見せた快走は、すでに伝説となっている。人気の重圧、資金問題、氷上練習の不足など、チームの危機を乗り越え、四度のオリンピックを戦い抜いた真の実力とは。

《桧野 真奈美》　ひの・まなみ
㊸昭和55年（1980年）1月8日
◇ボブスレー選手。帯広緑園中時代はスピードスケートで全国大会に出場。帯広南商では陸上の円盤、砲丸投げで活躍。浅井学園女子短大（現・北翔大学短大部）でも陸上部

に所属していたが、2年生の時にボブスレー新人発掘テストに合格し、同じ陸上部員だった吉野美鈴と二人乗りボブスレーを始める。そりを操るパイロット役。18年トリノ五輪は長岡千里と組み初出場15位。20年12月熊谷史子と組み、全日本選手権2人乗り優勝。21年浅津このみと組んで全日本選手権2人乗り優勝、パイロットとしては8連覇。22年2月バンクーバー五輪では浅津との2人乗りで16位

『ゆっくりあきらめずに夢をかなえる方法』　桧野真奈美著　ダイヤモンド社　2010.12　247p　19cm〈年表あり〉　1429円　①978-4-478-01416-5

内容 直前の出場停止、車いすからの再スタート、資金難、企画書1枚からのスポンサー集め…。いくつもの困難を乗り越え、挫折しては立ち上がり、2010年バンクーバーオリンピック女子ボブスレー日本代表として舞台に立った「普通の女の子」の挑戦と成長。

## スケルトン

◆上半身が乗るサイズの台と刃だけの薄く小さなソリで滑る競技。うつぶせの姿勢で、頭を前にして滑る。トラックの長さはボブスレーと同じ1200–1300m。ソリの重量は男子43kg以下、女子35kg以下に定められている。平均時速は100Kmにも及び、危険性のためヘルメット着用が義務づけられている。2回または4回滑り、合計タイムで順位を決める

《越 和宏》　こし・かずひろ

㊐昭和39年（1964年）12月23日

◇スケルトン選手。仙台大でボブスレー部に入部し、平成元年日本代表入り。4年27歳の時にアルベールビル五輪選考会で敗退し、アルベールビル五輪にはスタッフとして参加した。五輪後、スケルトンに転向。この時、スケルトンの日本人競技者はだれもいなかった。14年ソルトレークシティ五輪で8位に入り、そり系競技では昭和47年の札幌五輪リュージュ以来の入賞を果たす。18年日本代表最年長の41歳でトリノ五輪に出場し、11位。22年2月“中年の星”として45歳で出場したバンクーバー五輪は20位に終わり、競技生活からの引退を表明した

『孤闘―スケルトン越和宏の滑走十年』　佐藤次郎著　新潮社　2003.1　251p　20cm　1500円　①4-10-439202-2

内容 すべてがゼロからの出発だった。仲間もコーチすらもいなかった。たった一人、拙い英語と貸しソリで海外を転戦した。数度の転職、失業、DMでの職探し。そんな苦しいときでも、妻の平静な顔は勇気の源だった。なにより、自らの情熱だけは信じていた…。その不撓不屈の姿に、やがて、幾人もの男たちが立ち上がる。中学校の体育教師、大学の同期生、そして鉄工所の主。越和宏と仲間の姿に、胸が熱くなる感動ドキュメント。

## リュージュ

◆ブレーキやハンドルのないソリに足を前にしてあおむけの姿勢で乗り、コースを滑りタイムを競う。コースは1000–1500m。スチール製の刃がついたクーヘという部分を、足首で押しこむようにして操縦する。男女ともに1人乗り、2人乗りがあり、チームリレーでは男女1人乗りと2人乗り（男女不問）の4人でチームを組み、3本の合計タイムで競う

『ルールと見どころ！ オリンピック・パラリンピック全競技　5　スキー スケート カーリングほか―冬季競技』　日本オリンピック・アカデミー監修　ポプラ社　2018.4　63p　29cm〈索引あり〉　3000円　①978-4-591-15739-8

目次 アルペンスキー, クロスカントリースキー, スキージャンプ, ノルディック複合, フリースタイルスキー, スノーボード, スピードスケート, ショートトラック・スピードスケート, フィギュアスケート, バイアスロン, ボブスレー, スケルトン, リュージュ, カーリング, アイスホッケー

## カーリング

◆2人または4人1チームで対戦する。1人が作戦を立て、1人がハンドルの付いた丸いストーンを氷の上に滑らせ、スイーパーとよばれる2人が氷をこすってストーンの

カーリング　　　　オリンピック冬季競技

進路を調節しながら、円形のハウス（的）の中心をねらう。各チームごとに8個のストーンを相手チームと交互に投げる。計16個のストーンが投げられた時点で、ハウスの中心からもっとも近い位置にストーンを置いたチームが得点する。これを10ゲーム繰返し、合計得点で勝敗を決める。2018年平昌大会よりダブルス〈男女2名〉種目が追加された

『そだねーカーリング女子応援BOOK』
宝島社　2018.8　95p　30cm　（TJ MOOK）　1200円　①978-4-8002-8508-9

『新みんなのカーリング—公益社団法人日本カーリング協会オフィシャルブック』
［小川豊和］［監修］　学研教育出版　2014.2　131p　21cm〈「みんなのカーリング」（学研 2006年刊）の改題、改訂版　文献あり　発売：学研マーケティング〉　1400円　①978-4-05-800212-4
内容 カーリング観戦が10倍楽しくなる！ルール、用具、技術、作戦、気になる疑問がこの本でスッキリ！ソチオリンピック日本女子代表チームも大特集。

『カーリングガールズ—2010年バンクーバーへ、新生チーム青森の第一歩』　高野祐太文・写真　札幌　エムジー・コーポレーション　2007.3　80p　26cm　（MG books）　1800円　①978-4-900253-31-5
内容 バンクーバーオリンピックを目指すことを決めた目黒萌絵、本橋麻里、山浦麻葉、寺田桜子一。

『みんなのカーリング—（社）日本カーリング協会オフィシャルブック』　小川豊和　監修　学習研社　2006.6　127p　21cm　1300円　①4-05-403130-7
内容 「マイストーンってあるの？」など、誰もが知りたかった疑問に答える！デリバリー（投げ方）、スイーピング（はき方）の基本がマスターできる！初心者向けカーリングスクールのレッスン内容を再現！テレビ観戦のツボがわかる「カーリングの作戦」とは？あの感動の一戦を専門的に分析！「トリノ五輪イタリア戦・最終エンドの攻防」。

《小野寺 歩》　おのでら・あゆみ
㊉昭和53年（1978年）11月25日
◇カーリング選手。旧姓・小野寺。平成3年常呂中1年からカーリングを始め、同級生の加藤章子、林弓枝とカーリングチーム・シムソンズを結成。のち中学の先輩だった小仲美香が加入。14年ソルトレークシティ五輪に出場、2勝7敗8位で予選敗退。同年12月シムソンズは解散。競技を続けるため、林（サード）とともに青森に移り、青森市文化スポーツ振興公社に勤務しながら、選手兼指導者として活動、同じ北海道出身で青森県内の大学に進学していた目黒萌絵（リード）、寺田桜子（リザーブ）とチーム青森（当時はチーム・フォルティウス）を結成した。16年チーム青森は日本選手権で優勝しパシフィック選手権の出場権を得、後輩にあたる常呂高2年の本橋麻里（セカンド）が助っ人として加入して1位に。17年2月から司令塔であるスキップを務める。同年本橋が正式加入し、世界選手権9位。同年の日本選手権は2位でトリノ五輪代表を決められなかったが、その後の代表決定戦に勝利。18年トリノ五輪では優勝候補のカナダ、英国に勝利、強豪国と互角に戦い、通算4勝5敗で7位入賞に貢献。3月日本選手権で2年ぶり2度目の優勝後、林とともに第一線から退いた。23年4月船山弓枝（旧姓・林）とともに、北海道銀行フォルティウスとして競技に復帰。常呂町出身の吉田知那美（リザーブ）、小野寺佳歩（セカンド）が参加し、8月には岩手出身の苫米地美智子（リード）が加入。25年日本選手権は2位となり、9月中部電力を破って日本代表に選ばれ、12月のソチ五輪世界最終予選で五輪出場権を獲得。26年3大会目の五輪となったソチ五輪では、日本女子勢として五輪史上最高タイの5位に入賞。開会式と閉会式の日本選手団旗手も務めた

『カーリング魂。』　小野寺歩著　小学館　2007.3　236p　19cm　1400円　①978-4-09-387708-4
内容 心理戦、テクニック…思わず息をのむ、カーリングの真髄。トリノのシンデレラ、人生を賭けた15年。

# パラリンピック夏季競技

『教養としてのアダプテッド体育・スポーツ学』　齊藤まゆみ編著　大修館書店　2018.8　153p　26cm〈索引あり〉　1800円　①978-4-469-26846-1

内容 本書は、第1部〜第4部、全34講で構成されています。第1部は座学を中心とした講義、第2部は演習・実習として授業等にも活用できるようになっています。第3部はより深く学ぶために多様な視点から話題を提供しており、第4部ではアダプテッド・スポーツ科学研究への誘いとしてより専門的に学ぶための視点について解説しています。

『挑戦者いま、この時を生きる。―パラアスリートたちの言魂』　フジテレビPARA☆DO！著　さくら舎　2017.11　241p　19cm　1500円　①978-4-86581-124-7

目次 エースの言魂（世界のクニエダ―国枝慎吾（車いすテニス）、義足アスリートの先駆け―山本篤（陸上）ほか）、若きアスリート（リオのヒロイン―辻沙絵（陸上）、成田兄妹の末っ子―成田緑夢（陸上、スノーボード）ほか）、世界の実力者（日本ただ1人のプロバスケットボーラー―香西宏昭（車いすバスケットボール）、両瀬義足の最強選手―藤田征樹（自転車）ほか）、ファンタジスタ（サッカー王国出身―佐々木ロベルト泉（ブラインドサッカー）、日本の未来を担うエース―川村怜（ブラインドサッカー）ほか）、不屈の言魂（パラ界のリビング・レジェンド―別所キミエ（卓球）、5大会連続出場の2mハイジャンパー―鈴木徹（陸上）ほか）

『目の見えないアスリートの身体論―なぜ視覚なしでプレイできるのか』　伊藤亜紗著　潮出版社　2016.9　204p　18cm（潮新書）　820円　①978-4-267-02059-9

内容 あなたは目をつぶって一〇〇メートルを走れますか？ リオ戦士たちの「目で見ない」世界はおもしろい。

『絵とDVDでわかるスポーツルールとテクニック　10　パラリンピックスポーツ・車いす競技・ゴールボールなど』　中村和彦総合監修　学研教育出版　2015.2　63p　29cm〈年表あり〉　発売：学研マーケティング〉　3300円　①978-4-05-501101-3

目次 スペシャルインタビュー プロ車いすテニスプレイヤー 国枝慎吾、陸上競技・水泳競技（陸上競技、水泳競技）、球技（車椅子バスケットボール、車いすテニス、ウィルチェアーラグビー）

『まるわかり！ パラリンピック　[4]　限界をこえる！ 夏の競技 3―陸上競技・ボッチャほか』　日本障がい者スポーツ協会監修　文研出版　2015.1　47p　29cm〈奥付の出版年月（誤植）：2014年1月　索引あり〉　2800円　①978-4-580-82252-8

『まるわかり！ パラリンピック　[3]　チームでたたかう！ 夏の競技 2―サッカー・ゴールボールほか』　日本障がい者スポーツ協会監修　文研出版　2014.12　47p　29cm〈索引あり〉　2800円　①978-4-580-82251-1

目次 脳性まひ者7人制サッカー、視覚障がい者5人制サッカー、シッティングバレーボール、ウィルチェアーラグビー、ゴールボール、パラリンピック選手ものがたり（ウィルチェアーラグビー―三宅洋行選手、ゴールボール―浦田理恵選手）、パラリンピックを支える人のものがたり 江黒直樹さん

『スピード勝負！ 夏の競技　1　車椅子バスケットボール・水泳ほか』　日本障がい者スポーツ協会監修　文研出版　2014.11　47p　29cm（まるわかり！ パラリンピック）〈索引あり〉　2800円　①978-4-580-82250-4

目次 車椅子バスケットボール、車いすテニス、水泳、自転車、ローイング、車いすフェンシング、セーリング、パラリンピック選手ものがたり（車椅子バスケットボール・京谷和幸さん、水泳・木村敬一選手）、パラリンピックを支える人のものがたり（競技用車いすエンジニア・小澤徹さん、結城智之さん）、もっと知りたい！ 持ち点やクラス分けはだれが決めているの？

『限界をこえる！ 夏の競技　3　陸上競技・ボッチャほか』　日本障がい者スポーツ協会監修　文研出版　2014.1　47p　29×22cm（まるわかり！ パラリンピック）　2800円　①978-4-580-82252-8

オリンピックの本3000冊　349

目次 陸上競技、卓球、柔道、アーチェリー、ボッチャ、射撃、馬術、パワーリフティング、パラリンピック選手ものがたり 陸上競技（走り幅跳び）・佐藤真海選手、パラリンピックを支える人のものがたり 義肢装具士・臼井二美男さん

## 『ようこそ、障害者スポーツへ—パラリンピックを目指すアスリートたち』 伊藤数子著 廣済堂出版 2012.9 198p 19cm 1300円 ①978-4-331-51658-4

目次 第1章 障害者スポーツ新時代を担う選手たち（車いすテニスが示す認知拡大の糸口—国枝慎吾、新たなスポーツ史をつくる車いすランナー—廣道純、「小川道場」初のパラリンピアン—半谷静香、義足ランナーピストリウス！、世界の舞台を駆け抜けろ！—O・ピストリウス、18歳の日本代表選手が示唆したもの—城下歩、アスリートとしての意識改革の先駆者—新田佳浩）、第2章 知らなかった！ 障害者スポーツの世界（回転をかけて音を消す!?—ブラインドテニス、「一本」を追求した日本古来の柔道—視覚障害者柔道、工夫次第で"みんなで"スポーツができる！—ハンドサッカー、日本の誇るブランド「イイヅカ」を世界へ！—車いすテニス、スポーツは「見る」だけでなく「する」ものだ—ボッチャ、"知る"ことから世界は拡がる—車椅子バスケットボール、競技大会としてのあるべき姿—大分陸上）、第3章 障害者スポーツのこれから（「障害者スポーツ」という名称の光と影、次の時代を迎えた全国障害者スポーツ大会、「モバチュウ」の意義を教えてくれた一本の電話、「他人事」から「国民スポーツ」へ、新たな時代の幕開け—多様化する障害者スポーツの形態）

## 『いつの日か…—挑戦するアスリートたちの物語』 平澤芳明著 札幌 北海道新聞社 2010.1 255p 19cm 1400円 ①978-4-89453-532-9

内容 ハンディキャップを乗り越えて、夢を追い続ける5人の情熱あふれるアスリートたちの物語。

## 『人の心と可能性—心のバリアを乗り越えて』 宮里孝三著 文芸社 2007.11 232p 20cm 1500円 ①978-4-286-03483-6

内容 本書は、ろう者バレーボールの監督、教師として生徒たちと体当たりでぶつかってきた経験、バリアフリー・バレーボールの

普及活動をとおして、教育、子育て、健常者と障害者、バリアフリーといったテーマに光を当て、混迷する現代を生きる知恵を考えようとするものである。

## 『みんなで楽しむ！ 障害者スポーツ—知って、学んで、いっしょに体験 1 パラリンピックで活躍する人たち 夏季編』 日本障害者スポーツ協会監修 学習研究社 2004.3 52p 27cm 2800円 ①4-05-202005-7

内容 車いすバスケットボール、陸上、水泳など、夏季パラリンピックで活躍するトップアスリート5名の「感動ストーリー」を掲載。スポーツとの運命的な出会い、パラリンピックへの思い、将来の夢など、選手の舞台裏にも密着。

## 『日本の障害者スポーツ—写真集成 第1巻』 藤田紀昭監修、神谷幸宏、山本耕二編 日本図書センター 2001.11 183p 31cm ①4-8205-9473-7

目次 1 陸上競技・水泳競技（トラック競技、走り幅跳び、走り高跳び ほか）、2 球技（車いすバスケット、シッティングバレーボール、スタンディングバレーボール ほか）、3 自転車・柔道・パワーリフティング・フェンシング・アーチェリー・馬術・セーリング・射撃、4 冬季パラリンピック（アルペンスキー、クロスカントリー、バイアスロン ほか）

## 『日本の障害者スポーツ—写真集成 第2巻 スポーツの魅力と楽しさ』 藤田紀昭監修、神谷幸宏、山本耕二編 日本図書センター 2001.11 183p 31cm ①4-8205-9474-5

目次 1 スポーツの魅力—Fun Element（車いすレース、車いすマラソン、盲人マラソン ほか）、2 さまざまな形の障害者スポーツ（車いすダンス、シンクロナイズドスイミング、ユニホッケー ほか）、3 統合—Inclusion（車いすダンス（おとな）、車いすテニス（ニューミックス）、シッティングバレーボール ほか）

## 『日本の障害者スポーツ—写真集成 第3巻 パラリンピックへの道』 藤田紀昭監修、神谷幸宏、山本耕二編 日本図書センター 2001.11 183p 31cm ①4-8205-9475-3

目次 リハビリスポーツから競技スポーツへ、1 東京パラリンピック、2 国際障害者スポー

ツ競技大会, 3 国内の障害者スポーツ大会, 4 選手を支える人びと, 資料編

『闘う「車いす」―車いす革命の旗手たち』
土方正志著, 奥野安彦写真　日刊工業新聞社　2000.9　206p　19cm　（B＆Tブックス）　1500円　①4-526-04644-2
内容 2000年秋「車いすのアスリート」とともにシドニー・パラリンピックに挑む「（株）オーエックスエンジニアリング」闘いの軌跡。

### 《マーティン, ポール》

㊉1967年

◇米国のスキー選手, アイスホッケー選手, 自転車選手, トライアスロン選手。25歳の時, 交通事故で消防車と衝突し, 左足を切断。1年後にスキーをしたことがきっかけで, アスリートを目指す。その後, スキー, アイスホッケー, 自転車競技, トライアスロン競技で全米代表になり, 1997年障害者トライアスロン世界選手権優賞, 2000年シドニー・パラリンピック出場, 2002年障害者自転車世界選手権優勝, ハワイ・アイアンマン・レース完走4度。2004年アテネ・パラリンピック自転車競技米国代表

『1本足の栄光―ある片足アスリートの半生』　ポール・マーティン著, 小滝頼介訳実業之日本社　2004.5　247p　20cm〈年譜あり〉　1700円　①4-408-61124-7
内容 片足を失いながら, スキー, アイスホッケー, 自転車競技, トライアスロンの4つの競技で全米代表になり, 97年障害者トライアスロン世界選手権優賞, 00年シドニー・パラリンピック出場, 02年障害者自転車世界選手権優賞, ハワイ・アイアンマン・レース完走4度など, 輝かしい実績を残してきた男の, 人生応援歌。

## アーチェリー

◆50メートル, または70メートル先にある的を狙い得点を競う。オリンピックとほぼ同じルールで行われるが, 障がいの内容や程度に応じてルールや用具の変更が認められている。弓は一般的な「リカーブ」と先端に滑車のついた「コンパウンド」の2種類が使用可能。競技種目は, 弓の種類による2部門と, W1クラス（四肢に障がいがあり, 車いすを使用）限定の「W1オープン」の3部門に大別される。リカーブ・コンパウンド部門は全クラスの選手が混合で出場できる。W1部門ではどちらの弓を使ってもよい。これら全部門で男女別の個人戦とミックス戦〈男女各1名〉が行われる

『限界をこえる！ 夏の競技　3　陸上競技・ボッチャほか』　日本障がい者スポーツ協会監修　文研出版　2014.1　47p　29×22cm　（まるわかり！ パラリンピック）　2800円　①978-4-580-82252-8
目次 陸上競技, 卓球, 柔道, アーチェリー, ボッチャ, 射撃, 馬術, パワーリフティング, パラリンピック選手ものがたり 陸上競技（走り幅跳び）・佐藤真海選手, パラリンピックを支える人のものがたり 義肢装具士・臼井二美男さん

## 陸上競技

◆様々な障がいを持つ選手がいる中でも公平なレースが行えるよう, 障がいの内容や程度, 運動機能などによって選手がクラス分けされる。レースはクラスごと, あるいは程度の近いクラスを合わせた統合クラスで行われる。各種目のルールはオリンピックとほぼ同じだが, 障がいに応じてルールが変更される場合がある。例えば, 視覚障がいクラスは選手の必要に応じて伴走者（ガイドランナー）と走ったり, 車いすクラスの選手は競技用の車いす（レーサー）を使用したりすることが認められている。種目はトラック, フィールド, ロードの3つに別けられる。実施種目やクラスは固定されておらず, 参加選手数などに応じて大会ごとに変動する。トラック競技としては短・中・長距離, リレー種目などが実施される。フィールドでは跳躍と投てきが行われる。投てき競技には, パラリンピック独自の種目, こん棒投がある。ロードは42.195kmのマラソンである

『絵とDVDでわかるスポーツルールとテクニック　10　パラリンピックスポーツ・

オリンピックの本3000冊　351

車いす競技・ゴールボールなど』　中村
和彦総合監修　学研教育出版　2015.2
63p　29cm〈年表あり　発売：学研マー
ケティング〉　3300円　Ⓘ978-4-05-
501101-3
　目次 スペシャルインタビュー プロ車いすテ
　ニスプレイヤー 国枝慎吾，陸上競技・水泳
　競技（陸上競技，水泳競技），球技（車椅子バ
　スケットボール，車いすテニス，ウィルチェ
　アーラグビー）

『義足ランナー──義肢装具士の奇跡の挑戦』
　佐藤次郎著　東京書籍　2013.2　274p
　19cm　1600円　Ⓘ978-4-487-80764-2
　内容 誰もが不可能だと思った走ることへの挑
　戦！ 奇跡を実現した臼井二美男と義足使用
　者たちの感動の人間ドラマ。

『ケンタウロス、走る！──車椅子レーサー
　たちのシドニー・パラリンピック』　土
　方正志著　文藝春秋　2001.1　221p
　19cm　1476円　Ⓘ4-16-356930-8
　内容 アトランタからシドニーまで，車椅子で
　駆け抜けた42.195km。室塚一也，広道純，
　土田和歌子ら，パラリンピックに挑んだ日
　本陸上陣の栄光と挫折─。苦楽をともにし
　た著者による，四年間の伴走記。

《伊藤 智也》　いとう・ともや
　㊵昭和38年（1963年）
　◇車いす陸上選手（中・長距離）。平成9年中
　枢神経が冒される難病の多発性硬化症を発
　病して下半身不随となり，左目の視力も失
　う。その後，車いす陸上競技を始め，15年世
　界選手権では3種目で金メダルを獲得。16年
　アテネパラリンピックのフルマラソンでは
　優勝候補と目されたが，マラソン前に出場
　した5000メートルで右肩腱断裂し，マラソ
　ン，5000メートルとも4位に終わった。17年
　プロ宣言。18年に一度引退したが，19年秋
　に復帰し，種目を長距離主体から400メート
　ルと800メートルに絞る。20年北京パラリ
　ンピック400メートルで金メダル，800メー
　トルは世界記録で金メダルを獲得した

『絆──命を輝かせるために』　伊藤智也著
　清流出版　2012.6　207p　19cm　1400
　円　Ⓘ978-4-86029-384-0
　内容 多発性硬化症によって，下半身不随・左
　目失明，愛する家族との別れ，事業の失敗・
　借金苦…，それでも，「絆」に支えられてい

るから，折れない。不屈の男が発する魂の
言葉に励まされ，あなたの明日が輝く。

『一秒でも』　伊藤智也著　津　伊勢新聞
　社　2005.1　193p　19cm　1500円
　Ⓘ4-900457-91-4
　内容 難病と闘いながら走り続ける車いすの
　トップアスリート。アテネパラリンピック
　出場の陰には，彼を支える人々との熱いド
　ラマがあった。NHK『にんげんドキュメン
　ト』でも紹介された車いすマラソンランナー
　感動のノンフィクション。

《尾崎 峰穂》　おざき・みねほ
　㊵昭和38年（1963年）9月20日
　◇陸上選手。中学時代バレーボール選手とし
　て活躍し，推薦で世田谷学園高校に進学し
　たが，3年の時視神経委縮で視力を失い，バ
　レーボールを断念。中退して盲学校に入学。
　19歳の時東京都内の身障者スポーツ大会に
　出場し，立ち幅跳びとソフトボール投げで
　都新記録をマークしたことをきっかけに陸
　上競技にのめり込む。昭和59年ニューヨー
　ク・パラリンピック走り幅跳びで世界記録を
　マークし金メダル，3段跳びで銀メダル，円
　盤投げで銅メダルを獲得。63年のソウル・
　パラリンピックからは最も障害の重いクラ
　ス（全盲）に移り，走り幅跳び，立ち3段跳
　びで世界記録をマークし金メダル，やり投
　げで銅メダルを獲得。平成4年バルセロナ・
　パラリンピックでは走り幅跳びで3大会連続
　世界記録をマークし金メダル，やり投げで
　銅メダルを獲得。8年アトランタ・パラリン
　ピックではやり投げで金メダルを獲得し，4
　大会連続の金メダル獲得となる。同年全日
　本オセロ選手権盲人の部で優勝。9年北京の
　天安門から万里の長城までの100キロマラソ
　ンに出場。12年シドニー・パラリンピック，
　16年アテネ・パラリンピックではやり投げ
　で銅メダルを獲得。日本人最多のパラリン
　ピック6大会連続出場，6大会連続メダル獲
　得で，“鉄人”“ミスター・パラリンピック”
　の異名をとる。20年北京パラリンピックで
　7大会連続メダル獲得を目指したが，やり投
　げで6位に終わり，連続記録が途絶えた

『闇を跳びこえ、もう一歩』　尾崎峰穂著
　立風書房　2000.10　236p　20cm〈構
　成：加曽利智子〉　1600円　Ⓘ4-651-
　14018-1
　内容 高校三年の18歳の時，原因不明の視神経

萎縮で突然視力を失い、絶望感から自殺まで考えた著者が、盲学校で陸上競技と出会い、いま一度生きる力を得てパラリンピックに出場。自分でも絶対に不可能だと思っていた走り幅跳びで世界新記録を出して優勝。その後も幅跳び、槍投げで4大会連続の金メダル獲得を果たし、2000年シドニーで5度目の金メダルに挑戦。著者のポジティブな生き方を、将来の目的が見つけにくい現代の若い世代へ、大きな励ましのメッセージとして伝えたい。

《佐藤 真海》 さとう・まみ
㊇昭和57年（1982年）3月12日
◇トライアスロン選手、走り幅跳び選手。中学・高校時代は陸上部。早稲田大学商学部に入学し、チアリーディング部に入る。2年時に骨肉腫を発症し、平成14年右足膝以下を切断、義足の生活に。その後、陸上競技を再開して走り幅跳びを始める。16年サントリー（現・サントリーホールディングス）に入社。同年アテネ・パラリンピックに出場し、走り幅跳びで9位。20年北京パラリンピック走り幅跳び6位入賞。24年ロンドン・パラリンピックでは9位。25年4月ブラジル・サンパウロの国際大会で5メートル2センチの日本記録を樹立。7月には国際パラリンピック委員会世界選手権で銅メダルを獲得。競技活動と並行して、2020年東京五輪の招致に関わり、平成25年3月に国際オリンピック委員会（IOC）評価委員会の現地評価で初スピーチを行う。9月にはアルゼンチン・ブエノスアイレスで開催されたIOC総会最終プレゼンテーションでトップバッターとして登壇。右足膝下の切断や故郷の宮城県気仙沼市が東日本大震災で大きな被害にあったことなど、自らの体験談をもとに"スポーツの力"によって救われたと訴えた演説は大きな注目を集め、東京五輪招致決定に貢献した。26年結婚し、27年第1子を出産。28年パラトライアスロンに転向。競技転向を機に、登録名を"佐藤真海"から"谷真海"に変更。サントリーに勤務する傍ら、講演や被災地支援、障害者スポーツの理解と支援を広げる活動にも励む。29年尚美学園大学客員教授に就任

『ラッキーガール』 佐藤真海著 集英社
2014.3 181p 16cm （集英社文庫 さ55-1）〈2004年刊の加筆、再編集〉 450円 ①978-4-08-745175-7

内容 招致活動の最終プレゼンテーションでトップバッターを務め、2020年東京五輪・パラリンピック開催に貢献した義足のアスリート、佐藤真海。ヤンチャだった子供時代と、チアリーディングに没頭した大学生活。そして、骨肉腫と右足下切断という突然の出来事と、絶望を乗り越え、再び前を向いて走り始めるまで―。パラリンピックに3大会連続出場し、今も夢を追い続ける佐藤選手が綴る、感動の手記。

『とぶ！ 夢に向かって―ロンドンパラリンピック陸上日本代表・佐藤真海物語』
佐藤真海文 学研教育出版 2012.12
137p 22cm （スポーツノンフィクション）〈発売：学研マーケティング〉
1300円 ①978-4-05-203555-5
内容 佐藤真海選手は二十歳のとき、骨肉種のため右足下切断。義足生活となるが、大好きなスポーツを通して、再び、自分らしさを取りもどす。陸上走り幅跳び日本代表として、アテネ、北京、ロンドンと三大会のパラリンピックに出場！「限界のふた」をはずし、どこまでもちょう戦しつづける佐藤真海選手の、命のかがやきがほとばしる物語。

『夢を跳ぶ―パラリンピック・アスリートの挑戦』 佐藤真海著 岩波書店
2008.8 183p 18cm （岩波ジュニア新書 604） 740円 ①978-4-00-500604-5
内容 19歳のときに骨肉腫を発症し右足膝下を失った著者が、北京パラリンピック陸上競技・走り幅跳び日本代表に選ばれるまでの道のりを語る。辛い闘病生活、生きる意味を問い続けた日々、競技者としての苦悩…。さまざまな困難を乗り越え、新たに挑戦を続ける若き女性アスリートの涙と夢と希望の手記。

《重本 沙絵》 しげもと・さえ
㊇平成6年（1994年）10月28日
◇陸上選手。旧姓・辻。生まれつき右肘から先が欠損。小学5年からハンドボールを始める。平成25年日体大に進みハンドボール部に入るが、32年の東京パラリンピック開催が決定した際に大学側からパラリンピック競技への転向を打診され、同年12月陸上部パラアスリートブロックに転部。28年9月リオデジャネイロ・パラリンピックの400メートル（切断などT47）で銅メダルを獲得した

陸上競技　　　パラリンピック夏季競技

『みんなちがって、それでいい―パラ陸上
　から私が教わったこと』　宮崎恵理著,
重本沙絵監修　ポプラ社　2018.8　195p
20cm　（ポプラ社ノンフィクション 32
―スポーツ）〈年譜あり〉　1300円
①978-4-591-15945-3
内容「沙絵の手は、そのうち生えてくる？」
幼いころ、母にそう問いかけた少女・沙絵。
手が生えないと知ってから、努力と工夫を
重ねて、なんでも他の人と同じようにでき
る力を身につけてきました。障がいをもの
ともせず、健常者と同じ舞台に立ってきた
沙絵が、本当の意味で「障がいのある自分」
を受けいれたとき、沙絵の人生は、新たな
方向に進みはじめます―。

《鈴木 徹》　すずき・とおる
㊝昭和55年（1980年）5月4日
◇走り高跳び選手。中学・高校とハンドボール
部に在籍、駿台甲府高3年の国体では、山梨
県代表の一員として全国3位の成績を収め、
筑波大に進学が決まっていたが、卒業式の1
週間前に乗用車を運転中、交通事故を起こ
し右膝下を失う。事故当時に搬送された山
梨県内の病院を退院後、東京都多摩障害者
スポーツセンターに入所し、義足でのリハビ
リとトレーニングに励む。平成12年2月末、
スポーツセンターの指導員に誘われて中央
大学の陸上競技場に赴いた際、走り高跳びに
挑戦したところ、当時の日本記録150センチ
を上回る165センチをクリア。同年4月、筑
波大に復学すると陸上部に入り、5月にはシ
ドニーパラリンピック最終予選にて、181セン
チの日本記録で優勝。12年シドニーパラ
リンピック、16年アテネパラリンピックで
は6位入賞の成績を収める。18年ジャパン
パラリンピックで2メートルをクリアし、日
本記録（障害グループ：F44）を更新、世界
3人目の2メートルジャンパーとなった。20
年北京パラリンピックでは日本選手団の旗
手を務め、過去2大会の記録を超え5位入賞。
24年ロンドンパラリンピックでは4位入賞、
4×100メートルリレーも4位

『世界への道―"義足のハイジャンパー"鈴
　木徹の生き様』　久保弘毅著　スポーツ
イベント　2008.8　240p　19cm〈文献
あり　発売：社会評論社〉　1429円
①978-4-7845-0635-4
内容ハンドボールのオリンピック選手を夢見

ていたが、自動車事故で右足を切断。リハ
ビリ中に巡り会った走り高跳びに魅せられ、
日本初の義足のプロアスリートに転身した。
シドニー、アテネに続いて出場する北京パラ
リンピックでは、日本選手団の旗手の大役
を任され、金メダル獲得を狙う。足を失っ
たことで多くの喜びと自分らしさを手に
入れることができた。「もう足はいらない！」
ときっぱり口にする鈴木徹は、自分の人生
を導いてくれた義足に無限の可能性を託し、
"世界への道"を突き進んでいく―。

《タイナン, ローナン》
◇アイルランドのテノール歌手、生まれつき
下肢に障害があったが、20歳で車の事故に
遭い、膝から下を切断するケガを負った。
1984年と1988年のパラリンピックに陸上選
手として出場、金メダル4個との銀メダル2
個、銅メダル1個を獲得した。その後声楽を
勉強し、テノール歌手として活躍

『終わらない挑戦―パラリンピックを制し
　たテナー歌手ローナン・タイナン』
ローナン・タイナン著, 塩野美奈訳　ヤ
マハミュージックメディア　2003.2
358p　19cm　1800円　①4-636-20918-
4

《高橋 勇市》　たかはし・ゆういち
㊝昭和40（1965）年6月12日
◇陸上競技・マラソン選手。高校2年生の時に、
目の疾患「白点状網膜症」と診断される。そ
の後、難病「網膜色素変性症」を併発。34
歳で完全に失明した平成16年アテネパラリ
ンピックマラソンで金メダルを獲得。20年
北京パラリンピックではマラソン（視覚障
害）で16位。24年ロンドンパラリンピック
もマラソン（視覚障害）で7位入賞。三菱商
事（株）所属

『夢をあきらめない―全盲のランナー・高
　橋勇市物語』　池田まき子著　岩崎書店
2008.7　161p　22cm　（イワサキ・ノン
フィクション 9）　1200円　①978-4-
265-04279-1
内容盲人マラソンの元世界記録保持者（2時
間37分43秒）であり、パラリンピック・マ
ラソンの金メダリスト、高橋勇市。視力を
失いながらも、懸命に努力を重ねて金メダ
ルを勝ちとった力強さ、さらなる目標に向
かって走り続けるその姿。人びとに夢と勇

パラリンピック夏季競技　　　陸上競技

気をあたえるランナーの、感動のノンフィクション。

『アテネの風―盲人ランナー高橋勇市の軌跡』　吉木稔朗著　［出版地不明］　アイ・ティ・フロンティア　2005.4　223p　19cm〈東京 創芸社（発売）〉　1200円　①4-88144-012-8

《千葉 祇暉》　ちば・まさあき
◇日本チャレンジドアスリート協会会長。車いす陸上選手。平成4年バルセロナ、8年アトランタ、12年シドニーと3大会連続でパラリンピックで陸上トラック競技に出場

『立てないけど、立ち上がれ―目指せ！ 車いすのオピニオンリーダー』　千葉祇暉著　岡山　大学教育出版　2016.7　163p　21cm　1600円　①978-4-86429-412-6

《土田 和歌子》　つちだ・わかこ
㊛昭和49年（1974年）10月15日
◇車いすマラソン選手，アイススレッジスピードレース選手。清瀬東高2年の時、友人とドライブ中に事故に遭い、車いす生活に。平成5年アイススレッジの講習会に参加したことがきっかけで、日本で最初にアイススレッジスピードスケートを始める。同年リレハンメルパラリンピックに出場。9年長野パラリンピックのプレ大会で1500メートルで4分8秒67の世界記録をマーク。10年長野パラリンピックでは1500メートル（LW11クラス）で3分59秒35と自身の世界記録を更新し金メダルを獲得。1000メートルでも金メダル、100メートル、500メートルでは銀メダルを獲得した。一方、車いすマラソンにも挑戦し、12年シドニー五輪の公開競技として行われた車いす800メートルレースに日本人選手として初出場し、銀メダルを獲得。同年シドニーパラリンピック車いすマラソンで銅メダルを獲得し、日本人初の冬夏メダルとなった。13年橋本聖子参院議員が設立したスポーツ選手のマネジメント会社、セイコ・ハシモト・インターナショナル（SHI）に入社、プロ選手として競技に専念する。16年アテネパラリンピック車いすマラソンで銀メダルを獲得。20年北京パラリンピック陸上5000メートルで転倒負傷し、メダル候補だったマラソンは欠場。24年ロンドンパラリンピックのマラソンは転倒して5位。28年東京マラソン9連覇。同年リオ

デジャネイロパラリンピックのマラソンで4位。30年パラトライアスロンへの競技転向を発表

『今を受け入れ、今を越える。―車いすマラソン世界記録保持者の「前に進む言葉」』　土田和歌子著　徳間書店　2012.8　189p　19cm　1200円　①978-4-19-863454-4
内容 ロンドンの空に日の丸を掲げよう。母であり、妻であり、会社員であり、車いす陸上選手として世界と戦う。熱血アスリートが初めて書いた、最高に前向きな心の作り方。

『身体障がい者スポーツ完全ガイド―パラリンピアンからのメッセージ』　土田和歌子著　東邦出版　2010.6　206p　21cm　1800円　①978-4-8094-0871-7
内容 選手、サポーター、競技、施設、歴史、支援企業…パラリンピアンを取り巻くすべてがわかる。

《中西 麻耶》　なかにし・まや
㊛昭和60（1985）年6月3日
◇陸上選手（走り幅跳び）。高校時代はソフトテニスでインターハイに出場。卒業後の平成18年、勤務先での事故で右膝から下を切断する大怪我を負う。退院後の19年、障害者陸上に転向すると、女子100メートル、200メートルで日本記録を樹立。20年北京パラリンピックに出場、100メートル6位、200メートル4位となり、義足スプリンターとしては日本人女子初の入賞を果たす。24年ロンドン・パラリンピックには走り幅跳び、100メートル、200メートルの3種目に出場。28年リオデジャネイロ・パラリンピックは走り幅跳び、100メートルの2種目に出場した

『ラスト・ワン』　金子達仁著　日本実業出版社　2014.12　251p　19cm　1500円　①978-4-534-05238-4
内容 義足アスリート中西麻耶の壮絶すぎる生きざま。金子達仁がスポーツライター人生を懸けて挑んだ雄篇。だからこそ、中西麻耶はすべてを曝け出した。思わずもんどりを打つほどの、衝撃エンディング！

《ピストリウス，オスカー》
㊛1986年11月22日
◇南アフリカの陸上選手（短距離）。先天性障害のため生後11カ月で両足の膝から下を切断。2004年アテネ・パラリンピックの陸上

オリンピックの本3000冊　　355

200メートルに両足義足のアスリートとして出場、従来の記録を0秒74短縮する21秒97（健常者の当時の世界記録は19秒32）の世界記録で金メダルを獲得。両脚に障害があるクラスの100メートル、400メートルでも世界記録をマークした。その後、北京五輪など健常者のレースへの出場を希望したが、2008年1月国際陸上競技連盟（IAAF）は、カーボン繊維製の義足は推進力などで有利に働くとのドイツの大学の調査を根拠として認めなかった。しかし、スポーツ仲裁裁判所（CAS）は5月にIAAFの判断を覆し、健常者のレースへ出場することを認める裁定を下した。7月には北京五輪男子400メートルの参加標準記録に0秒70と迫る46秒25をマークしたものの、五輪出場はならなかった。北京パラリンピックでは100メートル2連覇を含む短距離3冠を獲得。2012年ロンドン五輪の400メートルと4×400メートルリレーの代表に選ばれ、両脚が義足の陸上競技選手では初めて五輪出場を果たす。本戦では、400メートルで予選敗退、4×400メートルリレーは決勝で第4走者を務めたが8位。ロンドン・パラリンピック200メートルでは予選で21秒30の世界記録をマークするが、決勝で2位に終わる。100メートルは4位。第4走者を務めた4×100メートルリレーでは41秒78の世界記録をマークし、金メダルを獲得した。愛称は"ブレードランナー"

『オスカー・ピストリウス自伝—義足こそが僕の足』　オスカー・ピストリウス, ジャンニ・メルロ著, 池村千秋訳　白水社　2012.12　242p 図版14p　19cm〈年譜あり〉　1900円　①978-4-560-08261-4
　内容 生後11ヶ月で両足を切断した少年が、両足義足のスプリンターとして史上初めてオリンピックに出場するまでの成長と挑戦の軌跡。

《山本 篤》　やまもと・あつし
⑪昭和57年（1982年）4月19日
◇走り幅跳び選手, 陸上選手（短距離）, パラスノーボード選手。高校2年生の時に交通事故で左足の腿から先を失う。卒業後に義肢装具の専門学校に入学、陸上と出合う。平成16年スポーツ推薦で大阪体育大学に入学。パラリンピック陸上競技の短距離及び走り幅跳びの選手として、T42クラス（片大腿切

断など）に出場。20年北京パラリンピック走り幅跳びで銀メダルを獲得、日本の陸上義足選手初のメダリストとなった。100メートルは5位。24年ロンドン・パラリンピック走り幅跳び5位、100メートル6位、200メートル8位。28年日本パラ選手権走り幅跳びで6メートル56の世界記録をマークし優勝。同年リオデジャネイロ・パラリンピックの走り幅跳びで2個目の銀メダルを獲得。4×100メートルリレーは銅メダル、100メートル7位。30年冬季大会の平昌パラリンピックにスノーボードクロスとバンクドスラロームで出場を果たした

『義足のアスリート山本篤』　鈴木祐子著　東洋館出版社　2017.8　270p　19cm　1500円　①978-4-491-03382-2
　内容 誰もが息を飲む美しい跳躍。誰よりも遠くへ跳びたいと想う強い心。障がい者アスリートだからこそ、かっこよさにこだわる。左足を失ったことを悲劇ではなく、むしろ幸せだと思う。パラリンピック陸上の先駆的アスリートのすべてを描いた傑作スポーツノンフィクション！

『まんがスポーツで創る地域の未来　西日本編』　スポーツ庁企画・監修　大日本印刷　2017.6　364p　22cm〈発売：主婦の友社〉　2500円　①978-4-07-425946-5
　目次 7 マリンスポーツでまちおこし 自然を活かしたスポーツ集客—三重県熊野市、8「自立と連携」スポーツを核に地域に雇用を生む 出雲スポーツ振興21—島根県出雲市、9 瀬戸内しまなみ海道・国際サイクリング大会 瀬戸内しまなみ海道をサイクリストの聖地へ—愛媛県、10 Japan Open飯塚国際車いすテニス大会 アジア最高峰の国際車いすテニス大会の始まり—福岡県飯塚市、11 スポーツコミッションで合宿誘致—佐賀県、12 大分国際車いすマラソン大会 世界最高峰の車いすマラソン大会—大分県

# バドミントン

◆2020年東京大会からパラリンピックの正式競技となる。肢体不自由の選手を対象とし、障がいの内容や程度で6つのクラス（車いす2クラス、立位クラス4クラス）に分かれて競う。ネットの高さなど基本的

なルールはオリンピックと同じだが、クラスによってコートの広さが異なるなど一部工夫がされている。シングルスとダブルスがあり、全種目とも21点制。3ゲームで2ゲーム先取のラリーポイント方式で行われる

『ルールと見どころ！ オリンピック・パラリンピック全競技　4　サッカー バレーボール テニスほか—球技・ターゲットスポーツ』　日本オリンピック・アカデミー監修　ポプラ社　2018.4　63p　29cm〈索引あり〉　3000円　①978-4-591-15738-1

目次 サッカー, バレーボール, ラグビー, バスケットボール, ハンドボール, テニス, バドミントン, 卓球, ホッケー, 野球, ソフトボール, ゴルフ, アーチェリー, 射撃

---

## ボッチャ

◆重度脳性まひや同程度の四肢重度機能障がいのある人のために考案されたパラリンピック独自の球技。最初にジャックボールと呼ばれる白いボールを投げ、続いて赤と青の各6個のボールを投げたり、転がしたりして、目標となるジャックボールに可能な限り近づける競技。男女の区別はなく、障がいの内容や程度などにより4クラスに分けられ、個人戦、ペア戦、団体戦〈3人〉の3種類が行われる

『限界をこえる！ 夏の競技　3　陸上競技・ボッチャほか』　日本障がい者スポーツ協会監修　文研出版　2014.1　47p　29×22cm　（まるわかり！ パラリンピック）　2800円　①978-4-580-82252-8

目次 陸上競技, 卓球, 柔道, アーチェリー, ボッチャ, 射撃, 馬術, パワーリフティング, パラリンピック選手ものがたり 陸上競技（走り幅跳び）・佐藤真海選手, パラリンピックを支える人のものがたり 義肢装具士・臼井二美男さん

---

## カヌー

◆リオデジャネイロ2016大会からパラリ

ピックの正式競技となり、障がい物のない直線コースで男女別に着順を競う個人200メートルスプリント（カヤック種目）が行われた。2020年東京大会では、ヴァー種目が加わる。対象となるのは下半身や体幹に障がいのある選手で、公平な競技を行うため選手は障がいの程度によって3つのクラスに分けられる

『ルールと見どころ！ オリンピック・パラリンピック全競技　2　水泳 カヌー サーフィンほか—水上競技』　日本オリンピック・アカデミー監修　ポプラ社　2018.4　55p　29cm〈索引あり〉　3000円　①978-4-591-15736-7

目次 水泳, トライアスロン, ボート, カヌー, セーリング, サーフィン

---

## 自転車

◆身体障がいと視覚障がいの選手を対象に行われる。トラック競技とロード競技とがあり、それぞれ複数種目が男女別に行われる。ルールはオリンピックとほぼ同じだが、より公平な競技を行うため、障がいの種類に応じて4つのクラスに分かれ、その程度によってさらに細分される。クラスごとに使用する自転車が異なる。障がいの特性に合わせて、例えばペダルと義足が固定できるようにするなど、一部改造も認められている

『ルールと見どころ！ オリンピック・パラリンピック全競技　1　陸上競技 自転車競技 スケートボードほか—屋外競技・複合競技』　日本オリンピック・アカデミー監修　ポプラ社　2018.4　55p　29cm〈索引あり〉　3000円　①978-4-591-15735-0

目次 陸上競技（短距離, 中・長距離 ほか）, 自転車競技（トラック競技, ロード競技 ほか）, 馬術（馬場馬術, 障害馬術 ほか）, スケートボード（ストリート, パーク）, 近代五種

## 馬術

◆パラリンピックでは技の正確さや演技の美しさを競う馬場馬術のみが行われる。対象は肢体不自由の選手と視覚障がいの選手で、障がいの程度に応じてグレードIからVまで5つのクラスに分かれて競う。種目として、個人課目と、選手3名で構成される団体課目（音楽付き）がある。また、個人課目の結果が上位の選手のみが出場できる、選手が自由に選択した音楽に合わせて演技をする自由演技課目の3つがある。すべての種目は男女混合で行われる

『**限界をこえる！ 夏の競技 3 陸上競技・ボッチャほか**』 日本障がい者スポーツ協会監修 文研出版 2014.1 47p 29×22cm （まるわかり！ パラリンピック） 2800円 ①978-4-580-82252-8

|目次| 陸上競技,卓球,柔道,アーチェリー,ボッチャ,射撃,馬術,パワーリフティング,パラリンピック選手ものがたり 陸上競技（走り幅跳び）・佐藤真海選手,パラリンピックを支える人のものがたり 義肢装具士・臼井二美男さん

## 5人制サッカー（ブラインドサッカー）

◆視覚障がいのある選手を対象とする、別名「ブラインドサッカー」。1チーム5人のうち1人が晴眼（視覚障がいの無い選手）、または弱視のゴールキーパー。残りの4人は視覚障がいのある選手で、アイマスクを着用した状態でプレーする。チームには選手にゴールまでの距離や角度などの情報を伝える「ガイド」と呼ばれるメンバーがいる。また、ボールは転がると音が鳴る特製のものを使用。選手はガイドの声やボールの音を頼りにプレーする。試合時間は前半後半20分ずつ計40分、プレーが続いている間のみ試合時間を計測するプレイングタイムを採用している

『**サッカーなら、どんな障がいも超えられる**』 江橋よしのり著 講談社 2016.

10 208p 19cm〈文献あり〉 1300円 ①978-4-06-378718-4

|目次| 前書きにかえて 希望の轍―電動車いすサッカーが広げる私の世界（永岡真理）,第1章 光の射すほうへ（川村怜（ブラインドサッカー日本代表キャプテン））,第2章 いまを生きる（黒田智成（ブラインドサッカー日本代表））,第3章 勇者の剣（エンヒッキ・松茂良・ジアス（アンプティサッカー日本代表））,第4章 障がい者サッカーを知ろう

『**闇の中の翼たち―ブラインドサッカー日本代表の苦闘**』 岡田仁志著 幻冬舎 2009.6 233p 20cm 1500円 ①978-4-344-01686-6

|内容| 「キャプテン翼」にあこがれ、誰よりも純粋に「サッカーがやりたい」と想い続けた者たちは、まったく目が視えなかった―。2009年12月東京でアジア選手権、2010年世界選手権、2012年パラリンピックへの道！情熱と感動のノンフィクション。

### 《石井 宏幸》 いしい・ひろゆき

⑪昭和47（1972）年4月20日

◇ブラインドサッカー選手, 日本ブラインドサッカー協会副理事長。小学1年からサッカーを始める。28歳の時に緑内障を患い、全盲となる。日本初の国際試合に出場した。平成14年日本視覚障害者サッカー協会（現・日本ブラインドサッカー協会）が発足、理事就任。16年からは同協会副理事長を務める

『**サッカーボールの音が聞こえる―ブラインドサッカー・ストーリー**』 平山譲著 新潮社 2010.7 220p 20cm 1400円 ①978-4-10-300372-4

|内容| ワールドカップ出場を目前で逃した「ドーハの悲劇」に泣き崩れ、フランス大会行きを決めた「ジョホールバルの歓喜」は現地で味わった。そんな、サッカーだけが生きがいの若者が、緑内障を宣告され失明してしまう。絶望の底にいた彼に希望を与えたのは、鈴が入ったボールを追うブラインドサッカーとの出会いだった―。全サッカーファンに捧げる感動ノンフィクション。

### 《落合 啓士》 おちあい・ひろし

⑪昭和52（1977）年8月2日

◇ブラインドサッカー選手。10歳で、徐々に視力が落ちる網膜色素変性症を発症。25歳

パラリンピック夏季競技　　柔道

でブラインドサッカーを始め、同年に日本
代表選出される。ブラインドサッカーチー
ム「buen cambio yokohama」代表。リオパ
ラリンピックのアジア予選では、出場権が
得られる譲位2か国に入ることができず初出
場はならなかった

『日本の10番背負いました─ブラインド
　サッカー日本代表・落合啓士』　落合啓
　士著　講談社　2015.10　167p　18cm
　925円　①978-4-06-364973-4
　内容　「キャプテン翼」に憧れ、夢中でサッカー
　をやっていた少年時代。視力を失い、サッ
　カー選手になるという夢を失い、自暴自棄
　になった学生時代。死をも考えた男は、ブ
　ラインドサッカーと出会い、再び立ち上が
　る。つぶされても、転んでも、くじけず泥
　臭くプレイし、観客を熱狂させる日本代表
　キャプテン・落合啓士の強く激しい生きざ
　まを書いた、渾身のドキュメンタリー!!

## ゴールボール

◆視覚障がい者を対象にしたチーム球技。
　公平に競技を行うため、選手は視力の程
　度に関係なく、アイシェード（目隠し）を
　着用する。バレーボールコート大の（18
　メートルx9メートル）コートで、鈴の入っ
　たボールを転がし、相手のゴールに入れて
　得点を競う。1チームは3人。選手はボー
　ルの鈴の音や相手選手の足音等を頼りに、
　攻守を交代しながら競技する。守備側は3
　人で協力しゴール（幅9メートルx高さ1.3
　メートル）を守る。1試合は前後半12分ず
　つ、ハーフタイムは3分

《浦田 理恵》　うらた・りえ
　④昭和52（1977）年7月1日
　◇ゴールボール選手。20歳を過ぎてから急激
　な視力低下を発症、網膜色素変性症と判明す
　る。左目の視力はなく、右目も視野が95％欠
　損している。ゴールボール選手として平成
　20年北京パラリンピック出場。24年に出場
　したロンドンパラリンピックでは金メダル
　獲得、28年のリオデジャネイロパラリンピッ
　クでは5位の成績を収めた

『浦田理恵見えないチカラとキセキ』　竹
　内由美著　学研教育出版　2013.10

167p　20cm〈発売：学研マーケティン
グ〉　1300円　①978-4-05-203867-9
内容　ロンドンパラリンピック・ゴールボール
金メダリスト浦田理恵。急激に視力が低下
し、教師の道をあきらめるも、日本初のチー
ムスポーツでのパラリンピック金メダルと
いう快挙を達成。「幸せは自分たち自身でつ
かむもの」。挫折から世界一に輝いた浦田理
恵からのメッセージ。

## 柔道

◆視覚障がい者だけで行われる柔道。クラ
ス分けはなく、オリンピックと同様に男女
別・体重別の階級制で行われる。全盲や
弱視など見え方の異なる選手同士でもア
イマスクなどは使わずに対戦する。ルー
ルはオリンピックとほぼ同じだが、両選
手が互いに相手の襟と袖をつかみ、組み
合った状態から試合開始する点が大きく
異なる

『ようこそ、障害者スポーツへ─パラリン
　ピックを目指すアスリートたち』　伊藤
　数子著　廣済堂出版　2012.9　198p
　19cm　1300円　①978-4-331-51658-4
　目次　第1章 障害者スポーツ新時代を担う選手
　たち（車いすテニスが示す認知拡大の糸口
　─国枝慎吾、新たなスポーツ史をつくる車
　いすランナー─廣道純、「小川道場」初のパ
　ラリンピアン─半谷静香、義足ランナーピス
　トリウスよ、世界の舞台を駆け抜けろ！─
　O・ピストリウス、18歳の日本代表選手が示
　唆したもの─城下歩、アスリートとしての
　意識改革の先駆者─新田佳浩），第2章 知ら
　なかった！ 障害者スポーツの世界（回転を
　かけて音を消す!?─ブラインドテニス、「一
　本」を追求した日本古来の柔道─視覚障害
　者柔道、工夫次第で"みんなで"スポーツが
　できる！─ハンドサッカー、日本の誇るブ
　ランド「イイヅカ」を世界へ！─車いすテ
　ニス、スポーツは「見る」だけでなく「する」
　ものだ─ボッチャ、"知る"ことから世界は
　拡がる─車椅子バスケットボール、競技大
　会としてのあるべき姿─大分陸上），第3章
　障害者スポーツのこれから（「障害者スポー
　ツ」という名称の光と影、次の時代を迎えた
　全国障害者スポーツ大会、「モバチュウ」の
　意義を教えてくれた一本の電話、「他人事」

オリンピックの本3000冊　359

パワーリフティング　　　パラリンピック夏季競技

から「国民スポーツ」へ，新たな時代の幕開け―多様化する障害者スポーツの形態）

『視覚障害者柔道調査研究報告書』　日本身体障害者スポーツ協会編　日本身体障害者スポーツ協会　1991　96p　26cm〈付：参考文献〉

## パワーリフティング

◆下肢に障がいのある選手を対象に，台上に仰向けに横たわった状態からバーベルを押し上げるベンチプレス競技が行われている。ルールはオリンピックとほぼ同じで，試技を一人1回ずつ順番に行い，3回の試技で最も重いバーベルを挙上した選手が勝利となる。障がいの種類や程度によるクラス分けはなく，試合は体重別で行われる。2020年東京大会では男女各10階級が実施される

『限界をこえる！　夏の競技　3　陸上競技・ボッチャほか』　日本障がい者スポーツ協会監修　文研出版　2014.1　47p　29×22cm　（まるわかり！　パラリンピック）　2800円　①978-4-580-82252-8
目次　陸上競技, 卓球, 柔道, アーチェリー, ボッチャ, 射撃, 馬術, パワーリフティング, パラリンピック選手ものがたり　陸上競技（走り幅跳び）・佐藤真海選手, パラリンピックを支える人のものがたり　義肢装具士・臼井二美男さん

## ボート

◆肢体不自由と視覚障がいの選手が行うボート競技で，北京大会から正式競技。種目は，4人のクルー（漕手）と指示を出す1人のコックス（舵手，健常者でもよい）による「コックスフォア」，2人のクルーによる「ダブルスカル」，1人のクルーによる「シングルスカル」の3種類。浮標で仕切られた6つの直線レーンで行われる。1000mで競漕し，ボートの先端がゴールラインに到達した順序で勝敗が決定。選手は，障がいの程度によってLTA（片下肢・体幹・腕

が機能），TA（体幹・腕が機能），AS（腕のみ機能）の3クラスに分類される。「シングルスカル」のみ男女別，その他は男女混合で実施。

『ルールと見どころ！　オリンピック・パラリンピック全競技　2　水泳　カヌー　サーフィンほか―水上競技』　日本オリンピック・アカデミー監修　ポプラ社　2018.4　55p　29cm〈索引あり〉　3000円　①978-4-591-15736-7
目次　水泳, トライアスロン, ボート, カヌー, セーリング, サーフィン

## 射撃

◆ライフルやピストルで固定された的を撃ち，その正確性を競う。撃ち抜いた位置によって点数が与えられ，その合計得点によって勝敗が決まる。肢体不自由の選手を対象に行われる。クラス分けは選手の障がいの程度でなく，上肢（手や腕）で銃を保持できるかどうかが規準となる。SH1（上肢で銃を保持できる）と，SH2（上肢では保持できず，支持スタンドを使う）の2クラスに分けられる

『限界をこえる！　夏の競技　3　陸上競技・ボッチャほか』　日本障がい者スポーツ協会監修　文研出版　2014.1　47p　29×22cm　（まるわかり！　パラリンピック）　2800円　①978-4-580-82252-8
目次　陸上競技, 卓球, 柔道, アーチェリー, ボッチャ, 射撃, 馬術, パワーリフティング, パラリンピック選手ものがたり　陸上競技（走り幅跳び）・佐藤真海選手, パラリンピックを支える人のものがたり　義肢装具士・臼井二美男さん

## シッティングバレーボール

◆臀部を床につけた状態で競技するバレーボール。座位で行えるよう，オリンピックよりもコートは狭く，ネットも低く設定されている。試合は1セットは25点先取（第5セットは15点）の5セットマッチで，ラ

360

リーポイント制で行われる。ボールの種類や、1チーム6人でネットをはさんで対戦する点はオリンピックのバレーボールと同様。特徴的なルールとして、プレー中に臀部が床から離れるとファウルとなる点が挙げられる

『輝け！ 日本女子シッティングバレーボール―想いつづければ夢はかなう』 真野嘉久著 講談社 2008.8 190p 19cm 1200円 ①978-4-06-214759-0

内容 障害を乗り越えて！ 突然の骨肉腫、交通事故、片脚切断、先天性難病…家族や仲間の深い愛に支えられ、乙女たちは羽ばたく。

## 水泳

◆肢体不自由、視覚障がい、知的障がいが対象となる。選手はそれぞれの障がいに応じて割り振られたクラスごとに競技する。ルールはオリンピックとほぼ同じだが、選手の障がいに合わせて一部が変更される。例えば、跳込台からのスタートが困難な場合は水中からのスタートすることなどができる。また、各々異なる障がいに合わせて独自のフォームで泳ぐ点が大きな特徴である

『スポーツなんでも事典水泳』 こどもくらぶ編 ほるぷ出版 2009.1 71p 29cm〈索引あり〉 3200円 ①978-4-593-58410-9

内容 いちばんはやく泳げる泳ぎ方って？ 水泳選手は、いつもどれくらいの距離を泳いでいる？「はやく泳げる水着」って、何？ 水泳には、競泳以外にも種目があるの？ 水泳の歴史から、各競技・種目のルールや泳ぎ方の説明、水着の秘密、そして、水泳選手の生活や、引退後はどうしているのかなどなど。水泳にかかわるさまざまなことがらをテーマごとにまとめて解説した、ヴィジュアル版子ども向け水泳事典。

### 《河合 純一》 かわい・じゅんいち

㊓昭和50年（1975年）

◇水泳選手。先天性ぶどう膜欠損症で生まれつき左目の視力がない。中学入学後、右目の視力も失い全盲となったが、水泳の練習を続け、中学時代地区大会3位、県大会も決勝に進出。筑波大附属盲学校に進学後の平成4年、17歳でバルセロナ・パラリンピックに初出場、銀メダル2個、銅メダル3個を獲得する。6年早大に進学。8年アトランタ・パラリンピックでは50メートル自由形など2種目の金メダルのほか、銀メダル1個、銅メダル1個を獲得。12年シドニー・パラリンピックでは日本選手団主将を務め、50メートル自由形で金メダル、100メートル自由形と背泳ぎ、200メートル個人メドレーで銀メダルを獲得。16年アテネ・パラリンピックでは50メートル自由型で3大会連続金メダルを獲得、他に銀メダル2個、銅メダル2個を獲得。20年北京パラリンピックの50メートル自由形は銀メダルに終わり、他に銅メダル1個。24年ロンドン・パラリンピックでは水泳3種目に出場し、100メートル背泳ぎ4位、100メートルバタフライ6位でメダル獲得はならなかった。ロンドン大会までパラリンピックに6大会連続で出場、計21個のメダルは日本人選手最多。28年日本人として初めて国際パラリンピック委員会（IPC）の殿堂入りを果たす。日本パラリンピアンズ協会会長、日本スポーツ振興センター研究員を務める

『生徒たちの金メダル―夢輝かせて』 河合純一著 舞阪町（静岡県） ひくまの出版 2001.8 206p 20cm〈肖像あり〉 1500円 ①4-89317-262-X

内容 これは、全国ただ一人の全盲の普通中学教師河合純一が、2000年秋、シドニーのパラリンピック日本選手団主将として、また、ブラインド（視覚障害）の水泳アスリートとして出場、数々の困難を乗り越え、バルセロナ、アトランタに続いて見事に金メダルに輝くまでの軌跡を綴った感動の記録である。純一先生は、生徒たちに励まされ、生徒たちの熱い心と共に泳ぐことで「夢」を達成した！ 涙の「金メダル物語」。

『夢をつなぐ―全盲の金メダリスト河合純一物語』 澤井希代治著 舞阪町（静岡県） ひくまの出版 1997.11 158p 20cm 1300円 ①4-89317-219-0

内容 生まれつき目の障害をもっていた河合純一は、小さな時から水泳が大好きな少年だった。やがて、中学3年の時、完全に失明する。その後、障害をのりこえ、希望に向かって歩み続けた純一は、筑波大付属盲学校2年の時に、バルセロナのパラリンピック

水泳　　パラリンピック夏季競技

で銀メダル、その4年後早稲田大学在学中にアトランタのパラリンピックに出場し、みごとに金メダルを獲得した。さらに、少年の日のもう一つの夢だった教師への道を今めざそうとしている。この物語は、全盲のスイマー河合純一の幼年、少年期の成長をたどりながら、それを支えた家族や友人、教師たちの人間愛を描く、感動のドキュメントである。

## 《成田 真由美》　なりた・まゆみ
㊵昭和45年（1970年）8月27日
◇水泳選手。中学1年のときに脊髄炎にかかり下半身まひとなる。平成6年から水泳を始め、7年アトランタ・パラリンピックのプレ大会に出場、3つの世界記録をマーク。8年アトランタ・パラリンピックのS4クラスの自由形で日本代表となり、100メートル、50メートルで世界記録を出し金メダルを獲得。他に銀メダル2個、銅メダル1個の計5個のメダルを獲得。12年シドニー・パラリンピックでは世界記録を連発し、金メダル6個、銀メダル1個を獲得。閉会式では旗手を務めた。16年アテネ・パラリンピックでは6種目で世界記録をマークし、金メダル7個、銅メダル1個の計8個のメダルを獲得。アテネ・パラリンピック後、3度に渡って人工股関節の置換手術を受ける。1年8ケ月のブランクを経て、20年の北京パラリンピックでは障害の軽いクラスに振り分けられたため、脊髄損傷により回避していたバタフライを泳がねばならず、得意種目150メートル個人メドレーへの出場を断念。出場した3種目はいずれも5位で、初めてメダルなしに終わり、第一線を退いた。その後、東京五輪・パラリンピック招致活動に関わり、27年開催が決定すると、7年ぶりに競技に復帰。28年リオデジャネイロ・パラリンピック最終選考会で派遣標準記録を突破し、2大会ぶり5度目のパラリンピック代表に決定。46歳で出場した同パラリンピック女子50メートル自由形（運動機能障害）では、自らの持つ日本記録を立て続けに更新して5位入賞を果たした。パラリンピック3大会で通算15個の金メダルを獲得している。2020年東京大会組織委員会理事を務める

『あした光りのなかで―成田真由美という伝説』　佐藤次郎著　ホーム社　2006.8　231p　19cm〈発売：集英社〉　1400円　①4-8342-5128-4

内容　いつだって思いがけないことばかり。アテネのパラリンピックで七つの金メダル獲得！世界が認めた車いすのスイマーの苦闘と至福の時を追いかけた力作。

『夢への前進』　成田真由美著　講談社　2001.7　214p　20cm　1300円　①4-06-210816-X
内容　中学1年で発病、両足の感覚を失い絶望の淵に立ちながら、交通事故による後遺症、子宮筋腫など多くの苦難を乗りこえて、シドニー・パラリンピック女子水泳で6個の金メダル、5つの世界新記録!!車椅子の「水の女王」成田真由美、初の自伝。

『笑顔と涙をありがとう―成田真由美車椅子の金メダル奮戦記』　島村俊治著　PHP研究所　2001.4　222p　20cm　1350円　①4-569-61559-7
内容　いつも周囲に「ひまわりのような笑顔」をふりまく車椅子のスイマーのパラリンピック秘話。

『あしたにトライ―車いすの金メダル』　成田真由美著　アリス館　1997.12　175p　20cm　1300円　①4-7520-0089-X
目次　いつも走っていた小学生のころ、ひざの痛さに泣いた日々、入退院のくり返し、心の中はぐちゃぐちゃ、心身のリハビリ、つぎつぎにふくらむ夢、生命があぶない、二十三歳ではじめた水泳、仙台での天国と地獄、夢はアトランタへ向けて、パラリンピック、カイ選手との出会い、小・中学生のみなさん、きいてください、新たなるチャレンジ、たくさんのありがとう

『私、泳げなかったのに―アトランタへの軌跡』　成田真由美著　〔横浜〕　神奈川新聞社　1997.8　65p　21cm　（ブックレットかながわ 4）〈横浜 かなしん出版（発売）〉　600円　①4-87645-219-9

## 《山田 拓朗》　やまだ・たくろう
㊵平成3（1991）年4月12日
◇パラ水泳選手。日本人史上最年少の13歳で平成16年アテネパラリンピック出場。20年北京パラリンピック100m自由形5位。24年ロンドンパラリンピック50m自由形4位。28年リオパラリンピック50m自由形で悲願の銅メダルを獲得した

『もっともっと、速くなれる―パラ水泳山

パラリンピック夏季競技　　車いすバスケットボール

田拓朗』　沢田俊子文　新日本出版社 2018.4　143p　20cm　（パラリンピックのアスリートたち）　1600円　①978-4-406-06233-6

目次 第1章 腕がなくても、ふつうだよ、第2章 1年生からひもシューズ、第3章 アテネパラリンピックへの道、第4章 はじめての挫折、第5章 大学の水泳部、第6章 社会人と水泳の両立、第7章 高城コーチとの出会い、第8章 リオパラリンピック、第9章 泳法の秘密、第10章 子どもたちとのつながり

## 卓球

◆卓球台やラケット、ボールといった用具や、基本的なルールはオリンピックの卓球とほぼ同じ。試合は1セット11点先取。5セット制で3セット先取した方が勝利。選手は障がいの内容・程度ごとに11クラスに分かれて競う。試合は男女別に、個人戦、団体戦〈2～4人〉があり、それぞれクラス別に競技を行う

『音卓球〈STT〉—耳は目より速く 祝80周年サウンドテーブルテニス』　杉尾敏明著　京都　文理閣　2013.9　123p 21cm　1300円　①978-4-89259-720-6

『盲人卓球競技の指導』　加藤博志著　日本身体障害者スポーツ協会　1988.10 40p　21cm

## テコンドー

◆2020年東京大会からパラリンピックの正式競技となる。蹴り技を特徴とする格闘技で、パラリンピックでは上肢に障がいのある選手が対象に行われる。障がいの程度により4つのクラスに分けられ、男女別に体重階級制〈各3階級〉で競う。基本的なルールはオリンピックとほぼ同じだが、パラリンピックでは、胴部への足技だけが有効な攻撃であり、頭部への攻撃は反則になる

『ルールと見どころ！ オリンピック・パラリンピック全競技　3　体操 レスリング

柔道ほか—屋内競技・格闘技』　日本オリンピック・アカデミー監修　ポプラ社 2018.4　63p　29cm〈索引あり〉　3000円　①978-4-591-15737-4

目次 体操、フェンシング、レスリング、柔道、ボクシング、テコンドー、空手、ウエイトリフティング、スポーツクライミング

## トライアスロン

◆肢体不自由、視覚障がいの選手が参加、2016年リオデジャネイロ大会から正式競技。レースの距離はオリンピックの半分で、スイム（750メートル）、バイク（20キロメートル）、ラン（5キロメートル）の順に男女別で行われる。障がいの内容や程度により6クラスに分かれ、クラスごとに競技方法や使用機材が一部異なる

『パラリンピックを学ぶ』　平田竹男、河合純一、荒井秀樹編著　早稲田大学出版部 2016.8　222p　21cm　1500円　①978-4-657-16014-0

目次 1 パラリンピックの基礎知識（パラリンピックとは何か、パラリンピックの歴史、パラリンピックの競技について ほか）、2 選手たちは語る（水泳から考えるパラリンピックの変遷、選手の発掘・育成・強化、パラリンピックとクラス分け—水泳・トライアスロン ほか）、3 パラリンピックの今後（パラリンピックのマーケティング、パラリンピックを支援する企業の取り組み、2020年東京大会に向けて ほか）

## 車いすバスケットボール

◆下肢障がいを対象としたバスケットボール。ボールやコートのサイズ、ゴールの高さや出場人数など基本的なルールはオリンピックとほぼ同じ。車いすの特性を考慮し、例えばダブルドリブルは適用されない等、一部ルールが変更が認められている。使用する車いすは、回転性や敏捷性の高いバスケットボール専用のもの。また、選手の障がいに応じて、重いほうから順に1.0点から4.5点まで0.5点刻みで

8クラスの持ち点が定められており、1チーム5選手の合計点は14.0点以内でなければならないという編成条件がある

## 『「英語」で夢を追うアスリート 5 世界に広げたい「つながりの環」』 ［横山匡］［総合監修］ 根木慎志著 くもん出版 2017.3 47p 28cm 2800円
①978-4-7743-2576-7
目次 1 スポーツ人生への扉（激しくスピーディーな車いすバスケットボール、スポーツに夢中だった少年時代 ほか）、2 車いすバスケットボールで世界へ（車いすバスケットボールと出会えて変わった人生、車いすバスケットボールではじめての海外へ ほか）、3 世界をめざし、英語を勉強（日本代表落選、苦しい時期をこえて、もっと英語でコミュニケーションを取る力を！ ほか）、4 世界中の人と友だちになるために（パラリンピックを経験して、だれもがちがいを認めてすてきに輝く社会に ほか）

## 『障がいのある女性アスリートの挑戦―車椅子バスケットボール生活の実相』 中道莉央著 札幌 柏艪舎 2014.7 182p 19cm（［ネプチューン〈ノンフィクション〉シリーズ］）〈発売：星雲社〉 1500円 ①978-4-434-19478-8
目次 序章、第1章 障がいのある女性の"二重の障壁"、第2章 障がい者スポーツの父L・グットマン、第3章 女子車椅子バスケットボールまでの歩み、第4章 女性アスリートの生活の実相―2008・2012国際親善女子車椅子バスケットボール大阪大会出場選手を対象に、補遺 "二重の障壁" に関する追加の意識調査、終章

## 『障害者スポーツの臨界点―車椅子バスケットボールの日常的実践から』 渡正著 新評論 2012.7 346p 20cm〈文献あり〉 3200円 ①978-4-7948-0909-4
内容 パラリンピックを「リアル」に観る！スポーツ観戦の新たな「ものさし」が提供される。著者自らが体感した「イスバス」の世界。

## 『車椅子ツインバスケットボール競技規則』 佐藤徳太郎編 所沢 国立身体障害者リハビリテーションセンター 2001.3 22p 30cm（リハビリテーションマ

ニュアル 9）〈奥付のタイトル：車椅子ツインバスケットボール〉

### 《京谷 和幸》 きょうや・かずゆき
㊤昭和46年（1971年）8月13日
◇車いすバスケットボール指導者，元・サッカー選手。小学2年でサッカーを始め、高校2年の時にはユース代表とバルセロナ五輪の代表候補に選出。平成2年古河電工に入社し、3年ジェフ市原（現・ジェフ千葉）とプロ契約。Jリーグ元年の5年11月、22歳の時に対ガンバ大阪戦で念願のプロデビューを果たしたが、その1週間後に交通事故で脊髄を損傷し、下半身不随となり引退した。その後、車いすバスケットボールと出合い、6年から千葉ホークスに所属。17年車いすバスケットボール日本選手権最優秀選手賞受賞。車いすバスケの日本代表として、12年シドニーパラリンピック（9位）、16年アテネパラリンピック（7位）、20年北京パラリンピックに出場（7位）、北京大会では日本選手団の主将を務めた。22年広州アジアパラリンピック金メダル。24年ロンドン・パラリンピックは9位で、大会後、現役を引退。27年から車いすバスケットボールの日本代表チームに関わり、リオデジャネイロ五輪出場を決めたチームをアシスタントコーチとして指導する

## 『車いすバスケで夢を駆けろ―元Jリーガー京谷和幸の挑戦』 京谷和幸著 金の星社 2011.12 140p 22cm（ノンフィクション知られざる世界） 1300円
①978-4-323-06087-3
内容 Jリーグ発足から半年、ジェフ市原、期待のミッドフィルダー京谷和幸は、交通事故で脊髄を損傷。車いす生活となる。失意のリハビリ生活の中で出会った車いすバスケットボールで、3度のパラリンピック出場を果たした京谷和幸の「いま」を追う。

## 『車椅子バスケのJリーガー』 京谷和幸，京谷陽子著 主婦の友社 2010.4 239p 16cm〈『車椅子のJリーガー』（平成12年刊）の改題〉 800円 ①978-4-07-271710-3
内容 人気Jリーガーの婚約者が交通事故で下半身不随に。あなたならそのとき、どんな人生の選択をしますか？ 著者の二人が迷わず選んだ道は、結婚して夫婦になること。夫がいるから、妻がいるから、前向きに生

きていける—そんなあたり前が、なにより
強くて素敵なことなのです。

**『パラレル—'08年北京パラリンピック日本
選手団主将・京谷和幸の物語』** 京谷和
幸原案, 木村俊之脚本, 別府優希ノベラ
イズ 祥伝社 2009.1 159p 19cm
1200円 ①978-4-396-46018-1

**『車椅子のJリーガー—いま僕はシドニー・
パラリンピックの日本代表』** 京谷和幸,
京谷陽子著 主婦の友社 2000.11
198p 20cm〈東京 角川書店（発売）〉
1300円 ①4-07-229145-5
[内容] もと、Jリーグ・ジェフ市原のミッドフィ
ルダー。交通事故で引退。2000年、車椅子バ
スケットの日本代表選手として、シドニー・
パラリンピックに出場。夫婦で語る、その
道のり。

《**香西 宏昭**》 こうざい・ひろあき
⊕昭和63（1988）年7月14日
◇車いすバスケットボール選手。12歳で車い
すバスケットボールと出会う。高校1年生
の時にU-23日本代表選出。高校卒業後アメ
リカ留学、平成22年イリノイ大学に編入し、
車いすバスケットボールの戦略や技術を学
ぶ。28年のリオデジャネイロパラリンピッ
ク代表

**『勇気ある一歩で世界が変わる！—車いす
バスケ香西宏昭』** 光丘真理文 新日本
出版社 2018.4 143p 20cm （パラリ
ンピックのアスリートたち） 1600円
①978-4-406-06232-9
[目次] 第1章 こわがりだけど優しいヒロくん,
第2章 小学生の車いすバスケ選手誕生, 第3
章 目標に向かって—高校時代, 第4章 アメ
リカでの生活, 第5章 プロアスリートとし
て, 第6章 東京パラリンピックに向かって

《**神保 康広**》 じんぼ・やすひろ
⊕昭和45（1970）年6月16日
◇車いすバスケットボール選手。16歳でバイ
ク事故に遭い下半身不随となる。18歳から
車いすバスケットボールを開始。平成4年、
バルセロナパラリンピックに初出場し9位。
8年、アトランタパラリンピックでは8位、
12年シドニーパラリンピックでは9位、16年
アテネパラリンピックでは8位の成績を収

めた。この間、12年の始めから、ダスキン
の奨学金を得て単身渡米。アラバマ州にあ
るレイクショア財団にて研修を重ね、14年
にはNWBA1部の強豪である、デンバーナ
ゲッツのトライアウトに合格して移籍。15
年には全米選手権ベスト4の成績を収めた。
29年4月より日本財団パラリンピックサポー
トセンター事業「あすチャレ！ school」の
講師をつとめる

**『夢よ、僕より速く走れ』** 神保康広著
海拓舎 2000.11 189p 20cm 1400円
①4-907727-13-5
[内容] 不良だった。引きこもりだった。もし車
椅子バスケと仲間達に出会わなければ、夢
なんて口にすることもなかった。さらなる
夢を追いかけて今、公務員生活を捨て、アメ
リカへ—。シドニーパラリンピック車椅子
バスケットボール日本代表が語る自身と夢。

---

## 車いすフェンシング

---

◆競技用車いすを「ピスト」と呼ばれる装置
に固定し、上半身だけを用いて行うフェン
シング。使用する道具やルールはオリン
ピックのフェンシングとほぼ同じ。選手
は障がいの程度により、カテゴリーAとB
の2つのクラスに分かれ、「フルーレ」「エ
ペ」「サーブル」の3種目で競う。フルー
レはメタルジャケットを着た胴体だけを
突く。エペは上半身の突きを行う。サー
ブルは上半身の突きに斬る動作が加わっ
たもの。2020年東京大会では、男女別の
個人戦、3対3の団体戦（エペ、フルーレの
み）が行われる

**『ほんとうにあったオリンピックストー
リーズ』** 日本オリンピック・アカデ
ミー監修 講談社 2016.5 253p
18cm （講談社青い鳥文庫 A2-1）〈文
献あり 年表あり〉 680円 ①978-4-
06-285552-5
[内容] 体操の内村航平選手。フィギュアスケー
トの伊藤みどり・浅田真央選手を育てた山
田満知子コーチ、車いすフェンシングの藤
田道宣選手, 聖火台をつくった職人…。オ
リンピック・パラリンピックで活躍する選
手から舞台裏をささえる人たちまで紹介す
る13の感動物語と20のミニ知識。4年に1回

開かれる平和の祭典が100倍楽しめるノンフィクションのアンソロジー。興味をもったどのお話からでも読みはじめられます！小学中級から。総ルビ。ノンフィクション。

『スピード勝負！ 夏の競技 1 車椅子バスケットボール・水泳ほか』 日本障がい者スポーツ協会監修 文研出版 2014.11 47p 29cm （まるわかり！パラリンピック）〈索引あり〉 2800円 ①978-4-580-82250-4

|目次| 車椅子バスケットボール, 車いすテニス, 水泳, 自転車, ローイング, 車いすフェンシング, セーリング, パラリンピック選手ものがたり（車椅子バスケットボール・京谷和幸さん, 水泳・木村敬一選手）, パラリンピックを支える人のものがたり（競技用車いすエンジニア・小澤徹さん, 結城智之さん）, もっと知りたい！持ち点やクラス分けはだれが決めているの？

## ウィルチェアーラグビー

◆四肢障がい者を対象とした独自の球技。バスケットボールと同じ広さのコートを使い、専用の車いす（ウィルチェアー）に乗った選手が4対4で対戦する。専用の丸いボールをパスや膝の上に乗せるなどして運び、車いすの前後4輪のうち、2輪がトライラインに達するか通過すると得点となる。選手の編成に条件がある点が特徴。選手ごとに、障がいの程度の重い方から順に0.5〜3.5点の「持ち点」が与えられており、1チームの持ち点の合計は8点以内で編成しなければならない。また、車いす競技のなかで唯一タックルが認められているため、競技用車いすは激しいぶつかり合いを想定した耐久性のあるものが用いられる

『壁を越える―車いすのラガーマンパラリンピックへの挑戦』 三阪洋行著 山川出版社 2018.2 255p 19cm 1800円 ①978-4-634-15129-1

|内容| 高校時代に頚椎損傷で車いす生活となり、絶望のふちに立たされた著者が、いくつもの壁を乗り越えながら車いすラグビーで「感動の涙」を手にするまで。

## 車いすテニス

◆1992年バルセロナ大会から正式競技となった。コートの広さやネットの高さ、用具などはテニスと同じものを用いる。ルールも、2バウンドまでの返球が認められている以外はテニスと同じものが適用される。試合は3セット制で2セット先取で勝利となる。種目は男女ともに、下肢に障がいのある肢体不自由を対象にしたシングルス、ダブルスが行われる他、四肢まひの重度障がいがある選手を対象にした男女混合の「クアード」が実施される。クアードの選手は、障がいの程度により電動車いすの使用などが認められる

『まんがスポーツで創る地域の未来 西日本編』 スポーツ庁企画・監修 大日本印刷 2017.6 364p 22cm〈発売：主婦の友社〉 2500円 ①978-4-07-425946-5

|目次| 7 マリンスポーツでまちおこし 自然を活かしたスポーツ集客―三重県熊野市, 8 「自立と連携」スポーツを核に地域に雇用を生む 出雲スポーツ振興21―島根県出雲市, 9 瀬戸内しまなみ海道・国際サイクリング大会 瀬戸内しまなみ海道をサイクリストの聖地へ―愛媛県, 10 Japan Open飯塚国際車いすテニス大会 アジア最高峰の国際車いすテニス大会の始まり―福岡県飯塚市, 11 スポーツコミッションで合宿誘致―佐賀県, 12 大分国際車いすマラソン大会 世界最高峰の車いすマラソン大会―大分県

《三木 拓也》 みき・たくや

⊕平成元（1989）年4月30日

◇車いすテニス選手。平成24年ロンドンパラリンピック男子ダブルス入賞。28年リオパラリンピック男子シングルスベスト8, 男子ダブルス4位

『乗りこえた壁の先に―車いすテニス 三木拓也』 金治直美文 新日本出版社 2018.3 143p 20cm （パラリンピックのアスリートたち） 1600円 ①978-4-406-06230-5

|目次| 第1章 心優しいスポーツ少年, 第2章 なんでおれなんだよ！, 第3章 ふたつの出合い, 第4章 またテニスができた！, 第5章 母

の応援，父の心配，第6章 ロンドンへの道，
第7章 ロンドンの空，第8章 再びの試練から
リオへ，第9章 そして東京へ

# パラリンピック冬季競技

『教養としてのアダプテッド体育・スポー
　ツ学』　齊藤まゆみ編著　大修館書店
　2018.8　153p　26cm〈索引あり〉　1800
　円　①978-4-469-26846-1
　内容 本書は、第1部〜第4部、全34講で構成さ
　　れています。第1部は座学を中心とした講
　　義、第2部は演習・実習として授業等にも活
　　用できるようになっています。第3部はより
　　深く学ぶために多様な視点から話題を提供
　　しており、第4部ではアダプテッド・スポー
　　ツ科学研究への誘いとしてより専門的に学
　　ぶための視点について解説しています。

『まるわかり！　パラリンピック　[5]
　雪・氷のうえで競う！　冬の競技—アル
　ペンスキー・アイススレッジホッケーほ
　か』　　日本障がい者スポーツ協会監修
　文研出版　2015.2　47p　29cm〈索引あ
　り〉　2800円　①978-4-580-82253-5
　目次 アルペンスキー，クロスカントリース
　　キー，バイアスロン，もっと知りたい「ビ
　　ジュアリーインペアード」の選手をサポー
　　トする！，アイススレッジホッケー，車い
　　すカーリング，パラリンピック選手ものが
　　たり，パラリンピックを支える人のものが
　　たり アイススレッジホッケー日本代表チー
　　ム監督・中北浩仁さん

『みんなで楽しむ！　障害者スポーツ—知っ
　て、学んで、いっしょに体験　2　パラ
　リンピックで活躍する人たち　冬季編』
　日本障害者スポーツ協会監修　学習研究
　社　2004.3　52p　27cm　2800円　①4-
　05-202006-5
　内容 アルペンスキー、アイススレッジホッ
　　ケーなど、冬季パラリンピックで活躍する
　　選手3名の「感動ストーリー」と、『もっと
　　知りたい！　パラリンピック』では、「どん
　　な種目があるの？」「パラリンピックってど
　　んな意味？」など、パラリンピックの知識、
　　疑問のすべてを解説。

『日本の障害者スポーツ—写真集成　第1
　巻』　藤田紀昭監修, 神谷幸宏, 山本耕二
　編　日本図書センター　2001.11　183p
　31cm　①4-8205-9473-7
　目次 1 陸上競技・水泳競技（トラック競技，走

オリンピックの本3000冊　367

り幅跳び，走り高跳び ほか），2 球技（車い
すバスケット，シッティングバレーボール，
スタンディングバレーボール ほか），3 自転
車・柔道・パワーリフティング・フェンシ
ング・アーチェリー・馬術・セーリング・射
撃，4 冬季パラリンピック（アルペンスキー，
クロスカントリー，バイアスロン ほか）

『闘う「車いす」─車いす革命の旗手たち』
土方正志著，奥野安彦写真　日刊工業新
聞社　2000.9　206p　19cm　（B & T
ブックス）　1500円　①4-526-04644-2
内容 2000年秋「車いすのアスリート」とともに
シドニー・パラリンピックに挑む「（株）オー
エックスエンジニアリング」闘いの軌跡。

## スキー競技

◆肢体不自由，視覚障がいの選手を対象に
行われる。選手は立位，座位，視覚障がい
の3つのカテゴリーに分けられ，各カテゴ
リーで順位を行う。また各カテゴリーで
は，障がいの種類や程度によってクラス
分けがされ，各選手に係数が設けられる。
実走タイムにその係数をかけたタイムに
よって勝敗が決められる。種目は5種目あ
り，男女別に行われる。また，クロスカ
ントリースキーは，肢体不自由，視覚障
がいの選手を対象に行われる。選手は立
位，座位，視覚障がいの3カテゴリーに分
けられ，男女別に各カテゴリーで順位を
競う。順位は，実走タイムに障がいの程
度に応じて設定される係数をかけたタイ
ムで決まる。クラシカル，フリー，スプリ
ント，リレー（4人）の4種目が行われ，ク
ラスに応じて使用機材などが異なる。例
えば，下肢に障がいがある選手はフレー
ムとスキー板からなる「シットスキー」に
乗って滑走する

『情熱は磁石だ─パラリンピックスキー20
年の軌跡，そして未来へ』　荒井秀樹著
旬報社　2018.1　163p　20cm　1400円
①978-4-8451-1521-1
内容 信じた道をひたむきに歩き続ければ，必
ずたくさんの人や知恵が集まってくる。5大
会連続でメダリストを輩出！ 指導者として
日本のパラリンピックノルディックスキー

と共に歩み，世界と戦い続ける男の熱き人
間ドラマ！

《荒井 秀樹》　あらい・ひでき
㊤昭和30（1955）年
◇スキー競技指導者。平成10年、長野パラリ
ンピック開催に先立ち、厚生省（当時）の要
請により、障がい者スキーの組織化や選手
強化、指導・育成を始める。長野、ソルト
レーク、トリノ、バンクーバー、ソチ、ピョ
ンチャンとパラリンピックにて6大会連続で
メダリストを輩出した

『情熱は磁石だ─パラリンピックスキー20
年の軌跡、そして未来へ』　荒井秀樹著
旬報社　2018.1　163p　20cm　1400円
①978-4-8451-1521-1
内容 信じた道をひたむきに歩き続ければ、必
ずたくさんの人や知恵が集まってくる。5大
会連続でメダリストを輩出！ 指導者として
日本のパラリンピックノルディックスキー
と共に歩み、世界と戦い続ける男の熱き人
間ドラマ！

《大日方 邦子》　おびなた・くにこ
㊤昭和47年（1972年）4月16日
◇スキー選手（チェアスキー・アルペン）。3
歳の時交通事故がもとで右足大腿部を切断、
左足にも障害が残る。高校2年でチェアス
キーを始め、平成6年リレハンメル・パラリ
ンピックのアルペン滑降に参加。この時米
国の第一人者サラ・ウィルに圧倒され、帰
国後ウエートトレーニングと水泳で筋肉を
鍛えた。10年長野パラリンピックの滑降の
チェアスキークラスで冬季パラリンピック
日本人初の金メダルを獲得。スーパー大回
転座位で銀メダル、大回転座位で銅メダル
を獲得。14年ソルトレークパラリンピック
大回転チェアスキーと回転チェアスキーで
銅メダル、スーパー大回転座位7位。18年日
本選手団主将として臨んだトリノパラリン
ピックは大回転座位で金メダル、滑降座位
とスーパー大回転座位で銀メダルを獲得。肩
の怪我や所属先の変更を経て、集大成と位
置づけた22年のバンクーバーパラリンピッ
クは、回転座位、大回転座位で銅メダルを獲
得した。同年9月日本代表チームからの引退
を表明。日本パラリンピアンズ協会（PAJ）
副会長を務め、30年平昌パラリンピックで
日本選手団団長を務める。パラリンピック
のメダル10個（金2個、銀3個、銅5個）は日本

人選手最多

『壁なんて破れる―パラリンピック金メダリストの挑戦』　大日方邦子著　日本放送出版協会　2006.6　223p　19cm〈肖像あり〉　1400円　①4-14-081119-6

内容 3歳の時の大事故、中学校でのいじめ、そしてスキーとの出会い。冬季パラリンピックで活躍中のトップ・アスリートが熱く語る、スポーツにかける思い、仕事、結婚、そして社会へのメッセージ。

《新田 佳浩》　にった・よしひろ

㊐昭和55年（1980年）6月8日

◇スキー選手（距離）。幼い頃からスキーに親しんでいたが、3歳の時に祖父が運転するコンバインに左手を引きこまれ、切断。一時スキーから離れるも平成8年林野高に入学後、パラリンピック日本代表のコーチに誘われ、再び距離スキーに挑戦。10年長野パラリンピックのLW（運動機能障害）5-8クラス距離5キロクラシカル8位、10キロフリー8位、20キロクラシカル8位、20キロリレー5位、LW6-8クラスバイアスロン7.5キロ9位。11年4月筑波大学体育専門学群に入学。14年ソルトレークシティ・パラリンピックの5キロクラシカルでは金メダルの選手がドーピングで失格して繰り上げとなり、銅メダルを獲得。15年アディダスジャパンに入社。18年トリノ・パラリンピックでは開会式の旗手を務めた。同年日立システム所属。22年バンクーバー・パラリンピックでは日本選手団の主将を務め、10キロクラシカル立位とスプリントクラシカル（1キロ）立位で金メダルを獲得。26年ソチ・パラリンピックは20キロクラシカル立位の4位が最高。30年平昌パラリンピックは10キロクラシカル立位で金メダル、1.5キロクラシカルスプリント立位で銀メダルを獲得した

『不可能とは、可能性だ―パラリンピック金メダリスト新田佳浩の挑戦』　笹井恵里子著　金の星社　2016.11　125p　22cm　（ノンフィクション知られざる世界）〈年譜あり〉　1400円　①978-4-323-06093-4

内容 新田佳浩選手は、三歳の時に祖父の運転する稲刈り機に腕を巻きこまれ、左ひじから先を失いました。その後、クロスカントリースキーと出会い、「事故の責任を感じている祖父に、金メダルを！」という目標を立てます。そして、四度目のパラリンピック出場で金メダルを二つ獲得し、長年の夢をかなえました。“不可能”に思えることを、数々の工夫で“可能”にしてきた新田選手。彼の半生を、今伝えたい「10の言葉」とともにおくります。

## バイアスロン

◆距離別にショート、ミドル、ロングの3種目が行われる。選手は立位、座位、視覚障がいの3つのカテゴリー分けられ、男女別に各カテゴリーで順位を行う。射撃では、立位と座位の選手はエアライフル、視覚障がいの選手は音で的の位置がわかるビームライフルを使用する。実走タイムに障がいの程度に応じて設定される係数をかけた計算タイムで勝敗が決まる

《小林 深雪》　こばやし・みゆき

◇クロスカントリー、バイアスロン、リレー競技選手。平成10年長野パラリンピック大会より競技を開始、バイアスロンで金メダルを獲得。以降、国際大会に出場し、平成14年ソルトレイクパラリンピックでは開会式で日本選手団の旗手をつとめ、バイアスロンで6位に入賞した。平成18年トリノパラリンピックではバイアスロンロングで金メダル、バイアスロンショートで銀メダルを獲得。出場した全種目で入賞以上を果たす。障害は先天性視覚障害

『心眼で射止めた金メダル―小林深雪と日立システムスキー部の挑戦』　宮崎恵理著　新潮社　2007.12　285p　20cm　1500円　①978-4-10-306151-9

内容 先天性の視覚障害で幼少時に視力を失った小林深雪は、スキーの才能を見出され、長野、そしてトリノのパラリンピックでもバイアスロンの金メダリストに輝いた。音で的の位置を判断する射撃で、小林は驚異的な命中率で他国の選手を凌駕し、トリノの金を射止めたのだ。その過程には、強化プログラムをゼロから構築した日立システムスキー部の存在があった。この新鋭企業チームがパラリンピック金メダル獲得のため「センターポール作戦」を立ち上げ遂行したのは何故だったのか。小林深雪というトップ選手と彼女をめぐるプロジェクトの軌跡から、もはや「福祉の延長」という言葉

では括れない最先端の障害者スポーツの世界を浮き彫りにする、異色のドキュメント。

## アイススレッジホッケー

◆下肢に障がいのある選手を対象に行われる。選手は、スレッジと呼ばれる専用ソリに乗り、グリップエンドに駆動用の刃をつけた短いスティックを2本用いて氷上を移動する。1チーム6人の選手がプレーでき、交代は自由。試合時間は、1ピリオド15分、3ピリオド合計45分。リンクやゴールの大きさはオリンピックと同じ物を使用する

《遠藤 隆行》　えんどう・たかゆき

㊓昭和53（1978）年3月19日

◇アイススレッジホッケー選手。ポジションはディフェンダー。大学時代にアイススレッジホッケーを始め、平成14年ソルトレークシティ大会、18年トリノ大会、22年バンクーバー大会と、3大会連続でパラリンピック日本代表として出場する。トリノ、バンクーバー大会ではキャプテンを務め、バンクーバー大会では日本選手団の騎手も務めた。同大会で銀メダルを獲得

『自信は生きる力なり』　遠藤隆行著　青志社　2010.8　270p　20cm　1500円　Ⓘ978-4-903853-97-0

内容 僕は生まれた時から両足がありません。「足なし君」と言われていじめられたこともありました。でも、自信を持って生きてきたから、ひとりで富士山にも登れたし、バンクーバーで銀メダルをとれたのです。大きな勇気と愛を与えてくれた感動物語。

## アイススレッジスピードレース

◆スケートの刃のついたそり（アイススレッジ）に乗り、両手に持ったスティックで氷をかいて400メートルのスケートリンクを進む。100メートルから1500メートルまで4種目。 下肢などに障がいのある座位の選手のみが対象。長野五輪を最後に公式競技から外れた

《松江 美季》　まつえ・みき

㊓昭和48（1973）年7月17日

◇アイススレッジ-スピードレース選手。水泳や柔道に打ちこんでいたが、大学生の時交通事故に遭い、脊髄を損傷、下半身不随となる。平成7年から車いす競技に会い、アイススレッジ・スピードレースを始める。9年の長野プレ大会、ジャパン・パラリンピックでは500メートルを含む3種目で2位。翌年の長野パラリンピックでは、金メダル3個、銀メダル1個を獲得した

『松江美季―はばたけ車いすアスリート』　鳥飼新市著　旺文社　2000.12　135p　20cm　（素顔の勇者たち）〈肖像あり　年譜あり〉　1000円　Ⓘ4-01-072497-8

内容 ひたむきなダッシュ！ カッコイイ障害者金メダリスト・ミキの物語。

『明るく生きちゃ悪いですか？―障害を持って生きるボクたちからのメッセージ』　オスマン・サンコン著　広美出版事業部　1998.8　176p　21cm　1300円　Ⓘ4-87747-011-5

目次 プロローグ だれかをうらんでいてもしょうがない, 第1章 とつぜんの不幸からバラ色の人生がはじまった―パラリンピック金メダリスト・松江美季さんからのメッセージ, 第2章 子どもたちの勇気づくりは、やさしく、ゆっくりと―不登校の子どもたちからのメッセージ, 第3章 だれにでも楽しいことは楽しい―障害者のためのレクリエーションクラブ・JECからのメッセージ, 第4章 つらいとき、悲しいとき、自分を助けてくれるもの―ポール牧さんからのメッセージ, 第5章 あきらめちゃいけない！ かならずできるんだ！―障害のある子どもを持つ母親からのメッセージ, 第6章 大切な関係は“いっしょに食事をする”ことから, 第7章 障害者が障害者でなくなる日, 第8章 さみしい老人は見たくない, 第9章 生きるために必死になると自分を変えられる, 第10章 貧しい国だからできたんだろうか, エピローグ 何を見て生きていきますか？

『き・せ・き松江美季―長野パラリンピック金メダルドキュメンタリー・コミック』　光風治作, 小塚敦子画, 松江美季著　集英社　1998.7　177p　21cm〈「You」特別編集〉　1200円　Ⓘ4-08-782024-6

パラリンピック冬季競技　　車いすカーリング

## スノーボード

◆下肢や上肢に障がいのある立位の選手を
対象にした競技。障がいの種類や程度に
よって男子3つ、女子2つのクラスに分か
れて男女別に順位を競う。種目は、スノー
ボードクロスとバンクドスラロームの2つ
がある。パラリンピックでは、2014年ソチ
大会からアルペンスキーの1種目として
に実施され、2018年平昌大会から1競技と
して確立した

《パーディ，エイミー》

㊉昭和54 (1979) 年11月7日

◇米国のパラスノーボード選手。19歳の時細
菌性髄膜炎にかかり、内蔵の一部や左耳の
聴力を失い、両足の膝から下も切断するこ
とになる。2014年ソチパラリンピックで銅
メダルを獲得。2016年のリオデジャネイロ
パラリンピックの開会式で、ロボットと華
麗なダンスを披露して話題となった。2018年
平昌パラリンピックで銀メダルを獲得した

『義足でダンス―両足切断から始まった人
　生の旅』　エイミー・パーディ, ミシェ
ル・バーフォード著、藤井留美訳　辰巳
出版　2018.3　351p　19cm　1,800円
①978-4-7778-2047-4

内容 人生は、起きたことで決まるのではな
く、起きたことにどう対応するかで決まる
のだ。ラスベガス生まれの19歳の女の子を
突然襲った細菌性髄膜炎。昏睡状態での臨
死体験。生と死の間をさまよいながら、エ
イミー・パーディは生きることを選んだ。両
足を失い、病気と闘い続けた彼女は、逆境
をはねのけてふたたび自分の足で歩いた─両
足義足のパラリンピアン、魂の旅の物語。

## 車いすカーリング

◆下肢障がいのある選手を対象にした競技。
基本的なルールはオリンピックと同じで、
1試合は8エンドで、各エンドはストーンを
ハウスの中心に最も近づけたチームが得
点し、総得点で勝敗を決める。パラリンピ
ックでは、助走なしで手またはキュー（棒
状の補助具）を使ってストーンを投げ、ス

ウィーピングは行わない等、オリンピック
と一部異なるルールで実施される。1チー
ムは4人で男女混合でなければいけない

『パラスポーツルールブック─パラリン
　ピックを楽しもう』　陶山哲夫監修,
コンデックス情報研究所編著　清水書院
2016.9　207p　26cm　2900円　①978-
4-389-50052-8

内容 パラリンピックを100倍楽しむために！
知っておきたいルールが満載！「そうだっ
たんだ！」目からウロコの特別ルールが満
載！特別ルールがまるわかり！この1冊で
パラリンピックを楽しもう！

『まるわかり！パラリンピック　[5]
雪・氷のうえで競う！冬の競技─アル
ペンスキー・アイススレッジホッケーほ
か』　日本障がい者スポーツ協会監修
文研出版　2015.2　47p　29cm〈索引あ
り〉　2800円　①978-4-580-82253-5

目次 アルペンスキー, クロスカントリース
キー, バイアスロン, もっと知りたい「ビ
ジュアリーインペアード」の選手をサポー
トする！, アイススレッジホッケー, 車い
すカーリング, パラリンピック選手ものが
たり, パラリンピックを支える人のものが
たり アイススレッジホッケー日本代表チー
ム監督・中北浩仁さん

オリンピックの本3000冊　371

# 人名・事項名索引

人名・事項名索引　　　　　　　　　　　　　　　　　あぬし

# 【 あ 】

相沢 盛夫　→鶴岡 剣太郎 ····················· 308
アイススレッジスピードレース
　→アイススレッジスピードレース ······· 370
　→松江 美季 ······································· 370
アイススレッジホッケー
　→パラリンピック冬季競技 ················· 367
　→アイススレッジホッケー ················· 370
　→遠藤 隆行 ······································· 370
　→車いすカーリング ·························· 371
アイスホッケー
　→オリンピック冬季競技 ···················· 293
　→アイスホッケー ····························· 344
会田 雄次　→織田 幹雄 ····················· 117
相原 俊子
　→選手 ··············································· 100
　→体操（体操競技） ·························· 218
相原 信行　→体操（体操競技） ·········· 218
青木 功
　→強化 ················································· 14
　→選手 ··············································· 100
青木 勝利　→ボクシング ···················· 202
青木 半治　→青木 半治 ····················· 113
青山 繁　→青山 繁 ··························· 210
アガシ, アンドレ
　→アガシ, アンドレ ·························· 195
　→ギルバート, ブラッド ··················· 195
明石 元二郎
　→オリンピックの歴史 ························ 43
　→選手 ··············································· 100
赤星 憲広　→選手 ····························· 100
秋田 豊　→選手 ································· 100
秋元 正博　→選手 ····························· 100
秋山 エリカ　→秋山 エリカ ··············· 228
秋山 庄太郎　→織田 幹雄 ·················· 117
アギーレ, ハビエル　→サッカー ·········· 172
浅井 えり子
　→選手 ··············································· 100
　→浅井 えり子 ··································· 134
浅尾 美和　→浅尾 美和 ····················· 210
浅田 舞　→フィギュアスケート ·········· 314
浅田 真央
　→強化 ················································· 14
　→選手 ··············································· 100
　→フィギュアスケート ······················ 314
　→浅田 真央 ······································· 327

　→鈴木 明子 ······································· 335
朝原 宣治
　→強化 ················································· 14
　→オリンピックの歴史 ························ 43
　→選手 ··············································· 100
　→朝原 宣治 ······································· 114
　→末續 慎吾 ······································· 120
　→高平 慎士 ······································· 122
　→塚原 直貴 ······································· 123
　→奥野 史子 ······································· 171
朝日 健太郎　→朝日 健太郎 ··············· 210
浅利 純子
　→第26回 アトランタ大会 ·················· 65
　→マラソン ········································· 134
　→浅利 純子 ······································· 134
アシックス　→鬼塚 喜八郎 ················· 21
アーチェリー
　→事典・辞書・図鑑 ·························· 39
　→第29回 北京大会 ··························· 69
　→競技・種目 ······································ 98
　→アーチェリー ································· 278
　→高柳 憲昭 ······································· 279
　→山本 博 ········································· 279
　→パラリンピック夏季競技 ················· 349
　→アーチェリー ································· 351
　→バドミントン ································· 356
　→ボッチャ ······································· 357
　→馬術 ··············································· 358
　→パワーリフティング ······················ 360
　→射撃 ··············································· 360
アーティスティックスイミング
　→事典・辞書・図鑑 ·························· 39
　→パラリンピック ······························ 85
　→オリンピック夏季競技 ···················· 109
　→アーティスティックスイミング ······· 169
　→石黒 由美子 ··································· 169
　→井村 雅代 ······································· 170
　→奥野 史子 ······································· 171
アディダス
　→オリンピック関連事件・問題 ·········· 28
　→第26回 アトランタ大会 ·················· 65
　→第27回 シドニー大会 ···················· 67
　→サッカー ········································· 172
　→前園 真聖 ······································· 192
アニマル浜口
　→アニマル浜口 ································· 233
　→浜口 京子 ······································· 237
アヌシュ, アドリアン　→強化 ··········· 14

オリンピックの本3000冊　　375

**あへ** 人名・事項名索引

安部 磯雄
　→選手 ……………………………… 100
　→嘉納 治五郎 …………………… 257
安倍 晋三
　→オリンピック関連事件・問題 …… 28
　→招致活動 ………………………… 31
阿部 慎之助　→阿部 慎之助 ……… 283
阿部 雅司　→阿部 雅司 …………… 302
阿部 勇樹　→阿部 勇樹 …………… 178
阿部 由晴　→第30回 ロンドン大会 … 70
アベベ・ビキラ
　→事典・辞書・図鑑 ……………… 39
　→パラリンピック ………………… 85
　→選手 ……………………………… 100
　→マラソン ………………………… 134
　→アベベ・ビキラ ………………… 135
アボット, ジム　→アボット, ジム … 283
アマチュアリズム　→オリンピック …… 2
天野 真　→フィギュアスケート …… 314
アームストロング, ランス
　→強化 ……………………………… 14
　→ドーピング・不正行為 ………… 26
　→アームストロング, ランス …… 243
綾部 知枝　→強化 ………………… 14
荒井 秀樹　→荒井 秀樹 …………… 368
新垣 渚　→強化 …………………… 14
荒川 恵理子　→荒川 恵理子 ……… 178
荒川 静香
　→強化 ……………………………… 14
　→フィギュアスケート …………… 314
　→荒川 静香 ……………………… 329
　→安藤 美姫 ……………………… 330
　→高橋 大輔 ……………………… 336
　→モロゾフ, ニコライ …………… 343
荒木 絵里香　→バレーボール …… 206
アリ, モハメド
　→第27回 シドニー大会 ………… 67
　→パラリンピック ………………… 85
　→選手 ……………………………… 100
　→アリ, モハメド ………………… 202
　→フォアマン, ジョージ ………… 204
有森 裕子
　→強化 ……………………………… 14
　→事典・辞書・図鑑 ……………… 39
　→第25回 バルセロナ大会 ……… 64
　→第26回 アトランタ大会 ……… 65
　→第27回 シドニー大会 ………… 67
　→選手 ……………………………… 100
　→マラソン ………………………… 134

　→有森 裕子 ……………………… 135
　→小出 義雄 ……………………… 139
　→高橋 尚子 ……………………… 146
アルバ, ジョルディ
　→第16回 アルベールビル冬季大会 … 79
　→サッカー ………………………… 172
アルペン競技　→オリンピック冬季競技 … 293
アルペンスキー
　→アルペンスキー ………………… 294
　→パラリンピック冬季競技 ……… 367
　→車いすカーリング ……………… 371
粟津 正蔵　→粟津 正蔵 …………… 254
アングル, カート　→アングル, カート … 234
安藤 梢　→サッカー ……………… 172
安藤 豊禄　→織田 幹雄 …………… 117
安藤 美姫
　→選手 ……………………………… 100
　→フィギュアスケート …………… 314
　→荒川 静香 ……………………… 329
　→安藤 美姫 ……………………… 330
　→高橋 大輔 ……………………… 336
　→モロゾフ, ニコライ …………… 343
アントニオ猪木　→強化 …………… 14
阿武 教子　→第28回 アテネ大会 … 68

# 【い】

飯島 秀雄　→選手 ………………… 100
飯塚 翔太　→陸上競技 …………… 110
飯室 芳男　→飯室 芳男 …………… 115
イエガー, アンドレア　→強化 …… 14
イエーツ　→強化 ………………… 14
猪谷 六合雄　→猪谷 六合雄 ……… 294
猪谷 千春
　→強化 ……………………………… 14
　→IOC, JOC ……………………… 30
　→事典・辞書・図鑑 ……………… 39
　→オリンピックの歴史 …………… 43
　→オリンピック冬季競技 ………… 293
　→猪谷 六合雄 …………………… 294
　→猪谷 千春 ……………………… 295
五十嵐 久人　→五十嵐 久人 ……… 220
五十嵐 文男　→五十嵐 文男 ……… 330
猪狩 靖典　→選手 ………………… 100
井口 資仁
　→選手 ……………………………… 100
　→井口 資仁 ……………………… 283
池田 久美子　→陸上競技 ………… 110

376

人名・事項名索引　　　　　　　　　　　　　　　　　　いにえ

池田 敬子
　→体操（体操競技）‥‥‥‥‥‥‥‥218
　→池田 敬子 ‥‥‥‥‥‥‥‥‥‥‥221
池田 勇人
　→オリンピックの歴史 ‥‥‥‥‥‥ 43
　→山下 泰裕 ‥‥‥‥‥‥‥‥‥‥‥267
池田 浩美　→池田 浩美 ‥‥‥‥‥178
池田 勇太　→選手 ‥‥‥‥‥‥‥‥100
池谷 幸雄
　→強化 ‥‥‥‥‥‥‥‥‥‥‥‥‥ 14
　→第24回 ソウル大会 ‥‥‥‥‥‥ 63
　→選手 ‥‥‥‥‥‥‥‥‥‥‥‥‥100
　→体操（体操競技）‥‥‥‥‥‥‥‥218
　→池谷 幸雄 ‥‥‥‥‥‥‥‥‥‥‥220
　→西川 大輔 ‥‥‥‥‥‥‥‥‥‥‥226
　→山口 彦則 ‥‥‥‥‥‥‥‥‥‥‥227
池永 明生　→第24回 ソウル大会 ‥‥63
石井 慧　→石井 慧 ‥‥‥‥‥‥255
石井 宏幸　→石井 宏幸 ‥‥‥‥358
石井 幹子
　→強化 ‥‥‥‥‥‥‥‥‥‥‥‥‥ 14
　→サッカー ‥‥‥‥‥‥‥‥‥‥‥172
石川 佳純　→卓球 ‥‥‥‥‥‥‥244
石川 直宏
　→サッカー ‥‥‥‥‥‥‥‥‥‥‥172
　→石川 直宏 ‥‥‥‥‥‥‥‥‥‥‥179
石川 雅規　→石川 雅規 ‥‥‥‥283
石川 祐希　→バレーボール ‥‥‥‥206
石川 遼
　→強化 ‥‥‥‥‥‥‥‥‥‥‥‥‥ 14
　→選手 ‥‥‥‥‥‥‥‥‥‥‥‥‥100
　→谷 亮子 ‥‥‥‥‥‥‥‥‥‥‥264
石黒 建吉　→石黒 建吉 ‥‥‥‥248
石黒 由美子　→石黒 由美子 ‥‥169
石島 雄介　→バレーボール ‥‥‥‥206
石津 光恵　→選手 ‥‥‥‥‥‥‥100
石原 慎太郎　→オリンピック関連事件・
　問題 ‥‥‥‥‥‥‥‥‥‥‥‥‥‥ 28
石原 敬久　→強化 ‥‥‥‥‥‥‥14
板倉 美紀
　→強化 ‥‥‥‥‥‥‥‥‥‥‥‥‥ 14
　→板倉 美紀 ‥‥‥‥‥‥‥‥‥‥‥115
伊丹 十三　→円谷 幸吉 ‥‥‥‥149
市橋 有里
　→第27回 シドニー大会 ‥‥‥‥‥ 67
　→マラソン ‥‥‥‥‥‥‥‥‥‥‥134
　→市橋 有里 ‥‥‥‥‥‥‥‥‥‥‥136
伊調 馨
　→強化 ‥‥‥‥‥‥‥‥‥‥‥‥‥ 14

　→五輪教育・学習 ‥‥‥‥‥‥‥‥ 34
　→第30回 ロンドン大会 ‥‥‥‥‥ 70
　→パラリンピック ‥‥‥‥‥‥‥‥ 85
　→レスリング ‥‥‥‥‥‥‥‥‥‥232
　→伊調 馨 ‥‥‥‥‥‥‥‥‥‥‥234
　→吉田 沙保里 ‥‥‥‥‥‥‥‥‥238
伊調 千春　→レスリング ‥‥‥‥232
イチロー
　→強化 ‥‥‥‥‥‥‥‥‥‥‥‥‥ 14
　→選手 ‥‥‥‥‥‥‥‥‥‥‥‥‥100
伊東 浩司
　→選手 ‥‥‥‥‥‥‥‥‥‥‥‥‥100
　→伊東 浩司 ‥‥‥‥‥‥‥‥‥‥‥115
　→ボルト，ウサイン ‥‥‥‥‥‥‥127
伊藤 鐘史　→選手 ‥‥‥‥‥‥‥100
伊東 大貴　→スキー・ジャンプ ‥‥299
伊藤 智仁　→伊藤 智仁 ‥‥‥‥283
伊藤 智也　→伊藤 智也 ‥‥‥‥352
伊藤 直樹　→強化 ‥‥‥‥‥‥‥14
伊藤 華英
　→強化 ‥‥‥‥‥‥‥‥‥‥‥‥‥ 14
　→水泳（競泳・飛び込み・水球）‥153
伊藤 正樹
　→強化 ‥‥‥‥‥‥‥‥‥‥‥‥‥ 14
　→第31回 リオデジャネイロ大会 ‥ 72
伊東 マンショ　→村社 講平 ‥‥129
伊藤 みどり
　→オリンピック ‥‥‥‥‥‥‥‥‥ 2
　→強化 ‥‥‥‥‥‥‥‥‥‥‥‥‥ 14
　→事典・辞書・図鑑 ‥‥‥‥‥‥‥ 39
　→選手 ‥‥‥‥‥‥‥‥‥‥‥‥‥100
　→フィギュアスケート ‥‥‥‥‥‥314
　→伊藤 みどり ‥‥‥‥‥‥‥‥‥‥331
伊藤 美誠
　→五輪教育・学習 ‥‥‥‥‥‥‥‥ 34
　→卓球 ‥‥‥‥‥‥‥‥‥‥‥‥‥244
　→伊藤 美誠 ‥‥‥‥‥‥‥‥‥‥‥245
　→平野 美宇 ‥‥‥‥‥‥‥‥‥‥‥246
伊藤 有希
　→選手 ‥‥‥‥‥‥‥‥‥‥‥‥‥100
　→スキー・ジャンプ ‥‥‥‥‥‥‥299
稲尾 和久
　→強化 ‥‥‥‥‥‥‥‥‥‥‥‥‥ 14
　→選手 ‥‥‥‥‥‥‥‥‥‥‥‥‥100
稲田 悦子　→オリンピック ‥‥‥‥ 2
稲本 潤一
　→選手 ‥‥‥‥‥‥‥‥‥‥‥‥‥100
　→稲本 潤一 ‥‥‥‥‥‥‥‥‥‥‥179
イニエスタ，アンドレス　→サッカー‥172

オリンピックの本3000冊　377

**いぬか** 人名・事項名索引

犬養 毅 →オリンピックの歴史 ……… 43
犬伏 孝行 →マラソン ……………… 134
井上 喜久子
　→選手 ………………………… 100
　→井上 喜久子 ……………… 248
井上 謙
　→バレーボール ……………… 206
　→川合 俊一 …………………… 212
井上 康生
　→強化 …………………………… 14
　→第27回 シドニー大会 ……… 67
　→第28回 アテネ大会 ………… 68
　→選手 ………………………… 100
　→柔道 ………………………… 251
　→井上 康生 ………………… 255
井上 光明 →西 竹一 …………… 249
井上 雄彦 →2016リオデジャネイロ大会
　（パラリンピック）…………… 94
井上 怜奈 →フィギュアスケート … 314
猪熊 功 →猪熊 功 ……………… 256
猪瀬 直樹
　→オリンピック関連事件・問題 … 28
　→招致活動 ……………………… 31
伊原 春樹 →高橋 尚子 ……… 146
井原 文之 →第24回 ソウル大会 … 63
井深 大 →山下 泰裕 ………… 267
井深 八重 →オリンピックの歴史 … 43
今井 哲夫 →今井 哲夫 ……… 116
今井 メロ →今井 メロ ……… 307
今村 俊明 →今村 俊明 ……… 310
井村 雅代
　→強化 …………………………… 14
　→選手 ………………………… 100
　→井村 雅代 ………………… 170
入江 隆 →アーチェリー ……… 278
入江 陵介
　→強化 …………………………… 14
　→五輪教育・学習 …………… 34
　→第30回 ロンドン大会 ……… 70
　→選手 ………………………… 100
　→入江 陵介 ………………… 155
岩隈 久志 →選手 …………… 100
岩崎 恭子
　→強化 …………………………… 14
　→普及 …………………………… 23
　→第27回 シドニー大会 ……… 67
　→選手 ………………………… 100
　→岩崎 恭子 ………………… 155
岩崎 由純 →強化 …………………… 14

岩島 章博
　→第24回 ソウル大会 ………… 63
　→バレーボール ……………… 206
岩出 浩正 →強化 ………………… 14
岩出 雅之 →強化 ………………… 14
岩渕 健輔 →強化 ………………… 14
岩渕 聡 →岩渕 聡 …………… 195
岩渕 真奈 →サッカー ………… 172
インデュライン, ミゲル　→インデュライ
　ン, ミゲル ……………………… 243

# 【う】

ヴァグネル, フーベルト　→ヴァグネル,
　フーベルト ……………………… 211
ウィアー, ジョニー
　→フィギュアスケート ……… 314
　→ウィア, ジョニー …………… 331
ヴィット, カタリナ　→フィギュアスケー
　ト ………………………………… 314
ウィリアムズ, セリーナ
　→強化 …………………………… 14
　→選手 ………………………… 100
ウィリアムズ, テッド　→選手 … 100
ウィリアムズ, ビーナス
　→強化 …………………………… 14
　→選手 ………………………… 100
ウィルキンソン, ジョニー　→強化 … 14
ウィルソン, デイヴィッド　→フィギュア
　スケート ……………………… 314
ウィルソン, デイビッド　→フィギュアス
　ケート ………………………… 314
ウィルチェアーラグビー
　→パラリンピック夏季競技 …… 349
　→ウィルチェアーラグビー …… 366
ウエイトリフティング
　→競技・種目 …………………… 98
　→ウエイトリフティング ……… 241
　→窪田 登 ……………………… 241
　→三宅 義信 …………………… 241
　→テコンドー …………………… 363
植芝 盛平　→嘉納 治五郎 …… 257
上田 藍
　→強化 …………………………… 14
　→第30回 ロンドン大会 ……… 70
植田 辰哉　→バレーボール …… 206
植田 直通　→五輪教育・学習 … 34

人名・事項名索引　　　　　　　　　　　　　　　　　　　　えんと

植谷 久三　→織田 幹雄 ……………… 117
上野 英信　→君原 健二 ……………… 138
上野 由岐子
　→強化 …………………………… 14
　→五輪教育・学習 ……………… 34
　→パラリンピック ……………… 85
　→ソフトボール ………………… 286
　→上野 由岐子 ………………… 286
上野 順恵　→柔道 ……………………… 251
上原 浩治　→上原 浩治 ……………… 284
上村 愛子
　→強化 …………………………… 14
　→五輪教育・学習 ……………… 34
　→事典・辞書・図鑑 …………… 39
　→上村 愛子 …………………… 304
　→里谷 多英 …………………… 305
植村 直己
　→強化 …………………………… 14
　→選手 …………………………… 100
上村 春樹
　→オリンピックの歴史 ………… 43
　→上村 春樹 …………………… 256
ヴェルネル, トマーシュ　→フィギュアス
　ケート …………………………… 314
ウォード, ハインズ　→選手 ………… 100
宇佐美 彰朗
　→マラソン ……………………… 134
　→宇佐美 彰朗 ………………… 137
宇佐美 大輔　→バレーボール ……… 206
内ケ崎 誠之助　→アイスホッケー ……… 344
内田 篤人
　→強化 …………………………… 14
　→選手 …………………………… 100
　→サッカー ……………………… 172
内田 春菊　→強化 …………………… 14
内田 正練　→内田 正練 ……………… 156
内村 航平
　→強化 …………………………… 14
　→普及 …………………………… 23
　→五輪教育・学習 ……………… 34
　→オリンピックの歴史 ………… 43
　→第30回 ロンドン大会 ……… 70
　→パラリンピック ……………… 85
　→選手 …………………………… 100
　→体操（体操競技） …………… 218
　→内村 航平 …………………… 221
宇津木 妙子
　→オリンピック …………………… 2
　→強化 …………………………… 14

　→上野 由岐子 ………………… 286
　→宇津木 妙子 ………………… 287
宇津木 麗華
　→強化 …………………………… 14
　→選手 …………………………… 100
　→宇津木 妙子 ………………… 287
ウッド, ティフ　→ボート …………… 200
宇野 昌磨
　→第23回 平昌冬季大会 ……… 84
　→フィギュアスケート ………… 314
　→宇野 昌磨 …………………… 332
　→羽生 結弦 …………………… 337
梅沢 由香里　→古賀 稔彦 …………… 261
梅原 龍三郎　→嘉納 治五郎 ……… 257
浦 和重　→強化 ……………………… 14
浦田 理恵　→浦田 理恵 ……………… 359
ウルフ佐藤　→選手 ………………… 100
ヴロフニック, マテアシュ　→アルペンス
　キー ……………………………… 294
運動靴　→三村 仁司 ………………… 22

【 え 】

エイブラハムズ　→オリンピック ………… 2
江川 卓　→選手 ……………………… 100
江連 忠　→強化 ……………………… 14
江夏 豊
　→強化 …………………………… 14
　→選手 …………………………… 100
榎本 淳平　→選手 …………………… 100
江畑 幸子　→バレーボール ………… 206
江原 騎士　→水泳（競泳・飛び込み・水
　球） ……………………………… 153
恵本 裕子　→柔道 …………………… 251
江里口 匡史　→強化 ………………… 14
エル・シャーラウイ　→サッカー ……… 172
エルナンデス, チャビ　→サッカー ……… 172
袁 偉民　→バレーボール …………… 206
エンクイスト, ポール　→ボート ……… 200
遠藤 彰弘　→強化 …………………… 14
遠藤 純男　→選手 …………………… 100
遠藤 隆行　→遠藤 隆行 ……………… 370
遠藤 康　→サッカー ………………… 172
遠藤 保仁
　→強化 …………………………… 14
　→選手 …………………………… 100
　→サッカー ……………………… 172

オリンピックの本3000冊　　379

遠藤 幸雄
　→強化 ………………………… 14
　→選手 …………………………… 100
　→体操（体操競技） …………… 218
円盤投げ　→陸上競技 …………… 110
エンブレム　→普及 ……………… 23

# 【 お 】

及川 晋平　→2016リオデジャネイロ大会
　（パラリンピック） ……………… 94
王 貞治
　→強化 ………………………… 14
　→選手 …………………………… 100
王 楠　→卓球 …………………… 244
王 励勤　→卓球 ………………… 244
オーエックスエンジニアリング
　→パラリンピック夏季競技 …… 349
　→パラリンピック冬季競技 …… 367
オーエンス, ジェシー
　→オリンピック ………………… 2
　→選手 …………………………… 100
　→オーエンス, ジェシー ……… 116
大岩 義明　→第30回 ロンドン大会 ……… 70
大江 季雄
　→強化 ………………………… 14
　→事典・辞書・図鑑 …………… 39
　→オリンピックの歴史 ………… 43
　→選手 …………………………… 100
　→大江 季雄 …………………… 116
　→車いすフェンシング ………… 365
大枝 茂明　→選手 ……………… 100
大神 雄子　→大神 雄子 ……… 230
大木 正彦　→バレーボール …… 206
大儀見 優季
　→サッカー ……………………… 172
　→永里 優季 …………………… 189
大久保 嘉人　→大久保 嘉人 … 180
大古 誠司　→バレーボール …… 206
大下 弘　→選手 ………………… 100
大島 鎌吉
　→オリンピック ………………… 2
　→五輪教育・学習 ……………… 34
　→オリンピックの歴史 ………… 43
　→大島 鎌吉 …………………… 116
大島 僚太　→第31回 リオデジャネイロ大
　会 ……………………………… 72

太田 幸司
　→強化 ………………………… 14
　→選手 …………………………… 100
太田 章　→選手 ………………… 100
太田 雄貴
　→強化 ………………………… 14
　→招致活動 ……………………… 31
　→第30回 ロンドン大会 ……… 70
　→選手 …………………………… 100
　→太田 雄貴 …………………… 250
太田 由希奈　→フィギュアスケート …… 314
大塚 裕子　→大塚 裕子 ……… 228
大友 愛　→大友 愛 …………… 211
大西 瀧治郎　→オリンピックの歴史 … 43
大西 鉄之祐　→オリンピック … 2
大貫 映子　→大貫 映子 ……… 157
大野 忍　→サッカー …………… 172
大野 将平　→第31回 リオデジャネイロ大
　会 ……………………………… 72
大野 均　→選手 ………………… 100
大場 政夫　→選手 ……………… 100
大畑 大介　→強化 ……………… 14
大林 素子　→大林 素子 ……… 211
大松 博文　→バレーボール …… 206
大本 洋嗣　→大本 洋嗣 ……… 157
大森 兵蔵　→大森 兵蔵 ……… 21
大家 友和　→強化 ……………… 14
大八木 淳史　→強化 …………… 14
大山 加奈
　→強化 ………………………… 14
　→大山 加奈 …………………… 211
　→栗原 恵 ……………………… 212
大山 妙子　→バスケットボール … 229
大山 康晴　→選手 ……………… 100
岡崎 聡子　→岡崎 聡子 ……… 222
岡崎 朋美
　→選手 …………………………… 100
　→岡崎 朋美 …………………… 310
小笠原 満男
　→選手 …………………………… 100
　→サッカー ……………………… 172
緒方 貞子　→強化 ……………… 14
岡田 武史
　→オリンピック ………………… 2
　→強化 ………………………… 14
　→サッカー ……………………… 172
尾方 剛　→強化 ………………… 14
尾県 貢　→普及 ………………… 23

人名・事項名索引　　　　　　　　　　　おの

岡野 俊一郎
　→オリンピックの歴史 ……………… 43
　→サッカー ……………………………… 172
　→岡野 俊一郎 ………………………… 180
岡部 哲也
　→岡部 哲也 …………………………… 296
　→プロディンガー, ペーター ……… 297
岡本 綾子
　→普及 …………………………………… 23
　→選手 …………………………………… 100
岡本 浩一　→古賀 稔彦 ……………… 261
岡本 太郎　→オリンピックの歴史 … 43
岡本 美鈴　→選手 …………………… 100
岡本 依子
　→強化 …………………………………… 14
　→岡本 依子 …………………………… 281
小川 直也
　→選手 …………………………………… 100
　→小川 直也 …………………………… 256
小川 勝　→オリンピック …………… 2
小川 良樹　→第30回 ロンドン大会 … 70
荻野 正二
　→選手 …………………………………… 100
　→バレーボール ……………………… 206
荻村 伊智朗
　→強化 …………………………………… 14
　→選手 …………………………………… 100
荻原 健司
　→強化 …………………………………… 14
　→事典・辞書・図鑑 ………………… 39
　→選手 …………………………………… 100
　→スキー・ジャンプ ………………… 299
　→ノルディック複合 ………………… 302
　→荻原 健司 …………………………… 303
荻原 次晴
　→スキー・ジャンプ ………………… 299
　→ノルディック複合 ………………… 302
　→荻原 次晴 …………………………… 303
奥寺 康彦
　→強化 …………………………………… 14
　→サッカー ……………………………… 172
　→クラマー, デットマール ………… 183
　→西 竹一 ……………………………… 249
奥野 史子
　→選手 …………………………………… 100
　→朝原 宣治 …………………………… 114
　→奥野 史子 …………………………… 171
奥村 幸治　→選手 …………………… 100

小椋 久美子
　→強化 …………………………………… 14
　→小椋 久美子 ………………………… 271
　→潮田 玲子 …………………………… 271
オーサー, ブライアン　→オーサー, ブラ
　イアン ………………………………… 332
尾崎 富士雄　→選手 ………………… 100
尾崎 将司　→選手 …………………… 100
尾崎 峰穂
　→選手 …………………………………… 100
　→尾崎 峰穂 …………………………… 352
尾崎 好美　→普及 …………………… 23
オシム, イビチャ
　→強化 …………………………………… 14
　→サッカー ……………………………… 172
織田 信成
　→選手 …………………………………… 100
　→フィギュアスケート ……………… 314
　→織田 信成 …………………………… 332
織田 幹雄
　→オリンピック ……………………… 2
　→強化 …………………………………… 14
　→事典・辞書・図鑑 ………………… 39
　→第18回 東京大会 …………………… 57
　→選手 …………………………………… 100
　→陸上競技 ……………………………… 110
　→織田 幹雄 …………………………… 117
落合 啓士　→落合 啓士 …………… 358
落合 博満　→選手 …………………… 100
落合 正利　→第30回 ロンドン大会 … 70
尾辻 義　→強化 ……………………… 14
オッティ, マリーン　→選手 ……… 100
鬼塚 喜八郎
　→鬼塚 喜八郎 ………………………… 21
　→陸上競技 ……………………………… 110
小野 清子
　→オリンピック ……………………… 2
　→小野 清子 …………………………… 222
　→小野 喬 ……………………………… 222
小野 伸二
　→選手 …………………………………… 100
　→サッカー ……………………………… 172
　→小野 伸二 …………………………… 180
　→トルシエ, フィリップ …………… 188
小野 喬
　→オリンピックの歴史 ……………… 43
　→選手 …………………………………… 100
　→体操（体操競技） …………………… 218
　→小野 清子 …………………………… 222

オリンピックの本3000冊　381

おの　　　　　　　　　　　人名・事項名索引

→小野 喬 …………………………… 222
小野 学　→小野 学 ………………… 299
小野寺 歩　→小野寺 歩 …………… 348
小幡 佳代子　→第27回 シドニー大会 … 67
オバマ, バラク　→招致活動 ………… 31
小浜 元孝　→強化 …………………… 14
小原 康司　→小原 日登美 ………… 234
小原 日登美
　→強化 …………………………… 14
　→普及 …………………………… 23
　→小原 日登美 ………………… 234
大日方 邦子
　→パラリンピック冬季競技 …… 367
　→大日方 邦子 ………………… 368
オフト, ハンス　→サッカー ……… 172
小村 徳男　→サッカー …………… 172
オーモット, チェティル・アンドレ　→ア
　ルペンスキー …………………… 294
オリバレス　→ボクシング ……… 202
オリンピズム
　→オリンピック・ムーブメント(オリン
　　ピズム) ……………………… 25
　→事典・辞書・図鑑 …………… 39
　→オリンピックの歴史 ………… 43
オリンピック
　→オリンピック全般 …………… 1
　→オリンピック ………………… 2
　→強化 …………………………… 14
　→普及 …………………………… 23
　→オリンピック・ムーブメント(オリン
　　ピズム) ……………………… 25
　→オリンピック関連事件・問題 … 28
　→招致活動 ……………………… 31
　→五輪教育・学習 ……………… 34
　→事典・辞書・図鑑 …………… 39
　→オリンピックの歴史 ………… 43
　→近代オリンピック(夏季) …… 52
　→近代オリンピック(冬季) …… 77
　→パラリンピック ……………… 85
　→選手 ………………………… 100
　→オリンピック夏季競技 ……… 109
　→オリンピック冬季競技 ……… 293
オリンピック・パラリンピック
　→オリンピック全般 …………… 1
　→五輪教育・学習 ……………… 34
　→事典・辞書・図鑑 …………… 39
　→オリンピックの歴史 ………… 43
　→選手 ………………………… 100
　→バイアスロン ………………… 345

オリンピック・パラリンピックの歴史　→
　オリンピックの歴史 …………… 43
オリンピック・ムーブメント
　→オリンピック・ムーブメント(オリン
　　ピズム) ……………………… 25
　→事典・辞書・図鑑 …………… 39
　→オリンピックの歴史 ………… 43
オリンピック夏季競技　→オリンピック夏
　季競技 ………………………… 109
オリンピック学習　→五輪教育・学習 … 34
オリンピック関連事件・問題　→オリン
　ピック関連事件・問題 ………… 28
オリンピック競技
　→オリンピック全般 …………… 1
　→オリンピック ………………… 2
　→クーベルタン, ピエール・ド … 9
　→強化 …………………………… 14
　→普及 …………………………… 23
　→五輪教育・学習 ……………… 34
　→事典・辞書・図鑑 …………… 39
　→オリンピックの歴史 ………… 43
　→古代オリンピック …………… 51
　→近代オリンピック(夏季) …… 52
　→第11回 ベルリン大会 ……… 53
　→第12回 東京大会 …………… 55
　→第15回 ヘルシンキ大会 …… 56
　→第18回 東京大会 …………… 57
　→第29回 北京大会 …………… 69
　→第32回 東京大会 …………… 73
　→第11回 札幌冬季大会 ……… 77
　→第18回 長野冬季大会 ……… 80
　→パラリンピック ……………… 85
　→競技・種目 …………………… 98
　→選手 ………………………… 100
　→陸上競技 …………………… 110
　→織田 幹雄 …………………… 117
　→鈴木 良徳 …………………… 120
　→野口 源三郎 ………………… 125
　→ボート ……………………… 200
オリンピック憲章　→オリンピック・ムー
　ブメント(オリンピズム) ……… 25
オリンピック建築
　→オリンピック ………………… 2
　→オリンピックの歴史 ………… 43
　→第25回 バルセロナ大会 …… 64
　→第32回 東京大会 …………… 73
オリンピック全般　→オリンピック全般 … 1
オリンピック冬季競技　→オリンピック冬
　季競技 ………………………… 293

382

オリンピックの歴史
　→事典・辞書・図鑑 ………………… 39
　→オリンピックの歴史 ……………… 43
オリンピック用語　→事典・辞書・図鑑 39
恩田 昌史
　→強化 …………………………………… 14
　→恩田 昌史 ………………………… 201
恩田 美栄
　→選手 ………………………………… 100
　→フィギュアスケート ……………… 314

# 【 か 】

海藤 正樹
　→第24回 ソウル大会 ………………… 63
　→バレーボール ……………………… 206
海和 俊宏　→海和 俊宏 ……………… 296
鏡 保幸　→強化 …………………………… 14
香川 真司
　→強化 …………………………………… 14
　→選手 ………………………………… 100
　→サッカー …………………………… 172
　→香川 真司 ………………………… 181
蔭山 弘道　→川合 俊一 …………… 212
葛西 紀明
　→強化 …………………………………… 14
　→五輪教育・学習 …………………… 34
　→事典・辞書・図鑑 ………………… 39
　→パラリンピック …………………… 85
　→選手 ………………………………… 100
　→スキー・ジャンプ ………………… 299
　→小野 学 …………………………… 299
　→葛西 紀明 ………………………… 300
　→ノルディック複合 ………………… 302
葛西 賀子　→スキー・ジャンプ …… 299
河西 昌枝
　→選手 ………………………………… 100
　→河西 昌枝 ………………………… 211
笠原 成元　→バスケットボール …… 229
笠原 茂
　→笠原 茂 …………………………… 235
　→栄 和人 …………………………… 235
笠間 裕治　→バレーボール ………… 206
笠谷 幸生
　→強化 …………………………………… 14
　→選手 ………………………………… 100
ガシアン, ジャン・フィリップ　→卓球 … 244
梶下 怜紀　→梶下 怜紀 ……………… 92

鹿島 丈博　→強化 ……………………… 14
柏木 陽介　→サッカー ……………… 172
柏葉 守人　→ボクシング …………… 202
ガスコイン, ポール　→強化 ………… 14
片桐 典徳　→織田 幹雄 ……………… 117
ガチンスキー, アルトゥール　→フィギュ
　アスケート …………………………… 314
勝見 勝　→オリンピックの歴史 …… 43
桂 ゆき　→織田 幹雄 ………………… 117
加藤 明　→加藤 明 …………………… 212
加藤 沢男　→選手 …………………… 100
加藤 条治　→強化 ……………………… 14
加藤 寛　→サッカー ………………… 172
加藤 広志　→バレーボール ………… 206
加藤 陽一　→バレーボール ………… 206
加藤 凌平
　→第31回 リオデジャネイロ大会 …… 72
　→体操(体操競技) …………………… 218
金栗 四三
　→オリンピックの歴史 ……………… 43
　→選手 ………………………………… 100
　→マラソン …………………………… 134
　→金栗 四三 ………………………… 137
　→車いすフェンシング ……………… 365
金沢 和良　→ボクシング …………… 202
金沢 健児　→強化 ……………………… 14
カーナゼス, ディーン　→強化 ……… 14
金丸 雄介
　→柔道 ………………………………… 251
　→金丸 雄介 ………………………… 256
カヌー
　→事典・辞書・図鑑 ………………… 39
　→競技・種目 ………………………… 98
　→カヌー ……………………………… 277
　→カヌー ……………………………… 357
　→ボート ……………………………… 360
金子 直吉　→人見 絹枝 ……………… 125
金子 正子　→強化 ……………………… 14
金戸 幸　→金戸 幸 …………………… 157
金藤 理絵
　→第31回 リオデジャネイロ大会 …… 72
　→水泳(競泳・飛び込み・水球) …… 153
ガネホ(GANEFO)　→第18回 東京大会 … 57
嘉納 治五郎
　→オリンピック …………………………… 2
　→クーベルタン, ピエール・ド ……… 9
　→強化 …………………………………… 14
　→オリンピック・ムーブメント(オリン
　ピズム) ……………………………… 25

かのう　　　　　　　　　　　人名・事項名索引

→オリンピック関連事件・問題 ………… 28
→五輪教育・学習 …………………… 34
→オリンピックの歴史 ……………… 43
→第11回 ベルリン大会 ……………… 53
→第12回 東京大会 ………………… 55
→選手 …………………………… 100
→柔道 …………………………… 251
→嘉納 治五郎 ……………………… 257
狩野 舞子
→強化 …………………………… 14
→バレーボール …………………… 206
狩野 美雪　→強化 …………………… 14
カノコギ, ラスティ　→カノコギ, ラス
ティ ……………………………… 260
カハナモク, デューク
→近代オリンピック（夏季）……… 52
→第15回 カルガリー冬季大会 …… 79
→カハナモク, デューク …………… 157
釜本 邦茂
→選手 …………………………… 100
→サッカー ………………………… 172
→釜本 邦茂 ……………………… 181
神尾 米　→伊達 公子 ……………… 196
上尾野辺 めぐみ　→サッカー ……… 172
神永 昭夫
→強化 …………………………… 14
→神永 昭夫 ……………………… 261
神野 由佳　→強化 …………………… 14
亀倉 雄策
→永井 一正 ……………………… 25
→オリンピックの歴史 ……………… 43
→亀倉 雄策 ……………………… 261
加茂 周　→サッカー ………………… 172
加茂 建　→サッカー ………………… 172
空手
→競技・種目 ……………………… 98
→オリンピック夏季競技 ………… 109
→レスリング ……………………… 232
→柔道 …………………………… 251
→空手 …………………………… 289
→テコンドー ……………………… 363
ガリー　→五十嵐 文男 ……………… 330
カーリング
→競技・種目 ……………………… 98
→オリンピック冬季競技 ………… 293
→ショートトラック ……………… 344
→リュージュ ……………………… 347
→カーリング ……………………… 347
ガリンシャ　→強化 …………………… 14

ガルシア, カルロス・J.　→野球 …… 282
苅部 俊二　→苅部 俊二 …………… 118
カレリン　→第27回 シドニー大会 …… 67
河合 純一
→強化 …………………………… 14
→パラリンピック ………………… 85
→2004アテネ大会（パラリンピック）…… 93
→選手 …………………………… 100
→パラリンピック夏季競技 ……… 349
→河合 純一 ……………………… 361
川合 俊一
→第24回 ソウル大会 ……………… 63
→バレーボール …………………… 206
→川合 俊一 ……………………… 212
川相 昌弘　→体操（体操競技）…… 218
川井 梨紗子　→レスリング ………… 232
河合 良一　→織田 幹雄 …………… 117
川内 紗代子　→強化 ………………… 14
川内 優輝
→選手 …………………………… 100
→マラソン ………………………… 134
川上 哲治　→強化 …………………… 14
川口 能活
→強化 …………………………… 14
→サッカー ………………………… 172
→川口 能活 ……………………… 182
河崎 由加里　→強化 ………………… 14
川島 永嗣　→サッカー ……………… 172
川嶋 勝重　→強化 …………………… 14
川嶋 伸次
→マラソン ………………………… 134
→川嶋 伸次 ……………………… 138
川澄 奈穂美
→選手 …………………………… 100
→サッカー ………………………… 172
→川澄 奈穂美 …………………… 182
川淵 三郎
→強化 …………………………… 14
→選手 …………………………… 100
→サッカー ………………………… 172
→川淵 三郎 ……………………… 183
川本 ゆかり
→新体操 …………………………… 227
→川本 ゆかり …………………… 228
→山尾 朱子 ……………………… 228
河原木 勝歳　→強化 ………………… 14
神崎 範之　→フィギュアスケート …… 314

人名・事項名索引　　　**きらに**

## 【 き 】

木内 幸男　→オリンピック ……………… 2
器械体操
　→体操（体操競技） ……………… 218
　→田中 理恵 ……………… 224
菊池 康郎　→選手 ……………… 100
木崎 良子　→普及 ……………… 23
木佐貫 洋　→強化 ……………… 14
岸 清一
　→岸 清一 ……………… 56
　→選手 ……………… 100
岸川 聖也　→強化 ……………… 14
岸田 今日子　→円谷 幸吉 ……………… 149
岸本 一美　→フィギュアスケート ……… 314
岸本 健　→サッカー ……………… 172
木塚 忠助　→選手 ……………… 100
義足
　→陸上競技 ……………… 351
　→佐藤 真海 ……………… 353
　→鈴木 徹 ……………… 354
　→中西 麻耶 ……………… 355
　→ピストリウス, オスカー ……………… 355
　→山本 篤 ……………… 356
北島 康介
　→強化 ……………… 14
　→五輪教育・学習 ……………… 34
　→第28回 アテネ大会 ……………… 68
　→第30回 ロンドン大会 ……………… 70
　→パラリンピック ……………… 85
　→選手 ……………… 100
　→水泳（競泳・飛び込み・水球）…153
　→北島 康介 ……………… 157
　→平井 伯昌 ……………… 164
城戸 俊三　→西 竹一 ……………… 249
木原 光知子　→木原 光知子 ……… 159
君原 健二
　→オリンピックの歴史 ……… 43
　→選手 ……………… 100
　→マラソン ……………… 134
　→君原 健二 ……………… 138
　→高橋 進 ……………… 145
キム チェファ　→フィギュアスケート …314
金 択洙　→卓球 ……………… 244
キム ユンミ　→卓球 ……………… 244
キム ヨナ
　→選手 ……………… 100

　→フィギュアスケート ……………… 314
　→浅田 真央 ……………… 327
　→キム ヨナ ……………… 332
木村 公宣　→アルペンスキー ……… 294
木村 久　→ボクシング ……………… 202
木村 敬一
　→五輪教育・学習 ……… 34
　→パラリンピック ……………… 85
木村 沙織
　→バレーボール ……………… 206
　→木村 沙織 ……………… 212
木村 象雷　→第18回 東京大会 …… 57
木村 政彦　→柔道 ……………… 251
キャロル, フランク　→フィギュアスケー
ト ……………… 314
キャンデロロ, フィリップ　→フィギュア
スケート ……………… 314
牛 剣鋒　→卓球 ……………… 244
競泳
　→事典・辞書・図鑑 ……… 39
　→第29回 北京大会 ……… 69
　→水泳（競泳・飛び込み・水球）… 153
　→パラリンピック夏季競技 …… 349
強化　→強化 ……………… 14
競技　→競技・種目 ……………… 98
競技場　→オリンピック ……………… 2
競走
　→高野 進 ……………… 121
　→為末 大 ……………… 123
競歩　→板倉 美紀 ……………… 115
京谷 和幸
　→パラリンピック ……………… 85
　→2004アテネ大会（パラリンピック）…… 93
　→パラリンピック夏季競技 …… 349
　→京谷 和幸 ……………… 364
清川 正二
　→オリンピック ……………… 2
　→オリンピックの歴史 ……… 43
　→第18回 東京大会 ……… 57
　→選手 ……………… 100
　→清川 正二 ……………… 160
清武 弘嗣　→清武 弘嗣 ……………… 183
清原 和博
　→選手 ……………… 100
　→フォアマン, ジョージ ……… 204
清原 玉　→嘉納 治五郎 ……… 257
清原 伸彦　→強化 ……………… 14
清宮 克幸　→選手 ……………… 100
キラニン, ロード　→オリンピックの歴史… 43

オリンピックの本3000冊　　385

きりし　　　　　　　　人名・事項名索引

桐島 洋子　→強化 …………………… 14
桐生 祥秀　→陸上競技 …………… 110
ギルバート, ブラッド　→ギルバート, ブ
　ラッド ……………………………… 195
金 雲龍　→オリンピックの歴史 …… 43
近賀 ゆかり　→サッカー ………… 172
キング, ビリー・ジーン　→強化 … 14
今上天皇　→西 竹一 ……………… 249
近代オリンピック
　→オリンピック …………………… 2
　→事典・辞書・図鑑 ……………… 39
　→オリンピックの歴史 …………… 43
　→選手 …………………………… 100
近代オリンピック(夏季)　→近代オリン
　ピック(夏季) …………………… 52
近代オリンピック(冬季)　→近代オリン
　ピック(冬季) …………………… 77
近代五種
　→事典・辞書・図鑑 ……………… 39
　→競技・種目 …………………… 98
　→近代五種 ……………………… 275
　→自転車 ………………………… 357

## 【く】

グェラ, マニュエル・ゴンザレス　→野球… 282
具志堅 幸司　→強化 ……………… 14
具志堅 用高　→選手 ……………… 100
楠田 香穂里　→バスケットボール … 229
葛和 伸元　→強化 ………………… 14
久世 由美子
　→久世 由美子 …………………… 160
　→松田 丈志 …………………… 168
グーテンドルフ, ルディ　→強化 … 14
工藤 一良　→選手 ………………… 100
工藤 公康
　→強化 …………………………… 14
　→選手 …………………………… 100
工藤 俊作　→選手 ………………… 100
国枝 慎吾
　→五輪教育・学習 ………………… 34
　→第30回 ロンドン大会 ………… 70
　→パラリンピック ………………… 85
　→選手 …………………………… 100
クーベルタン, ピエール・ド
　→オリンピック …………………… 2
　→クーベルタン, ピエール・ド …… 9

　→オリンピック・ムーブメント(オリン
　　ピズム) ………………………… 25
　→五輪教育・学習 ………………… 34
　→事典・辞書・図鑑 ……………… 39
　→オリンピックの歴史 …………… 43
　→古代オリンピック ……………… 51
　→選手 …………………………… 100
久保 建英　→サッカー …………… 172
久保 裕也　→強化 ………………… 14
久保田 五十一　→強化 …………… 14
窪田 登　→窪田 登 ……………… 241
久保田 三知男　→久保田 三知男 … 304
熊谷 一弥　→選手 ………………… 100
熊谷 紗希　→サッカー …………… 172
熊田 康則
　→第24回 ソウル大会 …………… 63
　→バレーボール ………………… 206
　→川合 俊一 …………………… 212
グラフ, シュテフィ　→選手 …… 100
グラフィックアート　→亀倉 雄策 … 261
クラマー, デットマール
　→サッカー ……………………… 172
　→クラマー, デットマール ……… 183
　→今野 泰幸 …………………… 183
クランストン　→五十嵐 文男 …… 330
クーリック, イリヤ　→フィギュアスケー
　ト ………………………………… 314
栗原 恵
　→強化 …………………………… 14
　→バレーボール ………………… 206
　→大山 加奈 …………………… 211
　→栗原 恵 ……………………… 212
栗原 勇蔵　→サッカー …………… 172
栗山 英樹　→強化 ………………… 14
グリュニゲン, ミヒャエル・フォン　→ア
　ルペンスキー …………………… 294
グリーン, モーリス
　→第27回 シドニー大会 ………… 67
　→選手 …………………………… 100
グリンコフ, セルゲイ
　→五十嵐 文男 ………………… 330
　→グリンコフ, セルゲイ ………… 333
　→ゴルデーワ, エカテリーナ …… 334
車いすカーリング
　→パラリンピック冬季競技 ……… 367
　→車いすカーリング …………… 371
車いす競技
　→パラリンピック夏季競技 ……… 349
　→陸上競技 …………………… 351

人名・事項名索引　　こくさ

→千葉 祇暉 ……………………………… 355
車いすスポーツ　→パラリンピック夏季競
　技 ……………………………………… 349
車いすテニス
　→競技・種目 …………………………… 98
　→パラリンピック夏季競技 …………… 349
　→山本 篤 ……………………………… 356
　→車いすフェンシング ………………… 365
　→車いすテニス ………………………… 366
　→三木 拓也 …………………………… 366
車いすバスケットボール
　→2016リオデジャネイロ大会（パラリン
　　ピック） …………………………………… 94
　→パラリンピック夏季競技 …………… 349
　→車いすバスケットボール …………… 363
　→京谷 和幸 …………………………… 364
　→香西 宏昭 …………………………… 365
　→神保 康広 …………………………… 365
　→車いすフェンシング ………………… 365
車いすフェンシング
　→競技・種目 …………………………… 98
　→パラリンピック夏季競技 …………… 349
　→車いすフェンシング ………………… 365
車いすマラソン
　→伊藤 智也 …………………………… 352
　→土田 和歌子 ………………………… 355
　→山本 篤 ……………………………… 356
　→車いすテニス ………………………… 366
クレアンガ, カリニコス　→卓球 ……… 244
グレイシー, ヒクソン　→強化 …………… 14
クレイトン　→選手 …………………… 100
クレー射撃　→射撃（ライフル・クレー）… 275
クレメンテ, ロベルト　→強化 …………… 14
黒岩 彰
　→強化 …………………………………… 14
　→スピードスケート …………………… 309
　→黒岩 彰 ……………………………… 310
黒木 知宏　→黒木 知宏 ……………… 284
黒沢 明　→山下 泰裕 ………………… 267
黒須 成美　→強化 ……………………… 14
クロスカントリースキー
　→クロスカントリースキー …………… 298
　→パラリンピック冬季競技 …………… 367
　→車いすカーリング …………………… 371
黒田 和生　→サッカー ………………… 172
クロート, トーマス　→サッカー ……… 172
桑田 真澄　→選手 ……………………… 100
クワン, ミシェル　→フィギュアスケート … 314

## 【け】

ゲディーナ, クリスチャン　→アルペンス
　キー ………………………………………… 294
ケラー, ヘレン
　→オリンピックの歴史 ………………… 43
　→円谷 幸吉 …………………………… 149
ケリガン, ナンシー
　→強化 …………………………………… 14
　→ケリガン, ナンシー ………………… 333
ケンブリッジ 飛鳥
　→第31回 リオデジャネイロ大会 …… 72
　→陸上競技 ……………………………… 110

## 【こ】

コー, セバスチャン　→コー, セバスチャ
　ン ………………………………………… 118
小出 義雄
　→強化 …………………………………… 14
　→第26回 アトランタ大会 …………… 65
　→選手 ………………………………… 100
　→マラソン …………………………… 134
　→有森 裕子 …………………………… 135
　→小出 義雄 …………………………… 139
　→高橋 尚子 …………………………… 146
小岩井 久美子　→フィギュアスケート … 314
香西 宏昭　→香西 宏昭 ……………… 365
皇室　→第32回 東京大会 …………… 73
講道館　→嘉納 治五郎 ……………… 257
河野 孝典　→河野 孝典 ……………… 304
甲野 善紀　→選手 …………………… 100
古賀 稔彦
　→強化 …………………………………… 14
　→柔道 ………………………………… 251
　→古賀 稔彦 …………………………… 261
古閑 美保　→選手 …………………… 100
国際オリンピック委員会
　→サマランチ, ファン・アントニオ …… 10
　→オリンピック関連事件・問題 ……… 28
　→IOC, JOC …………………………… 30
　→事典・辞書・図鑑 …………………… 39
　→猪谷 千春 …………………………… 295
国際身体障害者スポーツ大会　→パラリン
　ピック ……………………………………… 85

こくさ　人名・事項名索引

国際陸上競技連盟　→オリンピック関連事
　件・問題 …………………………… 28
小久保 裕紀　→強化 ………………… 14
国立競技場
　→オリンピックの歴史 …………… 43
　→第32回 東京大会 ……………… 73
越 和宏　→越 和宏 ………………… 347
越川 優　→バレーボール ………… 206
小島 孝治　→バレーボール ……… 206
小塚 崇彦
　→フィギュアスケート ………… 314
　→小塚 崇彦 ……………………… 333
コストナー, カロリーナ　→フィギュアス
　ケート …………………………… 314
古代オリンピック
　→オリンピックの歴史 …………… 43
　→古代オリンピック ……………… 51
小平 奈緒　→小平 奈緒 ………… 310
小谷 澄之　→小谷 澄之 ………… 263
小谷 実可子
　→強化 ……………………………… 14
　→小谷 実可子 …………………… 171
児玉 泰介　→マラソン …………… 134
コーチ(スポーツ)
　→田口 信教 ……………………… 162
　→平井 伯昌 ……………………… 164
　→井村 雅代 ……………………… 170
　→塚原 千恵子 …………………… 225
コッピ, ファウスト　→選手………… 100
5人制サッカー
　→パラリンピック夏季競技 ……… 349
　→5人制サッカー(ブラインドサッ
　　カー) …………………………… 358
許斐 氏利　→許斐 氏利 ………… 275
小林 宏一　→フィギュアスケート … 314
小林 尚子　→強化 ………………… 14
小林 則子　→選手 ………………… 100
小林 深雪　→小林 深雪 ………… 369
小林 祐希　→強化 ………………… 14
小堀 勇気　→水泳(競泳・飛び込み・水
　球) ……………………………… 153
小松 一憲　→小松 一憲 ………… 240
コマネチ, ナディア　→コマネチ, ナディ
　ア ………………………………… 222
駒野 友一　→サッカー …………… 172
ゴーマン美智子　→マラソン ……… 134
小峯 力　→強化 …………………… 14
小宮山 悟　→選手 ………………… 100
五明 みさ子　→強化 ……………… 14

小谷野 栄一　→パラリンピック夏季競技 ‥349
小山 ちれ　→強化 ………………… 14
小山 勉　→第24回 ソウル大会 …… 63
小山 八郎　→織田 幹雄 ………… 117
小山 裕史　→選手 ………………… 100
五輪(アテネ 2004)　→第28回 アテネ大会 ‥68
五輪(アトランタ 1996)　→第26回 アト
　ランタ大会 ……………………… 65
五輪(アルベールビル 1992)　→第16回
　アルベールビル冬季大会 ……… 79
五輪(インスブルック 1976)　→第12回
　インスブルック冬季大会 ……… 79
五輪(カルガリー 1988)　→第15回 カル
　ガリー冬季大会 ………………… 79
五輪(札幌 1972)　→第11回 札幌冬季大会‥77
五輪(サラエボ 1984)　→第14回 サラエ
　ボ冬季大会 ……………………… 79
五輪(シドニー 2000)　→第27回 シド
　ニー大会 ………………………… 67
五輪(ソウル 1988)　→第24回 ソウル大会‥63
五輪(ソチ 2014)　→第22回 ソチ冬季大会‥84
五輪(ソルトレーク 2002)　→第19回 ソ
　ルトレークシティ冬季大会 …… 83
五輪(東京 1940)　→第12回東京大会 …… 55
五輪(東京 1964)
　→第12回 東京大会 ……………… 55
　→第18回 東京大会 ……………… 57
　→1964東京大会(パラリンピック) … 93
五輪(東京 2020)
　→オリンピック …………………… 2
　→招致活動 ……………………… 31
　→第32回 東京大会 ……………… 73
五輪(トリノ 2006)　→第20回 トリノ冬
　季大会 …………………………… 83
五輪(長野 1998)　→第18回 長野冬季大会‥80
五輪(バルセロナ 1936)　→オリンピック
　の歴史 …………………………… 43
五輪(バルセロナ 1992)　→第25回 バル
　セロナ大会 ……………………… 64
五輪(バンクーバー 2010)
　→第21回 バンクーバー冬季大会 …… 83
　→フィギュアスケート ………… 314
五輪(北京 2008)　→第29回 北京大会 …… 69
五輪(ヘルシンキ 1952)　→第15回 ヘル
　シンキ大会 ……………………… 56
五輪(ベルリン 1936)
　→第11回 ベルリン大会 ………… 53
　→第11回 ベルリン大会 ………… 53

388

人名・事項名索引　　　　　　　　　　　さ さ き

五輪（ミュンヘン 1972）　→第20回 ミュ
ンヘン大会 ……………………………… 62
五輪（メキシコ 1968）　→第19回 メキシ
コシティー大会 ………………………… 62
五輪（モスクワ 1980）　→第22回 モスク
ワ大会 …………………………………… 63
五輪（モントリオール 1976）　→第21回
モントリオール大会 …………………… 63
五輪（リオデジャネイロ 2016）
　→第31回 リオデジャネイロ大会 ……… 72
　→第32回 東京大会 …………………… 73
五輪（リレハンメル 1994）　→第17回 リ
レハンメル冬季大会 …………………… 79
五輪（ロサンゼルス 1984）　→第23回 ロ
サンゼルス大会 ………………………… 63
五輪（ローマ 1960）　→第17回 ローマ大会‥ 57
五輪（ロンドン 1948）　→第14回 ロンド
ン大会 …………………………………… 56
五輪（ロンドン 2012）　→第30回 ロンド
ン大会 …………………………………… 70
五輪学習　→五輪教育・学習 …………… 34
五輪教育　→五輪教育・学習 …………… 34
ゴルデーワ, エカテリーナ
　→五十嵐 文男 …………………………330
　→グリンコフ, セルゲイ ………………333
　→ゴルデーワ, エカテリーナ…………334
ゴルフ
　→事典・辞書・図鑑 …………………… 39
　→競技・種目 …………………………… 98
　→選手 …………………………………100
　→ゴルフ ………………………………280
　→バイアスロン ………………………345
　→バドミントン ………………………356
ゴールボール
　→パラリンピック夏季競技 …………349
　→陸上競技 ……………………………351
　→ゴールボール ………………………359
孔 令輝　→卓球 …………………………244
権田 修一　→サッカー …………………172
近藤 天　→体操（体操競技）…………218
今野 けい子　→選手 ……………………100
紺野 麻里　→強化 ……………………… 14
今野 泰幸　→今野 泰幸 ………………183

## 【 さ 】

西条 八十　→第11回 ベルリン大会 ……… 53
斉藤 愛子　→斉藤 愛子 …………………241

斉藤 仁
　→柔道 …………………………………251
　→斉藤 仁 ………………………………263
斉藤 信治　→バレーボール ……………206
斎藤 春香　→強化 ……………………… 14
斉藤 美佐子　→選手 ……………………100
斎藤 佑樹
　→選手 …………………………………100
　→谷 亮子 ………………………………264
ザイラー, トニー　→ザイラー, トニー…296
坂井 聖人　→水泳（競泳・飛び込み・水
球）……………………………………153
酒井 裕唯　→強化 ……………………… 14
坂井 義則　→第18回 東京大会 ………… 57
栄 和人
　→強化 …………………………………… 14
　→第30回 ロンドン大会 ……………… 70
　→伊調 馨 ………………………………234
　→栄 和人 ………………………………235
　→吉田 沙保里 ………………………238
坂口 泰
　→強化 …………………………………… 14
　→マラソン ……………………………134
坂田 好弘　→選手 ………………………100
酒巻 清治　→強化 ……………………… 14
坂本 直子　→マラソン …………………134
坂本 勇人　→強化 ……………………… 14
坂本 博之　→選手 ………………………100
相良 八重　→選手 ………………………100
佐久間 勉
　→オリンピックの歴史 ………………… 43
　→選手 …………………………………100
桜井 孝雄
　→選手 …………………………………100
　→ボクシング …………………………202
櫻井 嘉人　→サッカー …………………172
桜庭 和志　→強化 ……………………… 14
佐々木 明　→佐々木 明 ………………296
佐々木 功
　→マラソン ……………………………134
　→浅井 えり子 ………………………134
佐々木 主浩
　→選手 …………………………………100
　→ソープ, イアン ……………………161
佐々木 勝雄　→選手 ……………………100
佐々木 吉蔵
　→佐々木 吉蔵 …………………………118
　→鈴木 良徳 ……………………………120
　→野口 源三郎 ………………………125

オリンピックの本3000冊　　389

# ささき

人名・事項名索引

佐々木 則夫
→強化 ················· 14
→サッカー ············· 172
→佐々木 則夫 ··········· 184
笹原 正三
→レスリング ··········· 232
→笹原 正三 ············· 235
笹本 恒子
→オリンピック ··········· 2
→強化 ················· 14
→第11回 札幌冬季大会 ····· 77
佐瀬 稔
→第27回 シドニー大会 ····· 67
→選手 ················ 100
サッカー
→事典・辞書・図鑑 ······· 39
→第26回 アトランタ大会 ··· 65
→第27回 シドニー大会 ····· 67
→第29回 北京大会 ······· 69
→スペシャルオリンピックス・デフリン
　ピック ··············· 90
→競技・種目 ············ 98
→サッカー ············· 172
→釜本 邦茂 ············· 181
→佐々木 則夫 ··········· 184
→澤 穂希 ·············· 184
→中田 浩二 ············· 189
→西野 朗 ·············· 191
→前園 真聖 ············· 192
→山本 昌邦 ············· 193
→パラリンピック夏季競技 ··· 349
→5人制サッカー（ブラインドサッ
　カー） ··············· 358
雑学
→オリンピック ··········· 2
→五輪教育・学習 ········· 34
→事典・辞書・図鑑 ······· 39
→オリンピックの歴史 ····· 43
→第18回 東京大会 ······· 57
ザッケローニ, アルベルト　→サッカー ··· 172
佐藤 敦之　→強化 ············ 14
佐藤 伊知子　→佐藤 伊知子 ····· 213
佐藤 和範　→強化 ············ 14
佐藤 久美子
→佐藤 久美子 ··········· 334
→佐藤 信夫 ············· 334
佐藤 次郎　→選手 ············ 100
佐藤 信夫
→選手 ················ 100

→佐藤 久美子 ··········· 334
→佐藤 信夫 ············· 334
佐藤 宣践
→強化 ················· 14
→佐藤 宣践 ············· 263
佐藤 信之　→マラソン ········· 134
佐藤 寿人　→サッカー ········· 172
佐藤 真海
→普及 ················· 23
→招致活動 ············· 31
→パラリンピック ········· 85
→2004アテネ大会（パラリンピック）··· 93
→選手 ················ 100
→佐藤 真海 ············· 353
佐藤 義則　→強化 ············ 14
ザトペック, エミール
→事典・辞書・図鑑 ······· 39
→選手 ················ 100
→マラソン ············· 134
里谷 多英
→第18回 長野冬季大会 ····· 80
→上村 愛子 ············· 304
→里谷 多英 ············· 305
佐野 雅之
→オリンピック ··········· 2
→佐野 雅之 ············· 251
佐野 稔
→佐野 稔 ·············· 335
→羽生 結弦 ············· 337
佐野 優子　→バレーボール ····· 206
サーフィン
→競技・種目 ············ 98
→サーフィン ············ 291
→カヌー ··············· 357
→ボート ··············· 360
サマランチ, ファン・アントニオ
→サマランチ, ファン・アントニオ ··· 10
→オリンピック関連事件・問題 ··· 28
→IOC, JOC ············· 30
→猪谷 千春 ············· 295
サムソノフ, ブラディミル
→第14回 サラエボ冬季大会 ··· 79
→卓球 ················ 244
鮫島 彩　→サッカー ··········· 172
サラザール, アルベルト
→サラザール, アルベルト ····· 141
→渡辺 康幸 ············· 134
澤 穂希
→強化 ················· 14

人名・事項名索引　　　　　　　　　　　　　　　しみす

→普及 ………………………… 23
→選手 ………………………… 100
→サッカー …………………… 172
→澤 穂希 …………………… 184
→高倉 麻子 ………………… 187
沢井 孝夫　→沢井 孝夫 ………… 249
澤田 亜紀　→フィギュアスケート … 314
沢田 文吉　→沢田 文吉 ………… 119
澤野 大地　→強化 ……………… 14
沢松 奈生子　→沢松 奈生子 …… 195
沢村 栄治
→オリンピックの歴史 ……… 43
→選手 ………………………… 100
澤村 拓一　→選手 ……………… 100
三段跳び　→田島 直人 ………… 123
サンティー, ウェス
→サンティー, ウェス ……… 119
→バニスター, ロジャー …… 125
→ランディ, ジョン ………… 132
サントリー　→佐藤 真海 ……… 353

## 【し】

自衛隊
→第18回 東京大会 …………… 57
→1998長野大会 (パラリンピック) …… 96
シェフチェンコ, アンドリー　→オリン
ピック ……………………………… 2
潮田 玲子
→強化 ………………………… 14
→小椋 久美子 ……………… 271
→潮田 玲子 ………………… 271
視覚障がい者5人制サッカー　→パラリン
ピック夏季競技 ………………… 349
視覚障害
→パラリンピック夏季競技 ……… 349
→高橋 勇市 ………………… 354
→5人制サッカー (ブラインドサッ
カー) …………………………… 358
→河合 純一 ………………… 361
→卓球 ………………………… 363
重本 沙絵　→重本 沙絵 ……… 353
事件　→オリンピック関連事件・問題 … 28
ジーコ
→高橋 尚子 ………………… 146
→サッカー …………………… 172
辞書　→事典・辞書・図鑑 ……… 39

シズニー, アリッサ　→フィギュアスケー
ト ………………………………… 314
ジダン, ジネディーヌ　→オリンピック … 2
シッティングバレーボール
→強化 ………………………… 14
→オリンピックの歴史 ……… 43
→第27回 シドニー大会 ……… 67
→パラリンピック …………… 85
→サッカー …………………… 172
→野球 ………………………… 282
→ソフトボール ……………… 286
→パラリンピック夏季競技 … 349
→陸上競技 …………………… 351
→シッティングバレーボール … 360
事典
→事典・辞書・図鑑 ………… 39
→レスリング ………………… 232
→柔道 ………………………… 251
自転車
→事典・辞書・図鑑 ………… 39
→競技・種目 ………………… 98
→自転車 ……………………… 242
→三浦 恭資 ………………… 243
→トライアスロン …………… 279
→自転車 ……………………… 357
指導者
→強化 ………………………… 14
→マラソン …………………… 134
→水泳 (競泳・飛び込み・水球) … 153
→サッカー …………………… 172
→フェンシング ……………… 250
篠原 信一
→強化 ………………………… 14
→第27回 シドニー大会 ……… 67
→競技・種目 ………………… 98
→柔道 ………………………… 251
→篠原 信一 ………………… 263
篠宮 龍三　→選手 ……………… 100
柴田 亜衣　→第28回 アテネ大会 … 68
柴田 勝治　→柴田 勝治 ……… 204
柴田 国明　→強化 ……………… 14
柴田 嶺　→フィギュアスケート … 314
渋井 陽子　→マラソン ………… 134
澁谷 壽光　→第11回 ベルリン大会 … 53
島岡 吉郎　→選手 ……………… 100
島野 修　→選手 ………………… 100
清水 一二　→パラリンピック …… 85
清水 邦広　→バレーボール …… 206
清水 哲　→パラリンピック夏季競技 … 349

オリンピックの本3000冊　*391*

しみす　　　　　　　　　　人名・事項名索引

清水 宏保
　→強化 ················ 14
　→事典・辞書・図鑑 ····· 39
　→第18回 長野冬季大会 ····· 80
　→選手 ··············· 100
　→清水 宏保 ········· 311
志水 見千子　→第26回 アトランタ大会 ····· 65
志水 祐介　→第31回 リオデジャネイロ大
　会 ·················· 72
清水 義明　→強化 ········ 14
清水 礼留飛　→スキー・ジャンプ ··· 299
霜 礼次郎　→霜 礼次郎 ····· 275
下村 浩　→オリンピックの歴史 ······ 43
シモン, リディア
　→マラソン ··········· 134
　→シモン, リディア ····· 143
　→高橋 尚子 ········· 146
ジャガー横田　→強化 ········· 14
射撃
　→事典・辞書・図鑑 ····· 39
　→第29回 北京大会 ····· 69
　→競技・種目 ········· 98
　→射撃（ライフル・クレー） ····· 275
　→パラリンピック夏季競技 ··· 349
　→射撃 ············· 360
シャビ　→サッカー ·········· 172
ジャマイカ　→ボブスレー ······ 346
シャラポワ, マリア
　→強化 ··············· 14
　→シャラポワ, マリア ··· 195
張 怡寧　→卓球 ············ 244
ジャンボ鶴田　→ジャンボ鶴田 ··· 236
朱 建華　→普及 ············ 23
柔道
　→事典・辞書・図鑑 ····· 39
　→第29回 北京大会 ····· 69
　→競技・種目 ········· 98
　→オリンピック夏季競技 ··· 109
　→レスリング ········· 232
　→柔道 ··············· 251
　→猪熊 功 ··········· 256
　→上村 春樹 ········· 256
　→金丸 雄介 ········· 256
　→古賀 稔彦 ········· 261
　→福見 友子 ········· 266
　→山下 泰裕 ········· 267
　→柔道 ··············· 359
重量挙げ
　→事典・辞書・図鑑 ····· 39

　→第29回 北京大会 ····· 69
　→窪田 登 ··········· 241
宿沢 広朗　→選手 ·········· 100
シュトローブル, ヨセフ　→アルペンス
　キー ················· 294
シュビルバンド, イーゴリ　→フィギュア
　スケート ············· 314
ジュベール, ブライアン　→フィギュアス
　ケート ··············· 314
シューマッハ, ミハエル　→ドーピング・
　不正行為 ············· 26
種目　→競技・種目 ········· 98
ジョイナー, フロレンス　→選手 ··· 100
城 彰二
　→サッカー ··········· 172
　→城 彰二 ··········· 186
蒋 澎龍　→卓球 ·········· 244
障がい者スポーツ
　→オリンピック全般 ····· 1
　→パラリンピック ····· 85
　→スペシャルオリンピックス・デフリン
　　ピック ············· 90
　→パラリンピック（夏季） ··· 92
　→1996アトランタ大会（パラリンピッ
　　ク） ··············· 93
　→2000シドニー大会（パラリンピック） ··· 93
　→選手 ··············· 100
　→パラリンピック夏季競技 ··· 349
　→千葉 祇暉 ········· 355
　→土田 和歌子 ······· 355
　→5人制サッカー（ブラインドサッ
　　カー） ············· 358
　→シッティングバレーボール ··· 360
　→成田 真由美 ······· 362
　→車いすバスケットボール ··· 363
　→京谷 和幸 ········· 364
　→神保 康広 ········· 365
　→パラリンピック冬季競技 ··· 367
　→松江 美季 ········· 370
城島 充　→選手 ·········· 100
招致活動
　→オリンピック ······· 2
　→招致活動 ··········· 31
　→第18回 東京大会 ····· 57
昭和天皇
　→第12回 東京大会 ····· 55
　→織田 幹雄 ········· 117
　→三島 弥彦 ········· 129
　→西 竹一 ··········· 249

392

食事法
　→有森 裕子 …………………… 135
　→花原 勉 ……………………… 237
　→田辺 陽子 …………………… 264
　→浅田 真央 …………………… 327
　→高橋 大輔 …………………… 336
ショーター, フランク　→ショーター, フ
　ランク ………………………… 143
ジョーダン, マイケル
　→強化 …………………………… 14
　→選手 ………………………… 100
　→ジョーダン, マイケル ……… 230
ショートトラック
　→オリンピック冬季競技 ……… 293
　→ショートトラック …………… 344
ジョーンズ, ボビー　→選手 …… 100
ショーンズ, マリオン　→ドーピング・不
　正行為 …………………………… 26
ジョーンズ, マリオン
　→強化 …………………………… 14
　→第27回 シドニー大会 ………… 67
　→高橋 尚子 …………………… 146
ジョンソン, ベン
　→オリンピック ………………… 2
　→強化 …………………………… 14
　→ドーピング・不正行為 ……… 26
　→選手 ………………………… 100
　→ジョンソン, ベン …………… 119
ジョンソン, マジック　→第25回 バルセロ
　ナ大会 …………………………… 64
白井 健三
　→強化 …………………………… 14
　→五輪教育・学習 ……………… 34
　→選手 ………………………… 100
　→体操(体操競技) ……………… 218
　→白井 健三 …………………… 223
　→吉田 沙保里 ………………… 238
白井 貴子　→選手 ……………… 100
白井 義男
　→強化 …………………………… 14
　→選手 ………………………… 100
白石 宏　→強化 ………………… 14
白洲 次郎　→オリンピックの歴史 … 43
城田 憲子　→フィギュアスケート … 314
城間 晃　→体操(体操競技) …… 218
秦 志戩　→卓球 ………………… 244
ジン ジュンホン　→卓球 ……… 244
シンクロナイズドスイミング
　→事典・辞書・図鑑 …………… 39

　→パラリンピック ……………… 85
　→オリンピック夏季競技 ……… 109
　→アーティスティックスイミング … 169
　→石黒 由美子 ………………… 169
　→井村 雅代 …………………… 170
　→奥野 史子 …………………… 171
新国立競技場　→第32回 東京大会 … 73
新体操
　→事典・辞書・図鑑 …………… 39
　→オリンピック夏季競技 ……… 109
　→体操(体操競技) ……………… 218
　→新体操 ……………………… 227
新田 佳浩
　→選手 ………………………… 100
　→パラリンピック冬季競技 …… 367
　→新田 佳浩 …………………… 369
陣内 貴美子
　→バドミントン ………………… 270
　→陣内 貴美子 ………………… 272
新鍋 理沙　→バレーボール …… 206
シンプソン, ジョー　→選手 …… 100
真保 正子　→選手 ……………… 100
神保 康広　→神保 康広 ……… 365
シンボルマーク　→普及 ………… 23

# 【す】

水泳
　→ドーピング・不正行為 ……… 26
　→第26回 アトランタ大会 ……… 65
　→パラリンピック ……………… 85
　→競技・種目 …………………… 98
　→陸上競技 …………………… 110
　→水泳(競泳・飛び込み・水球) … 153
　→入江 陵介 …………………… 155
　→岩崎 恭子 …………………… 155
　→大貫 映子 …………………… 157
　→北島 康介 …………………… 157
　→スピッツ, マーク …………… 161
　→田口 信教 …………………… 162
　→長崎 宏子 …………………… 163
　→平井 伯昌 …………………… 164
　→古橋 広之進 ………………… 165
　→パラリンピック夏季競技 …… 349
　→カヌー ……………………… 357
　→ボート ……………………… 360
　→水泳 ………………………… 361
　→車いすフェンシング ………… 365

**すいき**　人名・事項名索引

水球
- →事典・辞書・図鑑 ･･････････････ 39
- →水泳（競泳・飛び込み・水球） ･････153
- →大本 洋嗣 ････････････････････157

末續 慎吾
- →強化 ･･････････････････････････ 14
- →第28回 アテネ大会 ････････････ 68
- →競技・種目 ･･････････････････ 98
- →朝原 宣治 ･･････････････････114
- →末續 慎吾 ･･････････････････120
- →高野 進 ･･････････････････････121
- →高平 慎士 ･･････････････････122
- →塚原 直貴 ･･････････････････123
- →ボルト, ウサイン ･･････････････127

菅谷 初穂　→菅谷 初穂 ･･････････160

菅山 かおる
- →選手 ･･････････････････････････100
- →バレーボール ･･････････････････206

スカルノ　→第18回 東京大会 ･････ 57

図鑑　→事典・辞書・図鑑 ･････････ 39

スキー
- →パラリンピック ････････････････ 85
- →競技・種目 ･･････････････････ 98
- →選手 ･･････････････････････････100
- →サッカー ･･････････････････････172
- →オリンピック冬季競技 ･･････････293
- →猪谷 六合雄 ･･････････････････294
- →海和 俊宏 ･･････････････････296
- →ザイラー, トニー ･･････････････296
- →ステンマルク, インゲマル ･････297
- →プロディンガー, ペーター ･････297
- →見谷 昌禧 ･･････････････････298
- →竹節 作太 ･･････････････････299
- →里谷 多英 ･･････････････････305
- →ショートトラック ･･････････････344
- →バイアスロン ･･････････････････345
- →リュージュ ･･････････････････347
- →スキー競技 ･･････････････････368
- →荒井 秀樹 ･･････････････････368

スキー・ジャンプ
- →第23回 平昌冬季大会 ･････････ 84
- →オリンピック冬季競技 ･･････････293
- →スキー・ジャンプ ･･････････････299
- →小野 学 ･･････････････････････299
- →葛西 紀明 ･･････････････････300
- →髙梨 沙羅 ･･････････････････301

杉内 俊哉　→強化 ･･････････････････ 14
杉浦 正則　→選手 ･･････････････････100
杉谷 昌保　→強化 ･･････････････････ 14

杉原 千畝
- →強化 ･･････････････････････････ 14
- →オリンピックの歴史 ････････････ 43

杉村 陽太郎
- →オリンピック関連事件・問題 ･･･ 28
- →第12回 東京大会 ･･････････････ 55

杉本 公雄
- →第24回 ソウル大会 ････････････ 63
- →バレーボール ･･････････････････206

杉本 美香　→柔道 ･･････････････････251
杉山 愛　→選手 ･･････････････････････100
杉山 勝四郎　→強化 ･･････････････････ 14
杉山 進　→杉山 進 ･･････････････････297
杉山 隆一　→杉山 隆一 ･･････････････186

村主 章枝
- →強化 ･･････････････････････････ 14
- →選手 ･･････････････････････････100
- →フィギュアスケート ････････････314
- →村主 章枝 ･･････････････････335

スケート
- →競技・種目 ･･････････････････ 98
- →選手 ･･････････････････････････100
- →オリンピック冬季競技 ･･････････293
- →鈴木 恵一 ･･････････････････312
- →堀井 学 ･･････････････････････313
- →佐野 稔 ･･････････････････････335
- →スピードスケート ･･････････････309
- →フィギュアスケート ････････････314
- →ショートトラック ･･････････････344
- →バイアスロン ･･････････････････345
- →リュージュ ･･････････････････347

スケートボード
- →競技・種目 ･･････････････････ 98
- →スケートボード ･･････････････288
- →自転車 ･･････････････････････357

スケルトン
- →オリンピック冬季競技 ･･････････293
- →スケルトン ･･････････････････347
- →越 和宏 ･･････････････････････347

鈴木 明子
- →選手 ･･････････････････････････100
- →フィギュアスケート ････････････314
- →鈴木 明子 ･･････････････････335

鈴木 亜久里　→強化 ･･････････････････ 14
鈴木 永二　→織田 幹雄 ･･････････････117
鈴木 恵一　→鈴木 恵一 ･･････････････312

鈴木 恵一
- →オリンピックの歴史 ････････････ 43
- →鈴木 恵一 ･･････････････････312

394

人名・事項名索引　　　　　　　　　　　　　　せな

鈴木 桂治
　→強化 ･･････････････････････････････ 14
　→第28回 アテネ大会 ････････････････ 68
　→鈴木 桂治 ････････････････････････ 263
鈴木 啓太　→サッカー ･･･････････････ 172
鈴木 聡美　→第30回 ロンドン大会 ･･･ 70
鈴木 慎吾　→強化 ･･････････････････ 14
鈴木 大地
　→強化 ･･････････････････････････････ 14
　→普及 ･･････････････････････････････ 23
　→選手 ････････････････････････････ 100
　→水泳（競泳・飛び込み・水球）････ 153
　→鈴木 大地 ････････････････････････ 160
鈴木 従道　→マラソン ･･･････････････ 134
鈴木 徹　→鈴木 徹 ･････････････････ 354
鈴木 ひとみ
　→パラリンピック ････････････････ 85
　→2004アテネ大会（パラリンピック）･･･ 93
鈴木 弘
　→古橋 広之進 ･･････････････････････ 165
　→前畑 秀子 ････････････････････････ 167
鈴木 博美
　→第26回 アトランタ大会 ･･････････ 65
　→マラソン ････････････････････････ 134
鈴木 文吾
　→オリンピックの歴史 ･･････････････ 43
　→車いすフェンシング ･･････････････ 365
鈴木 萬之助
　→オリンピックの歴史 ･･････････････ 43
　→車いすフェンシング ･･････････････ 365
鈴木 光枝　→織田 幹雄 ･･････････････ 117
鈴木 陽二　→強化 ･････････････････ 14
鈴木 義信　→鈴木 義信 ･･････････････ 284
鈴木 良徳
　→オリンピック ････････････････････ 2
　→オリンピックの歴史 ･･････････････ 43
　→佐々木 吉蔵 ･･････････････････････ 118
　→鈴木 良徳 ････････････････････････ 120
鈴木 良平　→サッカー ･･･････････････ 172
スタヴィスキー, マキシム　→フィギュア
スケート ･･･････････････････････････ 314
スタルヒン, ヴィクトル　→選手 ････ 100
ステンマルク, インゲマル
　→第12回 インスブルック冬季大会 ･･･ 79
　→選手 ････････････････････････････ 100
　→ステンマルク, インゲマル ･･･････ 297
ストイコビッチ, ドラガン
　→オリンピック ････････････････････ 2
　→ストイコビッチ, ドラガン ･･･････ 186

砂岡 良治
　→強化 ･･････････････････････････････ 14
　→選手 ････････････････････････････ 100
スノーボード
　→オリンピック冬季競技 ･･･････････ 293
　→スノーボード ････････････････････ 306
　→吉川 由里 ････････････････････････ 309
　→渡辺 伸一 ････････････････････････ 309
　→スノーボード ････････････････････ 371
スピッツ, マーク
　→選手 ････････････････････････････ 100
　→スピッツ, マーク ････････････････ 161
スピードスケート
　→第23回 平昌冬季大会 ･･･････････ 84
　→オリンピック冬季競技 ･･･････････ 293
　→スピードスケート ････････････････ 309
スペシャルオリンピックス　→スペシャル
オリンピックス・デフリンピック ･･･ 90
スポーツクライミング
　→競技・種目 ･･････････････････････ 98
　→スポーツクライミング ･･･････････ 291
スルツカヤ, イリーナ　→フィギュアス
ケート ･････････････････････････････ 314

【 せ 】

聖火
　→第18回 東京大会 ･･････････････ 57
　→第26回 アトランタ大会 ･･････････ 65
セイブ, ジャン・ミッシェル　→卓球･････ 244
清風高校　→山口 彦則 ･･････････････ 227
瀬川 晶司　→強化 ･･････････････････ 14
関口 訓充　→サッカー ･･･････････････ 172
瀬古 利彦
　→強化 ･･････････････････････････････ 14
　→第22回 モスクワ大会 ･･････････････ 63
　→選手 ････････････････････････････ 100
　→マラソン ････････････････････････ 134
　→瀬古 利彦 ････････････････････････ 143
　→中山 竹通 ････････････････････････ 151
瀬戸 大也
　→五輪教育・学習 ･･････････････････ 34
　→パラリンピック ････････････････ 85
　→選手 ････････････････････････････ 100
　→水泳（競泳・飛び込み・水球）････ 153
　→瀬戸 大也 ････････････････････････ 161
セナ, アイルトン　→強化････････････ 14

オリンピックの本3000冊　395

せりん　　　　　　　　　人名・事項名索引

セーリング
　→競技・種目 …………………… 98
　→セーリング ………………… 240
　→パラリンピック夏季競技 …… 349
　→カヌー ……………………… 357
　→ボート ……………………… 360
　→車いすフェンシング ……… 365
セリンジャー, アリー　→セリンジャー,
　アリー ………………………… 213
セルジオ越後　→サッカー …… 172
セレシュ, モニカ　→セレシュ, モニカ … 196
選手　→選手 …………………… 100
千田 健太　→強化 ……………… 14

## 【 そ 】

宗 茂
　→強化 …………………………… 14
　→マラソン …………………… 134
　→宗 茂 ……………………… 144
　→宗 猛 ……………………… 144
宗 猛
　→マラソン …………………… 134
　→宗 茂 ……………………… 144
　→宗 猛 ……………………… 144
漕艇　→第26回 アトランタ大会 ………… 65
副島 道正
　→オリンピック関連事件・問題 … 28
　→第12回 東京大会 …………… 55
十河 信二　→第18回 東京大会 … 57
ソーサ　→選手 ………………… 100
ソトニコワ, アデリーナ　→フィギュアス
　ケート ………………………… 314
園田 義男
　→園田 義男 ………………… 264
　→谷 亮子 …………………… 264
園原 健弘　→園原 健弘 ……… 121
ソープ, イアン
　→第27回 シドニー大会 ……… 67
　→第28回 アテネ大会 ………… 68
　→選手 ………………………… 100
　→ソープ, イアン …………… 161
ソープ, ジム
　→オリンピックの歴史 ……… 43
　→近代オリンピック（夏季）… 52
　→第24回 ソウル大会 ………… 63
　→第22回 ソチ冬季大会 ……… 84
　→ジョンソン, ベン ………… 119

　→ソープ, ジム ……………… 121
　→フィギュアスケート ……… 314
　→羽生 結弦 ………………… 337
ソフトボール
　→第19回 ソルトレークシティ冬季大会 … 83
　→第20回 トリノ冬季大会 …… 83
　→競技・種目 …………………… 98
　→ソフトボール ……………… 286
　→宇津木 妙子 ……………… 287
　→バドミントン ……………… 356
橇　→ボブスレー ……………… 346
ソ連　→大島 鎌吉 …………… 116
ソロ, ホープ　→ソロ, ホープ …… 187
孫 基禎
　→五輪教育・学習 …………… 34
　→オリンピックの歴史 ……… 43
　→マラソン …………………… 134
　→孫 基禎 …………………… 145

## 【 た 】

大正天皇
　→織田 幹雄 ………………… 117
　→三島 弥彦 ………………… 129
　→西 竹一 …………………… 249
体操競技
　→事典・辞書・図鑑 ………… 39
　→第24回 ソウル大会 ………… 63
　→第26回 アトランタ大会 …… 65
　→競技・種目 …………………… 98
　→オリンピック夏季競技 …… 109
　→体操（体操競技）………… 218
　→池谷 幸雄 ………………… 220
　→田中 和仁 ………………… 223
　→塚原 千恵子 ……………… 225
　→塚原 光男 ………………… 226
　→西川 大輔 ………………… 226
　→トランポリン ……………… 229
　→フィギュアスケート ……… 314
　→テコンドー ………………… 363
体操　→体操（体操競技）…… 218
タイソン, マイク　→強化 …… 14
タイナン, ローナン　→タイナン, ローナ
　ン ……………………………… 354
タウンゼント, エディ
　→選手 ………………………… 100
　→円谷 幸吉 ………………… 149
高岡 寿成　→マラソン ……… 134

高木 兼寛　→村社 講平 ················ 129
髙木 菜那
　→高木 菜那 ························· 312
　→高木 美帆 ························· 312
髙木 美帆
　→高木 菜那 ························· 312
　→高木 美帆 ························· 312
高木 守道　→選手 ··················· 100
高倉 麻子　→高倉 麻子 ············ 187
高嶋 仁　→選手 ····················· 100
高田 裕司
　→強化 ······························ 14
　→第22回 モスクワ大会 ··········· 63
髙梨 沙羅
　→オリンピックの歴史 ············ 43
　→スキー・ジャンプ ·············· 299
　→髙梨 沙羅 ······················· 301
高野 進
　→オリンピック ····················· 2
　→強化 ······························ 14
　→陸上競技 ························· 110
　→末續 慎吾 ······················· 120
　→高野 進 ·························· 121
高橋 礼華
　→強化 ······························ 14
　→五輪教育・学習 ················· 34
　→パラリンピック ·················· 85
　→選手 ····························· 100
　→高橋 礼華 ······················· 272
　→松友 美佐紀 ····················· 274
高橋 是清　→オリンピックの歴史 ··· 43
高橋 繁治　→普及 ···················· 23
高橋 繁浩　→選手 ··················· 100
高橋 淳一　→強化 ···················· 14
高橋 進　→高橋 進 ·················· 145
高橋 大輔
　→強化 ······························ 14
　→選手 ····························· 100
　→フィギュアスケート ············ 314
　→荒川 静香 ······················· 329
　→安藤 美姫 ······················· 330
　→高橋 大輔 ······················· 336
　→羽生 結弦 ······················· 337
　→モロゾフ, ニコライ ············· 343
高橋 千恵美　→高橋 千恵美 ········ 122
高橋 尚子
　→強化 ······························ 14
　→五輪教育・学習 ················· 34
　→事典・辞書・図鑑 ··············· 39

　→第27回 シドニー大会 ············ 67
　→パラリンピック ·················· 85
　→選手 ····························· 100
　→マラソン ························· 134
　→有森 裕子 ······················· 135
　→小出 義雄 ······················· 139
　→シモン, リディア ··············· 143
　→高橋 尚子 ······················· 146
　→千葉 真子 ······················· 149
高橋 秀人　→サッカー ·············· 172
高橋 松吉　→選手 ··················· 100
高橋 みゆき
　→強化 ······························ 14
　→高橋 みゆき ····················· 213
高橋 勇市　→高橋 勇市 ············ 354
高原 直泰
　→選手 ····························· 100
　→釜本 邦茂 ······················· 181
　→高原 直泰 ······················· 187
高平 慎士
　→朝原 宣治 ······················· 114
　→末續 慎吾 ······················· 120
　→高平 慎士 ······················· 122
　→塚原 直貴 ······················· 123
高村 光太郎　→強化 ················· 14
高柳 憲昭
　→アーチェリー ···················· 278
　→高柳 憲昭 ······················· 279
高山 樹里　→強化 ···················· 14
滝川 クリステル　→招致活動 ······· 31
滝田 詔生　→マラソン ·············· 134
田口 信教
　→選手 ····························· 100
　→田口 信教 ······················· 162
武 豊
　→強化 ······························ 14
　→選手 ····························· 100
　→フォアマン, ジョージ ··········· 204
竹宇治 聡子　→選手 ················ 100
竹内 択　→スキー・ジャンプ ······· 299
竹内 悌三　→サッカー ·············· 172
竹内 智香　→竹内 智香 ············ 308
竹下 佳江
　→強化 ······························ 14
　→バレーボール ···················· 206
　→竹下 佳江 ······················· 213
武田 大作
　→強化 ······························ 14
　→第30回 ロンドン大会 ············ 70

たけた　　　　　　　　人名・事項名索引

竹田 恆和
　→招致活動 ……………………… 31
　→オリンピックの歴史 …………… 43
竹田 恒徳　→竹田 恒徳 ………… 11
武田 奈也　→フィギュアスケート ……… 314
武田 美保
　→強化 ……………………………… 14
　→水泳（競泳・飛び込み・水球）……… 153
竹節 作太　→竹節 作太 ………… 299
田島 直人　→田島 直人 ………… 123
田島 寧子　→第27回 シドニー大会 …… 67
ダスラー, ホルスト
　→オリンピック ……………………… 2
　→オリンピック関連事件・問題 …… 28
立川 真紗美　→強化 ……………… 14
立花 美哉　→強化 ………………… 14
田知本 遥　→第31回 リオデジャネイロ大
　会 ………………………………… 72
太刀山 峰右衛門　→選手 ……… 100
卓球
　→事典・辞書・図鑑 ……………… 39
　→競技・種目 ……………………… 98
　→オリンピック夏季競技 ………… 109
　→卓球 …………………………… 244
　→平野 早矢香 ………………… 245
　→水谷 隼 ……………………… 247
　→バドミントン ………………… 270
　→パラリンピック夏季競技 …… 349
　→アーチェリー ………………… 351
　→バドミントン ………………… 356
　→ボッチャ ……………………… 357
　→馬術 …………………………… 358
　→パワーリフティング …………… 360
　→射撃 …………………………… 360
　→卓球 …………………………… 363
辰吉 丈一郎　→強化 …………… 14
伊達 公子
　→強化 …………………………… 14
　→選手 …………………………… 100
　→伊達 公子 …………………… 196
立石 諒
　→第30回 ロンドン大会 ………… 70
　→立石 諒 ……………………… 162
田中 和仁　→田中 和仁 ……… 223
田中 刑事　→フィギュアスケート …… 314
田中 公士　→選手 …………… 100
田中 聡子
　→オリンピックの歴史 …………… 43
　→第18回 東京大会 …………… 57

　→田中 聡子 …………………… 162
田中 茂樹　→マラソン ………… 134
田中 史朗　→選手 …………… 100
田中 誠一　→強化 …………… 14
田中 大貴　→2016リオデジャネイロ大会
　（パラリンピック）……………… 94
田中 達也　→選手 …………… 100
田中 直樹　→バレーボール …… 206
田中 光　→田中 光 …………… 224
田中 誠　→サッカー …………… 172
田中 将大
　→強化 …………………………… 14
　→選手 …………………………… 100
田中 雅美
　→水泳（競泳・飛び込み・水球）…… 153
　→田中 雅美 …………………… 163
田中 マルクス闘莉王
　→強化 …………………………… 14
　→選手 …………………………… 100
　→田中 マルクス闘莉王 ……… 188
田中 幹保　→バレーボール …… 206
田中 佑典　→体操（体操競技）…… 218
田中 理恵
　→強化 …………………………… 14
　→普及 …………………………… 23
　→田中 理恵 …………………… 224
田名部 匡省　→アイスホッケー …… 344
田辺 清　→ボクシング ………… 202
田辺 陽子
　→柔道 …………………………… 251
　→田辺 陽子 …………………… 264
谷 佳知　→第28回 アテネ大会 …… 68
谷 亮子
　→強化 …………………………… 14
　→五輪教育・学習 ……………… 34
　→第28回 アテネ大会 …………… 68
　→パラリンピック ………………… 85
　→園田 義男 …………………… 264
　→谷 亮子 ……………………… 264
谷岡 一郎　→古賀 稔彦 ……… 261
谷川 禎治郎
　→古橋 広之進 ………………… 165
　→前畑 秀子 …………………… 167
谷川 真理　→選手 …………… 100
谷口 俊春　→強化 …………… 14
谷口 伴之　→マラソン ………… 134
谷口 浩美
　→強化 …………………………… 14
　→五輪教育・学習 ……………… 34

398

人名・事項名索引　　　　つかは

→第25回 バルセロナ大会 ……………… 64
→パラリンピック ………………………… 85
→マラソン ……………………………… 134
→谷口 浩美 ……………………………… 149
谷田 絹子　→谷田 絹子 ………………… 214
谷本 歩実
　→第28回 アテネ大会 …………………… 68
　→選手 …………………………………… 100
　→柔道 …………………………………… 251
田畑 政治
　→オリンピック ……………………………… 2
　→田畑 政治 ……………………………… 11
　→第18回 東京大会 ……………………… 57
　→金栗 四三 …………………………… 137
田队 勇太　→強化 ……………………… 14
田部井 淳子　→選手 …………………… 100
玉田 圭司　→強化 ……………………… 14
田村 悦智子　→選手 …………………… 100
田村 岳斗
　→田村 岳斗 …………………………… 337
　→本田 武史 …………………………… 342
多村 仁　→強化 ………………………… 14
田村 亮子
　→強化 …………………………………… 14
　→五輪教育・学習 ……………………… 34
　→第27回 シドニー大会 ………………… 67
　→第28回 アテネ大会 …………………… 68
　→パラリンピック ………………………… 85
　→選手 …………………………………… 100
　→園田 義男 …………………………… 264
　→谷 亮子 ……………………………… 264
為末 大
　→選手 …………………………………… 100
　→為末 大 ……………………………… 123
タラソワ, タチアナ　→フィギュアスケー
　ト ……………………………………… 314
ダルビッシュ 有
　→選手 …………………………………… 100
　→ダルビッシュ 有 …………………… 284
俵 万智　→強化 ………………………… 14
丹下 健三
　→丹下 健三 …………………………… 24
　→オリンピックの歴史 ………………… 43
丹野 麻美　→陸上競技 ……………… 110

【ち】

チェン, ネイサン　→第23回 平昌冬季大会 ‥ 84

近本 巧　→強化 ………………………… 14
千葉 仁　→選手 ………………………… 100
千葉 すず　→千葉 すず ……………… 163
千葉 真子
　→第26回 アトランタ大会 ……………… 65
　→マラソン ……………………………… 134
　→小出 義雄 …………………………… 139
　→高橋 尚子 …………………………… 146
　→千葉 真子 …………………………… 149
千葉 祇暉　→千葉 祇暉 ……………… 355
千原 悟　→強化 ………………………… 14
チャスラフスカ, ベラ
　→オリンピック ……………………………… 2
　→オリンピックの歴史 ………………… 43
　→第11回 ベルリン大会 ………………… 53
　→パラリンピック ………………………… 85
　→選手 …………………………………… 100
　→体操(体操競技) …………………… 218
　→チャスラフスカ, ベラ ……………… 224
チャチャイ　→選手 …………………… 100
チャップリン　→オリンピックの歴史 …… 43
チャン, パトリック
　→第23回 平昌冬季大会 ………………… 84
　→フィギュアスケート ………………… 314
チャン, マイケル
　→チャン, マイケル …………………… 197
　→錦織 圭 ……………………………… 198
中条 一雄
　→オリンピックの歴史 ………………… 43
　→第32回 東京大会 …………………… 73
千代 賢治　→織田 幹雄 ……………… 117
鳥海 連志　→2016リオデジャネイロ大会
　（パラリンピック） …………………… 94
聴覚障害　→梶下 怜紀 ………………… 92
長州 力　→長州 力 …………………… 236
跳躍競技　→陸上競技 ………………… 110
鄭 周永　→鄭 周永 …………………… 12
チルデン, ビル　→選手 ……………… 100

【つ】

塚田 真希　→柔道 ……………………… 251
塚原 千恵子
　→強化 …………………………………… 14
　→体操(体操競技) …………………… 218
　→塚原 千恵子 ………………………… 225
　→塚原 直也 …………………………… 226
　→塚原 光男 …………………………… 226

オリンピックの本3000冊　399

塚原 直貴
　→朝原 宣治 ……………………………… 114
　→末續 慎吾 ……………………………… 120
　→高平 慎士 ……………………………… 122
　→塚原 直貴 ……………………………… 123
塚原 直也
　→強化 …………………………………… 14
　→第28回 アテネ大会 …………………… 68
　→体操（体操競技）……………………… 218
　→塚原 千恵子 …………………………… 225
　→塚原 直也 ……………………………… 226
　→塚原 光男 ……………………………… 226
塚原 光男
　→強化 …………………………………… 14
　→体操（体操競技）……………………… 218
　→塚原 千恵子 …………………………… 225
　→塚原 光男 ……………………………… 226
塚本 京子
　→パラリンピック ………………………… 85
　→2004アテネ大会（パラリンピック）… 93
塚本 幸一　→織田 幹雄 …………………… 117
塚本 泰史　→選手 …………………………… 100
辻谷 政久　→強化 …………………………… 14
都築 章一郎
　→第23回 平昌冬季大会 ………………… 84
　→羽生 結弦 ……………………………… 337
津田 出　→人見 絹枝 …………………… 125
津田 寿郎　→強化 …………………………… 14
土田 美知恵　→第30回 ロンドン大会 ……… 70
土田 和歌子
　→五輪教育・学習 ………………………… 34
　→パラリンピック ………………………… 85
　→2000シドニー大会（パラリンピック）… 93
　→2004アテネ大会（パラリンピック）…… 93
　→パラリンピック夏季競技 …………… 349
　→陸上競技 ……………………………… 351
　→土田 和歌子 ………………………… 355
堤 義明　→堤 義明 …………………… 12
円谷 幸吉
　→オリンピック …………………………… 2
　→事典・辞書・図鑑 ……………………… 39
　→第18回 東京大会 ……………………… 57
　→選手 …………………………………… 100
　→マラソン ……………………………… 134
　→円谷 幸吉 …………………………… 149
円谷 義弘　→強化 …………………………… 14
壺井 宇乃子　→選手 ………………………… 100
坪井 智哉　→強化 …………………………… 14
坪田 信義　→強化 …………………………… 14

鶴岡 剣太郎　→鶴岡 剣太郎 ……………… 308
敦賀 信人　→選手 ………………………… 100
鶴峯 治　→強化 ………………………… 14

# 【 て 】

ディーツ，ジム　→ボート ………………… 200
ディーン　→五十嵐 文男 ………………… 330
手倉森 誠　→強化 ………………………… 14
テコンドー
　→五輪教育・学習 ……………………… 34
　→事典・辞書・図鑑 …………………… 39
　→競技・種目 …………………………… 98
　→テコンドー …………………………… 281
　→岡本 依子 …………………………… 281
　→テコンドー …………………………… 363
デザイン　→オリンピックの歴史 ……… 43
手塚 治虫　→オリンピックの歴史 ……… 43
テニス
　→事典・辞書・図鑑 …………………… 39
　→第26回 アトランタ大会 …………… 65
　→競技・種目 …………………………… 98
　→オリンピック夏季競技 …………… 109
　→テニス ……………………………… 194
　→岩渕 聡 ……………………………… 195
　→バドミントン ……………………… 356
デフリンピック　→スペシャルオリンピック
　ス・デフリンピック ………………… 90
デブルーイン　→第27回 シドニー大会 … 67
寺内 健　→強化 ………………………… 14
寺尾 正
　→寺尾 正 ……………………………… 124
　→寺尾 文 ……………………………… 124
　→人見 絹枝 …………………………… 125
寺尾 文
　→寺尾 正 ……………………………… 124
　→寺尾 文 ……………………………… 124
　→人見 絹枝 …………………………… 125
寺川 綾
　→強化 ………………………………… 14
　→第30回 ロンドン大会 ……………… 70
　→選手 ………………………………… 100
　→水泳（競泳・飛び込み・水球）……… 153
　→寺川 綾 ……………………………… 163
寺澤 徹　→第18回 東京大会 ………… 57
寺田 桜子　→カーリング ……………… 347
寺山 恵美子　→選手 …………………… 100
デリマ，バンデルレイ　→強化 ………… 14

テロリズム
　→オリンピック関連事件・問題 ………… 28
　→第20回 ミュンヘン大会 ……………… 62
　→第32回 東京大会 ……………………… 73
天満屋　→マラソン …………………………… 134

# 【 と 】

トーヴィル　→五十嵐 文男 ………………… 330
東海道新幹線
　→オリンピック ……………………………… 2
　→招致活動 ………………………………… 31
　→事典・辞書・図鑑 ……………………… 39
　→オリンピックの歴史 …………………… 43
　→岸 清一 ………………………………… 56
　→第18回 東京大会 ……………………… 57
　→パラリンピック ………………………… 85
投てき競技
　→陸上競技 ……………………………… 110
　→室伏 重信 ……………………………… 130
　→吉田 雅美 ……………………………… 132
ドゥボワ, ナタリア　→ドゥボワ, ナタリ
　ア ………………………………………… 337
堂森 佳南子　→選手 ……………………… 100
遠山 喜一郎　→体操（体操競技）………… 218
十勝 花子　→増田 明美 …………………… 152
栂野尾 昌一
　→バドミントン …………………………… 270
　→栂野尾 昌一 …………………………… 273
土岐 栄　→強化 …………………………… 14
土岐 善麿　→マラソン …………………… 134
徳永 悠平　→サッカー …………………… 172
徳山 昌守　→高橋 尚子 …………………… 146
土佐 礼子
　→強化 …………………………………… 14
　→第28回 アテネ大会 …………………… 68
　→マラソン ……………………………… 134
登坂 絵莉
　→レスリング …………………………… 232
　→伊調 馨 ……………………………… 234
　→吉田 沙保里 ………………………… 238
土性 沙羅
　→レスリング …………………………… 232
　→伊調 馨 ……………………………… 234
　→吉田 沙保里 ………………………… 238
戸田 奈津子　→強化 ……………………… 14
戸田 秀明　→選手 ………………………… 100
栃木山 守也　→選手 ……………………… 100

戸塚 文子　→織田 幹雄 …………………… 117
トトミアニナ　→フィギュアスケート …… 314
飛び込み　→水泳（競泳・飛び込み・水
　球）……………………………………… 153
飛込競技
　→事典・辞書・図鑑 ……………………… 39
　→第26回 アトランタ大会 ……………… 65
　→オリンピック夏季競技 ……………… 109
　→金戸 幸 ……………………………… 157
飛島 大輔　→パラリンピック夏季競技 … 349
飛島 穂洲　→第12回 東京大会 ………… 55
ドーピング
　→ドーピング・不正行為 ………………… 26
　→IOC, JOC ……………………………… 30
　→陸上競技 ……………………………… 110
　→水泳（競泳・飛び込み・水球）……… 153
冨田 洋之　→強化 ………………………… 14
ドミンゲス, レアンドロ　→サッカー …… 172
友綱 隆登　→強化 ………………………… 14
朝長 孝介　→バレーボール ……………… 206
富山 英明　→富山 英明 …………………… 236
豊田 博
　→豊田 博 ……………………………… 214
　→松平 康隆 …………………………… 215
トライアスロン
　→事典・辞書・図鑑 ……………………… 39
　→競技・種目 …………………………… 98
　→自転車 ……………………………… 242
　→トライアスロン ……………………… 363
トラック競争　→陸上競技 ……………… 110
トランポリン
　→事典・辞書・図鑑 ……………………… 39
　→第20回 トリノ冬季大会 ……………… 83
　→オリンピック夏季競技 ……………… 109
　→トランポリン ………………………… 229
　→中田 大輔 …………………………… 229
トルシエ, フィリップ
　→選手 ………………………………… 100
　→サッカー …………………………… 172
　→小野 伸二 …………………………… 180
　→トルシエ, フィリップ ……………… 188

# 【 な 】

内藤 大助　→選手 ………………………… 100
永井 一正　→永井 一正 …………………… 25
永井 純　→永井 純 ……………………… 124
長井 淳子　→選手 ………………………… 100

永井 隆　→オリンピックの歴史 ……………… 43
中垣内 祐一
　→選手 ……………………………………… 100
　→バレーボール …………………………… 206
　→中垣内 祐一 …………………………… 214
長久保 裕　→羽生 結弦 ………………… 337
長崎 宏子
　→強化 ……………………………………… 14
　→長崎 宏子 ……………………………… 163
仲里 繁　→強化 ………………………… 14
永里 優季
　→サッカー ………………………………… 172
　→永里 優季 ……………………………… 189
中澤 佑二
　→強化 ……………………………………… 14
　→選手 ……………………………………… 100
中嶋 一貴　→選手 …………………… 100
中島 慶　→強化 ………………………… 14
長島 圭一郎　→選手 ………………… 100
中嶋 悟
　→強化 ……………………………………… 14
　→選手 ……………………………………… 100
長嶋 茂雄
　→強化 ……………………………………… 14
　→第27回 シドニー大会 ………………… 67
　→パラリンピック ………………………… 85
　→1998長野大会（パラリンピック）… 96
　→選手 ……………………………………… 100
　→野球 ……………………………………… 282
中嶋 常幸　→強化 …………………… 14
長洲 未来　→フィギュアスケート ……314
永瀬 充　→パラリンピック冬季競技 …367
中田 久美
　→強化 ……………………………………… 14
　→中田 久美 ……………………………… 214
中田 浩二　→中田 浩二 …………… 189
中田 翔　→選手 ……………………… 100
中田 大輔　→中田 大輔 …………… 229
永田 秀次郎　→第12回 東京大会 …… 55
中田 英寿
　→強化 ……………………………………… 14
　→第27回 シドニー大会 ………………… 67
　→サッカー ………………………………… 172
　→トルシエ，フィリップ ……………… 188
　→中田 英寿 ……………………………… 189
長塚 京子　→長塚 京子 …………… 197
長友 佑都
　→強化 ……………………………………… 14
　→サッカー ………………………………… 172

　→長友 佑都 ……………………………… 190
　→西 竹一 ………………………………… 249
中西 千枝子　→中西 千枝子 ……… 215
中西 真知子　→強化 ………………… 14
中西 麻耶　→中西 麻耶 …………… 355
中庭 健介　→フィギュアスケート … 314
長沼 健　→長沼 健 …………………… 190
中野 浩一
　→選手 ……………………………………… 100
　→西 竹一 ………………………………… 249
中野 真理子　→中野 真理子 ……… 215
中野 友加里　→フィギュアスケート … 314
中村 和雄　→強化 …………………… 14
中村 清
　→マラソン ………………………………… 134
　→中村 清 ………………………………… 150
中村 憲剛
　→強化 ……………………………………… 14
　→サッカー ………………………………… 172
中村 兼三　→柔道 …………………… 251
中村 健人　→フィギュアスケート … 314
中村 行成　→柔道 …………………… 251
中村 順司　→普及 …………………… 23
中村 俊輔
　→強化 ……………………………………… 14
　→サッカー ………………………………… 172
　→トルシエ，フィリップ ……………… 188
　→中村 俊輔 ……………………………… 190
中村 剛也　→選手 …………………… 100
仲村 直人　→強化 …………………… 14
中村 紀洋　→選手 …………………… 100
中村 真衣
　→第27回 シドニー大会 ………………… 67
　→水泳（競泳・飛び込み・水球）……… 153
中村 佳央　→柔道 …………………… 251
中村 礼子　→強化 …………………… 14
中山 竹通
　→強化 ……………………………………… 14
　→選手 ……………………………………… 100
　→マラソン ………………………………… 134
　→瀬古 利彦 ……………………………… 143
　→中山 竹通 ……………………………… 151
中山 雅史
　→選手 ……………………………………… 100
　→サッカー ………………………………… 172
中山 正善　→粟津 正蔵 …………… 254
名護 明彦　→高橋 尚子 …………… 146
ナダル，ラファエル　→ナダル，ラファエ
　ル ………………………………………… 197

人名・事項名索引　　　　　　　　　　ぬるみ

ナチス　→第11回 ベルリン大会 …………… 53
夏木 マリ　→強化 …………… 14
名取 洋之助　→第11回 ベルリン大会 ……… 53
7人制ラグビー
　→事典・辞書・図鑑 ……………… 39
　→選手 …………………………… 100
　→ラグビーフットボール …………276
　→バイアスロン …………………345
名波 浩
　→強化 …………………………… 14
　→トルシエ, フィリップ…………188
ナブラチロワ, マルチナ
　→選手 …………………………… 100
　→ナブラチロワ, マルチナ………197
成田 十次郎　→今野 泰幸 ………183
成田 童夢　→成田 童夢 …………308
成田 真由美
　→強化 …………………………… 14
　→五輪教育・学習 ………………34
　→パラリンピック ………………85
　→選手 …………………………… 100
　→パラリンピック夏季競技 …349
　→成田 真由美 …………………362
南 昇竜　→マラソン ………………134
南 大植　→選手 …………………100
南野 拓実　→第31回 リオデジャネイロ大
　会 ……………………………………… 72
南部 忠平　→南部 忠平 …………124
南里 康晴　→フィギュアスケート ………314

【 に 】

二階堂 トクヨ　→選手 …………100
ニコル, ローリー　→フィギュアスケート ‥314
西 竹一
　→強化 …………………………… 14
　→パラリンピック ………………85
　→選手 …………………………… 100
　→西 竹一 …………………………249
西方 仁也
　→五輪教育・学習 ………………34
　→パラリンピック ………………85
西川 周作　→サッカー …………172
西川 大輔
　→強化 …………………………… 14
　→第24回 ソウル大会 …………63
　→体操(体操競技) …………218
　→池谷 幸雄 ……………………220

　→西川 大輔 ………………………226
　→山口 彦則 ………………………227
西口 文也　→選手 ………………100
錦織 圭
　→強化 …………………………… 14
　→第31回 リオデジャネイロ大会 …72
　→選手 …………………………… 100
　→錦織 圭 …………………………198
　→西 竹一 …………………………249
西田 勝雄　→マラソン …………134
西田 修平
　→強化 …………………………… 14
　→事典・辞書・図鑑 ……………… 39
　→オリンピックの歴史 ………… 43
　→選手 …………………………… 100
　→車いすフェンシング …………365
西田 信一　→西田 信一 …………… 12
西谷 岳文　→第18回 長野冬季大会 …… 80
西野 朗
　→選手 …………………………… 100
　→サッカー ………………………172
　→西野 朗 …………………………191
西野 友毅　→フィギュアスケート ……314
西堀 栄三郎　→強化 …………… 14
西村 雄一　→選手 ………………100
西本 聖　→選手 …………………100
ニッカネン, マッチ
　→選手 …………………………… 100
　→小野 学 …………………………299
ニーベルク, フレデリック　→アルペンス
　キー ……………………………………… 294
日本オリンピック委員会
　→IOC, JOC ……………………… 30
　→オリンピックの歴史 ………… 43
日本体育協会　→オリンピックの歴史 …… 43
日本大学水泳部
　→古橋 広之進 …………………165
　→前畑 秀子 ……………………167
日本放送協会　→第18回 長野冬季大会 ….. 80
丹羽 孝希　→卓球 ………………244

【 ぬ 】

ヌデレバ, キャサリン　→マラソン………134
布 啓一郎　→強化 …………… 14
ヌルミ, パーボ
　→オリンピック …………………… 2
　→マラソン …………………………134

オリンピックの本3000冊　403

## 【ね】

ネイマール →サッカー ……………… 172
猫 ひろし →猫 ひろし ……………… 151
猫田 勝敏
　→強化 …………………………… 14
　→猫田 勝敏 …………………… 215
ネビオロ, プリモ →オリンピック関連事
　件・問題 …………………………… 28
ネモフ →第27回 シドニー大会 ……… 67

## 【の】

盧 泰愚 →盧 泰愚 ………………… 13
ノイヤー, マヌエル →選手 ……… 100
乃木 希典 →三島 弥彦 …………… 129
野口 源三郎
　→オリンピック ……………………… 2
　→佐々木 吉蔵 ………………… 118
　→野口 源三郎 ………………… 125
野口 聡一 →強化 ………………… 14
野口 みずき
　→事典・辞書・図鑑 ……………… 39
　→第28回 アテネ大会 …………… 68
　→選手 …………………………… 100
　→マラソン ……………………… 134
及位 野衣 →選手 ………………… 100
野田 俊行 →強化 ………………… 14
野戸 恒男 →野戸 恒男 ………… 297
野村 克也
　→選手 …………………………… 100
　→古田 敦也 …………………… 285
野村 忠宏
　→強化 …………………………… 14
　→五輪教育・学習 ……………… 34
　→第28回 アテネ大会 …………… 68
　→パラリンピック ………………… 85
　→選手 …………………………… 100
　→野村 忠宏 …………………… 265
野村 徹 →普及 …………………… 23
野村 真波 →第30回 ロンドン大会 …… 70
野茂 英雄
　→選手 …………………………… 100
　→野茂 英雄 …………………… 285
ノルゲイ, テンジン →選手 ……… 100

ノルディック競技 →オリンピック冬季競
　技 ………………………………… 293
ノルディック複合
　→スキー・ジャンプ ……………… 299
　→ノルディック複合 ……………… 302

## 【は】

馬 琳 →卓球 ……………………… 244
バイアスロン
　→選手 …………………………… 100
　→オリンピック冬季競技 ………… 293
　→バイアスロン ………………… 345
　→パラリンピック冬季競技 ……… 367
　→バイアスロン ………………… 369
バイエ=ラトゥール, アンリ・ド →第12
　回 東京大会 ……………………… 55
ハイデン, エリック →選手 ……… 100
バーガー, スカルク →ドーピング・不正
　行為 ………………………………… 26
パーカー, ハリー →ボート ……… 200
萩野 公介
　→五輪教育・学習 ……………… 34
　→第31回 リオデジャネイロ大会 … 72
　→パラリンピック ………………… 85
　→水泳（競泳・飛び込み・水球）… 153
　→萩野 公介 …………………… 164
萩原 智子
　→強化 …………………………… 14
　→萩原 智子 …………………… 164
萩原 美樹子
　→強化 …………………………… 14
　→萩原 美樹子 ………………… 231
朴 世直 →朴 世直 ……………… 13
橋爪 四郎
　→古橋 広之進 ………………… 165
　→前畑 秀子 …………………… 167
橋本 聖子
　→普及 …………………………… 23
　→五輪教育・学習 ……………… 34
　→事典・辞書・図鑑 ……………… 39
　→パラリンピック ………………… 85
　→選手 …………………………… 100
　→橋本 聖子 …………………… 313
橋本 通代 →橋本 通代 ………… 309
馬術
　→事典・辞書・図鑑 ……………… 39
　→競技・種目 …………………… 98

| | | |
|---|---|---|
| →馬術 ……………………… 247 | →陣内 貴美子 …………………… 272 |
| →石黒 建吉 …………………… 248 | →栂野尾 昌一 …………………… 273 |
| →パラリンピック夏季競技 ……… 349 | →長谷川 博幸 …………………… 273 |
| →馬術 ……………………… 358 | →舛田 圭太 …………………… 273 |
| バスケットボール | →町田 文彦 …………………… 274 |
| →事典・辞書・図鑑 …………… 39 | →米倉 加奈子 …………………… 274 |
| →第26回 アトランタ大会 ……… 65 | →バドミントン …………………… 356 |
| →競技・種目 …………………… 98 | バトル, ジェフリー →フィギュアスケー |
| →バスケットボール …………… 229 | ト ………………………… 314 |
| →大神 雄子 …………………… 230 | バトン, ディック →第23回 平昌冬季大会… 84 |
| →ジョーダン, マイケル ………… 230 | 羽中田 昌 →選手 ………………… 100 |
| →吉井 四郎 …………………… 231 | 花田 勝治 →オリンピック ………… 2 |
| バズソー山辺 →ボクシング …… 202 | 花原 勉 |
| 長谷川 博幸 →長谷川 博幸 ……… 273 | →強化 …………………………… 14 |
| 長谷川 穂積 | →花原 勉 …………………… 237 |
| →強化 …………………………… 14 | バニスター, ロジャー |
| →選手 ………………………… 100 | →第11回 ベルリン大会 ………… 53 |
| 長谷場 典子 →選手 …………… 100 | →第25回 バルセロナ大会 ……… 64 |
| 長谷部 誠 | →サンティー, ウェス …………… 119 |
| →選手 ………………………… 100 | →バニスター, ロジャー ………… 125 |
| →サッカー …………………… 172 | →ランディ, ジョン ……………… 132 |
| パーソン, ヨルゲン →卓球 …… 244 | →マラソン …………………… 134 |
| 畑山 隆則 →選手 …………… 100 | 羽生 結弦 |
| 畑中 和 →選手 ………………… 100 | →強化 …………………………… 14 |
| 畑村 洋太郎 →古賀 稔彦 ……… 261 | →五輪教育・学習 ……………… 34 |
| パッキャオ, マニー →選手 …… 100 | →オリンピックの歴史 ………… 43 |
| バッジョ, ロベルト →選手 …… 100 | →第23回 平昌冬季大会 ……… 84 |
| 八田 一朗 | →パラリンピック ……………… 85 |
| →レスリング …………………… 232 | →選手 ………………………… 100 |
| →八田 一朗 …………………… 236 | →フィギュアスケート ………… 314 |
| バット, ゾーラ →オリンピック … 2 | →羽生 結弦 …………………… 337 |
| パットン, ジョージ →近代オリンピック | 羽根田 卓也 |
| (夏季) ………………………… 52 | →五輪教育・学習 ……………… 34 |
| パーディ, エイミー →パーディ, エイ | →第31回 リオデジャネイロ大会 ……… 72 |
| ミー …………………………… 371 | 羽佳 純子 →卓球 …………… 244 |
| ハディド, ザハ | 馬場 信親 →強化 …………… 14 |
| →オリンピック ………………… 2 | 馬場 ゆかり →強化 …………… 14 |
| →第32回 東京大会 …………… 73 | 浜口 京子 |
| ハーディング, トーニャ | →強化 …………………………… 14 |
| →強化 …………………………… 14 | →アニマル浜口 …………………… 233 |
| →ハーディング, トーニャ ……… 337 | →浜口 京子 …………………… 237 |
| バドミントン | 浜口 典子 |
| →事典・辞書・図鑑 …………… 39 | →強化 …………………………… 14 |
| →第29回 北京大会 …………… 69 | →バスケットボール …………… 229 |
| →競技・種目 …………………… 98 | 浜口 喜博 |
| →オリンピック夏季競技 ……… 109 | →古橋 広之進 …………………… 165 |
| →バドミントン …………………… 270 | →前畑 秀子 …………………… 167 |
| →小椋 久美子 …………………… 271 | 浜田 剛史 →選手 …………… 100 |
| →潮田 玲子 …………………… 271 | 浜松 ヨシ江 →選手 …………… 100 |

# はむろ

人名・事項名索引

葉室 鉄夫
　→選手 ……………………………… 100
　→古橋 広之進 …………………… 165
　→前畑 秀子 ……………………… 167
早坂 毅代司　→強化 ……………… 14
林 忠正　→嘉納 治五郎 ………… 257
早田 俊幸　→マラソン …………… 134
原 純子　→強化 …………………… 14
原 秀治　→バレーボール ………… 206
パラ五輪（アテネ 2004）　→2004アテネ大
　会（パラリンピック）…………… 93
パラ五輪（シドニー 2000）　→2000シド
　ニー大会（パラリンピック）…… 93
パラ五輪（東京 1964）　→1964東京大会
　（パラリンピック）………………… 93
パラ五輪（東京 2020）　→2020東京大会
　（パラリンピック）………………… 95
パラ五輪（長野 1998）　→1998長野大会
　（パラリンピック）………………… 96
パラ五輪（リオデジャネイロ 2016）　→
　2016リオデジャネイロ大会（パラリン
　ピック）…………………………… 94
パラ五輪（ロンドン 2012）　→2012ロンド
　ン大会（パラリンピック）……… 94
パラ水泳
　→競技・種目 …………………… 98
　→山田 拓朗 ……………………… 362
パラスキー競技
　→大日方 邦子 …………………… 368
　→新田 佳浩 ……………………… 369
原田 武一　→原田 武一 ………… 199
原田 哲也　→選手 ………………… 100
原田 雅彦
　→第18回 長野冬季大会 ………… 80
　→1998長野大会（パラリンピック）… 96
　→選手 …………………………… 100
　→高橋 尚子 ……………………… 146
　→スキー・ジャンプ …………… 299
　→原田 雅彦 ……………………… 301
　→ノルディック複合 …………… 302
パラ卓球　→卓球 ………………… 363
パラバイアスロン　→小林 深雪 … 369
パラ陸上競技　→競技・種目 …… 98
パラリンピック
　→オリンピック全般 …………… 1
　→オリンピック ………………… 2
　→オリンピック関連事件・問題 … 28
　→招致活動 ……………………… 31
　→五輪教育・学習 ……………… 34

　→パラリンピック ……………… 85
　→パラリンピック（夏季）……… 92
　→1964東京大会（第13回 国際ストーク・
　　マンデビル競技大会）（東京）（パラリ
　　ンピック）……………………… 93
　→1996アトランタ大会（パラリンピッ
　　ク）……………………………… 93
　→2008北京大会（パラリンピック）… 93
　→2016リオデジャネイロ大会（パラリン
　　ピック）………………………… 94
　→2020東京大会（パラリンピック）… 95
　→選手 …………………………… 100
　→パラリンピック夏季競技 …… 349
　→千葉 祇暉 ……………………… 355
　→トライアスロン ……………… 363
　→スキー競技 …………………… 368
　→荒井 秀樹 ……………………… 368
パラリンピック（夏季）　→パラリンピッ
　ク（夏季）………………………… 92
パラリンピック夏季競技　→パラリンピッ
　ク夏季競技 ……………………… 349
パラリンピック学習　→五輪教育・学習 … 34
パラリンピック（冬季）　→パラリンピッ
　ク（冬季）………………………… 96
パラリンピック冬季競技　→パラリンピッ
　ク冬季競技 ……………………… 367
パラリンピック用語　→事典・辞書・図鑑 … 39
春口 広
　→オリンピック ………………… 2
　→強化 …………………………… 14
バルタリ、ジーノ　→選手 ……… 100
バレーボール
　→事典・辞書・図鑑 …………… 39
　→第24回 ソウル大会 …………… 63
　→第26回 アトランタ大会 ……… 65
　→第21回 バンクーバー冬季大会 … 83
　→競技・種目 …………………… 98
　→オリンピック夏季競技 ……… 109
　→バレーボール ………………… 206
　→青山 繁 ………………………… 210
　→大林 素子 ……………………… 211
　→佐藤 伊知子 …………………… 213
　→豊田 博 ………………………… 214
　→中田 久美 ……………………… 214
　→松平 康隆 ……………………… 215
　→柳本 晶一 ……………………… 217
　→渡辺 啓太 ……………………… 217
　→パラリンピック夏季競技 …… 349
　→シッティングバレーボール … 360

406

人名・事項名索引　　　　　　　　　　　　　ひろや

バロン西
　→強化 ………………………………… 14
　→選手 ………………………………… 100
　→西 竹一 …………………………… 249
パワーリフティング
　→ウエイトリフティング ………… 241
　→パラリンピック夏季競技 ……… 349
　→パワーリフティング …………… 360
バンクス, ウイリー　→バンクス, ウイ
　リー ………………………………… 125
ハンドボール
　→事典・辞書・図鑑 ………………… 39
　→競技・種目 ………………………… 98
　→ハンドボール …………………… 242
　→宮崎 大輔 ………………………… 242
ハンマー投げ　→陸上競技 ………… 110

## 【ひ】

引木 孝夫　→強化 ……………………… 14
樋口 久子
　→選手 ………………………………… 100
　→小野 喬 …………………………… 222
ビグロウ, ジョン　→ボート ……… 200
ピストリウス, オスカー　→ピストリウス,
　オスカー …………………………… 355
ビーチ・バレーボール
　→事典・辞書・図鑑 ………………… 39
　→浅尾 美和 ………………………… 210
　→朝日 健太郎 ……………………… 210
ビット, カタリナ　→選手 ………… 100
ヒディンク, フース　→選手 ……… 100
人見 絹枝
　→オリンピック ……………………… 2
　→強化 ………………………………… 14
　→五輪教育・学習 …………………… 34
　→事典・辞書・図鑑 ………………… 39
　→オリンピックの歴史 ……………… 43
　→パラリンピック …………………… 85
　→選手 ………………………………… 100
　→寺尾 正 …………………………… 124
　→寺尾 文 …………………………… 124
　→人見 絹枝 ………………………… 125
ヒトラー, アドルフ
　→第11回 ベルリン大会 …………… 53
　→第12回 東京大会 ………………… 55
桧野 真奈美　→桧野 真奈美 ……… 346
ビュッヘル, マルコ　→アルペンスキー … 294

標語　→普及 …………………………… 23
ヒョードル, エメリヤーエンコ　→強化 …… 14
平井 伯昌
　→強化 ………………………………… 14
　→第30回 ロンドン大会 …………… 70
　→選手 ………………………………… 100
　→水泳(競泳・飛び込み・水球) … 153
　→平井 伯昌 ………………………… 164
平尾 誠二
　→強化 ………………………………… 14
　→選手 ………………………………… 100
平岡 卓　→事典・辞書・図鑑 ……… 39
平木 信二
　→平木 信二 ………………………… 22
　→吉岡 隆徳 ………………………… 131
平沢 和重
　→オリンピックの歴史 ……………… 43
　→選手 ………………………………… 100
平仲 明信　→平仲 明信 …………… 204
平野 歩夢　→事典・辞書・図鑑 …… 39
平野 早矢香　→平野 早矢香 ……… 245
平野 美宇
　→伊藤 美誠 ………………………… 245
　→平野 美宇 ………………………… 246
平松 純子
　→オリンピックの歴史 ……………… 43
　→平松 純子 ………………………… 342
平山 相太
　→第23回 平昌冬季大会 …………… 84
　→サッカー ………………………… 172
　→平山 相太 ………………………… 191
　→フィギュアスケート …………… 314
　→宇野 昌磨 ………………………… 332
　→羽生 結弦 ………………………… 337
ヒル, グラント　→選手 …………… 100
ピルロ　→サッカー ………………… 172
広島 日出国　→強化 ………………… 14
広田 弘毅
　→オリンピック関連事件・問題 …… 28
　→第12回 東京大会 ………………… 55
広長 優志　→サッカー …………… 172
廣橋 百合子　→選手 ………………… 100
広道 純
　→2000シドニー大会(パラリンピック) … 93
　→陸上競技 ………………………… 351
弘山 晴美
　→第27回 シドニー大会 …………… 67
　→選手 ………………………………… 100
　→マラソン ………………………… 134

オリンピックの本3000冊　407

ふあい　　　　　　　　人名・事項名索引

→弘山 晴美 …………………………… 152

# 【 ふ 】

ファイティング原田
　→強化 …………………………… 14
　→選手 …………………………… 100
ファインズ, ラノフ　→強化 ………… 14
ファルカン, パウロ・ロベルト　→サッカー …………………………………… 172
黄 永祚　→黄 永祚 ………………… 140
ファンデンホーヘンバント　→第27回 シドニー大会 ………………………… 67
フィギュアスケート
　→第23回 平昌冬季大会 ………… 84
　→体操(体操競技) ……………… 218
　→オリンピック冬季競技 ……… 293
　→フィギュアスケート ………… 314
　→荒川 静香 …………………… 329
　→オーサー, ブライアン ……… 332
　→佐藤 久美子 ………………… 334
　→佐藤 信夫 …………………… 334
　→村主 章枝 …………………… 335
　→羽生 結弦 …………………… 337
　→平松 純子 …………………… 342
　→八木沼 純子 ………………… 343
フェデラー, ロジャー　→フェデラー, ロジャー ……………………………… 199
フェルナンデス, トニー　→選手 …… 100
フェルナンデス, ハビエル　→第23回 平昌冬季大会 ……………………………… 84
フェルプス, マイケル　→事典・辞書・図鑑 ……………………………………… 39
フェンシング
　→事典・辞書・図鑑 ……………… 39
　→第29回 北京大会 ……………… 69
　→競技・種目 …………………… 98
　→フェンシング ………………… 250
　→太田 雄貴 …………………… 250
　→佐野 雅之 …………………… 251
　→森 寅雄 ……………………… 251
フォアマン, ジョージ　→フォアマン, ジョージ ……………………………… 204
普及　→普及 ………………………… 23
フグ, アンディ　→選手 …………… 100
福沢 諭吉　→嘉納 治五郎 ………… 257
福島 千里
　→普及 …………………………… 23

　→第30回 ロンドン大会 ………… 70
　→末續 慎吾 …………………… 120
　→ボルト, ウサイン …………… 127
福田 雅之助　→福田 雅之助 ……… 200
福原 愛
　→強化 …………………………… 14
　→第28回 アテネ大会 …………… 68
　→卓球 ………………………… 244
　→福原 愛 ……………………… 246
福原 鈴江　→選手 ………………… 100
福原 美和　→選手 ………………… 100
福見 友子
　→強化 …………………………… 14
　→柔道 ………………………… 251
　→福見 友子 …………………… 266
福元 美穂
　→第30回 ロンドン大会 ………… 70
　→サッカー …………………… 172
藤澤 潔　→2016リオデジャネイロ大会(パラリンピック) ……………………… 94
藤澤 亮子　→フィギュアスケート … 314
藤田 敦史　→マラソン …………… 134
藤田 道宣
　→オリンピックの歴史 ………… 43
　→車いすフェンシング ………… 365
藤光 謙司
　→第31回 リオデジャネイロ大会 … 72
　→選手 …………………………… 100
藤村 信子　→藤村 信子 …………… 152
藤本 聰　→選手 …………………… 100
藤本 隆宏　→藤本 隆宏 …………… 165
藤本 英男　→藤本 英男 …………… 237
藤本 誠　→強化 …………………… 14
藤本 怜央　→2016リオデジャネイロ大会(パラリンピック) ……………………… 94
藤原 敏男　→強化 ………………… 14
ブースカラン, ジョー　→ボート …… 200
不正行為　→ドーピング・不正行為 …… 26
船木 和喜
　→強化 …………………………… 14
　→選手 …………………………… 100
　→スキー・ジャンプ …………… 299
　→船木 和喜 …………………… 302
　→ノルディック複合 …………… 302
ブブカ, セルゲイ　→選手 ………… 100
ブラインドサッカー
　→パラリンピック ……………… 85
　→パラリンピック夏季競技 …… 349

人名・事項名索引　　　　　　　　　　　　　ほくし

→5人制サッカー（ブラインドサッ
カー）……………………………358
→石井 宏幸 ………………………358
フラット, レイチェル　→フィギュアス
ケート ……………………………314
ブランデージ, アベリー
→オリンピック …………………… 2
→オリンピックの歴史 …………… 43
→近代オリンピック（夏季）……… 52
フリースタイルスキー
→第18回 長野冬季大会 ………… 80
→オリンピック冬季競技 …………293
→フリースタイルスキー …………304
フリーマン, キャシー
→オリンピック …………………… 2
→第27回 シドニー大会 ………… 67
プリモラッツ, ゾラン　→卓球…………244
古川 高晴
→強化 …………………………… 14
→第30回 ロンドン大会 ………… 70
古川 美雪　→選手 ………………………100
古川 靖志　→バレーボール …………206
プルシェンコ, エフゲニー
→第23回 平昌冬季大会 ………… 84
→フィギュアスケート ……………314
フルセット, オレ・クリスチャン　→アル
ペンスキー ………………………294
古田 敦也　→古田 敦也 ………………285
古橋 広之進
→オリンピックの歴史 …………… 43
→パラリンピック ………………… 85
→選手 ……………………………100
→水泳（競泳・飛び込み・水球）…153
→古橋 広之進 ……………………165
→前畑 秀子 ………………………167
フレーザー, ドーン　→フレーザー, ドー
ン …………………………………167
フレッド＝イサム和田　→オリンピックの
歴史 ……………………………… 43
プロスト, アラン
→強化 …………………………… 14
→選手 ……………………………100
プロディンガー, ペーター　→プロディン
ガー, ペーター……………………297
不破 弘樹　→選手 ………………………100

## 【へ】

ペ ヒョンジン　→選手 …………………100
ベイカー茉秋　→第31回 リオデジャネイ
ロ大会 …………………………… 72
ペイジ, サチェル　→選手…………………100
ベーカー, ノエル
→オリンピックの歴史 …………… 43
→マラソン ………………………134
ヘーシンク, アントン
→強化 …………………………… 14
→第15回 ヘルシンキ大会 ……… 56
→第18回 東京大会 ……………… 57
→パラリンピック ………………… 85
→選手 ……………………………100
→ヘーシンク, アントン …………266
→道上 伯 …………………………267
ベスト, ジョージ　→強化 …………… 14
ベッカム, デイヴィッド　→稲本 潤一…179
ベッカム, デイビッド　→強化 …………… 14
ベネック, ブルーノ　→野球…………282
ペレ
→第27回 シドニー大会 ………… 67
→選手 ……………………………100
→サッカー ………………………172
ペレク, M.J.　→選手 …………………100

## 【ほ】

ボイコット
→オリンピックの歴史 …………… 43
→第22回 モスクワ大会 ………… 63
砲丸投げ　→陸上競技 …………………110
棒高跳び
→第29回 北京大会 ……………… 69
→第30回 ロンドン大会 ………… 70
→陸上競技 ………………………110
→大江 季雄 ………………………116
ホーガン, ベン　→選手…………………100
ボクシング
→事典・辞書・図鑑 ……………… 39
→第26回 アトランタ大会 ……… 65
→競技・種目 ……………………… 98
→ボクシング ……………………202
→渡辺 政史 ………………………206

オリンピックの本3000冊　409

星 奈津美
　→選手 ……………………………… 100
　→水泳（競泳・飛び込み・水球）… 153
　→星 奈津美 ……………………… 167
星野 仙一　→オリンピック ……………… 2
ポスター
　→普及 …………………………… 23
　→オリンピックの歴史 …………… 43
　→第18回 長野冬季大会 ………… 80
細貝 萌　→サッカー ……………………… 172
ホッケー
　→事典・辞書・図鑑 ……………… 39
　→第26回 アトランタ大会 ……… 65
　→競技・種目 …………………… 98
　→ホッケー ……………………… 201
　→恩田 昌史 …………………… 201
ボッチャ
　→パラリンピック ………………… 85
　→競技・種目 …………………… 98
　→パラリンピック夏季競技 ……… 349
　→ボッチャ ……………………… 357
ボート
　→事典・辞書・図鑑 ……………… 39
　→第11回 ベルリン大会 ………… 53
　→岸 清一 ……………………… 56
　→第29回 北京大会 …………… 69
　→競技・種目 …………………… 98
　→ボート ………………………… 200
　→カヌー ………………………… 357
　→ボート ………………………… 360
ボブスレー
　→オリンピック冬季競技 ………… 293
　→ボブスレー …………………… 346
　→桶野 真奈美 ………………… 346
ボランティア
　→オリンピック …………………… 2
　→招致活動 ……………………… 31
　→五輪教育・学習 ……………… 34
　→第18回 長野冬季大会 ………… 80
　→1998長野大会（パラリンピック）… 96
堀井 学
　→強化 …………………………… 14
　→堀井 学 ……………………… 313
堀内 浩太郎　→堀内 浩太郎 ………… 201
堀江 謙一　→選手 ………………………… 100
堀江 忠男　→堀江 忠男 ……………… 191
ホリフィールド, イベンダー　→ホリ
　フィールド, イベンダー ………… 205
ボル, ティモ　→卓球 …………………… 244

ボルグ, ビヨン
　→第27回 シドニー大会 ………… 67
　→選手 …………………………… 100
ボルダリング
　→競技・種目 …………………… 98
　→スポーツクライミング ………… 291
ボルト, ウサイン
　→オリンピック …………………… 2
　→強化 …………………………… 14
　→五輪教育・学習 ……………… 34
　→事典・辞書・図鑑 ……………… 39
　→オリンピックの歴史 …………… 43
　→第30回 ロンドン大会 ………… 70
　→パラリンピック ………………… 85
　→選手 …………………………… 100
　→陸上競技 ……………………… 110
　→伊東 浩司 …………………… 115
　→末續 慎吾 …………………… 120
　→ボルト, ウサイン ……………… 127
洪 明甫　→選手 ………………………… 100
本田 圭佑
　→オリンピック …………………… 2
　→強化 …………………………… 14
　→選手 …………………………… 100
　→サッカー ……………………… 172
本田 宗一郎　→強化 ………………… 14
本田 武史
　→フィギュアスケート …………… 314
　→田村 岳斗 …………………… 337
　→羽生 結弦 …………………… 337
　→本田 武史 …………………… 342
本田 美登里　→本田 美登里 ……… 191

## 【ま】

マイズナー, キミー　→フィギュアスケー
　ト …………………………………… 314
舞の海　→選手 ………………………… 100
マイヤー, サラ　→フィギュアスケート …… 314
マイヤー, ヘルマン　→アルペンスキー …… 294
マイヨール, ジャック　→選手 ………… 100
前嶋 孝　→強化 ………………………… 14
前園 真聖
　→サッカー ……………………… 172
　→前園 真聖 …………………… 192
前田 三夫　→強化 …………………… 14
前田 光世　→柔道 …………………… 251

人名・事項名索引　　　　まらそ

前畑 秀子
　→強化 ………………………… 14
　→オリンピックの歴史 ……… 43
　→選手 ………………………… 100
　→古橋 広之進 ………………… 165
　→前畑 秀子 …………………… 167
真木 和
　→第26回 アトランタ大会 …… 65
　→マラソン …………………… 134
槙野 智章　→サッカー ………… 172
マキロイ, ローリー　→選手 …… 100
マグワイアー　→ドーピング・不正行為 … 26
マーケティング　→普及 ……… 23
マザー・テレサ　→強化 ……… 14
舛添 要一　→オリンピック関連事件・問題 … 28
増田 明美
　→強化 ………………………… 14
　→選手 ………………………… 100
　→増田 明美 …………………… 152
舛田 圭太　→舛田 圭太 ……… 273
町田 樹　→フィギュアスケート … 314
町田 文彦　→町田 文彦 ……… 274
松井 大輔　→サッカー ………… 172
松井 千士　→第31回 リオデジャネイロ大
　会 ……………………………… 72
松井 秀喜
　→強化 ………………………… 14
　→オリンピックの歴史 ……… 43
　→選手 ………………………… 100
松江 美季　→松江 美季 ……… 370
マツェイチュク, オレグ　→強化 … 14
松岡 修造　→錦織 圭 ………… 198
マッカーサー, ダグラス　→オリンピック
　の歴史 ………………………… 43
松木 安太郎　→強化 …………… 14
マッケンロー, ジョン
　→第27回 シドニー大会 ……… 67
　→選手 ………………………… 100
松坂 大輔
　→オリンピック ………………… 2
　→強化 ………………………… 14
　→第27回 シドニー大会 ……… 67
　→選手 ………………………… 100
　→松坂 大輔 …………………… 285
松澤 初穂　→選手 ……………… 100
松下 浩二
　→強化 ………………………… 14
　→選手 ………………………… 100
　→卓球 ………………………… 244

松下 幸之助　→オリンピックの歴史 ……… 43
松下 紗耶未　→強化 …………… 14
松島 京子　→強化 ……………… 14
松田 丈志
　→第30回 ロンドン大会 ……… 70
　→水泳(競泳・飛び込み・水球) … 153
　→久世 由美子 ………………… 160
　→松田 丈志 …………………… 168
松田 保　→選手 ………………… 100
松田 直樹　→強化 ……………… 14
松田 治広　→強化 ……………… 14
松平 康雄　→選手 ……………… 100
松平 康隆
　→バレーボール ……………… 206
　→豊田 博 ……………………… 214
　→松平 康隆 …………………… 215
マット, マリオ　→アルペンスキー … 294
マット運動　→田中 光 ………… 224
松友 美佐紀
　→強化 ………………………… 14
　→五輪教育・学習 …………… 34
　→パラリンピック ……………… 85
　→選手 ………………………… 100
　→高橋 礼華 …………………… 272
　→松友 美佐紀 ………………… 274
松永 怜一　→松永 怜一 ……… 286
松野 明美　→松野 明美 ……… 153
松尾 雄治　→強化 ……………… 14
松本 薫
　→第30回 ロンドン大会 ……… 70
　→松本 薫 ……………………… 267
松本 整　→強化 ………………… 14
マーティン, ポール　→マーティン, ポー
　ル ……………………………… 351
マードック, アイリス　→円谷 幸吉 … 149
曲直部 寿夫　→織田 幹雄 …… 117
真鍋 政義
　→強化 ………………………… 14
　→バレーボール ……………… 206
　→川合 俊一 …………………… 212
馬渕 かの子　→選手 …………… 100
馬淵 宗英　→強化 ……………… 14
マラソン
　→第32回 東京大会 …………… 73
　→パラリンピック ……………… 85
　→マラソン …………………… 134
　→宇佐美 彰朗 ………………… 137
　→小出 義雄 …………………… 139
　→ショーター, フランク ……… 143

オリンピックの本3000冊　411

## まらと　　人名・事項名索引

→瀬古 利彦 ································ 143
→高橋 進 ·································· 145
→高橋 尚子 ······························ 146
→猫 ひろし ······························ 151
→藤村 信子 ······························ 152
→増田 明美 ······························ 152
マラドーナ, ディエゴ
→強化 ···································· 14
→ドーピング・不正行為 ·············· 26
→選手 ··································· 100
マリニン　→フィギュアスケート ········· 314
円子 経雄　→嘉納 治五郎 ··············· 257
丸山 桂里奈
→サッカー ······························ 172
→丸山 桂里奈 ···························· 192
丸山 庄司　→オリンピック冬季競技 ······· 293
マンデラ　→選手 ························· 100

# 【 み 】

三浦 知良
→強化 ···································· 14
→選手 ··································· 100
→高橋 尚子 ······························ 146
→サッカー ······························ 172
→城 彰二 ································· 186
→トルシエ, フィリップ ··············· 188
三浦 恭資　→三浦 恭資 ················· 243
三浦 豪太　→三浦 豪太 ················· 305
三浦 環　→嘉納 治五郎 ················· 257
三浦 雄一郎
→選手 ··································· 100
→三浦 豪太 ······························ 305
三木 拓也　→三木 拓也 ················· 366
三阪 洋行　→ウィルチェアーラグビー ····· 366
三島 弥彦　→三島 弥彦 ················· 129
三島 由紀夫　→円谷 幸吉 ··············· 149
水島 武蔵　→選手 ······················ 100
水谷 隼
→強化 ···································· 14
→第30回 ロンドン大会 ················· 70
→卓球 ··································· 244
→水谷 隼 ································· 247
水野 広徳　→人見 絹枝 ················· 125
水野 正人　→招致活動 ·················· 31
水野 勇気　→選手 ······················ 100
溝口 和洋
→選手 ··································· 100

→溝口 和洋 ······························ 129
溝口 紀子
→オリンピック ··························· 2
→溝口 紀子 ······························ 267
見谷 昌禧　→見谷 昌禧 ················· 298
道上 伯
→ヘーシンク, アントン··············· 266
→道上 伯 ································· 267
道下 美里　→パラリンピック ············· 85
三井 美代子　→選手 ···················· 100
三橋 栄三郎
→第24回 ソウル大会 ··················· 63
→バレーボール ·························· 206
三屋 裕子　→三屋 裕子 ················· 216
南方 熊楠　→嘉納 治五郎 ··············· 257
皆川 賢太郎
→強化 ···································· 14
→アルペンスキー ························ 294
峰島 秀　→選手 ························· 100
箕内 拓郎　→選手 ······················ 100
三原 新二郎　→選手 ···················· 100
三船 久蔵　→強化 ······················ 14
三村 仁司
→強化 ···································· 14
→三村 仁司 ······························ 22
宮岡 公夫　→織田 幹雄 ················· 117
宮川 千秋　→強化 ······················ 14
宮城 ナナ　→強化 ······················ 14
三宅 一生　→円谷 幸吉 ················· 149
三宅 宏実
→強化 ···································· 14
→第30回 ロンドン大会 ················· 70
→第31回 リオデジャネイロ大会 ········· 72
三宅 義信
→オリンピックの歴史 ·················· 43
→第18回 東京大会 ····················· 57
→選手 ··································· 100
→三宅 義信 ······························ 241
宮崎 大輔　→宮崎 大輔 ················· 242
宮崎 正裕　→選手 ······················ 100
宮崎 義仁　→卓球 ······················ 244
宮里 藍
→強化 ···································· 14
→西 竹一 ································· 249
宮島 徹也　→五輪教育・学習 ············· 34
宮原 知子　→宮原 知子 ················· 342
宮部 保範
→選手 ··································· 100
→宮部 保範 ······························ 314

412

人名・事項名索引　　　　　　　　　　　　　　　　　もりた

宮間 あや
　→強化 ································· 14
　→第30回 ロンドン大会 ··············· 70
　→サッカー ························· 172
宮本 賢二　→羽生 結弦 ··············· 337
宮本 恒靖
　→選手 ····························· 100
　→サッカー ························· 172
　→宮本 恒靖 ······················· 192
宮本 ともみ　→強化 ·················· 14
宮本 征勝　→宮本 征勝 ·············· 193
明神 智和　→選手 ··················· 100

【 む 】

ムサンバニ, エリック　→強化 ········· 14
ムソリーニ　→第12回 東京大会 ········ 55
無良 崇人　→フィギュアスケート ········ 314
村井 邦彦　→村井 邦彦 ··············· 25
ムラカミ, ダイスケ
　→第19回 メキシコシティー大会 ······· 62
　→フィギュアスケート ··············· 314
村上 佳菜子　→フィギュアスケート ····· 314
村上 幸史　→第30回 ロンドン大会 ····· 70
村上 信夫
　→オリンピックの歴史 ··············· 43
　→車いすフェンシング ··············· 365
村上 茉愛　→選手 ··················· 100
村社 講平
　→村社 講平 ······················· 129
　→マラソン ························· 134
村田 兆治　→選手 ··················· 100
村田 諒太
　→第30回 ロンドン大会 ·············· 70
　→村田 諒太 ······················· 205
村山 雅美　→織田 幹雄 ·············· 117
村山 よしみ　→選手 ················· 100
室塚 一也
　→パラリンピック夏季競技 ··········· 349
　→陸上競技 ························· 351
室伏 広治
　→強化 ····························· 14
　→普及 ····························· 23
　→オリンピックの歴史 ··············· 43
　→第28回 アテネ大会 ··············· 68
　→第30回 ロンドン大会 ·············· 70
　→選手 ····························· 100
　→室伏 広治 ······················· 129

室伏 重信
　→オリンピックの歴史 ··············· 43
　→室伏 重信 ······················· 130

【 め 】

明治天皇
　→織田 幹雄 ······················· 117
　→三島 弥彦 ······················· 129
　→西 竹一 ························· 249
目黒 萌絵　→カーリング ············· 347
メッシ, リオネル
　→第22回 モスクワ大会 ·············· 63
　→サッカー ························· 172
メティカフ, スティーブン　→リデル, エ
リック ······························ 133

【 も 】

モタ, ロザ
　→マラソン ························· 134
　→モタ, ロザ ······················· 153
望月 稔　→嘉納 治五郎 ·············· 257
持田 盛二　→強化 ··················· 14
茂木 優　→茂木 優 ················· 237
本橋 麻里　→カーリング ············· 347
元渕 幸　→金戸 幸 ················· 157
元好 三和子　→選手 ················· 100
森 隆弘　→水泳（競泳・飛び込み・水球）··153
森 千夏　→森 千夏 ················· 131
森 徹　→森 徹 ··················· 305
森 寅雄　→森 寅雄 ················· 251
森 喜朗
　→森 喜朗 ························· 13
　→招致活動 ························· 31
森井 博之　→森井 博之 ·············· 23
森岡 栄治　→森岡 栄治 ············· 206
森岡 紘一郎　→強化 ················· 14
森下 広一
　→強化 ····························· 14
　→マラソン ························· 134
森下 尚紀　→強化 ··················· 14
森末 慎二
　→第24回 ソウル大会 ··············· 63
　→選手 ····························· 100
　→森末 慎二 ······················· 227
森田 あゆみ　→森田 あゆみ ··········· 200

オリンピックの本3000冊　413

もりた　　　　　　　　　　人名・事項名索引

盛田 幸妃　→強化 ……………………… 14
森田 淳悟
　→強化 ……………………………… 14
　→オリンピックの歴史 …………… 43
　→森田 淳悟 ……………………… 216
森田 智己　→強化 ………………… 14
森長 正樹　→選手 ……………… 100
森本 さかえ　→強化 ……………… 14
森本 貴幸　→サッカー …………… 172
モロゾフ, ニコライ
　→第21回 モントリオール大会 ……… 63
　→モロゾフ, ニコライ …………… 343

# 【 や 】

八重樫 東　→選手 ………………… 100
八重樫 茂生　→八重樫 茂生 …… 193
八木沼 純子
　→フィギュアスケート ………… 314
　→八木沼 純子 ………………… 343
野球
　→事典・辞書・図鑑 ……………… 39
　→競技・種目 ……………………… 98
　→野球 …………………………… 282
　→鈴木 義信 …………………… 284
　→バドミントン ………………… 356
柳生 春己
　→オリンピックの歴史 …………… 43
　→車いすフェンシング ………… 365
ヤグディン, アレクセイ
　→フィギュアスケート ………… 314
　→ヤグディン, アレクセイ …… 343
矢沢 昭一　→選手 ……………… 100
矢島 慎也　→第31回 リオデジャネイロ大
　会 ………………………………… 72
安 直樹　→選手 ………………… 100
安井 息軒　→村社 講平 ……… 129
安川 第五郎　→第18回 東京大会 …… 57
安田 享平
　→オリンピックの歴史 …………… 43
　→車いすフェンシング ………… 365
保田 賢也　→第31回 リオデジャネイロ大
　会 ………………………………… 72
矢田 喜美雄　→矢田 喜美雄 …… 131
柳川 宗成
　→オリンピックの歴史 …………… 43
　→選手 …………………………… 100
柳沢 敦　→選手 ………………… 100

柳本 晶一
　→バレーボール ………………… 206
　→柳本 晶一 …………………… 217
矢野 喬子　→サッカー ………… 172
山内 晶大　→バレーボール …… 206
山内 一弘　→選手 ……………… 100
山浦 麻葉　→カーリング ……… 347
山尾 朱子
　→新体操 ……………………… 227
　→川本 ゆかり ………………… 228
　→山尾 朱子 …………………… 228
山岡 鉄舟　→嘉納 治五郎 …… 257
山影 武士　→選手 ……………… 100
山縣 亮太
　→第31回 リオデジャネイロ大会 ……… 72
　→陸上競技 …………………… 110
　→山縣 亮太 …………………… 131
山口 茜　→五輪教育・学習 …… 34
山口 衛里
　→第27回 シドニー大会 ………… 67
　→マラソン …………………… 134
山口 絵理子　→強化 …………… 14
山口 智　→サッカー …………… 172
山口 彦則
　→強化 …………………………… 14
　→山口 彦則 …………………… 227
山口 真理恵　→山口 真理恵 … 277
山口 素弘　→サッカー ………… 172
山口 良忠　→オリンピックの歴史 … 43
山崎 浩子
　→選手 …………………………… 100
　→山崎 浩子 …………………… 228
山崎 勇喜　→第30回 ロンドン大会 … 70
山下 勇　→織田 幹雄 ………… 117
山下 久美子　→強化 …………… 14
山下 佐知子　→マラソン ……… 134
山下 光富
　→自転車 ……………………… 242
　→トライアスロン ……………… 279
山下 泰裕
　→強化 …………………………… 14
　→パラリンピック ………………… 85
　→選手 …………………………… 100
　→柔道 …………………………… 251
　→井上 康生 …………………… 255
　→斉藤 仁 ……………………… 263
　→山下 泰裕 …………………… 267
山田 いずみ　→スキー・ジャンプ … 299
山田 一雄　→織田 幹雄 ……… 117

414

山田 重雄　→バレーボール ……………… 206
山田 拓朗　→山田 拓朗 …………………… 362
山田 輝郎　→水泳（競泳・飛び込み・水
　球） ……………………………………… 153
山田 久志　→選手 ……………………………… 100
山田 宏臣
　→選手 …………………………………… 100
　→山田 宏臣 …………………………… 131
山田 大記　→サッカー ……………………… 172
山田 満知子
　→強化 ……………………………………… 14
　→オリンピックの歴史 ……………… 43
　→選手 …………………………………… 100
　→フィギュアスケート ……………… 314
山田 優梨菜　→スキー・ジャンプ …… 299
山中 毅　→山中 毅 ………………………… 169
山村 宏太　→バレーボール ……………… 206
山室 光史　→体操（体操競技） ………… 218
山本 篤　→山本 篤 ………………………… 356
山本 郁栄　→山本 郁栄 …………………… 238
山本 五十六　→オリンピックの歴史 …… 43
山本 作兵衛　→君原 健二 ……………… 138
山本 貴司　→水泳（競泳・飛び込み・水
　球） ……………………………………… 153
山本 隆弘　→バレーボール ……………… 206
山本 照　→第11回 ベルリン大会 ………… 53
山本 "KID"徳郁　→選手 …………………… 100
山本 博
　→強化 ……………………………………… 14
　→第28回 アテネ大会 ………………… 68
　→山本 博 ……………………………… 279
山本 昌邦　→山本 昌邦 …………………… 193
山本 美憂
　→山本 郁栄 …………………………… 238
　→山本 美憂 …………………………… 238
山本 洋祐　→強化 …………………………… 14
山脇 恭二　→強化 …………………………… 14
やり投げ　→陸上競技 ……………………… 110

## 【 ゆ 】

遊佐 幸平　→西 竹一 ……………………… 249
遊佐 正憲
　→古橋 広之進 ………………………… 165
　→前畑 秀子 …………………………… 167
ユベロス, ピーター
　→オリンピック …………………………… 2
　→ユベロス, ピーター …………………… 14

　→野球 …………………………………… 282

## 【 よ 】

楊 影　→卓球 ……………………………… 244
姚 明　→オリンピック ……………………… 2
横山 明仁　→強化 ……………………………… 14
吉井 四郎　→吉井 四郎 …………………… 231
吉岡 隆徳
　→平木 信二 …………………………… 22
　→陸上競技 …………………………… 110
　→吉岡 隆徳 …………………………… 131
吉岡 稔真　→選手 …………………………… 100
吉岡 牧子　→選手 …………………………… 100
吉川 由里　→吉川 由里 …………………… 309
吉田 沙保里
　→強化 ……………………………………… 14
　→普及 …………………………………… 23
　→五輪教育・学習 …………………… 34
　→第28回 アテネ大会 ………………… 68
　→第30回 ロンドン大会 ……………… 70
　→選手 …………………………………… 100
　→レスリング ………………………… 232
　→伊調 馨 ……………………………… 234
　→栄 和人 ……………………………… 235
　→吉田 沙保里 ………………………… 238
吉田 茂　→オリンピックの歴史 ………… 43
吉田 総一郎　→第18回 長野冬季大会 … 80
吉田 達磨　→第30回 ロンドン大会 …… 70
吉田 秀彦
　→選手 …………………………………… 100
　→吉田 秀彦 …………………………… 269
吉田 雅美　→吉田 雅美 …………………… 132
吉田 麻也　→吉田 麻也 …………………… 193
吉田 義男　→選手 …………………………… 100
吉村 真晴　→卓球 ……………………… 244
吉村 実　→選手 …………………………… 100
吉原 知子
　→選手 …………………………………… 100
　→バレーボール ……………………… 206
　→吉原 知子 …………………………… 217
依田 郁子　→選手 …………………………… 100
ヨット
　→事典・辞書・図鑑 ………………… 39
　→セーリング ………………………… 240
与那嶺 要　→選手 …………………………… 100
米倉 加奈子　→米倉 加奈子 …………… 274
米塚 義定　→米塚 義定 …………………… 269

よねも　　　　　　　　　人名・事項名索引

米本 拓司　→サッカー ……………………… 172
米山 一朋
　→第24回 ソウル大会 …………………… 63
　→バレーボール ……………………… 206

## 【 ら 】

ライサチェク, エヴァン　→フィギュアス
　ケート ……………………………………… 314
ライヒ, ベンジャミン　→アルペンスキー ‥ 294
ライフル射撃　→射撃(ライフル・ク
　レー) ……………………………………… 275
ラウダ, ニキ　→選手 …………………… 100
ラグビー
　→森 喜朗 …………………………………… 13
　→競技・種目 ……………………………… 98
　→ラグビーフットボール ……………… 276
ラグビーフットボール　→ラグビーフット
　ボール ……………………………………… 276
ラドクリフ, ポーラ
　→マラソン ……………………………… 134
　→ラドクリフ, ポーラ ………………… 153
ラミレス, アレックス　→選手 ………… 100
ラーム, フィリップ　→サッカー ……… 172
ラモス 瑠偉
　→選手 …………………………………… 100
　→サッカー ……………………………… 172
ランツ, ジョー　→第11回 ベルリン大会 ‥ 53
ランディ, ジョン
　→サンティー, ウェス ………………… 119
　→バニスター, ロジャー ……………… 125
　→ランディ, ジョン …………………… 132
ランビエール, ステファン
　→フィギュアスケート ………………… 314
　→ランビエール, ステファン ………… 344
ランビエル, ステファン　→ランビエール,
　ステファン ……………………………… 344
ランヤン, マーラ　→ランヤン, マーラ ‥ 133

## 【 り 】

リー, ブルース　→強化 …………………… 14
李 忠成　→強化 …………………………… 14
力道山
　→オリンピックの歴史 ………………… 43
　→第27回 シドニー大会 ………………… 67

　→選手 …………………………………… 100
陸上競技
　→ドーピング・不正行為 ……………… 26
　→事典・辞書・図鑑 …………………… 39
　→第18回 東京大会 ……………………… 57
　→第26回 アトランタ大会 ……………… 65
　→パラリンピック ……………………… 85
　→競技・種目 …………………………… 98
　→選手 …………………………………… 100
　→陸上競技 ……………………………… 110
　→大島 鎌吉 ……………………………… 116
　→織田 幹雄 ……………………………… 117
　→苅部 俊二 ……………………………… 118
　→永井 純 ………………………………… 124
　→パラリンピック夏季競技 …………… 349
　→陸上競技 ……………………………… 351
　→尾崎 峰穂 ……………………………… 352
　→中西 麻耶 ……………………………… 355
リデル, エリック　→リデル, エリック …… 133
リネール, テディ　→リネール, テディ …… 269
リーフェンシュタール, レニ
　→オリンピックの歴史 ………………… 43
　→第31回 リオデジャネイロ大会 ……… 72
　→2016リオデジャネイロ大会(パラリン
　　ピック) ……………………………… 94
　→2020東京大会(パラリンピック) …… 95
　→体操(体操競技) ……………………… 218
　→レスリング …………………………… 232
リプトン, トマス　→選手 ……………… 100
劉 国正　→卓球 …………………………… 244
劉 国梁　→卓球 …………………………… 244
劉 翔　→選手 ……………………………… 100
柳 和龍　→選手 …………………………… 100
リュージュ
　→第17回 リレハンメル冬季大会 ……… 79
　→オリンピック冬季競技 ……………… 293
　→リュージュ …………………………… 347
リン, ジャネット
　→五十嵐 文男 ………………………… 330
　→リン, ジャネット …………………… 344
林 菱　→卓球 ……………………………… 244

## 【 る 】

ルイス, カール
　→オリンピック …………………………… 2
　→五輪教育・学習 ……………………… 34
　→事典・辞書・図鑑 …………………… 39

人名・事項名索引　　**JOC**

　→第27回 シドニー大会 ····················· 67
　→選手 ·········································· 100
　→ルイス, カール ························· 133
ルイス, ジョー　→選手 ················· 100
ルイス, ブラッド　→ボート ·········· 200
ルース, ベーブ
　→強化 ········································· 14
　→オリンピックの歴史 ················· 43
　→選手 ·········································· 100
ルディガー, ダニエル・D.　→強化 ··· 14
ルドルフ, ウィルマ　→ルドルフ, ウィル
　マ ··············································· 134

## 【れ】

レスリング
　→事典・辞書・図鑑 ····················· 39
　→競技・種目 ······························· 98
　→レスリング ····························· 232
　→笠原 茂 ································· 235
　→笹原 正三 ······························· 235
　→富山 英明 ······························· 236
　→八田 一朗 ······························· 236
　→藤本 英男 ······························· 237
レッドグレーヴ, スティーヴ　→強化······· 14
レモン, グレッグ　→選手 ············· 100
レンク, ハンス　→レンク, ハンス ··········· 201
レンドル, イワン　→レンドル, イワン······· 200

## 【ろ】

ローイング
　→パラリンピック夏季競技 ··········· 349
　→車いすフェンシング ················· 365
ロゲ, ジャック
　→オリンピック関連事件・問題 ········ 28
　→オリンピックの歴史 ················· 43
　→近代オリンピック（夏季）··········· 52
　→第23回 ロサンゼルス大会 ··········· 63
ロディック, アンディ　→ギルバート, ブ
　ラッド ······································· 195
ロナウジーニョ　→ロナウジーニョ ··········· 194
ロナウド, クリスチアーノ
　→選手 ·········································· 100
　→サッカー ································· 172
ロビンソン, ジャッキー　→選手············· 100

## 【わ】

若林 仁　→強化 ···························· 14
輪島 功一　→選手 ························· 100
ワシントン大学ボート部　→第11回 ベル
　リン大会 ······································ 53
和田 勇　→招致活動 ····················· 31
ワダ エミ　→強化 ························· 14
和田 一浩　→選手 ························· 100
渡瀬 あゆみ　→スキー・ジャンプ ··· 299
渡部 絵美　→渡部 絵美 ················· 344
渡辺 長武
　→オリンピックの歴史 ················· 43
　→渡辺 長武 ······························· 239
渡辺 啓太　→渡辺 啓太 ················· 217
渡辺 伸一　→渡辺 伸一 ················· 309
渡辺 寛　→選手 ···························· 100
渡辺 政史　→渡辺 政史 ················· 206
渡辺 康幸　→渡辺 康幸 ················· 134
渡辺 泰行　→強化 ························· 14
渡部 藤男　→選手 ························· 100
ワルインゲ中山　→ボクシング ······· 202
ワルドナー, ヤン・オベ　→卓球 ······· 244

## 【ABC】

CAS　→ドーピング・不正行為 ··········· 26
IOC
　→オリンピック ··························· 2
　→オリンピック関連事件・問題 ········ 28
　→IOC, JOC ······························· 30
　→事典・辞書・図鑑 ····················· 39
　→オリンピックの歴史 ················· 43
　→競技・種目 ······························· 98
　→猪谷 千春 ······························· 295
ISL
　→オリンピック ··························· 2
　→オリンピック関連事件・問題 ········ 28
JOC
　→IOC, JOC ······························· 30
　→事典・辞書・図鑑 ····················· 39
　→オリンピックの歴史 ················· 43

オリンピックの本3000冊　*417*

# オリンピックの本 3000冊

2018 年 12 月 25 日　第 1 刷発行

発 行 者／大高利夫
編集・発行／日外アソシエーツ株式会社
　　　　　　〒140-0013 東京都品川区南大井6-16-16 鈴中ビル大森アネックス
　　　　　　電話 (03)3763-5241 (代表)　FAX(03)3764-0845
　　　　　　URL　http://www.nichigai.co.jp/
発 売 元／株式会社紀伊國屋書店
　　　　　　〒163-8636 東京都新宿区新宿 3-17-7
　　　　　　電話 (03)3354-0131 (代表)
　　　　　　ホールセール部 (営業) 電話 (03)6910-0519

電算漢字処理／日外アソシエーツ株式会社
印刷・製本／株式会社平河工業社

不許複製・禁無断転載　　　《中性紙H-三菱書籍用紙イエロー使用》
<落丁・乱丁本はお取り替えいたします>
**ISBN978-4-8169-2754-6**　　　***Printed in Japan,2018***

本書はディジタルデータでご利用いただくことが
できます。詳細はお問い合わせください。

# プロ格闘技年表事典
## ―プロレス・ボクシング・大相撲・総合格闘技

小泉悦次 編　A5・650頁　定価（本体13,500円＋税）　2018.6刊

20世紀におけるプロレスリング、プロボクシング、大相撲とその他プロ格闘技（キックボクシング、K-1、総合格闘技など）に関する出来事6,000件を年表形式で掲載した記録事典。古代エジプトから江戸、明治に至る期間の歴史的な流れと、21世紀以降のプロ格闘技界の状況を解説。人物評、用語解説、「人名索引」付き。

# スポーツ史事典―トピックス2006-2016 日本/世界

A5・570頁　定価（本体13,500円＋税）　2017.1刊

2006年～2016年秋に開催された国内外の主要大会の記録、トピックス、事件など4,000件を年月日順に一覧できる年表事典。大会記録は幅広い競技の主要大会の結果を収録。事件・出来事はFIFA汚職事件、ドーピング問題などのトピックスを掲載。「競技別索引」「人名・団体名索引」「東京五輪年表」付き。

# 日本スポーツ事典―トピックス1964-2005

A5・730頁　定価（本体12,000円＋税）　2006.8刊

東京オリンピックの1964年からセ・パ交流元年の2005年まで、日本スポーツ界の出来事を年月日順に一覧できる年表事典。プロ・アマ問わず、大会記録、通算記録、引退や新団体設立などの主要なトピックを幅広く収録し、記憶に残るシーン、気になることば・テーマをコラム記事で解説。

# 大学駅伝記録事典―箱根・出雲・伊勢路

三浦健 編　B5・350頁　定価（本体6,000円＋税）　2015.6刊

大学三大駅伝の全記録を一冊に収録した事典。箱根駅伝・出雲駅伝・全日本大学駅伝（伊勢路）の全出場校・順位・タイム、出場選手・成績がわかる「大会別記録」と、各年度の三大会の成績を一覧することができる「年度別大会記録」を掲載。出場全選手を収録、選手名索引付き。オリンピックや国際大会に出場した選手の学生当時の活躍もわかる。

# 最新 世界スポーツ人名事典

A5・640頁　定価（本体9,500円＋税）　2014.1刊

2005年以降に世界のトップレベルで活躍する選手・指導者など2,700人を収録。大リーグ、サッカーなど欧米のプロスポーツから、馬術やリュージュなどの五輪種目まで、様々な競技を掲載。トップアスリート達のプロフィール、記録や戦績がわかる。

データベースカンパニー
**日外アソシエーツ**　〒140-0013　東京都品川区南大井6-16-16
TEL.(03)3763-5241 FAX.(03)3764-0845 http://www.nichigai.co.jp/